中国人民大学劳动人事学院**第四代系列教材**

U0853950

薪酬管理

主　编　苏中兴

COMPENSATION MANAGEMENT

中国人民大学出版社
· 北京 ·

中国人民大学劳动人事学院
第四代系列教材编委会

主　任　杨伟国

副主任（以姓名拼音为序）

郭　瑜　韩　军　彭剑锋　苏中兴　唐　鑛　王　桢　吴清军
吴自强　赵　忠　周文霞

编　委（以姓名拼音为序）

常　凯　陈　轩　程延园　葛玉好　耿　林　韩克庆　黄　伟
金炳彻　李丽林　李　莹　李育辉　林新奇　刘尔铎　刘　凯
刘松博　刘相波　鲁　全　骆南峰　潘锦棠　彭光华　乔庆梅
仇雨临　石　伟　孙健敏　涂永前　王　非　王丽娟　王　青
王天宇　文跃然　翁　茜　徐世勇　许玉林　杨　俊　杨立雄
易定红　于　坤　曾湘泉　张　皓　张丽华　赵丽秋　郑功成

FOREWORD

总 序

正值我国改革开放40周年之际，我们迎来了中国人民大学劳动人事学院成立35周年。这套遵循传承、创新理念的中国人民大学“十三五”规划教材暨劳动人事学院第四代系列教材正式出版。

35年来，中国人民大学劳动人事学院创设了国内第一个人力资源管理专业、第一个劳动关系专业、第一个劳动经济学博士点；第一次建成国内劳动经济、人力资源管理、社会保障、劳动关系专业最完整的本硕博培养体系等。

35年来，中国人民大学劳动人事学院持续组织编写在劳动学科领域拥有最大影响力的系列教材；持续开展中国就业问题短期研究，发布《中国就业市场景气报告》；持续开展中国人力资源审计研究，发布《中国人力资源法律审计报告》；持续开展中国人力资源职业发展状况追踪调查，发布《中国人力资源职业发展状况调查报告》；持续开展中国企业雇主-雇员匹配数据调查，建设基础性科研数据库；连续举办14届中国人力资源管理新年报告会暨中国人才发展高峰论坛等。

35年来，中国人民大学劳动人事学院首倡发起全球劳动科学院长论坛，举办中国劳动科学年会、全球人力资源论坛、中国人力资源服务业博士后学术交流会、中国职业发展论坛、中国助业研讨会、中国新就业论坛等。

“但开风气不为师。”我们高兴地看到，经过几代学人的耕耘，中国人民大学劳动人事学院所倡导的以问题导向、创新导向、实践导向、合作导向为指引的学风，已经成为本学科领域的共识。中国特色社会主义进入新时代，开启了全面建设社会主义现代化国家的新征程，人才培养和学科发展的使命更加重大。党的十九大报告中提出的实施人才强国战略，建设实体经济、科技创新、现代金融、人力资源协同发展的产业体系，在人力资本服务领域培育新增长点，提高就业质量，构建和谐劳动关系，加强社会保障体系建设，建设高素质专业化干部队伍等重大命题，都与我们的学科领域密切相关。与此同时，一场影响深远的变革正在拉开大幕：数字经济时代产生的新就业方式、新组织管理形式、新劳动关系模式等都对传统的研究范式提出了挑战；国家层面实施的供给侧改革、生育政策调整等对劳动力供给、要素市场化配置、社会保障提出了新的调整要求。我们真切地感到：创新已经是新时代所要求的基本方法论，我们必须跟上时代的步伐。学科建设是知识创新的载体。随着开发人力资源、解决民生问题的重要性被提到前所未有的新高度，我们的学科迎来了新的机遇。中国人民大学劳动人事学院下定决心再出发，为发展我国高等教育进行新尝试新探索，践行“劳人之事，成人之美”的新使命，打造“精英型学院、研究型学院、智库型学院、全球型学院、创业型学院、责任型学院、创新型学院”。

“合抱之木，生于毫末；九层之台，起于累土”。我们认识到，课程和教材体系建设尤其是本科教材建设是学科建设的重中之重，直接关系到“为谁培养人、培养什么样的人、怎样培养人”这一根本问题。中国人民大学劳动人事学院具有重视教材建设的优良传统，建院以来的三代教材都影响深远，奠定了本学科的基本框架和教学传授方式。教材建设应当与时俱进，把新的前沿理论、新的研究方法、新的拓展领域等及时囊括进来，体现不断更新的教学理念，适应人才培养的规律。

中国人民大学劳动人事学院从2015年初开始筹划劳动人事学院第四代系列教材的编写工作。在中国人民大学教务处、中国人民大学出版社的指导和帮助下，编委会成员不懈劳作，终于如期奉献出这套全新的系列教材。这套新的系列教材有以下特点：

一是教材编写者虽然仍然全部为中国人民大学劳动人事学院的教师，但是其中有旧雨也有新知。系列教材由资深的名家与中青年学者共同创作完成。他们都对自己的领域有深刻的体认，都有鲜明的学术个性和研究风格。他们在教材中展现出的缜密的逻辑能力和广博的学识素养，能够代表劳动人事学院乃至中国人民大学的学者水平。

二是充分体现我国改革开放40年来的成就和近年来中外学术大交融的成果。这套教材关注中国本土的实践探索，以之为素材，以中国情境为前提，丰富和深化学生对学科专业的认识，尤其体现了学科交叉融合的研究视野，探索将各专业知识融会贯通的教学方式。新增的部分教材使丛书体系更加完备，在科学性、先进性、适用性方面都有新的拓展。

三是更加注意适应本科教学的特殊性。这套教材以本科课堂教学为出发点，在整体编排上注重系统性，在每本教材中注意理论基础性与实践应用性相结合，既奠基铺路、培养兴趣，又为引导学生未来的进阶性学习做好必要准备。教材的编写者都长期活跃在本科教学第一线，在教材的内容和形式上充分考虑教师讲授和学生学习的便利。

我们希望，这套系列教材的出版和使用能够为学科通往成熟之路做好铺垫，培养出更多更优秀的建设者和后备人才。对于教育界同行，希望你们不吝赐教，与我们携手为建设具有时代风格、中国品格的劳动科学学科而奋斗；对于新一代学子，期待你们能借助这套教材实现梦想，驶入“自由王国”的光明之域，激荡出人生的壮丽图景。

最后，感谢中国人民大学领导、中国人民大学各部处（特别是教务处）、中国人民大学出版社的关心、指导和帮助，感谢每本教材编辑的辛勤劳动。还要感谢各位作者和为教材付出心血的院内同仁。不管留下的脚印是深是浅，所做的工作能否载入汗青，学科的历史终究要由大家继续创造。衷心希望学科的未来能由今天的读者们以更多更好的成果一起创造！

谨以这套系列教材作为中国人民大学劳动人事学院成立35周年的纪念。

杨伟国

中国人民大学劳动人事学院院长

PREFACE

前　言

薪酬管理是一个非常重要的研究和教学领域。就微观层面而言，薪酬管理关系到组织的可持续发展，是组织吸引、激励和保留人才的重要手段。有效的薪酬管理能够向员工传递组织的战略目标，引导员工的工作态度和行为与组织战略保持一致，提高员工的效率和组织的经营绩效。就宏观层面而言，薪酬管理关系到国民财富的分配，关系到国家经济发展模式和发展动能的转换，关系到人民群众在改革开放过程中的获得感。讲好“薪酬管理”这门课绝非易事，因为薪酬管理的内容比较丰富，教师既要了解企业薪酬制度设计和薪酬管理活动的实践环节，还要具备经济学、管理学、法学等诸多学科的知识，能够做到理论联系实际。

我在中国人民大学从事“薪酬管理”这门课的教学已经有十余年了。中国人民大学的很多本科生、研究生以及诸多企业管理者都听过我的课，并给予了较高的评价。在大家的鼓励和督促下，我一直想出版一本薪酬管理的教材，对这些年来在薪酬管理教学方面的工作做个总结，希望有更多的读者对薪酬管理产生兴趣，对薪酬管理研究和实践进行思考。但是这么多年来，好像总有一些“更重要”的事情，比如科研论文发表等工作，导致《薪酬管理》一书的编写工作一拖再拖，迟迟未能出版。随着自己从一名青年教师逐渐变成老教师，我越来越感觉到出一本好的教材能帮助更多人更好地掌握管理理论和技术，提升企业的管理效果，这种社会效益和发表一流的科研论文同样重要。因此，我调整了自己的时间分配策略，终于在 2019 年完成了《薪酬管理》的编写工作并交付中国人民大学出版社出版。

本书试图突出以下特点。

一、内容全面

本书既涵盖了传统薪酬管理的经典内容，也反映了国内外企业界薪酬管理实践的最新发展。本书完整地介绍了薪酬管理体系的内容，包括：薪酬管理和总报酬管理的概念和相关理论的发展，薪酬设计的原则和流程，职位分析和职位评价的方法，市场薪酬调查和薪酬水平的确定，基于能力的薪酬体系设计，基于短期绩效的奖金制度设计，股票期权、限制性股票、虚拟股票等长期激励计划，员工福利管理，以及面向高管、销售、研发等群体的薪酬体系的设计特点等。同时，本书对合伙人制度、阿米巴等管理经营模式中的薪酬和利益分配机制也进行了介绍和探讨。

二、实践性强

本书既阐述了薪酬管理的重要理论基础，也对企业薪酬管理体系设计和薪酬管理活动的实践环节进行了详细介绍。德鲁克说过：“管理是一种实践，其本质不在于‘知’而在于‘行’。其验证不在于逻辑，而在于成果。”管理领域的很多书经常让读者有种“好像看懂了，但是一面临实际操作又不会了”的感受。本书尽量按照有利于读者知行合一的原则编写，不仅讲解薪酬理论，更力求在操作细节上讲清楚，让读者能够在管理实践中运用本书的内容。我这些年给企事业单位做了一些薪酬方面的咨询项目，来自实践方面的积累使本书的可操作性更强。

三、案例丰富

为了让读者更好地理解薪酬管理的知识点和实际操作环节，本书给出大量案例，还有一些补充的阅读资料。有的案例来自国外的标杆企业，有的来自中国的著名企业。薪酬管理的诸多理论和技术最早来自西方，尤其是美国。中国企业在学习和实践的过程中进行了创新。本书在选择案例时，尽力实现中国企业薪酬管理面临的问题和世界最佳实践的结合。希望这些案例能够加深读者对薪酬管理的理解和认识并引发思考。

本书适合工商管理、企业管理、人力资源管理等专业的本科生和研究生，也适用于从事人力资源管理、薪酬管理等实际工作的业界人士。

在本书的编写过程中，我的很多研究生做了重要贡献。他们是：杨姣、叶永姣、曾层、贾君君、牟小凡、郭刘畅、张雨婷、高旭、史昊宇、钟文敏、陈苏、黄仕琪、周小雨等。在我授课过程中，历届研究生和本科生通过课堂案例讨论、作业展示等环节也为本书做出贡献。我们阅读并参考了大量国内外学者的有关著作、教材和论述，特向他们表示诚挚的敬意。本书在编辑和出版过程中得到中国人民大学出版社熊鲜菊女士和谷广阔先生的大力支持和帮助。最后，由于我们的知识与经验有限，书中难免有错误和疏漏之处，恳请广大读者提出宝贵意见和建议，以便我们不断修改和完善。反馈意见可以直接发邮件，我的邮箱地址是 suzhongxing@ruc. edu. cn，谢谢！

苏中兴

于中国人民大学求是楼

CONTENTS

目 录

第 1 章
概　述

管理的第一目标是使较高工资与较低的劳动力成本结合起来。

——泰勒

学习目标

1. 了解薪酬和总报酬的概念
2. 明确薪酬管理对企业的重要意义
3. 熟悉与薪酬管理有关的基础理论
4. 理解薪酬设计中的公平原则和匹配原则
5. 掌握薪酬设计的基本流程

引例

可口可乐中国公司薪酬制度的演变

20 世纪 80 年代初，改革开放初期的中国尚处于计划经济时代，中国企业的“大锅饭”和平均主义观念根深蒂固，员工薪酬与企业效益基本无关，薪酬级别设置套用行政级别。可口可乐公司针对中国当时物资匮乏、员工收入水平低的状况，采用高薪政策以吸引和激励人才。当时，可口可乐的员工薪酬由基本工资、奖金、津贴和福利构成。基本工资是薪酬的主体，可口可乐提供给员工的基本工资是当时国内饮料行业平均水平的 2～3 倍。工资分为 17 级，管理人员和工人的工资差距较小。公司根据员工绩效在月底和年底发放奖金。津贴主要是公司考虑物价上涨因素给予员工的肉食补贴、副食补贴等，以及针对因工作需要员工与家人分开而提供的补贴，如出差补贴、外地工作补贴等。福利主要为过年过节发放礼品及平时上下班班车接送等。

1992 年，在邓小平同志南方谈话的推动下，中国加大了改革开放的力度。1993—1998 年是可口可乐中国公司的快速发展阶段。中国劳动力市场虽然长期供大于求，但高学历、高技术、懂外语、懂管理的人才非常紧缺。为了在人才竞争上取得领先地位，可口可乐中国公司于 1995 年对薪酬制度进行了改革。公司根据实际需要，将以前的 17 个工资等级简化为 13 个；根据市场薪酬调查报告，提高了工资水平，每年给员工多发 3 个半月的基本工资，保持公司薪酬水平处于美商在华企业的75%分位上；保留交通津贴，取消了肉食补贴、副食补贴等，取而代之的是按政府有关法律规定比例的上限为员工缴纳基本养老保险、住房公积金、失业保险等，根据公司情况增加补充养老保险，并且向员工提供普通团体意外险和住房贷款计划等；在强化奖金等短期激励措施的同时，注重股票期权等长期激励手段。另外，可口可乐中国公司注重向员工提供非货币性的回报，比如系统性、全员性的培训，培训内容不但包括生产过程、技术训练、管理等方面，还包括企业文化、经营理念等方面。

从1999年起，可口可乐中国公司进入稳定发展阶段。与此同时，百事公司的投资扩张趋势直追可口可乐公司，中国国内企业纷纷崛起。面对外部激烈的产品和人才竞争，以及内部不尽完善的薪酬制度所导致的员工离职率上升和工作积极性下降的现象，1999年，可口可乐中国公司再次对薪酬制度做出重大调整，开始推行全面薪酬制度并与公司的全球政策接轨。可口可乐中国公司的全面薪酬制度将经济性和非经济性的报酬融为一体，把薪酬范围扩展到包括工资、奖金、福利、股权、培训计划、职业生涯开发、员工沟通与参与、员工满意度等多个方面。全面薪酬制度鼓励创新精神和持续的绩效改进，对娴熟的专业技能予以奖励，废除原有的针对中国制定的薪级制度，实行与全球可口可乐公司一致的薪级制度，使本地员工的职级与海外员工的职级具有可比性，从而为本地员工向国际化人才发展并进行国际人才交流创造了条件。

资料来源：顾琴轩，朱勤华．可口可乐中国公司的薪酬制度变化及其启示．管理现代化，2003（5）：43-46.

第1节　薪酬和薪酬管理

一　薪酬概述

薪酬来自英文中的“compensation”一词，意为补偿、弥补。薪酬管理专家米尔科维奇认为，薪酬是雇员作为雇佣关系中的一方所得到的各种货币收入以及各种具体的服务和福利之和。马尔托奇奥认为，薪酬是雇员因完成工作而得到的回报，分为外在薪酬（经济性）和内在薪酬（非经济性）。从两位学者的定义可以看出，薪酬的概念有广义和狭义之分：狭义的薪酬是指雇员因工作从雇主处获得的以货币、实物等形式体现的经济性回报；广义的薪酬包括经济性回报和非经济性回报。在本书中，薪酬采用狭义的概念，是指雇员作为雇佣关系中的一方，因为工作和劳动而从雇主那里获得的各种货币收入以及各种特定的实物和服务的总和。同时，本书用“总报酬”或者“全面报酬”（total rewards）一词来解释广义薪酬，它是指员工因为工作和劳动而从雇主那里获得的一切有价值的回报，包括经济性回报和非经济性回报，其中非经济性回报包括具有挑战性的工作内容、更多的培训和职业发展机会、工作与生活的平衡等。

薪酬概念的诞生历经了一定的过程。在西方国家，工业革命以后，大规模的雇佣关系出现，工资（wage）的概念首先得到普及，其支付对象主要为蓝领工人。随着专业化分工的发展，白领雇员与蓝领工人开始分化，进而出现了区别于蓝领工人工资的“薪水”（salary）一词，其支付对象主要为白领雇员。第二次世界大战之后，工资和薪水的界限日益模糊，内容也不断扩充，产生了薪酬这一概念，并在 20 世纪 80 年代得到广泛认同。在中国，伴随着改革开放以及中国企事业单位从传统人事管理向现代人力资源管理的转变，“薪酬”一词逐渐为大家所熟悉。在“薪酬”一词引入中国之前，我们习惯用“工资”来表达雇员从雇主那里获得的货币收入，用“待遇”来表达比工资更加广泛的整体回报，包括工资、福利、良好的工作环境等。

从薪酬概念的外延和薪酬内容设计的角度看，一般认为薪酬包括基本薪酬、激励性薪酬、津补贴和福利四个组成部分。

（一）基本薪酬

基本薪酬又称固定工资（fixed pay）、底薪（base pay）等，是根据员工的工作、技能或资历支付的稳定性报酬。基本薪酬的主要作用是保障员工的基本生活，一般按月发放。因支付依据不同，基本薪酬分为不同的类型。根据工作或岗位支付的基本薪酬称为岗位工资。岗位工资的设计遵循“以岗定薪、岗变薪变”的原则，需要对不同工作或岗位进行价值评估，评估得分越高则岗位任职者的基本薪酬越高。根据员工的知识、技能或能力支付的基本薪酬称为知识工资、技能工资或能力工资（可以统称为能力工资）。能力工资的支付要求对不同员工的知识、技能或能力等级进行评定，评定等级越高则基本薪酬越高。岗位工资和能力工资的差别在于，前者把岗位的价值作为支付依据，而后者把员工具备的知识、技能或能力作为支付依据。雇主还可以根据员工在组织中的资历或工龄来支付基本薪酬，通常体现为资历工资或工龄工资。

基本薪酬的这三种支付依据各有优缺点。岗位工资的支付依据清晰，内部公平性高，能够有效激励员工努力工作以获得职位的晋升，但是可能因为员工过于看重职位晋升而导致组织中的“官本位”文化。尤其是随着组织结构扁平化，可供员工晋升的职位数量不断减少，容易出现“职位天花板”，进而削弱岗位工资的激励效果。知识、技能或能力工资能够有效引导员工关注自身知识和技能水平的提高，但这种工资容易增加企业的薪酬成本，并且员工的知识、技能或能力未必能转化为实际绩效。另外，对员工的知识、技能或能力等级的评定容易因为主观性太强而引起争议。资历工资的优点在于员工的资历或工龄相对容易衡量，可以提高老员工对组织的忠诚度。但是，资历工资会增加不公平感，尤其会导致能力强、绩效突出的年轻员工因资历浅不能获得高回报而离职。可见，企业中基本薪酬的每一种支付依据都有优缺点，具体采用哪种支付依据，需要结合行业特征、企业竞争战略、企业发展阶段、组织文化以及具体的岗位等因素而定。一些企业会采用混合型基本薪酬支付策略，即综合考虑岗位、能力和资历等因素。

（二）激励性薪酬

激励性薪酬也称变动工资（variable pay）、绩效工资（performance pay）、奖金（bonus）等。激励性薪酬的特点是薪酬数额不是固定的，而是随着个人、团队或组织的绩效目标的完成情况而变化。绩效越高则员工得到的激励性薪酬越高，体现了薪酬对员工的引导和激励作用。当然，激励性薪酬会导致什么样的员工行为和结果与企业对员工绩效目标的界定密切相关。因此，在激励性薪酬设计中，企业对员工绩效目标的界定是非常重要的。

激励性薪酬的具体形式有很多，通常分为短期激励和长期激励。短期激励是针对短期绩效目标（1 年及以内）的激励性薪酬，如月度、季度、半年和年终绩效奖等；长期激励是针对长期绩效目标（1 年以上）的激励性薪酬，如递延奖金、股票期权、限制性股票等。短期激励和长期激励分别指向企业的短期绩效目标和长期绩效目标，企业往往需要兼顾短期效益和长期发展，这就决定了企业同时实施短期激励和长期激励的必要性。一般而言，企业绝大部分岗位的薪酬设计中都会有短期激励，而长期激励更多是针对中高层管理者、技术骨干等对企业长期绩效有实质影响的群体设计的。值得注意的是，近年来，企业中持股员工的范围在逐渐扩大。

（三）津补贴

津贴（allowance）和补贴（subsidy）这两个名词在薪酬管理实践中经常不加以严格区分，统称为津补贴。实际上，津贴和补贴存在一定的区别。津贴是补偿劳动者在特殊条件下的劳动消耗的一种工资补充形式。常见的津贴包括矿山井下津贴、高温津贴、野外矿工津贴、林区津贴、山区津贴、夜班津贴等。简单理解就是，因为这些岗位的劳动条件比较特殊或对劳动者身心健康有一定的损害，所以需要在基本工资之外给予额外的货币补偿。当然，如果企业在岗位评价时已经把劳动条件或工作环境单独作为一个报酬要素并且相应提高了这些岗位的价值点数，那么可以不设置津贴。

和津贴有所区别，补贴是保障员工的工资水平不受物价上涨或其他变动因素的影响的各种工资补充形式，如副食品价格补贴（含肉类等价格补贴）、粮价补贴、煤价补贴、住房补贴等。从管理上看，津贴和补贴是一种固定收入，性质和基本工资类似。所以，在有些薪酬管理教材或者专业机构的薪酬调查报告中，津贴和补贴可以合并到基本薪酬中，也有一些教材把津贴和补贴作为福利的组成部分。

在现代企业的薪酬设计中，津补贴在员工货币收入中的比例不应该过大，而且并非必不可少的组成部分。但是，在中国的很多组织中，津贴和补贴逐渐失去了原先的含义。比如，在公务员和事业单位的薪酬中，津贴和补贴是非常重要的组成部分，甚至比基本薪酬的比重还要大。这种情况下的津补贴设置并非因为某些岗位的工作环境比较艰苦，而是因为国家通过财政支付给这些工作人员的工资水平过低，需要各地政府或各单位自行支付一部分，这一部分收入一般体现为各种津补贴。另外，有些企业为了留住一些高级人才而专门设置只有高级人才才能享受的特殊津贴。总体而言，由于中国的各类组织情况各异，有的组织的薪酬支付是市场化的，有的还带有明显的计划经济时代的特征，所以津补贴设计的出发点不完全一样。

（四）福利

福利（benefits）是雇主为雇员提供的以非货币支付或延期支付形式为主的各种补充性的报酬和服务，是员工因劳动而获得的各种间接的经济性回报。福利具有保障性、非货币性和延期性的特点。福利包括法定福利和企业自主福利。法定福利是国家法律或行政法规强制企业为员工提供的基本养老保险、医疗保险、失业保险、工伤保险、生育保险、住房公积金（俗称“五险一金”）以及带薪休假。2016 年 7 月，人社部发布《人力资源和社会保障事业发展“十三五”规划纲要》，提出将生育保险与医疗保险合并实施。2017 年 1

小资料

不同行业的薪酬构成

2015 年，北京外企人力资源服务有限公司（FESCO）与国家人社部联合发布的《企业用工环境调研报告》显示，在受访员工的工资结构中，基本工资、补贴、绩效奖金和其他直接工资所占比例分别是 62.3%，9.7%，24.8%和 3.3%。不同行业的薪酬构成情况如图 1-1 所示。

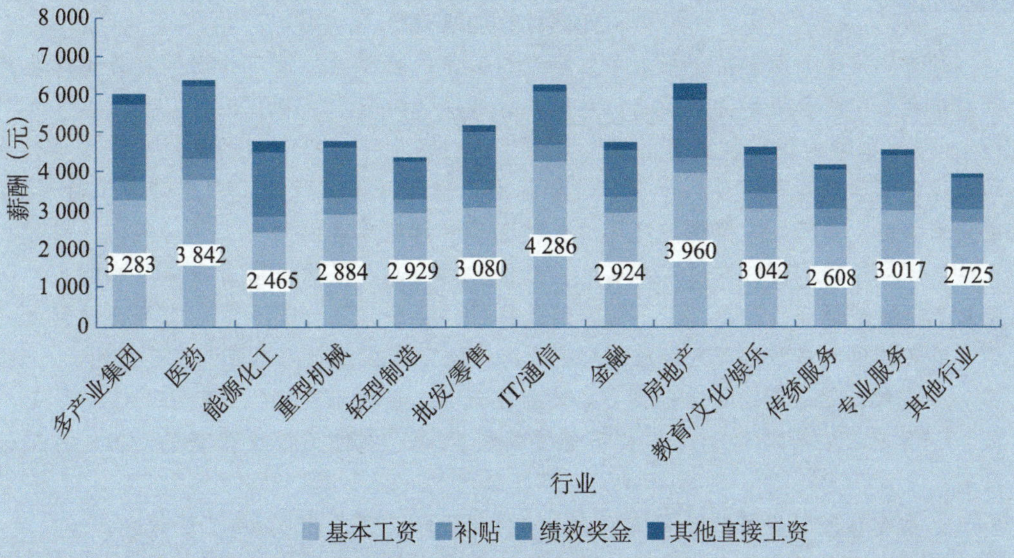

图 1-1 不同行业的薪酬构成分布图

月，河北邯郸、江苏泰州等 12 个城市进行试点，五险一金或将变为四险一金。

企业的自主福利通常包括补充养老保险、补充医疗保险、集体福利设施（如职工食堂、阅览室、体育活动场所等）、逢年过节发给员工的各种实物，以及为保障和提高员工生活质量而实施的措施，如旅游、免息贷款等。

近年来，随着我国人口老龄化的加剧、退休制度的改革以及社会基本养老保险诸多不足的暴露，补充养老保险制度日益受到政府、企业、事业机关与员工的关注。其中，在机关事业单位中，补充养老保险通常体现为职业年金制度。在国外，职业年金制度已经具备相当成熟的管理体系，拥有完善的市场化运营以及税收优惠等配套措施，是公职人员养老保险的重要组成部分。在我国，2015 年，《国务院办公厅关于印发机关事业单位职业年金办法的通知》正式发布，规定职业年金由单位和个人按照工资的一定比例缴纳，计入个人账户，职业年金基金可参与市场化运营。相应地，在企业中，补充养老保险可以体现为企业年金制度。但是相较于职业年金的强制性，企业年金取决于企业的意愿，除此之外，两者并无本质差别。虽然目前我国的职业年金制度与企业年金制度并不成熟，但是考虑到我国的国情以及企事业单位自身发展的需要，职业年金与企业年金制度是大势所趋。

从福利的发展历史看，早期的福利更多体现了普惠性和保障性，组织的员工均能享受组织的福利，不同员工在福利上的差别不大。但是随着管理实践的发展，福利的内容和形式越来越多，出现了一些只有特定群体才能够享受的福利，比如针对企业高管的福利、针对核心员工和优秀员工的福利等，于是福利开始具备激励性的特点。尤其是随着弹性福利制度的出现，企业鼓励员工通过努力工作挣得更多的福利额度，从而能够自行选择更多的福利项目，这进一步提高了福利的激励性。

小资料

如何计算加班费?

加班费是指劳动者由于用人单位生产和工作的需要在规定工作时间之外继续生产劳动或者工作所获得的劳动报酬。具体的计算规则如下。

(1)《中华人民共和国劳动法》第三十六、四十一、四十四条规定：国家实行劳动者每日工作时间不超过八小时、平均每周工作时间不超过四十四小时的工时制度。用人单位由于生产经营需要，经与工会和劳动者协商后可以延长工作时间，一般每日不得超过一小时；因特殊原因需要延长工作时间的，在保障劳动者身体健康的条件下延长工作时间每日不得超过三小时，但是每月不得超过三十六小时。有下列情形之一的，用人单位应当按照下列标准支付高于劳动者正常工作时间工资的工资报酬：

a. 安排劳动者延长工作时间的，支付不低于工资的150%的工资报酬；

b. 休息日安排劳动者工作又不能安排补休的，支付不低于工资的200%的工资报酬；

c. 法定休假日安排劳动者工作的，支付不低于工资的300%的工资报酬。

(2) 计算加班工资的基数不一定是劳动者的全部工资。在确定加班工资的计算基数时，劳动合同中对工资有约定的，按不低于劳动合同约定的劳动者本人所在岗位相对应的工资标准确定。劳动合同中没有约定的，可由用人单位与员工代表通过集体协商，在集体合同中明确。用人单位与劳动者无任何约定的，按劳动者本人所在岗位正常出勤月工资的70%确定。要注意的是，如果上述办法确定的加班工资计算基数低于最低工资，按最低工资计算。

(3) 目前，职工月平均工作天数和工作时间分别为20.83天和166.64小时，月平均计薪日和计薪时数分别为21.75天和174小时，职工的日工资和小时工资按计薪时间进行折算。计算方法为：

法定节假日加班工资＝月工资基数÷21.75天×300%×加班天数

休息日加班工资＝月工资基数÷21.75天×200%×加班天数

(4) 实行计件工资制度的加班费计算。实行计件工资制度的劳动者，在完成计件定额任务后，由用人单位安排延长工作时间的，应根据上述规定的原则，分别按照不低于本人法定工作时间计件单价的150%，200%，300%支付工资。

二 总报酬概述

随着社会的发展和员工需求的变化，越来越多的员工开始关注工资和福利之外的东西。培训与职业发展机会、良好的工作环境、广获认可的绩效文化、相对灵活的工作安排等，已经成为员工选择工作时所考虑的重要内容。因此，关注员工需要，整合一切员工认为有价值的东西来吸引、激励和保留有价值的员工，已经成为薪酬管理的大趋势。

总报酬或称全面报酬（total reward）就是在这一背景下提出的。根据美国薪酬协会（WAW）的定义，总报酬是指雇主因为员工工作而回报给员工的所有有价值的东西，也可以说是员工在雇佣关系中获得的所有有价值的东西。总报酬包括外在报酬和内在报酬两部分。外在报酬是指可以货币化的报酬，即狭义的薪酬；内在报酬是指和工作本身相关的报酬，包括工作的挑战性、兴趣、良好的工作环境、学习和成长的机会等。外在报酬能够为员工提供外在激励，员工受到的外在激励与其感知到的薪酬体系的诸多特性显著相关；员工的内在动机则更多地与内在激励有关，不受货币薪酬设计的影响，而受晋升机会、对工作本身的兴趣等内在报酬的影响。外在报酬是必不可少的，对提高绩效具有基础作用，但外在报酬有局限性。外在报酬的激励作用呈现"倒U形"，即当外在报酬达到一定程度后，其激励效果将不再显著。随着知识经济的发展和员工需求日益多样化，内在报酬在提高劳动产出质量、促进创新性工作和知识共享等方面的作用日益凸显。

值得注意的是，外在报酬会降低人们对工作的内在兴趣，单纯依靠外在报酬会削弱员工的内在动机，造成外部激励对内在动机的"挤出效应"。因此，要实现总报酬的激励作用，应将外在报酬与有挑战性的绩效水平和组织目标相挂钩，同时发挥内在报酬在激发员工内在动机中的核心作用，实现外在激励和内在动机的互补。在总结已有研究成果的基础上，美国薪酬协会提出了一个由五大要素组成的总报酬模型（见图1-2），这五大要素是货币薪酬、福利、工作与生活平衡、绩效与认可、能力开发与职业机会。

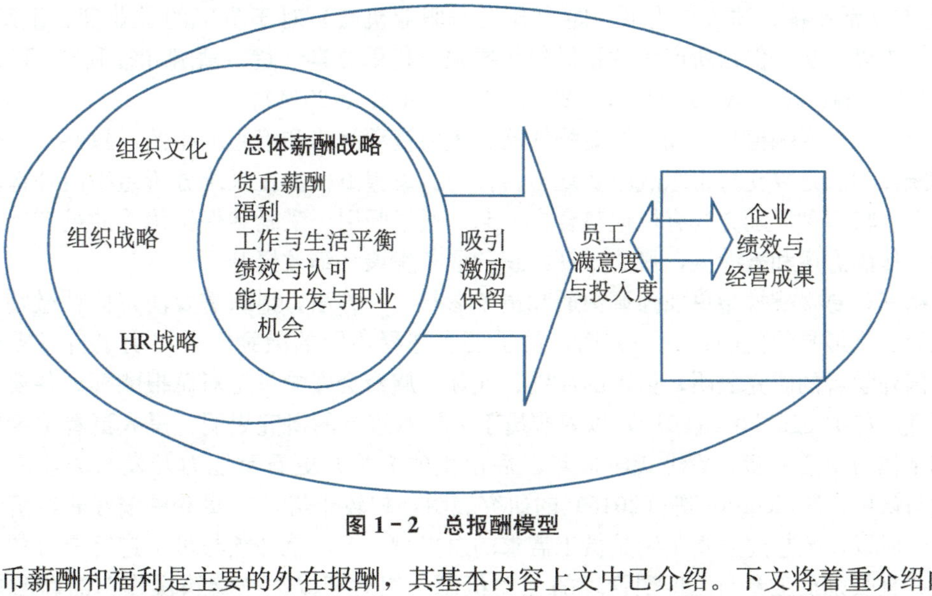

图1-2　总报酬模型

货币薪酬和福利是主要的外在报酬，其基本内容上文中已介绍。下文将着重介绍内在报酬的三个组成部分：工作与生活平衡、绩效与认可、能力开发与职业机会。

（1）工作与生活平衡。工作与生活平衡是指企业实施的旨在帮助员工找到事业和家庭之间的平衡点，处理好两者关系的政策、制度规定以及理念，主要包括提供灵活的工作时间、安全宽松的工作环境，重视员工的身体健康、对家人的照顾、社区活动参与等。现代社会的发展使得越来越多的人将关注点从工作和经济收入转向个人和家庭生活的质量，高层次核心人才尤其如此。企业如果仅仅通过提供高水平的工资和福利来激励员工，并把经济收入作为对家庭生活损失的一种补偿，那么将越来越难以留住核心人才，特别是新生代的员工。

（2）绩效与认可。绩效与认可包含绩效管理以及雇员认可两个维度。绩效管理是企业成功的关键，对绩效结果的关注是总报酬模型的一个重要特征，它充分强调通过有效的引导机制实现组织绩效、团队绩效和个人绩效的一致，进而实现组织的发展目标。雇员认可是一种绩效激励方式，是承认员工的绩效贡献并予以特别关注或感谢。认可可以以现金或非现金的方式进行，但其出发点并非物质激励，而是通过赞赏、表扬、表彰等使员工感受到自身价值，满足员工在自我效能感、成就动机等方面的心理需求。还可以通过认可强化有助于组织取得成功的某些行为和价值观来支持企业战略。

（3）能力开发与职业机会。能力开发是为强化员工的工作技能和能力而提供的一整套学习、培训的体系与计划。能力开发使员工能更好地完成工作，满足员工的成长需要，使管理者能更好地推进组织的人员战略。职业发展通道设计为员工提供职业发展规划和职业发展机会，在内部为员工提供工作轮换的机会和职位晋升的空间，确保有才能的员工被安排到能够充分发挥其价值的岗位上。

相较于传统的货币薪酬，总报酬模型在以下几个方面具有明显的优势：

第一，总报酬模型是真正以员工需要为导向的付酬系统，对员工的激励效果更好。基于总报酬的付酬计划，强调将对员工最具价值的要素作为组织付酬的基础，相较于传统的雇主导向的付酬系统更能够针对员工需求制定不同的薪酬组合，进而将有限的激励资源最大限度地用于员工价值的发挥，支持企业获得人才优势进而在市场竞争中掌握主动权。研究表明，总报酬模型在吸引、激励和保留员工方面可以起到积极的作用，其中非货币要素（工作与生活平衡、绩效与认可、能力开发与职业机会）对于员工的敬业度、组织承诺、创新行为以及员工保留所产生的积极作用要强于货币要素（货币薪酬和福利）（Tornikoski，2011；Hulkko-Nyman et al.，2012；Scott et al.，2014）。

第二，总报酬模型更加强调薪酬战略、人力资源战略和组织战略的一致性。一个有效的薪酬计划总是以支持组织战略实现为目标的。总报酬模型在系统分析组织内外部环境的基础上，将多种激励方式有机地整合在一起，通过吸引、激励和保留优秀的员工，提升员工的工作满意度和敬业度，最终实现组织的业务发展和绩效提升。

第三，总报酬模型更加强调沟通和员工参与。一方面，组织需要清楚何种激励方式对员工而言是最具价值的；另一方面，员工要有选择不同的激励组合以满足自身需要的可能。国外学者的研究表明，员工的性别、代际、族裔会影响员工对总报酬模型各要素的偏好程度。如Pregnolato（2010）以南非员工为样本进行的研究表明，黑人更看重绩效与认可和工作与生活平衡，Y代（1980年以后出生的人群）更看重能力开发与职业机会以及绩效与认可。Schlechter等（2015）的研究表明，相较于男性，女性更偏好非经济性报酬要素。所以，要想建立真正满足员工需求的总报酬方案，就必须与员工进行充分的有效沟通，并且鼓励员工参与总报酬管理的互动机制。相对于以往“暗箱操作”的薪酬决策方式，总报酬模型强调员工参与、员工选择以及企业与员工间的充分沟通，能够提高员工对薪酬公平的认同，进而提升薪酬管理的有效性。

第四，总报酬模型更具弹性。长久以来，工资能升不能降的刚性极大地限制了薪酬管理的弹性，而总报酬模型以员工需求为导向，将多种激励方式有机整合在一起，不再只关注货币工资及其水平的高低。企业一旦面临变革的需要，就可以及时调整总报酬的构成要素和各要素之间的比例，进而调整和引导员工行为以应对组织内外部环境的变化。

第五，总报酬模型有助于更好地控制人工成本。总报酬模型在关注财务报酬的同时，强调非财务报酬（如发展机会、工作环境、组织文化等）为员工带来的价值。在总报酬计划中，员工不再只关注薪酬水平的高低，因此，组织可以通过对特定要素进行直接投资和设计双赢的薪酬项目来节约成本。比如提供健康的工作环境，提供相对灵活的工作时间，提高员工在工作中的自主性，以非现金方式对员工优秀表现进行奖励（如口头表扬、授予奖品、星级员工评比、技能等级认证、绩效认可计划等），通过企业与员工的合作达到节约成本或提高收益的目的。①

小资料

总报酬模型的应用

总报酬模型得到了企业的广泛关注。美世咨询公司（William Mercer）和美国薪酬协会在2010年发布的一项调研报告显示，调查的741家跨国公司中有73%采用了总报酬这一概念。不过，同样值得关注的是，只有26%的公司的报酬方案包含总报酬模型中的所有要素。报酬方案中包括货币薪酬、福利、工作与生活平衡、绩效与认可、能力开发与职业机会这五个要素的公司占比依次为95%，94%，59%，57%，44%。这表明，总报酬模型这一概念已得到广泛认可，但在具体运用中企业还是偏重于传统的货币薪酬和福利，其他报酬要素体现得还不够。这份报告还显示总报酬整合程度高的公司更不愿意裁员或强制员工加班，总报酬整合程度与企业收益之间不存在明显的相关关系。美世咨询公司2014年进行的一项总报酬调研显示，公司使用总报酬模型的主要目的为保留人才（88%）、吸引人才（85%）和激励员工（84%）。

2013年ADP和HRoot以国内400家性质与规模不同的企业为样本，发布了《经济震荡中的人才激励与整体薪酬管理》调研报告，该报告说明了总报酬模型在国内的使用情况（见图1-3）。

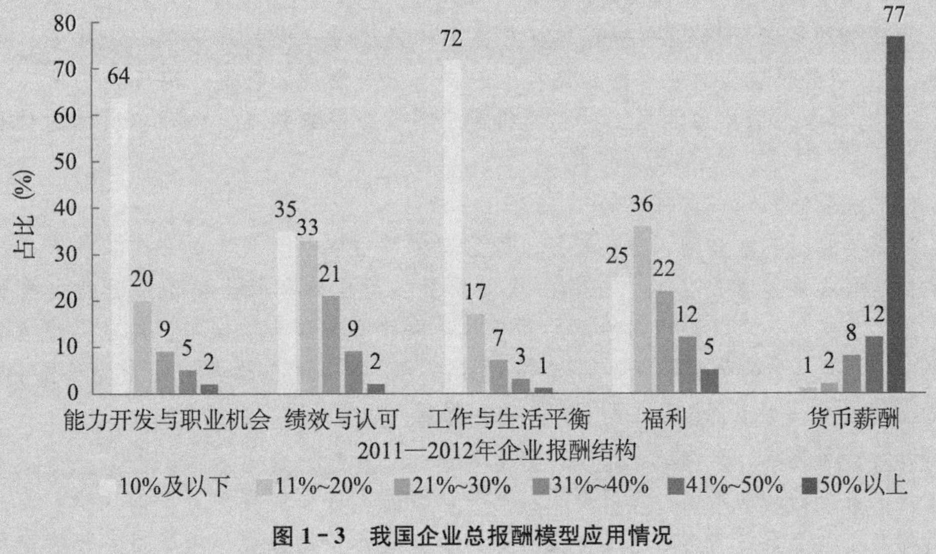

图1-3 我国企业总报酬模型应用情况

① 宋洪峰．总报酬模型的力量．企业管理，2007（10）：91-93.

图 1-3 呈现了中国企业 2011—2012 年薪酬预算中各要素的占比情况。可以看出，截至 2012 年，货币薪酬和福利在中国企业的总报酬支出结构中仍然占据主导地位，77%的公司的货币薪酬在总报酬支出中的占比超过 50%，而 64%的公司在能力开发与职业机会方面的支出占比不足 10%。不过，调查显示中国企业越来越重视非货币手段的激励作用，其中能力开发与职业机会获得最多的关注，77%的企业表示将在未来关注能力开发与职业机会的激励作用。在福利、绩效与认可、能力开发与职业机会这三个要素上，50%的企业预算保持不变，30%的企业将增加 1%～5%，15%的企业将增加 6%～10%。

即时案例

海底捞的总报酬战略

海底捞采用总报酬的思路进行薪酬管理，其总报酬分为三个部分：直接外在报酬（工资）、间接外在报酬（可货币化的福利）、内在报酬。

1. 直接外在报酬（工资）

海底捞的总工资＝基本工资＋级别工资＋奖金＋工龄工资＋分红＋加班工资。级别工资分为五个等级：新员工、二级员工、一级员工、劳模员工、功勋员工。从 2003 年起，海底捞实行员工奖励计划，给优秀员工配股，即工资结构中的“分红”。

2. 间接外在报酬（员工福利）

海底捞除法定福利外还为员工提供优厚的住房福利、饮食福利、旅游休假福利、子女教育培训福利、敬老福利。福利种类繁多，几乎涵盖了员工生活的所有方面。

3. 内在报酬

（1）创造需求——轮岗制度。

海底捞的员工可以在一个工作组内自由转换岗位（比如洗毛巾、洗杯子、传菜等），还可以经过店长同意后跨组调换。轮岗与晋升制度相匹配，海底捞的所有员工（除了工程师等个别岗位的员工）想要得到晋升，就必须轮岗，得到各岗位的“合格证书”。

（2）成就需求——认可机制。

海底捞通过日常鼓励、会议表扬、顾客赞赏等方式认可员工的日常工作表现。海底捞的店长在店里和员工一起工作，以便对员工的成就和行为给予适时的表扬和赞赏。除了上级的认可，海底捞的员工还会接受来自顾客的直接认可。海底捞设立了奖励制度以鼓励员工的创新行为，一旦创意被采用，公司就会给提出创意的员工 200～2 000元的奖励，并以创新员工的名字命名该创意（如包丹袋、恩碧架）。

（3）尊重需求——沟通、授权、公平。

建立良好的沟通渠道：海底捞不仅从待遇和福利方面体现对员工的尊重，而且通过构建自下而上良好的沟通渠道体现对每一个员工想法的重视。海底捞各分店每周召开客户交流会，店长向员工宣传新制度，解答员工疑问。

构建灵活的授权制度：海底捞给一线员工、店长、区域总管等授予一定的权利。比如，一线员工享有打折、换菜甚至免单权（有员工签字的名片即可兑现），只要事后口头说明即可。

打通公平严格的晋升通道：公司给员工提供职业发展的方向，构建了严格的晋升通道。有管理线、技术线、后勤线三条晋升通道，所有管理人员都必须从基层做起，靠能力提升，公平竞争。在海底捞，即使你是后勤员工，也有可能成为公司的管理者。

（4）自我实现需求——让每个员工都有自我提升的机会。

海底捞视员工为“内部顾客”，认为内部顾客满意是外部顾客满意的前提。为了让每个员工都有自我提升的机会，海底捞致力于营造一种自主、有人情味的学习氛围。海底捞的新员工培训不仅包括员工本职工作相关培训，还包括如何使用ATM机、如何乘坐地铁等方面的培训。2010年6月，海底捞正式创办了海底捞大学，用于内部员工培训。为破除旧的官僚体制，海底捞通过建立两个层面的学习型组织来培养新型领导者。一是店经理层面，是自发的学习组织。二是店面里的“充电器”学习组织，也是自发的组织。服务员聚集在一起，讨论什么内容都可以，公司给予经费支持，目的是在新员工中营造一种学习的氛围。

资料来源：齐爽．“捞”出的幸福——海底捞的企业管理之道．现代企业文化（上旬），2014（9）：32-33.

三 薪酬管理对企业的重要意义

薪酬管理（compensation management）是指组织和管理者做出的一系列与薪酬有关的决策和活动，旨在吸引、激励和保留组织所需要的人力资源并引导其实现组织的战略目标。

（一）吸引、激励和保留人才

在自由竞争的劳动力市场中，包括薪酬水平、薪酬组合策略在内的相关决策是企业吸引和保留优秀人才的重要手段。当一个企业的薪酬水平在市场上处于领先地位时，就能吸引到更多的求职者从而提高最终雇用的人才的质量。相反，如果一个企业的薪酬水平长期低于市场水平，不但很难吸引到优秀的人才，而且企业中已有人才容易流失。薪酬组合策略也会影响不同类型人才的求职意愿。比如，有的员工喜欢有挑战性的薪酬体系，希望根据绩效水平拉开奖金部分的收入差距，有的员工喜欢稳定的有保障的工资性收入；有的员工喜欢短期的现金收入，有的员工喜欢股票期权等长期激励手段。当然，影响员工去留的因素很多，但对大多数人而言，薪酬无疑是最为重要的影响因素。

（二）引导员工的态度和行为以实现组织目标

战略人力资源管理理论认为，企业特定的战略目标需要相应的员工行为来支撑。无论这种目标是企业扩张、提高利润、节约成本、客户服务还是创新，将薪酬同这些目标联系起来通常能够提升员工在该方面的绩效。比如，当企业采用创新战略时，需要员工的创新行为来支持这种战略的实现；强调质量战略的企业需要员工重视产品质量的改善；强调服务战略的企业需要员工优质的服务意识和服务行为。通过对组织认可的行为提供激励，有效的薪酬管理能够向员工传递企业的战略目标和期望，引导员工的特定态度和行为，促使员工的工作态度和行为与组织战略保持一致。

（三）合理控制人工成本和提高人均效率

薪酬是企业人工成本的重要组成部分。过高的薪酬可能会带来企业产品和服务成本的提升，从而降低产品和服务在市场中的竞争力。因此，企业通常采用一些薪酬管理的手段来合理控制员工的薪酬总额。当然，薪酬是企业吸引优秀人才的重要手段，如果企业只依靠较低的劳动力成本进行竞争，那就很难摆脱“人才缺乏——企业自主创新能力弱——产品附加值低——薪酬水平低——无法吸引优秀人才——人才缺乏”这样的恶性循环。所以，企业对人工成本的控制要通过提高薪酬的投入产出比和员工的人均效率来实现。

第 2 节　薪酬的理论基础

薪酬的理论基础涉及经济学、管理学、心理学等诸多学科。最早研究薪酬的是经济学家。1776 年，亚当·斯密《国富论》一书的出版标志着经济学作为一门独立学科的诞生。实际上，早在经济学成为一门独立学科之前，已经有一些经济学家对工资问题进行过深入研究。在经济学中，要研究社会财富的形成，就必须研究劳动、土地、资本等各种生产要素的价格，工资正是劳动这一重要生产要素的价格。同时，管理学和组织行为学中的各种激励理论对我们理解企业的薪酬制度设计有着重要的启示。

一　经济学的工资理论

（一）生存工资理论

法国古典经济学家、重农学派的代表人物安·罗伯特·雅克·杜尔哥是生存工资理论的奠基人，他的主要论点是：由于有大量可供挑选的工人，购买者可以优先选用要价最低的工人。因此，在竞争下，工人不得不降低价格，其结果必然是工人的工资只限于维持生活必需的生活资料的水平。他还认为，一旦工资高于这一水平，就会出现人口和劳动力供给增长，从而造成工资下降到维持生存的水平；反之，如果工资低于维持生存的水平，就会造成人口减少和劳动力供给下降，从而使工资上升到维持生存的水平。类似地，威廉·配第指出，劳动者得到的是“适当的生活资料”，这个“适当的生活资料”等于而不能大于维持劳动力简单再生产的生活资料。

李嘉图进一步指出：“劳动正像一切可买卖并有数量增减的商品一样，有其自然价格和市场价格。”自然价格有三个特征：一是劳动的自然价格取决于供养劳动者及其家庭所必需的食品、生活必需品和便利设施的价格。二是随着社会的进步，劳动的自然价格一直有上涨的倾向。三是劳动的市场价格（供求均衡决定的价格）低于其自然价格时，劳动者的境况就相当困难；劳动的市场价格高于其自然价格时，劳动者才处于幸福状态。李嘉图还认为，劳动的自然价格不是一成不变的，它随不同国家、不同时期、不同气候、不同风俗习惯而不同。李嘉图所说的劳动的自然价格相当于劳动的内在价值，而市场价格则受到供求关系的影响。

小资料

劳动报酬与社会财富分配格局

从宏观经济学的角度来看，就业人员的劳动报酬总额占社会总产出GDP（国内生产总值）的比重反映了社会财富分配格局和劳动报酬水平的高低。一个国家的社会总产出由几个重要部分组成：国家以税收的形式分走一部分，然后以政府消费、政府投资和转移支付等方式用掉；企业以利润的形式分走一部分，用在扩大企业的再生产或者利润分配上；银行以利息的形式分走一部分，作为借贷资本的回报；广大劳动者以工资的形式分走一部分，作为劳动报酬用于劳动者个人的消费或投资。因此，劳动者劳动报酬总额占GDP的比重实际上反映了整个社会财富分配的格局。如果一个国家劳动者劳动报酬总额的比重过低，则意味着劳动者缺乏足够的消费能力来购买本国的产品和服务，从而导致内需不足的问题。在这种情况下，一个国家经济的增长只能依靠政府的投资或外国居民的消费能力（也就是出口拉动）。比较理想的经济发展模式是依靠本国劳动者的消费能力，在这种情况下，民众生活水平的提高和本国经济的发展是同步的。

（二）工资基金理论

工资基金理论的思想可以追溯到古典经济学派，该学派倾向于把工资基金即全部工人工资的总和看作资本的一定比例。詹姆斯·穆勒认为："工资取决于人口与资本的比例。假定其他条件相同，如果资本与人口的比例不变，工资亦不变；如果资本与人口的比例加大，工资即上涨；如果人口与资本的比例加大，工资即下落。工资基金表现为一个固定量、一个常数，工资的高低取决于工人人数的多寡。"

纳索·威廉·西尼尔在《政治经济学大纲》一书中表述了与詹姆斯·穆勒大体相同的观点，他指出："各个劳动家庭在一年间所取得的商品数量和质量，必然取决于一年间直接或间接分派给劳动人民使用的商品的数量和质量与劳动家庭户数的比率，简言之，必然取决于维持劳动者的基金额度与被维持的劳动者人数的比率。"约翰·斯图亚特·穆勒在其《政治经济学原理》一书中继承和发展了其父詹姆斯·穆勒的观点，认为工人的工资取决于劳动的供给与需求，工资基金代表对劳动的需求，工资的高低取决于劳动供给的多少，即取决于劳动人口与资本的比例。

（三）马克思工资理论

马克思首先区分了劳动和劳动力。在资本家用货币预付资本购买劳动和生产资料时，正是由于其购买的不是劳动而是劳动力这一特殊商品，它实际上是一种"未支付的劳动"。马克思说，同任何其他商品的价值一样，劳动力的价值也是由生产这种特殊物品所必需的劳动时间决定的。劳动力的价值就是维持劳动力所有者所需的生活资料的价值。因此，马克思实际上接受了李嘉图等人的生存工资理论，但对这一点进行了三个重要的补充。首先，和其他商品不同，劳动力的价值规定包含历史的和道德的因素。其次，生产劳动力所必需的生活资料的总和，包括工人的补充者即工人子女的生活资料，只有这样，这种特殊商品所有者的种族才能在商品市场上延续下去。最后，劳动力的教育费用随着劳动力性质复杂程度的不同而不同。

关于工资水平，马克思认为：工资是由那些决定其他一切商品价格的规律决定的。也就是说，作为劳动力商品价格，工资的形成与决定必须遵循市场法则，受到供求规律和竞争规律的影响。在马克思看来，决定劳动力的价格即工资的竞争来自三个方面：一是卖主之间的竞争，这种竞争将降低工资水平；二是买主之间的竞争，这种竞争将提高工资水平；三是买主和卖主之间的竞争，这种竞争的结果将取决于竞争双方的对比关系。买主和卖主竞争的优劣势，取决于劳动力商品的供求状况及供求的改变，而劳动力商品供求关系的改变，将引起工资水平的上涨或下跌，即引起劳动力商品的价格波动。

（四）边际生产力工资理论

20 世纪初，克拉克从厂商利润最大化导出劳动力的边际生产率等于实际工资水平的论断。他认为，工资取决于劳动的边际生产力，即厂商雇用的最后一个工人所增加的产量——劳动的边际产品。在假定其他生产要素的投入不变的条件下，当劳动的投入增加时，其产量开始以递增速度增加。到一定量后，由于每一单位劳动所分摊的机器设备、原料等逐渐减少，技术供应将出现不足。因此，如果继续增加劳动投入，每增加一个单位的劳动所生产出来的产品必然少于前一单位劳动所生产的产品。这就是边际生产力递减规律。克拉克用边际生产力概念来解释工资水平，他认为，工人的工资水平是由最后追加的工人所生产的产量决定的。如果工人所增加的产出低于付给他的工资，雇主就不会雇用他；反之，如果工人所增加的产出高于付给他的工资，雇主就会增雇工人。只有在工人所增加的产出等于付给他的工资时，雇主才既不增加也不减少雇用的工人。

（五）供求均衡价格理论

英国剑桥学派的著名领袖、新古典经济学派的代表人物阿尔弗雷德·马歇尔在其名著《经济学原理》中以供求均衡价格论为基础，建立供求均衡工资论，从生产要素的需求和供给两方面来说明工资的市场决定机制。马歇尔认为，工资是劳动这个生产要素的均衡价格，即劳动的需求价格和供给价格相均衡的价格。从需求方面看，工资取决于劳动的边际生产力或劳动的边际收益产量。从供给方面看，工资取决于两个因素：第一，劳动力的生产成本，即劳动者养活自己和家庭的费用，以及劳动者所需的教育、训练费用；第二，劳动的负效用，或闲暇的效用。工资水平被认为是生产要素供给和需求两种力量作用的结果。马歇尔的收入分配理论是当时各种新旧分配理论的大综合，他既吸收了古典学派有关分配理论的思想，也吸取了边际学派边际革命的精髓。从一定意义上讲，马歇尔的收入分配理论奠定了经济学中工资理论的基础，之后的许多研究是在其市场工资决定机制的基础上展开的。

（六）集体谈判工资理论

所谓集体谈判，就是以工人集团即工会为一方，以雇主或雇主集团为另一方进行的劳资谈判。18 世纪以来，包括亚当·斯密在内的一些早期经济学家曾注意过集体谈判对工资决定的影响，但是由于当时工会的规模和影响都比较小，人们并没有给予更多的重视。第二次世界大战前后，工会势力在美国等发达资本主义国家迅速加强，许多未参加工会的工人的收入实际上受到工会活动的影响，因此，工会在工资决定中的作用受到了高度关注，集体谈判工资理论应运而生。对集体谈判工资理论做出重要贡献的经济学家包括被称为马克思主义学者的英国经济学家莫里斯·多布、美国经济学家邓洛普、张伯伦、厄尔曼和李斯等。

集体谈判工资理论认为，工资取决于劳动力市场上劳资双方的力量对比，是劳资双方在工资谈判中的交涉力量相抗衡的结果。在工业化早期，劳资双方的谈判是在个体之间进行的，后来由于工会力量发展壮大，劳资双方的谈判趋向于集体谈判方式，由资本家联合组织与工会组织通过集体谈判决定工资。在谈判中，双方均有工资的上限和下限。所以，工资谈判实际上是在工资上限和下限之间进行讨价还价，谈判结果接近上限还是下限，表面上看似乎取决于双方力量的对比，但实际上仍是经济因素在起作用，因为双方都要受到各种经济因素的制约。

（七）分享工资理论

麻省理工学院的马丁·魏茨曼在20世纪70年代提出了分享工资理论。魏茨曼教授认为，传统的资本主义经济的根本弊病不在于生产而在于分配，特别是雇员工资制度。在传统工资制度中，工人的工资同厂商的经济活动无关。由于工资固定，劳动成本固定，厂商按照利润最大化原则，对市场总需求的变化做出的反应总是在产品的数量方面，而不是在产品的价格方面。因为价格一般是按照成本加成方法确定的，成本不能变动，价格也就不能变动。一旦市场需求收缩，厂商只能减少生产，不能降价。因此，在市场收缩、产量减少时，必然出现工人失业。因此，魏茨曼认为，必须对现行工资制度进行改革，把工资经济改为分享经济，把固定工资改为分享工资，把工人的工资与企业的经济效益指标挂钩，建立随经济效益水平同比例增减的劳动报酬制度。这对解决通货膨胀问题、扩大就业和提高产量、激励工人、促进劳资相融都有积极的作用。

分享工资理论已经成为主流的工资理论。分享经济增长的红利、分享企业发展的好处，已经成为民众的基本共识。工人和雇主在劳动市场上达成的不再是规定每小时多少工资的合同，而是工人与雇主在企业收入中各占多少比例的协议。分享制度可能是单纯的，即雇员的工资完全取决于企业的业绩；也可能是混合的，即雇员的工资由有保障的工资和利润（或收入）分享基金两部分构成。大多数实际运行的分享制度把以时间为基础的保障工资和某些形式的利润分享结合起来。

（八）人力资本理论

古典经济学派的代表亚当·斯密在其《国富论》中初步提出了人力资本的思想。他认为：固定资本中包含所有居民或社会成员获得的有用的能力，这种能力是通过教育、培训和学徒过程获得的，一般需要付出现实的成本，因此，它可以被看作固定在个人身上的、已经实现了的资本。舒尔茨、贝克尔等经济学家认为，人力资本（human capital）是指劳动者受到教育、职业培训、实践经验、迁移、保健等方面的投资而获得的知识和技能的积累，是一种“非物力资本”。因此，与物质资本投资活动一样，人力资本投资以理性预期为前提，是未来收益的函数。

人力资本投资的收益体现在社会、组织和个体三个层面。在宏观社会层面，人力资本投资能够促进社会经济的发展；在组织层面，人力资本投资是提高组织绩效的有效手段；在个体层面，工资是个体人力资本投资收益的直接体现。知识、技能、能力等人力资本可以为其所有者带来工资等收益，因而形成了一种特定的资本。劳动者自身的人力资本投资越多，他的收益越高。将员工的收入与其人力资本投资挂钩的前提假设是，在完全竞争的劳动力市场上，拥有更多人力资本投资的员工拥有更高的边际生产率。事实上，只有当人力资本投资特别是教育投资的收益超过其直接成本（如教育投入）和间接成本（如机会成本）时，个人才会选择进行更多的人力资本投资。

（九）锦标赛理论

锦标赛理论由劳动经济学家拉齐尔和罗森共同提出。该理论认为：与既定晋升相联系的工资增长幅度会影响到位于该工作等级以下的员工的积极性；只要晋升的结果尚未明晰，员工就有动力为获得晋升而努力工作。因此，锦标赛理论鼓励拉开不同层次的职位之间的薪酬差距，这样下个层级的员工就会展开工作上的竞赛。如果优秀的员工胜出得以晋升到更高层级的职位，奖品就是丰厚的薪酬。因此，基于锦标赛理论设计的薪酬制度能够带来员工之间的竞争从而激活人才，但是也有可能因为过度竞争而削弱员工之间的合作。

二 管理学的激励理论

薪酬制度设计的一个主要目标是激励员工努力工作。通过满足员工的需要，激发人的动机、调动人的积极性，从而使工作更有效率。因此，我们必须思考一个问题：员工被什么激励？下文重点介绍比较经典的激励理论①及其对薪酬的指导意义。

（一）马斯洛的需要层次理论

马斯洛是第一个试图对人的需要进行综合分类的研究者。他假设每个人的内心都存在五个需要层次，分别是：生理需要，如吃、穿、住、用、性等一切生理上的最基本的需要；安全需要，是指保护自己免受生理和心理伤害的需要；归属需要，人是社会的一员，需要友谊和群体的归属感，人际交往需要彼此同情、互助和赞许；尊重需要，包括要求受到别人的尊重和自己具有内在的自尊心；自我实现需要，指个体成为他希望成为的人的内驱力，包括成长、自我开发潜能和自我实现。马斯洛把这五种需要分为高级和低级两个级别，生理需要和安全需要属于较低级的需要，另外三种属于较高级的需要。马斯洛认为只有当低级的需要得到满足以后，人才会有高级的需要。

马斯洛的需要层次理论对薪酬体系设计具有重要的指导意义。较高层级的需要通过内在报酬（如工作挑战性）满足，较低层级的需要通过外在报酬（如报酬、就业保障）满足。基本薪酬使员工的基本生理和安全需要得到满足后，员工会更加注重对工作本身的体验，职业兴趣、能力提升和职业发展的机会、尊重认可的企业文化等因素能够产生显著的激励效果。所以，薪酬制度的设计需要结合内在报酬和外在报酬。

（二）赫兹伯格的双因素理论

双因素理论（two-factor theory）也称激励-保健理论，由心理学家赫兹伯格提出。赫

① 本章中的激励理论主要参见斯蒂芬·P. 罗宾斯，蒂莫西·A. 贾齐. 组织行为学. 北京：中国人民大学出版社，2005。

兹伯格把管理质量、薪金水平、公司政策、工作环境和工作稳定性这些外部因素概括为保健因素。保健因素与工作不满意有关。一些内部因素如晋升机会、个体成长机会、认可、责任和成就等是激励因素。激励因素与工作满意相关。与传统观点不同，双因素理论认为满意的对立面是没有满意，而不是不满意；不满意的对立面是没有不满意，而不是满意。激励因素和保健因素是相互独立的。保健因素只能防止人产生不满情绪，但是不能激励人长期努力工作，而激励因素可以。

根据双因素理论，基本工资是保健因素，基本工资水平要高，否则员工会产生不满意；但是基本工资不属于激励要素，较高水平的基本薪酬能够消除员工的不满意，但是不会直接带来员工的满意。绩效薪酬设计应该与晋升、成长、认可等因素结合起来从而发挥激励因素的作用，提高员工的满意度。

观点碰撞

固定薪酬有激励效果吗?

赫兹伯格认为基本工资属于保健因素，基本工资的增加只能消除“不满意”但并不能产生“满意”的效果；而奖金属于激励因素，能够产生令人“满意”的效果，起到有效的激励作用。据此，许多管理者认为只有变动薪酬才对员工有激励效果。

实际上，较高的基本工资一样能够产生强大的激励效果。例如华为公司早年实行高薪战略，远高于市场水平的基本工资极大地提升了华为对优秀人才的吸引和保留能力，为华为的长期发展奠定了人才基础。一些学术研究表明，高水平的基本薪酬会使员工觉得自己的工作是有价值的，对组织是重要的，这种认知将提升员工的工作绩效和对组织的情感承诺（Gardner et al.，2004；Igalens and Roussel，1999）。还有一些研究表明，绩效工资对员工的激励作用可能远不如想象中的大，尤其是对知识型工作者而言（Pfeffer，1998；Thomas，2002）。甚至有研究显示，与员工的工作绩效和情感承诺具有正相关关系的是基本薪酬而非奖金（Kuvaas，2006）。

思考：基本薪酬和奖金对员工的激励作用是如何产生的？哪个激励效果更好？

（三）奥尔德弗的ERG理论

奥尔德弗修正了马斯洛的需要层次理论，他认为人们存在三种核心需要，即生存（existence）需要、关系（relatedness）需要和成长（growth）需要，简称ERG理论。生存需要和人的基本物质需要相关，与马斯洛的生理需要和安全需要相对应。关系需要包括人们生活和工作中所涉及的人际交往关系，与马斯洛的归属需要和尊重需要相对应。成长需要与个人发展和潜能开发相关，与马斯洛的尊重需要和自我实现需要相对应。与马斯洛的需要层次理论不同，ERG理论并不强调需要层次的顺序，它表明在同一时间可能有不止一种需要在起作用。在某种需要得到基本满足后，其强烈程度不仅不会减弱，还可能会增强。ERG理论还提出了“受挫-回归”的思想，即当较高级需要遭受挫折时，个体可能会退而求其次，增加对较低层次需要的追求。

根据ERG理论，奖励计划的制定一定要考虑不同员工的不同需要，同一员工可能存在不同需要。企业需要同时实施物质激励、事业激励和情感激励，以满足员工的生存、关系和成长需要。

（四）麦克利兰的成就动机理论

成就动机理论由戴维·麦克利兰及其合作者提出。该理论主要关注三种需要：成就需要、权力需要和归属需要。成就需要（need for achievement）即对杰出标准的挑战行为，是一种追求卓越、争取成功的内驱力；权力需要（need for power）即控制环境、影响他人行为和对他人负责的需要；归属需要（need for affiliation）即与他人建立并维持友好亲热关系的欲望。

成就动机理论主要关注员工较高层次的需要。随着社会的发展，高层次需要开始在员工的需要中占据越来越重要的位置，这时候单纯依靠货币薪酬激励很难调动高层次员工的积极性。因此，企业需要采用总报酬模型来激励员工，并且要做到因人而异。比如，为具有成就需要的员工设置具有挑战性的工作目标，以增加员工的工作自主性等。另外，薪酬激励只有和其他人力资源管理手段结合使用，才能最大化地激励员工创造高绩效。

（五）亚当斯的公平理论

公平理论（equity theory）又称社会比较理论，由美国心理学家约翰·斯塔希·亚当斯于 1965 年提出。亚当斯认为，员工的积极性取决于他所感受到的分配上的公平感，而公平感取决于社会比较或历史比较。社会比较是指员工将所获得的报酬（包括物质上的金钱、福利和精神上的受重视程度、表彰奖励等）与自己工作的投入（包括自己受教育的程度、经验、用于工作的时间、精力和其他消耗等）的比值和他人的这个比值进行比较。历史比较是指员工将所获得的报酬与自己工作的投入的比值同自己在历史上某一时期的这个比值进行比较。当社会比较或历史比较的结果表明收支比率相等时，员工便会感觉受到公平的待遇，因而心理平衡，工作努力；当认为自己的收支比率过低时，员工会产生报酬不足的不公平感，并产生挫折感甚至破坏心理；少数时候，员工会因认为自己的收支比率过高而产生不安的感觉或感激心理。

公平理论要求组织在进行薪酬分配时注重员工通过比较而得出的相对公平。这就要求组织清晰界定什么是组织期望的投入和绩效，以及这种绩效和回报之间的联系，要让员工相信通过自己的工作投入能够影响到自己的绩效。同时，各级管理者要注重和员工之间的薪酬沟通，避免员工因为选择不合理的比较对象而产生不公平感。

（六）强化理论

强化理论是美国心理学家和行为科学家斯金纳、赫西、布兰查德等人提出的一种理论，也称为行为修正理论或行为矫正理论。强化理论认为人或动物为了达到某种目的，会采取一定的行为作用于环境。当这种行为的后果对他有利时，这种行为就会在以后重复出现；不利时，这种行为就会减弱或消失。人们可以用这种正强化或负强化的办法来影响行为的后果，从而修正其行为。

在管理上，正强化就是奖励那些组织需要的行为，从而加强这种行为；负强化就是惩罚那些与组织不相容的行为，从而削弱这种行为。正强化的方法包括奖金、对成绩的认可、表扬、给予学习和成长的机会等。负强化的方法包括批评、处分、降级等，有时不给予奖励或少给奖励也是一种负强化。因此，薪酬体系设计一定要明确加薪、奖金与员工的行为和绩效之间的关系。对于组织希望看到的员工行为，应该通过加薪、奖金等方式进行正强化；对于组织不希望看到的员工行为，应该通过减少奖金甚至惩罚的方式来进行负强化。另外，报酬支付的时间很重要，即奖励或惩罚一定要及时。

（七）目标设置理论

目标设置理论最早是由美国马里兰大学的管理学和心理学教授洛克于 1968 年提出来的，主要用于解释个体在工作情境中的动机行为和绩效。该理论的前提假设是：人类的活动是有目的的，它受有意识的目标的引导。个体的工作表现之所以不同，是因为他们为自己设置了不同的绩效目标。洛克认为，为了达到目标而工作是工作动机的主要激励源之一，目标可以告诉员工目前要做的事情以及需要为此付出的努力；明确具体的目标能够提高工作绩效，富有挑战性的绩效目标会提高员工绩效的强度和持久度；目标设定以后，及时给予员工反馈有助于提高员工绩效。

该理论对绩效工资体系的设计具有指导意义。绩效目标应该是具体的和富有挑战性的，绩效工资一定要和目标及其完成情况紧密结合，并且及时给予员工反馈。该理论还强调参与管理，让员工参与目标制定过程将有助于员工接受任务并认可奖励计划。

（八）委托代理理论

20 世纪 30 年代，美国经济学家伯利和米恩斯最早注意到所有权和控制权分离的命题，为委托代理理论的发展奠定了基础。20 世纪 60 年代末 70 年代初，一些经济学家（威尔逊、史宾斯、罗斯等）开始深入研究企业内部的信息不对称和激励问题，委托代理理论自此逐渐发展起来。该理论的主要内容包括：由于现代企业所有权和经营权是分离的，企业所有者和经营者形成了委托代理关系，二者各自追求利益最大化。代理人为了满足个人需求可能会产生机会主义行为，从而危害委托人的利益。企业所有者即委托人为了维护自身利益，要加强对代理人的监督，为此要付出监督成本。但是委托人和代理人之间存在信息不对称的问题，这会带来高昂的监督成本。因此，对代理人的激励成为委托代理理论要解决的一个问题。

降低代理成本可以从两个方面考虑：一是进行内部制度安排，包括建立监督机制和激励机制。比如，让高级管理人员承担股东承担的风险，在决策时考虑股东的利益。为此，很多大公司采用股票期权、限制性股票等长期激励方案，将高级管理人员的利益与股东的利益联系在一起。二是完善市场体系和信用体系，进行外部环境约束，使得职业经理人承担机会主义行为带来的个人信用降低的风险。

（九）人性假设相关理论

道格拉斯·麦格雷戈提出了 X 理论和 Y 理论两种完全不同的人性假设。X 理论在整体上对人性持消极观点，认为员工生来不喜欢工作，只要有可能，他们就会逃避工作。因此，必须采取强制和控制措施或采用惩罚威胁的方式才能实现目标。与 X 理论相反，Y 理论认为员工视工作如同休息、娱乐那样自然；如果员工承诺完成某个目标，他就会进行自我引导和自我控制；人们通常能学会承担责任，甚至会主动寻求责任；人们普遍具有做出创造性决策的能力，并不仅是管理者才具备该能力。

在 X 理论和 Y 理论的基础上，研究者继而提出了 Z 理论和超 Y 理论。日本学者威廉·大内在比较了日本企业和美国企业的不同管理特点之后，提出了融合东方文化特性的

Z 理论。Z 理论强调管理中的文化特性——主要由信任、微妙性和亲密性组成。Z 理论崇尚以人为本的管理方式，提倡在员工管理中根据企业的实际状况灵活掌握制度与人性、管制与自觉之间的关系，因人而异地实施最符合企业利益和员工利益的管理方法。超 Y 理论是美国管理心理学家约翰·莫尔斯和杰伊·洛希根据“复杂人”的假设，在对 X 理论和 Y 理论进行实验分析比较后提出的。该理论认为，没有普遍适用的最佳管理方式，必须根据组织内外环境自变量与管理思想及管理技术等因变量之间的函数关系，灵活采取相应的管理措施，管理方式要适合工作性质、成员素质等。

X 理论假定较低级的需要支配个体行为，因此必须提供适当的固定薪酬以保障个体的生存需要。同时，最有效的激励手段是金钱刺激，管理的目的是提高生产率而不需要考虑人性因素。与之相对应，Y 理论、Z 理论和超 Y 理论都为发挥薪酬管理的激励作用提供了更多的思考角度。对员工的激励并非仅仅是工作任务和单纯的奖惩，还包括个人的情感、需求和动机。因此，在薪酬设计中应结合经营战略、企业文化和个体需要等多方面的因素。

小资料

经济学的“理性经济人”假设

尽管管理学有 X 理论、Y 理论、超 Y 理论等诸多人性假设理论，但经济学对人性的基本假设都是“理性经济人”，即人作为经济决策的主体都是理性的，所追求的目标都是使自己的利益最大化。简言之，消费者追求效用最大化，厂商追求利润最大化，要素所有者追求收入最大化，政府追求目标决策最优化。理性经济人的来源可以追溯到经济学鼻祖亚当·斯密在《国富论》中所阐述的观点，他认为人只要做“理性经济人”就可以了，“如此一来，他就好像被一只无形之手引领，在不自觉中对社会的改进尽力而为。在一般的情形下，一个人为求私利而无心对社会做出贡献，其对社会的贡献远比有意图做出的大”。

在企业管理中，如果以理性经济人观点来理解人的行为，则可以认为无论是管理者还是员工，每个人都是在综合考虑各种行为的成本和收益的基础上做出实现个人收益最大化的行为和决策。当然，这里讲的利益未必都是货币收入，可以理解为一种效用。每个人的效用函数是不同的，有的人更喜欢钱，有的人更喜欢荣誉，有的人更喜欢工作挑战性，等等。什么可以改变个人的行为？如果将员工看作理性经济人，则可以通过制度设计明确界定员工不同工作以及行为的成本与收益。对于对组织战略目标和发展方向有利的行为，需要提高其收益并降低其成本；相反，对组织不利的行为，则需要提高其成本并降低其收益。当组织中的所有员工都在为自我利益最大化做出决策和选择时，这些行为恰恰最能够支持组织发展目标的实现。

第 3 节　薪酬设计的基本原则和流程

薪酬体系设计需要遵循“公平”和“匹配”两大基本原则，从而实现人才吸引、激励和保留的目标，对企业的发展战略起到重要的支撑作用。公平原则包含外部公平、内部公平、员工公平和程序公平；匹配原则包含纵向匹配、横向匹配和类型匹配。

一 薪酬设计的公平原则

如图1-4所示，外部环境和组织发展战略决定了企业薪酬体系设计希望达到的目标，进而通过薪酬战略和制度的设计吸引、激励和保留组织发展所需要的人才。为了实现这些目标，薪酬体系设计需要注重员工的公平感。公平感会显著影响员工的工作满意度、组织公民行为、离职意向和工作绩效等。

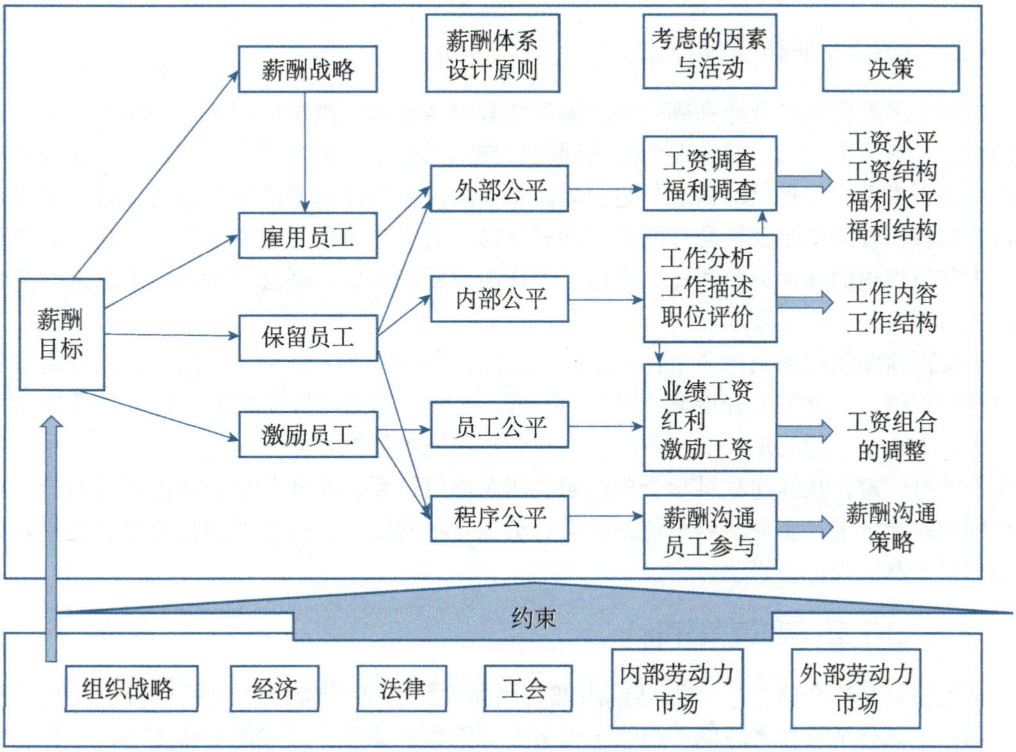

图1-4 公平原则下的薪酬体系设计框架

在现实中，员工通常会将自己的薪酬与不同的参照对象进行比较，包括与组织外部的市场水平比（外部公平），与组织内部的其他岗位比（内部公平），与同一岗位上的不同任职者及自己的期望比（员工公平），这些比较的结果决定了员工能否从薪酬中获得公平感。另外，员工对薪酬分配过程是否公平的判断（程序公平）也会影响公平感。在薪酬设计中，为了让员工感知到外部公平、内部公平、员工公平和程序公平，需要重视市场薪酬调查、职位评价、绩效评价、薪酬沟通等方面的工作。

（一）外部公平和市场薪酬调查

外部公平原则是指在确定特定岗位薪酬时需要考虑组织外部类似岗位的薪酬水平。它强调的是薪酬水平在劳动力市场上的外部竞争力。薪酬水平太低会导致薪酬缺乏外部公平性，从而很难吸引到优秀的求职者，造成现有人才的流失。但薪酬水平过高会增加企业的劳动力成本，从而降低企业的产品或服务在市场上的竞争力。当然，一些企业的基本薪资可能比其他企业低，但这些企业同时向员工提供其他报酬，包括高额的绩效奖金、良好的福利、和谐的人际关系、有吸引力的培训机会等，从而保持企业对优秀人才的吸引力。

实现外部公平的关键是企业首先要了解不同岗位在市场上的薪酬水平和薪酬组合，这主要通过市场薪酬调查来实现。薪酬调查是企业了解和分析其他企业的薪酬水平、薪酬组合等状况的一个系统过程。通过薪酬调查了解到的市场和其他企业类似岗位的薪酬信息可以为本企业的薪酬决策提供重要参考。一些专业咨询公司和薪酬调查机构、专业协会以及政府机构会定期进行地区、行业和职业薪酬调查并公布结果。企业可以利用这些调查报告来获取相关岗位在劳动力市场上的薪酬信息，确保薪酬的外部公平性。

（二）内部公平和职位评价

内部公平原则是指企业在确定特定岗位薪酬时需要考虑组织内部不同岗位在相对价值上的差异。该原则强调的是企业内部不同岗位或不同技术等级之间薪酬差距的可比性和合理性。员工常常会将自己的薪酬与组织内部不同岗位上的任职者的薪酬进行比较，如果员工认为这种比较结果是公平合理的，则满意度高，员工愿意留在组织工作；相反，如果员工认为和组织内的其他岗位相比，自己的工作岗位薪酬偏低，则会产生不公平感进而降低工作努力程度甚至产生离职意向。

要实现薪酬制度的内部公平，组织必须采用一种科学的方法确定不同工作岗位对组织的贡献和价值，这就需要开展职位评价（岗位评价）。职位评价是根据工作承担的职责内容、责任大小、技能要求高低、劳动强度和劳动环境等报酬要素，对企业中不同职位的相对价值进行评定，从而建立科学合理的职位相对价值体系，在此基础上确定不同职位的薪酬级别和薪酬水平。企业实施职位评价后，员工对不同职位价值差异的接受性会提高，更容易获得薪酬的内部公平感。

（三）员工公平和绩效评价

员工公平又称个体公平。如果说内部公平主要解决不同岗位之间相对价值比较的问题，那么个体公平重在考虑同一岗位上的劳动者因为个体差异形成的薪酬差异。个体公平感来源于员工将自己的薪酬与企业内部相同职位的其他员工的薪酬进行比较的结果，也可以是员工将自己目前的薪酬同自己过去的薪酬或自己期望的薪酬进行比较的结果。当员工获得个体公平感时，就会产生满意感并进入积极的工作状态；反之，员工的工作积极性就会受到影响。

科学公正的绩效评价是实现员工公平感的前提。同样的岗位上可能有许多不同的任职者，尽管岗位价值相同，但由于个人的能力、努力程度等的差异，员工的绩效水平或为企业所做的贡献并不一致。甚至对同一个员工而言，即便在相同的岗位上，在不同任职期间，也会因为个人能力水平、努力程度等的差异导致不同的绩效水平。因此，企业需要对不同任职者的工作绩效进行合理评价，并且将这种评价结果与其薪酬挂钩。通过这些制度设计，让工作努力、能力强、绩效优秀的员工获得更多的回报，从而使员工获得公平感。

（四）程序公平和薪酬沟通

上述三种公平尽管参照系不同，但都是结果公平。然而，分配结果并不存在绝对的公平，员工对分配结果公平性的感知很大程度上取决于他们对“为什么是这种结果？这种结果是如何得出来的?"等问题的判断。也就是说，员工对分配的过程或程序的感知会影响员工对分配结果是否公平的判断。如果员工认为分配程序是公平的，通常会提高员工对薪酬结果的接受度，员工对企业管理者也更加信任，会更忠诚地为企业工作。一旦发现分配程序不公平，员工就会对分配结果产生怀疑和不满，从而降低工作的努力程度甚至离职。

因此，在薪酬管理中，管理者必须充分认识到程序公平的重要性，而沟通是提高员工程序公平感的重要手段。管理者需要重视与员工之间的薪酬沟通，向员工宣传解释薪酬方案，使员工能够清楚了解企业的薪酬体系，让员工明白如何努力工作能够获得更多的薪酬收入；对员工在薪酬问题认知上的片面之处，及时予以合理解释和正确疏导；在薪酬计划的设计与实施中充分考虑员工的意见，增加员工在薪酬管理中的发言权，让他们有机会表达自己的意见，允许员工对不公平的薪酬分配过程与结果进行申诉等。

即时案例

宜家的薪酬福利体系

作为全球最大的家具及家居用品零售商之一，宜家的经营业务遍及全球几十个国家和地区，拥有超过12万名员工。成本主义是宜家的理想、商业理念和概念基石，深入经营方式、产品生产和企业管理等各个方面。甚至有报道称，宜家总裁兼CEO（首席执行官）到访上海时，同宜家的任何海外出差员工一样，机场无人迎接、自行打车到公司并入住公司附近的全球员工统一规格的三星级宾馆。

宜家在全球有明确的薪酬福利定位。薪资方面，宜家把自己定位在零售业市场的50%分位上，福利定位在跨国公司的50%分位上。但宜家的“吝啬”并没有影响员工的热情，宜家的员工流失率近年来一直维持在10%左右，远低于同行业26%的平均水平。宜家中国区人力资源总监在接受采访时说：“我们在薪酬福利体系公布之前必须和员工做好沟通，告诉员工为什么是这样的待遇，公司这样设计的理由等，力争员工对公司的薪酬福利体系有起码的了解。”宜家的员工对公司的薪酬福利体系有任何问题都可以随时与人力资源部门进行沟通，他们一般会得到如下解释。首先，员工会被告知宜家的工资在市场上的定位是中点，因此员工会了解到在宜家这样一家跨国企业中，为何他的基本工资还不如一些规模较小的企业里的同职位员工。其次，员工会知道为何将工资定位在中点：第一，宜家有更好的学习机会和发展机会，针对不同的员工有不同的管理方式，再加上各式各样的福利措施，宜家的实际待遇并不低。第二，宜家中国区成立的时间较晚，在中国市场中只是一个处于快速发展时期的中小企业，这个定位实际上是考虑企业所处的位置和发展阶段后所决定的。最后，员工会被告知其待遇与自己在公司的表现是紧密相关的，公司会为每位员工设定一个目标，有一整套完善的评估体系来评估其表现。如果工作出色，员工会得到各种发展机会，从而带来显性工资的提升。

除了反映在财务上的工资、奖金和补贴，宜家全面的薪酬福利体系还包括公司为员工提供的培训等发展机会、企业文化、工作与生活的平衡以及公司的整体运行环境等。宜家相信，员工发展的主要动力在于每个人都需要学习更多东西，而积累经验的机会与工资收入并不是那么直接相关。因此，宜家给员工提供了许多学习机会，如向员工公开职位空缺信息，促进员工思考和衡量自己的能力与需要学习的地方并管理自己的职业发展。同时，宜家将多样性视为企业文化的一部分，其多样性不仅包含种族、性别等先天因素，还包括教育背景、思维与表达方法、语言等后天因素。针对不同文化背景的人，宜家的要求和管理方式不尽相同。在工作环境方面，宜家为员工提供了一个有弹性、舒适、良好、人性化的工作环境，员工可以按照自己喜爱的风格装饰办公室。对于办公室的员工来说，他们可以自由分配工作时间；对于门店的员工来说，宜家不鼓励加班，因为公司认为过高的工作强度再加上家庭的压力，会对员工的工作状态产生负面影响。

资料来源：郑指梁，吕永丰．合伙人制度——有效激励而不失控制权是怎样实现的．北京：清华大学出版社，2017.

思考：宜家的薪酬福利水平在同行业和跨国企业中并不高，为什么员工能够获得薪酬的公平感和满意度？

二 薪酬设计的匹配原则

（一）纵向匹配

企业的薪酬体系设计受到企业内外部各种因素的影响。这些因素既包括政治、经济、文化、法律和劳动力市场环境等外部因素，也包括企业的发展战略、组织结构、发展阶段、文化等内部因素。这些因素相对薪酬体系而言，属于组织和环境层面更高级的纵向因素。纵向匹配原则是指薪酬体系的设计只有与组织的纵向因素相匹配，才能帮助企业赢得竞争优势。当然，在这些纵向因素中，企业的发展战略最为关键，因为企业战略本身就需要考虑外部环境和企业发展阶段的要求，而组织结构、企业文化等因素必须与企业战略相匹配。所以，纵向匹配原则的核心要求是薪酬体系能够支持企业战略目标的实现。

1. 环境对薪酬战略的影响

任何组织都存在于不断变化的环境之中。尽管薪酬是企业层面的决策，但是很显然企业关于薪酬的诸多决策会受到外部环境的制约。这些外部环境因素包括国家文化、法律制度、劳动力市场、产业环境、竞争对手的薪酬战略等。

微观组织的薪酬制度影响着社会财富如何在不同群体和阶层之间进行初次分配，因此，国家和政府往往会通过立法对企业的收入分配加以指导，如劳动法、最低工资立法、CEO 限薪法案、社会保险缴纳规定、国有企事业单位的工资规定、加班费的规定等。所以，企业的薪酬体系首先需要遵守国家和地区的相关法律法规和条例规定。经济环境也影响着企业的薪酬决策，比如企业往往把物价和通货膨胀作为工资调整的重要参考因素。劳动力市场和薪酬的关系则更加密切。在劳动力市场供大于求的情况下，企业的工资水平就会低一些；相反，如果劳动力市场供不应求，企业会通过调整工资、奖金、福利等决策来吸引优秀人才。一个国家和地区的文化也会影响企业的薪酬决策。比如在北欧，员工之间的工资差异很小；而在有些国家，员工比较认可根据个体绩效差异拉开收入差距。总而言之，企业的薪酬体系需要和公司外部的环境保持一致，这样才具备可行性。尤其是对跨国公司而言，薪酬体系的设计不能与东道国的政治、经济、法律和文化环境产生冲突。

2. 企业发展阶段对薪酬战略的影响

根据企业生命周期理论，企业发展阶段划分为初创期、快速成长期、成熟稳定期和衰退期。企业在不同发展阶段的产品和市场战略取向的变化必将影响薪酬战略。

在初创期，企业产品的知名度和市场占有率低，企业对人才的吸引力弱，所以薪酬需要具有较强的外部竞争性才能吸引和留住人才。同时，初创期的企业在组织架构和职位职责方面尚不明确，常常存在一人多职或职责交叉的现象，因此薪酬设计的重点是淡化内部公平性。另外，在初创期，企业的现金流尚不宽裕，基本工资和福利所占的比重相对较小，而绩效奖金所占的比重相对较大，同时，股权等长期激励方式是吸引和留住核心人才的有效手段。

在快速成长期，企业的主要业务流程及组织架构日趋稳定，企业逐渐进入规范化管理阶段，开始重视薪酬体系的内部公平问题，建立以职位为基础的规范的薪酬体系成为可能。同时，随着企业的快速发展，对优秀人才的大量需求要求企业薪酬必须具备较好的外部竞争性，因此薪酬水平提高较快。在薪酬构成上，产品在市场上的发展带来了稳定增加的现金流，因此企业开始适当提高基本工资和福利。同时，企业正处于扩张状态，鼓励个人贡献和业绩，因此绩效奖金的比重仍然较大。这一时期许多企业的投资进一步加大，为了尽量减少现金支出，企业依然会强调长期激励对人才吸引和保留的重要性。

当企业进入成熟稳定期后，企业的规模和市场占有率都达到最佳状态，企业及产品的社会知名度很高，现金流也比较宽裕。这个阶段的企业在薪酬水平上已经具有较强的外部竞争性，雇主品牌对人才的吸引力增强，因此薪酬水平趋向稳定。更为重要的是，该阶段企业对优秀人才的获取从外部劳动力市场转向企业的内部劳动力市场，人才培养得到重视。在薪酬结构上，企业支付给员工的基本工资很高，福利也多，绩效奖金和长期激励则相对较少。另外，这时候企业必须强调组织效率和团队协作，要特别重视体现团队贡献的团队薪酬。

当企业进入衰退期后，市场占有率和利润大幅下降，企业应采取收缩战略，有效控制业务成本并有计划地培育新的增长点。本阶段，业绩不佳的员工可能被辞退。由于业务衰退，企业优秀员工的离职意向开始增加。为了留住原有的优秀人才，同时招聘开拓新业务需要的新人才，企业的薪酬水平仍然需要具备较强的市场竞争力。在薪酬结构上，由于业务衰退和股价下跌，强调个人的绩效奖金和长期激励对员工而言已经缺乏吸引力，较高的基本工资和福利是明智的选择。

3. 竞争战略对薪酬战略的影响

为了获得成功，企业往往需要制定竞争战略或经营战略。比如，迈克尔·波特将竞争战略划分为成本领先战略、差异化战略和聚焦战略。竞争战略会影响企业的薪酬设计。

推行成本领先战略的企业强调将成本控制至最低点，严格控制研发、生产、采购、销售等活动的成本，同时注重生产效率的不断提高和工作专业化的设计。组织结构多为集权，部门的独立性相对较弱，工作岗位职责比较明确，要求员工在指定的工作范围内具备适度的能力，不要求过多的创新与突破。因此，在设计薪酬体系时，应该注重考虑竞争对手的劳动力成本、生产效率、系统控制和工作要求等因素。薪酬以基本工资和基于绩效的短期奖金为主，建立基于成本的薪酬决定制度，实行集权式的薪酬管理。

推行差异化战略的企业通过使产品或服务在质量、设计、品牌形象等方面具有独特性来提升竞争力。采用此种战略的企业一般处于不断成长与创新的环境中，重视员工的创新，生产技术较为复杂；业务之间的界限比较明确，各部门的自治性较高，各部门有适合自己的薪酬政策。企业倾向于与员工建立长期的工作关系以留住核心人才，对员工的培训投资力度较大。在此背景下，企业注重员工技能、团队绩效和长期绩效。因此，薪酬制度强调技能工资、团队奖金和长期激励，实施分权式的薪酬管理。

聚焦战略是指企业生产经营单一产品或服务，或者将产品及服务指向特定的地理区域、特定的顾客群。企业以满足顾客需求为中心，要求不仅满足顾客现有需求，而且深入挖掘顾客的潜在需求。聚焦战略的实施以专业化技术为前提，要求企业在特定的技术领域保持领先地位，对员工的主动性与创新性都要求极高。在薪酬制定上，企业通常给技术人员支付超过市场薪资水平的薪酬，以提高技术人员的工作积极性，激发他们的创造性，增加他们对企业的忠诚度。在薪酬结构上侧重股票期权等长期激励方式；同时，企业提供丰富的社会福利和保险等，以吸纳和留住更多优秀的技术人员。

还有学者认为经营战略的两种表现形式是成长战略和维持战略。成长战略强调创新、风险承担以及新兴市场开发，薪酬体系设计的重点是激励薪酬而不是固定薪酬。企业可以在短期内提供较低的固定工资，同时实行绩效奖金或股票期权等计划，从而使雇员在长期内得到慷慨的回报。采用成长战略的企业在薪酬决策中倾向于分权，部门具有更大的灵活性。相反，采用维持战略的企业需要的是一种极为不同的薪酬体系，因为这种企业的增长率较低、劳动力队伍较为稳定，薪酬的重点在于基本工资和福利，薪酬政策强调内部一致性、决策的连续性和管理的标准化。

现实中企业的战略可能更加具体。但思考薪酬问题的内在逻辑是一样的。图 1－5 有助于我们更深入地理解企业薪酬战略如何与企业战略匹配。在薪酬战略的制定中，首先要明确企业的总体战略：企业应该经营什么，企业准备进入哪些行业。其次要从事业部或业务单元的层次来分析，为确保企业在特定行业的竞争中获胜，应该确定企业要靠什么来赢得竞争：低成本，产品差异化还是其他一些竞争战略。为了推动经营战略的实施，企业需要什么样的核心人才和核心能力？企业应该制定什么样的人力资源管理战略？企业的人力资源部门应该做哪些辅助工作和配合？明确企业的人力资源管理战略后，相应的薪酬战略是什么？如何构建基于薪酬战略的薪酬制度和薪酬体系？通过战略性薪酬体系影响和改变员工的态度和行为，激励员工尽最大努力为企业做出贡献，帮助企业赢得竞争优势。

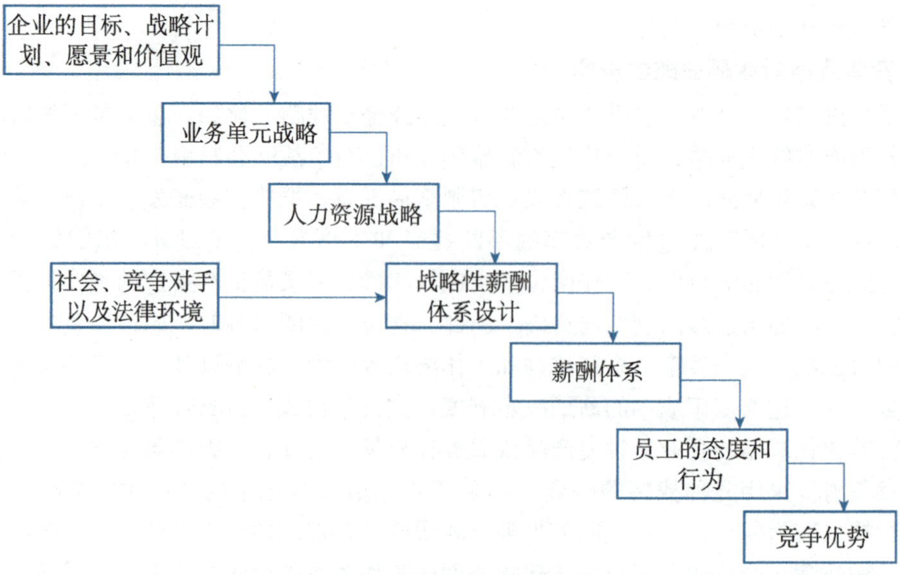

图 1－5　基于战略的薪酬体系

资料来源：乔治·T. 米尔科维奇，杰里·M. 纽曼．薪酬管理：第 6 版．北京：中国人民大学出版社，2002：25.

即时案例

格兰仕的质量战略和薪酬设计

广东格兰仕集团有限公司（以下简称格兰仕）是世界上最大的微波炉制造商之一。自1978年创立至今，它由一个7人创办的乡镇小厂发展成为拥有近5万名员工的跨国综合性白色家电集团。格兰仕的产品生产线遵循严格的质量管理流程，每一条生产线都有工序自检、互检、成品全检以及抽检四个环节。这些质量控制措施还与企业的员工管理和薪酬制度挂钩，从而使质量管理成为每个人的责任。那么，格兰仕的薪酬制度中究竟有哪些独特的设计？

在格兰仕的微波炉组装线上，每个岗位的说明书都贴在员工操作台的正前方，对所有生产线员工的考核都以现场公开考核的方式进行。下一道工序的员工要负责检查上一道工序的半成品，并在质量跟踪单上如实记录，这些记录最终构成员工奖惩的基础。具体来说，微波炉总装车间生产线上员工的基本工资由岗位工资和奖罚项目组成，以分数表示。岗位工资分数与工序对应，奖励分来源于发现上一工序的错误，扣罚分来源于出现质量问题的返工扣罚和违反车间管理规定的平时表现扣罚。也就是说，如果员工发现上一工序的不良品就能获得奖励分；如果该员工流出的不良品被下道工序的员工发现就会被扣分。每个月，企业根据员工的岗位基本分和考核结果确定每个员工的总得分，再以产品的市场效益确定每一分值对应的金额。除基本工资外，车间每月评选优秀线长、维修能手、调门高手、质量卫士、装配能手和服务之星，为员工提供内在激励。今日之星和优秀员工还可以获得当月的奖金。此外，格兰仕为普通员工提供月度生产线分红和年终奖。

资料来源：康荣平，柯银斌．格兰仕集团的成长、战略与核心能力．管理世界，2001（1）：189-195.

思考：格兰仕的薪酬设计是如何支持“使质量管理成为每个人的责任”的战略目标的？

（二）横向匹配

薪酬设计的横向匹配，是指薪酬体系需要同职位体系、绩效管理、培训开发、员工职业发展等其他人力资源模块相互补充、相互支持，形成一个整合的系统，这样薪酬的有效性才能得以体现。因此，当企业设计薪酬体系时，需要考虑薪酬模块与人力资源管理其他模块之间的匹配性，以体现出“系统”的激励效果。

1. 薪酬与职位（能力）体系的关系

薪酬管理需要建立组织内部的价值分配规则，这种规则建立在对不同职位或能力的价值进行科学评价的基础上。因此，一个组织的职位体系或能力体系是建立薪酬等级的前提。基于职位的薪酬体系要求组织的职位结构稳定，每个职位的职责和任职资格清晰明确，这样职位的价值评估才可以成为组织价值分配的基本依据。基于能力的薪酬体系要求对组织和岗位所需的各种能力进行界定，对能力进行分类分级，根据员工所掌握的具体能力类型和等级支付薪酬。总而言之，职位薪酬要求组织结构和职位体系具备一定的稳定性，能力薪酬要求企业的能力体系具备一定的稳定性和可衡量性。相反，若企业的职位或能力体系划分不合理，边界模糊，那么在给不同职位或不同能力水平的员工定薪时必然会存在困难，无法提高员工的薪酬公平感和激励效果。

2. 薪酬与绩效的关系

薪酬设计同样需要企业绩效管理体系的支持。员工绩效评价既是员工基本薪酬调整的依据，也是奖金分配的依据。价值评价和价值分配是企业人力资源管理的核心内容。可以说，薪酬是绩效结果的具体应用，绩效是薪酬支付的重要依据。企业实施的不同类型的薪酬方案需要相应的绩效管理体系作为支撑。短期奖金的分配需要以员工短期的绩效考核结果为依据，团队奖金方案的实施需要以团队的绩效目标完成情况为依据，长期激励方案的实施需要以对管理者和组织的长期绩效评价结果为依据。可见，如果没有相应的绩效管理方案，薪酬支付就失去了依据，就不能发挥薪酬对绩效的推动作用。同理，如果绩效考核结果没有和员工的薪酬挂钩，容易导致考核流于形式。

3. 薪酬与招聘和配置的关系

薪酬与员工的招聘和配置也存在联系。薪酬水平高的企业在招聘上会更加严格，并尽量降低员工的流失率，因为只有招聘到高生产率而且稳定的员工队伍，才能弥补企业的高人工成本。有的企业重视内部人才培养，这种企业在薪酬体系上可能更加注重内部公平性和员工资历等因素。有的企业的薪酬中变动工资占较大比重，通常意味着企业在招聘中更加偏好敢冒风险和崇尚绩效主义的人才，因为高变动工资更能吸引具有这种特征的求职者。有的企业的薪酬设计采用市场跟随策略，这意味着企业可能不会雇用对薪酬要求很高的求职者，因为即便录用了也面临着流失的风险。另外，组织内部对人才的合理配置是薪酬体系发挥激励作用的重要条件。人才配置合理，组织内部的人岗匹配程度高，这种情况下能力强的员工更可能获得与自身价值相符的报酬。如果一个组织的人才配置不合理，则意味着能力弱的人会因为被分到某个待遇优厚的岗位上而拿到高薪酬，这容易让员工对“就岗不就人”职位薪酬体系的公平性产生怀疑。

4. 薪酬与员工培训和职业发展的关系

组织的薪酬体系还需要和员工的培训及职业发展通道的设计相匹配。因为薪酬设计是建立在企业对职位或能力等级进行合理划分的基础上的，而培训是员工职位晋升和能力提升的重要手段。以基于职位的薪酬设计为例，组织需要设计合理的可供员工晋升的职位等级和通道，使从事每类工作的员工都有职位晋升的机会和空间，这样的薪酬设计对员工而言才具有激励效果。相反，如果员工的职位发展通道受限，就需要考虑设计宽带薪酬，使员工在职位等级没有变化的情况下能够根据能力和绩效结果获得加薪。因此，企业的薪酬设计和员工职业发展通道的设计需要相互配合。

5. 薪酬与员工关系管理的关系

薪酬与员工关系管理同样存在着密切的联系。薪酬管理本质上是将企业创造的价值在员工与企业之间进行分配。如果薪酬体系设计不合理，那么价值分配产生的矛盾必然会影响员工与企业之间的关系。事实上，企业与员工最容易就薪酬相关问题产生矛盾。《中国劳动统计年鉴 2015》的数据显示，2014 年全国共受理劳动纠纷案件 715 163 起，其中 258 716 起是劳动报酬纠纷，占比高达 36.2%。如果企业拥有科学的薪酬体系，那么合理的价值分配就会成为巩固雇主与员工心理契约的有力手段，薪酬体系所传递的企业文化、价值观念可以更好地为员工接受，有利于打造良好的雇主品牌。员工关系管理也有助于薪酬方案的顺利推行，提高员工对薪酬的满意度。和谐的劳资关系塑造了良好的工作环境，也是企业总报酬的一部分，同样可以起到吸引、激励和保留员工的作用。

观点碰撞

年功序列工资制有激励效果吗？

年功序列工资制是日本企业根据员工年龄和工作年限的增长，逐年为员工增加工资的一种工资制度。年功序列工资制本质上是一种论资排辈的工资制度。现代管理理念通常认为论资排辈的工资制度易与员工的能力脱节，容易滋生不公平感，不利于激励员工尤其是能力较强的新员工。但是，在20世纪50—70年代的日本，年功序列工资制发挥了很好的激励作用，对日本经济的腾飞起到重要的作用。这是为什么？

一方面，日本的家庭主义传统促使企业与员工建立紧密的情感纽带并尊重为企业奉献多年的老员工。同时，日本经济在20世纪50—70年代的飞速发展使得劳动力供给严重不足，为了留住老员工，稳定熟练工人队伍，日本企业开始普遍实行年功序列工资制。

另一方面，日本企业的年功序列工资制与终身雇佣制有着千丝万缕的联系。20世纪六七十年代，日本企业的终身雇佣制开始流行，日本政府通过立法强化了这一趋势。在此背景下，除非员工有严重的过错，否则企业将终身雇用员工，让员工无后顾之忧。因此，即使员工年轻时薪水不高，随着年龄的增长，他必定会在未来获得丰厚的报酬。这样一种由稳定的雇佣关系带来的积极预期是年功序列工资制可以发挥激励作用的关键。源于稳定的雇佣关系，日本企业更愿意为员工提供培训与学习的机会，员工对企业的忠诚度极高，更愿意为了企业的发展努力提升自身的技能水平。日本企业内部建立了轮岗制度，员工的工龄越长意味着其经过更多岗位的锻炼，企业内部对其认可度也会更高。因此，随着年龄和工龄的增长，员工自身的能力在不断增长。日本企业的年功序列工资制并不仅仅是为员工的工龄付酬，一定程度上也是为员工的能力付酬。此外，日本企业的内部工会组织也至关重要。通过企业内工会，公司经常举办社交活动，与员工建立家庭式关系，加强沟通，巩固情感纽带，减少内部矛盾，建立和谐的员工关系。这些对于增强员工对年功序列工资制以及老员工的认同都有积极作用。

日本企业年功序列工资制的成功与当时的社会环境、日本的文化以及配套的人力资源管理措施是分不开的。随着经济环境的变化、新生代员工价值观的变化，日本的年功序列工资制的弊端开始暴露，20世纪70年代之后逐渐走向衰落。

思考：为什么日本的年功序列工资制曾经发挥巨大的作用？

（三）类型匹配

薪酬体系的设计除了要考虑纵向匹配和横向匹配，还需要考虑其与组织内部的不同人力资本类型或岗位类型之间的匹配。也就是说，只有为不同的人力资本和不同的岗位类型设计有针对性的薪酬体系，才能获得最佳的激励效果。

1. 不同人力资本类型对应的薪酬战略

Lepak and Snell（1999）在论文 *The Human Resource Architecture: Toward a Theory of Human Capital Allocation and Development* 中提出了人力资本类型理论（HR Architecture），认为组织需要根据人力资本类型的差异采取相应的人力资源管理战略和薪酬战

略。他们提出，不同类型的人力资本对组织的价值创造是不同的，不同人力资本在唯一性（可替代性）上也是不同的。因此，企业可以根据不同类型的人力资本在价值性和唯一性上的高低将人力资本分为四类，进而采用不同的人力资源管理战略和薪酬战略（见图 1－6 和表 1－1）。

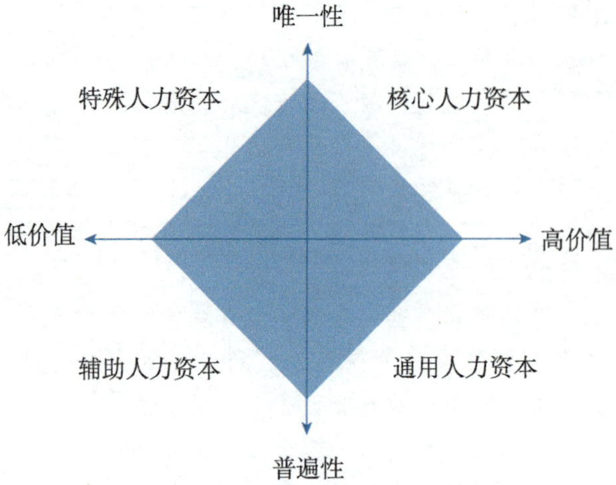

图 1－6　人力资本类型图

资料来源：Lepak D P，Snell S A. The Human Resource Architecture：Toward a Theory of Human Capital Allocation and Development. Academy of Management Review，1999，24（1）：31－48.

表 1－1　不同类型人才的薪酬战略

人才类型	人力资源管理战略	薪酬战略
核心人力资本	基于承诺	• 强调外部公平（高工资） • 为知识、经验、资历付酬 • 股权和额外福利
通用人力资本	基于生产率	• 注重外部公平（市场工资率） • 为绩效付酬
特殊人力资本	基于合作关系	• 根据合同付酬、为知识付酬
辅助人力资本	基于命令和服从	• 按小时或临时合同付酬、控制成本

在 Lepak and Snell（1999）论文的基础上，本书对不同类型人力资本对应的薪酬战略进一步概括如下。

（1）核心人力资本与承诺型薪酬战略。核心人力资本对组织的战略实现和价值创造起着关键的作用，在招聘和培养上难度很高，很难被替代。因此，针对这些核心人才，企业应制定特殊的薪酬激励政策来长期留住并激励他们，比如给他们领先于市场平均水平的薪酬，设计以股票为核心的长期激励等。

（2）通用人力资本与绩效型薪酬战略。通用人力资本对企业的战略实现和价值创造有着重要作用，但并不是不可替代的，企业在人力资源市场上获取这类人力资本的难度不是特别大。因此，对这些通用人才需要采用绩效型薪酬管理，注重外部公平，同时依靠绩效评价和绩效薪酬来提高他们的劳动生产率。如果有些通用人才的绩效水平不高，可以相应地降低他们的薪酬或者寻找高绩效者来替代他们。

（3）特殊人力资本与外包型薪酬战略。特殊人力资本并不承担企业战略实现和价值创造的主要责任，这些人力资本的招聘和培养难度比较高。例如，对制造企业而言，法律人才并不是主要的价值创造者，但是企业在生产经营中会涉及法律纠纷，因而需要这方面的特殊人才。对这种人才可以采用柔性聘用或者业务外包，根据需要实施合作项目和签订咨询合同，支付相应的报酬。

(4) 辅助人力资本与成本型薪酬战略。辅助人力资本对企业的战略目标和价值创造的重要性较低，同时这些人才并不稀缺，可替代性强。对辅助人力资本的管理以服从和成本为导向，可以按小时或临时签订的合同支付薪酬，要尽量降低薪酬成本，提高人均效率。

2. 不同岗位类型对应的薪酬战略

在实际管理中，企业会根据自身需要对岗位进行分类，最常见的分类是把岗位和任职者分为管理人员、技术人员、销售人员等。这些不同的岗位由于工作内容不同，对企业绩效的贡献存在各自的独特性，因此在薪酬战略上存在一定的差异（如表1-2所示）。

中高层管理人员特别是高管团队对企业的战略和经营目标的实现起着关键作用，劳动力市场上高管这一特殊群体长期呈现供不应求的态势。因此，高管团队的整体薪酬水平要具有较高的市场竞争力，变动薪酬占总薪酬的比重应较大；短期奖金要与企业的年度经营业绩相关联；为了防止生产经营中的短期行为，需要设计长期激励，如股票期权等。

专业技术人员对专业和技术的认同程度要比对企业的认同程度高，他们非常重视自身所掌握的技术知识的先进程度。因此，对专业技术人员的薪酬设计应以能力为导向，可以根据能力等级的不同适当拉开差距，使固定工资的比重较大；通过奖金的设计促进员工的团队合作和创新精神。除了货币性的薪酬之外，企业提供的良好的研发平台、学习新知识和技能的机会，以及良好的企业文化和沟通氛围等对专业技术人员而言也是非常有吸引力的报酬。

销售人员工作时间和工作方式的灵活性很高，很难对其工作过程进行监督。他们工作业绩的风险较高，但是可以用非常明确的结果指标来衡量。麦克利兰对个人成就动机的研究发现，高成就动机的员工最有可能出现在销售部门，成功的销售人员大多性格外向、自我驱动且物欲很强，对金钱有较高需求。因此，销售人员的薪酬设计可以是绩效导向和结果导向的，整体薪酬水平高，与销售结果挂钩的收入占较大比重。

表1-2　　不同类型岗位的薪酬战略

	中高层管理者	专业技术人员	销售人员
工作特征	• 责任大 • 业绩变动性 • 强调长期业绩	• 对专业技术的认同程度高 • 知识和技术更新快 • 强调合作以及知识的开放性	• 工作方式灵活 • 业绩结果导向 • 风险高
薪酬组合	• 基本薪酬高于市场平均水平 • 短期奖金与企业总体经营业绩关系紧密，有长期激励	• 强调薪酬的外部竞争性，较高的基本薪酬 • 新产品研发团队的一次性奖励或利润分享	• 基本薪酬的比例低，较大部分的提成和奖金 • 销售人员在客户购买决策中所起的作用越大，奖励的比例越大
福利或其他	• 福利或津贴较多	• 常规性福利 • 给予学习和培训机会 • 提供个人发展空间	• 相对较少
资料来源	斯蒂芬·P.罗宾斯，《管理学》(1999)	David B. Balkin, Luis R. Gomez-Mejia, George T. Milkovich (1988)	Jerome A. Colletti, David J. Cichelli (2000)

三 薪酬设计的基本流程

科学的薪酬设计应该有一个完整、系统的流程，自上而下，由宏入微。一般来说，薪酬设计的基本流程包含以下几个关键步骤。

（一）根据战略目标和管理现状确定薪酬战略

企业的各项人力资源管理决策包括薪酬决策都是为企业的战略和发展目标服务的。因此，在设计薪酬时，首先需要根据组织的战略确定薪酬战略和薪酬改革目标。这些目标总结起来有三种：(1) 更好地支持企业的发展战略；(2) 解决现有的管理问题；(3) 向标杆企业看齐。因此，在设计薪酬体系前，需要花时间对企业的发展战略、管理问题和国内外标杆企业的先进经验进行分析，进一步明确企业的薪酬战略是什么，企业希望通过薪酬设计达成哪些目标。明确薪酬战略和目标后，需要注意让接下来的每一个技术性决策都能够支撑企业的战略意图和管理目标。

（二）建立基于职位或能力的薪酬等级

薪酬体系实质上是一个价值评价和价值分配体系，建立企业内部的价值等级或薪酬等级是薪酬体系设计的核心内容。在职位薪酬体系下，员工的薪酬主要取决于其任职职位的价值。因此，企业需要通过工作分析，了解组织中各职位在工作内容、工作责任、工作环境和任职资格等方面的差异，这样才能为不同职位的相对价值分析提供信息和比较的基础。在此基础上，企业通过职位评价确定不同职位的相对价值，并把价值相近的职位归入一个价值等级或薪酬等级。如果企业组织结构变动频繁，缺乏清晰稳定的职位体系，或者组织结构扁平化，那么企业有可能选择基于能力的薪酬体系。在这种情况下，企业需要进行职类划分，在此基础上进行各职类的能力或任职资格体系建设，包括界定不同职类的能力及分级标准、设计基于能力标准的员工职业发展通道等。接下来，企业需要对各职类不同等级的能力或任职资格进行价值评估，从而建立基于能力的价值等级体系。无论是基于职位还是基于能力，这种价值等级的确定过程都体现了薪酬体系对内部公平性的要求。

（三）确定各等级的薪酬水平和薪酬幅度

无论是基于职位还是基于能力，在建立企业的价值等级体系后，企业都需要结合市场薪酬水平、企业的支付能力等对不同的职位或能力等级进行定价，也就是确定各等级的薪酬水平和幅度。这个阶段，企业需要通过市场薪酬调查获取不同职位或能力等级在市场上的薪酬信息。在确定各职位或能力等级的薪酬水平时，除了需要考虑市场薪酬信息，还需要考虑企业内部的薪酬总额限制，它是根据企业的年度经营目标、薪酬总成本占产品总值的比重等指标确定的。因此，企业在确定薪酬水平时既要考虑市场水平和外部竞争性，也要考虑企业的实际支付能力和薪酬总额。在确定各价值等级的中位线后，需要确定各职位或能力等级的薪酬幅度（range）和交叉重叠幅度（overlap）。

（四）确定不同职位序列的薪酬组合策略

可以把管理、研发、销售等不同序列的职位放在一起进行评价并建立统一的价值等级体系。但是，由于不同职位的工作内容和绩效标准的独特性，其薪酬组合策略可能是不一样的，管理、研发、销售等不同职位序列在固定薪酬和变动薪酬上的比例并不相同。比如，销售类职位的固定薪酬比例低一些，而研发类职位的固定薪酬比例高一些。因此，企业需要根据不同职位序列的薪酬组合策略，把总现金收入分解为固定工资、月度绩效奖、年终奖等。当然，企业也可以给管理、研发、销售等不同类型的职位建立相对独立的薪酬体系，这样只需确定各序列内部的价值等级。在这种情况下，虽然各职位序列之间的可比性不强，但是可以直接参考各职类在市场上的薪酬水平和薪酬组合等信息进行相对独立的薪酬设计。

（五）设计基本薪酬

在企业的薪酬体系中，基本薪酬占据着非常重要的地位，它是保障员工生活的稳定收入，也是企业最主要的固定成本之一，对企业和员工都有着重大意义。在确定各职位的总现金收入和薪酬组合策略后，把年度基本薪酬分解到 12 个月中就得到了相应的月基本工资。为了方便管理，有的企业会把基本工资划分为更详细的档位，并确定相应的基本工资调整标准。在西方很多企业中，大部分职位的薪酬是固定的，没有月度（或季度）绩效奖金，这种情况下职位评价的结果可以直接转换为基本薪酬而不需要再进行固定薪酬和变动薪酬的划分。

（六）设计激励薪酬

激励薪酬的形式较多。一般而言，可以先设计短期激励薪酬再设计长期激励薪酬。短期激励薪酬包括月度绩效工资、销售提成、季度奖、年终奖等，可以根据企业和职位的具体特征进行设计。长期激励薪酬的设计需要考虑激励对象、激励方式、激励目标、行权条件等因素。随着企业生产经营方式的变化和企业管理的创新，一些新的激励方式开始出现，比如基于项目核算的奖金、项目跟投、合伙人激励、阿米巴经营等。有关激励薪酬的详细内容将在第 5～6 章进行介绍。

（七）设计津补贴、认可奖励计划和福利

完成薪酬主体内容设计之后，企业还需要根据实际情况设计津补贴、认可奖励计划和福利。津补贴不是必需的，可以根据需要而定。福利是必需的，包括法定福利和企业自主福利。认可奖励计划因其独特的激励作用逐渐在企业中流行起来，成为企业薪酬体系的一个重要组成部分。美国薪酬协会 2013 年发布的 *Trends in Employee Recognition* 显示，美国有 88%的公司使用认可激励计划。因此，企业可以根据自身需要设计认可奖励计划。

（八）形成薪酬管理制度、进行薪酬沟通和薪酬改进

完成薪酬体系设计后，企业还需要把薪酬方案形成薪酬制度和文本，详细规定基本工资、奖金、津补贴、福利等各组成部分及其发放依据和标准，并详细规定新员工薪酬确定、加班费计算、工资发放时间和形式等细节问题。如果企业对原有薪酬方案进行了变革，还需明确新老方案的套改规则。在薪酬方案和薪酬制度形成后，向各级管理者和员工进行薪酬方案的宣传和解释是非常重要的。很多时候，一个好的薪酬制度如果因缺乏宣传而不被员工认识和理解，实施的效果可能就不理想。因此，在薪酬实施中，薪酬沟通非常重要。薪酬沟通可以帮助员工了解企业薪酬制度设计的目的和内容，对员工的问题及时给

予回答，增进员工对薪酬制度的理解与支持。因此，有效的薪酬沟通可以提高员工的薪酬满意度和留任意愿。最后，薪酬方案的设计绝不是一劳永逸的，企业需要定期进行薪酬方案的诊断，及时针对相关问题进行调整与改进。

本章小结

首先，本章介绍了薪酬和总报酬的内涵及外延以及薪酬相关的基本理论。薪酬侧重于货币激励，总报酬涵盖了外在报酬（货币报酬）和内在报酬（工作本身的激励）。随着社会物质生活水平的提高和人性的发展，内在报酬的重要性在上升。其次，在薪酬设计中，企业需要重点把握三大匹配原则（包括与环境、战略、组织结构、企业发展阶段的匹配，与人力资源管理各模块的匹配，与人员/岗位类型的匹配）和四大公平原则（包括外部公平、内部公平、员工公平和程序公平）。最后，薪酬制度设计应遵循系统的流程，包括根据战略目标和管理现状确定薪酬战略，建立基于职位或能力的薪酬等级，确定各等级的薪酬水平和薪酬幅度，确定不同职位序列的薪酬组合策略，设计基本薪酬，设计激励薪酬，设计津补贴、认可奖励计划和福利，形成薪酬管理制度、进行薪酬沟通和薪酬改进。

关键词

薪酬　总报酬　薪酬管理　公平原则　匹配原则

思考题

1. 什么是内在报酬和外在报酬？对员工的激励效果如何？
2. 从薪酬到总报酬模型，哪些因素推动了这种管理趋势？你认为薪酬管理的发展趋势怎样？
3. 不同的工资理论和激励理论对薪酬设计的指导意义是什么？请至少分析三种理论。
4. 分析一家企业的发展战略和相应的薪酬战略。

参考文献

案例分析

该不该给她加薪？

水路工业公司（Waterway Industries）的CEO赛勒斯·马赫担心将要失去销售明星李·卡蒂。这位新招聘来的营销总监精力旺盛，工作十分努力。她拿到的订单数量之多连马赫都认为是不可能的。然而，现在有一家公司提供包括股权在内的优厚待遇，想要挖走她。

水路是由马赫一手创办的小型专业体育用品公司，最初生产划艇，在过去几十年里一直平稳发展。员工大多是户外运动的发烧友。在天气特别好的日子里，下午4点办公室就几乎空无一人了。但马赫知道，员工热爱自己的工作。工作总是能按时完成，大家在提出新的观点以及改进现有设计和流程的建议时都能坦率直言，毫无保留，同事间有着真挚深厚的感情。

自从水路公司进入皮艇这个新领域之后，业务突飞猛进，甚至需要外包一些制造业务来满足订单要求，这主要归功于卡蒂。马赫知道，卡蒂在开拓新的销售渠道上做得极为成功，在过去两年中，公司40%的销售业绩都归功于她。卡蒂到来之前，大部分销售通过独立销售代表和分销商完成，销售网络的发展不正规。马赫实际上从未追踪过销售的发展进程，也从未认真考虑过建立一支销售队伍或制定正式的渠道规划。这些是他希望卡蒂作为营销总监重点关注的领域，但目前她忙得不可开交，因为生意太好了。

卡蒂经常出差，甚至没有时间去认识同事。文案都是她趁周末赶出来的。她还和两位直接下属错过了水路的年度野餐会——这三个人当时出差在外，为的是落实一份大订单。

马赫不禁想到公司的其他员工。公司目前一共有45位员工，人员的流动率很低，几乎没有人发过牢骚。但最近，两位设计师分别来找他要求加薪。他们一直期待能持有公司的股份。马赫拒绝了这一提议，但适当地为他们增加了薪水、奖金和假期，他们似乎对此很满意。但是，在要求得到股份的建议被拒绝后，首席财务官离职去了别的公司。

马赫向自己的朋友和银行家寻求意见，意识到企业文化已经改变了。他是否应该为卡蒂重新设计薪酬组合？新的贷款会不会让他背上太多包袱？他付给卡蒂更多的佣金也许会令她放弃正向她招手的那些工作机会。但是，当皮艇的繁荣最终走到尽头，她还是会离开——除非那时水路开始进军下一个热门产品的市场。然而，此时此刻马赫还不知道这种产品是什么。追赶风行一时的潮流从来就没被列入他的计划，虽然目前做皮艇生意的尝试收效甚佳。

马赫是应该支付丰厚的报酬给他的得力干将卡蒂，还是冒着她离职的风险让一切照旧？

资料来源：罗伯特·尼克森．该不该给她加薪？．哈佛商业评论，2005（5）．

讨论题

1. 水路工业公司在薪酬管理上存在哪些问题？

2. 你认为是否需要给卡蒂加薪？说说你给卡蒂设计的薪酬方案并给出理由。

第 2 章
职位分析与职位评价

无法评估就无法管理。

——管理学家琼·玛格丽塔

学习目标

1. 了解职位分析、职位评价和薪酬体系设计的关系
2. 了解职位分析的基本方法及职位说明书的撰写要点
3. 掌握常见的几种职位评价方法，并了解其优缺点

引例

联想的以岗定薪与国际化薪酬体系

联想集团于 1984 年在中国北京成立，至今已经发展成为全球 PC 行业的领导者之一。联想的薪酬制度伴随其国际化步伐完成了变革。

联想在业务发展初期采用的是大事业部制的管理体制，各部拥有奖惩权，逐渐形成各自的薪酬体系，随之而来的问题是薪酬内部公平性的欠缺。时任联想高级副总裁的杨元庆认为，联想需要进入管理的良性循环，实现统一工薪和集中管理，为人员调动、干部轮岗和内部人才市场建立提供统一的薪酬标准，以此传达统一的企业文化。在此次薪酬制度改革中，联想着力建立三个统一，即统一的薪酬结构、统一的定薪方法和统一的调薪原则。其中，首要的是确定职位工资，确定职位工资的主要方法是职位评价。

联想采用国际职位评价系统（IPE）对集团内各职位的相对价值进行量化评估，具体来说，用七个要素来综合评价不同职位的价值，根据总分数确定职位级别。这七个要素包括职位对企业的影响、管理监督、责任范围、沟通技巧、任职资格、解决问题的难度和环境条件。在实施过程中，因为职位较多，并不需要对所有职位都进行评价。联想采用了典型职位典型评估的方法，由薪酬领导小组和各事业部根据够用（起到框定作用）、适用（上岗人员跟职位要求基本一致）、好用（具备横向可比性）的原则，最终选定 100 个典型职位进行评估，以最大限度地保证公平。以岗定薪成为联想薪酬体系的基础，体现了联想 3P 薪酬理念中 pay for position 的要求，使联想建立起一套比较完善和成熟的薪酬体系，在

保证内部公平性的同时，保证员工收入在中国 IT 行业中的竞争力。

2004 年 12 月 8 日，联想以 12.5 亿美元收购 IBM 的全球 PC 业务。建立兼顾本土与海外员工的国际薪酬体系，成为联想新薪酬制度的焦点。IBM 采用美国标准薪酬，待遇优厚，在薪酬水平、薪酬结构和激励方式上都与联想存在一定的差异。在薪酬整合中，联想坚持一贯的统一薪酬理念，将职位梳理和薪酬调查相结合，在并购期实现薪酬的平稳过渡。2005 年 5 月，联想宣布并购取得初步成功，聘请美国薪酬专家埃扎拉（Ezara）担任专管薪酬的副总裁，在美国成立了薪酬福利项目组，该项目组负责设置全球薪酬体系。联想确立了薪酬调整的总体方向：在联想原薪酬体系基础上提高固定工资比例，降低可变薪酬比例；在 IBM 原薪酬体系基础上降低固定工资比例，提高可变工资比例；同时逐步上调联想员工整体收入。联想最终实现了所有员工的薪酬一体化。

第 1 节　职位分析

一　什么是职位分析

职位分析或称工作分析（position analysis/job analysis）是人力资源管理的一项核心基础职能，它运用系统方法收集、分析和确定组织中各职位的设置目的、工作内容、职责权限、工作联系、业绩标准、人员要求等基本因素，对人力资源管理的各项活动都有重要的支撑作用。

（一）职位分析的发展历史

职位分析最早出现于 20 世纪初。泰勒在其 1911 年出版的《科学管理原理》中倡导的以科学管理替代经验管理，通过对工作各方面进行研究制定工人选拔和培训的标准以提高劳动生产率的思想，对职位分析理论和方法的创立和发展起到了巨大的推动作用。泰勒、吉尔布雷斯夫妇等人在这一阶段开展的职位分析多针对操作工人，研究工人动作的标准时间和合理性，以及工作对工人素质的要求。第二次世界大战后，美国政府运用职位分析的方法尝试设计整个社会的职位标准。其中，美国职位研究会编纂的《职位名称词典》（DOT）包含了对 12 000 多种职位的描述，列举了任职者需达到的要求，是现代职位标准体系的基础。

随后，职位分析开始广泛用于企业的人事管理，如人员录用、职位评价和薪酬管理等。职位分析的另一个重要应用是促进美国职业信息网（O* NET）的建立和发展。随着社会发展，旧的《职位名称词典》不再能满足需要，于是美国劳工部开发了职业信息网。它打破了范围狭窄的工作任务描述，用从各种职位中提炼出的通用特征来描述各种职位所需的能力、工作活动等，反映职位分析的重点开始从狭窄的工作任务描述转向系统的职业任职资格和通用胜任力的描述。

立法也对职位分析的发展产生了深远影响，如美国的《员工选拔流程统一指南》中明确规定：职位分析应作为甄选效度研究的基础，雇主组织必须对工作行为和其他工作相关信息做出详细说明。此外，美国的《公平劳动标准法》《同工同酬法》《职业安全与健康法》等法律也要求组织进行有效的职位分析。美国《民权法案》的出台使得促进均等就业机会成为企业人力资源管理必须面对的法律问题。这就要求职位分析收集与工作相关的要求，排除与工作无关的不合理要求，消除劳动力市场上的歧视现象。

在现代人力资源管理实践中，职位分析的具体方法和目的不尽相同，但无论出于何种目的，职位分析至少需要解决两个核心问题：(1) 职位的工作内容是什么？即回答职位的职责描述问题。(2) 职位对人的资质要求是什么？即回答职位的任职资格问题。与这两大问题相对应的职位分析的成果分别是：(1) 工作描述，即对某一特定职位的工作内容及权责关系的书面说明。(2) 工作规范，即对担任某一工作的人员在个性特征、素质、能力、知识和经验等方面的要求。现在企业中常见的职位说明书通常是工作描述和工作规范的综合。

小资料

职位说明书

表 2-1 是一份典型的职位说明书 。

表 2-1　　薪酬福利专员职位说明书

职位名称	薪酬福利专员	所在部门	人力资源部	职位编号	060403
直接上级	人力资源总监	直接下级及人数	无	任职者	

设置本职位的目的：

在人力资源总监的领导下，负责薪酬的核算、发放，以及社会保险和其他福利相关工作，确保薪酬管理工作有序进行，切实保障员工的劳动权益。

职责与工作任务：

编号	主要职责	频率
1	协助总监完成薪酬福利制度和薪酬等级表的制定与调整	每年
2	完成员工薪酬及其他福利保障金的核算，编制月度工资报表和人工成本报表	日常
3	按时、准确完成员工薪酬发放	每月
4	完成各类奖罚的统计与执行	不定时
5	负责员工薪酬福利相关内容的宣传、联络和咨询工作	日常
6	负责员工社会保险的办理、变动及社保档案的维护和管理	日常
7	完成上级领导交办的其他临时性工作	不定时

工作协作关系：

组织/部门		职位	工作联系主要内容	频繁程度
内部	人力资源部	人力资源总监	完成交办任务、汇报工作	频繁
	人力资源部	其他专员	工作衔接配合、信息沟通	频繁
	各部门	全体员工	薪酬发放、福利办理方面的沟通咨询	频繁
外部	人社局	相关负责人	办理社会保险事项	经常

任职资格：

教育背景	大学本科及以上学历，人力资源管理及相关专业
工作经验	两年以上人力资源管理相关工作经验
专业知识与技能	1. 熟悉国家人事劳动管理的政策、法律和法规； 2. 精通人力资源薪酬、福利模块，熟悉人力资源管理技术； 3. 熟练使用计算机网络和办公软件。

能力与素质	1. 具备较强的人际沟通能力； 2. 有一定的财务知识； 3. 具备较强的逻辑性和条理性； 4. 具备较强的执行能力； 5. 热爱本职工作，有责任心、服务意识和敬业精神，细致耐心，正直守信。
工作业绩衡量标准： 1. 员工薪酬、福利费用核算、发放的出错率、按时完成率； 2. 及时、准确地完成社会保险的办理和变动； 3. 耐心、准确地完成疑难解答工作，接到员工投诉的数量。	

（二）职位分析的作用

职位分析在现代人力资源管理中起到基础平台的作用，是开展员工招聘、配置、考核、薪酬管理、培训等相关工作的前提。

第一，职位分析有助于自上而下地传递组织战略和发展目标。通过职位分析，可以明确组织的战略目标如何通过部门职责落实为具体职位的职责，也可以明确某一具体职位的工作内容与部门工作目标以及企业战略目标之间的联系。职位分析形成的任职资格向员工传达了组织的期望，即组织希望员工具有什么样的知识、能力和素质，是员工自我提升的标准。

第二，职位分析有利于职责管理和定岗定编工作的开展。职位分析的成果——职位说明书，不仅对职位在组织结构中予以定位，也明确了不同职位的职责与权限的划分，消除了各职位在工作职责上的重叠，理清了职位之间的协作关系，使每一项工作都能够落实，有效防止“有人没事做，有事没人做”现象的出现。管理者可根据职位分析确定每个职位的任职者的数量和应完成的任务，合理进行定岗定编。

第三，职位分析有利于考核指标的提取。企业是由众多具体职位组成的，每个职位的工作内容、职责、权限，以及工作要求各不相同，这就要求绩效考核必须根据职位特点提取有针对性的考核指标。职位说明书对每个职位的工作内容和工作标准进行了定性或定量的描述，满足了绩效考核对关键绩效指标的提取要求，为确定任职者业绩提供了评价标准。

第四，职位分析有利于科学合理地建立员工招聘和配置的标准。职位说明书对具体职位的工作内容和任职条件进行了详细的描述，使招聘配置工作有了明确科学的依据。企业可以根据任职资格所规定的学历、能力、素质等各方面的具体要求，对候选人进行评价，以实现人岗匹配，改善企业招聘配置的工作效果。

第五，职位分析有利于确定员工的培训需求。职位说明书中有关职责、任职资格等内容的设定，形成了职位对任职者的基本要求。以此为标准，管理者就可以知道哪些员工和员工在哪些方面没有达到任职要求，需要开展哪些方面的培训，由此有针对性地制定培训计划。

第六，职位分析有利于薪酬体系的建立。薪酬体系需要建立具有内部公平性的价值等级，而这种价值等级就是建立在对组织内部不同职位进行职位分析和职位评价的基础上的。只有清楚了解不同职位的职责内容、任职资格、劳动强度、工作环境等特性并对这些特征进行价值评估，才能准确地为不同职位支付相应的报酬，并且让不同职位的员工感受到报酬的可比性和合理性。

图 2-1 是美国薪酬协会近些年调查其会员企业得到的企业内职位分析行为的概况，从中可以看出，超过半数的企业会对企业中至少大部分工作进行职位分析。

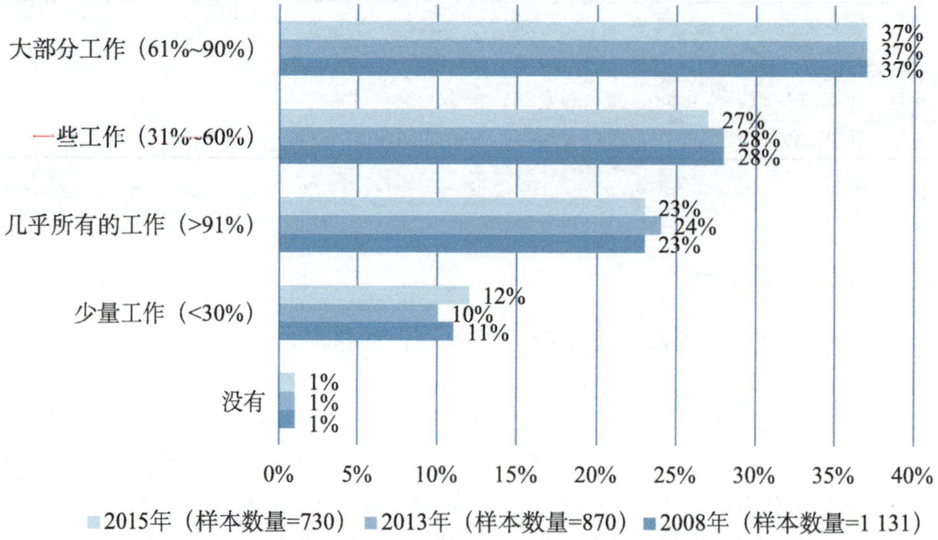

图 2-1　"你的组织中多少工作有最新的职位、工作或角色描述？"

资料来源：WorldatWork，The Total Rewards Association. Job Evaluation and Market Pricing Practices，2015.

（三）职位分析面临的挑战与变革

随着企业生产组织方式和管理思想的变化，职位分析面临一些新的挑战和变革要求。

第一，组织结构和职位体系的动态性增加，职位职责的弹性上升。在机器工业时代，企业生产经营环境的稳定性和机械式组织结构决定了职位体系的稳定性，这种稳定性比较适合职位分析和基于职责的人力资源管理。但是最近 20 年来，随着外部环境动态性的增加，企业开始频繁调整组织结构和职位体系以应对来自环境的挑战。职位的划分以及职位的工作内容经常随着组织结构调整而发生变化，其稳定性开始下降。尤其是在知识经济时代，知识型员工的工作职责比较抽象和宽泛，很难进行表面上的明确界定和描述。因此，职位说明书对职责的界定需要具备一定的弹性而不能过于刚性和具体，否则很容易导致职位说明书与频繁变动的职位实际工作内容的脱节。

第二，企业的管理越来越强调以人为中心，任职资格的重要性增加。随着社会进步和人的重要性上升，企业的管理实践越来越强调以人为中心而不是以职位为中心。再加上职位职责和员工能力的频繁变动，一些企业已经发展到基于人的兴趣和能力来动态分配工作任务。传统上的以职位为核心的人力资源管理正面临挑战，职位分析的重点逐渐从职责界定转向任职资格界定。这种变化的逻辑在于不管具体的工作职责如何变动，完成这些类似职责所需的知识、能力和基本素质是相对稳定和可描述的。详细的职责界定是基于职位的人力资源管理的需要，而系统化的任职资格界定是基于能力的人力资源管理的需要。

第三，管理越来越强调基于团队而不是个体，个体职责的边界开始模糊。在现代企业中，在生产、销售、研发、制造、质量管理等领域，工作活动越来越以团队为单位。团队不但能够促进知识整合和创新，还能够提供人际支持从而降低员工的离职率。在基于团队的工作设计中，整个团队的职责和绩效标准是清晰的，但是团队内部人员之间的分工和职责可能并没有清晰的边界，员工更多是在团队领导的带领下依靠合作来完成团队任务。在这种情况下，职位分析的重点是确定团队的工作目标和工作流程，人力资源管理的重点是提高团队负责人的领导力和团队成员的自我管理能力，以及培养团队内部员工的合作精神。因此，传统职位说明书所强调的个体职责的边界开始模糊。

第四，中国文化的特点使得职位说明书很难成为职责管理的基础。过去 30 年来，尽管中国的学界和业界一直在强调职位分析的重要性，但是在实际管理中，就职责管理而言，职位说明书并没有真正起到平台作用。这与中国几千年来流行人治文化而缺乏制度文化和契约精神有一定的关系。在中国企业中，很多员工的日常工作并不是依据职位说明书来开展，而是领导临时分配任务。领导分配任务的依据不是职位说明书，而是不同员工的能力特点、员工与领导的关系等。

尽管职位分析面临一些挑战，但是它在中国依然有存在的必要性，而且是薪酬体系设计的基础。薪酬体系设计需要体现职位间的价值差异。只有深入了解不同职位在工作职责、任职资格、工作强度、工作环境等方面存在的差异，才有可能对职位进行准确的价值评估并以此作为薪酬分配的基础。当然，如果薪酬体系不再以职位为基础而是以人的能力为基础，那么职位分析的重要性可能会下降，而任职资格和能力体系的重要性可能会上升。

二 职位分析的方法

在职位分析过程中，最重要的步骤是完整准确地收集与职位相关的信息，信息收集的具体方法包括资料分析法、观察法、访谈法、工作日志法、问卷法等。很多教材把这些信息收集方法等同于职位分析的方法。下文对这些主要的信息收集方法进行介绍。

（一）资料分析法

资料分析法一般不作为独立的职位分析方法，而是一种必不可少的辅助方法。在开展职位分析的过程中，首先需要了解一个组织现行的组织结构、各部门职责和主要业务流程等相关信息，这些信息一般能够通过对组织内部相关资料的阅读和分析得到。资料分析有助于快速了解一个职位在组织中的纵向报告关系以及在横向业务流程中与其他职位之间的协作关系。另外，阅读组织外部的相似职位的相关资料也有助于快速了解拟分析的职位。比如，美国劳工部开发的职业信息网对很多职位给出了综合全面的信息，既包括工作的信息，也包括任职者的信息。总体而言，资料分析法具有快捷简便和易于操作的优点，但难以形成具体、系统的职位分析成果。

（二）观察法

观察法是通过在工作现场观察员工的实际工作过程，用文字或图表记录、收集工作信息的方法。通过现场观察，可以了解工作者的工作过程、工作行为、工具设备、工作环境、体力消耗等内容。需要选择不同的工作者在不同的时间进行观察，以消除分析者对工作的主观偏见。一般来说，观察法适用于工作内容比较简单、重复性高、容易观察的职位，如门卫、流水线工人等。对一些非操作性职位而言，仅仅靠短期的观察很难全面了解职位的全部工作内容。因此观察法的应用有较大的局限性。即便如此，现场观察能够加深我们对各种职位的感性认识，可以结合其他方法使用。

（三）访谈法

访谈法是一种应用最为广泛的职位分析方法。在采用访谈法时，职位分析者就某一职位面对面地询问任职者、上级主管、专家等对工作的意见和看法。理论上，任职者最了解自己的本职工作，通过面对面地交换信息，职位分析者可对该职位的工作职责、权限、任职资格等有详细的了解。但是，任职者可能会故意夸大或弱化某些职责，导致信息扭曲或失真。为了避免信息的片面性，还应该对任职者之外对该职位比较熟悉的人（如直接主管）进行访谈。还可以咨询该领域的专家，以获得更全面的信息。为保证访谈质量，访谈者在访谈前应查阅和整理与该职位有关的资料并拟定访谈提纲。访谈提纲可以根据职位说明书的几个要素进行结构化安排。访谈法应用面广，能够简单迅速地收集多方面的工作资料；有助于访谈者通过沟通发现深层次的管理问题，也有助于员工提出对工作和组织的意见和建议。但是，访谈法比较费时费力，成本较高。

表 2－2 是一个企业结构化访谈提纲的例子。

表 2－2　××企业职位分析访谈记录表

公司：	被访谈人：	职位：
访谈人员：		日期：

访谈问题：

1. 请用一句话概括您的职位的主要工作内容和要达成的工作目标。
2. 请问与您进行工作联系的主要人员有哪些？你们通过什么方式联系？
3. 您的主要工作职责是什么？请至少列出五项职责。
4. 您是怎样完成这些职责的？在过程中碰到的主要困难和问题是什么？
5. 请您指出以上各项职责在工作总时间中所占的百分比。
6. 请您指出以上各项职责中最为重要、对公司最有价值的职责。
7. 您最主要的权限有哪些？您认为这些权限中哪些是合适的，哪些需要重新界定？
8. 请您就以上工作职责，谈谈评价是否出色地完成这些职责的标准是什么。
9. 您认为在工作中需要其他部门、其他职位为您提供哪些方面的配合、支持与服务？在这些方面，目前做得好的是什么？尚待改进的是什么？
10. 您认为要出色地完成以上各项职责需要什么样的学历和工作经验？需要哪些专业知识和技能、能力素质和个性品质？
11. 请问您在工作中自主决策的机会有多大？是否经常加班？工作繁忙和空闲是否具有很大的不均衡性？工作中是否要求精力高度集中？工作负荷有多大？

（四）工作日志法

工作日志法是任职者将自己在一段时间内所有工作日的工作内容和工时利用情况按时间顺序记录下来，经过归纳和分析形成对职位的系统认识的一种方法。工作日志的填写者是任职者本人，记录目的是获取最直接的一手信息。因此，在实际操作时任职者应严格按照时间顺序实时填写，避免一次性填写，以保证填写内容的准确性、及时性和有效性。采用工作日志法取得的信息可靠性高，适于确定有关工作职责、工作内容、工作关系、劳动强度等方面的信息。采用工作日志法收集到的资料详尽，对高水平与复杂性工作的分析比较经济有效。但是，工作日志法的适用范围小，只适用于工作循环周期较短、工作内容稳定的职位；信息整理的工作量大，归纳工作烦琐；员工可能会夸大或隐藏某些活动。

（五）问卷法

职位分析的问卷法是通过让被调查职位的任职者、主管及其他相关人员填写调查问卷获取工作相关信息的方法。问卷法的操作程序简单，成本较低，因此大多数组织采取此方法收集工作相关信息。调查问卷分为结构化问卷和非结构化问卷。结构化问卷是在一定的假设前提下，采用封闭式问题收集信息，有较高的信度和效度，便于职位之间的比较。比较典型的结构化问卷包括职位分析问卷（PAQ）和管理职位分析问卷（MPDQ）。非结构化问卷中的问题都是开放式的，可以全面、完整地收集信息，能够对不同的组织结构进行个性化的设计，具有适应性强和灵活高效的优势。

一般而言，职位分析问卷应当包括如下内容：

（1）职位基本信息：任职者姓名、职位名称、所在部门、学历、工作经历、年龄、薪资水平等。

（2）职位设置目的：要求任职者用简短的、概括性的语句来揭示职位在组织中存在的目的和作用。填写格式为：工作依据（格式："根据……"）＋工作内容（格式：动词＋工作对象）＋工作成果（主要描述工作达到的目的）。

（3）工作职责：按照工作任务的重要程度，列出该职务的工作任务。格式为：动词＋工作对象＋工作目标。还需要任职者估计某一工作职责占其全部工作时间的百分比。

（4）绩效标准：各项工作需达到的绩效标准，包括工作结果的数量、时限、质量以及对组织的影响等。

（5）工作联系：与本部门内其他职位、其他部门、上级以及组织外的联系。包括联系对象、联系内容、联系频率以及重要性等。工作联系的范畴界定为稳定的、长期的工作联系而非突发性的、偶尔的联系。

（6）组织架构：主管上级、直接上级、平级以及直接下级。

（7）工作特征：工作时间、出差比重、工作负荷等。

（8）任职资格：对任职者的学历、工作经验、知识结构、工作技能、能力与素质等方面的要求。

（9）所需培训：培训的目标、内容、时长、频率等。

问卷法的适用性强，应用范围广，分析结果准确合理。但是，问卷的设计和填写人必须受过专业训练，描述内容比较抽象，有时难以描述实际工作中特定的、具体的活动。

总的来说，职位分析的方法多种多样，应根据分析对象、分析目的和分析预算等因素，结合不同方法的特点，选取最适用的分析方法。我们根据长期对企业的咨询实践，建议把资料分析法、观察法、问卷法和访谈法结合起来使用。首先，采用资料分析法和观察法对所分析的职位有一个初步认识；其次，让任职者本人填写职位分析问卷；再次，项目组在对问卷进行整理和初步撰写职位说明书的基础上，通过对任职者本人的访谈修改和补充职位信息；最后，项目组和各职位的直接主管对职位说明书进行确认，修改后定稿。

对职位分析工作效果的评价可从以下方面进行：（1）信度，是指确保多次采用同样的方式分析一个职位的工作内容和要求时，得到的结果是一致的。可以通过增加分析员的数量、为分析员提供培训来提高信度。(2) 效度，是指确保分析所得的结果真实无误地反映工作内容和要求。若主管、同事和任职者提供的信息都反映了某项工作内容，则可以提高分析的效度。同时，要避免信息提供者为了较少耽误工作时间而敷衍地提供信息的情况，也要注意可能存在某个任职者现从事的工作与这个职位应承担的工作不一致的情况。(3) 可接受性，是指职位分析的方式和流程要简洁易懂，结果要客观清晰，能够被任职者和主管所接受。(4) 时效性，是指职位分析的结果要与当下的工作情况相符，有些职位的工作内容相对稳定，但有些职位随着实践发展有重大改变，一定要在职位分析结果中体现出来。(5) 可用性，是指职位分析的结果若能很好地服务于本次分析的目的，那么这次分析就是有用的。如果是为了提供招聘和培训的依据，那么职位分析结果中的信息与制定薪酬方案所需要的信息有一定区别。

小资料

职位分析问卷收集的信息

职位分析问卷 (PAQ) 是一种数量化、标准化、结构化的职位信息收集方法，在考虑员工与工作两个变量的基础上，收集六大方面的信息，从而为人事调查、薪酬标准制定等提供量化分析依据。问卷包括 194 个项目，其中 187 个项目用来分析完成工作过程中任职者活动的特征，另外 7 个涉及薪酬。

PAQ 收集的六大信息如表 2-3 所示。

表 2-3　PAQ 收集的六大信息

信息来源	任职者从哪里以及如何获得执行工作所需的信息，比如，如何获得文字信息
智力过程	执行工作所涉及的推理、决策、计划和信息处理活动，如问题分析和推理的难度
工作产出	执行工作时所使用的肢体活动、工具以及方法，如使用键盘、仪器、装配线
人际关系	执行工作所要求的与他人之间的关系，如指导他人或与公众、顾客接触
工作背景	执行工作的物理和社会背景，如是否在高温或与内部其他人员冲突的环境下工作
其他职位特征	除已经提到的与工作相关的活动、条件和特征之外的信息，如工作时间安排、薪酬制度、职位要求

三　撰写职位说明书

职位说明书是职位分析结果的书面呈现，是企业进行职位管理、招聘、培训、薪酬设计、绩效考核等各项人力资源管理活动的基础。职位说明书由工作描述和工作规范（又称为“任职资格”）两部分组成，主要回答两个问题：职位的职责是什么？职位对任职者的要求是什么？

（一）工作描述

工作描述 (job description) 是对经过职位分析所得到的关于某一特定工作的职责与任务的一种书面记录，它通常包含六个要素：工作识别项目（工作基本信息）、工作概要、工作职责、工作输出（绩效标准）、工作权限与相互关系、工作环境。工作描述提供的是工作的基本职能及主要职责的总体脉络。

1. 工作标识项目

工作标识项目是一个工作的“身份标识”。通过工作标识项目，一个特定的工作能与组织中的其他工作区别开来。主要的工作标识项目包括工作名称、所属部门、工作代码、工作地点、直接上级、所辖人数、薪酬等级、所属专业序列等部分或全部内容。工作名称是工作标识项目中最重要的项目，应该具备指向性、代表性和区分性，能够直接准确地反映某工作的主要职责和等级位置。

2. 工作概要

工作概要是对工作内容和工作目的的简单概括，通常是用动词开头的一句话，用以描述最主要和最关键的工作任务。参考美国劳工部的工作概要，这一句话应该反映该职位的工作人员与资料、人、事物之间的联系，表明工作是什么以及为什么要做。

3. 工作职责

相比工作概要，工作职责是对工作的细节描述，应该包括所有主要职责及其要求。每项工作职责往往也是以动词开头的一句话，包括日常工作、上级分配任务的数量和质量、与组织内外部人员的关系、与上下级的权责关系、所要使用的设备以及担负的绩效责任。一些咨询公司提供职位分析的常用动词库，可以作为撰写工作职责的参考。

4. 工作输出

工作输出（绩效标准）描述的是工作职责对应的结果及对其完成程度的定义，通常包括量化和非量化的绩效标准的描述，与主要的工作内容和工作职责对应。

5. 工作权限与相互关系

工作权限与相互关系表明对应于各项工作职责的职位间权责分配情况和部门间的合作与报告关系。清晰的工作权限与相互关系界定是明确具体工作责任人、实现责权利统一的有力工具。按照权威性和参与程度两大维度，权限可以分为决策、审核、建议、知情。

6. 工作环境

工作环境是指工作的物理环境和心理环境，主要是指物理环境。物理环境是对工作所处环境的测定结果，重点是对劳动环境中不良条件和有害因素的测定。确定劳动环境危害程度的基本方法是：在三个工作日内，测定劳动者接触有害因素的时间和强度，进而按照有关标准定量分级。

（二）工作规范

工作规范（job specification）又称任职资格，阐明了某一工作或职位的任职者应具备的受教育程度、技术水平、工作经验和身体状况等。如果说工作描述是工作的说明书，工作规范或任职资格则是工作者的说明书，是工作对任职者的个人特质的要求。

通常来说，任职资格应该包含以下几个部分的内容：

（1）教育背景（如全日制本科生）。

（2）工作经验（如从事财务工作两年以上）。

（3）特定技能（如计算机技能）。

（4）能力（如沟通协调能力）。

（5）身体素质要求（如视力）。

（6）个人品格与态度（如责任感）。

在以上六类因素构成的第一层级任职资格的基础上，通常还需要用第二个层级对任职资格进行细化，以提取和涵盖工作对个人态度、行为的要求。

有关任职资格还需要掌握三个关键点。第一，任职资格包含大量报酬要素，可以作为基本薪酬确定的依据；第二，任职资格关注的依然是工作本身，是从符合工作要求的角度对工作进行定义；第三，任职资格只是完成工作的最低要求，应该与职位的胜任力进行区分。表 2－4 是某公司在对总经理这一职位进行职位分析之后形成的职位说明书。

表 2－4　××公司总经理职位说明书

一、基本信息（工作识别项目）

职位名称	总经理	所属部门	总经办
职位编号	00005	直属上级	董事会
工作性质	行政/综合	工作地点	××市
直管人数	2 人	晋升方向	董事长

在组织中的位置：

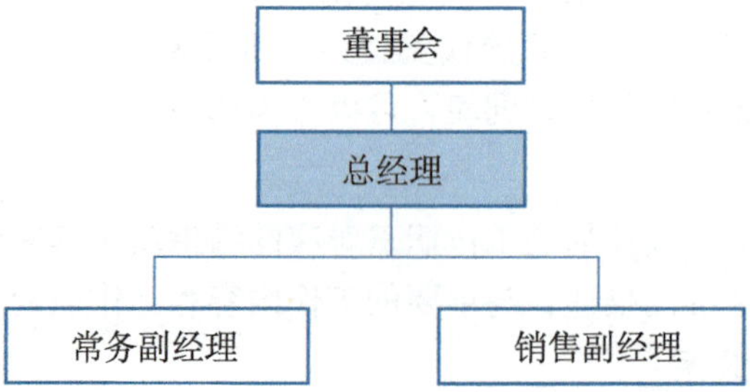

二、工作概述

制定和实施公司总体战略与年度经营计划；建立健全公司的管理体系与组织结构；把握公司发展方向，对公司经营管理中的重大事项进行决策。

三、工作职责

1. 根据董事会提出的战略目标，组织制定公司中长期发展战略与经营方案并推动实施。
2. 拟定公司内部管理机构设置方案和签发公司高层人事任命书。
3. 审定公司工资奖金分配方案和经济责任挂钩办法并组织实施。
4. 审核签发以公司名义（盖公章）发出的文件。
5. 主持公司的全面经营管理工作，组织常务副总、销售副总分解实施董事会决议。
6. 向董事会提出企业的更新改造发展规划方案、预算外开支计划。
7. 处理公司重大突发事件和重大对外关系问题。
8. 推进企业文化的建设工作，树立良好的企业形象。
9. 从事经营管理的全局开创性工作，为公司发展做出艰巨的探索和尝试。
10. 召集、主持总经理办公会议、专题会议等，总结工作，听取汇报，检查工作，督促进度和协调矛盾。

四、工作关系

公司内部	董事会	高层人事任命，制定公司发展战略规划。
	副总经理	制定年度工作计划，建设和完善公司管理规章制度。
公司外部	政府部门	协调公司与各政府部门的关系，获得必要的支持。

五、职位权责	
权力	1. 对公司发展规划、投资计划及其他与公司发展密切相关的文件有审批权和否决权。 2. 对公司的经费支出有审批权和否决权。 3. 对公司重大经营管理项目有主持权，对预算范围内的资金有支配权。 4. 对直属下级有监督指导权。 5. 有人事任免权。 6. 对财务部门的资金流向有监督、检查权。 7. 公司章程赋予的其他权力。
责任	1. 对公司经营管理的重大决策及公司盈利负主要责任。 2. 对公司重大经营管理项目负主持责任。 3. 对全体员工负连带法律责任。 4. 对常务副总、销售副总工作中的重大失误负领导责任。 5. 对公司是否合法经营负法律责任。 6. 对公司机密信息的外泄负管理责任。 7. 公司章程规定的其他责任。

六、任职资格					
性别	不限	年龄	30 岁以上	个性特征	沉稳坚毅、公正无私
学历与专业	企业管理、工商管理、行政管理等相关专业本科及以上学历。				
工作经验	10 年以上企业管理工作经验，5 年以上企业全面管理工作经验。				
应掌握的知识	领导力开发、战略管理、人力资源管理、经济法、财务管理等方面。				
工作技能	熟悉公司业务和运营流程，有极强的组织领导能力和协调能力。				

第 2 节　职位评价

进行职位分析后，为了建立一个具有内部公平性的薪酬体系，需要评估不同职位对组织的重要性，或者说要确定不同职位在组织内部的相对价值，并且以此为依据建立职位的薪酬等级结构。价值高的职位薪酬等级高，价值低的职位薪酬等级低。虽然职位评价并不能消除市场供求关系对薪酬水平的影响，但职位评价的结果反映了各职位在组织内部的相对价值。一个职位最终的薪酬水平是由职位的内在价值和市场的供求关系共同决定的。

一　什么是职位评价

(一) 职位评价的定义和发展

职位评价又称职位评估、岗位评价等，米尔科维奇和纽曼认为："职位评价是一个为组织设定职位等级结构而系统地确定各职位相对价值的过程，这个评价以工作内容、所需技能、对组织的价值、组织文化以及外部市场为基础。"

对职位评价的理解有两点需要注意：第一，职位评价反映的是职位的相对价值，而不是职位的绝对价值。尽管如此，这种可比价值也是建立在每个职位都拥有一些独立于市场的内在和可量化的价值的基础上的。第二，在评价职位相对价值的过程中，职位价值的决定因素是职位本身而不是任职者，不能因为某个任职者资历深、能力强就提高他所在职位的价值。在人岗匹配的情况下，能力强的员工一般会被配置到更加重要的职位上从而获得更高的报酬。

在工厂中，最初的职位等级往往是基于工厂的长期习惯形成的。工人和工头在劳动中逐渐感到某种工作应比其他工作多付报酬，这种思想被大家接受，于是不同工种的工资差别作为习俗被保留下来。但是用习惯或习俗来解释不同职位的工资差异并不令人满意，于是雇主开始探讨确定工作价值的方法，并逐步使工作等级划分和工作评价制度化。据Deborah M. Figart（2001）的研究，现代职位评价技术在20世纪二三十年代在美国得到了快速发展。到1926年年底，四种主要的职位评价技术都已出现，分别是排序法（ranking method）、分类法（classification method）、要素比较法（factor comparison method）和计点法（point method）。职位评价技术在欧洲国家经济重建时期得到迅速发展，并于20世纪50年代在这些国家牢牢扎下根。同时，一些大型管理咨询公司在此基础上创造了更系统化的评价方法，如海氏（HAY，或译为合益）法、IPE法、全球职等评估系统（GGS）等。

在我国的计划经济阶段，人员工资主要依据行政级别和专业技术职称两条主线来确定，职位评价技术并没有得到重视。20世纪80年代末90年代初，职位评价开始在我国用于冶金行业。冶金部组织各大钢铁厂进行全面的职位评价，对劳动责任、劳动技能、劳动强度和劳动环境等方面的要素进行定量测定和评定，为制定劳动定员和职位档次序列提供了科学依据。随着90年代国有企业改革的深入，国有企业推行职位技能工资制，开始建立与之配套的确定职位等级的评价方法。现在，职位评价已经成为中国企业用来确定职位相对价值和职位结构的主要手段。

（二）职位评价的作用

职位评价作为职位薪酬体系设计的重要技术，对组织的作用体现在：

第一，支持组织战略，引导员工行为。职位评价是确定每一职位对组织战略贡献度的系统过程。职位评价方案中报酬要素及其权重的确定可以体现组织核心能力的来源、组织所重视和期望的员工能力特征和行为标准，从而引导员工做出符合组织期望的行为并为组织创造绩效。

第二，建立薪酬分配的客观基础，实现内部公平和程序公平。职位评价使组织内部各类职位在薪酬分配中有了客观的基础，为解决工资争议提供了统一的标准，在此基础上建立起来的工资结构易于被员工认可，有利于实现内部公平和程序公平。

第三，为新增职位的价值确定提供了决策依据。职位评价的结果具有一定的稳定性和可比性，当企业的总体发展目标和组织架构维持不变时，新增的职位应该能够在已有的职位价值体系中找到相应的参照点，无须为其重新建立职位价值评价系统就可以制定恰当的薪酬标准。

二 职位评价的方法

职位评价所使用的方法分为定性方法和定量方法两类。其中，定性方法包括排序法和分类法，将工作视为一个整体进行价值比较和评价。定量方法包括计点法和要素比较法，主要根据职位的报酬要素确定每个职位的评价分值，以进行比较。这四种评价方法在评分中的比较方式存在不同。其中，要素比较法和排序法属于直接职位比较法，即将职位与职位进行比较；分类法和计点法属于职位尺度比较法，即将职位与某些标准尺度（如等级尺度和工资尺度）进行比较。表2-5体现了四种经典职位评价方法的异同。

表2-5　四种职位评价方法

比较方法	分析方法	
	将职位视为一个整体	考虑职位的报酬要素
将职位与（报酬）量表进行比较	分类法	计点法
将职位与职位进行比较	排序法	要素比较法

（一）排序法

排序法（ranking method）是一种传统的定性评价方法，是职位评价中最简单的方法。该方法首先列出企业内的所有职位，然后对各个职位的相对价值进行整体比较，进而将职位按照相对价值的高低排列出次序。

排序法的具体过程包括以下几步：由相关人员组成评价小组，做好各项准备工作；了解职位情况，收集职位的相关资料；按照评价人员事先确定的评价标准，对各职位的重要性做出评价；把所有评价人员对每一个职位的评价结果汇总，得到序数后，将序数除以评价人员的数量，得到每一个职位的平均序数；最后，按平均序数的大小（由大到小）对各职位进行排列。

排序法一般分为简单排序法、交替排序法和配对比较法。

1. 简单排序法

简单排序法是让评价者根据主观判断，根据整体价值对所有职位进行从高到低的排序。因其主观性过高，现实意义较小，在实践中很少使用。

2. 交替排序法

交替排序法（alternation ranking）是根据人更容易发现极端情况的心理学原理而形成的排序方法。其做法是先从组织所有职位中选出价值最高和价值最低的职位，再选出价值次高和价值次低的职位……直到所有职位都已选出为止。这个选择过程就是职位相对价值大小排序的过程。交替排序法的使用如表2-6所示。

表2-6　交替排序法使用示例

排列顺序	职位价值高低程度	职位名称
1	最高	市场部部长
2	次高	人力资源部部长
3	第三高	财务审计主管
⋮	⋮	⋮
28	第三低	安全生产主管
29	次低	行政采购主管
30	最低	总经理办公室行政秘书

3. 配对比较法

配对比较法（paired comparison），也称对偶比较法，即将组织中的每一个职位都与其他职位进行价值大小的比较，最终按照胜出频数进行排序，从而确定职位的等级序列。配对排序法的具体操作步骤如下例所示。

某部门有 6 个职位，称为 A，B，C，D，E，F，现使用配对比较法对其进行排序：

第一步，画一张两维表，纵栏和横栏分别列出 6 个职位。

第二步，将每一职位分别与其他 5 个职位进行比较，判断某职位相对于另一职位是"更有价值"、"一样有价值"还是"更没有价值"，并分别用"0""1""2"代表这三种判断，如表 2-7 所示。

表 2-7　职位配对评价

职位	A	B	C	D	E	F	总分
A		2	1	2	2	2	9
B	0		0	0	1	0	1
C	1	2		0	0	1	4
D	0	2	2		1	2	7
E	0	1	2	1		2	6
F	0	2	1	0	0		3

第三步，计算每项工作在价值上的总得分，并依次排列得出工作的重要性等级，如表 2-8 所示。

表 2-8　职位等级排序

重要性判断得分	职位名称	职位等级
9	A	6
7	D	5
6	E	4
4	C	3
3	F	2
1	B	1

第四步，将所有测评人员的评分加总，得出最终的职位等级排序，如表 2-9 所示。

表 2-9　职位等级综合排序

职位	A	B	C	D	E	F
评委甲	9	1	4	7	6	3
评委乙	8	2	5	6	—	4
评委丙	7	3	5	6	5	4
数值和	24	6	14	19	11	10
评委数	3	3	3	3	2	3
平均值	8	2	4.67	6.33	5.5	3.33
等级排序	1	6	4	2	3	5

（二）分类法

分类法（classification method）是一种经典的定性评价方法，它是将职位按总体工作内容分为不同的职类，在每一职类中，根据工作内容的复杂程度、任职资格高低等因素划分出不同的职位等级，然后将职位归入职类和职位等级。分类法一般经过归类和分级确定一个完整的职位等级系统，再按标准将组织中的具体职位对号入座，因此又称为“套级法”。

分类法在历史上广泛用于薪水制的职位，尤其是在政府部门和服务行业中。早在1909年，格里芬哈根（Griffihagan）就创立了一套较为完善的职位分类程序，用于芝加哥公共部门的职位评价，他因此被认为是职位分类法的创始人。该方法将部门的所有职位根据工作内容、工作责任、任职资格等方面的不同要求分为管理工作类、事务工作类、技术工作类及营销工作类等；然后给每一类确定一个职位价值的范围，并且对同一类职位进行排序，从而确定每个职位的价值。1912年，芝加哥市政府正式实行职位分类。1923年，在各州相继实行职位分类制的基础上，美国联邦政府制定了第一个职位分类法案，经国会批准后正式施行。1923—1948年间，美国联邦政府曾多次对职位分类法案进行修改和补充。1949年，美国国会对原有办法进行改革，通过了新的职位分类法。1954年，美国国会对该方案进一步修改和补充。在企业方面，1912年，美国一家私营公司建立了对其5 000名雇员适用的职位分类评价法，由此职位评价扩展到私营部门。

分类法的操作步骤主要包括：

（1）进行职位分析，理解职位的主要工作职责、工作环境、劳动强度及其对任职者的资格要求等内容。

（2）进行职位分类。一般是先分大类，然后在大类下细分小类。比如，把企业的职位先分为营销类、管理类、技术类、生产类等，然后在技术类下细分为研发、工程、技术支持等，在管理类下细分为人力资源、财务、行政等。要不要细分以及要细分几次，取决于企业的需要。

（3）对职类进行分等，编写职位等级说明书。在职位分类的基础上，以工作活动、责任、价值、复杂程度等为依据进一步划分职位等级，以书面形式确定每一职位等级的区分标准，形成职位等级说明书。职位等级说明书如表2-10所示。

表2-10 办事员的职位等级说明书

一级办事员	工作简单，没有监督责任，不需要与公众交往
二级办事员	工作简单，没有监督责任，需要与公众交往
三级办事员	工作中度复杂，没有监督责任，需要与公众交往
四级办事员	工作中度复杂，有监督责任，需要与公众交往
五级办事员	工作复杂，有监督责任，需要与公众交往

资料来源：John M. Ivancevich. Human Resource Management. 7th ed. New York：McGraw-Hill，1998：333.

（4）将组织中的职位归入职位等级系统。这一步的主要工作是把需要评估的职位填入对应的表格中。组织内部所有职位对号入座。

即时案例

XG烟厂的职位分析

为鼓励不同专业人员各尽其能，XG烟厂在不同职位类别上设置相应的发展通道：管理类设8个职级，专业技术类设5个职级，生产操作类设5个职级，做到分界合理、无重合、不模糊。每个职级对应相应的薪等，各类别职位职级晋升采用评聘办法，企业配套出台相应的评聘管理办法。XG烟厂的职级表如表2-11所示。

表 2-11　XG 烟厂的职级表

管理类		专业技术类		生产操作类	
职级	职级名称	职级	职级名称	职级	职级名称
8	厂长				
7	副厂长				
6	厂长助理				
5	科长级	5	高级工程师/高级会计师/高级审计师	5	高级技师
4	副科级	4	主管工程师/主管会计师/主管审计师	4	技师/班长
3	二级管理员	3	工程师/会计师/审计师	3	高级工
2	一级管理员	2	助理工程师/助理会计师/助理审计师	2	中级工
1	办事员	1	技术员/会计员/审计员	1	初级工

确定职位分类后，根据职位价值差别，对同一职级内不同职位进行等级划分，形成职位等级（简称岗等）。根据职位评价结果划分岗等，各类职位（仅以专业技术类为例）在不同职级中分为1～3个岗等，如表2-12所示。

表 2-12　XG 烟厂的职位等级表

专业技术类		
职级	岗等	职位名称
5	1	高级工程师、高级会计师、高级审计师
4	3	品质管理科工艺管理员（主管工程师）、生产（设备）管理科机电技术员（主管工程师）
	2	财务管理科稽核会计（主任会计师）
	1	财务管理科预算管理员（主管会计师）、财务管理科材料成本会计（中级会计师）、财务管理科费用（税收）会计（中级会计师）、财务管理科固定资产会计（中级会计师）、财务管理科出纳（中级会计师）、企业管理科网络管理员（中级工程师）、企业管理科信息系统管理员（中级工程师）、监察审计科审计员（中级审计师）
3	3	品质管理科工艺管理员（中级工程师）、生产（设备）管理科机电技术员（中级工程师）
	2	财务管理科稽核会计（中级会计师）
	1	财务管理科预算管理员（中级会计师）、财务管理科材料成本会计（主管会计师）、财务管理科费用（税收）会计（主管会计师）、财务管理科固定资产会计（主管会计师）、财务管理科出纳（主管会计师）、企业管理科网络管理员（主管工程师）、企业管理科信息系统管理员（主管工程师）、监察审计科审计员（主管审计师）
2	3	品质管理科工艺管理员（助理工程师）、生产（设备）管理科机电技术员（助理工程师）
	2	财务管理科稽核会计（助理会计师）
	1	财务管理科预算管理员（助理会计师）、财务管理科材料成本会计（助理会计师）、财务管理科费用（税收）会计（助理会计师）、财务管理科固定资产会计（助理会计师）、财务管理科出纳（助理会计师）、企业管理科网络管理员（助理工程师）、企业管理科信息系统管理员（助理工程师）、监察审计科审计员（助理审计师）

续前表

专业技术类		
职级	岗等	职位名称
1	3	品质管理科工艺管理员、生产（设备）管理科机电技术员
	2	财务管理科稽核会计
	1	财务管理科预算管理员、财务管理科材料成本会计、财务管理科费用（税收）会计、财务管理科固定资产会计、财务管理科出纳、企业管理科网络管理员、企业管理科信息系统管理员、监察审计科审计员

除了纵向职级晋升，在同一职级内还设有横向晋升通道。在每一职位等级上均设置 10 个职位档次（简称岗档），每个岗档对应相应的薪档。进档或退档根据员工的年度绩效考核结果确定。

（三）计点法

计点法（point method）是一种定量的职位评价方法，又称要素计点法、点值法等。这种方法首先需要确定某一组织进行职位评价的报酬要素，将每个报酬要素进行分级并对每一等级赋分，然后确定不同职位在各报酬要素上的得分并进行加总，最后形成职位排序和职位结构。计点法是目前应用最为广泛和最精确的职位评价方法，因为计点法确定了职位评价的依据——报酬要素（compensable factor），即那些受组织重视的工作特征，这些工作特征有助于组织执行经营战略和实现经营目标。世界知名人力资源顾问公司如美世（William Mercer）、合益（Hay）、翰威特（Hewitt）等，都采用此类方法。在美国，有 60% ～ 70%的公司采用计点法。我国从 20 世纪 90 年代初开始，在国有企业中大力提倡职位技能工资制，与之相配套确定职位等级的方法就是计点法。

计点法的三个基本特征是报酬要素、对要素等级的量化测量以及反映各个要素相对重要程度的权重。确定报酬要素的依据是组织的经营战略、价值导向以及职位对组织目标和战略的贡献方式。通过对报酬要素的等级测量来反映不同职位在报酬要素中体现的价值差异，再给报酬要素赋予相应的权重来反映它们对于组织的重要程度。

运用计点法进行职位评价主要有以下六个步骤，如图 2 - 2 所示。

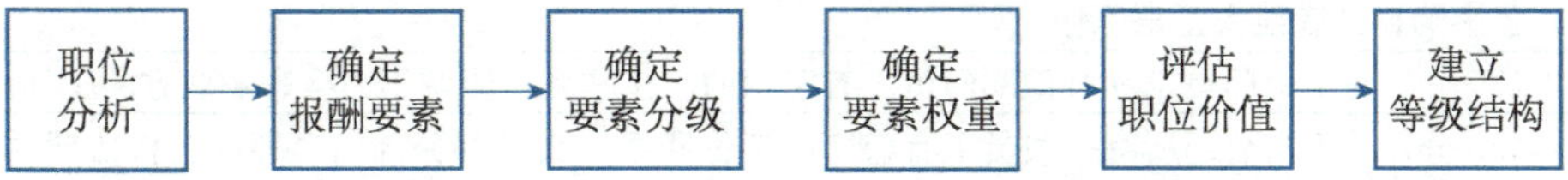

图 2 - 2　运用计点法进行职位评价的基本步骤

1. 职位分析

职位分析是职位评价的起点，也是计点法的起点。只有通过职位分析对组织中各职位的工作责任、任职资格、工作条件和环境等工作特征要素进行深入分析，才能对不同职位的价值进行评价。因为这些工作特征很可能是确定不同职位相对价值的依据，也就是说，这些工作特征可能会成为职位评价方案中的报酬要素。

2. 确定报酬要素

报酬要素的确定是计点法的核心。报酬要素是指在企业中，多个职位所共有的对企业有价值的工作特征。常用的报酬要素有：工作复杂性、责任大小、工作环境、技能要求等。需要强调的是，报酬要素必须对需要评价的所有职位具有共通性，不能只与小部分职位有关。另外，报酬要素的数目要适当，数目太多会增加职位评价的复杂性，太少则难以了解不同职位的价值差异。从管理实践看，报酬要素一般以6～10个为宜。比如，美国联邦政府的职位评价方案选择了知识（knowledge）、工作中受到的监督（supervision received）、工作指导方针（guidelines）、工作任务的复杂性（complexity）、工作任务的范围及其影响（scope and effect）、工作中的人际接触（personal contacts）、工作接触的目的（purpose of contacts）、体力要求（physical demands）、工作环境（work environment）共9个报酬要素。合益评分法选取了知识与技能（know-how）、解决问题能力（problem-solving）、所承担责任（accountability）3个维度共8个报酬要素。翰威特选择了知识与技能、影响/责任、解决问题/制定决策、行动自由、沟通技能和工作环境6个报酬要素。

可从已有的职位评价方案中选取报酬要素，也可从职位说明书中提取某些对组织特别重要的要素。比如，使用问卷调查法将有可能适用于企业的报酬要素逐条列出，调查问卷可设计成李克特五点量表的形式，然后以企业高管和任职者为调查对象，让他们针对每个要素的重要程度做出“非常重要”“较重要”“一般”“较不重要”“非常不重要”的评价。通过这种方式可以收集到企业管理者和员工所认可的报酬要素。

3. 确定要素分级

在报酬要素确定以后，需要对每个要素进行等级划分及定义和描述。为了使每个报酬要素的等级清晰明确，可以选取从基准职位中提炼出来的典型技能、任务和行为对等级进行锚定。需要注意，用于区分各种职位的要素等级数目不宜过多也不能过少，大多数量表由3～8个等级构成，5个等级最常见。要素内部不同等级之间的价值差距通常采用等差方法，也就是说，第5级与第4级的得分差异和第4级与第3级的得分差异是等值的。例如，把工作所需要的内部协调作为一个报酬要素，对该要素的定义及分级如表2-13所示。

表2-13　报酬要素的定义和分级描述

定义：在正常工作中，需要与他人合作并顺利开展业务的协调活动。其责任大小以协调对象所在层次、人员数量及频繁程度和失调后果大小为判断基准。
等级1：（0分）不需要与任何人进行协调。若有，也是偶尔与本部门的一般员工协调。
等级2：（10分）仅与本部门员工进行工作协调，偶尔与其他部门进行一些个人协调，协调不力一般不会影响自己或他人正常工作。
等级3：（20分）与本部门员工和其他部门员工有密切的工作联系，协调不力会影响双方的工作。
等级4：（30分）几乎与公司所有一般员工有密切的工作联系，或与部分部门经理有工作协调的必要，协调不力对公司有一定的影响。
等级5：（40分）与各部门的经理或负责人有密切的联系，在工作中需要随时联系和沟通，协调不力对整个公司有重大影响。

4. 确定要素权重

权重反映了各报酬要素对职位和组织价值的重要性，直接影响职位评价的最终得分。在评价方案最高得分确定的情况下，随着权重的确定，每个报酬要素的最高分和不同等级的得分就可以确定下来。在确定各报酬要素的权重时，应对市场标杆、企业历史经验、战略目标和职位体系设置等因素进行综合考虑。下面介绍三种常用的方法。

(1) 德尔菲法，又称专家意见法。基本做法是选择该领域内的有关专家（可以是组织内高层领导，也可以是有关学者），采用背对背的方式征询各专家的权重分配意见，经过几轮的咨询和反馈，得出趋于一致的专家意见。这种方法具有程序系统的特点，在操作时应让专家匿名发表意见并杜绝讨论，确保意见的独立性。

(2) 专家调查权重法。作为德尔菲法的扩展，专家调查权重法是指由各位专家独立填写各要素的权重，进行整理和统计分析，最后确定各要素的权重。该方法的关键在于选取合适的专家来保证专家意见的有效性和指导性。

(3) 层次分析法（analytic hierarchy process，AHP）。它是美国运筹学家萨蒂（T. L. Satty）等在20世纪70年代提出的一种定性与定量相结合的多准则决策方法。在操作过程中，层次分析法可以概括为确定层次和确定权重两大步骤。第一步，将问题层次化。根据问题的性质和要达到的整体目标将问题分解为不同组成因素，并根据因素间的相互关系形成层层对应的多层次结构模型。在多层次结构模型的基础上，决策分析最终归结为底层因素相对于高层因素的重要性或优劣次序的排序问题，并层层递进，层层量化。同一层次相对于上一层次的权重可以简化为成对的判断比较。第二步，确定最底层因素、子目标以及总目标的权重。

表2-14是一个报酬要素权重分配的例子。

表2-14　报酬要素的权重分配

报酬要素	等级数量	级差分值	最高分值	百分比（%）
1. 知识技能	5	40	200	20
2. 问题解决	5	40	200	20
3. 职责范围	5	40	200	20
4. 人际沟通	5	20	100	10
5. 管理得分	5	40	200	20
6. 工作环境	4	25	100	10
合计			1 000	100

5. 评估职位价值

在确定报酬要素的等级和权重后，实际上已经形成一个职位评价方案，接下来就可以用这个评价方案去评价不同职位的相对价值。首先确定某一职位在每个要素上的等级和得分，将某一职位在所有报酬要素上的点数相加即得到该职位的总点数，总点数代表这一职位的相对价值大小。当然，在实际操作中，评价者对方案的熟悉和掌握需要一个过程，因此非常有必要对评价者进行培训并对一些标杆职位进行试打分，在确信评价者准确掌握职位评价技术后才可以全面展开职位评价工作。

6. 建立等级结构

将标杆职位的点数计算方法推广到其余的非标杆职位，或者直接将非标杆职位与标杆职位进行比较后运用插值法赋予非标杆职位相应的点数。当组织中的所有职位都完成点数计算的工作之后，即可根据点数的大小对职位进行从高到低排序，并把得分相近的职位归入同一个职位等级，形成组织的职位等级结构。表2-15是一个按照点数对职位进行归等的例子。

表 2-15 按照点数对职位进行归等

职位等级	等级点数段	职位名称	职位评价点数
1	140～199	秘书	160
2	200～259	信息与统计项目主管 出纳项目主管 薪酬绩效项目主管	210 235 255
3	260～319	投资管理项目经理 外事服务项目经理	270 300
4	320～379	投资管理经理 财务管理经理	360 370
5	380～439	人力资源部总经理助理 财务部总经理助理	415 425
6	440～499	人力资源部副总经理 财务部副总经理	480 485
7	500～559	人力资源部总经理 财务部总经理	545 555

在实际操作中，有时候会出现需要对职位评价的点数进行调整的情况。一种情况是个别职位的得分明显偏高或偏低，这种随机误差需要我们对个别职位的得分进行检查以判断是否需要重新打分。另一种情况是某一类职位的点数都明显偏高或偏低，这种情况可能是由于报酬要素的权重问题引起的，可以考虑重新确定不同报酬要素的权重。

观点碰撞

职位评价与市场薪酬水平

当考虑职位评价与市场薪酬水平的关系时，人们很容易产生使用计点法的职位评价系统与市场工资相互独立的感觉，如 Roger J. Plachy 发表在 1987 年 7—8 月的 *Compensation & Benefits Review*（CBR）上的文章表示“职位评价与金钱或者市场没有任何关系”。但是很多学者认为，计点法职位评价系统是十分依靠市场力量的。计点法职位评价系统的薪酬和分级结果往往与市场价格系统相符。在 Kenneth E. Foster and Sheryll Gimplin-Poris（1984）发表的一篇文章中，他们指出组织中某一职位在组织内的相对排名与市场的相对排名高度相关，得出了计点法和市场价格职位评价系统之间的等价性。Thomas M. Supel 于 1990 年在 *Compensation & Benefits Review*（CBR）上发表的文章 *Equivalence and Redundance in the Point-Factor Job Evaluation System* 也对计点法和市场价格之间的等价性进行了分析和验证。Thomas M. Supel 认为，消耗大量资源来评估计点法中的报酬要素是十分多余的，用这些资源来提高市场数据的质量和数量会提高那些想要支付竞争性工资的组织的薪酬决策质量。

表 2-16 是美国薪酬协会 2016 年针对会员企业的调查，可以看出约 90%的企业会在给职位定价的时候采取外部市场定价方式，有接近半数企业采用不同的职位分析方法来确定岗位价值。

表 2-16 “你的组织如何决定职位的相对价值?”(选择所有适合的选项)

	2012年	2014年	2016年
样本数量	989	611	590
市场定价方式	88%	89%	91%
分类法	17%	18%	16%
计点法	20%	18%	15%
排序法	15%	13%	13%
其他方法	7%	7%	7%
无方法	1%	1%	1%

资料来源：WorldatWork，The Total Rewards Association. Compensation Programs and Practices Survey，2016.

思考：你认为职位评价的结果和职位的市场价格之间存在何种关系？在给组织内部的职位支付薪酬时，是职位评价的结果重要还是市场调查的结果重要？

（四）要素比较法

要素比较法（factor-comparison method）是作为计点法的一个分支出现的，1926年由高速交通股份公司的本奇和他的助手在试图完善计点法时创立。要素比较法的基本原则是先确定在企业中有代表性的典型职位的薪酬并将其分解到报酬要素上，通过与这些典型职位进行报酬要素的逐一比较得出其他职位的薪酬水平。因此，要素比较法体现了计点法的一些原则，但两者在要素的分配形式和职位等级转换成工资结构的方法上有着显著区别。从某种程度上讲，要素比较法是一种混合方法，兼有职位归类法和计点法的特征。

要素比较法中报酬要素的数量通常比计点法少。本奇坚持认为，只要把握住工作的性质，几个基本的报酬要素就能适用于几乎所有工作。本奇对要素选择的示例如下：

（1）体力劳动：智力、技能、体力、责任、工作条件。

（2）职员、技术和管理人员：智力、技能、身体因素（包括工作条件）、监督管理的责任、其他责任。

在运用要素比较法进行职位评价时，有以下8个操作步骤：

1. 获取职位信息，确定报酬要素

与其他职位评价的方法一样，要素比较法的第一步也是要求评价者仔细、全面地做好职位分析。在此基础上，和计点法类似，要素比较法需要明确对职位价值进行比较的依据是什么，也就是要确定报酬要素。报酬要素的选取依据与计点法类似。

2. 选择典型职位并确定这些职位的薪酬水平

挑选在企业中有代表性的典型职位，并根据市场信息和企业实际情况确定这些典型职位的薪酬水平。对这些典型职位的选择有以下三个要求：第一，必须能通过所采用的报酬要素来清楚地描述和分析；第二，要代表不同的职位等级，并充分表示出每个报酬要素的不同重要程度；第三，能够获得这些典型职位在市场上的薪酬信息。

3. 根据每个报酬要素对典型职位进行排序

职位评价者分别按每个报酬要素对典型职位进行排序。这里的排序和前文已经介绍的排序法的不同之处在于，排序法把职位价值作为整体来进行排序，而要素比较法对典型职位在每个报酬要素上的价值进行排序。可以由评价小组的每位成员分别对职位进行排序，然后以开会讨论或者计算平均排序值的方法来确定典型职位在每个报酬要素上的排序。每个成员在排序时可以参考前文介绍的交替排序法或配对比较法。

4. 将典型职位的薪酬水平分配到内部每一个报酬要素上

评价小组的成员需要根据自己的判断来确定各个报酬要素对每一个典型职位的薪酬水平的贡献，然后把典型职位的薪酬水平分配到每个报酬要素上，也就是说，每个报酬要素分配到的薪酬值的加总就是该职位的薪酬水平。

5. 根据典型职位内部每一报酬要素的薪酬分配值对职位进行多次排序

在确定所有典型职位的每一报酬要素的薪酬值后，将所有职位按每一种报酬要素的薪酬分配值进行多次排序，有几种报酬要素就有几次排序。

6. 根据两种排序结果选出不便于利用的典型职位

至此得到两种职位排序结果：第一种是根据步骤 3 得出的，它是根据几种报酬要素在不同职位中的得分高低对各职位所做的排序；第二种是由步骤 5 得出的，它是根据分解得到的每种报酬要素在典型职位中的薪酬值所做的排序。接下来需要比较这两种排序。严格来说，如果各项分解结果正确，这两种排序的结果应该是一致的。若两种结果差异过大，则表明这个典型职位在薪酬分解上可能存在错误，或者这个职位不适合作为典型职位，需要将其去除。

7. 建立典型职位报酬要素薪酬支付基准表

所有典型职位的薪酬水平以及每一典型职位内部的每个报酬要素的薪酬水平都确定后，便可以建立一个典型职位报酬要素薪酬支付基准表。需要在这个表格的基础上确定组织内部其他职位的薪酬水平。

8. 使用典型职位报酬要素薪酬支付基准表来确定其他职位的工资

评价小组成员可以依照待评价职位的各报酬要素与典型职位的报酬要素的对比，确定待评价职位的每一报酬要素与典型职位报酬要素薪酬支付基准表中的哪一个或哪几个典型职位的同一要素最为接近。然后把与之最接近的职位的同一报酬要素的薪酬支付水平作为待评价职位在该报酬要素上的薪酬依据。把待评价职位在所有报酬要素上的薪酬加总，就得到了待评价职位的基准薪酬。

即时案例

某工厂用要素比较法进行职位评价

1. 确定五方面的报酬要素

（1）身体要求：A 身体素质，如坐、站、走、爬、拉、举等能力，要同时考虑各种能力的大小和持续时间；B 身体状况，如年龄、身高、体重、性别、健康程度和视力。

（2）知识和心理要求：A（先天的）心理特征，如智力、记忆力、推理能力、语言表达能力、人际关系处理能力和想象力；B（后天的）基础教育，如语法和算术，对体育、世界大事的了解程度；C（后天的）专业知识，如化学、工程学、会计学、广告学等。

(3) 技术要求：A（后天的）身体协调能力，如操作机器、重复操作、精确协调、灵巧程度、组装、归类等；B（后天的）提高身体协调能力必需的专门职业知识，只能通过实际操作获得，不要同普通教育或专业知识混淆，要多进行思维表达方面的训练。

(4) 承担责任：A 对原材料、加工材料、工具、设备和财产所承担的责任；B 对钱或流通票据所承担的责任；C 对盈利或亏损、储蓄或投资等方法革新所承担的责任；D 对公共合同所承担的责任；E 承担的记录责任；F 承担的监督责任。

(5) 工作条件：A 环境影响，如气温、通风、照明、噪声、拥挤度、工作时间等；B 来自工作或环境的伤害；C 工时。

2. 选择典型职位

为了简化，这里只选取四种典型职位：焊工、起重工、冲床工、保卫工人。通过调查得知各职位的市场平均工资。

3. 按工作要素排序

按工作要素排序表如表 2-17 所示。

表 2-17　按工作要素排序表

工作种类	身体要求	知识和心理要求	技术要求	承担责任	工作条件
焊工	4	1	1	1	2
起重工	1	3	3	4	4
冲床工	3	2	2	2	3
保卫工人	2	4	4	3	1

4. 确定报酬要素的工资

假设冲床工现有薪酬水平是每小时 5 元，评价小组中的三位成员做出表 2-18 中的定价。

表 2-18　三位成员的定价表

	身体要求	知识和心理要求	技术要求	承担责任	工作条件	合计
甲（%）	20	10	15	25	30	100
乙（%）	10	15	15	40	20	100
丙（%）	25	5	15	35	20	100
合计（元）	0.917	0.500	0.750	1.667	1.167	5.000

5. 第二次排序

按第 4 步对四种职位分别处理后，将四种职位放在一起，按照五个要素分别进行排序（见表 2-19）。

表 2-19　按五个要素排序表

	小时工资	身体要求	知识和心理要求	技术要求	承担责任	工作条件
焊工	9.80	0.40 (4)	4.00 (1)	3.00 (1)	2.00 (1)	0.40 (2)
起重工	5.60	2.00 (1)	1.40 (3)	1.80 (3)	0.20 (4)	0.20 (4)
冲床工	6.00	1.30 (3)	1.60 (2)	2.00 (2)	0.80 (2)	0.30 (3)
保卫工人	4.00	1.40 (2)	1.20 (4)	0.40 (4)	0.40 (3)	0.60 (1)

6. 比较两种排序

两种排序对比表如表 2-20 所示。

表 2-20 两种排序对比表

工作种类	身体要求		知识和心理要求		技术要求		承担责任		工作条件	
焊工	4	4	1	1	1	1	1	1	2	2
起重工	1	1	3	3	3	3	4	4	4	4
冲床工	3	3	2	2	2	2	2	2	3	3
保卫工人	2	2	4	4	4	4	3	3	1	1

这四种职位的两种排序的结果是一致的，所以这四种职位都可作为典型职位。

7. 建立报酬要素等级基准表

报酬要素等级基准表如表 2-21 所示。

表 2-21 报酬要素等级基准表

薪酬水平（元）	身体要求	知识和心理要求	技术要求	承担职责	工作条件
0.20				职位 B	职位 B
0.30					职位 C
0.40	职位 A		职位 D	职位 D	职位 A
0.50					
0.60					职位 D
0.70					
0.80				职位 C	
0.90					
1.00					
1.10					
1.20		职位 D			
1.30	职位 C				
1.40	职位 D	职位 B			
1.50					
1.60		职位 C			
1.70					
1.80			职位 B		
2.00	职位 B		职位 C	职位 A	
2.20					
2.40					
2.60					
3.00			职位 A		
3.50					
4.00		职位 A			
4.50					

注：职位 A——焊工，职位 B——起重工；职位 C——冲床工；职位 D——保卫工人。

8. 确定其他职位工资

假设修理工的“知识和心理要求”要素介于起重工和冲床工之间，那么可以确定修理工在知识和心理要求方面的货币价值是1.50元。类似地，可以对修理工的其他四个报酬要素做同样的处理。最终可得修理工的薪酬水平。

资料来源：改编自网络。

三 不同职位评价方法的比较

正如本节第二部分所述，职位评价的四种方法在确定职位价值时所采用的标准和侧重点各有不同，在使用过程中也各有优劣。

总体而言，排序法是四种方法中最简单的，最突出的优点是简单、快捷、成本低，缺点是不够精确、主观性强，尤其是无法确定两个相邻职位之间的具体价值差距，给排序后的职位归等或薪酬确定带来困难。

分类法克服了排序法只适用于小型组织、少量职位的缺点，其主要优点是可以对较多的职位进行评估，比排序法更准确、客观；能够反映不同职位序列对组织战略的重要性，灵活性比较大，可以迅速将组织中新出现的职位归入合适的类别；每类员工的职业发展通道非常清晰，员工可以预期未来的发展；更为重要的是，这种多通道的职位等级设计和薪酬制度非常契合基于能力的人力资源管理，有利于员工通过职类内部专业技能的提升获得职位等级和薪酬的增加。分类法的缺点主要在于，清楚地定义等级和编写等级说明书相当困难，评价者容易加入较多的主观判断；归根结底它是一种定性的职位评价方法，不能指出各级之间差距的大小，也不能对不同类别职位之间的价值差异进行精确评比。总的来说，当组织中存在大量性质大致类似的职位、可以进行明确的分组时，这种工作评价方法尤其有用。随着任职资格体系和基于能力的人力资源管理的发展，分类法在企业中将得到更加广泛的应用，因为它反映了能力要素对各职类薪酬等级的影响。

计点法的优点是能够对职位间的相对价值进行精确量化，尤其是报酬要素的提出使计点法比排序法和分类法（把职位作为一个整体进行判断的方法）更加精确。其缺点是有些方案比较复杂，评价的准确性在一定程度上取决于评价者对评价方案的掌握程度和对职位内容的熟悉程度，评价结果中有评价者的主观判断。计点法是最常用的职位评价方法，在应用中应注意以下四个要点：（1）评估小组的成员尽量与被评估的职位不存在利害关系，能够公平公正地做出职位评价；（2）提高评估小组成员对评价方案的理解和掌握程度，并选择几个职位进行试打分，根据存在的问题进行讨论，最终实现尺度一致；（3）在评价中需要注意类似职位之间的比较，而不能仅仅注重职位与报酬要素等级描述之间的比较；（4）利用排序法、要素比较法等方法对各职位在不同要素上的评定等级或得分进行检查，发现错误并改正。

要素比较法在整体上是一种精确、系统、量化的方法，可靠性高；可在各个报酬要素上对职位进行相互比较以确定其相对价值，提高了判断的准确性；能够直接确定职位的薪酬水平，较之计点法省去了点数与货币的转化过程。其缺点主要是选择合理的典型职位较为困难；整个评价过程步骤多、过程复杂，不易操作；市场工资水平经常发生变化，典型职位工资水平很难及时调整；专业性强，方案的开发设计需要专业的技术和经验。因此，在以下情况下适用要素比较法：在经费充裕和咨询人员水平较高的情况下，需要一种量化方法，愿花大量费用引入一种职位评价体系；这种复杂方法的运用不会产生理解问题或员工的接受问题；希望把工资结构和典型职位的相对等级或劳动力市场上通行的工资更紧密地联系起来。

管理实践中需要融合不同职位评价方法的优点，既要能够量化职位之间的价值差异，也要尽可能确保这种量化的结果是准确的、具备可比性。比如，对最为流行的计点法而言，可以先确定典型职位的点数，然后借鉴要素比较法编制典型职位的报酬要素点数基准表，其他职位的点数在与典型职位进行要素比较后确定。

第3节　经典职位评价方法介绍

一　海氏评分法

海氏（Hay）评分法是国际上广泛使用的一种职位评价方法，其实质是一种计点法。它是由美国工资设计专家爱德华·海（Edward N. Hay）和戴尔·珀维斯（Dale Purves）于1951年开发出来的，解决了不同职能部门的不同职位之间相对价值的比较和量化的难题，被企业界广泛接受。在这里对其基本思路进行简要介绍。

（一）报酬要素

海氏评分法的报酬要素包括具有普遍适用性的三大要素，即知识与技能（know-how）、解决问题能力（problem-solving）和所承担责任（accountability）。三大要素的内在逻辑、具体释义及子要素见图2-3和表2-22。

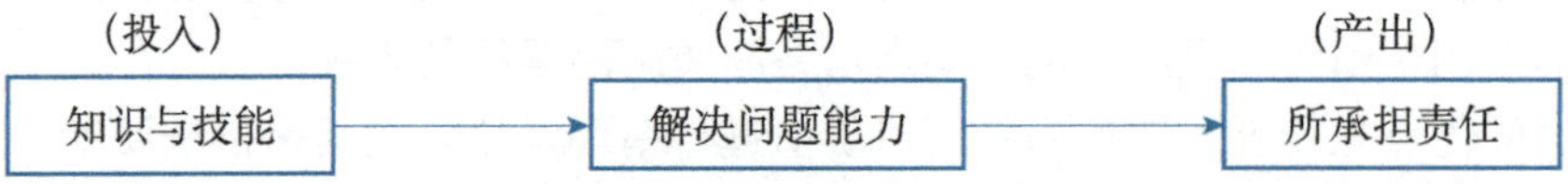

图2-3　海氏评分法三大要素

表2-22　海氏评分法三大要素分解及释义

付酬要素	付酬要素释义	子要素	子要素释义
知识与技能	胜任工作任务所必备的每一种知识、技术与经验的结合。	技术/专业知识	在实际作业、专门技术以及专业或科技领域所需的知识。该子要素分为七个等级，从第一级“初级阶段”到第七级“高级权威专家阶段”。
		管理诀窍	为达到要求的绩效水平而具备的计划、组织、执行、控制、评价的能力与技巧。该子要素分为五个等级，从第一级“作业型”到第五级“全面型”。
		人际关系技能	在直接说服、激励他人方面所需的知识、技能。该子要素分为“基本的”“重要的”“必需的”三个等级。

续前表

付酬要素	付酬要素释义	子要素	子要素释义
解决问题能力	职位所需要的思考能力。它是分析、评鉴、创新、理解、寻找办法及得出结论的“自我启发”的思考表现。如果思考可由工作标准来规范，有先例可循或可交由他人解决，则所需的思考较少。	思维环境	环境对任职者思维的限制程度。该子要素分为七个等级，从第一级“在详尽的规则、指示或/和严格的监督范围内思考”（严格程序化的）到第七级“在较一般性的政策、原则和目标的指导下思考”（广义界定的）。
		思维难度	解决问题时对任职者创造性思维的要求，该子要素分为五个等级，从第一级“在相同的情况下简单地选择已认识的事物而得出答案”（重复性的）到第五级“在几乎未知的情况下，采用创新思维以及通过创造新概念和新方法，极大地推动知识和思想的进步”（创新式）。
所承担责任	任职者的行动对工作最终结果可能造成的影响及承担责任的大小。	行动的自由度	任职者能在多大程度上对其工作进行个人指导与控制，该子要素包含七个等级，从第一级“接受直接、详细的指令，并在上级的密切监督下工作”（按指令的）到自由度最大的第七级“只有政策大方向等指引性的制约”（一般性指引的）。
		职位对后果形成的作用	该子要素包括四个等级：第一级是“后勤性作用”，即提供他人应用的资料性、记录性或其他杂项例行性服务；第二级是“咨询性作用”，即提供他人采取行动的阐释性、咨询性或推动性服务；第三级是“分摊性作用”，即与机构内外的其他人共同承担责任（除自己的下属及上级），共同行动；第四级是“主要作用”，即承担主要责任，对最终结果具有控制性的影响。
		影响范围	主要影响的最明确的职责范围，一般以金额来表示（以年度计）。该子要素包括六个等级，即“极小的”“微小的”“小的”“中的”“大的”“极大的”，每一级都有相应的金额下限，具体数额视企业的具体情况而定。

（二）权重确定

在利用海氏评分法评估三个主要报酬要素方面的分数时，需要考虑各职位的“形状”构成，以确定该要素的权重，据此计算各职位相对价值的总分。职位的“形状”主要取决于知识与技能和解决问题能力相对于所承担责任的影响力。将知识与技能和解决问题能力的重要性设为 γ，所承担责任的重要性设为 β，企业中的职位可以划分为三种类型：

（1）$\gamma<\beta$，上山型。此类职位的所承担责任比知识与技能和解决问题能力重要，如公司总裁、销售经理、负责生产的干部等。

（2）$\gamma=\beta$，平路型。此类职位的所承担责任与知识与技能和解决问题能力同等重要，如会计、人事等职能干部。

（3）$\gamma>\beta$，下山型。此类职位的所承担职责不及知识与技能和解决问题能力重要，如科研开发人员、市场分析人员等。

（三）评分过程

由于海氏评分法的三个报酬要素分别由数量不等的子要素构成，可以根据子要素的等级最终确定三大报酬要素的各自得分。得到某一职位在上述三个方面的得分之后，可以按照下面的公式计算出职位评价的最终结果：

$$W_i = \gamma[f_i(T,M,H)\cdot(1+Q)] + \beta[f_i(F,I,R)]$$

式中，

W_i 表示第 i 种职位的最终得分，也就是相对价值。

γ 表示第 i 种职位的知识与技能和解决问题能力所占的权重，β 表示所承担责任所占的权重，$\gamma+\beta=1$。γ，β 的取值大致有以下三种情况：

- $\gamma<\beta$，如总裁、副总裁、经理人员等工作职位的情形（上山型）。
- $\gamma=\beta$，如会计、技工等工作职位的情形（平路型）；
- $\gamma>\beta$，如工程师、营销员等工作职位的情形（下山型）。

$f_i(T,M,H)$ 为第 i 种职位的知识与技能的得分，$f_i(T,M,H)\cdot Q$ 为解决问题能力的得分。

$f_i(F,I,R)$ 为第 i 种职位所承担责任的得分。

T——技术/专业知识；M——管理诀窍；H——人际关系技能；

Q——解决问题能力；F——行动的自由度；

I——职位对后果形成的作用；R——影响范围。

在实际的职位评价操作中，$f_i(T,M,H)$（知识与技能），$f_i(T,M,H)\cdot Q$（解决问题能力）和 $f_i(F,I,R)$（所承担责任）这些公式都已经转为实际的分值，评价者只要确定第 i 种职位在各个子要素上的等级就可以得出 $f_i(T,M,H)$，$f_i(T,M,H)\cdot Q$ 和 $f_i(F,I,R)$ 的最终分值。如假设某职位在技术/专业知识上评定为 C 级，在管理诀窍（管理知识）上评定为 Ⅰ 级，在人际关系技能上评定为 2 级，则根据表 2-23，最终知识技能得分为 115 分。

在得到三大报酬要素的各自得分后，根据职位的类型和权重，计算出 $W_i=\gamma[f_i(T,M,H)\cdot(1+Q)]+\beta[f_i(F,I,R)]$ 的最终得分。

（四）评分归等

得到各个职位的最终得分之后，将所有职位按分数从高到低排序，把职位归入不同的等级。归等时，原则上以分数高低为依据，并考虑职位相似性、任职者数量、职位晋升概率、企业文化、管理便利性等要素对职位等级数量的影响。

二 IPE 国际职位评价系统

IPE 国际职位评价系统（International Position Evaluation System）是美世公司开发的职位评价方法。这套职位评价系统共有 4 个要素，10 个维度，104 个级别，总分 1 225 分。评估的结果可以分成 48 个等级。IPE 系统本质上也是一种计点法，符合计点法的基本思路。

表 2-23 海氏评分表——以知识技能为例

海氏评分表知识技能			管理知识之广度														
			N. 作业型 所进行作业的目标和内容有具体、明确的定义，不需要与周围其他人有很多合作。			Ⅰ. 活动/任务型 执行或督导目标与内容明确的任务，并要注意到其他有关业务。			Ⅱ. 同类型 在运作或观念/思想上需要整合或协调各项性质与目标类似的任务；或整合各种性质不同但运作规模小的业务。			Ⅲ. 多元型 在重要管理领域，在运作或观念/思想上需要整合或协调各项性质与目标不同的任务；或整合全机构的重要功能。			Ⅳ. 宽泛型 对运作非常复杂的机构中各主要职能进行统筹管理。		
…人际关系技能 1. 基本： 与他人相处时，只需具备一般的礼貌与效率。 2. 重要： 能够了解他人，并加以影响和/或提供服务，为执行工作的重要条件。 3. 必需： 具备启发、激励或劝服他人的综合技能，为必须条件，对能否达到职位要求有决定性影响。	…人际关系技能 → • 技术/专业知识之深度与幅度		1	2	3	1	2	3	1	2	3	1	2	3	1	2	3
	技术或专业方面的精专程度	A. 初级程度要求小学、初中（或同等学力）教育，再加职业培训。	38 43 50	43 50 57	50 57 66	50 57 66	57 66 76	66 76 87	66 76 87	76 87 100	87 100 115	87 100 115	100 115 132	115 132 152	115 132 152	132 152 175	152 175 200
		B. 初级职业技术程度要求熟悉简单的标准化工作程序和/或使用简单设备及机械。	50 57 66	57 66 76	66 76 87	66 76 87	76 87 100	87 100 115	87 100 115	100 115 132	115 132 152	115 132 152	132 152 175	152 175 200	152 175 200	175 200 230	200 230 264
		C. 中级职业技术程度要求熟练掌握作业流程或系统，以及操作特殊设备。	66 76 87	76 87 100	87 100 115	87 100 115	100 115 132	115 132 152	115 132 152	132 152 175	152 175 200	152 175 200	175 200 230	200 230 264	200 230 264	230 264 304	264 304 350
		D. 高级职业技术程度要求基于在职经验或特殊发展而具备某些专门技能（但不需要理论深度）。	87 100 115	100 115 132	115 132 152	115 132 152	132 152 175	152 175 200	152 175 200	175 200 230	200 230 264	200 230 264	230 264 304	264 304 350	264 304 350	304 350 400	350 400 460

续前表

海氏评分表知识技能			管理知识之广度														
			N. 作业型 所进行作业的目标和内容有具体、明确的定义，不需要与周围其他人有很多合作。			Ⅰ. 活动/任务型 执行或督导目标与内容明确的任务，并要注意到其他有关业务。			Ⅱ. 同类型 在运作或观念/思想上需要整合或协调各项性质与目标类似的任务；或整合各种性质不同但运作规模小的业务。			Ⅲ. 多元型 在重要管理领域，在运作或观念/思想上需要整合或协调各项性质与目标不同的任务；或整合全机构的重要功能。			Ⅳ. 宽泛型 对运作非常复杂的机构中各主要职能进行统筹管理。		
…人际关系技能 1. 基本： 与他人相处时，只需具备一般的礼貌与效率。 2. 重要： 能够了解他人，并加以影响和/或提供服务，为执行工作的重要条件。 3. 必需： 具备启发、激励或劝服他人的综合技能，为必须条件，对能否达到职位要求有决定性影响。	…人际关系技能 → ·技术/专业知识之深度与幅度		1	2	3	1	2	3	1	2	3	1	2	3	1	2	3
	技术或专业方面的精专程度	E. 专业程度要求熟练掌握某一技术、学科、专业或特殊的商务领域，包括专业资历，或经由深入参与运作及作业掌握其原理原则。	115 132 152	132 152 175	152 175 200	152 175 200	175 200 230	200 230 264	200 230 264	230 264 304	264 304 350	264 304 350	304 350 400	350 400 460	350 400 460	400 460 528	460 528 608
		F. 精专程度要求精专某一科技或专业或商务领域，经由理论或原则方面广泛而有深度的历练获得。	152 175 200	175 200 230	200 230 264	200 230 264	230 264 304	264 304 350	264 304 350	304 350 400	350 400 460	350 400 460	400 460 528	460 528 608	460 528 608	528 608 700	608 700 800

(一) 报酬要素

IPE 系统的四个报酬要素分别为影响、沟通、创新、知识，各个要素的内部维度如图 2－4所示。

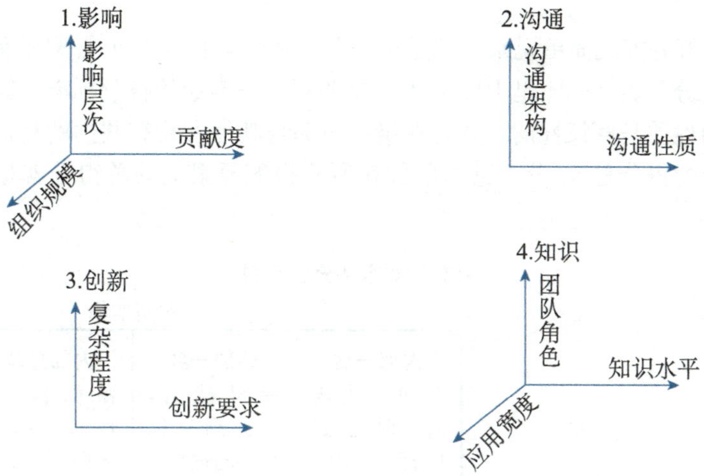

图 2－4 IPE 系统的报酬要素

1. 影响

影响要素考虑的是职位在其职责范围内、操作中所具有的影响的性质和范围。该要素共包含三个维度：组织规模、影响层次和贡献度。组织规模是由组织类别、营业收入和员工数量决定的；影响层次是指该职位对组织发展的影响深度，分为从交付性到远见性五个等级；贡献度指的是该职位对结果的贡献大小，分为从有限作用到主要作用五个等级。

2. 沟通

沟通要素着眼于职位所需要的沟通技巧。沟通要素主要包括两个维度：沟通性质和沟通架构。沟通性质考虑的是该职位履行职责所必须进行的难度最高的沟通的类型，分为从传达到战略性商议五个等级。沟通架构考虑的是岗位的沟通范围是组织内部还是外部，沟通双方的立足点、意愿是一致的还是分歧的，分为内部一致、内部分歧、外部一致、外部分歧四个类别。

3. 创新

创新要素着眼于职位所需的创新水平，包含两个维度：创新要求和复杂程度。创新要求是指职位履行职责所需要的对流程、方法、技术进行调整、修改、创造的能力，分为从跟从到科学/技术的突破六个等级。复杂程度是指任职者创新的时候，需要自己解决的问题的复杂程度，分为从明确的到多维的四个等级。

4. 知识

知识要素是指工作中为达到目标和创造价值所需要的知识水平，可以通过正规教育或者工作经验获得知识。该要素分为三个维度：知识水平、团队角色和应用宽度。知识水平是指履行职位职责必备的知识，包括技术性、专业性的知识和管理性的知识，分为从有限的工作知识到宽广的职能领域知识/资深专业知识五个等级。团队角色是指职位要求以何种方式应用知识：是将知识运用到自己的工作中，是通过领导一个团队来运用知识，还是通过领导多个团队来运用知识，分为团队成员、团队领导和多团队经理三种角色。应用宽度是指职位要求运用的知识的宽度或环境，反映了知识运用所覆盖的地理范围，分为本国、洲际和全球三个等级。

（二）计分方式

IPE 系统的打分方式简单说来，就是对企业中每个职位在各个报酬要素上按照一定的标准进行评估打分。表 2-24 是 IPE 其中一个要素——沟通的打分标准。如果一个职位需要的最高的沟通性质是商议性的，并且在组织内部与其他人具有共同的目标和利益，那么该职位在沟通上的得分是 55 分。某个职位在所有报酬要素上的总得分就是该职位的职位评价最终得分。

表 2-24　　IPE 法要素评分表示例

		沟通架构			
		内部一致 在同一机构内，对达到目标有共同理想	**外部一致** 在机构外，对达到目标有共同理想	**内部分歧** 在机构内，目标上的冲突阻扰共同理想达成	**外部分歧** 在机构外，目标上的冲突阻扰共同理想达成
沟通性质	1. 传达：通过文章、建议、动作或外表传递信息	10	25	30	45
	2. 接受和交流：通过灵活的沟通和协商达成共识	25	40	45	60
	3. 影响：通过沟通而非命令或外力使对方接受或改变	40	55	60	75
	4. 商议：通过研讨和协商管理沟通，达成共识	55	75	80	100
	5. 战略性商议：控制对组织具有长期战略意义和深远影响的沟通	70	90	95	115

（三）等级划分

通过对每个要素分别打分，IPE 系统得到每个职位的总得分，并将每个职位归入相应的等级。IPE 系统的评估结果可以分成 48 个级别，其等级标准如表 2-25 所示。

表 2-25　　IPE 系统 48 个级别的划分

总得分范围	级别	总得分范围	级别	总得分范围	级别
26～50	40	151～175	45	276～300	50
51～75	41	176～200	46	301～325	51
76～100	42	201～225	47	326～350	52
101～125	43	226～250	48	351～375	53
126～150	44	251～275	49	376～400	54

续前表

总得分范围	级别	总得分范围	级别	总得分范围	级别
401～425	55	676～700	66	951～975	77
426～450	56	701～725	67	976～1000	78
451～475	57	726～750	68	1 001～1 025	79
476～500	58	751～775	69	1 026～1 050	80
501～525	59	776～800	70	1 051～1 075	81
526～550	60	801～825	71	1 076～1 100	82
551～575	61	826～850	72	1 101～1 125	83
576～600	62	851～875	73	1 126～1 150	84
601～625	63	876～900	74	1 151～1 175	85
626～650	64	901～925	75	1 176～1 200	86
651～675	65	926～950	76	1 201～1 225	87

三　翰威特弹性点值法

翰威特是国际知名的人力资源管理咨询公司，创立了普遍适用的弹性点值法。该方法的最大特点是真正实现了客户化：要素选择上的客户化是指可以根据客户特点和需要选择员工及管理层共同认可并能反映职位价值的报酬要素；要素权重上的客户化是指可以根据客户的偏好和取向引导和帮助客户正确选择要素权重；评估程序上的客户化是指可以根据客户的不同特点选择相适应的实施程序以保证职位评价的正确性和顺利实施，并保证结果的有效沟通和普遍认同。

弹性点值法的核心由六大要素组成。

要素一：知识与技能。该要素旨在评估胜任指定的工作任务所必需的、整体的知识与技能水平，不考虑获得该知识与技能的途径。

要素二：影响力与责任。该要素通过下述维度来评价职位：行为对实现企业、业务部门或部门的目标，以及最终促成企业经营成功的潜在影响力；职位在完成工作成果方面所承担的责任。影响力可以通过财务、预算、计划、项目管理或其他与该职位密切相关的关键点进行衡量。责任是指对于最终决策或行动的确定具有的控制或支配力度，该维度通过某职位是否承担主要责任、分担责任或间接责任来衡量。

要素三：解决问题和制定决策。该要素对在调查问题和评估多种解决方案时所必须做出的判断与分析的水平进行测量，还衡量胜任该职位所需的决策或判断的复杂程度。该要素主要考虑以下三个维度：职位频繁面临的问题的复杂程度；解决所面临的问题时的备选方案；企业政策与规程对制定决策的限制程度。

要素四：行动自由度。该要素针对所从事工作的“层次”、行动的自由度，以及实施或接受的监督管理的性质。应注意考虑职位所需进行的规划、组织、人员配置和领导的程度，以及下属的级别和所从事工作的性质。在该要素的较低评级中，职位负责有限的行动，因而着重评估监管的性质；中等评级代表较高层次的职责及在维持高效业绩方面起到作用的明晰而持续的监管职责；较高评级代表实现关键部门或企业整体目标的广泛的职责。

要素五：沟通技能。该要素对职位所需的交往与人际关系的技能的性质进行衡量，还衡量职位所需的合作以及与企业内外部其他对象进行交往的技能。此外，该要素还衡量履行工作职责所需的沟通技能的层次。

要素六：工作环境。该要素旨在评估日常工作所处环境的特征及所面临的风险状况，分为两个维度：危险环境和工作环境。

表 2－26 是其中一个要素解决问题和制定决策的打分标准。如果一个职位对解决问题和制定决策的要求是 E 等级，那么该职位在解决问题和制定决策上的得分是 93 分。

表 2－26　　翰威特要素评分表示例

水准	要素三：解决问题和制定决策	得分
A	工作任务完全限定：工作内容固定，通常有详细规程与技术支持，需遵照既定的行动计划。存在明确的备选方案。	20
+		24
B	工作任务实质为例行程序：通过评估众多既定的备选方案来解决相关的问题。可通过规程及/或同事与主管得到必要的支持。	29
+		36
C	任务类型多种多样：通过参照相关政策及/或向同事和主管进行咨询来制定决策或解决问题。选择行动方案时需加以判断。可修改标准规则，以适应新的或已发生变化的形势。通常可根据先例来制定解决方案。	43
+		52
D	仅有有限先例可供参照：需通过分析事实和一般规则来解决问题。仅将笼统的政策作为指导原则。需进行判断并运用现有理念来制定各种行动计划。	63
+		77
E	职责全面，工作任务复杂：为主要部门或经营单位的计划制定相应目标。评审现有计划与方案。需加以判断来认清并分析问题。通常需根据有限的信息制定解决方案。一般需向同事或上级领导咨询。	93
+		112
F	职责重大：解决重大问题。制定目标并评估全公司的计划与方案。为主要部门或经营单位制定短期目标，参与制定长期目标。根据有限的信息制定解决方案或行动计划。需要与同事或上级领导进行商讨。	136
+		165
G	负责解决全公司的关键且复杂的问题：思考并解决重大问题。通常评估全公司的长期计划或方案。行动计划仅受笼统的公司政策限制。决策可影响到公司的总体方向与形象。	200

四　要素比较计点法

中国人民大学劳动人事学院苏中兴教授在长期的管理咨询实践中融合了配对比较法、要素比较法和计点法的优点，开发出一套简单易懂、操作简便的职位评价系统——要素比较计点法。其操作思路如下：

假设某公司需要对 30 个标杆职位进行职位评价。

第一步：根据企业所在行业和企业发展战略，确定有针对性的五个报酬要素（可根据需要自行增减）：技术知识、管理决策、工作责任、协作要求、工作环境。

第二步：将每一职位分别与其余29个职位就技术知识、管理决策、工作责任、协作要求、工作环境五个方面进行比较。比如针对报酬要素之一的“工作责任”，先画出二维表（如表2-27所示），然后判断职位A相对其他职位是“责任更大”、“责任相等”还是“责任更小”，并分别用“0”“1”“2”代表这三种判断。只需要在表格对角线的上半部分进行职位之间的两两比较，下半部分可以根据上半部分的比较结果直接填写。比如A和C之间的比较有三种可能：当A得2分时C必然得0分，A得0分时C必然得2分，A得1分时C必然得1分。

表2-27　责任大小配对比较结果

职位	A	B	C	D	E	…	总分
A		2	0	2	2		56
B	0		1	1	1		34
C	2	1		2	0		25
D	0	1	0		1		26
E	0	1	2	1			14
⋮							⋮

在表2-27中，工作责任这个报酬要素比较的实际结果是职位A得到56分，职位B得到34分，职位C得到25分……按照这种方法依次对这些职位就技术知识、管理决策、协作要求、工作环境等报酬要素进行配对比较，获得相应的分数。

第三步：把每个职位在所有报酬要素上的得分加总，就得到该职位的最终评价分数。也可以对每个报酬要素设定权重，而后加总。

第四步：将所有职位按照分值从高到低排序，根据管理需要确定拟划分的职位等级数量，把分值相近的职位归入一个等级，形成职位的等级结构。

该方法具备比较法简单易懂、容易操作的优点，同时报酬要素的设置使得这种比较的结果又具备计点法的优点，职位之间的两两比较使得这种方法比计点法能更加准确地确定不同职位之间的相对价值差距。

本章小结

为使薪酬如实反映职位的价值并体现薪酬的内部公平，需要进行职位分析与职位评价。职位分析的结果是形成工作描述和工作规范，即对某一特定工作的职责与任务的描述和对适合从事该工作的人的特征的描述。职位分析的方法有：资料分析法、观察法、访谈法、工作日志法、问卷法等。

职位评价是确定职位相对价值的过程，根据分析方法和比较方法的不同，可以将职位评价的经典方法归结为排序法、分类法、计点法和要素比较法。四种职位评价方法各有利弊，可以寻求一种融合的方法以实现优势互补，如苏中兴教授提出的要素比较计点法。现实中，各大管理咨询公司开发的方法，如海氏评分法、IPE国际职位评价系统、翰威特弹性点值法等也被广泛使用。

目前，基于职位的薪酬体系仍是薪酬设计的主流形式，其核心是职位价值和薪酬的等级设计。

关键词

职位分析　职位评价　分类法　计点法　要素比较计点法

思考题

1. 职位分析要解决的问题是什么？其基础功能在人力资源管理中是如何体现的？
2. 职位分析的主要方法有哪些？各自的优缺点是什么？
3. 职位评价的方法主要有哪些？各职位评价方法的优缺点及适用范围是什么？
4. 请运用计点法对高校中的典型职位进行职位评价。

参考文献

案例分析

东方酒店的薪酬问题

东方酒店是大连开发区中心的一家四星级涉外商务酒店，1994 年 9 月开业。酒店凭借自身组建的管理团队，以优质的服务、良好的信誉赢得了国内外顾客的好评和信赖。随着市场竞争加剧，东方酒店的员工流动率逐年升高。东方酒店的薪酬体系是员工流失的重要原因之一。

东方酒店在薪酬管理上实行的是职位等级工资制，即职位不同，工资不同。酒店只参照同行业的付薪标准制定了各职位的工资水平，包括各职位的试用期工资和转正后的工资，但是对工资等级没有科学的划分。职位工资由基本工资和浮动工资两部分组成，比例为 4∶6。酒店的专业分工细致繁杂，职位较多，现有工作职位多达 96 个。由于职位众多，酒店并没有严格进行职位分析和评价，而是将各种职位简单地分为员工层、管理层两大类。随着竞争加剧，酒店对基层员工工资进行了调整，调整后的员工工资居大连市酒店业的中上水平。但是管理人员的工资一直处于中等偏下水平。现行薪酬体系中没有具体的工资等级之分，薪酬的具体制定和调整办法也不明确。特别是学历不同、具有特殊技能的员工录用时的工资标准没有明确的依据。只有在出现问题时，人力资源部经理才报请总经理，由总经理层临时商议决定。随着员工流动率和人员招聘难度的提高，这种临时商议工资的事件不断增加，各职位工资越来越混乱，原有的工资体制更为模糊。

资料来源：中国劳动咨询网 .

讨论题

1. 东方酒店现行的薪酬制度存在哪些问题？
2. 如何为不同员工设计合理的薪酬水平？

第 3 章

市场薪酬调查与薪酬水平的确定

劳动力是一种商品，其价格就应该由市场来决定。

——佚名

学习目标

1. 掌握市场薪酬调查的概念和流程
2. 了解企业薪酬水平策略及其影响因素
3. 掌握基于职位的薪酬水平和幅度的设计
4. 了解宽带薪酬及其适用范围

引例

A 公司用薪酬调查保证薪酬竞争力

A 公司是一家著名的跨国公司，为了确保薪酬体系具备行业竞争力且不会带来过高的成本，A 公司在薪酬体系中引入了一个重要的参数——比较率（comparative rate），其计算公式为：比较率＝企业员工的平均薪酬水平/行业同层次员工的平均薪酬水平。比较率大于 1，意味着本企业员工的平均薪酬水平超过行业同层次员工的平均薪酬水平；比较率小于 1，意味着本企业员工的平均薪酬水平低于行业同层次员工的平均薪酬水平。

为了让比较基数——行业同层次员工的平均薪酬水平——保持客观性和及时性，A 公司每年都会拨出一定的经费，让专业的第三方市场调查公司进行大规模的市场薪酬调查。A 公司根据调查结果，对企业不同层次员工的薪酬水平做适当调整，务求每一个层次的比较率都保持在 1～1.2 的范围内。同时，A 公司的薪酬比较率明显随级别升高而升高：3～5 级员工的薪酬比较率为 1.05；6 级员工的薪酬比较率为 1.11；7 级员工的薪酬比较率提高到 1.17。也就是说，级别越高的员工，其薪酬就越有行业竞争力。A 公司的薪酬结构有三个特征：基本工资随着等级的升高而增加；现金补助随着等级的升高而减少；绩效奖金随着等级的升高而增加。

第1节 市场薪酬调查

任何一种薪酬体系都必须兼顾内部一致性和外部竞争性，并与企业的发展战略、支付能力和人力资源管理战略相匹配。在基于职位的薪酬体系设计中，职位评价确定了组织内部不同职位间的相对价值，建立起内部的价值等级和薪酬等级。在此基础上，组织需要参考同等级或同类职位在市场上的薪酬支付情况，从而确定本组织内部不同等级职位的薪酬水平和幅度。市场薪酬调查是组织了解不同职位在市场上薪酬水平的主要手段，为组织的薪酬决策提供了外部市场依据。

一 什么是市场薪酬调查

（一）市场薪酬调查的概念和发展

市场薪酬调查是一个收集其他雇主的薪酬数据并做出判断的系统过程（米尔科维奇，2010）。薪酬调查能够收集市场上各种相关企业向员工支付的薪酬水平、薪酬结构等方面的信息，评估外部市场薪酬水平和竞争者的薪酬管理实践，从而为企业制定和调整薪酬方案提供重要的参考。据统计，美国93%的雇主利用薪酬调查来确定薪酬水平。甚至有学者认为，企业应该把更多的精力放在市场薪酬调查而不是职位评价上。

西方国家的薪酬调查活动很早就已产生。以美国为例，早在19世纪末期，美国就着手开展官方的薪酬调查工作，如今已建立起覆盖面广、内容丰富、影响力大的全国薪酬调查体系（National Compensation Survey，NCS）。除官方薪酬调查外，企业自身或委托第三方机构进行的薪酬调查活动更是种类繁多。美国劳工部的官方薪酬调查最早是出于特定目的而开展的单项调查，如为考察关税调整对某些行业工资的影响而进行的调查。20世纪50年代，系统的薪酬调查活动开始兴起。1959年开始的PATC调查主要关注四大类人员：专业人员（professional）、管理人员（administrative）、技能人员（technical）和文秘人员（clerical）。该调查主要针对大中型工业组织，反映25个职位的薪酬与雇佣状况。1987年美国劳工部开发出一种覆盖面更广的调查来替代PATC调查，从而将原有的职位工资调查项目扩展到特定行业的专业技术岗位及全国范围内的白领岗位。

最早在我国进行薪酬调查的是一些跨国公司，调查目的是为其在华企业确定薪酬水平提供市场依据。政府部门的薪酬调查往往是由国家有关部委会同各级地方的人力资源和社会保障部门以及统计部门进行的全国或本地区各行业各职位的薪酬水平调查。比如，1997年劳动部在全国各省、自治区、直辖市开展的“企业人工成本抽样调查”，以及1998年劳动和社会保障部在全国14个大中城市开展的“劳动力市场工资价位抽样调查”。此外，北京、上海、南京、广州等地近年来对本地区各行业的标杆职位进行了相关薪酬调查。许多国际知名管理咨询公司在中国开展薪酬福利调查的业务，调查对象集中于外资、私营企业及驻华代表处。除此之外，中国的本土咨询机构和网络媒体也逐渐参与到薪酬调查中。

（二）市场薪酬调查的作用

市场薪酬调查的作用可以体现在以下几个方面。

（1）确定和调整薪酬水平。企业在确定薪酬水平时，需要利用薪酬调查来评估竞争对手的薪酬支付情况，以确保自己提供的薪酬水平足以吸引并留住企业需要的劳动力。为保持薪酬的动态竞争力，企业需要根据市场行情定期对薪酬水平进行调整。如果薪酬水平过低，企业就会面临员工士气低落和员工离职率上升的风险；如果薪酬水平过高，又会增加企业的成本压力进而影响企业产品的竞争优势和盈利能力。通过市场薪酬调查，企业可以了解同行业和竞争对手类似岗位的薪酬水平，从而为企业的薪酬水平决策提供依据。

（2）优化薪酬组合。企业需要根据市场和竞争对手的薪酬组合来调整自身的薪酬组合，包括基本工资、短期奖金、长期激励、各种福利和保险等。薪酬调查为企业提供市场上类似职位的薪酬组合情况，可以为企业的薪酬组合优化提供参考，增加企业薪酬组合对人才的吸引、激励和保留效果。

（3）检验本企业职位评价结果和职位等级结构的合理性。通常情况下，职位评价的点数或等级越高，该职位在市场上的工资水平就越高，二者存在一定的相关性。因此，如果某公司的职位评价将某两个职位归入同一薪酬等级，但市场调查显示这两个职位的薪酬水平相差很大，企业可能就需要检验职位评价的合理性。通过内部职位评价所得到的职位结构可能与外部市场的薪酬情况并不完全一致，企业必须尽力调和这种差异，以平衡企业薪酬的内部一致性和外部竞争性。

（4）关注自身和竞争对手的劳动力成本变化。薪酬调查数据被越来越多的企业作为了解本行业劳动力成本变化的信息来源。企业需要评估并对比自身与竞争对手在劳动力成本和人均产出上的差异以获取竞争优势。特别是处于竞争性行业的企业需要保持对市场竞争和人工成本的敏感性。一些竞争特别激烈的行业（如零售业、汽车业）的企业常常运用薪酬调查数据对其竞争对手的产品定价和生产制造进行财务分析，从而获知竞争对手的经营状况。

（三）市场薪酬调查的类型

市场薪酬调查种类繁多，按照调查主体划分，主要有政府部门、专业机构、网站媒体以及企业自主进行的薪酬调查。

（1）政府部门的非营利性薪酬调查。非营利性薪酬调查通常是由政府部门组织实施的，对全国范围内各行各业的薪酬水平进行调查，为社会各界提供有关薪酬的各种信息。这类调查涉及的样本范围广、数量多，数据的准确性和权威性较高，大部分调查结果分类细致，分类标准涵盖地区、行业、岗位、企业类型、所有制、劳动者人口统计学信息等。除此之外，由于各地政府部门均执行相对统一的指标体系，其数据具有很强的可比性。政府部门一般会将调查结果以多种方式公布，企业和个人都可以无偿使用。政府薪酬调查的不足之处显而易见，主要体现在信息的有效性和及时性有所欠缺，数据有一定的延迟；往往只选取行业中高度标准化的基准工作，不能满足企业个性化的薪酬信息需求。

（2）专业机构的营利性薪酬调查。翰威特、美世等国际咨询公司是开展营利性薪酬调查的代表，国内的咨询公司和薪酬顾问公司也开展类似的薪酬调查。在调查形式上，它们一般采用国际通行的会员制，即与会员单位签订协议，会员单位按照咨询机构拟定的调查表提供本企业翔实的数据。这种薪酬调查的数据来源多为特定行业或地区的代表性企业，调查结论对于企业了解地区内和行业内特定职位的平均薪酬状况有较大的参考价值。调查内容除薪酬水平外，还可能包括股票期权、培训计划、医疗待遇等方面。与非营利性调查相比，管理咨询机构的薪酬调查的最大优点在于，为组织提供同行业可比的薪酬信息和贴合实际的合理化建议。但这类调查的成本较高。除了咨询机构外，某些行业或者专业协会也会针对其会员组织薪酬调查并共享相关信息。

（3）网站媒体的营利性薪酬调查。随着网络技术的发展，网络薪酬调查成为一个重要的薪酬数据来源。国内目前较多的是人力资源服务业相关网站如中华英才网、前程无忧、智联招聘等发起的薪酬调查。这类调查一般采用在线调查的方式，参与者以不记名的方式提交薪资情况和年龄、学历、工作经验等与工作有关的信息，然后分享信息。这类调查的特点是贴近求职者，但调查的专业性不强，对被调查者缺乏直接的指导，容易导致被调查者对指标的理解不一致。被调查者属于自愿参与，所获得的样本不能代表行业的平均水平，一些典型职位难以获得有效的数据。

（4）企业自主进行的市场薪酬调查。此类调查的针对性很强，有利于满足企业的个性化需要。这种方式适合有良好对外关系的企业。目前，很多企业构建了人力资源管理联盟，凭借自身的信用和承诺，定期交换人力资源相关信息，实现了信息的互通和共享。在我国的薪酬调查系统和服务还不完善的前提下，企业间的相互调查无疑是简便、可靠和经济的。但在实际中，薪酬调查是一项非常烦琐的工作，需要花费大量的人力，大多数企业没有从事这项工作的合格员工。同时，有相当多的企业不愿把自己的薪酬信息透露给别的企业。

表 3-1 给出了几种薪酬调查方式的简单对比情况。

表 3-1　　薪酬调查信息来源比较

薪酬调查方式	调查方法	获取成本	数据质量
政府部门调查	企业获得政府公布的数据	货币成本为零	有一定价值，但数据具有滞后性
专业协会调查	以成员企业的关键性职位为调查对象	除了会费，通常成本很小	数据质量随调查设计和实际参与者的不同而相差很大
咨询公司调查	建立在广泛的数据、调查的基础上	向咨询公司购买，成本较高	可靠性较高，一般会得到足以弥补成本的价值
网络薪酬调查	参与者自愿在线填写问卷	不支付报酬或只向网站支付少量报酬	可靠性低，能够获得一些职位的薪酬数据
企业自主调查	由于目标特殊，难以复制	时间成本高，货币成本较高	如果设计与实施合理，则数据非常精确且有针对性，价值高

二　市场薪酬调查的步骤与方法

为得到准确有效的薪酬数据，市场薪酬调查应遵循相应的流程。在薪酬调查的准备阶段，需根据企业的数据需求界定相关劳动力市场、参与调查的企业以及调查的基准职位，并明确薪酬调查的内容。在实施阶段，要根据调查内容的特点采取对应的信息收集方式并根据需要对调查数据进行统计分析。最后，应撰写调查报告以反映薪酬调查的结果并对调

小资料

美国政府的全国薪酬调查

美国联邦政府进行的薪酬调查主要由美国劳工统计局实施，包括全国性的薪酬调查（National Compensation Survey，NSC）与行业工资调查，以及专业人员、行政人员、技术人员工资调查。

NSC始于20世纪50年代，其目的是为使用者提供高质量、高相关度和及时的数据信息，使数据使用者以最小的成本最有效地利用这些资源。

NSC在全国范围内进行定点抽样调查，一般选取154个大城市和非大城市的地区，地区的选择要满足九大地区和四大区域的分组要求。样本从样本地区失业保险目录中选取。这一目录包括该地区在一定时期内所有有雇佣关系的机构，包含除联邦政府、军队、农场以及家庭自我雇用外的所有私有企业和州以及州以下地方政府。样本在这一范围内随机选择。职位的抽样办法是：按照美国标准职业分类标准对各职位进行分类，并按照一定的因素评价方法确定各职位的工作等级。这种因素评价方法称为联邦政府因素评价体系，主要由九个因素组成：知识、接受的监督、指导性、复杂性、影响及范围、人际沟通、沟通目的、工作环境和体能要求。

在NSC中，工资是指直接的工作收入，不包括加班工资。统计项目包括计时工资、计件工资、佣金、风险收入和其他直接与工资有关的报酬项目。职位工资水平数据按照主要行业、公共部门与私营部门、是否参加工会、全职与兼职、机构规模等维度进行分组，分别在地区、地域和全国发布。同时，工作时间也被列入调查项目，如每月、每周工作时间等。福利调查的内容包括雇主成本、雇员分担部分、参加福利计划的员工人数以及详细的福利计划条款。列入调查范围的福利计划有：带薪假期、带薪病假、加班工资、津贴、健康保险、人寿保险、短期残疾保险、长期残疾保险、医疗费用、联邦失业保险、州失业保险、解雇金和补充失业福利计划等。除福利成本水平，NSC还提供员工参与各种福利计划的水平、条件、人数以及以医疗健康和退休金计划为主的福利计划的主要条款和内容方面的信息。薪酬成本指标作为反映联邦经济状况的重要指标，每季度发布一次，数据分为工资成本、福利成本和薪酬成本，按照职业、行业、是否参与工会和地域分组。

NSC的调查结果可以通过多种途径获得。美国劳工部发布相关的主要经济指标，劳工部的期刊《每月劳动评论》和《薪酬和工作状况》发布一些详细的数据分析。此外，大多数数据可以从劳工统计局的网站（www.bls.gov/ncs/home.htm）获得。

查结果做进一步的解读和应用。

（一）界定相关劳动力市场和调查对象

薪酬调查机构在选择相关劳动力市场时步骤不尽相同，一般以产品市场范围和地理范围为主要划分依据。如果企业薪酬调查主要是为了吸引和留住人才，那么应当先划分地理范围；如果是为了调查薪酬成本对企业产品竞争力的影响，那么应当先划分产品市场范围。不同的职位类别在地理范围与产品市场范围上的交叉，形成如表3-2所示的相关劳动力市场范围。

表 3-2　　薪酬调查相关劳动力市场范围划分

地理范围	产品市场范围			
	所有行业	相关行业	特定行业	特定规模的特定行业
地方劳动力市场	职位类别 A			
地区劳动力市场		职位类别 B		职位类别 E
全国性劳动力市场	职位类别 C		职位类别 D	
国际性劳动力市场				职位类别 F

从统计学观点看，样本量越大，越有可能消除各种影响因素，反映薪酬的真实水平。比如，可以调查 10～30 个行业内知名的、有代表性的企业。对于整个行业来讲，由这些公司组成的市场薪酬状况不仅具有一定的代表性，也能体现行业发展趋势。同时，这些企业一般来说员工较多，内部职位划分明确，薪酬制度与福利计划完善，可以提供准确、丰富的薪酬福利数据。也有一些咨询机构按照行业内的企业排名选择薪酬调查对象，从而保证被调查的企业在行业内具有一定的影响力。如果企业自己开展薪酬调查，调查的目的和样本会更加明确。在选择薪酬调查的企业范围时，需要考虑两个问题："我们企业的员工都流失到哪里去了?""我们主要从哪些企业获得所需要的人才?"在确定调查企业数量时，需要考虑调查的目的和调查成本。比如，有的企业只调查行业前 2～3 名的标杆企业的薪酬信息，将其作为本企业薪酬水平的对标依据。

即时案例

联邦快递薪酬调查范围的确定

联邦快递（FedEx）是全球最大的速递公司之一，其服务范围覆盖占全球各国国民生产总值 90%以上的区域，面向 211 个国家和地区提供快速、可靠、及时的快递运输服务。

为保持薪资等级和工资方案的竞争性，联邦快递使用季度工资评议的方式周期性地调查国家和地区的薪资情况，确保与市场中的类似职位相比，公司所有职位的基本薪资都具有竞争优势。

联邦快递把市场定义为"我们补充每种工作群体人员的地方"。例如，飞行员和维修机组的初级市场是空运、航空、货运产业；对于地面和控制中心人员这样的群体，将其薪酬与空运业直接竞争者的薪酬相比；豁免性员工（指管理和技术人员）市场包括主要的国内公司，因为这些职位要在全国范围内补充员工；非豁免性员工（指操作性工人）通常在当地聘用，通过对该群体的当地市场的调查，可以确定联邦快递的薪酬市场地位。

（二）界定基准职位

界定调查对象后，企业需要确定调查的基准职位。在现实中，企业很难将本企业的职位与薪酬调查中的职位一一对应，即使可以做到成本也太高。因此，需要确定企业中的基准职位，调查并确定这些基准职位的薪酬水平。企业内部的其他职位可以与这些基准职位进行相对价值的比较，从而确定其薪酬水平。基准职位主要有以下四个特征：职位内容众所周知；市场供求相对稳定；公司有相当数量的人担任这些职位；涵盖关键职能和层级，基本代表当前完整的职位结构。企业可以依据以上特征挑选出合适的基准职位。如表3-3所示，图中用阴影标示的职位即某公司的基准职位。基准职位要从不同职类的不同层级中选择，并确保被选中的职位的描述与薪酬调查使用的基准职位的描述一致。

表3-3　　基准职位示例

管理类	技术类	制造类	行政类
		装配工1 检验员1	
副总裁	首席工程师	包装工	行政助理
部门总经理	高级工程师	原料处理工 检验员2	主任行政秘书
经理	副高级工程师	装配工2	行政秘书
项目经理	工程师	钻压操作员 粗磨工	文字处理员
主管	技术员	机械工 制芯工	办事员 信息员

（三）设计调查内容和调查问卷

在选定调查范围及调查职位后，必须明确应当将哪些信息纳入调查。薪酬调查至少需要收集两类基本信息：关于组织和职位的信息；关于薪酬的信息。

1. 组织和职位信息

组织的规模、组织结构、组织的财务状况、组织所处的行业等对薪酬有着很大的影响。在进行薪酬调查时，首先要了解所调查的组织的基本信息，这反映了参与薪酬调查的各个组织的相似性和差异性。组织的规模可以用组织的资产总额、利润总额、员工总人数等来衡量；组织结构需要获得清晰的组织结构图，这可以帮助信息使用者了解组织形式及职位的重要程度，更准确地进行职位匹配；组织的财务状况可以采用营业额、净利润等指标；组织所处的行业是一个很重要的变量，行业的细分程度在一定程度上决定了薪酬调查数据的质量。薪酬调查还需要收集调查职位的职责信息和任职者的基本信息。如果有可能，还可以收集员工离职率等信息。

2. 薪酬信息

了解标杆职位在市场上的薪酬信息是薪酬调查的主要任务。薪酬调查中最常用的三种薪酬口径是基本薪酬（基本工资加津补贴）、总现金收入（基本薪酬加利润分享、绩效奖金等变动收入）和总体薪酬（总现金加货币化的福利）。

基本薪酬是员工为企业工作所获报酬的重要部分，调查时应询问调查对象在某一具体时期的基本薪酬水平，最好同时让人力资源部人员填写被调查职位的薪酬浮动范围，即薪酬的最高值、最低值和中间值。

薪酬调查通常还应包括企业的各种形式的奖金。对于实施绩效奖金、利润分享、收益分享等各种现金奖励支付方式的企业来说，在调查中应确保涵盖这些可能出现的现金奖励支付方式。

股票期权、股票增值权、员工持股计划等都是常见的长期激励手段，已经成为一种重要的报酬方式，因此可能需要询问被调查企业是否实施了股权激励之类的激励计划。

最后，法定福利通常是可以计算出来的，可以转化为具体的现金金额，可能在组织间存在显著的差距。有的企业会给员工提供各种补充商业保险。另外，有些福利虽然不能准确计算，但是对人才的保留和吸引发挥着较大作用。因此收集福利方面的信息对于完整地了解企业的薪酬水平也很重要。

为高效、准确地收集信息，薪酬调查问卷的设计应尽量方便调查者使用。调查问卷应附上有关开展本次薪酬调查的介绍函，至少应包括以下内容：自我介绍、调查目的、希望回复的日期、调查的大致内容、保密承诺、共享调查结果的承诺及对参与者的感谢等。同时，为确保所有被调查者能以相同的方式完成问卷，应当准备一份详细的问卷填写说明。

小资料

薪酬报告专有名词解释

表 3-4 给出了某外企咨询机构对部分薪酬报告专有名词的解释。需要说明的是，不同调查机构对于不同薪酬专有名词的定义可能不同，在使用中应具体问题具体分析。

表 3-4　常用的薪酬报告专有名词解释

序号	名词	解释
1	年度固定现金收入	年度基本工资＋年度所有固定津补贴
2	年度基本工资	月基本工资×年度月薪数量
3	月基本工资	公司每月按时为员工派发的基本工资
4	年度月薪数量	通常指一个公历年内，公司向员工支付基本工资的次数（例如年底所发的双薪应计为两次）
5	年度津补贴总额	通常指现金补贴，包括交通补贴、膳食补贴等
6	年度交通补贴	每年固定用于往返工作地点的交通费用（不包括报销费用）
7	年度膳食补贴	每年固定的工作餐现金补贴（不包括报销费用）
8	年度岗位津贴	员工因为工作岗位的特殊性而获得的固定津贴
9	技能津贴	为员工的技能提供的固定津贴
10	年度环境/现场津贴	员工因为被安排在某些艰苦和危险的环境中（如高原、海上）工作所获得的固定津贴
11	年度总现金收入	基本现金收入＋各种浮动现金收入
12	年度绩效奖金	财务年度结束时，公司按照员工的绩效考核结果发放给员工的年度总奖金（包括由于团队获得业绩奖金而派发给成员的奖金）
13	年度销售奖金或提成	专指销售人员或配合销售的人员所得的销售提成
14	年度项目奖金	员工完成项目获得的奖金
15	年度总薪酬	总现金收入＋公司支付的各项福利费用
16	年度法定社会保险	雇主缴纳的各项法定保险费用，包括养老保险、医疗保险、工伤保险、失业保险、生育保险
17	年度住房公积金	公司缴费通常是员工实际工资的 10%，在税前列支
18	商业保险年度保费	公司向员工提供各种商业保险福利的总费用，包括补充医疗、养老、住房相关的商业保险
19	节日福利	公司向员工提供的用于员工节日安排的福利（如过节费、发放实物等）

续前表

序号	名词	解释
20	年度体检福利	公司向员工提供体检的总费用
21	年度车辆使用福利	员工配发的车辆年度产生的费用总额
22	年度交通福利	公司为补助员工上班的交通成本而提供的福利，如私车返租等
23	年度住房福利	员工获得的用于租用、购买、修缮房屋的福利
24	年度通信福利	公司为员工提供通信的费用
25	年度人事服务费	公司为管理员工档案而向劳动代理机构支付的费用，通常还包括相关的人事服务费用
26	子女教育费	公司为员工的子女提供教育的费用
27	年度其他实物福利	除上述实物福利以外，公司向员工提供的其他实物福利的总费用

（四）确定调查方式

通常来讲，薪酬调查方式包括电话调查、邮寄调查和个人访谈几种。

1. 电话调查

电话调查主要是指以电话作为媒介与被调查者进行信息交流的一种方式，主要流行于 20 世纪 90 年代。这种方式的优点很多，包括调查费用较低，可以获得高质量的访问样本，可以与被调查者即时沟通，提高调查质量。但是由于时间的限制，电话调查方式不适合内容复杂的调查，尤其是大量数字型答案的调查。因此，市场薪酬调查较少使用这种方式。

2. 邮寄调查

邮寄调查是指通过向被调查者邮寄问卷并回收来收集数据的一种方式。这种方式扩大了调查范围，增加了样本量，同时成本很低。对于市场薪酬调查这种数字型、私密性较强的调查，邮寄调查非常有优势，被调查者有充足的时间思考答案、填写问卷。这种方式最大的缺点是回收率较小，有效样本比例较低，而且填答者对薪酬调查口径可能存在理解上的不一致。同时，这种方式的信息反馈周期较长，影响了信息的时效性。

3. 个人访谈

个人访谈是指调查员通过与被调查者单独进行访谈获得薪酬信息的调查方式。被调查者可以是任职者本人，也可以是非常了解拟调查职位薪酬信息的人力资源部工作人员。个人访谈是市场薪酬调查中最常用的调查方式。这种方式的保密性较强，访谈形式灵活，调查结果准确，访谈表回收率高。但是这种方式存在成本较高，耗时较长，需要专业的调查员等缺点。总体来说，个人访谈在高质量的薪酬调查中是最常见的。

（五）分析市场薪酬信息

1. 数据整理

数据整理的第一步是对每份问卷的内容逐项检查，以剔除填答质量过低的问卷（如缺失值过多或存在明显异常），核实数据的真实性。尽管薪酬调查者做了许多工作以确保被调查者提供准确的信息，但双方在调查动机、背景经验等方面存在差异，这使得数据质量无法得到完全保证。因此，在进行初步筛选后，还应通过进一步核对职位匹配的精确度和检查异常值对数据做进一步检验，以确保数据的真实性和有效性。数据核查完成之后，就应该对数据进行分析。薪酬数据的分析方法一般包含频度分析、中心趋势分析、离散程度分析三种。

2. 频度分析

频度分析是将调查所得到的与每一岗位相对应的薪酬数据从高到低排列，然后统计每一薪酬范围内的样本数量。样本数量越多，表示越接近目前的市场薪酬水平，这是最简单和最直观的方法。表 3-5 是一个工资信息的样本，包含 35 名会计师的薪酬信息。会计师 1 有不到 2 年的工作经验，会计师 2 有 2～4 年的工作经验，会计师 3 有 4～6 年的工作经验。

表 3-5　会计师原始薪酬数据

公司	职位名称	年收入（美元）
A	会计师 1	33 000
A	会计师 1	34 500
A	会计师 2	36 000
A	会计师 3	43 500
B	会计师 1	33 000
B	会计师 1	33 000
B	会计师 1	36 000
B	会计师 2	37 500
B	会计师 2	36 000
B	会计师 2	37 500
B	会计师 3	45 000
B	会计师 3	43 500
C	会计师 1	34 500
C	会计师 2	37 500
C	会计师 3	43 500
D	会计师 1	36 000
D	会计师 2	36 000
D	会计师 3	55 000
E	会计师 1	33 000
E	会计师 1	33 000
E	会计师 1	34 500
E	会计师 2	36 000
E	会计师 2	36 000
E	会计师 2	37 500
E	会计师 3	45 000
F	会计师 1	34 500
F	会计师 2	37 500
F	会计师 3	45 000

续前表

公司	职位名称	年收入（美元）
F	会计师 3	45 000
F	会计师 3	43 500
G	会计师 1	34 500
G	会计师 1	33 000
G	会计师 2	37 500
G	会计师 2	37 500
G	会计师 3	43 500

将七个公司会计师的薪酬数据按照如表 3－6 所示的四个浮动区间进行统计，所得到的不同区间内的频度如表 3－6 所示。在此基础上，可以使用图 3－1 的形式直观地反映市场工资水平。

表 3－6　会计师职位的薪酬数据频度表

工资段（美元）	调查得来的工资数
30 000～35 000	11
35 001～40 000	14
40 001～45 000	9
＞45 001	1

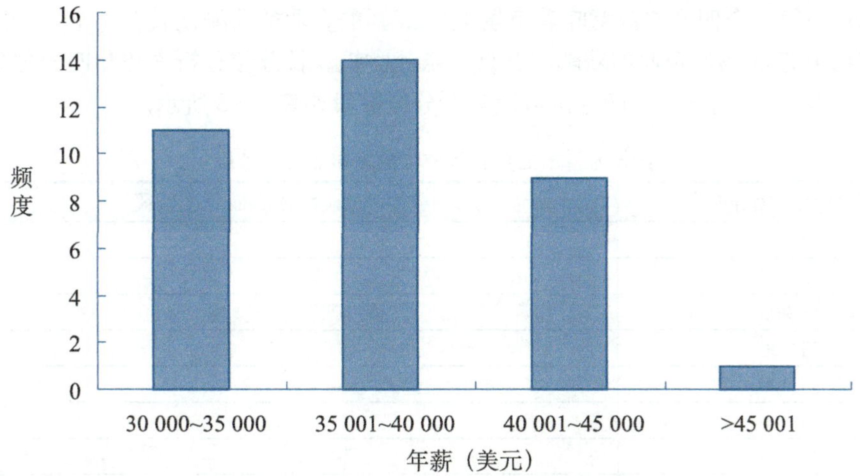

图 3－1　会计师职位的薪酬数据柱状图

3. 中心趋势分析

中心趋势分析用于确定市场薪酬的中点。具体说来，中心趋势分析可分为平均数和中位数两种数据分析方法。

平均数包括简单算数平均数和加权平均数。如果薪酬调查是以员工个体为对象展开的，得到的是如表 3－7 所示的个体数据，则只需要将薪酬总额除以样本总数，即可得到平均薪酬水平。但如果薪酬调查是以企业为对象展开的，则要注意简单算术平均数和加权平均数的区别。简单算术平均数可能无法准确反映劳动力市场的真实情况，因为它忽略了公司规模（反映岗位任职者的数量）对薪酬水平的影响。为避免这种情况，可以采用加权平均数。以表3-7举例，办公室文员的平均薪酬水平以简单算术平均数计算，为（5 500+4 500+5 000+6 000）/4=5 250元；以加权平均数计算，为（5 500×3+4 500×2+5 000×10+6 000×5）/20=5 275元。

表3-7 办公室文员的薪酬调查数据统计

公司	月收入（元）	任职者数量
A	5 500	3
B	4 500	2
C	5 000	10
D	6 000	5

把所有薪酬数据按顺序排列，数据系列中间的数值即中位数。如果所有数据的数量为奇数，那么中间的数据就是中位数；如果所有数据的数量为偶数，则中间两个数据的平均数就是中位数。这种分析方法得出的数值比用算术平均数得出的数值更具有代表性。企业在薪酬水平决策中更多参考中位数指标而不是平均数指标。

4. 离散程度分析

离散程度分析的方法主要有两种：标准差分析、四分位和百分位分析。在薪酬调查中，使用最广泛的是四分位和百分位分析。

四分位和百分位分析是指通过小于某一数值的数据百分比来描述离散程度。以四分位为例：将某个岗位的所有薪酬调查数据从低到高依次排列，平均划分为四组（百分位分析中为10组）。第一个四分位数意味着市场上有25%的企业的薪酬比其低，第二个四分位数意味着市场上有50%的企业的薪酬比其低，依此类推。百分位分析方法与四分位分析方法类似。在表3-5的例子中，四分位数段与百分位数段如表3-8所示。

表3-8 会计师基本工资的百分位数段和四分位数段

年收入（美元）	百分位数段和四分位数段
33 000	
33 000	
33 000	第10个百分位数（10P）
33 000	
33 000	
33 000	
34 500	
34 500	
34 500	第1个四分位数（25P）
34 500	
34 500	
36 000	
36 000	
36 000	
36 000	
36 000	
36 000	

续前表

年收入（美元）	百分位数段和四分位数段
36 000	第2个四分位数（50P）
37 500	
37 500	
37 500	
37 500	
37 500	
37 500	
37 500	
43 500	
43 500	
43 500	第3个四分位数（75P）
43 500	
43 500	
45 000	
45 000	第90个百分位数（90P）
45 000	
45 000	
55 000	

（六）撰写薪酬调查报告

作为对市场薪酬调查成果的展示和说明，薪酬调查报告应该全面、客观、准确，以尽可能简洁的结构，将薪酬调查内容和分析结果加以组织，并提供详细的指导供薪酬管理者阅读。表3-9是IT行业销售经理薪酬福利数据的范例。对应每个基准职位，首先应写明职位名称和职责描述两项基本信息，以便使用者进行职位匹配。同时，应该提供该职位的样本数量，以及被调查对象的平均工作年限和平均年龄等信息。

薪酬数据应至少包括年度基本现金收入、年度总现金收入和年度总薪酬三个口径，使基准职位的各类工资、奖金、福利数据得到最完整的呈现，为使用者配对比较和调整薪酬组合提供依据。对薪酬水平的描述需要依靠薪酬数据分析中的平均值、中位数和四分位数等信息。

表3-9　　IT行业薪酬调查报告中的销售经理薪酬福利数据

<table>
<tr><td colspan="3">基准岗位1.3　IT区域销售经理</td><td colspan="4">职责描述</td></tr>
<tr><td colspan="2">有效在岗者样本数量</td><td>11</td><td colspan="4" rowspan="3">在一定区域内，为直销和分销等销售工作制定策略，进行预测，编制预算和人力资源管理计划；培训销售代表和分销人员，确保他们在销售活动中有出色的表现，从而达到销售目标。</td></tr>
<tr><td colspan="2">在岗者平均行业工作经验（年）</td><td>7.9</td></tr>
<tr><td colspan="2">在岗者平均年龄（岁）</td><td>36.0</td></tr>
<tr><td colspan="7">市场薪酬福利数据（单位：元）</td></tr>
<tr><td></td><td>10%分位</td><td>25%分位</td><td>中位数</td><td>75%分位</td><td>90%分位</td><td>平均值</td></tr>
<tr><td>年度基本现金收入</td><td>137 730</td><td>138 479</td><td>153 492</td><td>170 278</td><td>216 927</td><td>163 525</td></tr>
<tr><td>月基本工资</td><td>11 393</td><td>11 552</td><td>12 694</td><td>14 193</td><td>18 111</td><td>13 658</td></tr>
</table>

	10%分位	25%分位	中位数	75%分位	90%分位	平均值
年度月薪数量	12	12	12	12	12	12
年度补贴总额	—	—	—	—	—	—
年度交通补贴	—	—	—	—	—	—
年度膳食补贴	2 536	2 555	2 557	3 441	3 447	2 851
年度其他补贴	—	—	—	—	—	—
年度总现金收入	157 220	168 498	173 944	199 808	273 644	194 583
年度绩效奖金	20 087	30 628	40 862	50 632	58 514	40 211
年度销售奖金/提成	14 086	26 494	63 040	91 633	108 632	61 253
年度总薪酬	176 655	189 672	193 896	208 559	301 722	216 188
年度法定社会保险	7 931	8 308	8 408	8 412	8 445	8 338
年度住房公积金	11 026	11 067	12 499	14 983	18 007	13 494
年度人事服务费	7 242	7 253	7 278	7 293	7 308	7 239
年度其他福利	—	—	—	—	—	—

第 2 节　薪酬水平、幅度和级差

一　薪酬水平

（一）薪酬水平对企业的影响

薪酬水平对企业的影响是多方面的。首先，薪酬水平的高低直接影响企业对人才的吸引和保留能力。有足够的证据表明，薪酬水平的提升可扩大应聘者的规模，优化应聘者的质量。较高的薪酬水平还会提高员工的工作满意度和忠诚度，减少员工流失。同时，较高的薪酬水平有利于防止员工的消极怠工等行为，由于员工失去工作的损失更大，所以较高的薪酬水平能够激励员工努力工作并减少组织的监督管理费用。

其次，薪酬水平直接影响企业的成本支出和产品竞争力。在其他条件相同的情况下，企业的薪酬水平越高，则企业的劳动力成本越高，当与竞争对手提供同质或类似的产品或服务时，企业就难以获得竞争优势。当然，薪酬水平对劳动力成本的控制也有积极作用。比如，较高的薪酬水平能够有效吸引和保留优秀员工，减少招募和甄选成本，提高人均劳动生产率。但总体而言，薪酬成本给企业带来的压力是显而易见的。

最后，薪酬水平对维护雇主品牌形象意义重大。雷诺兹（Reynolds）早在 1951 年就指出，更高的薪酬水平具有公共关系方面的价值，可以表明组织对待人力资源的态度，避免最低工资立法等规制的影响，能为企业创造良好的社会形象，增强政府与公众对企业的信心。良好的企业形象和雇主品牌会对企业的绩效产生长远而积极的影响。

（二）薪酬水平的衡量

1. 薪酬水平与市场的比较

企业可以利用市场薪酬线和本企业的薪酬政策线的比较，衡量本企业薪酬水平在市场中的地位。市场薪酬线是一组代表不同薪酬水平的线，分别表示不同等级职位在市场上不同分位数的薪酬水平，常见的包括 10P，25P，50P，75P，90P。薪酬政策线是企业根据自己的薪酬策略制定的不同等级职位的实际薪酬水平。如果本企业的薪酬政策线接近 75P 甚至 90P，则表明企业的薪酬水平在市场上是领先的，外部竞争性强；如果企业的薪酬政策线接近 25P 甚至 10P，则表明企业的薪酬水平在市场上是滞后的，外部竞争性弱。另外，企业可以根据薪酬组合的不同口径绘制不同的薪酬政策线，以衡量不同薪酬组合在市场中的竞争力，如图 3-2 所示。

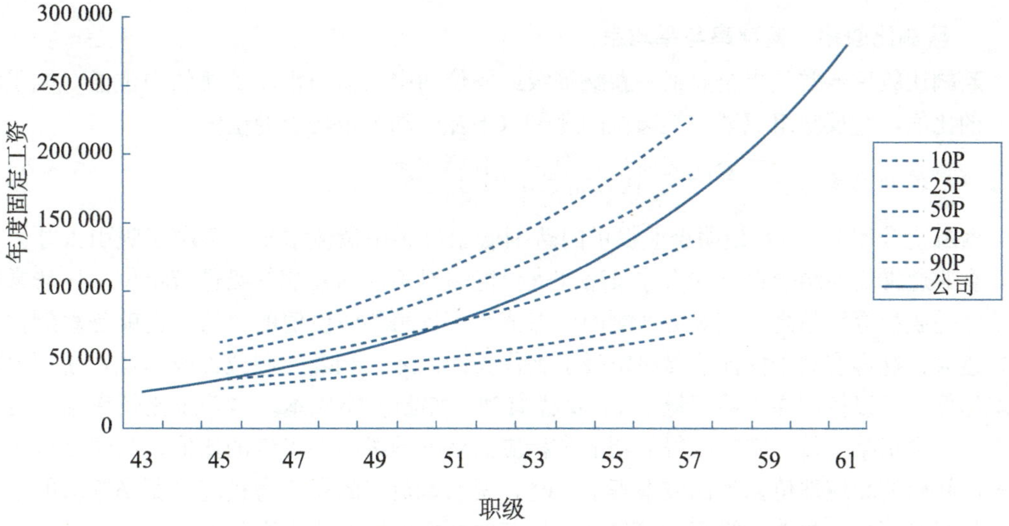

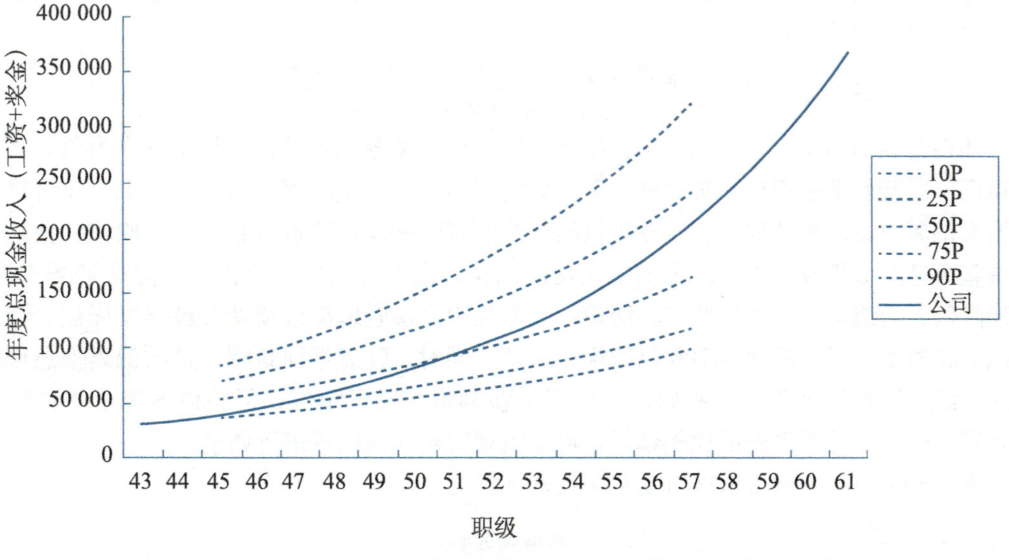

图 3-2　企业薪酬政策线与市场薪酬线

表 3-10 是美国薪酬协会的调查结果，从中可以看出大部分企业无论是目标还是实际的薪酬水平都趋近市场的中间位置。

表 3-10　“与相关劳动力市场相比，贵企业的薪酬是什么水平?”

	样本量	25%分位	25%～50%分位	50%分位/中间	50%～75%分位	75%分位以上
目标基本工资	560	0%	4%	89%	6%	1%
实际基本工资	557	1%	21%	67%	10%	1%
目标总现金报酬	478	1%	4%	80%	13%	3%
实际总现金报酬	478	2%	19%	60%	16%	4%

资料来源：WorldatWork，The Total Rewards Association. Compensation Programs and Practices Survey，2016.

2. 薪酬比较率、偏离率与平均率

薪酬比较率通常是指企业某一薪酬等级或职位的中点值与市场薪酬的中位值（或平均值）的比值，它反映组织某一类岗位的薪酬水平在劳动力市场上的位置。

$$薪酬比较率=\frac{本企业某薪等或职位的薪酬中点值}{市场薪酬的中位值}$$

薪酬比较率低于 1，说明企业提供的薪酬低于市场中位值水平，不利于吸引人才。当然，企业通常需要结合自己的人才策略和支付能力对不同的薪酬等级进行定位。比较常见的策略是职位等级越高，该等级薪酬的中点值和市场薪酬中位值的比值（也就是薪酬比较率）越大，这样有利于保证重要岗位吸引到优秀的人才。相反，职位等级越低，薪酬比较率就越低，可以控制在 1 甚至低于 1，这样有利于控制薪酬成本。当薪酬比较率用于员工个人时，它指某位员工实际获得的薪酬与相应的薪酬等级的中点值的比值，反映该员工在薪酬区间内的相应地位。当比较率等于 1 时，说明该员工的薪酬为相应的薪酬等级的中点值。任职时间长、技能等级高、绩效好的员工的薪酬比较率通常高于 1。

与薪酬比较率类似的指标是薪酬偏离率，它是指某职位现有薪酬水平相对于市场各个分位薪酬水平的偏离程度。

$$薪酬偏离率=\frac{本企业某薪等或职位的薪酬水平-市场薪酬某分位值}{市场薪酬某分位值}$$

如果偏离率为正，表明该职位薪酬水平高于市场某分位水平；如果偏离率为负，则表明该职位薪酬水平低于市场某分位水平。偏离率不仅可以反映薪酬水平的高低，还可以反映薪酬偏离市场水平的程度。企业可以结合薪酬定位和职位特点对企业中各职位的薪酬做出调整。针对级别较低、劳动力供给充足的岗位，企业可以在一定程度上降低薪酬水平，从而降低人力成本；针对一些核心岗位，尤其是中高层管理岗位或者关键研发岗位，企业可以提高薪酬水平，从而吸引和保留优秀人才。同时，针对不同薪酬口径的偏离率还可以为薪酬组合策略提供依据。例如，如果固定薪酬水平高于市场，但整体薪酬水平低于市场，则表明企业的浮动薪酬比例偏低，可能需要对薪酬的构成进行调整。

表 3-11 是某个网站依据市场薪酬数据计算的一组薪酬偏离率。

表 3-11　薪酬偏离率

岗位编号	年度总现金收入	市场数据			偏离率		
		25%分位	中位值	75%分位	与 25%分位	与中位值	与 75%分位
HR003	241 453	195 864	212 872	233 203	18.9%	11.8%	3.4%
HR004	161 837	122 476	134 448	148 489	24.3%	16.9%	8.2%
HR007	116 490	111 440	121 119	131 846	4.3%	−4.0%	−13.2%

续前表

岗位编号	年度总现金收入	市场数据			偏离率		
		25%分位	中位值	75%分位	与25%分位	与中位值	与75%分位
HR012	78 582	84 059	91 360	99 136	−7.0%	−16.3%	−26.2%
FA003	266 355	212 326	228 879	254 049	20.3%	14.1%	4.6%
FA006	165 996	162 299	176 394	192 832	2.2%	−6.3%	−16.2%
FA015	105 812	101 443	110 254	119 892	4.1%	−4.2%	−13.3%
FA016	80 761	76 519	83 165	90 147	5.3%	−3.0%	−11.6%

资料来源：金融行业薪酬报告．中国薪酬网，2016-07-18.

另一个与薪酬水平相关的概念是薪酬平均率，它是企业某薪酬等级的实际平均薪酬与该等级中点值的比值。

$$薪酬平均率=\frac{实际平均薪酬}{薪等中点值}$$

通常有三种情况：一是薪酬平均率的数值接近1，说明实际平均薪酬近似等于薪等中点值，表示企业所支付的薪酬总额符合平均趋势。二是薪酬平均率大于1，表明企业支付的薪酬总额过高，因为实际平均薪酬超过薪等中点值。可能的原因有：员工的工作表现极佳，使得员工的薪酬很快超过薪等中点值；新聘的员工具有较深的资历和丰富的工作经验，较高的起薪点使得实际平均薪酬提高。三是薪酬平均率小于1，表明企业实际支付的大部分员工的薪酬水平在薪等中点值以下。可能的原因有：企业内大部分员工属于新员工，而且起薪点比较低；员工的表现不佳或加薪幅度过小，大部分员工未能上升到较高薪酬水平。

3. 增薪幅度的衡量

增薪幅度是薪酬水平的增长幅度，一般用增薪百分率来表示。计算公式如下：

$$增薪百分率=\frac{本年度员工平均薪酬-上年度员工平均薪酬}{上年度员工平均薪酬}$$

一般意义上，薪酬增幅过大表明薪酬成本增长过快，要注意适当加以控制，使其保持在企业所能承受的范围内。但增薪幅度并非越小越好，长期保持小的增幅说明企业是一个停滞的组织，活力不够。在判断薪酬增长是否合理时，并不能只看薪酬增幅一个数据，还需要计算薪酬总额占销售额的百分比、薪酬总额占营运成本的百分比，将这些数据与行业及竞争对手的数据做对比分析，综合衡量。

（三）薪酬水平策略

薪酬水平策略主要有三种：领先型、匹配型和滞后型。随着企业的薪酬越来越强调灵活性以及体现不同群体的差异，出现了混合薪酬策略。

1. 市场领先型策略

市场领先型策略（market lead policy）是指企业薪酬水平高于市场平均薪酬水平，在同行业中处于领先地位。市场领先型策略适合实行差异化竞争战略的企业，因为这些企业需要通过有竞争力的薪酬来吸引和保留优秀的人才。处于垄断地位的企业也常采用市场领先型策略，因为企业可以将高水平薪酬的成本转嫁给消费者。投资回报率高、薪酬成本在企业经营总成本中占比很低的企业一般也向员工支付较高的薪酬而不用担心资金周转等问题。从组织发展周期看，处于高速发展时期的企业更可能采取市场领先型策略，这是因为企业处于扩张期，市场机会较多且企业成长空间较大，对高素质人才的要求较为迫切，同时企业具有相当强的支付能力。

实行市场领先型策略是因为较高的薪酬水平能带来较高的收益，符合企业高投入高回报的期望。较高的薪酬水平能够快速吸引大批可供选择的求职者，有利于企业提高招募和雇用的员工的质量；较高的薪酬水平可以增加员工离职和旷工的机会成本，激励员工高效地完成工作任务，降低人员流失产生的成本；较高的薪酬水平还能减少各种劳资问题，降低监督管理成本，使得企业的管理者能把更多的时间和精力放到那些影响企业生存和发展的重大问题上，并且有利于塑造和维护公司的形象。但市场领先型策略所产生的薪酬成本很高。企业尽管大多数时候并不需要在所有的职位上保持领先水平，但为了保持内部的一致性，会适量提高与关键岗位有合作关系的员工的工资，这会进一步加大企业的薪酬支出。

2. 市场匹配型策略

市场匹配型策略（market match policy）又叫跟随策略，是指本企业的薪酬水平跟随市场平均薪酬水平。在实践中，这是一种最为通用的薪酬策略。实施这种薪酬策略的企业一般在薪酬问题上不愿冒太大的风险，以防止高薪成为企业的负担，但又不希望在人才竞争中完全被动，于是选择与市场平均薪酬水平一致的策略。

事实上，采用市场匹配型策略的企业对于优秀的员工往往不具有太大的吸引力，它们主要是为了获得有潜力的员工，这就需要企业花更多的时间与精力去招募和甄选高潜力员工。同时，采用市场匹配型策略的企业要时刻关注市场平均薪酬水平的变化，随时调整自己的薪酬水平。但是，在大多数情况下，这种调整存在一定的滞后性，往往是一些员工已经离职，甚至是企业的薪酬体系出现危机时企业才意识到自己的薪酬水平已经落后于市场。因此，采用市场匹配型策略的企业为确保自己的相对竞争优势，必须做好市场薪酬调查工作，准确掌握市场平均薪酬水平。

3. 市场滞后型策略

市场滞后型策略（market lag policy）是指企业制定的薪酬水平低于市场平均薪酬水平。采用市场滞后型策略的企业往往实行成本领先战略，组织规模相对较小，大多处于竞争性的产品市场上，边际利润率较低，成本承受能力较弱。这些企业的实际支付能力客观上限制了薪酬水平的提升。

市场滞后型策略虽然能够通过降低薪酬成本减少企业短期成本支出，但是企业的薪酬外部竞争力不强，无法吸引和保留优秀的员工，长期来看这种成本的节约可能会被较低的生产效率和创新能力抵消。人员的频繁流动会削弱企业及时向市场推广产品和服务从而获得更高利润的能力，并且增加企业的招聘和管理成本，这看起来更像是一个恶性循环。然而，当低水平的工资与其他可能产生高回报的工作条件结合在一起时，情况可能有所不同。比如有的滞后策略以牺牲当前利益、提高未来收益作为补偿，这有助于提高员工对组织的承诺，产生较强的长期激励作用。此外，这种薪酬策略还可以通过其他因素得以补偿，比如更具有挑战性的工作、自由的工作时间、理想的工作环境、大量的培训和职业发展机会等。

4. 混合薪酬策略

在实践中，企业可能针对不同的职位族采取不同的薪酬策略。例如，对研发人员和管理人员采用市场领先型策略，而对于普通员工和非技术性员工采用市场匹配型策略或市场滞后型策略。一个集团公司可能为不同事业部选择不同薪酬策略，例如同时拥有高科技事业部和餐饮事业部的企业可能会为高科技事业部制定市场领先型策略，为餐饮事业部制定市场匹配型策略。

此外，有些组织还会针对不同的薪酬组成部分采用不同的薪酬策略，比如对基本工资采用市场领先型策略，对奖金采用市场匹配型策略；有些企业可能对基本工资采用市场滞后型策略，对奖金采用市场领先型策略。混合策略的优点在于灵活性和针对性强，能够在对稀缺的关键岗位人才进行薪酬激励的同时适度控制企业的薪酬总成本，更好地体现薪酬制度的激励性和经济性的统一。

二　划分薪酬等级

在实际的薪酬管理中，企业一般先对所有的职位进行分等，然后确定每个薪酬等级（pay grades）的薪酬水平和结构。常见的做法是通过职位评价得出每个职位的薪酬点数，然后将某一点数范围内的职位归为同一个薪酬等级，也就是说，每一个薪等包括价值（点数）相当的若干职位。

不同类型、不同规模的企业的薪等数量不一，应视企业的情况而定。一方面，如果企业薪等过少，也就是说，建立职位等级的点数范围过大，那些在工作任务、责任和工作环境等要素上差别很大的职位被划分到同一等级而被支付相同的薪酬水平，会损害薪酬的内部公平性。另一方面，等级越多往往意味着每一等级的薪酬幅度比较狭窄，员工只有通过职位晋升才能获得加薪，这会导致员工晋升压力增大，也可能加剧员工之间的竞争从而不利于团队合作。一般而言，在划分薪酬等级时，要综合考虑以下因素：

（1）行业性质。一般而言，智力密集型产业（如软件业）往往采用灵活的团队工作方式，组织结构相对扁平，薪等数量相对较少；劳动密集型产业（如制造业）因为更多采用传统的科层组织，管理层级较多，薪等数量相对较多。

（2）组织规模和职位数量。一般而言，组织规模越大，职位数量越多，职位之间的差异越大，则所需划分的薪酬等级越多；相反，组织规模越小，职位数量越少并且差异越小，则所需划分的薪酬等级越少。

（3）组织层级数量。一般而言，组织层级越多，薪等越多；组织越趋于扁平化，薪等越少。薪等数量和组织层级相对应能够带来管理上的方便，较容易被员工接受。

（4）工作性质。一般而言，创造性、灵活性、技术性较高的职种内职位薪等相对较少；规则性较高的职种内职位薪等相对较多。

（5）管理与企业文化倾向。一般而言，企业文化倾向于强调管理等级，拉开收入差距，则薪等较多；企业文化倾向于强调平等，突出能力和绩效，则薪等较少。

在划分薪等时，确定每一薪等内部所涵盖的职位点数范围可以采用三种方式：等差、等比和递增。等差是指将某一相等差距范围内的职位归为同一薪等（见表3－12），这是大多数职位评价方案采用的归等方法；等比是指职位等级越高所涵盖的点数差距越大，但是递增的比例是恒定的（见表3－13）；递增是指较低薪等所涵盖的点数差距较小，而较高薪等所涵盖的点数差距较大（见表3－14）。

表 3-12　各职位等级最大点数之间的绝对级差恒定的情况

职位等级	职位点数等级		最大值的绝对级差	最大值的差异比率（%）
	最小值	最大值		
1	131	180		
2	181	230	递增 50	28
3	231	280	递增 50	22
4	281	330	递增 50	18
5	331	380	递增 50	15
6	381	430	递增 50	13
⋮				

表 3-13　各职位等级最大点数之间的差异比率恒定的情况

职位等级	职位点数等级		最大值的绝对级差	最大值的差异比率（%）
	最小值	最大值		
1	126	145		
2	146	167	递增 22	15
3	168	192	递增 25	15
4	193	221	递增 29	15
5	222	254	递增 33	15
6	255	292	递增 38	15
⋮				

表 3-14　各职位等级最大点数之间的绝对级差递增的情况

职位等级	职位点数等级		最大值的绝对级差	最大值的差异比率（%）
	最小值	最大值		
1	161	180		
2	181	200	递增 20	11
3	201	220	递增 20	10
4	221	270	递增 50	23
5	271	320	递增 50	19
6	321	400	递增 80	25
⋮				

除了上述方法，有时候也根据职位评价所得的点数进行排序，对职位进行自然分等，一般在点数差距较大的相邻两个职位之间也就是职位点数变化的拐点处划定等级线（见表 3-15和表 3-16）。另外，还可以根据组织结构层级直接划分薪酬等级，这样便于管理，也能被等级文化下的多数员工接受。

表 3-15　根据职位评价点数对职位进行排序

顺序	职位名称	点数
1	秘书	160
2	信息与统计项目经理	210
3	出纳项目经理	235
4	薪酬绩效项目经理	255
5	投资管理高级项目经理	270

续前表

顺序	职位名称	点数
6	外事服务高级项目主管	300
7	薪酬绩效经理	360
8	投资管理经理	370
9	财务管理经理	375
10	人力资源部总经理助理	415
11	财务部总经理助理	425
12	人力资源部副总经理	480
13	财务部副总经理	485
14	人力资源部总经理	545
15	财务部总经理	555

表 3-16　　按照职位点数对职位进行初步分组

职位等级	等级点数段	职位名称	职位评价点数
1	140～199	秘书	160
2	200～259	信息与统计项目经理 出纳项目经理 薪酬绩效项目经理	210 235 255
3	260～319	投资管理高级项目经理 外事服务高级项目主管	270 300
4	320～379	薪酬绩效经理 投资管理经理 财务管理经理	360 370 375
5	380～439	人力资源部总经理助理 财务部总经理助理	415 425
6	440～499	人力资源部副总经理 财务部副总经理	480 485
7	500～559	人力资源部总经理 财务部总经理	545 555

在大多数情况下根据事先设定的点数范围对职位进行分等，分等的规则比较清晰，当遇到临界点数的时候，可采用比较灵活的处理方式。比如，某企业的职位评价方案规定职位评价点数在 101～130 的职位归为一个等级，131～160 的归为另一个等级。假设职位 A 和职位 B 的职位评价点数分别为 130 和 131，通常情况下，职位 A 和职位 B 会被归入不同的薪酬等级。但如果这两个职位在组织内部属于同样的主管级别，那么在归等时可以考虑把这两个职位放在同一个薪等中，而不会因为点数上的细微差别就归入不同薪等。这种情况下，需要综合考虑这两个职位的工作性质、在组织内部的层级以及管理上的便利性等，而不能过于机械。在薪酬等级的划分中，根据职位评价的点数初步分等后，往往还需要经过修订调整才能设计出符合组织特点和管理目标的薪酬等级结构。

三　不同薪酬等级中点值的确定

薪酬水平需要根据市场薪酬调查获取的薪酬信息，结合企业自身的薪酬定位和其他影响因素共同确定。在设计薪酬区间时，一般分为确定薪酬区间的中点值（midpoint），以及确定薪酬区间的上限（maximum）和下限（minimum）两个步骤。薪酬区间的中点值由市场薪酬数据和企业的薪酬策略共同决定，企业的薪酬政策线可以看作由不同薪酬等级的中点值（或中位线）连接而成。在中点值的基础上，才有更为具体的薪酬区间、薪酬级差、薪酬级数等薪酬结构要点的设计。每个薪酬区间的中点值都是一个很重要的薪点，又称为控制点。因此，确定薪酬水平的关键是确定各个薪酬等级的中点值，具体方法有以下四种。

（一）根据回归方程确定中点值

如图 3－3 所示，该企业有 5 个薪等，覆盖 A～P 共 16 个职位，黑色的直线是所有职位等级薪酬中点值的连线。假定通过职位评价对一系列职位赋予点数，同时通过市场薪酬调查得到这些职位相应的薪酬水平，这样我们就得到两列数据，一列是职位评价点数，一列是市场薪酬水平数值（见表 3－17），分别以两列值为横纵轴，可以绘制出薪酬散点图（见图 3－4）。

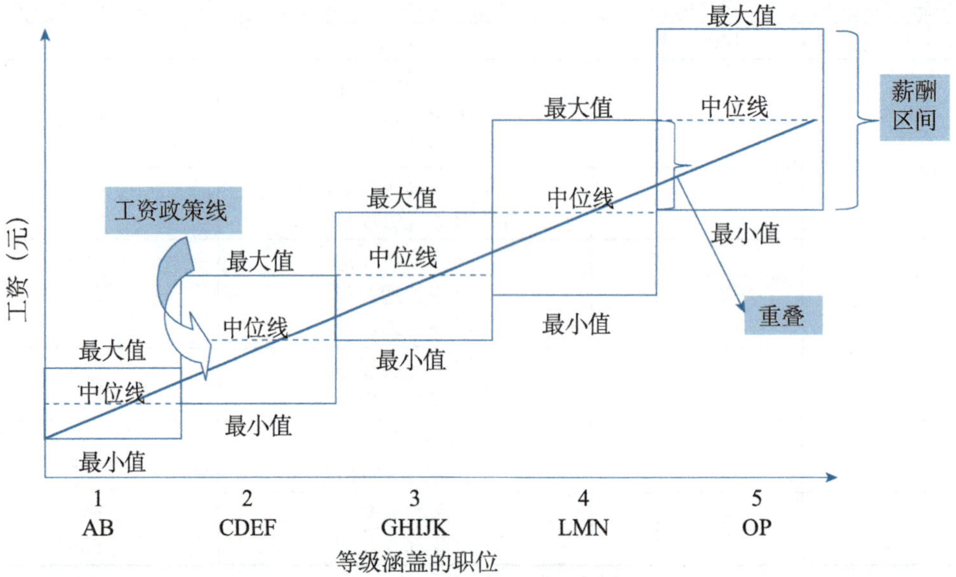

图 3－3 某企业现有薪酬结构

表 3－17 职位评价点数与市场薪酬水平

顺序	职位名称	职位评价点数	市场薪酬水平（元）
1	出纳	140	1 530
2	离退休事务主管	210	1 800
3	行政事务主办	260	2 030
4	工会财务主管	335	2 300
5	总经理秘书	345	2 300
6	招聘主管	405	2 920
7	会计主管	425	3 160
8	项目经理	470	3 600
9	总经办主任	545	4 900
10	财务部经理	550	5 300
11	市场部经理	565	5 700

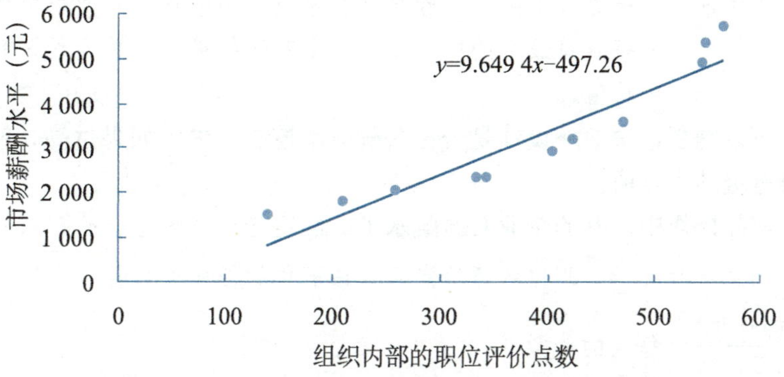

图 3－4　职位评价点数与市场薪酬水平构成的散点图

假设 X 为职位评价点数，Y 为薪酬市场水平数据，可以得到薪酬政策线方程 $Y=a+bX$，根据数据求解出 a 和 b 的数值后，将各个薪酬等级的中点值的评价点数 X_i 代入方程式，可以得到各个中点值的薪酬水平。

通过回归方法得到的中点值有时候会出现与公司的薪酬策略和市场水平相背离的情况。这是因为市场中各职位的薪酬水平会受到供求关系的影响。通常越高端的职位（点数越高）的任职者越供小于求，所以高端职位的薪酬水平除了反映职位的内在价值（点数），还会因为供求关系进一步推高其市场薪酬水平。因此，薪酬市场线实际上不是一条直线，而是一条向上扬的曲线。企业的薪酬政策线如果以市场为依据，应该也是一条曲线。所以，尽管大部分教材把线性回归作为一种确定中点值的经典方法，但在实际管理中这种方法较少使用，企业往往直接根据市场薪酬水平和企业薪酬预算确定中点值。

（二）根据市场数据直接确定中点值

市场薪酬调查的数据通常可以反映企业所在行业的平均薪酬水平、标杆企业的薪酬水平或竞争对手的薪酬水平。因此，企业可以直接根据市场薪酬调查的数据决定本企业的薪酬水平。具体来说，首先为每个薪酬等级找到对应的标杆职位，然后计算特定薪等中标杆职位市场薪酬水平的平均值，以此作为依据来确定各个薪等的中点值。

如果综合考虑市场薪酬数据和企业薪酬策略两个因素，则可以运用前文介绍的薪酬比较率。比如图 3－3 中，位于第 2 薪酬等级的共有 CDEF 四个职位，假设根据市场薪酬调查报告提供的数据得知该薪等年度总现金收入的市场中点值为 100 000 元（根据薪酬调查报告类型的不同，该中点值可以直接得到或者通过计算 CDEF 四个职位的薪酬平均值得到）。在此基础上，采用市场领先型策略的企业可以为该薪等中点值赋予一个大于 1 的薪酬比较率，如薪酬比较率为 1.2，则该薪等的中点值为 120 000 元；而采取市场滞后型策略的企业则可以选择一个小于 1 的薪酬比较率。为充分发挥薪酬的竞争力，可以在较高层次的薪酬等级上提供优于市场水平的薪酬，而在较低层次上与市场水平持平或略低于市场水平。二者均可以直接在市场数据的基础上用薪酬比较率来调节。

（三）根据企业薪酬总额控制确定中点值

企业确定各个等级的薪酬中点值还需要考虑企业薪酬总额的制约。企业在根据市场薪酬数据初步确定每个薪等的中点值以后，就可以初步估计这次薪酬设计的总成本。

预计总成本＝薪酬等级1的总人数×薪酬等级1的中点值＋薪酬等级2的总人数×薪酬等级2的中点值＋…＋薪酬等级n的总人数×薪酬等级n的中点值

这样，就可以判断这次薪酬设计是否在薪酬成本控制之内。如果过高，就需要考虑重新调整各薪酬等级的中点值。

当然，在实际操作中，有的企业对薪酬水平的确定是从薪酬总额控制入手的。

$$\text{企业的总点数}=\sum \text{职位的评价点数}\times\text{该职位的任职者数量}$$

$$\frac{\text{薪酬总额}}{\text{企业总点数}}=\text{每点的钱数}$$

然后，将不同薪等的中点乘上每点的钱数就可以确定不同等级的中点值。

（四）根据中点值级差调整薪酬等级的中点值

中点值级差百分比是衡量薪等级差的重要指标，是指两个相邻薪酬等级之间的中点值变动百分比。

$$\text{中点值级差百分比}=\left(\frac{\text{较高职等的中点值}}{\text{较低职等的中点值}}-1\right)\times100\%$$

需要注意的是，级差与幅度可以共同决定相邻等级间的“重叠度”，许多企业倾向于在相邻等级的薪酬之间有部分重叠。这种设计不仅考虑了员工资历因素，也增大了薪酬的弹性，可体现任职者的差别。在最高薪酬等级的中点值和最低薪酬等级的中点值一定的情况下，各薪酬等级中点值之间的级差越大，则薪酬等级的数量越少；反过来，各薪酬等级中点值之间的级差越小，则薪酬等级的数量越多。

假设最高薪酬等级的中点值和最低薪酬等级的中点值以及准备划定的薪酬等级数量都已经确定，就可以运用现值公式计算出一个恒定的中点值级差，公式如下：

$$PV=\frac{FV}{(1+i)^n}$$

式中，PV表示现值，在这里是最低薪酬等级的中点值；FV表示未来值，在这里是最高薪酬等级的中点值；n表示未来值和现值之间的等级数量，在这里是所要计算的两个薪酬等级之间的等级数量；i表示级差。

一般来说，设计级差需要遵循的原则是职等越高，级差越大。这里给出市场薪酬级差设计的一般原则（见表3-18）。

表3-18　薪酬级差设计的一般原则

序号	类别	级差建议
1	一般员工	10%～15%
2	专业人员及一般管理人员	20%～25%
3	高级管理层	30%～50%

四　确定薪酬等级的区间

薪酬区间（pay range）是指特定薪等内薪酬的浮动幅度，是每一个薪等内的最高值和最低值之间的差值，是组织中处于相同职位等级的不同员工获得的不同薪酬的范围。

薪酬区间（薪酬变动范围）＝最高值－最低值

同一个薪等内的职位“价值”相似，那为什么同一薪等内部还要设计一个薪酬区间呢？一方面，从内部公平性来看，组织成员对组织贡献的大小，不仅受到职位本身价值的影响，还会受到员工的努力程度、自身能力、工作经验、绩效水平等因素的影响。另一方面，每个员工都希望自己的工资有不断增长的空间，但并非每个员工都可以通过职位的晋升来获得薪酬的增加。因此，任何一个职位所在的薪等并非只有一个工资值，相反，企业把每个薪等设定在一个合理的薪酬区间内，用于反映除了职位以外的其他因素对薪酬的影响。

薪酬区间上限和下限的确定需要首先确定薪酬区间变动比率（或称薪酬幅度百分比）。薪酬区间变动比率一般用百分比表示。

$$薪酬区间变动比率\ \beta=\frac{薪等最高值-薪等最低值}{薪等最低值}\times 100\%$$

β值计算举例：假设某一薪等的最高值是4 500，最低值是3 000，则薪酬区间变动比率β值为（4 500－3 000）/3 000×100%＝50%。

与薪酬等级的数量一样，每一等级的薪酬区间变动比率β值的大小也没有固定的数值。不同的企业会根据自身实际情况设计不等的薪酬区间变动比率。影响薪酬区间变动比率β的因素一般包括：

（1）职位价值。职位价值越低，对应的薪酬区间变动比率越小；职位价值越高，对应的薪酬区间变动比率越大。低价值的职位所承担的责任以及对企业的贡献是有限的，如果在这些薪酬等级上确定比较大的薪酬区间变动比率，既不利于企业控制成本，也不符合这些职位对企业的实际贡献，还不符合外部劳动力市场上的薪酬状况。反之，对价值很高的职位，只有薪酬区间变动比率比较大，才能激励那些对组织贡献比较大的员工努力工作。举例说，操作工人的薪酬区间可能是2 000～2 500元，因为他们的岗位性质决定了不同任职者对企业的贡献不可能产生很大的差异。但是，高端的管理和技术岗位的不同人员对企业的贡献可能会存在很大的差异。

一些经验数据表明：

β＝20%～25%：较低水平的服务、生产、维修

β＝20%～40%：文书、技术、专业人员助手

β＝40%～50%：高水平专业工作、管理、中层管理

β＝50%以上：高层管理、行政工作、高技术

当然，这些经验值都不是绝对的。事实上，随着组织结构扁平化和宽带薪酬的应用，各种薪酬区间变动比率都在加大。

（2）职位层级和职业发展空间。在很多结构扁平化的组织中，层级很少，相对应的薪酬等级也很少。在这种情况下，员工纵向晋升的可能性较低，而且同一层级内员工的能力和绩效差异较大，因此薪酬幅度需要加大。

（3）任职者的能力差异。所需技能水平较低的职位薪酬区间变动比率要低一些，所需技能水平较高的职位薪酬区间变动比率则要高一些。例如，在A公司，前台这个职位的薪酬区间是3 000～4 500元，薪酬区间变动比率为50%；研发工程师这个职位的薪酬区间是5 000～10 000元，薪酬区间变动比率为100%。这是因为对前台这个职位而言，任职者之

间的能力差异不大；而对于研发工程师这个职位而言，任职者之间的技术和能力可能存在较大的差异，而且这种差异会对工作结果产生很大的影响。

（4）企业管理文化的倾向。企业文化强调拉开收入差距的，一般薪酬区间变动比率较高，有足够的空间拉开同一职位上不同任职者之间的收入差距；企业文化倾向于平均分配的企业，薪酬区间变动比率较低，同一职位的员工很难根据能力和绩效拉开收入差距。

因此，薪酬区间变动比率受到诸多因素的影响。在实际操作中，除了参考经验数值，还可以参考本职位等级的市场调查数据的最高值和最低值（或者考虑25%分位和75%分位），或者根据内部职位评价的最高点数和最低点数来初步确定β值，并且将其与经验值进行比较。理论上，当不同方法估算的β值相差不大时，说明确定的β值是比较合适的。

在确定薪酬区间变动比率β的值后，即可得出各个薪酬等级的上下限，从而确定薪酬等级的幅度。

$$\text{下限}=\frac{\text{中点值}}{1+\beta/2}$$

$$\text{上限}=\text{下限}+\text{下限}\times\beta$$

企业可以先确定β值，然后确定薪酬等级的最高值和最低值。在实践当中，也有很多企业直接根据市场薪酬状况确定不同薪等的最高值和最低值，然后根据计算出的β值进行微调。

五 确定相邻薪酬等级的交叉与重叠

交叉（overlap）是指上一薪等的薪酬区间与下一薪等的薪酬区间之间的重叠程度。这种交叉重叠程度取决于两个要素：一是薪酬等级内部的区间变动幅度。一般而言，薪酬区间幅度越大，上下两个薪等之间的叠幅就越大；薪酬区间幅度越小，叠幅就越小。二是薪酬等级区间中点值之间的级差。在薪酬区间幅度一定的情况下，薪酬等级的区间中点值级差越大，则叠幅越小；级差越小，则叠幅越大。在实践中，相邻两个薪等的交叉形式存在无重叠无缺口、有重叠和有缺口三种情况（见图3－10）。

图3－5 相邻薪酬等级关系的三种基本类型

工资等级重叠度的计算公式为：

$$\text{工资等级重叠度}=\frac{\text{下等级的高位工资}-\text{上等级的低位工资}}{\text{下等级的高位工资}-\text{下等级的低位工资}}\times100\%$$

假设某企业A等级的最高工资为1 100元，最低工资为900元；B等级的最高工资为

1 250 元，最低工资为 1 050 元。则 A 等级与 B 等级薪酬之间的重叠度为［（1 100－1 050）/（1 100－900）］×100%＝25%。

从管理实践看，大多数企业相邻两个薪酬等级之间存在一定的交叉重叠，尤其是中层以下的职位。这种设计避免了晋升机会不足带来的激励不足的问题，有利于保留和激励没有获得晋升的员工。但是，如果交叉重叠的区间太大，会使不同薪酬等级之间的中点值差异减小，削弱不同薪酬等级反映不同职位价值的作用，对获得晋升的员工激励作用不够大。如果相邻两个薪酬等级之间没有交叉重叠，甚至存在缺口，意味着员工获得晋升后，薪酬水平会比原来高出许多。在这种设计下，对员工的激励效果来自获得晋升之前的竞赛过程，每个人都要体现出最好的能力和业绩以期获得未来的晋升机会。该设计还有利于保留和激励获得晋升的优秀员工群体。但是，这种制度设计可能会导致员工间内部竞争加剧，没有获得晋升的员工的离职率会大幅提升，因此这种制度设计也称为"非升即走"（up or out），其理论基础是锦标赛理论。从实践看，一些人力资本密集型的组织如管理咨询公司、会计师事务所、律师事务所等采用类似的薪酬设计。

六 薪等内的档位划分

很多企业往往会对薪酬区间进行更加细致的划分，也就是设置薪等内部的薪级（或者档次）。常见的分档有三种方式：匀速递增、加速递增、减速递增。

匀速递增方式是指将每一薪等内部的幅度平均分成若干个级别或档次，同一薪等内每晋升一个薪级，加薪数量相同。如表 3－19 所示，在 1 等内每晋升一级工资增加 30 元，在 9 等内每晋升一级工资增加 250 元。

表 3－19 匀速递增方式

薪等	薪级								
	1 级	2 级	3 级	4 级	5 级	6 级	7 级	8 级	9 级
9 等	4 500	4 750	5 000	5 250	5 500	5 750	6 000	6 250	6 500
8 等	3 400	3 600	3 800	4 000	4 200	4 400	4 600	4 800	5 000
7 等	2 800	2 950	3 100	3 250	3 400	3 550	3 700	3 850	4 000
6 等	2 300	2 400	2 500	2 600	2 700	2 800	2 900	3 000	3 100
5 等	1 800	1 900	2 000	2 100	2 200	2 300	2 400	2 500	2 600
4 等	1 350	1 400	1 450	1 500	1 750	1 850	1 950	2 050	2 150
3 等	1 100	1 150	1 200	1 250	1 300	1 350	1 400	1 450	1 500
2 等	850	900	950	1 000	1 050	1 100	1 150	1 200	1 250
1 等	680	710	740	770	800	830	860	890	920

加速递增方式是指将每一薪等内部的幅度分成若干个级别或档次，在同一薪等内，每晋升一个薪级，加薪数量不等，晋升的薪级越高，加薪数量越大。如表 3－20 所示，在 1 等内，由 1 级晋升到 2 级工资增加 20 元，由 2 级晋升到 3 级工资增加 30 元。减速递增与加速递增相反，晋升的薪级越高，加薪数量越小。

表 3-20　加速递增方式

薪等	薪级								
	1级	2级	3级	4级	5级	6级	7级	8级	9级
1等	800	820	850	890	940	1 000	1 070	1 150	1 240
2等	1 000	1 020	1 050	1 090	1 140	1 200	1 270	1 350	1 440
3等	1 500	1 520	1 550	1 590	1 640	1 700	1 770	1 850	1 940
4等	2 200	2 220	2 250	2 290	2 340	2 400	2 470	2 550	2 640
5等	3 100	3 250	3 450	3 700	4 000	4 350	4 750	5 200	5 700
6等	4 400	4 450	4 550	4 700	4 900	5 150	5 450	5 800	6 200
7等	5 800	5 850	5 950	6 100	6 300	6 550	6 850	7 200	7 600
8等	7 300	7 350	7 450	7 600	7 800	8 050	8 350	8 700	9 100

在管理实践中，同一薪等内部的薪级或档次调整的依据主要是任职者的能力或业绩，也有企业考虑工龄、职称等因素，这体现了企业的不同管理导向。在职位薪酬体系中，员工如果想跨越薪等，则需通过职位变动；如果想跨越薪级，则需要提高能力和业绩。

在每个薪等内部分级的好处在于依据清楚，方便管理。但是，有很多企业在设定薪等幅度后不再划分更细的薪级，而是每年在调薪时把握好调薪的百分比，这在实际操作中体现了薪酬政策更加灵活的特点。

七　确定不同职位序列的薪酬组合策略

在职位评价时，企业可以把管理、研发、销售等不同序列的职位放在一起进行评价并建立统一的薪酬等级体系。在这种情况下，企业确定的职位等级的薪酬水平实际上采用的是总现金收入的口径（基本薪酬＋激励性薪酬），只有这样不同职位序列才具备可比性。在确定同一个薪酬等级的总现金水平后，企业需要注意的是，不同类型的职位由于工作内容和绩效标准的独特性，薪酬组合策略可能是不一样的。企业需要确定不同职位序列的薪酬组合策略，把总现金收入按照设定的比例分解为固定薪酬和变动薪酬，然后把固定薪酬分解为每个月的基本工资，把变动薪酬根据岗位特点和管理需要分解为月绩效工资、季度奖或年终奖。

某企业中不同职位序列的薪酬组合策略如下所示：

高管序列：基本工资（50%）＋年终经营绩效奖（50%）＋长期激励

职能管理序列：基本工资（80%）＋季度绩效奖（10%）＋年终奖（10%）

研发序列：基本工资（70%）＋科研项目奖（20%）＋年终奖（10%）

销售序列：基本工资（30%）＋销售提成（60%）＋年终奖（10%）

上述例子中职能管理序列、研发序列、销售序列的基本工资占总收入的比例各不相同，因此需要按照设定的比例进行基本工资的分解，然后制定出各职位序列的基本工资表和绩效工资表，建立针对不同职位序列的薪酬体系。当然，企业也可以从一开始就对管理、研发、销售等不同职位序列分别进行独立的职位评价，或者在统一评价后针对不同职位序列参考市场上的薪酬信息，建立相对独立的薪酬体系。

八　薪酬水平的调整

为了使企业的薪酬体系满足组织结构、组织业务、职位变动和人员变动的需要，企业需要经常对薪酬结构和水平进行适当的调整。根据美国薪酬协会 2016 年针对成员企业的调查，超过半数的企业每年调整一次员工的基本工资，调整的依据多种多样，表 3－21 显示了这些企业调整基本工资的依据的概况。

表 3－21　“什么因素决定员工基本工资的增长?”(选择所有适合的选项)

	2010 年	2012 年	2014 年	2016 年
样本量	1 337	979	605	580
基于工作标准的个人绩效	73%	66%	71%	70%
基于设定目标的个人绩效	44%	58%	49%	47%
职位区间中的位置	54%	56%	59%	59%
职位市场价值	55%	50%	49%	52%
技能增长	25%	20%	22%	25%
教育经历/证书	10%	9%	10%	16%
服务年龄	13%	9%	11%	14%
普遍增长	11%	12%	9%	14%
其他	4%	4%	6%	5%

资料来源：WorldatWork，The Total Rewards Association. Compensation Programs and Practices Survey，2016.

在实践中，薪酬水平调整的活动主要包括：

(1) 为了使薪酬水平和结构与组织战略、组织业务和职位设置保持一致，针对组织的整体变化对薪酬进行调整，这类似于导入一个薪酬变革的项目。

(2) 根据个体员工的绩效评价结果和个人成长，对员工薪酬进行调整，使薪酬能反映员工个人能力和绩效的增长。针对个人的调薪有三种依据：绩效、技能/知识以及资历/工龄。

绩效加薪 (merit pay) 是员工基于本人的工作绩效得到的永久性的加薪。这种加薪是为了奖励员工所付出的努力或取得的突出成果，激励员工取得优良的工作绩效，有助于企业留住有价值的员工。绩效加薪相比资历加薪或工龄加薪，在以利润为导向的企业中比在政府等公共部门中更为常见。

在技能薪酬 (skill pay) 和知识薪酬 (knowledge pay) 体系中，企业根据员工在本阶段所获得的工作相关的技能或知识安排加薪。这种加薪方式主要体现在能力薪酬的设计体系中，在其他薪酬设计体系中也会用到，作为对员工自我学习和成长的激励。

在资历工资 (seniority pay) 和工龄工资 (longevity pay) 体系中，企业依据员工在工作岗位上的服务年限定期为他们增加基本薪酬。这类薪酬计划的一个基本假设是，随着员工在企业中工作年限的延长，他们可能改进现有的技能或学习新的技能，这些都会提高他们的生产率，使他们对公司越来越有价值。如果员工不能清楚地看到自己的薪资会随着时间延长而不断增加，他们就有可能离开公司。

(3) 若市场薪酬水平发生较大的变化，企业的现行薪酬水平已不符合市场水平和企业的薪酬策略，则需要进行薪酬调整。美国薪酬协会 2016 年的调查显示，超过半数的企业每年对比一次外部市场的薪酬水平，以进行内部调整。企业要建立正常的工资增长机制，工资增长幅度可以参考本省（市）上年度的职工实际平均工资年增长率，结合企业自身的生产经营情况和经济效益，合理确定当年职工工资增长幅度。

薪酬水平调整主要有以下方法：

（1）等比调整法，指所有员工以原有薪酬为基数，按照同样的百分比调整。其优点是可以保持组织内薪酬结构的相对级差，但不同薪酬等级员工获得的加薪绝对量的差异较大，容易让低薪员工感到不公平。

（2）等额调整法，指所有员工都按同样的数额调整薪酬。其优点是在薪酬级差较大的组织中有利于缩小过大的级差，缺点是平均主义色彩较浓，对高薪员工激励不足。

（3）综合调整法，指根据员工的职位重要性、贡献大小、员工资历等不同情况，确定不同的调整比例。其优点是针对性、激励性较强，缺点是操作复杂。

如果是因为物价上涨等增加薪酬，应该采用等额调整法，一般采取增加津补贴数额的方法；如果是因为外部竞争性以及公司效益进行调整，应该采用等比调整法或综合调整法，一般通过调整职位工资来实现；如果是因为工龄（司龄）因素进行调整，一般采取等额调整法，对工龄（司龄）工资或津贴进行调整。对职位工资的调整一般是对每个员工的职位工资调整固定的等级，调整形式是由工资等级表的形式决定的。通常情况下，不同等级员工职位工资调整大致符合等比例原则，同等级员工职位工资调整大致符合等比例原则或者等额原则。

第3节　宽带薪酬

一　什么是宽带薪酬

（一）宽带薪酬的概念

根据美国薪酬协会的定义，宽带薪酬（broadband salary）是指对传统薪酬结构中多个薪酬等级或狭窄的薪酬区间进行整合，使它们变成少数几个宽泛的薪酬区间，典型的薪酬区间的幅度超过100%。

宽带薪酬始于20世纪80年代末90年代初，当时美国经济和世界经济的衰退已经十分严重。美国经济从1987年的股市暴跌开始走下坡路，至1990年正式进入衰退期，美国的传统企业面临着重大的转型压力。在这种背景下，宽带薪酬作为一种与企业组织扁平化、流程再造、团队导向、能力导向等管理战略相配合的新型薪酬结构设计应运而生。有研究表明，1998年，超过20%的组织已经将传统的薪酬模式替换为宽带薪酬。一些调查表明，无论是在公司管理者眼里还是在人力资源经理和普通员工眼里，宽带薪酬都是一种受欢迎的薪酬模式（Abosch，1995）。但是近几年美国薪酬协会对协会成员企业的调查显示，宽带薪酬的使用率呈下降趋势，具体见表3-22。

表3-22　宽带薪酬与传统薪酬

	2010年	2012年	2014年	2016年
样本量	1 284	628	507	471
传统薪酬	73%	86%	87%	89%
宽带薪酬	14%	8%	9%	6%
其他	13%	6%	5%	4%

资料来源：WorldatWork，The Total Rewards Association. Compensation Programs and Practices Survey，2016.

（二）宽带薪酬结构与传统薪酬结构的比较

一种典型的宽带薪酬结构可能最多有7～8个薪酬等级，但是每个薪酬等级的最高值与最低值之间的薪酬区间变动比率达到100%或以上，甚至可能达到300%～400%。而在传统薪酬结构中，薪酬区间变动比率通常不到50%。图3-6体现了宽带薪酬结构相对传统薪酬结构的特点。

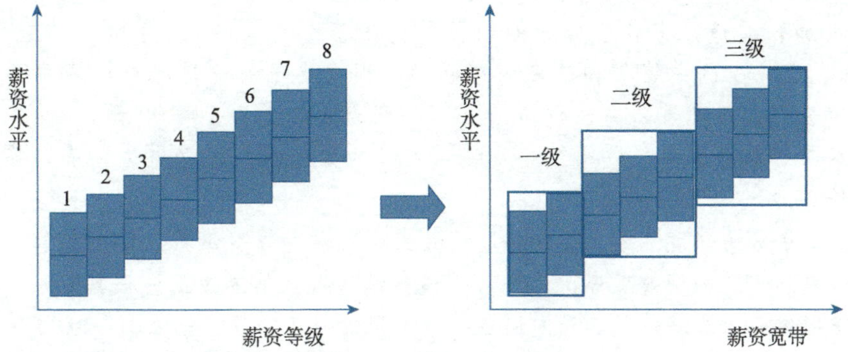

图3-6　传统薪酬结构与宽带薪酬结构的薪等设计

一般而言，传统的窄带薪酬存在于比较成熟的等级型企业中，它的特点是薪酬等级多，呈金字塔形排列。员工的工资会随着职位等级的升高而增长。相反，宽带薪酬适用于扁平化的组织结构，它的特点是薪酬等级少，每一等级的薪酬幅度很大，相邻等级之间薪酬差距较小。员工可以依赖自身能力或者绩效的增长而获得工资的增加。表3-23比较了传统薪酬结构和宽带薪酬结构的差异。

表3-23　传统薪酬结构和宽带薪酬结构的比较

比较内容	传统型	宽带型
薪资等级	多	少
级差	小	大
薪资变动范围	窄	宽
直线经理的参与	几乎没有参与	更多的参与
薪资调整的方向	纵向	横向及纵向
组织结构的特点	层级多	扁平
与员工工作表现的关系	松散	紧密

即时案例

J公司宽带薪酬设计实践

J公司是一家以制造港口起重自动化设备为主的研发、生产、销售一体化的民营企业，现有员工500余人。该公司的一次员工薪酬诊断的结果显示：大多数(82.4%)员工对自己的薪酬不满意；超过2/3(67.8%)的员工认为工资没能体现其所在岗位的责任轻重和难易程度；约四成(42.1%)员工认为工资无法体现个人的能力强弱和努力程度；绝大部分(94.1%)员工认为工资不能反映个人及公司的业绩好坏。

为了解决这一问题，HR（人力资源）部门决定引入宽带薪酬体系。

J公司新的薪酬结构包括岗位技能工资（等级工资）、绩效工资、附加工资和福利工资四个部分。其中，岗位技能工资较为明显地体现出宽带薪酬体系的特点。在对岗位进行三个层次、六个类别划分的基础上，按岗位重要性细分为十个等级。销售类岗位因其薪酬体系具有独特性，暂不列入。

鉴于每个员工业务技能的差异，为了重点激励优秀员工，在职等不变的情况下为其提供加薪通道，将各个职等的岗位技能工资分为15级，简称“一岗十五薪”（宽幅体现了较少的“等”和较多的“级”）。根据岗位评价情况与市场薪酬调查结果，确定公司最低和最高岗位技能工资（分别为500元和10 000元），并推算出各等、各级工资数额。岗位技能工资入等、入级的原则是：根据岗位评价入等，根据能力评价入级。

绩效工资分为季度绩效工资和年度绩效工资两种。季度绩效工资的核算分为非销售人员和销售人员的绩效工资，此处只阐述非销售人员的绩效工资核算方法。非销售人员的季度绩效工资基数是其月度岗位技能工资的一定倍数，记为JB。为了使员工薪酬真正与公司效益挂钩，J公司还设计了一个公司绩效系数，记为JI。它是公司绩效考评委员会根据公司季度经营情况、管理目标完成程度及公司各部门和员工的具体表现确定的。JI的取值范围为0.8～1.2，具体为：没有实现公司整体季度目标（0.8）、基本实现公司整体季度目标（0.9）、实现公司整体季度目标（1.0）、实现并超出公司整体季度目标10%（1.1），以及实现并超出公司整体季度目标10%以上（1.2）。员工的绩效工资还与自身绩效挂钩，采用员工季度绩效综合考评得分系数JK来体现（员工综合考评由部门团队绩效考核和个人职业评价两个维度构成，其中部门团队绩效考核由部门任务绩效即KPI指标考核与周边绩效考核即部门团队互评构成）。JK随员工自身表现而变动，范围在0.4～1.4之间。

公司非销售人员季度绩效工资额＝JB×JI×JK

非销售人员年度绩效工资的计算方法与季度绩效工资类似。首先确定年度绩效工资基数，它等于员工月度岗位技能工资的一定倍数，记为NB。公司年度绩效工资系数为NI（取值范围为0.8～1.2），员工年度绩效工资系数为NK（取值范围为0.4～1.4）。

非销售人员年度绩效工资额＝NB×NI×NK

为了保证工资发放的平稳性，在薪酬体系设计时规定：员工的季度绩效工资按季度确认，按月发放。本季度每月发放的绩效工资是该员工上一季度绩效工资的月均值。年度绩效工资按年度确认，发放时间为次年2月。

员工每月（2月除外）实发工资＝岗位技能工资＋上季度绩效工资/3
＋附加工资－工资扣除额

J公司使用宽带薪酬体系接近半年时间，成效良好，主要表现在以下三方面：一是各类员工的工作积极性普遍提高，产品质量与工作效率大幅提高；二是核心人员稳定性增强，中层管理人员、技术骨干以及销售人员的离职率都有所降低；三是各部门的员工团队意识增强，业绩明显改善。

二　宽带薪酬的优劣势分析

（一）宽带薪酬的优势

1. 支持扁平化的组织结构

20 世纪 90 年代以后，企业界兴起了一场以扁平型组织取代官僚层级型组织的运动，而宽带薪酬结构可以说正是为扁平型组织量身定做的。它最大的特点是打破了传统薪酬结构所维护和强化的那种严格的等级制，有利于企业保持组织结构的灵活性、提高效率、创造学习型企业文化和提高对环境的反应速度。例如，韦尔奇将通用电气的 25 层组织结构简化为 5 层；郭士纳对 IBM 进行大规模的机构精简重组，使 IBM 成为“会跳舞的大象”。职位层级数量的减少带来了薪酬等级数量的减少，而每个薪酬等级的薪酬幅度变大。

2. 引导员工重视个人能力的提高

在传统的薪酬结构下，薪酬的增长依赖于职位晋升，因此员工更加看重职位晋升而非知识和能力的提升。在宽带薪酬下，同一个层级的薪酬幅度很大，因此员工不需要过分看重职位晋升，而是要注意发展企业所需要的技术和能力，做好公司着重强调的有价值的事情（比如，满足客户的需要、以市场为导向、注重效率等）。员工通过自身在这些方面知识和能力的提升同样可以实现薪酬的增加。对高科技企业而言，企业的核心能力来自员工在技术创新等方面的能力，因此这种宽带薪酬实际上有助于企业形成核心竞争力。

3. 有利于职位轮换

在传统薪酬结构中，员工的薪酬水平是与其职位严格挂钩的，这导致企业在进行职位轮换时必须考虑相应的薪酬对接。由于宽带薪酬结构减少了薪酬等级数量，将过去处于不同薪酬等级之中的大量职位纳入同一薪酬等级，甚至上级管理者和他们的下属也常常会被放到同一个薪酬等级当中，这样，在对员工进行横向甚至向下调动时所遇到的阻力就小多了。此外，企业还因此减少了过去因员工职位的细微变动而必须做的大量行政工作，如职务称呼变动、相应的薪酬调整、更新系统、调整社会保险投保基数、更新档案等。在宽带薪酬制度下，由于薪酬的高低更多由能力决定而不是由职位决定，员工乐意通过相关职能领域的职务轮换来提高自身能力，以此获得更大的回报。

4. 有利于直线管理者承担人力资源管理的职责

由于宽带薪酬中薪酬区间的最高值和最低值之间的变动比率至少有 100%，因此，部门经理在薪酬决策方面拥有更多的权力和责任，可以对下属的薪酬定位提出更多的意见和建议。这种做法有利于促使直线部门的经理人员切实承担起自己的人力资源管理职责，这符合现代人力资源管理理念。只有直线部门的经理人员真正承担起对本部门员工的人力资源管理职责，才能更好地实施对员工的激励、提升企业的用人效益。

5. 有利于创建绩效文化

宽带薪酬结构中，对大部分员工而言，获得薪酬增长的途径不是职位晋升，而是能力或绩效的提升。上级对有稳定突出业绩表现的下级员工拥有较大的加薪影响力，因而能够及时地为能力强、业绩好的员工提供薪酬方面的奖励。因此，宽带薪酬不仅有利于引导员工重视能力提升，还能帮助企业创建一种绩效文化。

（二）宽带薪酬的劣势

1. 宽带薪酬并不适用于所有组织

宽带薪酬适合执行创新战略、组织结构扁平化的高科技组织，因为这种组织希望通过一种更具有综合性的方法，将薪酬与新技能的掌握、能力的提高、更为宽泛角色的承担以及最终的绩效联系在一起，同时还要有利于员工的成长和多种职业轨道的开发，宽带薪酬的设计思路恰恰与组织的上述需求相吻合。相反，对于传统的组织而言，机械式的组织结构、高度专业化的分工有利于控制成本和保持效率，在这种情况下宽带薪酬不适用。

2. 宽带薪酬导致薪酬成本上升

企业每个薪酬等级中薪酬浮动幅度宽泛化，将使单个员工的工资控制点不精准。如果直线经理滥用薪酬决策权，可能导致资源浪费。而且，实际操作中宽带薪酬很难与市场薪酬水平对接，如果企业与市场对接并制定更具竞争力的薪酬水平，就意味着将付出比其竞争对手更高的人力资源成本。另外，在传统薪酬管理体系中，职位晋升是薪酬增加的前提，即薪酬增加具有内在自动控制机制，固定时期内薪酬增加幅度有限，而宽带薪酬结构缺乏类似严格的增薪自动控制机制。因此，宽带薪酬结构中，薪酬成本上升的速度比传统工资结构快。

3. 晋升机会缺乏导致薪酬激励弱化

传统薪酬制度下的职位级别多，员工会按部就班地、比较容易地晋升到上一个职级。然而宽带薪酬制度下的职位级别少，员工很可能始终在一个职级里面移动，长时间内员工只有薪酬的变化而没有职位的晋升。职位晋升对员工来说是一种相当重要的激励手段，是上级对拟晋升员工整体素质予以肯定的一种信号，而不仅仅是用于激励员工掌握特殊技能。在实行宽带薪酬的情况下，尽管工资不会因为晋升的缺失而停止增长，但是工资增长带来的激励效果会弱化。对那些崇尚自我价值实现以及不断追求与挑战更高职位的员工来说，如果长期得不到晋升激励，便会考虑跳槽到能够提供有助于自身职业生涯发展的职位的公司。

4. 加薪规则对能力评价和绩效评价的要求高，容易导致对公平的质疑

宽带薪酬的加薪依据主要是对员工的能力和绩效的评定，这就要求公司有一套公平公正的员工能力评价和绩效评价体系。如果能力或绩效评价体系没有建立，或者没有得到员工认可，那么加薪的规则就会不清晰。宽带薪酬拉大了同级员工之间的收入差距，可能带来同事关系的紧张和管理上的矛盾。

5. 对直线经理的要求很高

在宽带薪酬结构下，部门经理在薪酬决策方面拥有更多的权力和责任，可以对下属的薪酬定位提出更多的意见和建议；员工的岗位轮换和职业培训的决定权几乎掌握在部门经理手中，因此，宽带薪酬结构要求部门经理拥有很强的团队领导能力和丰富的人力资源管理知识。

三 宽带薪酬的设计与实施

（一）宽带薪酬的设计流程

宽带薪酬的设计技术和传统薪酬设计相比并没有特殊性，只不过减少了等级数量。它的实施流程主要包含五个环节。

1. 判断宽带薪酬在本企业的适用性

企业在实施宽带薪酬方案前需充分考虑自身特点。宽带薪酬有它的适用条件，包括：实施创新型战略；组织结构扁平化；直线经理有足够的成熟度，能与人力资源部门一起做出各种关键性的决策；建立了绩效文化，良好的组织文化氛围有利于员工接受宽带薪酬；有完善的管理基础，包括能力和绩效评价体系。

2. 职位评价

公正的职位评价是保持内部公平的重要前提。职位评价的基本程序是对每一个职位所包含的内容进行比较，进而反映出职位的内部价值，以保证薪酬的内部公平。这和传统薪酬体系设计中的职位评价没有区别。

3. 进行市场薪酬调查

确保能够获取有效的外部劳动力市场薪酬数据，为组织的薪酬定位提供参考。薪酬调查的主要内容包括但不限于以下几点：了解同行业其他企业的薪酬水平；调查本地区的薪酬水平；对工资结构进行调查，包括发放薪水的形式、时间、范围以及其他非货币报酬。

4. 归类合并不同职位，确定宽带数量

在一个企业的薪资结构中设计几个宽带比较合适并没有定论，大部分企业设计4～10个薪酬宽带。企业首先要确定使用多少个工资带，在这些工资带之间通常有分界点。每一个工资带对人员的技能、能力的要求都是不同的。通用电气零售商财务公司用5个宽带替代了24个级别，并对每个宽带的目标、能力和培训做了明确的要求，如表3-24所示。

表3-24　通用电气零售商财务公司的薪酬宽带定义和相应的培训计划（部分）

一级宽带	
目标	● 开发有效地管理自己的工作以及作为一名成功的团队成员所需具备的自我管理、人际沟通、技术等方面的技能 ● 掌握其他职能领域的工作指示，了解它们的影响，全面理解客户
关键能力	● 计划、组织以及追踪一项工作任务 ● 有效地建立与同事、客户之间的关系 ● 作为一个团队成员有效地发挥作用 ● 通过创造性思维增加价值
建议的培训	● 优质服务/质量100培训 ● 客户服务/电话礼貌培训 ● 技术和程序性以及法律要求培训 ● 数字技能/人类工程学培训 ● 远程文件服务系统培训 ● 文化多元化知觉培训 ● 人际关系和沟通技能培训 ● 团队意识以及技能学习培训
二级宽带	
目标	● 开发领导团队和管理项目所需要的领导、沟通和技术等方面的技能 ● 掌握综合性的客户知识，充分理解远程文件服务系统

关键能力	● 为完成工作任务提供人际关系以及技术型领导方面的技能（比如教练、人际关系的建立以及培训等） ● 与同事、客户共同管理多元化的复杂情况 ● 制定战略并整合资源来达到既定目标
建议的培训	● 书面沟通培训 ● 时间管理培训 ● 服务商培训 ● 会议培训 ● 面试技能培训 ● 解决问题以及决策培训 ● 团队建设以及冲突解决技能培训

资料来源：刘昕．薪酬管理．北京：中国人民大学出版社，2010.

5. 为每一个宽带定价，确定宽带的浮动范围以及级差

由于一个宽带中可能包含不同职能的岗位，所以各个宽带的定价应该照顾到各类职位的特点并兼顾能力与绩效因素。各宽带中位点可以通过薪酬市场上各职位的平均水平来确定，也可以根据企业的实际情况并参考市场平均水平来确定。宽带内薪酬的浮动范围应当尽可能参考宽带内不同职位在市场上的薪酬水平的最大值和最小值，并根据企业的实际情况和管理目标确定。在确定宽带的浮动范围后，需要进一步确定宽带内薪酬调整的依据，通常包括员工的绩效、能力和资历（而不是职位）的变化对薪酬的影响。

（二）企业实施宽带薪酬的注意要点

1. 审查公司的文化、价值观和战略

宽带薪酬是一种层级较少的薪酬体系，更适用于管理层次较少、幅度较宽的扁平化组织结构。传统企业要实施宽带薪酬，首先应对其管理方式和组织结构进行优化和变革。同时，企业要反对“官本位”的文化，弱化等级观念，塑造尊重知识、尊重人才的“宽带薪酬文化”，强化个人绩效和能力对薪酬的影响。

例如，通用电气实施宽带薪酬之所以取得巨大的成功，是因为：第一，公司界定了新价值观；第二，制定了新的培训和开发计划；第三，重新界定了领导者和管理者的角色；第四，真正授予员工简化和优化流程的权力；第五，薪酬改革。所以，只有和公司的文化和管理变革相配合，宽带薪酬才能更好地发挥作用。

2. 加强直线经理人力资源管理能力的培训

在宽带薪酬设计中，直线经理有较大的权力参与下属员工的薪酬决策。这要求直线经理在人力资源管理方面有足够的成熟度，能与人力资源部门一起做出对员工的行为、态度和绩效可能产生直接影响的关键薪酬决策。如果直线经理不能客观地对员工进行绩效评价，则会破坏内部公平；如果直线经理不重视员工的能力提升和个人发展，则宽带薪酬无法起到激励作用。所以，直线经理的角色十分关键，要加强对直线经理人力资源管理能力的培训和提升，确保宽带薪酬更好地发挥作用。

小资料

你准备好实施宽带薪酬了吗?

在实施宽带薪酬之前，企业应该首先回答下面七个问题：

(1) 我们是否清楚我们的薪酬体系为什么买单?

(2) 我们是否清楚我们的薪酬结构中的各个部分想强化员工的哪种行为?

(3) 我们的员工和经理人员是否做好了接受新薪酬结构的准备?

(4) 我们的文化是否支持这种更加以人为中心的薪酬方式?

(5) 我们是否具有必要的配套机制?

(6) 宽带薪酬能不能让企业实现价值增长?

(7) 我们是否清楚如何将薪酬与企业的竞争力相关联?

资料来源：Hofrichter D. Broadbanding：A "Second Generation" Approach. Compensation & Benefits Review，1993，25 (5)：53-58.

3. 鼓励员工参与，加强薪酬沟通

在宽带薪酬设计过程中应广泛征求各层级员工的意见，公开让员工参与薪酬体系的设计和评价；应用之初应设计宽带薪酬的试用期和过渡期，及时修正发现的问题，不断完善薪酬方案以消除员工的抵触和不满情绪，得到广大员工的拥护，确保薪酬方案平稳过渡并真正推行。

除了设计过程中要鼓励员工参与，还要加强薪酬沟通。实施之初要与员工沟通企业实施宽带薪酬的背景、目的、作用和考虑的因素等。然后，要与员工沟通宽带薪酬的政策，员工想知道薪酬是如何确定的，真正的薪酬增长机会是什么，如何提升能力以取得发展。与员工充分沟通有利于加强薪酬政策的引导性。

4. 完善其他人力资源配套措施

企业在实施宽带薪酬时，要构建公平、透明的绩效管理体系，强调以职位分析为基础确定科学的绩效标准，进行全面绩效考核，要设立科学的绩效考核指标体系、明确可行的操作程序、切实有效的审查体系以及通畅便利的员工抱怨与反馈途径。

另外，要针对各职位和职级需要具备的能力和培训制定完善的培训开发体系，并且要设计双阶梯或多阶梯的员工职业生涯，为员工价值的实现创造多种途径。只有这样才能使员工不断发展新的技能，指引员工朝着企业实现战略目标的方向提升自己，从而获得一支真正有竞争力和前瞻性的员工队伍。

即时案例

ATKINS中国公司的宽带薪酬模式

公司简介

ATKINS是国际领先的大型工程顾问公司，是欧洲最大的多专业咨询公司及世界排名第五的设计公司。ATKINS中国公司在中国有四个主要办公地点——北京、上海、深圳和香港，共有900多名建筑景观设计师、城市规划师以及顾问。ATKINS中国公司所处的行业为典型的咨询和设计行业，提供的咨询和设计服务内容主要为建筑设计、城市规划以及咨询。

组织结构的特点

ATKINS中国公司从组织结构上看具有典型的直线职能的特点。公司的中国业务分为四大板块，分别为城市规划和咨询（Urban Planning & Consultancy），综合项目管理咨询（Integrated Project Consultancy），交通咨询（Transport），香港/亚太直属业务（HK & Asia Pacific）。每个业务板块由一个董事负责日常运营管理并向亚太常务董事汇报；设置人力资源管理、商务、财务、IT、质量控制和环境安全、市场等职能部门并设董事，董事直接向亚太常务董事汇报。

在日常运作中，项目小组是最主要的组织形式，项目经理是该业务单元最主要的管理者。项目组并非永久组织，成员来自不同部门。项目经理为临时职位，该职位上的人员只负责该项目的运营和管理，项目结束，任期即结束。公司组织形式呈现扁平化的特点。

宽带薪酬设计过程

ATKINS中国公司在实施宽带薪酬之前，对于宽带薪酬所要达成的战略目标曾有比较详细的研究，希望通过引入宽带薪酬体系达到以下战略目标：支持扁平化组织结构，引导员工重视个人技能和能力的提高，促进职位的轮换，密切配合人才市场上的供求变化，促进管理人员以及人力资源管理专业人员的角色转变，推动良好的工作绩效。

ATKINS中国公司于2006年7月正式启动薪酬改革计划，并正式将此计划列入2007—2008年公司战略目标之一。公司通过以下流程逐步实施宽带薪酬系统：

（1）委托咨询公司进行薪酬调查，以保持ATKINS的外部竞争力。

（2）对公司内部职位进行评估，以保持内部公平性。

（3）重新确定员工薪酬结构，包括岗位基本工资（GASP）、绩效奖金（Discretional bonus）、利润目标奖（Contribution scheme）三个部分。

（4）在薪酬调整的同时，鼓励员工在宽带内横向轮换职位。在同一工资带中，鼓励不同职能部门的员工跨部门流动以增强组织的适应性，提高员工多角度思考问题的能力。在新的薪酬体系中，同一等级不同岗位序列之间的工作调动可以由员工主动申请。

（5）重新界定事业部和部门的经理层在薪酬体系中的权利和义务，人力资源管理部门定位为顾问部门。为了避免经理在决定员工工资时较大的自由所带来的人力成本大幅上升的风险，在部门预算的控制上进行新的流程设置。

（6）在宽带薪酬方案公布前，启动为期一个月的员工沟通。首先公司印制宽带薪酬的说明手册并召开员工大会，详细说明宽带薪酬的原则和方案；其次对部门经理进行为期一天的培训，使其更好地理解方案和市场状况；最后向员工本人公布其在宽带薪酬中的位置，上级经理和下级进行单独沟通，了解员工的想法和接受程度。

（7）薪酬方案的控制与调整成为动态过程。根据行业的变化、企业内部条件的变化，及时收集相关数据，人力资源管理部门每半年回顾一次薪酬水平，控制和合理调整薪酬水平和结构。定期收集宽带薪酬实施过程中细微环节的反馈。

宽带薪酬体系

ATKINS 中国公司原有 35 个级别，每个岗位名称均代表一个级别。在新的宽带体系中，这 35 个级别归入四个大的带中（不包含职能部门的人员），分别是董事、经理、专业顾问/设计师、职员。

（1）技术类岗位：主要负责建筑方案的概念规划、初步方案的制定和深化等工作，更加侧重设计和咨询工作。高级职称以上的员工均可担任项目经理。

（2）非技术类岗位：主要负责部门内部管理，涉及员工日常工作考核、员工日常沟通、内部支持，以及各个项目组之间的资源协调工作。

（3）绘图类工作：根据设计师的要求，制定图画形式的表现方案。

ATKINS 在对所有岗位进行四个带、三个类别的划分的基础上，按岗位重要性细分为十个工资等级，从 G1 到 G10，如表 3－25 所示。根据岗位评价情况与薪酬市场调查结果，确定公司最低和最高岗位基本工资。

表 3－25　ATKINS 中国公司岗位级别划分

<table>
<tr><th>宽带</th><th>等级</th><th>技术类岗位</th><th>绘图类岗位</th><th>非技术类岗位</th></tr>
<tr><td rowspan="3">董事</td><td>G1 董事会董事</td><td>董事会董事</td><td></td><td>董事会董事</td></tr>
<tr><td>G2 董事</td><td>技术董事</td><td></td><td></td></tr>
<tr><td>G3 副董事</td><td>技术副董事</td><td></td><td></td></tr>
<tr><td rowspan="5">经理</td><td rowspan="2">G4 高级经理</td><td>主任设计师</td><td rowspan="5"></td><td rowspan="2">高级经理</td></tr>
<tr><td>副主任设计师</td></tr>
<tr><td rowspan="2">G5 经理</td><td rowspan="2">高级设计师Ⅰ</td><td>经理</td></tr>
<tr><td>业务拓展经理Ⅰ</td></tr>
<tr><td>G6 助理经理</td><td>高级设计师Ⅱ</td><td>助理经理</td></tr>
<tr><td rowspan="11">专业顾问/设计师</td><td rowspan="3">G7 高级专业顾问</td><td>高级设计师Ⅲ</td><td rowspan="3">绘图经理</td><td rowspan="2">个人助理Ⅰ</td></tr>
<tr><td>高级工程师</td></tr>
<tr><td>项目设计师Ⅰ</td><td>市场经理Ⅰ</td></tr>
<tr><td rowspan="5">G8 专业顾问</td><td rowspan="2">项目设计师Ⅱ</td><td rowspan="2">高级技术员</td><td>个人助理Ⅱ</td></tr>
<tr><td>市场经理Ⅱ</td></tr>
<tr><td rowspan="2">设计师</td><td rowspan="3">技术员</td><td>秘书Ⅰ</td></tr>
<tr><td>业务拓展助理Ⅰ</td></tr>
<tr><td>内部设计师</td><td>市场助理Ⅰ</td></tr>
<tr><td rowspan="3">G9 助理顾问</td><td>助理设计师</td><td rowspan="3">高级绘图员</td><td>秘书Ⅱ</td></tr>
<tr><td rowspan="2">设计师管培生</td><td>业务拓展助理Ⅱ</td></tr>
<tr><td>市场助理Ⅱ</td></tr>
<tr><td>职员</td><td>G10 职员</td><td></td><td>绘图员</td><td>秘书Ⅲ</td></tr>
</table>

对行业竞争对手数据和整个市场数据的处理原则为：

（1）ATKINS 将薪酬策略定位为整个市场的 50%分位点，个别岗位为 70%分位点；

（2）级别越高，其市场分位点越高；

（3）某个工资级别（G1 到 G10）的参考值采用市场平均值，将目前该工资级别中现有员工最高或最低工资与市场平均值进行比较，取最高或最低值为该级别的上下限。

根据以上原则，得到宽带薪酬的岗位基本工资分布（见表 3－26）。

表 3-26　**ATKINS 各宽带、等级薪酬数据表**　单位：元

宽带	等级	均值	最高	最低	带宽
董事	G1 董事会董事	1 100 000	1 100 000	1 100 000	G1～G3：280 000
	G2 董事	900 000	900 000	900 000	
	G3 副董事	820 000	820 000	820 000	
经理	G4 高级经理	436 750	525 000	345 000	G4～G6：360 000
	G5 经理	305 588	346 500	261 250	
	G6 助理经理	233 000	280 000	165 000	
专业顾问/设计师	G7 高级专业顾问	201 875	270 000	140 000	G7～G9：212 830
	G8 专业顾问	149 436	236 800	94 000	
	G9 助理顾问	78 205	100 100	57 170	
职员	G10 职员	48 000	50 000	30 000	G10：20 000

宽带薪酬的实施在一定程度上提高了组织的灵活性，弱化了等级观念，员工开始重视个人技能和能力的提高，薪酬能够更加准确和及时地反映市场状况，反映人才市场上的供求变化，实现了部分战略目标。

资料来源：李斌．ATKINS 中国公司宽带薪酬体系的应用实践研究．上海：上海交通大学，2008.

本章小结

薪酬水平的确定是薪酬体系的重要决策，对企业的薪酬体系建设起着至关重要的作用。为确保薪酬的内部公平性和外部竞争性，需要将职位评价和市场薪酬调查综合运用于薪酬水平的确定中。企业通常先通过职位评价技术确定不同职位在组织内部的重要性及其所处的薪酬等级，然后结合薪酬调查数据、企业薪酬总额、企业发展战略等因素确定不同薪酬等级的水平、幅度和结构，并确定员工薪酬调整的依据和规则。在组织结构扁平化的情况下，企业的薪酬等级变少而薪酬幅度变宽，从而形成宽带薪酬结构。

关键词

市场薪酬调查　薪酬等级　薪酬幅度　薪酬水平　宽带薪酬

思考题

1. 市场薪酬调查要解决的问题是什么？其作用是如何在薪酬管理中体现的？
2. 常见的薪酬信息的分析方法有哪些？它们是如何用于薪酬设计的？
3. 基于职位的基本工资设计的主要流程是什么？
4. 如何设计薪酬等级、薪酬水平和薪酬幅度？
5. 宽带薪酬的优劣势及适用条件有哪些？

参考文献

案例分析

××通信公司的薪酬改革方案

××通信公司已经走过了 115 年的发展历程，是一家大型国有企业。2002 年该公司进行重组，重组后拥有员工 33 000 多人。

重组前，××通信公司实施的薪酬分配方案过多考虑了学历、资历和身份因素，平均主义现象比较严重。围绕按岗定酬、同岗同酬并结合实际情况，该公司制定了薪酬改革方案。在薪酬组成上，包含基本薪酬、奖金、生产性补贴和非生产性补贴四个部分；在薪酬结构上，设计了包含技术职位、管理职位和非管理技术职位在内，划分为 30 个薪等的职位薪酬体系（见表 3 - 27）。

表 3 - 27　　××通信公司的职位薪酬表

档次	职务薪酬	奖金系数	在岗职位津贴			岗位系列							
			管技岗位	技工岗位	普工岗位	管理岗位			技术岗位			其他岗位	
30	1 600	5.0	900			董事长 总经理 党委书记							
29	1 510	4.8	860										
28	1 420	4.6	820										
27	1 330	4.4	790				工会主席 副总经理						
26	1 250	4.2	760										
25	1 170	4.0	730										
24	1 100	3.8	700					总/副总经理助理	教授级职务				
23	1 030	3.6	670										
22	970	3.4	640			部门主任 经理							
21	910	3.2	610										
20	850	3.0	580										
19	790	2.9	550				部门副主任 副经理			高级专业职务			
18	730	2.7	520										
17	680	2.6	490					部门经理					
16	630	2.4	460			一级业务助理					中级专业职务		
15	580	2.3	430										
14	540	2.1	400										技师
13	500	2.0	370				二级业务助理						
12	460	1.8	340	170								高级技工	
11	420	1.7	320	160					助理级职务				
10	390	1.6	300	150				三级业务助理					高级普工
9	360	1.5	280	140									
8	330	1.4	260	130								中级技工	
7	300	1.3	240	120	60	业务员							中级普工
6	280	1.2	220	110	55								
5	260	1.1	200	100	50								
4	240	1.0	180	90	45							初级技工	初级普工
3	220	0.9	160	80	40								
2	200	0.8	140	70	35								
1	180	0.5	100	50	25							试用工	

以管理人员、技术人员为例，其职位薪酬的定级办法为：

（1）员工从事某职位工作，一般执行本职位薪酬。

（2）员工在某职位上工作业绩显著，经部门领导考核、集团定岗定级小组审定，可执行本职位第二档薪酬标准。

（3）员工工作业绩突出，经部门领导考核、集团定岗定级小组审定，可执行本职位第三档薪酬标准。

（4）员工工作业绩特别突出，经部门领导考核、集团定岗定级小组审定，可执行本职位第四档薪酬标准。

（5）凡职位职务有变化的，按新职位薪酬标准执行。从高职位降到低职位的员工，执行低职位第二档（或第二档以上）薪酬标准；从高层管理职位免职后未定岗的员工，保留荣誉，其薪酬按降两级执行。

资料来源：马新建．薪酬管理与公平分配．北京：北京师范大学出版社，2008.

讨论题

1. 分析该公司的薪酬结构，指出其职位与薪等的对应关系、薪酬区间、薪酬交叉与重叠、薪酬区间变动比率。

2. 该职位薪酬体系有何不足之处，应如何改进？

第4章 能力薪酬体系

知识投资收益最大。

——本·富兰克林

学习目标

1. 理解能力薪酬的相关概念
2. 了解能力薪酬的产生背景、优缺点、适用范围及发展应用情况
3. 掌握技能薪酬、胜任力薪酬以及任职资格薪酬的设计流程

引例

替身演员的报酬更高?

全球著名音乐剧《猫》的演员有两类：一类是正式演员，他们必须参加每周定量的排练和演出，比如每周必须在百老汇演出20场，每周获得2 000美元的报酬；另一类是替身演员，他们每场演出都在后台待命。替身演员不一定会上台表演，但要求学会该剧中五个不同角色的表演，一旦某位正式演员受伤不能演出，他们就得登台救场。无论是否登台演出20场，他们每周都可以得到2 500美元。这是因为他们能够表演五个不同的角色，而与他们是否登台表演无关。

为什么替身演员能更轻松地拿到更多报酬？其实，扮演五种角色是一种很高的技能要求，剧组正是基于这种能力要求为替身演员付酬的。这是一种典型的基于人的能力来支付薪酬的方式——能力薪酬。

第1节 概述

一 能力薪酬的概念与类型

能力薪酬是对员工具备的各种在工作中应用的能力和技能进行确认并据此发放报酬的

一种薪酬制度。能力薪酬最大的特点在于，它并不依据职位的相对价值为任职者发放报酬，而是把任职者的知识、技能及素质作为薪酬支付的依据。能力薪酬是一种以人为中心的付酬方式，它隐含着一种假设：人们创造的价值的差异来自能力的不同，能力越高的人为组织创造的价值越大。因此，在能力薪酬体系下，报酬的差异主要来自人本身能力水平的差异，而非职位等级和职位价值的高低。能力薪酬可以激励员工通过不断学习来提高自身的技能和能力，顺应知识经济时代的要求，其设计思路和具体方法日益丰富，适用对象越来越宽泛。无论是企业还是事业单位，无论是专业技术人员还是职业管理者，无论是体力劳动者还是脑力劳动者，只要有激励能力发展与提升的需要，能力薪酬就具有适用性。

能力薪酬可以细分为技能薪酬（skill-based pay）、知识薪酬（knowledge-based pay）、胜任力薪酬（competence-based pay）三种类型。在实践中，基于任职资格的薪酬体系也被纳入能力薪酬的范畴，其本质是基于职位的薪酬体系与基于能力的薪酬体系结合的产物，这四种能力薪酬将在本章中详细介绍。

即时案例

NBA 薪酬制度

美国职业篮球联赛（NBA）的球员大多有极高的薪酬，联盟所有成员的平均年薪在 400 万美元左右，不同球员的薪酬水平差距很大。例如，科比在 2013—2014 赛季的年薪是 3 045 万美元（约合人民币 1.9 亿元）。在 NBA 历史上有着更令人不可思议的薪酬水平：1997—1998 赛季，迈克尔·乔丹的年薪是 3 310 万美元（约合人民币 2.1 亿元）。但是，NBA 也有年薪只有 49 万美元的球员，球员之间的差距之大令人惊叹。那么，影响这些球员薪酬水平的因素是什么？

在 NBA，衡量球员最常用的标准是数据。虽然很多时候数据并不能完全体现一个球员的能力，但是总体来说，高度量化的数据是表征一个球员能力的最好形式。NBA 球员的数据系统中有上百项统计数据，其中最重要的是以下几项：PPG（points per game），即场均得分；RPG（rebounds per game），即场均篮板；APG（assists per game），即平均每场助攻；block shot，即盖帽；steal，即抢断；time，即出场时间。以上六项指标是最基本也是最重要的数据，还有其他一些数据，比如年龄（age）、防守篮板球（defensive rebound）、进攻篮板球（offensive rebound）、投篮命中率（field goal percentage）、罚球（free throw）、罚球命中率（free throw percentage）、三分球命中率（three-point shot percentage）、失误（turnover）等。除此之外，NBA 的数据系统里还有一个重要的综合数据，就是 EFF（efficiency），即出场效率。它是一个综合数据，能很好地体现一个球员的能力和影响力。计算公式为：

出场效率＝{（得分＋篮板＋助攻＋抢断＋盖帽）－［（投篮数－命中数）＋（罚球数－罚球命中数）＋失误］}／出场次数

作为一个商业联盟，NBA 有着专业的数据分析系统与一大批数据分析师，还有球探、球员经纪人、球队总经理、篮球运营官等众多专业数据分析队伍，他们通过对数据的处理和分析来计算每一位球员的效率和贡献值，通过这些数据反映一个球员的能力，进而影响球员薪资。有研究证明，对于内线球员，助攻、盖帽、命中率、犯规、得分、篮板球等几个因素有影响，其中盖帽与命中率两个指标对薪酬的影响最为显著。对于外线球员，薪酬主要受到助攻、盖帽、命中率、犯规、球队资金、得分、篮板球等因素的影响。

资料来源：能力薪酬下职业球员薪酬分析——基于 NBA 的案例．豆丁网．

二 能力薪酬的产生背景与应用概况

（一）能力薪酬产生的理论基础与时代特征

技术工人依照自身技术水平领取薪资的做法古已有之。《贞观政要》一书中明确记载，唐朝时期，唐太宗针对当时的能工巧匠专门建立了一套独立于官位序列的俸禄制度。这是我国以能力付薪的管理思想的起源。现代意义上的能力薪酬起源于 20 世纪 60 年代的宝洁公司。能力薪酬的最初形式是技能薪酬，而后呈现出更为多元化的发展趋势。能力薪酬作为一种以人为中心的薪酬体系，其兴起有着相应的理论基础和时代特征。

舒尔茨被称为“人力资本之父”，他在 20 世纪 60 年代提出了人力资本理论。按照舒尔茨的理论，人力资本包括两个方面：质的方面和量的方面。人力资本质的方面是指人的技艺、知识的熟练程度和其他可以影响人从事生产性工作的能力；人力资本量的方面包括一个社会中从事有用工作的人数及劳动时间。知识经济时代的到来使得技术和知识的创新与运用成为社会发展的核心推动力。在微观层面上，资源基础理论的提出使企业认识到企业核心竞争力的唯一来源是组织的人力资本。在此背景之下，依据组织的战略需要，为员工拥有的与组织目标密切相关的能力付酬，激励员工不断提升自身能力成为培育企业核心竞争力的必要举措，能力薪酬应运而生。

组织结构扁平化进一步推动了能力薪酬的发展。经营环境的变化和信息技术的发展使组织结构越来越扁平化：一方面，网络状分布的组织团队代替了固定的工作部门或职位，出现了跨职能、跨部门的团队；另一方面，组织开始向层级减少、管理跨度加大、灵活性提高的扁平化组织转变。扁平化组织结构强调员工参与，鼓励员工扩大自己的工作内容，注重提高员工技能的通用性和灵活性，借以重新构造组织和工作的边界。在这种趋势下，员工需要做的工作已不局限于工作说明书中指定的任务，他们必须懂得更多，想得更多，必须不断学习，还要有参与和合作精神，这些都要求基于能力的薪酬体系与之匹配。

另外，自 20 世纪 90 年代以来，全球化的发展使得组织面临更加严苛的竞争环境。为了让企业生存发展并保持领先地位，管理者必须以一种新的全球思维方式思考企业人力资源的角色与价值，建立新的模式和流程来培育企业的核心能力，从而获得竞争优势。将能力与薪酬挂钩，用报酬引导和刺激员工持续学习，是企业不断提升自身核心能力的重要方法。

（二）能力薪酬的应用范围

能力薪酬自诞生以来，日益得到企业的关注。20 世纪 90 年代，其应用范围大幅扩大，由 1985 年的 8%扩大到 1993 年的 60%。1998 年的一份报告调查了 344 名来自不同组织的人力资源专家，结果显示，1/3 的公司已经建立或将在未来 12 个月内建立基于技能和能力的薪酬体系。报告还发现，采用这一薪酬体系的公司中 53%的员工表示欢迎，仅有 5%的员工不欢迎。在美国和欧洲进行的一项调查显示，在参加调查的 700 多家美国公司中，有 16%的公司采用了这种薪酬体系，同时，78%的公司表示将考虑采用该机制；在欧洲，大约有 20%的公司采用了这种办法，并且一半以上的企业将其作为薪酬机制改革的首选方案。在规模较大的公司中，能力薪酬的运用似乎更为广泛，《财富》500 强企业中有 50%以上的公司至少对一部分员工采用了能力薪酬。这些公司从原来的生产制造企业扩展到包括高科技企业、金融机构、咨询公司等在内的服务型、知识型、研究型组织。

不过，20 世纪后的一些调研表明，能力薪酬的发展速度放缓。2002 年对《财富》1 000强企业的一项研究发现，56%的企业使用了知识或技能薪酬，这个百分比自 1993 年以来基本没变。同时，这些计划涉及的员工所占百分比往往很小，只有 7%的《财富》1 000强公司对超过一半的员工实行能力薪酬。2002 年由美世人力资源咨询公司进行的调查发现：19%的被调查公司使用了技能工资，9%的公司考虑使用；17%的公司使用了胜任力工资，12%的考虑使用；而到 2009 年，使用技能工资的公司占比为 12%，使用胜任力工资的公司占比为 13%。

在一些公共事业机构，如高校、医院、法院甚至政府机构，能力薪酬同样适用。2007 年国际人力资源管理协会的一项研究表明，技能薪酬在公共部门中的应用更为普遍，达到 22%。美国曾提出 K-12 方案，鼓励以技能薪酬和知识薪酬为基础给教师付薪以提高教育质量。一些学者开始对此类问题进行研究。不过近年来，国外学者在研究教师薪酬问题时把目光更多地投向以绩效为基础的工资（Lavy，2007；Russ，2015 等），对能力薪酬的关注在减少。

（三）能力薪酬的应用效果

关于技能薪酬激励效果的研究相对较多，大多表明技能薪酬在提高组织绩效和员工满意度、增加员工灵活性、降低生产成本和提高产品质量等方面有积极的作用（Ledford，1991）。Murray and Gerhart（1998）一项为时 37 个月的调查表明，技能工资的实行可以提高生产率（58%），降低劳动力成本（16%），减少设备的报废率（82%）。Dierdorff and Surface（2008）一项为时 5 年的研究表明，技能工资可以引导员工学习并更新组织所需的技能。Hon（2012）的研究表明，技能工资可以增加员工的创新行为。胜任力薪酬的研究相对较少，大多集中于对员工层面的影响。Azmi 等（2009）的研究表明，胜任力薪酬可以提高员工的服务质量。不过，关于胜任力薪酬对组织绩效影响的实证研究匮乏。翰威特 2005 年的一项研究发现，前 20 名公司为领导者胜任力支付薪酬的可能性是其他公司的两倍，但这不能证明胜任力薪酬与企业绩效之间的关系。总体而言，关于能力薪酬制度在提高组织绩效方面的能力的研究很少。

Bizcenter 网站 2004 年的调查表明，能力薪酬的应用提高了员工工资、员工满意度，促进了员工能力、自我管理水平和问题解决能力的提升。调查提出，当员工不断提升能力深度和拓宽能力广度的时候，他们会以更加宏观和全局的视角看待组织的管理系统；开阔的视角会使他们变得更加具有创新性和效率，更加愿意帮助组织解决问题；能力薪酬帮助员工快速掌握新技术，同时有利于组织的变革。

能力薪酬并非没有应用失败的案例。20 世纪 90 年代，摩托罗拉公司实施能力薪酬三年之后，技术人员几乎达到了能力工资的最高水平。显然，这不仅增加了公司的工资成本，而且削弱了企业的竞争优势。技术体系本身的高速发展带来巨大的变革成本，现代技术和知识的更新换代速度惊人，这对能力薪酬的时效性提出了要求和挑战。以上两个方面的原因使得摩托罗拉公司放弃了当时的能力薪酬计划。

由于前文提及的种种原因，能力薪酬并没有完全取代职位薪酬体系，实际运用的范围并不如想象中广泛，一些学者开始质疑能力薪酬。比如 Lemieux（2006）认为能力薪酬拉大了薪酬差距，增加了不公平性。Léné（2014）的一项案例研究表明，技能薪酬在实施初期一般取得了较好的成果，但是随着方案的实施产生了一系列的问题：首先是工资成本上升，然后管理者开始控制工资总额，不再按照标准进行技能认定。随着技能等级认证标准的提高，员工开始不满。

三 能力薪酬的优缺点与适用范围

（一）能力薪酬的优点

与其他薪酬体系相比，能力薪酬体系的优势体现为：

1. 激励员工不断学习

在能力薪酬体系中，将员工的薪酬直接与工作能力相关联，可以提高员工学习新技能的积极性和主动性，增进员工对业务的理解，促使员工更好地完成工作，提高员工的工作满意度，降低员工的缺勤率和离职率。

2. 增进员工对业务的了解

能力的不断提升不仅使得员工可以胜任更多的工作，还可以增进员工对工作流程上下游环节的了解，从而帮助员工以更为系统的视角看待公司的整体运作，对公司有更为系统的把握。这不仅有利于员工之间的合作，而且可以加深员工对自身工作和公司战略的认同。

3. 化解职业晋升的压力

在职位薪酬体系下，员工只有获得职位的晋升才能获得更高一级的薪酬，但是组织内可供晋升的职位有限。另外，员工在原来职位上干得好并不意味着其一定可以胜任更高一级的工作。在能力薪酬体系中，员工即使不升职也可以凭借自身能力的提升获得更高的薪酬，这可以促使员工更专注于自身能力的提升而不是职位的升迁，可以在一定程度上减少组织政治行为。

4. 提升企业的核心竞争力

组织的战略实现离不开组织的核心竞争力，而组织的核心竞争力中相当一部分来源于员工掌握的知识和技能。可以通过能力薪酬体系促进员工能力水平提升，促使员工掌握与组织战略密切相关的能力，从而培育组织的核心竞争力，实现组织的可持续发展。Dierdorff and Surface（2008）一项为时 5 年的研究表明，技能薪酬可以引导员工学习并更新组织所需的技能，从而提升组织的核心竞争力。

（二）能力薪酬的缺点

能力薪酬也存在一些不足之处。

1. 管理过程较为复杂

在能力薪酬体系下，企业需要通过有效的管理将自身对人力资本的投资转化为实际的生产力，这要求企业有一个更为精细复杂的管理结构。首先，对员工所拥有的能力进行认证并合理地定价存在难度，确定员工是否真正掌握某项能力的过程往往缺乏权威性。研究表明，能力界定和认证环节是最易滋生矛盾的核心环节（Moisio，2005；Agwu and Emeti，2013）。Léné（2014）通过案例分析认为公平感是决定企业技能薪酬方案成败的关键，人际公平的影响尤为突出。其次，企业需要根据技术的变化不断更新和丰富能力评价体系，并对员工的能力等级定期重新评价，这些都使得管理的复杂程度成倍增加。最后，能力薪酬计划一般与培训计划密切相关，培训计划设计会增加管理的复杂性。

2. 企业成本增加

能力薪酬不仅增加了企业的薪酬成本，还增加了企业的培训成本。企业为了使员工技能普遍提高，往往要在培训方面进行投资。这些投资不仅表现在直接成本上，还表现在间接成本上，例如员工和培训人员的时间成本和机会成本。如果员工的生产率提高所带来的收益不能补偿其技能提升所需要的培训成本和工资成本，那么能力薪酬就不能为组织带来竞争力。

3. 高能力不等于高绩效

能力薪酬专注于激励员工提升技能，但是个人掌握的技能并不一定会产生更高的绩效。能力毕竟是一种潜在的生产力，如果不能通过有效的管理使这种潜在的生产力变成实际的生产力和员工绩效，那么相比于企业多付出的成本，投资员工能力对企业而言未必划算。

4. 缺乏市场参照系

能力薪酬的制定与职位薪酬一样需要以外部市场为依据并确定能力的价格。基于职位的薪酬调查已经有很多年的基础，比较容易获得市场薪酬数据，但是实行能力薪酬体系的企业数量有限，而且不同企业的能力等级设计缺乏可比性，这增加了从外部市场获得与能力有关的付酬信息的难度，使外部公平性难以得到保证。

（三）能力薪酬的适用范围

一般而言，具备以下特征的企业比较适合实行能力薪酬体系：

（1）组织结构较为扁平，所处环境变动较大，对创新要求较高。如果企业本身为传统的机械式组织，员工职位和工作内容比较稳定，那么能力薪酬未必比职位薪酬更有效。

（2）高度参与的企业氛围。能力薪酬主张员工自我学习与成长，高参与的工作氛围可以激发员工的学习积极性，并且有利于员工将学习成果运用到工作中。Shaw and Gupta（2005）针对89例技能薪酬的纵向研究表明，员工参与程度高的技能薪酬方案更容易成功，更为持久。

（3）企业存在相当数量的知识型、技术型员工，这些员工的自我实现需求较高，员工的工作自主性较高。如果企业存在一部分上述类型的员工，如研发人员等，那么可以只针对这一类型的员工制定特定的能力薪酬体系。Hon（2012）的一项研究表明，知识薪酬和技能薪酬对员工的创新都有正向作用。

（4）处于成长期、技术更新或变革需求强烈的组织。这些公司更容易对传统的职位薪酬体系进行变革，在这种背景下实行能力薪酬的阻力较小。

四 设计流程

能力薪酬的设计流程与职位薪酬的设计流程类似，只是评价的对象由职位转变为能力。具体而言，能力薪酬体系的设计流程包括能力分析与评价、能力定价、员工能力鉴定、能力与薪酬挂钩、能力再认证与培训五个环节。

（1）能力分析与评价。对组织和岗位所需的能力进行分类与分级，并评估不同能力对组织贡献的差异。就像职位分析与评价是职位薪酬的基础一样，能力分析与评价是制定能力薪酬方案的前提。

（2）能力定价。按照一定的方法确定不同能力不同等级所对应的薪酬水平，建立类似于职位薪酬的薪酬政策线。

（3）员工能力鉴定。对组织中员工的能力类别及水平进行认定并划入相应的能力等级。职位薪酬体系中员工所处的职位是事先固定的，而在能力薪酬体系下，员工能力是不明确的，需要进行评估。

（4）能力与薪酬挂钩。在前述步骤的基础上确定企业中不同能力及其等级与薪酬的挂钩方案。

（5）能力再认证与培训。为保证能力薪酬体系正常运行，需要及时对员工的能力水平进行再认证以调整员工薪酬。同时能力薪酬体系的运行离不开企业培训系统的支持，只有帮助员工不断提升能力水平，薪酬的激励作用才能真正发挥出来。

以上五个环节是能力薪酬设计的大体框架。在具体设计中，知识/技能薪酬、胜任力薪酬以及任职资格薪酬在操作上稍有差异，在后续章节中将详细介绍。

五 实行能力薪酬的关键决策

在实行能力薪酬体系时，组织一定要明确如下几个关键决策，才能保证能力薪酬体系顺利实施。

（1）大力宣传能力薪酬的理念和以人为本的组织文化。能力薪酬体系是以人为本的管理思想在薪酬设计中的一种表现。对能力的强调应该贯穿于人力资源管理系统的各个环节。采用能力薪酬体系的企业必须基于自身特点，将能力融入招聘甄选、绩效考核、员工培训、职业发展等不同环节的人力资源管理过程中。企业需要大力宣传能力薪酬所传递的企业理念、文化和价值观，形成以人为本的组织文化，建设学习型组织。

（2）能力薪酬体系的实施要有利于实现从能力到绩效的转化。企业必须结合自身实际需要确定能力评价要素，构建合适的能力模型，明确为员工的哪些能力付酬，保证能力薪酬所激励的能力有利于提高企业的核心竞争力和绩效水平。为了防止员工出现对本职工作忽视或是好高骛远的情况，必要的时候企业可以将能力薪酬和绩效薪酬进行融合设计。

（3）明确能力薪酬体系的应用范围。组织需明确所要实施的能力薪酬体系是限定在某一职位族中，还是要扩展到跨职位族中。如果仅仅应用到单一职位族中，则应鼓励员工按照特定的职业发展通道晋升，以获得更多的报酬；如果应用到跨职位族中，则应鼓励员工打破原有的发展通道，自行创建新的职业发展方式，从而获得更多的报酬。

（4）建立相应的能力鉴定和认证机制是实行能力薪酬的重要保证。否则，那些花大力气设计出来的能力等级和条目就难以真正落实到员工个体身上。能力体系和鉴定机制本来就应该是一体化的系统。有科学的鉴定和认证机制做基础，才能保证能力薪酬的公平性。

(5) 辅助管理措施。无法避免的情况是，实行能力薪酬体系之后，一些员工会逐渐达到最高的等级而无法继续获得薪酬水平的提高，从而削弱激励效果。此时，组织需要决策并实行相应的辅助管理措施，例如利润分享计划或员工持股计划等，来鼓励员工继续习得新的技能、知识，保持工作的高效率，以获得更多的报酬。

第 2 节　基于技能/知识的薪酬体系

一　什么是技能/知识薪酬

基于知识的薪酬体系是指依据员工掌握的与工作相关的知识为员工发放薪酬，基于技能的薪酬体系是指依据员工掌握的与工作有关的技能为员工发放薪酬。前者一般针对白领员工，后者一般针对技术工人，不过当下这种区分不是非常明显。由于知识薪酬与技能薪酬在实际操作中差异不大，所以本书将两者统称为技能薪酬。

技能薪酬针对的是广义能力中的显性特征，是可以观测到的一个人结构化地运用知识完成某项具体工作的能力。它具体指在运用知识的过程中表现出来的行为，或者通过学习获得的从事某种活动的熟练程度。一般来说，通过反复学习和训练，这种专业行为活动的熟练程度会得到提高。

技能薪酬是组织根据一个人所掌握的与工作有关的技能或知识的深度和广度支付基本工资的薪酬制度。技能薪酬的雏形来自中世纪行会制的学徒制，当时的学徒若想升到工匠，再升到作坊主，必须要证明他们的工作能力。技能工资制在 20 世纪 60 年代首次被用于宝洁公司。该公司当时实施了一种高参与工作系统，为了配合这一系统，宝洁公司设计了技能薪酬计划，鼓励员工学习自我管理团队中需要完成的各项工作甚至所有岗位上的工作。80 年代和 90 年代初，这种薪酬计划在许多公司的工厂中得到推行和普及，目的是打破传统制造业各项工作之间的壁垒。90 年代，技能薪酬在办公室、呼叫中心、零售业等进一步推广。

小资料

欧洲中世纪行会学徒制

学徒制一般被认为是技能薪酬的雏形。在中世纪后期的欧洲，学徒制被纳入行会的管理并逐渐制度化。亚当·斯密将学徒制定义为学徒的劳动与师傅的技术之间的一种交换关系："一个学徒在一定的年限内，约定在某个行业为了师傅的利益而劳动，条件是师傅教他学习这个行业。"

学徒制具有等级性。根据技能水平的不同，可将手工业者划分为学徒、帮工以及师傅三个等级。等级制中的学徒地位最低，是指与师傅签订契约，对师傅绝对服从，缴纳学费或提供无偿劳动的一群学艺者。在城市里只有经过学徒阶段的人，才有资格被师傅雇用或是独立经营手工业。

帮工是指满师学徒。师傅与帮工间是雇佣关系，帮工从师傅那里获得报酬。由满师学徒转变而来的帮工比一般佣工拥有更为全面的手工业技术，也更加熟练。在德国，学徒在期满后要参加满徒考试并经过一定的仪式（宣布其合格）才能成为工匠（帮工），此后要经过相当长的工匠期。这期间，工匠四处游历或是在其他师傅的作坊中充当帮工，以完善自身的知识和技能，这样就形成了德国独有的“流动工匠制”。

等级制中的师傅代表本行业手工业技术的水平以及权威，在城市中具有很高的声望和地位，行会的各种章程由师傅制定。师傅在学徒制中等级最高、权力最大，可以招收学徒，购买原料，生产和销售产品。师傅对学徒和帮工进行管理——对学徒是教育者、监护者以及管理者，对帮工则主要具有雇主权力。

学徒制中的晋升制度是等级制形成的前提，师傅在这种等级制中居于最高位置，学徒和帮工处于等级的下层。行会出于各种原因限制师傅数量，因而从学徒升为帮工最终成为师傅的往往是极少数。帮工已经掌握本行业的手工业技术，而且拥有一定的物质基础，受到师傅的控制较少，会对师傅进行反抗。学徒独立性很弱，对师傅绝对服从，处于等级的最下层。

资料来源：赖佳，张晓晗．试析欧洲中世纪行会学徒制．职教论坛，2014（28）：87-93.

根据技能的范围取向，技能薪酬体系可以从深度和广度两个维度进行设计。

（1）技能深度是指员工掌握的与工作相关的技能的深度。这种深度是指员工技能等级的高低，等级越高难度越大，由于只能在掌握低一级技能的基础上获得高级技能，因此技能深度存在递进关系。例如，在从事某一类工作时，任职者要能胜任一些简单的体力活动，例如清洁以及将准备使用的零部件摆放在生产线上等；同时要从事一些需要运用较为复杂技能的活动，例如一些经过严格训练的体力操作以及运用推理、数学以及语言等方面技能的工作。员工所拥有的技能等级越高，工资水平就应越高。

（2）技能广度是指员工掌握的与工作相关的技能种数。技能广度要求任职者学会完成不同工作任务所需要的多种技能。例如，零售商店的办公室职员需要完成几种工作，如记录员工出勤率、安排售货员轮班和监管办公用品的使用等。员工所拥有的技能种类越多，工资水平就应越高。

技能薪酬体系对工作结构性水平高、专业性强的工作岗位较为适用。具体而言，技能薪酬体系更适合技术类和部分操作类岗位，因为其工作内容具体明确；而管理这种综合性的工作很难以技能作为薪酬的发放标准。学者们认为，制造企业和服务企业更适合实行技能薪酬（Shaw et al.，2005；Ledford et al.，2008）。在中国，技能薪酬在实践中更多地体现为技术等级工资制，即按照技术考核达到的技术等级确定工资水平，如初级工、中级工、高级工、技师、高级技师对应不同的工资水平。

二 技能薪酬的设计流程

（一）成立技能薪酬体系设计小组

为设定技能薪酬体系，可以建立指导委员会和设计小组两个层次的组织。此外，还需要挑选出一部分员工作为主题专家，他们在设计小组遇到技术问题时提供协助。

指导委员会的成员主要为高层管理人员，其主要职责包括：（1）确保技能工资的设计与组织长期发展战略相一致，并且不违背薪酬管理的目标和原则；（2）制定技能工资设计章程；（3）监督设计小组的技能工资设计过程；（4）对设计中存在的问题予以解决；（5）审查和批准设计小组设计的技能薪酬体系。

设计小组包括未来适用技能薪酬体系的员工代表，以及人力资源管理部门、财务部门和信息管理部门的代表。一般情况下，设计小组应由至少五个来自不同层次和部门的员工组成。

主题专家可以包括一部分设计小组成员，还可以包括员工代表、员工上级、人力资源管理代表、薪酬设计专家和熟悉工作流程的专家。

（二）确定技能薪酬的实施范围

组织在实施技能薪酬体系时一定要明确技能薪酬的实施范围，应当结合企业的战略目标，基于价值链分析提取组织的核心竞争力，通过工作流程分析找出那些需要强调员工技能的工作环节，并对相应的工作流程进行再设计，初步确定需要采用技能薪酬的工作岗位。此外，企业还应当明确其愿意为符合何种标准的技能支付薪酬，如员工完成自身工作所必须具备的技能，可以为企业创造价值并与企业核心竞争力密切相关的技能，等等。

（三）进行工作任务分析，确定并评价技能要素

技能是员工完成工作所需掌握的知识与方法，所以技能分析同样离不开对工作任务的分析。在具体操作时，首先从做什么（what）、如何做（how）、为何做（why）、对谁做（who）、何时做（when）、何处做（where）等角度进行工作描述，详细列举工作任务。其次，主题专家评价各项工作任务的难度和重要程度，据此对工作任务信息重新编排，形成工作任务清单。工作任务的难度越高，表明员工需要具备的熟练程度越高、判断力越准确、应变能力越强；工作任务的重要程度越高，表明该项任务对于实现某一战略目标和组织经营管理的影响越大。

在工作任务分析及确定工作任务清单的基础上，将关注点由任务转向人，整合并明确技能要素的难度与重要性。譬如对于一名秘书而言，打印会议资料是一项工作任务，那么使用打印机的能力就是一个技能要素；打印会议资料在秘书的工作任务中难度和重要程度都较低，那么使用打印机这一技能要素相对而言也就没有那么重要（见表4-1）。

表4-1　工作任务和技能要素概念辨析

工作职责	会议管理
工作任务	会议资料整理
技能要素	文档归类、整理的能力 速记能力 使用打印机打印资料的能力

（四）技能模块的确定与分级分类

技能模块（skill block）是从事某项具体的工作任务所需要的技术或知识，譬如打印资料这一技能要素可以归到资料整理这一技能模块中。表4-2是某公司营销岗位的技能模块分解表。

即时案例

北方电信的SBP项目

北方电信（Northern Telecom）是加拿大贝尔公司的子公司，是加拿大最大的电信和信息传递设备制造公司。公司在1988年对2 500名野外作业工程师实施了一项名为“Fast Forward”的SBP（Skill-based Pay）项目。该项目由一个发展团队实施，这个发展团队是由中高层管理者和公司的薪酬管理人员组成的。

公司实施该项目的主要目的有三个：培养技能专家；增加员工承诺；使服务人员处于同样的支付系统中。该公司想要培养技能多样化的、灵活的和高知识水平的员工，来快速有效地响应客户的需要，进而提高客户的满意度。该团队按技能将该项目划分为三大职位族：技术员（安装）、技术支持工程师和系统设计师。这三大职位族均以高技能和技能多样化为导向，体现了技能要求的广度和深度。发展团队明确了这三个职位族的技能要求，较低等级技术人员的技能特征是任务导向的，较高等级技术人员的技能特征是职责导向的。技能被明确区分为“必须的”和“可选的”。发展团队确认了员工需要掌握的七个方面，这七个方面按难度由高到低排序为：硬件、软件、顾客数据库、文件编制、互联网界面、书面交流和人际互动。

表4-2 营销技能模块分解表

技能模块	第一模块 市场商机把握技能				第二模块 STP技能			第三模块 营销组合技能					第四模块 营销战略技能				
技能分解	技能一 市场营销认知能力	技能二 市场环境分析能力	技能三 市场商机发掘能力	技能四 消费者购买行为分析能力	技能五 市场细分能力	技能六 目标市场选择能力	技能七 市场定位能力	技能八 产品策略能力	技能九 定价策略能力	技能十 分销渠道策略能力	技能十一 推销能力	技能十二 公关能力	技能十三 广告能力	技能十四 销售促进能力	技能十五 营销战略能力	技能十六 营销计划与控制能力	技能十七 新营销理念整合能力

在上一环节只确定了技能要素及其重要程度，技能模块是技能要素的组合，是技能薪酬设计的基础，对技能模块分级分类为下一环节技能的定价打下了基础。

具体而言，技能模块有以下四种分级分类方法，企业可根据自身需要进行选择。

1. 阶梯式

阶梯式是组织中应用最广泛的模式，是将一个工作族中的工作任务划分为从入门级到复杂级几个阶梯，根据不同阶梯上工作任务所需的技能深度来确定技能等级。如图4-1和表4-3所示，工作任务的难度和重要程度越高，其技能等级就越高，员工采用直线式的方法不断提升自身的技能水平。这一模式适用于制造类企业，强调员工深度技能的发展。

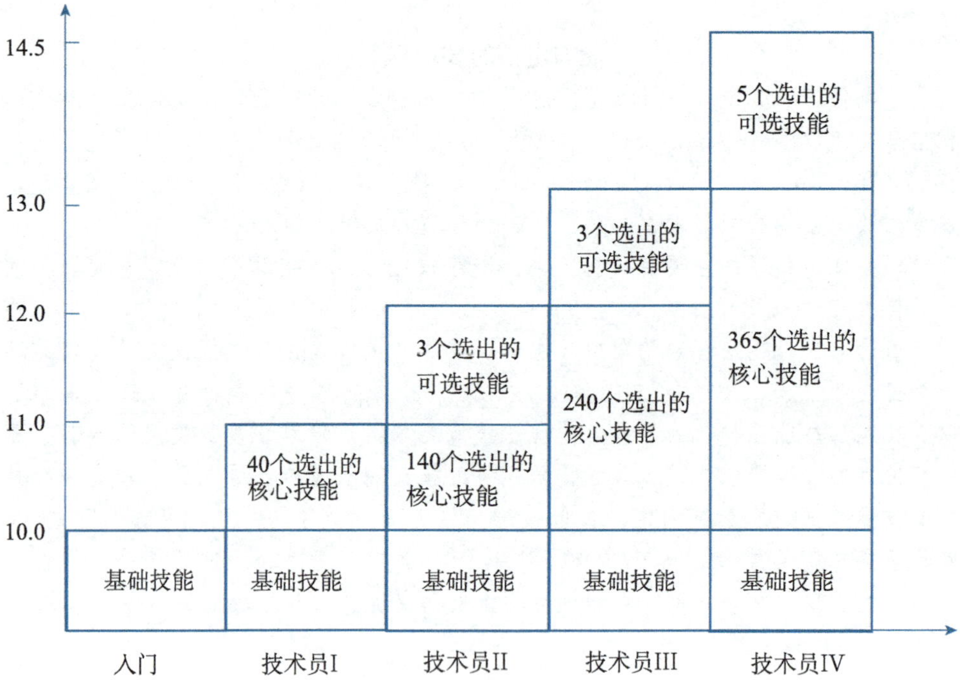

图 4-1 技能阶梯模型

表 4-3 **技能阶梯模型**

基础技能	核心技能		可选技能
	技能	点数	
质量管理 商店地板管理 材料处理 ⋮	Longeron 捏造 终端铸造焊接 润饰—油漆 湿润—Ablative/Autodave ⋮	10 15 15 20 ⋮	维护 后勤—JIT 计算机—dBASE III 计算机—文字处理 评价中心 ⋮

2. 技术单元式

这一模型与阶梯式模型相似，但员工的晋升不是直线式的，员工在达到入门技能水平（A 技能集群）后，可以选择学习另一技能模块中任何一个职位所需的技能。举例来说，员工掌握入门技能后，可以选择学习 B 技能模块中的技能，再学习 C 技能模块中的技能，然后转回去学习 B 技能模块中的技能。员工掌握技能的顺序不重要，员工掌握同一技能模块中的不同技能所带来的薪酬增长是相同的，但是掌握更高阶技能模块中的技能所带来的薪酬增长是不同的。

3. 工作点累积式

如果一个企业有太多的职位，有太多的技能需要员工学习，那么可以设置相应的技能积分。员工掌握的职位技能越多，积分越高，积分与收入相关联。这种模型类似于大学的学分制，企业为不同的技能课程设置不同的工作点，例如，“客户关系”技能为 5 工作点，“速记”技能为 1 工作点，“办公软件使用”为 2 工作点，等等。企业可以为不同的薪酬水平设置不同的积分点要求，例如，20 点可以获得一级工资，30 点可以获得二级工资。员工获得足够的工作点数，便能取得相应级别的工资。

4. 跨部门式

一些企业需要员工在不同部门间流动，因此使用技能工资制度激励员工掌握跨部门技能。员工如果掌握其部门所有职位所需的技能和其他部门所需的技能，就会被定到相对高的工资等级中。这种模型可以应对生产运营管理中的偶然事件以及人员短缺问题，也可以帮助企业解决产品或服务需求的季节性波动问题。

需要注意的是，不管采用哪种技能组合模式，企业技能等级的总量不宜过多也不宜过少。技能等级过多不仅管理上十分麻烦，员工也不易理解；技能等级过少则区分度不大，员工感到等级提升的希望渺茫，从而降低激励作用。技能等级的数量主要由工作任务的性质决定。某企业技术人员等级如表 4－4 所示。

表 4－4　某企业技术人员等级示例

三级技术专家	从事该工作的员工具有高水平的专业知识、判断能力和应变能力
	检修设备故障 解决质量问题 编写设备专用的程序 执行高级的计算机功能 确定生产优先顺序
二级熟练工人	从事该工作的员工具有中等水平的专业知识、判断能力和应变能力
	在已有的设备上进行流水线生产操作 检验零部件规格的一致性 安排生产进程，编制派工表 使用精确的衡量仪器和手工工具 遵守 ISO 质量标准和公司质量管理规定
一级学徒	从事该工作的员工具有一定的技术知识，能完成日常事务类工作任务
	确认刀具和量器的可用性 阅读派工表 记录数据 检查材料是否准备好

（五）技能定价

技能定价包括以下两方面的内容：

（1）确定技能模块的相对价值。这一过程类似于职位薪酬体系中的职位评价。技能模块的价值除了与上一步骤中的模块等级模式的设计有关，还可以从三个角度来评价。首先是技能获取的难度，难度可以从时间、精力、成本几个方面来衡量。其次是技能模块相对组织的重要性，某一技能模块对组织越重要，支付给掌握该技能模块的员工的薪酬就越高。最后是监督责任，是指技能涉及的领导能力、问题解决能力、指导能力以及协作能力等的大小和范围。

（2）为了保证技能薪酬的外部竞争性，需要参考相关市场调查数据。外部市场调查先要选择与外部竞争组织相对应的典型技能模块，寻找技能模块点数与薪酬水平之间的关系。在实际操作中，企业并不会费力地为每一个模块定价。更常见的情况是，企业按照一定的规则确定不同职类和工种员工的技术等级水平，然后根据不同等级的技术水平支付不同的薪酬。在市场薪酬调查中，比较成熟的是基于职位的薪酬调查，但近年来，越来越多的企业把组织内部的技能等级和竞争对手或市场的技能等级进行匹配，获取相应的技能等级的薪酬信息。

（六）技能认证

员工技能水平的认证是实施技能薪酬体系的重要环节，只有准确、及时、有效的认证才能保证员工薪酬的公正性。技能认证需要注意两方面问题。

1. 认证主体

在内部认证的情况下，认证主体应当包括员工的上级、同事以及相关领域的专家。更加常见的情况是企业内部成立认证机构，编制技能等级的认定标准，使得评价更具客观性和公正性。外部评价主体包括大学、商业组织、行业协会以及政府监管的考试和认证项目等。

2. 认证方法

认证有很多方法，例如工作绩效、工作样本测试、书面测试、口头测试等。书面测试要花费管理者和员工大量的精力，所以通常用来测试基础和抽象的知识。具体认证方法的选择需要考虑技能模块的类型，高级技能模块通常需要综合使用多种认证方法。

小资料

国家职业资格证书制度

国家职业资格证书制度是指按照国家制定的职业技能标准或任职资格条件，通过政府认定的考核鉴定机构，对劳动者的技能水平或职业资格进行客观公正、科学规范的评价和鉴定。

1. 专业技术人员职业资格证

“职称”是口头的说法，标准的说法是“专业技术职务任职资格”，是国家职业资格证的一种。在我国，职称工作已有50多年的历史。第一阶段是新中国成立初期至20世纪五六十年代，沿用了过去对专业技术人员的职务任用制度，根据单位内部的职务岗位，对符合条件的人员任命相应的专业技术职务，职务任命与薪酬挂钩。第二阶段是1977—1983年的技术职务评定制度，共设置22个职称系列，主要对学术技术进行评价，是专业技术人员工作成就、学术水平和业务能力的标志，不与薪酬挂钩。第三阶段是自1986年开始实行的专业技术职务聘任制度。专业技术职务是与行政职务并行的一种职务序列，有明确的岗位、任职条件、岗位职责和相应的权利，并与薪酬挂钩。职称分为正高级、副高级、中级、助理级、技术员级五个级别。

2. 技能人员职业资格证

技能人员职业资格证与职称无关，主要针对技能工人，分为五个等级：

（1）高级技师（一级/高级职称）：能够熟练运用专门技术和特殊能力在本职业的各个领域完成复杂的、非常规性工作；熟练掌握本职业的关键操作技术，能够独立处理和解决高难度的技术问题；在技术攻关方面有创新；能组织开展技术改造、技术革新活动；能组织开展系统的专业技术培训；具有技术管理能力。

(2) 技师（二级/中级职称）：能够熟练运用基本技术和专门能力完成较为复杂的工作，包括完成部分非常规性工作；能够独立处理工作中出现的问题；能指导他人进行工作或协助培训一般人员。

(3) 高级工（三级/初级职称）：能够熟练运用专门技术和特殊能力完成复杂的、非常规性工作；掌握本职业的关键技术，能够独立处理和解决技术难题；在技术方面有创新；能组织指导他人进行工作；能培训一般人员；具有一定的技术管理能力。

(4) 中级工（四级）：能够熟练运用基本技能独立完成本职业的常规工作；在特定情况下，能运用专门技能完成技术较为复杂的工作，能够与他人合作。

(5) 初级工（五级）：能够运用基本技能独立完成本职业的常规工作。

资料来源：国家职业资格证书制度．中国人力资源社会保障，2002 (9)：13.

（七）制定技能薪酬方案

技能薪酬方案包括薪酬等级数量和每一个薪酬等级的中点值与变动幅度。薪酬等级数量由技能等级数量决定；薪酬水平由技能模块的定价确定。为保证员工真正将其技能运用到工作中，可以将技能工资与实际绩效水平挂钩，如采用技能-绩效薪酬矩阵法（见表4-5）。根据绩效调整薪酬带变动范围的原则是：等级越低，变动范围越小；等级越高，变动范围越大；保证不同等级的薪酬带之间有一定重叠。此外，为吸引和保留优秀员工，技能薪酬水平和幅度应当随着企业的发展和外部市场的变化不断调整，有时候还需要制定针对技能薪酬的补充激励计划。

表4-5　技能-绩效薪酬矩阵

技能水平	不同绩效水平下的每小时工资（美元）		
	差	一般	好
一级	5.25	5.75	6.25
二级	5.50	6.00	6.75
三级	5.70	6.30	7.25
四级	5.95	6.60	7.45
五级	6.20	6.85	8.25

（八）技能再认证与培训

随着技术的更新，技能等级模块和技能组合模块的内容会发生变化，因此需要再认证。再认证制度要求员工必须定期证明其掌握所学过的技术，否则就无法保持原有的职位和薪酬水平。换发新证的程序通常是对员工进行重新测试、重新培训或偶尔检测员工对以往培训技术的掌握程度。

技能薪酬计划成功的关键在于对员工技能的培训，因此，有效开展培训就显得十分重要。与技能薪酬相配合的员工培训主要包括以下三个阶段。

1. 培训需求评估

企业应根据岗位和技能分析结果开展培训需求评估，确定员工实际技能水平所处等级，同时注意评估那些阻碍员工绩效提升的因素，再结合工作或岗位要求，最终确定培训需求。

2. 选择培训方式

培训方式通常分为内部培训和外部培训：内部培训包括在职培训、师傅辅导计划、工作轮换、在线学习等；外部培训主要是指外部的大学和专业培训机构提供的培训。选择培训方式需要考虑的因素包括：一是培训师资的情况。如果企业缺少相应的具备专门技术的师资力量，通常采取外部培训。二是时间要求。如果内部人员没有足够的时间开发和实施培训，公司通常采取外部培训。三是接受培训的员工数量。如果需要接受培训的员工较多，进行内部培训可以提高规模效益。四是培训的敏感性和隐秘性。如果培训内容是敏感或保密的，则需要采取内部培训的形式。

3. 培训制度化管理

企业采用技能薪酬体系时，往往会出现培训机会不公平的问题，那些会讨好上级的员工更容易获得培训或工作轮换的机会，这种机会是薪酬提升的"敲门砖"。管理者在职位薪酬下的薪酬决定权将转变成技能薪酬下的培训决定权。因此，技能薪酬体系下的培训管理很重要。

即时案例

中国电信"大规模在线岗位技能认证"项目

中国电信学院是中国电信集团成立的企业大学。"大规模在线岗位技能认证"项目由中国电信集团人力资源部与中国电信学院共同负责，是中国电信在数字化学习方面的一次尝试。项目从2007年开始，致力于完善企业的e-Learning平台，促进认证体系与培训体系的深度融合。

认证主体：该项目为持续性项目且涉及集团级、省公司、市公司及各级员工。为了保证认证顺利实施，省公司和市公司均设置了相应的管理部门。不同级别管理部门的权限不同，由电信学院指定各个管理部门要认证的岗位和专业，并由各个管理部门管理题库。

认证步骤如表 4-6 所示。

表 4-6　认证步骤

认证步骤	操作者
查看认证公告与报名	员工
能力提升	直线经理及管理部门
技能认证（理论+实操）	
查看认证结果	

员工基于个人岗位专业和等级情况，可根据要求报考各级岗位的技能认证。原则上只有拿到下一级证书才能报考上一级认证。由直线经理对员工报名资格进行审核。由于考评与绩效相关，而直线经理是员工的直接上司，所以审核流程与人力晋升挂钩。

在能力提升环节，学习者可以通过对认证专用课程的学习（电子课件，由培训管理者指定或由员工自己选择）、对相关辅助材料的学习（电子案例、电子文档，由系统自动关联）达到既定学习目标。网上大学提供认证专用课程资源库，支持员工的岗位能力提升。学习过程中直线经理可以随时随地进行监控，学员可以在线接受教师辅导，在线与其他同专业员工交流、共同提升，学员的学习积极性以及效率得以提高。

中国电信制定了统一的认证标准，同时建立了庞大的认证案例库和题库。认证考试既可以在线上进行也可以在线下进行。如果是在线上进行，员工必须提交个人晋升计划，如什么时间学习什么内容、理论上学到哪个层级、能力上提高到什么程度等。各省按集团统一规定自行阅卷，认证通过比例不作限制，按规定分数线评定。中国电信学院通过网上大学试题管理保证每个员工在自动抽卷时获得同等难度和区分度的试卷。员工通过认证后将获得电子证书。该证书在集团内通用，有效期为两年，这可以激励员工持续学习。

资料来源：吴峰，童小平，黄志刚，夏冰．基于岗位技能认证的企业数字化学习案例研究——以中国电信“大规模在线岗位技能认证”项目为例．中国远程教育，2011（3）：16-20.

第3节　基于胜任力的薪酬体系

随着胜任力概念的提出以及胜任力模型在人力资源管理实践中的应用，基于胜任力的薪酬体系逐步发展起来。与上一节提到的技能薪酬相比，胜任力薪酬所涵盖的报酬要素更加广泛。胜任力薪酬常常应用于企业中层次较高的知识性、专业性人才，如中高级管理人员等。

一　胜任力的内涵与组成

胜任力来源于英文单词 competence，最初由美国学者麦克利兰提出。麦克利兰将胜任力定义为与工作绩效直接联系的知识、技能、能力、特质或动机。博雅特兹（Boyatzis）将胜任力定义为一个人所拥有的使其在工作岗位上取得出色业绩的潜在特征，可能是动机、特质、技能、自我形象、社会角色或知识等。斯潘塞（Spencer）认为胜任力是能将某一工作（或组织、文化）中表现卓越者与表现平平者区分开来的个人特征，包含动机、特质、自我形象、态度或价值观、某领域知识、认知或行为技能，是任何可以可靠测量或计数的且能显著区分优秀与一般绩效的个体特征的综合表现。

虽然学者们对胜任力的认识不完全一致，但存在一些共识：首先，胜任力与工作绩效相关，并能够预测个人未来的工作绩效；其次，胜任力包括动机、个性、态度、价值观、技能、知识等特征；最后，胜任力能够区分优秀者和一般者。

斯潘塞夫妇在《工作胜任力：高绩效模型》一书中提出的冰山模型可以用来解释胜任力所包含的要素（见图4-2）。冰山海平面上的要素为显性特征，容易测量与获得；冰山海平面下的特征相对难以测量和改变，但是这些深层次特征在很大程度上决定了一个人的绩效表现。根据冰山模型，胜任特征可分为五个层次，依次为：

（1）动机：个体对某种事物持续渴望，为达到目标而采取行动的内驱力。

(2) 个性：个体对外部环境及各种信息的反应方式、倾向与特性。

(3) 自我概念：包括个体的态度、价值观与自我形象。

(4) 技能：结构化地运用知识完成某项具体工作的能力。

(5) 知识：个体所拥有的特定领域的事实型与经验型信息。

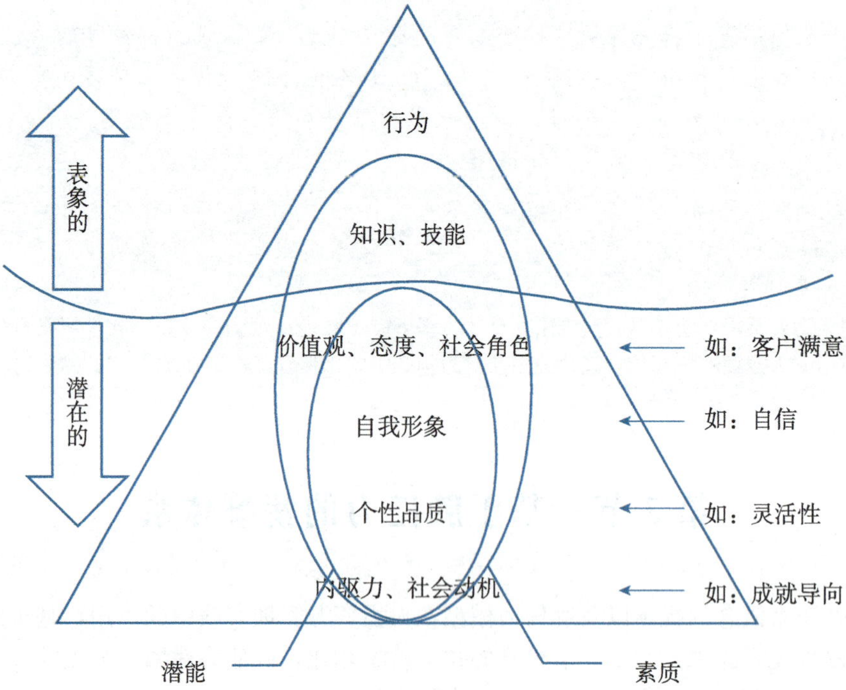

图 4-2 冰山模型

资料来源：Spencer L M，Spencer P S M. Competence at Work，Models for Superior Performance. John Wiley & Sons，2008.

胜任力概念的提出使得基于胜任力的人力资源管理系统逐渐发展起来，基于胜任力的薪酬体系作为其中的一部分，以建立分层分类的胜任力模型为前提。

在企业的管理实践中，通常把胜任力分成以下三类：

(1) 核心胜任力，又叫通用胜任力，主要是基于企业的使命、愿景和核心价值观提炼的，是全体员工都必须具备的胜任力。

(2) 专业胜任力，适用于某一专业领域内的全体员工，如财务人员、销售人员等。

(3) 管理胜任力或领导力，是针对不同级别的管理者所提炼的胜任力，不同级别的管理者需要不同的领导力。

企业中某个特定职位的胜任力模型可以是上述三类胜任力的组合，比如销售总监需要具备通用胜任力、销售领域的专业胜任力以及总监级别的管理胜任力。

二 胜任力模型的构建

1. 准备阶段：组织核心能力分析

核心能力是指组织拥有的，能够为顾客提供独特价值的，其他组织在短时间内无法模仿的各种知识、能力、技术、管理方法等要素的组合。核心能力支持组织的战略，并为组织创造价值。不同企业所需的核心能力不尽相同，即使同一企业在不同发展阶段所需的核心能力也不相同。因此，企业在构建胜任力模型之前应当首先明确组织的战略是什么，组织赖以生存和发展的核心能力是什么。在明确核心能力之后，企业还必须把核心能力分解落实到员工的具体工作能力上。实现这一过程通常有两种方式：

（1）对于一些小规模的企业，由于员工人数较少，工作差异不大，而且企业没有精细的规章制度和流程设计，因此组织的核心能力可以直接等同于员工的核心能力，组织可以建立一套涵盖组织核心能力的通用胜任力模型。

（2）对于大型组织，组织核心能力难以直接分解落实到员工身上，这时组织必须首先考虑与组织核心能力密切相关的是哪些部门或职类，在对各职类进行能力分析之后，优先建立重要职类的胜任力模型。

2. 研究与开发阶段

目前，构建胜任力模型的主要方法有观察法、专家讨论法、行为事件访谈法、问卷调查法等。这些方法各有优缺点，其中行为事件访谈法应用最为广泛。

具体而言，胜任力模型的构建主要包括以下几个步骤：

（1）划分职类、职种和职层。

首先是划分职类。将所有职位按其需要的知识、技能、工作内容、责任的相似性等分为不同的职类。比如企业可以将职位划分为管理类、技术类、市场类、生产类。

其次是划分职种。根据需要，按照工作的性质和具体内容将职类进一步划分为不同的职种。例如，在管理类职位内部细分为人力资源管理、财务管理等职种，在技术类职位内部细分为软件研发、项目实施、技术支持等职种。

最后是划分职层。从任职者需要的知识、技能以及责任大小等方面可以将职位分为若干个职层。比如管理者可以分为高层管理者、中层管理者和基层管理者。划分之后，企业应结合自身实际情况将关键职位作为开发胜任力模型的研究对象。

（2）明确绩效标准。明确绩效标准是为了把绩效优秀者和绩效一般者区分开来，以便对比研究这两类群体的深层次特征的差异。一般采用工作分析和专家小组讨论法来确定绩效标准。如果客观绩效标准不容易获得，可以采用较为简单的上级提名法，即由上级领导直接给出绩效优秀员工的名单，然后对这些员工进行深入访谈。虽然这种上级提名法主观性较强，但如果企业拥有富有实践经验、水平较高、熟悉下属的优秀管理层，这种方法简便易行，且效度较高。

（3）选取研究样本。根据要求，在从事某一岗位工作的员工中，分别从绩效优秀的员工和绩效普通的员工中随机抽取一定数量的员工进行调查。如果采用上级提名法，那么这一步骤和上一步骤是同时完成的。

（4）收集数据。采用何种方法获取数据以保证胜任力模型的科学性和有效性是一个非常重要的问题。学者们提出了许多收集数据的方法，比如行为事件访谈法、专家小组法、问卷调查法等。

行为事件访谈法（BEI）是由美国哈佛大学心理学教授麦克利兰在关键事件访谈法的基础上发展出来的，它是一种开放式的行为回顾式调查技术，要求被访者列出他们在管理工作中发生的关键事件，包括成功和失败的典型事件，并且让被访者详尽描述整个事件的起因、过程、结果、时间、相关人物、涉及的范围以及影响层面等，还要求被访者描述自己当时的想法或感觉。行为事件访谈法获得的数据效度高，但要花费较大的时间成本，并且对访谈者的要求较高。

小资料

行为事件访谈法——STAR

在行为事件访谈法中，提问应围绕以下四个要素展开，称为“STAR”模式。

情境（situation）——在什么情境下发生？指应试者的任务背景，当时所面临的情况。

任务（task）——需要完成什么任务？指应试者在特定情境中所要达到的目标或所需完成的任务。

行动（action）——实际做了什么？怎么做？指应试者针对任务情境所采取的行动或没有采取的行动。

结果（result）——行动的成效如何？指应试者采取的行动所带来的结果。

在STAR模式的四个要素中，通过关于行动的描述，访谈者可以了解被访者的工作表现，因此，行动是整个STAR的关键。

专家小组法是指，企业邀请构建能力模型的相关人士——包括研究对象的直属上级、该项工作的绩效优秀者、公司人力资源管理人员、外部专家、咨询公司专业人士等，这些专家通过岗位分析，采用头脑风暴的方式来确定岗位所需要的能力。

问卷调查法是将一系列的胜任能力转换成一份调查问卷，由任职者以及相关人员分别对各层次能力的重要性进行标注，最后对数据进行统计分析，得出各职系胜任能力的排序。

观察法即直接观察员工如何工作，并将行为编码为能力项目。观察法是对行为事件访谈法、专家小组法等的有益补充，也是验证其他方法的有效方法。

（5）分析数据并建立模型。首先，通过行为事件访谈提炼出在岗位上完成工作任务所必备的各种能力，对行为事件访谈的文字记录进行内容分析，记录各种能力在报告中出现的频次；然后，对优秀组和普通组的胜任力要素指标发生的频次和相关性进行比较，找出两组的共性与差异；最后，根据不同的主题进行特征归类，并根据频次的集中程度估计各类特征的大致权重。

如果所得数据是采用其他方法收集的，如问卷调查法，则可运用统计分析技术对所收集到的关键行为数据进行分析，找出两组样本在哪些胜任力上存在区别。根据存在区别的胜任力确定所要分析岗位的关键胜任力并建立胜任力模型。此外，还要注意对胜任力级别的定义，麦克利兰提出可以通过行为强度与完整性、影响范围大小以及主动程度来确定胜任力的级别。

3. 验证胜任力模型

在建立胜任力模型后，还需对相应的胜任力进行验证。在验证时需要另外选择两个样本组（业绩优秀者和业绩一般者），同样采用行为事件访谈法以及关键事件分析法、问卷调查法等手段，考察这些假设的胜任力是否能区分业绩优秀者与业绩一般者，进行研究的效度检验（彭剑锋，2014）。

即时案例

3M公司的领导阶层胜任力模型

3M公司创建于1902年，是世界著名的跨国企业。百年来，3M的产品涉及家庭用品、医疗用品、运输、建筑、商业、教育、电子和通信等多个领域。如表4-7所示，3M公司的领导阶层胜任力模型包括三部分，即基础胜任力（fundamental competency）、核心胜任力（essential competency）和愿景胜任力（visionary competency）。

表4-7　3M公司领导阶层胜任力模型

胜任力层次	胜任力因素	行为描述
基础胜任力	诚信和正直	展示诚信、正直和对3M公司的忠诚。通过不断沟通和互相尊重，将自信展现给别人，取得别人的信任。
	智力能力	迅速了解和掌握信息，认识问题的复杂之处，能对假设提出挑战，并勇于面对事实。能够处理错综复杂的情境，进行清晰、简洁和准确的回应。
	成熟和判断	处理问题时抗住压力并做出正确判断。认识到需要适时周到地做出决策。有效处理模糊的情境，能从成功和失败中获取经验。
核心胜任力	客户导向	时时向客户宣传3M公司的理念和价值观，与客户保持积极联系。
	培养他人	选择合适的工作环境，尊重不同员工的个性。通过不断学习使自己和其他员工不断成长，发挥最大的潜力，并在过程中提供及时的反馈。
	鼓舞他人	积极地影响其他员工的工作行为，激励他们实现更高的工作绩效。用举例法领导团队。
	商业健康和结果	能够成功识别产品、市场、地区增长机会，同时持续提供有效的短期商业结果。不断寻找方法为组织定位、充实组织的价值观。
愿景胜任力	全球视角	在考虑3M的全球市场、容量和资源的基础上进行实务操作。在多元文化环境下全力发挥全球领导力。
	远景和战略	创建一个以客户为中心的远景规划并与其他员工沟通交流。安排所有的员工共同实现目标。
	培育革新	创建一种能够自由开放地支持试验、鼓励好奇心和挑战现状的氛围。以对3M有利的方式来影响未来发展。
	建立同盟	建立并调整互惠互利的内外关系网络，为3M公司带来多种机遇。
	组织敏捷	了解、尊重3M公司的文化和价值观，领导完整的变革来创造可持续竞争优势。有意图地、适当地运用团队组织方式。

资料来源：陆游．世界500强企业人力资源部门中层管理人员胜任力模型初探．上海：华东师范大学，2007.

三 基于胜任力的薪酬体系的设计流程

基于胜任力的薪酬体系的设计流程包括成立薪酬设计小组并确定实施范围、胜任力分析、胜任力定价、胜任力评价、胜任力与薪酬挂钩以及胜任力再认证与培训等步骤。

1. 成立薪酬设计小组并确定实施范围

建立以胜任力为基础的薪酬体系首先需要成立薪酬体系设计小组，然后明确胜任力薪酬体系的实施范围。这些内容与技能薪酬体系的过程类似，这里不再赘述。

2. 胜任力分析

这一工作在建立企业胜任力模型的时候已经完成。

3. 胜任力定价

所谓胜任力定价，就是确定每一种胜任力及其组合的价值标准。这种定价方式不要求非常准确，只需要确定一个大致的范围即可。胜任力定价与技能模块定价一样，既要考虑与绩效的相关性，也要考虑胜任力的市场薪酬水平，具体内容可参见上一节。

即时案例

丰田汽车公司的能力薪酬制度

丰田汽车公司为加强内部人才培养，提高组织运行效率，以应对国内市场饱和、业务全球化等挑战，开展了以“培养能在多领域发挥创造性作用的人才”为主题的“挑战计划”活动。为了配合该计划的实施，公司引入了能力薪酬制度，为其全面推行能力标准、有效激发员工潜能提供了强有力的保障。

丰田公司原来实行的是支持终身雇佣的年功序列薪酬制，它规定员工薪酬随其年龄增长和工作年限的延长而增加。公司引入能力薪酬制度后，薪酬的构成发生了变化。公司按照人员的职务分工将他们分为事务职员和业务职员。前者属于管理部门和间接部门，后者属于生产部门和技术部门。事务职员薪酬总额的60%由基本薪酬构成，40%由能力薪酬构成。其中，创造力占能力薪酬的20%，决策的贯彻能力占能力薪酬的30%，组织能力占能力薪酬的20%，人力利用能力占能力薪酬的20%，声望占能力薪酬的10%。业务职员薪酬总额的80%由基本薪酬构成，20%由能力薪酬构成。其中，专业知识与能力占能力薪酬的50%，余下的50%与事务职员考核指标相同，只需等比例缩小。

资料来源：曾颖，李翔．丰田汽车公司的能力工资制．财务与会计，2000（12）：36－37.

4. 胜任力评价

胜任力评价是采用科学方法收集被评价者在主要活动领域的胜任力信息，对被评价者的知识水平、能力、个性特征、发展潜力等胜任力进行综合测评的一种过程。

胜任力的测评方法根据构成要素的不同分为两类：一类是对表象类特点的胜任力，如知识、技能的测量，可以通过量表、个人履历表、工作申请表、面试、笔试等多种手段测评。另一类是对人的人格特征、态度和行为习惯、特质、动机等深层次特点的测量。对这类胜任力的测量经常采用的是行为事件访谈法、评价中心、能力倾向测验、人格测试、焦点小组访谈等方式。在实际运用中，企业可以综合运用各种测评方法。表4－8对各种能力测评方法的效度与公平性做了比较。

表 4-8　**各类测评方法的效度与公平性**

方法	效度	公平性
行为事件访谈法	高	高
面谈	低	中
情景模拟	中	未知
个人资料	高	中
自我介绍	低	高
评价中心	高	高
360 度评价	高	中

资料来源：贾斌，杜大为．人员素质与能力测评．北京：电子工业出版社，2006.

员工胜任力评价是实施胜任力薪酬体系的关键，是确定员工薪酬水平的依据。为确保客观公正，胜任力评价标准必须翔实，流程建设必须公开规范。被评价者首先对照胜任力模型确定的标准进行自我评价，填写自评表并提供相关的证据材料。材料包括工作文件、关键事件、第三方的意见等方面。评价小组在获得有关被评价者各方面数据和资料的基础上着手进行员工胜任力评价，从而确定员工胜任力等级。表 4-9 是 A 公司采用的胜任力评价标准体系。

表 4-9　**A 公司的员工能力评价标准**

能力级别	具体要求	
一级	知识与技能	1. 具备初级深度的电信网络知识 2. 掌握设备硬件操作的基本规范
	专业经验	1. 至少参加过一个工程施工 2. 参加工程勘测不少于一次
	行为方式	1. 能主动解决工作中的问题 2. 具备基本的团队合作能力
二级	知识与技能	1. 掌握中等深度的电信网络知识 2. 能够按照工程设计文件，独立完成两种设备的硬件安装
	专业经验	1. 至少协同完成一个重点工程的施工工作 2. 独立完成工程勘探不少于一次
	行为方式	1. 具备较强的团队合作能力 2. 主动为客户提供帮助
三级	知识与技能	1. 熟悉公司各类产品基本原理、产品配置和组网原则 2. 熟悉工程施工流程及常规设备安装工艺
	专业经验	1. 至少独立完成或主持过一个重点工程的施工工作 2. 至少完成一次员工或客户的设备维护培训工作
	行为方式	1. 具备很强的团队合作能力 2. 坚持不懈，不轻易放弃任何机会 3. 发掘客户潜在需求
四级	知识与技能	1. 熟悉公司主要产品的设计依据、各重要参数的意义 2. 负责策划重难点工程的设备安装、调试、开通等工作
	专业经验	1. 至少独立完成或主持过两个重点工程的施工工作 2. 至少有一份产品改进报告并得到研发部门的肯定和认可
	行为方式	1. 设立具有挑战性但可以达成的目标 2. 极具团队精神，愿为团队利益牺牲一些个人利益 3. 能够激励团队其他成员的士气

5. 胜任力与薪酬挂钩

这一环节与技能薪酬体系类似，内容详见上一节。

即时案例

T公司是如何操作能力薪酬的

进入知识经济时代，能力薪酬得到越来越广泛的应用。T公司是全球500强电气应用公司，采用能力薪酬体系。我们选择该公司的客户电话中心作为分析对象，找出公司薪酬操作的理念、思路和基本做法。

1. 能力项目的提取

T公司客户电话中心的薪酬方案以能力薪酬为主。公司把该中心工作人员的能力分成应用能力和核心能力两类。应用能力包括六项：编制账单、了解客户服务需求、信用及收款、高效率、团队精神、客户服务管理。核心能力包括三项：业务知识、技术或电脑技能、沟通技能。能力的考核都是围绕这些能力项目展开的。

T公司客户电话中心的能力项目从何而来呢？客户电话中心工作人员应用能力的六个项目属于一般能力，是从客户电话中心的工作流程中分解出来的，是完成这项工作必须具备的常规能力；核心能力三个项目的提取则更多地从公司战略思考出发，是回应公司营销策略进而支撑公司战略的关键，这些能力项目是本部门和企业战略成功的关键要素。

2. 能力的评估

该中心在进行能力评估时，首先采用能力模块的方法，把能力按照阶段和层次分为三个模块，在每个模块上进行具体标准的界定，这提供了一个具体的、合理的标准。然后，该中心采用主观认定和客观材料相结合的方式，不仅有大量的书面材料——主要是员工通过职业资格考试、企业培训、全国的技能比赛等形式获得的技能证书等，还有一组专家对员工进行监督、评定、考核。最后，该中心在流程上实现程序公平，给每个员工两次评估的机会，最大限度地减少了主观偏差。

3. 将能力与薪酬挂钩

该中心是薪酬直接与能力挂钩的典型。每一个能力模块都代表着被量化的每小时的货币金额。只有通过能力评估，才能获得相应级别的能力工资。此外，员工只有达到公司对个人表现期待值的最低标准，才能获得相应的能力工资。在模块值的设定上，公司考虑了劳动力市场，保证了薪酬的外部公平性。

资料来源：T公司是如何操作能力薪酬的．法律快车网．

6. 胜任力再认证与培训

这一环节与技能薪酬体系类似，内容详见上一节。

四 技能/知识/胜任力薪酬在实践中的调整

尽管技能/知识/胜任力薪酬的报酬要素和支付依据并不完全一样，但在实际应用中，它们面临着类似的问题，包括技能/知识/胜任力的评价比较困难、薪酬成本上升、薪酬和绩效联系不紧密等。因此，从企业管理实践看，技能/知识/胜任力薪酬出现了一些新的变化和调整，以强化管理和激励效果。常见的做法包括：

第一，仍然采用职位薪酬体系来保持薪酬整体结构的稳定性，但是增加个人能力对薪酬水平的影响。比如，企业在职位评价中增加能力要素的权重，体现对任职者能力的重视。职位薪酬和重视员工的能力并不矛盾，其潜在的逻辑是能力优秀的人最终会晋升到重要的岗位上从而获得更高的薪酬。另外，在特定职位所对应的薪酬区间中，企业可以根据员工能力进行区间内的定级，从而使得相同职位的员工因为能力不同而获得不同的薪酬。

第二，为了应对能力薪酬与员工绩效缺乏联系的情况，企业可以根据员工的能力等级和绩效表现决定员工的加薪幅度和奖金分配，从而将能力薪酬与绩效薪酬相结合。比如，企业可以通过设定员工技能等级和绩效等级组成的二维矩阵来确定员工的薪酬水平和加薪幅度。在这种设计下，只有能力和绩效都优秀的员工才能获得最高水平的薪酬，如果员工只获得高等级的技术认证但绩效评价没有达到优秀，依然无法获得最高水平的薪酬。

第三，采用能力评定和岗位聘任相分离的方法，即评聘分开。在这种设计下，企业会对员工的技能水平进行评定，或者员工通过自主学习获得行业通用的技能等级认证，但是员工并不能马上获得相应等级的薪酬，只有在聘上相应技术等级的岗位后才能获得相应的薪酬。在评聘分开制度下，企业仍然鼓励员工提升技能等级，但是可以通过设定不同等级岗位的聘用比例有效控制薪酬成本。同时，在评上相应技术等级后，员工只有努力工作业绩优秀，才有可能聘上相应技术等级的岗位。

第 4 节　基于任职资格的薪酬体系

一　任职资格及基于任职资格的薪酬

（一）任职资格

任职资格是与工作绩效高度相关的一系列人员特征，包括为了完成工作所应具备的知识、技能、经验、胜任力等要素。因此，任职资格所涵盖的内容比传统上的知识、技能和胜任力更加广泛。表 4-10 揭示了企业的任职资格体系建设通常涉及的内容。

表 4-10　任职资格要素

基本维度	细分维度	具体内容
基本条件：达到某一任职资格等级的入围条件	学历	员工的受教育程度
	专业经验	从事专业工作的经验
	现职状况	包括任现职的年限、绩效与品德评价
	工龄	在本公司的工作年限
	考核结果	考核结果达标是申请任职资格认定的门槛
资格标准：衡量是否达到某一任职资格等级的主要标尺	素质要求	冰山模型海平面下的部分
	知识技能	冰山模型海平面上的部分
	固化行为	员工符合组织要求的行为表现
其他项：调整任职资格等级的参考项	绩效详情	对任职资格等级认证的补充项
	其他品德项	
	其他素质项	

即时案例

华为的任职资格管理

任职资格管理源于英国国家职业资格制度（NVQ）。华为自1998年正式引进任职资格管理，经过了三个阶段：1996—1998年，在关注行为规范化的基础上，在部分职类试行任职资格管理；1998—2001年，开发任职资格标准，对员工进行任职认证；自2001年开始将认证结果与人力资源其他模块相结合。

华为的任职资格管理主要包括以下五个环节。

1. 划分任职资格等级体系

华为任职资格体系包括技术任职资格、营销任职资格、专业任职资格和管理任职资格，共分为六级，每级又分为四等，即职业等、普通等、基础等、预备等，形成了详细的任职资格标准体系。

2. 构建职业发展通道

任职资格与职位相结合，为员工提供了职业发展通道。通过任职资格管理的实施形成管理和专业/技术两条职业发展通道，引导优秀员工在擅长的领域追求卓越，形成在核心业务能力上长期聚焦和持续积累的氛围和行为，避免由于职业发展通道单一而出现“官本位”和千军万马挤独木桥的现象。

3. 建立任职资格标准

任职资格标准开发源于业务发展和职位责任。不同级别的标准应有充足的区分度并能够引导员工持续提高任职能力。它包括基本条件、核心标准和参考项三部分，其中核心标准是主体，由必备知识、行为、技能和素质构成。每一个标准包含诸多单元、要素和标准项。

4. 任职资格认证

任职资格认证是指为证明申请人是否符合相应任职资格标准而进行的鉴定活动，包括计划、取证、判断、反馈、记录结论等。相同工作性质（职类）的人员按照统一的标准进行程序公正的认证，以保证认证结果的客观性，真实反映员工持续贡献的任职能力。任职资格认证要经过申请（个人或主管推荐）、基本条件审核、自评、主管或评议小组认证评议、公司批准、结果反馈几个环节，以确保认证程序的公正和透明。

5. 任职资格结果的应用

任职资格结果的应用包括：作为薪酬发放的依据；作为培训需求的重要来源，培训体系根据各类别任职资格标准的要求，进行课程体系建设；作为职位说明书任职要求的补充和细化，用于招聘中参考确定拟聘职位的考察标准；指导员工日常工作的改进。

资料来源：吴春波．华为的素质模型和任职资格管理体系．中国人力资源开发，2010（8）：60-64.

（二）基于任职资格的薪酬

如果说技能/知识薪酬主要是根据员工掌握的专业技术水平支付薪酬，胜任力薪酬主要是根据员工掌握的胜任力等级支付薪酬，那么任职资格薪酬就是根据员工被认定的任职资格等级支付薪酬。这种任职资格包括对员工的知识技能、工作经验、工龄、以往绩效、同事评价、现场答辩等诸多方面的综合评定，具体内容取决于企业设定的任职资格标准。

基于任职资格的薪酬体系具有以下优点：

首先，基于任职资格的薪酬体系可以更加有效地传递组织的战略和期望。知识、技能和胜任力薪酬只是传递了组织对员工能力提升的期待，但是企业希望员工的资历、工作经验、以往业绩、同事合作等要素也能在薪酬决定中起到一定作用，这是传统的能力薪酬无法实现的，需要通过任职资格薪酬来实现。

其次，任职资格薪酬依托于职位体系，需要对职位进行职类划分并设计每个职类的纵向等级。它清晰地规划了每类员工的职业晋升通道，同时具备薪酬和职业发展的双重激励作用，符合知识经济时代的要求。

最后，基于任职资格的薪酬体系更加符合中国企业的需要。鉴于中国人力资源管理实践的发展阶段，完全基于能力的薪酬体系对中国企业来说未必适用，因此企业在具体实践中通常会进行调整。任职资格薪酬实现了职位与能力的结合，既鼓励员工能力提升，也重视员工的资历、经验、绩效、品德等要素，是一种更为系统的解决方案，比较符合中国企业的实际需求。

二　任职资格薪酬体系的设计流程

（一）划分职类、职种、职层

1. 职类、职种划分

职类、职种划分是指依据任职者所需的知识、技能以及工作责任的相似性将职位进行归类。在具体划分时，首先依据较为粗略的标准将所有职位划分为几大职类，如管理类、市场类、技术类等；然后在每个职类中将职位进一步划分为几大职种，如管理类中可以划分出人力资源管理、财务管理等。

2. 职层划分

根据任职者所需的知识、技能水平以及责任大小的差异性进行职层的划分，从纵向的角度将各职种划分为不同层次（见表 4-11）。

表 4-11　职类、职种、职层划分示例

职位	职类	职种	职层
所有职位	职类 A	职种 A-1	高层
			中层
			基层
		职种 A-2	高层
			中层
			基层
	职类 B	职种 B-1	高层
			中层
			基层
		职种 B-2	高层
			中层
			基层

即时案例

互联网领军企业的职类、职级划分

百度、阿里巴巴、腾讯、新浪是国内互联网行业的领军企业，其内部人员职类、职级的划分如下：

百度的职位分成四条线，分别为技术序列 T、产品运营序列 P、后勤支持序列 S 和管理序列 M。其中技术序列为 T3～T11，产品运营序列为 P3～P11，后勤支持序列为 S3～S11，管理序列为 M1～M5（每一级分为两个子级，如 M1A，M1B）。

阿里巴巴的职位共划分为 P4～P13 十个等级，依次代表助理工程师、工程师、高级研发工程师、专家、高级专家、资深专家、研究员、高级研究员、科学家、高级科学家。同时，P 序列和管理 M 序列存在一定的对应关系：主管 M1 ＝P6，经理 M2＝P7，资深经理 M3＝P8，总监 M4＝P9，资深总监 M5＝P10，副总裁 M6 ＝P11，资深副总裁 M7＝P12，子公司 CEO 或集团其他高管 M8＝P13，董事长 M9＝P14。在阿里巴巴，只有 P6（M1）以上才算公司的中层。

腾讯按照岗位划分出四大通道，内部也叫“族”，其职级体系分六级，技术通道简称 T 族、项目通道简称 P 族、市场通道简称 M 族、职能通道简称 S 族。在技术序列中，T1～T6 分别代表助理工程师、工程师、高级工程师、专家工程师、科学家、首席科学家。T1～T4 每个等级下设三个子等级，即基础、普通、专业。

新浪划分了 L1～L6 六个等级，依次代表助理工程师、工程师、高级工程师、资深工程师、首席工程师、技术院士。每个等级内部有 A，B 两个子等级，这样就形成了 12 个等级。

可以看出，各公司在等级设定方面既有共性也有差异。这几个公司的技术序列的等级对照表如表 4－12 所示。

表 4－12　各公司等级对照表

公司	等级	等级	等级
百度	T6＋	T7	T8＋
阿里巴巴	P7	P8	P9
腾讯	T2. 3～T3. 1	T3. 2～T3. 3	T4
新浪	L3-B	L4-A	/

事实上，除了表面看到的这些等级，这四家公司对于技术人员的等级划分还有如下两点共性：一是都为应届生预留了专属的等级，例如 L1，T1。二是随着等级的升高，相应能晋升到该等级的人数显著减少，呈金字塔状。通常来说，金字塔的中上部已是人迹罕见，顶部则往往处于长期空缺状态。

（二）建立任职资格标准体系

接下来，企业应当建立任职资格标准体系，这是任职资格薪酬的关键流程与重要基础，具体而言，包括三个步骤。

首先，根据职类、职种划分情况成立各职种的任职资格编写小组，小组成员必须是熟悉该职种工作且对企业十分了解的人。

然后，每个小组在专家的指导下，梳理本职种的任职资格要素并达成共识。

最后，对各要素进行分级并描述各级别的要求。

（三）进行职种价值评价，建立职种薪等表

员工的任职资格薪酬由两大因素决定：一是其任职资格等级。员工在某个职种的任职资格等级越高，薪酬越高。二是员工所在职种。有些职种的任职资格要求高于其他职种，因此薪酬也高。

在同一职种中比较任职资格的高低相对容易，但是不同职种之间的比较相对困难。在职种价值评价的具体操作中，企业首先应当成立评价小组，该小组应由人力资源部、各主要部门中层以上人员组成；然后应当明确职种价值评价的标准，一般而言标准包括专业知识、经验与成果、技能标准、绩效要求和行为标准等方面；接下来由小组成员依照标准对每个职种的最高任职资格和最低任职资格进行打分，得出该职种的价值范围，然后将该范围划分为若干区间，这样就得到了所有职种的价值评价结果（见表 4－13）。

表 4－13　　职种评价结果示例

职类	职种	最低任职资格等级得分	最高任职资格等级得分
职类 A	职种 A-A	720	1 150
	职种 A-B	540	1 060
职类 B	职种 B-A	230	870
	职种 B-B	420	920
	职种 B-C	260	850
	职种 B-D	340	840
	职种 B-E	220	630
职类 C	职种 C-A	80	820
	职种 C-B	60	770
	职种 C-C	320	860

得到职种评价结果后，根据评分结果划分的不同区间，结合薪点表，确定每个分数区间对应的薪等，就得到了职种薪等表（见图 4－3）。职种薪等表建立之后，企业就可以结合任职资格体系确定各个任职资格等级对应的薪等（见图 4－4）。

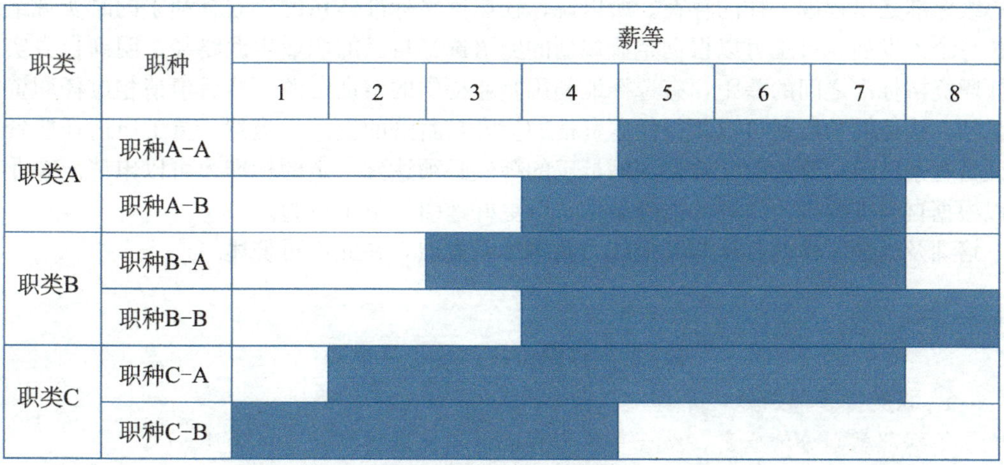

图 4－3　职种薪等表

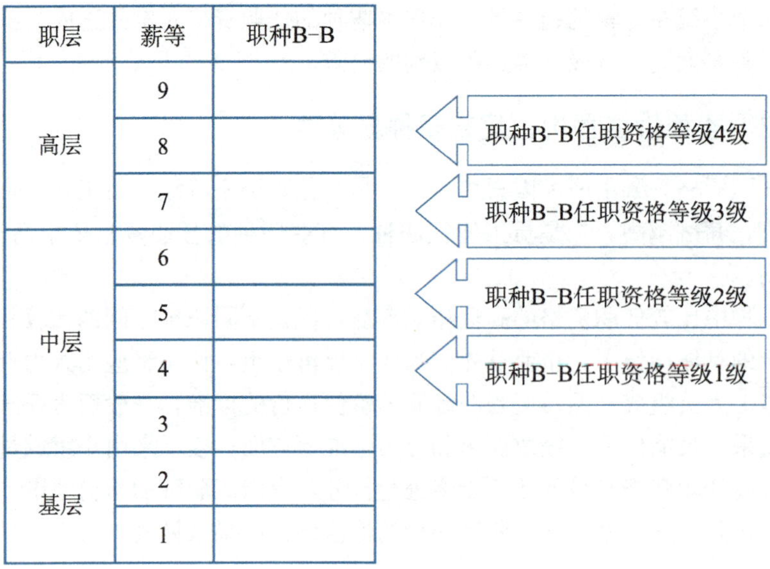

图 4-4　任职资格与薪等对照图

（四）确定员工薪点

基于任职资格的薪酬是综合考虑了职位与能力的薪酬方案，所以在确定员工薪酬时应当考虑两方面的内容。一是企业应当对员工的任职资格等级进行认证，根据任职资格等级确定员工的薪等。二是在确定员工的薪等之后，企业还应当确定员工的薪级。如果企业由职位工资制过渡至任职资格工资制，那么企业可以根据员工原先的职位工资确定薪级；如果企业直接实行职能工资制，那么在建立任职资格标准体系时同样需要对各职种内的职位进行梳理，可以此为依据确定员工的薪级（彭剑锋，2003）。

（五）任职资格再认证与培训

任职资格薪酬与其他能力薪酬一样，需要完善的培训体系和认证体系配合。对于任职资格薪酬来说，划分职种、职类并建立任职资格标准体系不仅为企业实施任职资格薪酬奠定了基础，更重要的是为员工的职业生涯规划了跑道，在这些跑道上一个又一个的任职资格等级标准是里程碑一样的存在。所以说，任职资格标准体系的建立有利于同时实现组织成长与个人发展。员工可以根据企业规划的跑道选择自己的职业生涯路径，明确自身实力与任职资格标准之间的差距，有选择地利用企业提供的培训资源，然后申请相应任职资格的认证，认证成功后就可以获得任职资格的提升与薪酬的上涨。当然，员工申请任职资格认证是有条件的，譬如前文曾提到的员工的绩效必须达到一定的标准才可以申请。企业也可以根据自身需要确定认证的前提条件，以更好地引导员工行为。

培训及认证工作的实施与其他能力薪酬体系类似，在此不再赘述。

即时案例

BC 集团任职资格薪酬设计流程

1. 职类、职种划分

根据职类划分的原则，结合集团实际，对职类进行划分（见表 4-14）。

表 4-14 BC 集团职类划分结果

职类名称	划分要素	包含职位
管理类	对企业经营管理系统的高效运行和各项经营管理决策的正确性承担直接责任	总裁、副总裁、总监、总会计师等
技术类	对企业产品和技术的先进性承担直接责任	设计师、工艺师等
市场类	对企业产品品牌及市场占有率承担直接责任	区域经理、业务员等
专业类	为管理系统所提供的专业管理资讯与参谋及管理服务的质量承担直接责任	财务、办公室、人力资源等相关职位

在职类划分明确之后，根据更详细的相似性规则，将各职类分解成不同的职种。专业类人员的职种划分如表 4-15 所示。

表 4-15 BC 集团专业类人员职种划分结果

职种	划分要素	包含职位
计划财务	对集团计划、财务的数据及时、准确、完整承担直接责任	财务部经理、财务主管、会计主管等
融资投资	对集团上市资料数据、投资论证资料数据提交的及时性和完整性承担直接责任	投资发展部经理、主管等
人力资源	对人力资源的结构优化以及能力提升承担直接责任	人力资源部经理、主管等
综合事务	对日常事务处理的及时性以及准确性承担直接责任	办公室主任、行政主管、行政助理、前台文员等

在就任职要求和应负职责进行相似性比较，确定了职类、职种的划分之后，从差异性的角度出发，对公司现有职位按表 4-16 中的定义进行职层划分。

表 4-16 BC 集团职层划分标准

职层	划分标准
高层	把握企业经营方向，设定发展目标，设计和改进业务系统，组织业务创新，培养接班人及中层人才
中层	参与业务系统的规划设计，制定本业务系统的标准及规范，监督指导下属工作，提高本系统的工作效率；培养下属的核心专长与技能
基层主管	熟练掌握业务技术和方法，能独立完成工作任务，能够对工作方法提出创新意见或建议，传授基层职员业务技能
基层职员	在工作岗位上严格执行工作标准，熟练掌握业务技术和方法，能够依据标准独立完成工作任务

在职层划分的基础上对职位价值进行评估，确定职位价值序列。

2. 建立任职资格体系

在任职资格评估体系的导入阶段，BC 集团仅依据员工的知识、技能、经验、个人的绩效等相对客观的因素制定任职资格标准体系。在任职资格评估体系导入后，BC 集团着手建立评价指标体系，不断完善公司的任职资格体系。

3. 建立薪点表

BC 集团依据企业实际情况制定薪点表，然后结合职位评价结果建立公司的职种薪等表，表 4-17 为 BC 集团薪点表部分等差、级差。

表 4-17 薪点表等差、级差表

职等	等差	级差
4	200	200
5	200	200
6	≥300	300
7	300	300
8	≥600	500

4. 任职资格评估

BC 集团任职资格评估要素如表 4-18 所示。

表 4-18 BC 集团任职资格评估要素

评估要素	权重	评分办法
知识（学历、职称、技术等级）	30%	学历、职称或技术等级符合任职要求计 80 分，低于要求扣 10 分，高出 1 个等级加 10 分，最高 100 分
经验	30%	相关工作经验符合要求计 80 分，超出 1～2 年加 10 分，2～5 年加 20 分，最高 100 分
上年度考核绩效	30%	上年度综合考评绩效成绩为 B 计 80 分，高出 1 个等级加 10 分，最高 100 分，低 1 个等级扣 10 分，未参加考评按 80 分暂计
本集团工龄	10%	本集团工龄 1 年以内计 80 分，1～3 年计 85 分，3～5 年计 90 分，5 年以上计 100 分
加分项	/	近两年受年度嘉奖加 1～2 分/次

综合计算考评结果后，总评分在 80～85 分的，从标准起薪级起薪，每增加 5 分提高一个薪级，最多提高三个薪级；每减少 5 分，降低一个薪级，最多降低两个薪级。

5. 员工薪点确定

确定员工薪点数时，需考虑员工所处的职等和薪级两个因素，确定流程如图 4-5 所示。

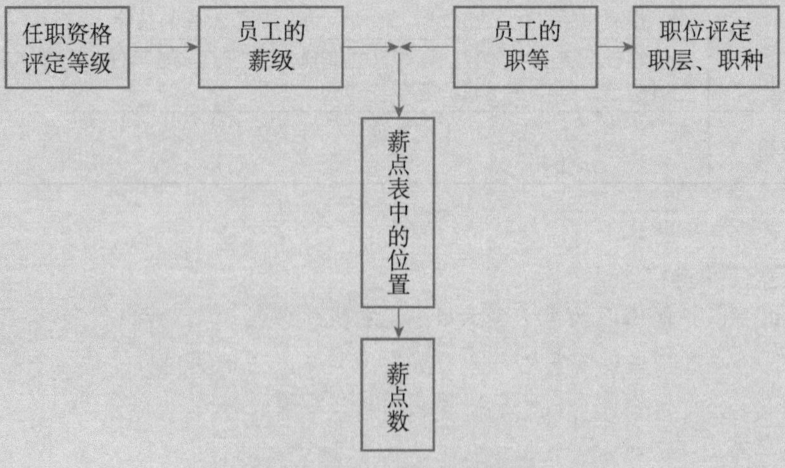

图 4-5 员工薪点确定流程

资料来源：吴从戎．BC 集团基于职能的薪酬体系研究．武汉：华中科技大学，2008.

三　小结

本章分别介绍了技能薪酬、胜任力薪酬及任职资格薪酬，三者同属能力薪酬，都是以人为中心的薪酬体系，但是在支付依据、能力来源、实施前提、适用对象等方面存在一定的差异，具体如表4-19所示。

表4-19　　四种能力薪酬比较

<table>
<tr><th>四种能力薪酬体系</th><th>支付依据</th><th>能力来源</th><th>实施前提</th><th>适用对象</th><th>总体特征</th></tr>
<tr><td>技能薪酬</td><td rowspan="2">知识技能，侧重冰山海平面上的特征，比较具体</td><td rowspan="2">通过工作分析明确工作的技术、知识的要求</td><td rowspan="2">基于技能深度和广度的技能模块</td><td>蓝领员工及专业技术工人</td><td rowspan="2">来源于工作任务，相对具体和微观</td></tr>
<tr><td>知识薪酬</td><td>技术工人及专业管理、服务、研究人员</td></tr>
<tr><td>胜任力薪酬</td><td>广义能力，侧重冰山海平面下的特征，较抽象</td><td>与企业愿景、战略紧密联系</td><td>企业的胜任力模型</td><td>中高层职业经营管理者及技术专家等白领人员</td><td>战略导向性强</td></tr>
<tr><td>任职资格薪酬</td><td>综合了知识、技能、经验、个性等能力因素</td><td>与任职资格体系相联系，强调薪酬与职业生涯的结合</td><td>企业的任职资格体系</td><td>专业性的管理类、技术类和服务类人员</td><td>综合性更强，更具实用性</td></tr>
</table>

本章小结

本章主要介绍了基于能力的薪酬体系，基于能力的薪酬体系和基于职位的薪酬体系是目前两类最为重要的薪酬体系。由于能力薪酬体系中“能力”的界定和适用对象不同，能力薪酬可以细分为技能薪酬、知识薪酬、胜任力薪酬、任职资格薪酬等。就设计流程而言，这些能力薪酬体系具有共性，主要包括能力分析与评价、能力定价、员工能力鉴定、能力与薪酬挂钩、能力再认证与培训等步骤。

关键词

能力薪酬　技能薪酬　知识薪酬　胜任力薪酬　任职资格薪酬

思考题

1. 能力薪酬是什么？有什么优势和不足？
2. 能力薪酬分为哪几种？每一种有何应用？
3. 能力薪酬体系设计的流程是什么？需要注意什么？
4. 能力薪酬应用的关键要素是什么？未来能力薪酬是否可能成为主流？为什么？

参考文献

案例分析

是否应该支付技能薪酬?

在对薪酬体系做了几次调整后，L公司建立了焕然一新的薪酬管理体制。一时间，员工士气大振，满意度、缺勤率、流动率和工作效率都较以前有了很大改善，总经理暗地里松了一口气。然而，好景不长，公司很快因为薪酬问题再起争端。在一次高层会议上，财务总监提出：财务部门有名员工日前取得了“英国皇家注册会计师证”(CPPA)，公司应该给其加薪以资鼓励。而人力资源总监马上提出异议：员工取得资格认证是私人的事，公司没有必要理会；如果所有取得资格认证的员工都加薪，公司将无力承担这一高昂成本。双方各执一词，难分难解，其他管理高层也各有各的意见。面对这种局面，总经理只能感叹：“企业薪酬管理实在是一件复杂的事情。”

那么，是什么原因导致了这次薪酬争端？从根本上讲，财务总监和人力资源总监的分歧源自他们对薪酬管理理念的不同认知，即企业是否应该根据员工个人所掌握的与工作有关的技能和知识支付薪酬，亦即企业是否应该支付技能薪酬。

讨论题

1. 岗位技能工资协商制的优点是什么？它为企业和员工个人带来了哪些好处？

2. 你认为企业在实施这种制度时会遇到什么困难？对于解决这些困难你有什么建议？

3. 你认为这种制度存在的问题有哪些？你如何评价这种制度？

第 5 章 短期激励

奖励什么，就会得到什么。

——米契尔·拉伯福

学习目标

1. 掌握绩效、绩效管理和绩效薪酬的概念
2. 掌握基于个人绩效的短期激励计划
3. 掌握基于团队和组织绩效的短期激励方式
4. 了解认可奖励计划的主要内容、作用和意义

引例

小张的困惑

小张通过一番努力，终于应聘上向往已久的A保健品公司。小张觉得这个工作来之不易，因此工作特别努力，每天拜访好几家新客户，甚至每天回家后花大量时间从报纸上收集客户信息。一个月过去了，小张的工作状态越来越差，越来越打不起精神。两个月之后，小张向公司提出了辞职申请。为招聘到优秀的人才，公司花了大量精力和财力。小张是本次招聘的新员工中的佼佼者，在公司的表现也很突出，为什么刚刚上手就要提出辞职呢？人力资源部经理在同小张的深谈中了解到小张辞职的原因，同时也意识到了公司管理中存在的问题。

原来，小张在进公司之前了解到，在A公司，不论是新业务员还是老业务员，底薪和提成都一视同仁，提成均按销售额的5%计算，相比其他几家公司，A公司的薪酬制度比较有竞争力并且相对公平。慢慢地，小张发现，尽管自己每天不停地打电话、跑客户，但销售业绩还是远远落在两位老业务员后面。第一个月工资发下来，老员工比小张多出十几倍，小张很难受，也很苦恼。

新员工的业绩低一些很正常，可是，仔细观察可以发现，公司的两部客户咨询专用电话都放在两位老员工的办公桌上，只要有客户打电话，就被两位老员工据为己有。由于A公司做了许多广告，客户咨询电话非常多。老员工只要坐在办公室，守住电话，便可以掌

握大量新的优质客户，而小张这一批新进员工只能自己开发新客户。小张愤愤地说："客户资源是公司的，现在却被两位老员工据为己有。我们新员工再怎么努力，业绩与每天坐在办公室的老员工相比还是相去甚远，只能另谋出路。"

公司也知道这样做不公平，曾经计划采取措施改变这种状况，但是，两位老业务员掌握了公司主要的客户，公司的销售主要靠他们。而且，公司的几个大客户都是他们以前开发的，与他们的私人关系很好。如果调整销售制度，公司担心两个老业务员跳槽。但是，这种状况不改变，公司就留不住新人。对此，公司感到很头疼。

那么，究竟应该如何衡量员工的绩效？绩效结果如何与员工的薪酬挂钩才是合理的？

资料来源：改编自网络。

第1节 绩效、绩效管理和绩效薪酬概述

一 什么是绩效和绩效管理

绩效（performance），也被译为表现、业绩等。学者们对绩效一般有三种理解——结果、行为和能力。将绩效视为结果的观点认为，绩效实际上是指个体行为的结果。Bernardin 等（1992）将绩效定义为，在特定的时间内，由特定的工作职能或活动产生的产出。将绩效视为行为的观点认为，绩效是指个体在工作场所的行为。Murphy（1990）将绩效定义为一系列与组织或个体所在部门的目标相关的行为，认为"业绩不是行动的后果或结果，它本身就是行动"。将绩效视为能力的观点将工作行为与胜任特征相联系，有两种说法。一种说法认为，能力是个人的潜在特性，基于能力的评价是一种"向前看"的绩效管理方式。另一种说法认为，能力是一种明显的能使个体胜任某项工作的行为。而在实践中，一般认为绩效是指组织所期望的为组织带来价值的能够评估的行为及结果。

一般可以将企业绩效分为三个层面：组织绩效、部门（团队）绩效和员工绩效。组织绩效衡量的是企业的发展战略和整体经营目标的实现情况。绩效管理的重要工作之一是将企业的战略逐级分解到部门和个人，只有每个级别的绩效管理工作形成一个有机的整体，企业才能有良好的绩效表现。所以，绩效管理需要通过一定的方法和制度确保企业及其子系统（部门、流程、工作团队和员工个人）的工作表现和业务成果与组织的战略目标保持一致，从而促进组织战略目标实现。

Borman and Motowidlo（1993）、Motowidlo and Scotter（1994）等学者提出了任务绩效和周边绩效的概念。任务绩效（task performance）是与具体职务的工作内容密切相关，也与个体的能力、完成任务的熟练程度和工作知识密切相关的绩效，包括直接运用技术完成工作，或间接为技术运用提供材料与服务。周边绩效（contextual performance）是指那些通过提供能够促进任务绩效发生的良好环境来帮助组织提升效率的行为，这些行为虽然与组织的技术核心的维护和服务没有直接关系，但是从更广泛的企业运转环境与长期战略发展目标来看，这些行为非常重要，是任务有效完成的催化剂。

任务绩效应该是绩效考核最基本的组成部分，对任务绩效的考核通常可以采用质量、数量、时效、成本、他人的反应等指标。周边绩效的内涵相当广泛，包括人际因素和意志

动机因素。Borman and Motowidlo（1993）提出了周边绩效的五种行为：在工作时表现出超常的工作热情和努力、主动执行不属于本职工作的任务、工作时帮助别人并与别人合作、遵循组织规则和程序、支持和维护组织目标。

任务绩效和周边绩效都应该包含在绩效管理体系中，因为前者对于组织的核心技术很重要，后者对于客户满意度和团队合作有深远的影响。LePine等（2000）认为，周边绩效（比如对完成任务的社会、组织和心理环境有益的个人行为）是团队合作的基础，任务绩效（比如直接关注或支持完成任务的个人行为）是任务工作的基础。

近年来的趋势是越来越重视将绩效考核的范围拓展到所有对组织产出有利的行为。周边绩效和任务绩效必须分开考虑。正如Motowidlo and Scotter（1994）所说，任务绩效与周边绩效独立地贡献于整体绩效。经验与任务绩效的相关性更高，人格与周边绩效的相关性更高。任务绩效与周边绩效之间有很大的差别。在管理者眼中，任务绩效优秀并且在周边绩效上具有较高奉献度的员工才是真正的高绩效工作者，更适于晋升（Jawahar and Ferris，2011；Bish and Kabanoff，2014）。任务绩效与周边绩效的区别如表5-1所示。

表5-1　任务绩效和周边绩效的主要区别

任务绩效	周边绩效
各职位间不同	各职位间很相似
很可能是角色事先规定的	不大可能是角色事先规定的
达成的前提：能力和技能	达成的前提：个性

绩效管理体系是指各级管理者和员工为了达到组织目标共同参与绩效计划制定、绩效辅导沟通、绩效考核评价、绩效结果应用、绩效目标提升的持续循环过程。对于企业来说，绩效管理是实现企业战略落地的有效途径。通过绩效管理，企业能够把组织战略和发展目标层层分解，确保员工的工作活动和产出与组织的目标一致，借此赢得竞争优势。因此，绩效管理在员工绩效和组织目标之间建立直接联系，从而使员工对组织做出的贡献变得清晰。对于员工个人来说，绩效管理是员工明确自我认知、紧跟企业战略方向、不断改进自身工作的重要助力，也是员工获得绩效薪酬的主要依据。此外，绩效考核结果往往与员工的培训、晋升、个人职业生涯发展息息相关。

二　绩效管理的基本流程和方法

绩效管理是一个遵循PDCA步骤的持续循环的过程，包括制定绩效目标与计划、绩效计划实施与辅导、绩效考核与评定、绩效反馈与结果应用四个步骤，绩效考核只是其中一个环节。企业如果只重视绩效考核的环节而缺少必要的制定绩效计划、绩效辅导等过程，绩效管理必然达不到理想效果。

（一）制定绩效目标与计划

绩效管理的第一步是制定绩效目标与计划，这是绩效管理流程的起点和基础。在制定绩效目标与计划时，绩效考核指标的确定是最关键的内容，常见的方法包括目标管理、关键绩效指标、平衡计分卡等。

目标管理（management by objective，MBO）源自美国著名管理学家彼得·德鲁克

(Peter Drucker）提出的管理思想。德鲁克认为，并不是有了工作才有目标，而是有了目标才能确定每个人的工作。管理者将企业的使命和愿景转化为组织整体的发展目标，再经过层层分解将其转变成各个部门以及个人的分目标，根据分目标的完成情况对下级进行考核、评价和奖惩。

关键绩效指标（key performance index，KPI）的理论基础是二八原理，即一个企业在价值创造过程中，每个部门和每位员工 80%的工作任务是由 20%的关键行为完成的。所以考核工作的主要精力要放在这 20%的关键行为上，通过对少而精的关键绩效指标的考核与管理来提高工作成效。

平衡计分卡（balanced scorecard，BSC）是由卡普兰（Robert S. Kaplan）和诺顿(David P. Norton）提出的，它把愿景和战略置于中心地位，从财务、客户、内部流程、学习与成长四个维度进行指标设计，目的在于实现财务和非财务指标的平衡、长期和短期指标的平衡、外部市场和内部流程指标的平衡、结果和过程指标的平衡。

在确定具体的考核指标和标准时，需要遵循 SMART 原则：

S：具体的（specific）——反映阶段的比较详细的目标。

M：可衡量的（measurable）——量化的。

A：可达到的（attainable）——可以实现的。

R：相关的（relevant）——与公司、部门目标的一致性。

T：以时间为基础的（time-based）——阶段时间内。

（二）绩效计划实施与辅导

绩效管理的第二步是管理者对员工的绩效计划实施过程进行监控与辅导。

绩效监控与辅导，即管理者要定期或不定期关注员工的工作状况，收集绩效信息并做好记录，特别关注关键绩效指标的变化，掌握计划执行效果与原定绩效标准之间存在的差异，及时获得员工的反馈，明确员工的优势与不足，尤其是在员工工作遇到困难时，应当和员工充分沟通，帮助员工分析问题，为问题的解决提供必要的支持，保证绩效计划的正常开展和绩效目标的顺利达成。

在绩效计划实施与辅导中，各级管理者承担着非常关键的角色。绩效管理与传统的绩效考核不同，强调绩效计划实施与辅导，充分体现了对过程管理的重视而不仅仅是对工作结果的评价。各级管理者需要和员工一起将绩效计划分解，设定更加详细的阶段性目标和工作计划，对阶段性目标及时检查，及时获得员工的反馈，搜集与记录绩效信息，并对存在的问题进行分析和辅导以保证员工绩效目标的完成。其中，直线经理在绩效辅导中的作用十分重要，是绩效文化形成和维持的关键。具备教练、咨询和指导能力的基层管理者能够带来更好的绩效结果。能够成为一个好的教练、咨询师和指导者，对个人的发展也十分关键（Stone，2007）。

（三）绩效考核与评定

绩效管理的第三步是管理者对员工在一定周期内的绩效结果进行评价，也就是传统意义上的绩效考核。主要的评价方法包括图尺度评价法、强制分布法、关键事件法、行为锚定等级考核法、360 度考核法、排序法、配对比较法等。下面简要介绍其中的几种评价方法。

图尺度评价法，即首先选出要考核的要素，对每个考核要素进行由高到低不同等级的定义和描述，一般分为从“优秀”到“不合格”几个等级，然后评估者根据被考核者的实际工作状况就表中的不同要素进行等级评定，按照特定的计分公式计算出总分。一般是各项要素的单项得分乘以相应权重后加总，然后根据总分确定被考核者的最终等级。该方法简单、易懂、实用，应用广泛，但也存在标准制定困难、尺度难以把握等问题。

强制分布法，即事先规定每个等级在被考核者总数中所占的比例，一般呈现“两头小、中间大”的正态分布。例如，“优秀”占 10%、“良好”占 20%、“中等”占 40%、“合格”占 20%、“不合格”占 10%。根据被考核者的考核结果将其强制分布到各个等级中。该方法等级清晰、操作简便、强制区分、激励性强、便于管理，但可能由于形成过大压力而造成员工满意度降低。

关键事件法，是由考核者通过观察和记录被考核者在关键事件中的行为和结果——包括正面和负面的关键事件，来对被考核者的工作绩效进行评估的方法。关键事件的观察和记录的要点可以概括为 STAR，即情境（situation）、目标（target）、行动（action）和结果（result）。关键事件法的优点在于能够提供确切的事实证据，而且长期规范的观察和记录能够避免评价中的近因效应。但其缺点也十分明显，如成本较高、主观随意性大、可能忽略平均绩效水平等。

行为锚定等级考核法结合了行为描述和等级量化的优点，该方法为每个绩效指标都设计出一个等级评价量表，表上每个等级的绩效标准均通过对工作中某一关键事件的客观描述性说明来界定，从而将关键事件的叙述量化。所以，行为锚定等级考核法的等级标准具体明确，容易理解，导致评价准确且能抓住工作重点。但是绩效标准的设计和制定过程比较复杂，要求较高。

360 度考核法，即根据与被考核者有直接工作关系的多个主体的评价反馈对其进行绩效考核，这些主体一般包括上级、下级、平级同事、内外部客户和供应商、被考核者自己等。360 度考核强调多评价主体和多信息来源，从而能够形成较为全面客观的评价，具有较高的信度和效度；能够让被考核者增强服务意识，同时注重任务绩效和周边绩效，有利于自我发展。但是，该方法涉及范围广、成本高，各个主体都有自己的立场和视角，难有统一的判断标准，难免存在偏差。

（四）绩效反馈与结果应用

绩效管理的第四步是管理者对员工进行绩效反馈，并将结果运用到人力资源管理的其他相关模块。

最有效的绩效反馈是面对面的方式，通常涵盖以下内容：(1) 向员工具体说明其在考核周期内的绩效状况的最终考核结果，对取得这一考核结果的原因进行分析，对绩效优异者进行鼓励，总结成功经验，对绩效较差者要探讨问题所在。(2) 在充分沟通的基础上，和员工一起制定下一个周期的绩效改进目标与计划。绩效面谈后，双方都应该认真总结，将经验和教训运用到下一个绩效周期的工作中。

此外，考核结果还要应用到员工的薪酬调整、职位调动、培训开发等方面。一方面，实行浮动工资制的企业会将员工的绩效考核结果与薪酬挂钩、奖优罚劣，以增强对员工的激励。另一方面，绩效考核结果还可以作为职位调动的依据。通常，绩效优异者更容易获得晋升机会；而对绩效较差的员工，则要考虑是否对其所欠缺的知识和能力进行培训，若员工仍达不到要求，就要考虑降级或是调动到其他岗位上，以实现企业人力资源的优化配置。

绩效反馈对绩效的促进作用已经在众多组织中得到验证，并且多数情况下绩效反馈是与其他激励措施配合使用的。比如 Rose and Ludwig（2009）通过对一家游泳馆救生员的调查发现，配合大奖金礼包进行的绩效反馈大幅提高了总体绩效（从 45.1%提升到 76.9%）。

三 绩效薪酬概述

（一）什么是绩效薪酬

绩效薪酬（pay for performance）是与工作绩效相联系的一种薪酬形式，包括短期奖励和长期奖励两种类别，其具体形式包括个人绩效薪酬、团体绩效薪酬、组织绩效薪酬三种类别（曾湘泉，2010）。在相关文献中出现过激励性薪酬（incentive pay）、可变薪酬（variable pay）、绩效奖金（bonus）等词语，这些属于绩效薪酬的不同表达方式或是特指某种形式的绩效薪酬。在实践中，绩效薪酬表现为多种多样的形式，具体采用哪种激励计划取决于组织的战略目标、文化、经济能力以及组织期望达到的激励效果。

绩效薪酬由来已久。早在 19 世纪晚期，为了改变“磨洋工”现象，科学管理之父泰勒提出一种具有很大刺激性的报酬制度——差别计件工资制，即按照工人的不同产量水平采用不同的计件工资率。如果工人能够保质保量地完成定额，就按高的工资率付酬，以资鼓励；如果工人的生产没有达到定额，就按低的工资率付酬，并给予警告，工人如不改进，就要被解雇。

随着工作的变化，许多目标的达成越来越需要团队成员之间的合作，因此针对团体的绩效薪酬开始出现，如斯坎伦计划、拉克计划、分享生产率计划等。除了短期激励，员工持股计划、限制性股票、期权激励等长期激励方式也开始流行。如今，多种多样的基于绩效的薪酬激励计划在企业中得到广泛应用，甚至某些国家的政府部门（如美国联邦政府）以及一些非营利组织（我国的事业单位）也在使用各种基于绩效的薪酬激励计划。

（二）绩效薪酬的优势

绩效薪酬的优势包括以下几点：

首先，绩效薪酬有利于激励员工达成绩效目标，提高个体效率和组织经营效率。管理者和员工的绩效目标是根据组织的发展战略和业务目标层层分解得出的。把员工的薪酬与不同层级的绩效目标挂钩，让员工只有在达成绩效目标的情况下才能获得更高的薪酬，这让员工具有更大的动力去努力工作，完成并超出各项绩效目标。这种薪酬和绩效的联系机制起到改变员工的工作行为、提高员工的工作效率，最终改善企业整体的经营效果的作用。众多实证研究证明，绩效薪酬能够提升员工工作满意度和绩效表现（Porter et al.，1975；Fitz Roy and Kraft，1987）。

其次，绩效薪酬能体现个体差异，增加员工公平感。员工个体之间的绩效表现不同，所获得的绩效薪酬也有差异。多干多得，少干少得，这是一种奖优罚劣的管理手段，在有明确绩效依据的情况下，能够增加员工的公平感。表现较差的员工能够清楚地知道自己薪酬低的原因所在，从而明确自己努力的方向。

最后，绩效薪酬设计能降低企业固定成本压力，使企业更适应经营环境的变化。不同于固定工资，绩效薪酬是随员工绩效变化的，员工绩效好往往意味着给企业带来更高的效益，所以员工的绩效薪酬总额在一定程度上与企业的效益挂钩。在企业效益不好时，绩效薪酬的总额会在一定程度上随之降低，从而降低企业发放员工薪酬的压力。这种方式具有较好的弹性，能够让企业更好地适应经营环境的变化。

（三）绩效薪酬的实施要点

1. 薪酬管理和绩效管理有效衔接

绩效薪酬的实施需要有效衔接薪酬管理和绩效管理。从薪酬管理角度看，绩效薪酬根据员工绩效结果的不同给予区别对待，因此客观公正的绩效考核是实施绩效薪酬的前提，绩效考核要为薪酬分配提供准确的依据。从绩效管理角度看，绩效薪酬的实施是绩效考核结果的主要应用，绩效薪酬是绩效管理的重要组成部分。无论从哪个角度而言，绩效薪酬都要求组织制定一个能准确反映个人贡献的业绩评价系统。但在管理实践中，设计一个客观、公正的绩效评价系统永远是一个难点。因此，很多企业绩效薪酬的实施并没有取得理想的效果，究其原因，很可能在于绩效评价体系本身而非薪酬体系设计。

2. 明确业绩和回报之间的联系

为配合绩效薪酬计划的实施，建议企业制定并公开各种绩效激励制度，详细规定各种绩效奖励计划的准入与退出条件、绩效奖励的标准、奖励的额度等。要确保各项激励制度简单、明晰，让普通员工都能理解并接受，将工资体系运作纳入整个企业的生产和经营运作系统。只要员工的工作行为与工作结果符合组织的期望，组织就应该及时奖励，以充分调动员工的工作积极性。

3. 让员工了解企业实际经营状况，注重员工参与

为配合各项绩效激励计划的实施，建议在不泄露公司机密的前提下，让员工了解企业的实际经营状况，甚至让他们参与计算奖金分享额度，从而增强员工对企业的责任感，最终提升员工、部门乃至整个企业的经营业绩。

4. 构建浓厚的绩效文化

浓厚的企业文化氛围和沟通机制能够让员工理解并接受绩效工资体系。拥有高绩效文化的企业能够清晰地向员工传递组织的目标和策略，告诉员工什么是成功以及如何成功。高绩效文化企业的员工愿意为企业绩效承担个人责任，有极强的参与意识、主动性以及对企业的自豪感。

IBM前总裁郭士纳曾经说过："拥有高绩效文化的公司一定是商业领域的赢家，而且员工对公司的忠诚度很高，不愿去其他任何公司。"GE公司前CEO韦尔奇认为："我们的活力曲线之所以能有效发挥作用，是因为我们花了十年的时间在企业里建立一种绩效文化。"高绩效文化的重要性可见一斑。

5. 重视以直线经理为核心的绩效沟通

企业在绩效管理的推行中面临很大的阻力。对员工而言，绩效考核不公或流于形式都会使员工利益受损，产生抗拒心理。对直线经理而言，绩效管理要求他们承担更多的管理责任。此外，很多企业的考核目的不明确，高层领导对绩效管理不重视，直线经理得过且过。此时，沟通显得尤为重要。

绩效管理沟通简称绩效沟通，是指管理者和员工之间就工作绩效相关问题进行正式的或非正式的反馈、探讨、帮助和沟通，从而促进绩效考核结果公平合理，促进个人与组织绩效改进，促进员工与组织共同成长，形成绩效管理的互动、协调、公开、公正的过程（林新奇，2015）。

如果把企业实施绩效薪酬制度看作企业想要向员工传递“个人薪酬与绩效挂钩”的信号，这个信号在传递过程中可能会被不同的员工解读成不同的样子（Guzzo and Noonan，1994）。尤其是员工认为绩效考核并不公平的时候，会觉得绩效薪酬是一种剥削，从而产生消极行为。Nishii（2008）和 Lawler（1981）等的研究证明，在企业政策推行过程中，与员工的沟通对员工对政策的理解和感受有明显的引导作用。组织中准确沟通的能力是组织计划成功实施的重要因素。直线经理作为企业政策的执行者，作为与基层员工距离最近的人，在绩效沟通中的作用非常关键。

绩效沟通贯穿绩效管理的始终，除了绩效管理项目引入时的沟通，还包括绩效计划中的沟通、绩效实施中的沟通、绩效评估中的沟通和绩效反馈中的沟通。绩效沟通的正式实施阶段都是以直线经理为核心的。表 5－2 展示了绩效沟通各阶段的要点。

表 5－2　绩效沟通各阶段要点

沟通阶段	沟通要点	主要责任人	其他参与者
项目引入沟通	绩效管理基本知识、管理人员绩效管理能力和技术培训、绩效导向的企业文化	人力资源部门	高层领导、部门经理、员工
绩效计划沟通	企业战略、绩效目标本身、绩效指标、采取的方法与措施、所需支持	直线经理	人力资源部门、员工
绩效实施沟通	工作进展、问题诊断与辅导、行为偏差校正、激励与监督	直线经理	员工
绩效评估沟通	工作回顾、总结	直线经理	员工
绩效反馈沟通	考核结果说明、绩效分析、绩效改进、考核结果申诉、考核结果应用	直线经理	人力资源部门、员工

观点碰撞

绩效薪酬的反面声音

■ 索尼前董事长天外伺郎指出，1995 年年底引入的绩效考评体系是索尼风光不再的罪魁祸首。“业务成果和金钱报酬直接挂钩，员工为了拿到更多报酬而努力工作”的绩效主义，让索尼失去了激情和挑战精神，变得越来越平庸。人们倾向于确定比较容易实现的目标，开始与公司玩起讨价还价的游戏。

■ 质量管理先驱戴明认为，“员工是为了金钱报酬才努力工作”的观点简直就是侮辱人性。基于结果的目标管理容易让员工追求短期利益而损害长期利益，内在激励是员工努力工作的重要驱动因素。过分强调外在激励会让内在激励逐渐弱化，进而变得越来越依赖外在激励。

■ 阿里巴巴的价值观是客户第一、团队合作、拥抱变化、诚信、激情、敬业，这被喜爱武侠小说的马云称为“六脉神剑”。每年年底的考评中，价值观考评拥有 50% 以上的权重，考评结果和奖金挂钩。

即时案例

绩效主义毁了索尼却成就了三星，问题出在哪里？

《绩效主义毁了索尼》的主要观点是：20世纪90年代中期之后，索尼引入美国式的绩效主义，扼杀了创新精神，最终导致索尼在数字时代的失败。土井利忠给“绩效主义”下了定义——业务成果和金钱报酬直接挂钩，员工为了拿到更多报酬而努力工作。这就是中国企业再熟悉不过的绩效薪酬制度。真的是这个东西毁了索尼吗？

一、绩效主义助推三星转型

1988年，李健熙接管三星，提出二次创业。其中一项重要举措是在三星推行“自律经营”，即将企业经营权和责任全部分配给具有专业资质的各分公司社长，由他们全权负责，让他们像企业的主人一样自主思考、自主决策、自主做事；企业赚到钱之后，拿出一部分奖励他们，即“明确经营的完全责任、赋予履职的足够权限、按照绩效奖励团队”的管理模式。

三星管理者和员工与公司绩效绑定的收入有两种，一种是半年一度评定的“PI”（生产率奖金），另一种是一年一度评定的“PS”（利润分享）。

PI的数额由半年度业务目标达成情况决定。每个部门、BU（业务单元）和公司按照EVA、现金流和每股收益等指标的半年达成情况被分为A，B，C三级。假如一个员工所在的部门、BU和公司都被评为A，这个员工就能拿到基本工资300%的奖金；如果不幸全是C，则一分钱也拿不到。比如2005—2006年，存储半导体、移动电话和TV部门的人员赚得盆满钵满，而非存储半导体和家电部门的人就惨了，全部是C，一分钱都没拿到。

PS其实是“超额利润分享”。三星总部每年都会给分公司下达利润目标，经营年度结束后，如果实际利润超过目标利润，则超出部分的20%作为奖金。2006年，三星电子超额利润达到2.52亿美元，当年提取用于员工分配的奖金高达5 040万美元。

来自美国的绩效主义起到了扭转三星既有的僵化体制、激活分公司经营团队、培养员工的主人翁意识和经营自主性、助推三星经营转型的作用。

二、绩效主义给索尼带来了什么

索尼自1994年导入绩效主义，其标志是公司制度。索尼将原来的事业部制改革为公司制，把计划和产品开发人员从总公司分散到每个公司。与“责任、权力、资源下沉”相配套，索尼导入了绩效薪酬制度。

改革前，索尼用两个指标考核业务单元负责人：收入和利润。改革后，除了这两个指标，还有ROE、ROA、现金流等上市公司考核指标，索尼将这些指标完成情况与经营者收入挂钩。1998年，索尼更进一步，考核重点变成了股东价值以及EVA指标，公司将EVA指标与管理者薪酬挂钩：业务单元管理者奖金的50%由公司业绩决定，25%取决于索尼整体业绩，剩下25%由个人目标管理决定。在公司员工层面，与三星类似，索尼导入绩效考核机制，并将考核结果与个人奖金和晋级结合。

索尼的公司制度和绩效薪酬在改革初始阶段（1995—1998年）确实达到了董事会所期望的“刺激收入、增加利润”的目标，1997—1998年连续两年收入、利润大幅增长，是历史上绩效最好的两年。但好景不长，1998年之后，随着数字技术迅速取代模拟技术，索尼开始衰退和亏损。究其原因，与当年的短期导向和本位主义管理模式改革的负面作用有直接关系。

同一时期，三星采取的是同样的管理体制，同样考核业务单元的 EVA 指标，同样根据短期业绩表现支付奖金，同样有 PS。为什么三星能够避免短期导向和本位主义？绩效主义怎么没把三星给毁了呢？

资料来源：李序蒙．为何绩效主义成就了三星，却毁了索尼？http://www.360doc.com/content/14/0611/13/476103_385681458.shtml.

第 2 节　基于个人绩效的短期激励计划

短期激励计划奖励短期内（一般不超过一年）的工作成果和绩效。短期激励计划和员工绩效紧密相关，对员工工作绩效和结果及时认可，因而具有很强的激励性。常见的短期激励计划包括计件工资、计时工资、一次性奖金、绩效加薪、收益分享、利润分享等。

一　计件工资制与计时工资制

计件工资制，是根据员工在规定时间内实际完成的产品数量，按照预先确定的计件单价计算和支付报酬的一种薪酬方式。它一般适用于劳动工序相对独立、产品量或工作量可以精确计量、产品质量有明确标准，并能对生产过程进行科学测定的生产企业。计件工资包括直接计件、差别计件、累进计件等形式。

1. 直接计件制

在直接计件制下，工人的工资和产品数量直接挂钩，多劳多得。比如，工人每生产 1 件产品，可以得到 10 元工资；生产 2 件产品，便可得到 20 元工资。

2. 差别计件制

在差别计件制下，工人的工资不仅和产品数量挂钩，而且和工作效率相联系。工作效率越高，计件工资率越高，如表 5-3 所示。

表 5-3　差别计件制

产量（件/小时）	计件工资率（元/件）
5	3.0
6～10	3.5
10 及以上	4.0

3. 累进计件制

在累进计件制下，工人完成定额的部分按同一计件单价计算工资，超过定额的部分，则按累进递增的单价计算工资，如表 5-4 所示。

表5-4 累进计件制

产量（件）	计件工资率
≤50（定额）	3元/件
50～70	50件以内的3元/件，超过50件的4元/件
≥70	50件以内的3元/件，50～70件的4元/件，超过70件的5元/件

上述工资计算方式在生产工人中较常见，在销售人员中也比较普遍。在生产工人中，通常称这种与生产数量挂钩的薪酬制度为计件工资制；在销售人员中，这种与数量挂钩的薪酬制度就是提成制。在管理实践中，为了增加工人和销售人员的稳定性，可以设计一定的基本工资，这实际上就是带保底工资的计件工资制，如表5-5所示。

表5-5 带保底工资的计件工资制

计件工资产量标准（由时间研究确定）	50单位/小时	
工资保底额	20元/小时	
激励工资率（超过50单位后的单位产量工资）	2元/单位	
产量标准	支付奖金量	支付单位时间工资总量
≤50单位/小时	0元/小时	20元/小时（只有保底工资，无奖金）
60单位/小时	(60－50)×2＝20元/小时	20＋20＝40元/小时
70单位/小时	(70－50)×2＝40元/小时	20＋40＝60元/小时

与传统的单纯按时间计酬的计时工资制不同，浮动的计时工资制是根据员工生产单位产量的耗时来支付报酬的。它从最早的标准工时制开始，逐渐与计件工资制结合，演变出贝多（Bedeaux）工资制、哈尔西（Halsey）50-50工资制、罗恩（Rowan）工资制、甘特（Gantt）工资制等。计时工资制在本质上与计件工资制类似，只是以时间作为计量单位。

计件工资的优点是计算方式简单，员工感到非常公平，能够激发员工提高工作效率，降低企业对员工的监督成本。然而，计件工资可能导致工人只重数量不重质量、对自己的工作诀窍保密而不与同事分享等现象的发生，容易增加工作压力和职业倦怠，从而影响企业的整体效率。为了避免这种情况，很多公司在实行计件工资的同时，规定了一些产品质量方面的条件，比如员工生产的产品合格率必须达到90%，产品合格率在90%以下的，每月扣除200元；产品合格率在95%以上的，每月奖励500元。又如海尔曾经实行的3E日清卡，即把员工当天的生产数量、质量、劳动纪律、劳动态度共同转化为价值，而不仅仅根据单一的生产数量进行价值转化。还有的企业开始转向团队计件工资而不是个体计件工资，以此来强调团队合作的重要性。

二 绩效奖金

奖金通常是为了奖励那些达到绩效标准的员工，或为了激励员工实现预定的绩效目标，其支付依据是绩效评价结果。

奖金和计件工资（或销售人员提成）相比至少存在两个方面的差异：(1) 计件工资的

计算依据是单一的生产数量指标，而奖金的计算依据是员工绩效目标完成情况的评定等级。(2) 计件工资的计算是连续的，即计件单价乘上可连续计算的生产数量；奖金的计算通常是不连续的，根据绩效评价的等级确定，每个等级赋予相应的奖金系数。

一般而言，绩效奖金计算周期和绩效考核周期是一致的。就管理实践而言，个人奖金包括月度奖、季度奖、半年奖以及年终奖等。奖金的发放依赖于员工的工作绩效评定，因此，企业的绩效考核和评价过程一定要做到公平公正。此外，不是每个人都可以得到奖金，只有达到一定绩效标准的员工才能获得奖金。

一般来说，绩效奖金计划的制定主要涉及两个方面的因素：一是如何确定个人奖金的基数，二是如何根据考核结果确定个人奖金的系数。具体的做法是把员工基本工资的一定比例作为个人奖金的基数，而绩效考核不同的等级对应不同的奖金系数，如表 5-6 所示。

表 5-6　　按个人基本工资和考核结果确定奖金的发放

绩效考评结果	合格	良好	优秀
奖金额度	0	基本工资的 10%	基本工资的 20%

奖金计算举例：某公司销售部有 A，B，C 三位员工，他们的基本工资均为 60 000 元/年。在年度绩效考核中，A 的考核结果为优秀，B 的考核结果为良好，C 的考核结果为合格。如果该公司实行的奖金制度如表 5-6 所示，那么 A 员工的奖金额度为 60 000×20%=12 000 元，B 员工的奖金额度为 60 000×10%=6 000 元，C 员工没有达到应有的绩效水平，没有奖金。

绩效奖金具备很多优点。首先，奖金是变动的，可以根据工作需要，灵活决定其标准、范围和奖励周期等，可以有针对性地激励某项工作的进行。其次，绩效奖金发放的依据是个人绩效水平，把员工的实际收入与个人的绩效评价结果紧密挂钩，可以起到奖励先进、鞭策后进的作用。最后，绩效奖金是和员工绩效挂钩的，这意味着企业的劳动力成本在一定程度上是和收益挂钩的，从而保证企业的现金流和财务健康。

当然，绩效奖金也有其不足之处。总的来说，绩效奖金奖励的是员工在短期内的工作绩效，容易导致员工仅仅关注短期行为，而忽视企业的长期利益。绩效奖金需要客观公正的绩效评价体系作为支撑。如果员工不认可企业的绩效评价体系，会产生不信任感，这样不但不能激励员工，反而会造成员工强烈不满。此外，绩效奖金针对的主要是个人绩效，容易造成同事之间关系紧张，不利于团队合作。

小资料

某公司的绩效奖金计算方法

某公司的考核等级分为 A，B，C，D，E 五级，定义如下表所示：

等级	定义	摘要	与基值/目标值的关系	参照分数	绩效考核因数
A	优秀	实际绩效明显超过预期计划/目标或岗位职责/分工要求（需提供事实证明）	明显超过经营目标值，达到内部管理目标值	≥90	120%

续前表

等级	定义	摘要	与基值/目标值的关系	参照分数	绩效考核因数
B	良好	实际绩效达到预期计划/目标或岗位职责/分工要求	达到经营、内部管理目标值	<90且≥80	100%
C	合格	实际绩效基本达到预期计划/目标或岗位职责/分工要求	基本达到经营、内部管理目标值	<80且≥70	80%
D	基本合格	实际绩效部分未达到预期计划/目标或岗位职责/分工要求，在一些方面存在不足或失误，但与前期平均水平基本持平	实际完成值与目标值有一定差距	<70且≥60	50%
E	不合格	实际绩效的多个或主要部分未达到预期计划/目标或岗位职责/分工要求，在很多方面或主要方面存在严重不足或失误	达不到公司目标和该职位职责的基本要求	<60	0

为避免部门考核过松或过严造成部门间不平衡，公司建立了个人考核与部门考核的联动关系，各部门人员考评等级按以下比例执行。

部门绩效	员工绩效				
	优	良	合格	基本合格	不合格
部门考核为优	20%~25%	65%~70%	5%~10%	0%~5%	0%~5%
部门考核为良	10%~15%	60%~65%	5%~15%	0%~5%	0%~5%
部门考核为合格	5%~10%	40%~50%	25%~30%	10%~15%	5%~10%
部门考核为不合格	0%~5%	30%~40%	30%~40%	15%~20%	15%~20%

考核结果的应用遵照以下规则。

月度考核结果与员工月度奖金挂钩，月度奖金=奖金基数×个人绩效考核因数。

季度考核结果与员工季度奖金挂钩，季度奖金=奖金基数×个人绩效考核因数。

年度考核结果与年终效益奖挂钩，并作为次年工资调整和岗位调整的重要基础，年终效益奖=效益奖基数×个人绩效考核因数×公司绩效考核因数。

原则上，年度绩效考核结果为A级的员工予以加薪，由考核委员会根据业绩将员工工资上调；年度绩效考核结果为A级的员工有资格参加优秀员工的评选；年度绩效考核结果为D级的员工予以降薪，由考核委员会根据业绩将员工工资下调一级至数级；年度绩效考核结果为E级的员工予以调整岗位，下调职级，严重不合格者解除劳动关系。

公司绩效考核因数由公司考核委员会根据公司经营业绩指标达成情况综合评估后确定。达到绩效指标则为100%，未达标则相应降低。如超额完成，则相应提高因数。

三 绩效加薪

绩效加薪这一概念来自英文 merit pay，是根据员工的年度绩效评价确定员工基本工资的增加部分。绩效加薪和绩效奖金的区别在于，绩效加薪是对员工基本工资的调整，调整结果会影响员工未来的工资水平，而奖金是一次性发放的，不计入基本工资，不会对员工的未来工资产生影响。

（一）绩效加薪的形式

不同公司采用不同的绩效考核周期，有月度考核、季度考核、年度考核等。绩效加薪有半年度加薪和年度加薪，大部分企业采用年度加薪的形式。如何根据绩效评价的结果为不同绩效水平的员工确定不同的加薪幅度是绩效加薪要解决的核心问题。绩效加薪幅度的确定涉及两个因素：一是员工绩效水平的高低；二是员工在其工资范围中所处的位置。绩效加薪可以同时考虑这两个因素，也可以只考虑一个因素。根据考虑的因素不同，绩效加薪可分为以下几种方式。

1. 以绩效为基础设计加薪幅度

以绩效为基础设计加薪幅度，加薪幅度只与绩效评价等级相联系，绩效越好，加薪幅度越高，如表 5－7 所示。

表 5－7　以绩效水平为基础的绩效加薪表

绩效评价等级	优秀	良好	合格	有待改进	差
绩效加薪幅度	7%	5%	3%	1%	0%

2. 以绩效和外部相对薪酬水平为基础设计加薪幅度

外部相对薪酬水平是指员工当前薪酬水平和市场平均薪酬水平的差距，以绩效和外部相对薪酬水平为基础设计的绩效加薪表如表 5－8 所示。在表 5－8 中可以看到，绩效等级越高，员工能够获得的加薪幅度通常越大。员工能够获得的加薪幅度还受到现有薪酬水平的制约。如果员工现在的薪酬水平与市场水平差距较大，而该员工取得了优秀的业绩，则该员工加薪的幅度应该较大。

表 5－8　以绩效和外部相对薪酬水平为基础的绩效加薪表

与市场平均薪酬水平的差距	绩效等级				
	A	B	C	D	E
超过 16%	6%	4%	3%	1%	0
超过 8%	8%	6%	4%	2%	0
基本持平	10%	8%	5%	4%	0
低于 8%	14%	10%	8%	5%	0
低于 16%	18%	15%	10%	8%	0

3. 以绩效和内部相对薪酬水平为基础设计加薪幅度

内部相对薪酬水平是指员工个人薪酬在企业薪酬等级体系，也就是企业薪酬范围内的相对位置，通常用四分位数表示，以绩效和内部相对薪酬水平为基础设计的绩效加薪如表

5-9所示。在表5-9中可以看到，绩效等级越高，员工能够获得的加薪幅度通常越大。员工能够获得的加薪幅度还受到现有薪酬水平的制约。如果员工现在的薪酬水平在等级内已经属于较高水平，则加薪幅度要小一些；如果员工现在的薪酬水平在等级内属于较低水平，则加薪幅度要大一些。如果员工绩效持续表现优秀，尽管加薪幅度会越来越小，但该员工很快会获得职位上的晋升，从而达到一个更高的薪酬等级。

表5-9 以绩效和内部相对薪酬水平为基础的绩效加薪表

薪酬水平	绩效等级				
	A	B	C	D	E
第四四分位数	5%	3%	1%	0%	0%
第三四分位数	7%	5%	3%	0%	0%
第二四分位数	9%	7%	6%	2%	0%
第一四分位数	12%	10%	8%	4%	0%

（二）绩效加薪的实施步骤

下面举一个以绩效和内部相对薪酬水平为基础的绩效加薪的例子，介绍一组绩效加薪表的设计过程。

第一步，确定绩效加薪预算。所谓绩效加薪预算，指的是公司全部员工基本薪酬的增长幅度，通常用员工当前基本薪酬总额的百分比表示。例如，企业批准了5%的绩效加薪预算，所有员工当前的基本薪酬总额为1 000万元，那么，5%的绩效加薪预算就是50万元。所以，虽然员工个人增加的绩效工资是由其绩效水平和在薪酬体系范围内的位置决定的，但所有员工基本薪酬增加的平均水平不能超过绩效加薪预算，在这个例子中是5%。

第二步，汇总员工绩效评价结果，统计各绩效等级中的员工百分比。假设员工的绩效等级分布比例如下：A（优秀）10%；B（良好）20%；C（合格）40%；D（较差）25%；E（不合格）5%。

第三步，确定员工在企业薪酬等级序列中的分布，统计企业薪酬体系范围内各四分位数的百分比。假设员工的薪酬分布为：第一四分位数15%；第二四分位数40%；第三四分位数25%；第四四分位数20%。

第四步，将员工绩效等级分布比例乘以员工在薪酬等级序列中各四分位数中的分布比例，确定绩效加薪表每个单元格中的员工百分比。

每格的比例＝绩效等级分布比例×在各四分位数中的分布比例

比如，绩效等级为优秀、基本薪酬在第四分位数范围内的员工有2%（10%×20%）。所有单元格的百分数的总和为100%（见表5-10）。

表5-10 根据绩效和薪酬水平确定各个单元格的员工百分比

薪酬水平	绩效等级				
	A	B	C	D	E
第四 四分位数	10%×20% ＝2%（A4）	20%×20% ＝4%（B4）	40%×20% ＝8%（C4）	25%×20% ＝5%（D4）	5%×20% ＝1%（E4）
第三 四分位数	10%×25% ＝2.5%（A3）	20%×25% ＝5%（B3）	40%×25% ＝10%（C3）	25%×25% ＝6.25%（D3）	5%×25% 1.25%（E3）

续前表

薪酬水平	绩效等级				
	A	B	C	D	E
第二 四分位数	10%×40% =4%（A2）	20%×40% =8%（B2）	40%×40% =16%（C2）	25%×40% =10%（D2）	5%×40% =2%（E2）
第一 四分位数	10%×15% =1.5%（A1）	20%×15% =3%（B1）	40%×15% =6%（C1）	25%×15% =3.75%（D1）	5%×15% =0.75%（E1）

第五步，汇总员工绩效加薪幅度。例如，处于 A1 单元格（绩效等级为优秀、薪酬在第一四分位数范围内）中的员工的加薪幅度为 12%，处于 B1 单元格（绩效等级为良好、薪酬在第一四分位数范围内）中的员工的加薪幅度为 10%。

第六步，将各单元格中的加薪比例乘以员工分布在该单元格中的比例，所有乘积之和应该等于总的工资增长比例。位于 B1 中的员工百分比为 3%，B1 的加薪幅度为 10%，两者相乘为 10%×3%=0.3%。也就是说，在原基本薪酬 5%的总绩效加薪预算中，有 0.3%将奖励给绩效优秀、薪酬在第一四分位数范围内的员工。总绩效加薪预算为 50 万元，则 500 000×0.3%=1 500 元。依此类推，算出其他各单元格中的加薪金额。每个单元格中算出的这一金额的总和不应该高于总的绩效加薪预算，在这个例子中是基本薪酬的 5%，也就是 50 万元。

第七步，根据预算情况，对各单元格中的加薪比例进行调整，直到加薪总额与预算加薪总额基本一致。当然，比例的确定要考虑绩效加薪预算能够产生的激励作用。

（三）绩效加薪的成本问题

绩效加薪是对基本工资的上调，而基本工资具有“只涨不跌”的刚性特征。如果每次都给员工实施绩效加薪，长此以往企业会发现人工成本越来越高。因此，相对于一次性发放的绩效奖金，长期来看，绩效加薪会给企业带来更大的成本压力。下面对绩效加薪和绩效奖金的相对成本进行测算比较。

从表 5-11 中能清晰地看到，绩效加薪会给组织带来更大的成本压力。因此，在实际操作中，企业对绩效加薪的使用非常谨慎，在加薪频次和加薪幅度上都要进行精细的测算和严格的控制。

表 5-11　绩效加薪和绩效奖金的相对成本比较

相对成本	绩效加薪（元）	绩效奖金（元）
基本工资	50 000	50 000
第一年支出（上涨 5%）	2 500	2 500
新的基本工资	52 500	50 000
成本增加额总计	2 500	2 500
第二年支出（上涨 5%）	52 500×5%=2 625	50 000×5%=2 500
新的基本工资	52 500+2 625=55 125	50 000
成本增加额总计	5 125	5 000
5 年之后		
第五年支出	3 039	2 500
新的基本工资	63 814	50 000

观点碰撞

一个心理学实验——奖金会降低员工的内部工作动机吗？

从前，有一位老人安静地居住在一个院落里，可总有一群小孩来骚扰他。他们恶作剧地往老人的院子里扔石头，惹得老人勃然大怒，然后又一窝蜂地跑掉，第二天再来扔石头，乐此不疲。过了很久，老头的呵斥与责骂丝毫没有作用，于是老人就想了一个办法。

有一天，一阵石子雨后，老人和颜悦色地出现在孩子们面前，说："欢迎你们来玩，从今天起我会给每个扔石头的孩子 10 块钱。"小孩儿们一听都高兴极了，心想："做坏事还给钱？真是太好了！"第二天和第三天，小孩儿们又往老人院子里扔石头，每人每天又得到 10 块钱。

然而，第四天却不一样了，孩子们扔完石头后每人只得到 5 块钱。过了两天钱数更少了，老人只给每个孩子 2 块钱，孩子们对待遇的降低都不满意，石头也不好好扔了。接下来，老人更过分了，连屋都不出，一分钱也不给。孩子们生气道："我们在这辛辛苦苦扔石头，他还不给钱，不给他扔了！"于是，困扰老头已久的问题就此解决了。

这是一个成功地将内部动机激励转化为外部动机激励的故事。孩子们起先觉得好玩才扔石头，后来因为能够得到奖励才扔石头，随着外部奖励的减少甚至消失，孩子们扔石头的动机逐渐减弱，甚至完全没有了。

思考：在企业中，向员工发放奖金是否也在不经意中降低了员工的内部动机？奖金真的有如我们认为的那样的激励作用吗？你怎么看？

第 3 节　基于团队和组织绩效的短期激励设计

一　基于团队的短期激励

（一）收益分享计划

收益分享计划（gain-sharing plan），是将企业成本节约所带来的收益在组织和员工之间进行分享的分配方式。这种成本节约通常是由于员工参与提出建设性建议而产生的，所以该计划鼓励大多数乃至全体员工通过共同努力节约成本来达到公司的生产率目标，使员工和公司能够共同分享所获得的成本收益，从而增强员工的主人翁意识和忠诚度。

收益分享计划的目标是通过员工参与提高公司绩效，这可看作一种管理哲学，所谓"离实际越近的人，越清楚问题所在"，这样找出的解决方案可以使员工和公司都受益。斯坎伦计划、拉克计划以及分享生产率计划都是具有代表性的收益分享计划。

1. 斯坎伦计划

斯坎伦计划是指 20 世纪 30 年代中期美国曼斯菲尔德钢铁厂的工会主席约瑟夫·斯坎伦提出的一项劳资协作计划。该计划指出，如果雇主能够将因大萧条而倒闭的工厂重新开张，工会就同工厂一同努力降低成本。20 世纪 40 年代中期，斯坎伦又提出了一种以工资总额与销售总额的比例来衡量工资绩效的办法。从那以后，斯坎伦计划不断得到补充和完善，成为人力资源开发管理的一种经典模式。

斯坎伦计划从人事方面着手进行改革，即改变组织成员的态度评价准则、作风、行为以及人与人之间的关系。这种方法假定人是推动改革或抵制改革的主要力量。贯穿这种方法的一条主线是组织成员之间的权力再分配。这种权力再分配可以通过鼓励下级人员独立决策和开辟沟通意见的渠道来实现。

斯坎伦计划的目的是降低公司的劳动力成本而不影响员工的积极性，用劳动力成本标准和产品销售价值的比率（SVOP）来计算工资。斯坎伦计划中收益分享总额的计算公式如下：

$$斯坎伦比率（SVOP）=\frac{工资总额}{产品的销售价值}$$

收益分享总额=（基期或目标期斯坎伦比率－当期斯坎伦比率）×当期产品销售价值

收益分享总额确定以后，企业可以根据成本节约的难度、员工的努力程度等因素来确定员工和组织之间的分享比例。

举例来说：某公司 2008 年商品价值为 1 000 万元，工资总额为 40 万元；2009 年度商品价值为 1 200 万元，实际工资支出总额为 45 万元。则

该公司 2008 年的斯坎伦比率（SVOP1）=40/1 000= 0.04

该公司 2009 年的斯坎伦比率（SVOP2）=45/1 200=0.037 5

那么，该公司 2009 年度劳动力成本降低所带来的收益分享总额为：

1 200×(0.04－0.037 5)=3(万元)

总额确定以后，公司决定将节约的成本的 80%在员工之间进行分享，则员工实际分享的金额为：

3×80%=2.4(万元)

2. 拉克计划

拉克计划是由艾伦·W. 拉克于 1933 年提出的，其基本原理类似于斯坎伦计划，两者都强调鼓励员工的合作与参与，但前者在计算奖金支付基准时采用了更为复杂的公式。拉克计划使用一个价值增值公式来计算生产率，以拉克比率作为奖金发放的基准。它与斯坎伦计划的区别在于它不仅关注劳动力成本的节约，而且关注整个生产成本的节约。

拉克计划采用一个价值增值公式来计算企业的劳动生产率。企业的价值增值等于企业的销售额减去其购买原材料和其他各种供给、服务的成本。用价值增值与雇佣成本的比例来衡量企业的劳动生产率，这一比率称为拉克比率。企业将当期的拉克比率与基期或者预期的拉克比率相比较，当期的拉克比率高于基期或者是预期的拉克比率，代表该企业的劳动生产率获得了提高，可以将生产率提高部分带来的收益在企业和生产团队员工之间进行分享。

收益分享的计算公式：

收益分享总额=（当期拉克比率－基期拉克比率）×当期雇佣成本

$$拉克比率=\frac{销售额－（购买原材料成本、供给成本和服务成本）}{雇佣成本}$$

举例来说：某公司 2006 年的销售额为 1 000 万元，其中原材料成本为 20 万元，销售

费用为10万元，其他供给成本支出为4万元，服务成本为1万元，人工成本为20万元；2007年公司的销售额为1 500万元，其中原材料成本为30万元，销售费用为13万元，其他供给成本支出为6万元，服务成本为1万元，人工成本为29.5万元。则

该公司2006年的拉克比率＝（1 000－20－10－4－1）/20＝48.25

该公司2007年的拉克比率＝（1 500－30－13－6－1）/29.5＝49.15

2007年度收益分享总额＝（49.15－48.25）×29.5＝26.55(万元)

收益分享总额按照2∶8的比例在公司和员工之间分享，那么员工最终可以得到的收益分享金额为：26.55×80%＝21.24（万元）。

3. 分享生产率计划

分享生产率计划是米切尔·费恩在1973年首次提出的，该计划不在于衡量节省成本的经济价值，而是追求在更短的劳动时间内生产出更多的产品。

这一计划的关键是计算劳动时间比率，即生产单位产品所需耗费的劳动小时数。将当期的劳动时间比率与基期或者预期的劳动时间比率进行比较，如果当期的劳动时间比率低于基期或者预期的劳动时间比率，那么该企业的劳动生产率就获得了提高，可以将这一部分生产率提高带来的收益拿出来进行分享。

分享生产率计划往往以较短的周期向员工发放分享奖金，比如按周支付。但这种分享计划通常有一个回购规定，即公司可以通过一次性向员工付款买回超过一定标准的生产率，从而使企业能够在生产率上升到一定水平后提高基期值或者分享值。

上述三个计划都是通过群体的分享来鼓励员工提高效率以增加公司总体效益，但也不尽相同，其区别与特点如表5-12所示。

表5-12　斯坎伦计划、拉克计划、分享生产率计划的区别和特点

特征	斯坎伦计划	拉克计划	分享生产率计划
目标	提高生产力	提高生产力	提高生产力
节约关注	劳动力成本	劳动力成本、原材料成本和服务成本	实际生产时间
计划内涵	提倡合作和参与	提倡合作和参与	提倡高效率和迅速
员工参与方式	部门和审查委员会	部门和审查委员会	无
奖金支付周期	按月	按月	按周

（二）团队绩效奖金

按照个人的业绩考核结果来确定奖金的发放，仅仅考虑了个人因素，忽视了团队组织成员的配合，可能会造成组织成员之间的恶性竞争，不利于团队合作和经验分享。另外，有些公司的工人经常在某一特定团队中协作工作，比如车间里几个员工作为一组轮班。这时，生产效率来自小组成员的共同努力，很难判断单个员工具体贡献的大小。在此情况下，必须以整个班组为单位进行奖励。基于班组和团队绩效的激励计划是指当班组或者团队达到某一特定目标后，团队中的每位成员都能分享团队所得的现金奖励。

设计基于团队绩效的奖金计划时，一方面，公司利润、团队绩效及个人绩效分别是高层管理者、部门经理及其他人员绩效奖金发放的主要准则；另一方面，绩效奖金是根据任职者个人绩效、所在部门/团队绩效及公司绩效测算的结果。因此，应考虑这两方面的因素和公司实际情况，制定公司员工绩效评价系数计算方法。

如何确定团队的奖金呢？一般做法是，根据团队的业绩目标的实现程度，基于团队整体的考核结果等级确定团队的奖金额度，与根据个人绩效考核结果等级确定个人奖金类似。表 5-13 是某销售团队的绩效奖金提成比例。在确定团队奖金后，团队内部对奖金进行分配。

表 5-13　　某销售团队的绩效奖金提成比例

团队业绩目标完成情况	没有完成（低于 80%）	完成大部分（80%～90%）	基本完成（90%～100%）	超额完成（>100%）
团队所获奖金比例	0	10%	20%	40%

团队激励薪酬由团队的整体绩效水平决定，最终要在团队成员之间进行分配，因此，人力资源经理必须设计出具体的分配方案。目前，分配团队激励薪酬的方案有以下四种：

（1）平均分配；

（2）根据员工的职位等级或者基本工资的比例分配；

（3）基于个人绩效水平有差异性地分配；

（4）混合型分配。

平均分配的优势非常明显，即可以增加团队成员之间的合作。但是其劣势也非常突出，可能会产生个别员工"搭便车"的现象，增加明星员工的离职倾向。一旦员工能够清晰分辨各个成员的绩效水平，这种方法就会被绩效优异的员工认为是不公平的，他们会降低自己的努力程度。因此，这种分配方式适用于团队规模小、团队成员差异性小、团队领导力强、团队建设好的情况。

第二种分配方式假定员工的基本工资或者职位等级代表了员工对公司的贡献。基本工资高的员工对公司的价值更大，应该获得更高的奖金。这种分配方式适用于团队成员在工作内容和任职资格方面存在较大差异的情况，也就是说，不同成员对团队成果的贡献很难通过个人的工作结果来区分，但是可以根据投入来区分。这种分配方式的等级倾向明显，而且没有考虑个人业绩的影响，容易导致个人机会主义行为的发生。

第三种分配方式是在团队绩效的基础上评定个人绩效的相对大小，依据个人绩效对奖金进行二次分配。这样能够规避个人机会主义行为，更加公平地发放奖金。同时，把个人奖金的发放与个人在团队绩效中的贡献相联系，能间接地促使个人努力，对个人产生良好的激励作用。这种分配方式适合于团队成员的绩效容易衡量比较，而且团队存在较好的绩效文化基础的情况，对团队的领导力有较高要求。但是，这种差异性分派奖金的方法可能导致员工之间的不良竞争，影响团队合作。为此，许多公司在设计分配方案时采取如下做法：将团队奖金的 60%平均分配给员工，40%依据员工的个人绩效分配。

混合型分配比较常见的是将第二种分配方式所依据的职位等级和第三种分配方式所依据的个人绩效评价结果相结合。例如，团队内个人的奖金系数是个人的职位等级系数与个人绩效评价结果的乘积，根据每个人的奖金系数来分配团队奖金。这种分配方式既考虑了员工个人的价值和影响，也考虑了其实际的绩效。实现的关键在于公司要有科学合理的价值评价体系和业绩考评体系。

迈入知识经济时代，以高新技术、"互联网+"为代表的新经济形态迅速崛起，企业经营环境复杂多变，对企业的灵活应变能力提出了更高要求，许多企业纷纷进行扁平化组织架构改革。在这种形势下，体现效率和灵活性的项目团队运作模式运用得越来越广泛。

项目团队是团队的一种特殊形式，是由不同需求、不同性格、不同背景的人为了完成项目的共同目标而临时组建的一个有机的生命体（白思俊，2003）。与一般的团队相比，项目团队的突出特点在于：(1) 跨职能，团队成员技能互补；(2) 拥有共同的、明确的目标；(3) 合理分工与协作，强调合作精神；(4) 需要承担一定的风险；(5) 提倡有效、顺畅的信息沟通；(6) 属于临时组织。

项目团队的成员数量相对较少，成员具有更高的参与性和自主性，并且可以根据外部环境变化快速反应。同时，跨职能多元化的团队能够减少内耗，促进工作协同。因此，项目团队运作模式大大增加了组织灵活性，提高了工作效率。尤其是在高科技行业中，大多数活动以项目为中心，依赖项目团队来实施和完成。项目奖金是基于项目成果给予项目团队成员的激励，团队的每一个成员都有参与分配的权利。

项目奖金与前文介绍的团队绩效奖金的设计思路大体一致，具体来说分为项目奖金基数设定、项目目标设定与考核、确定项目奖金分配方式。在项目奖金基数设定上，一般有四种依据：(1) 完成的工作量；(2) 项目总产值/预计产值；(3) 净利润；(4) 超额利润。根据项目具体情况（战略地位、难度系数、规模与周期、潜在经济效益、团队成员薪资总额等）确定提取的奖金比例。

在项目目标设定与考核上，一般将项目总体目标进行分解，实行分段考核，即将项目按照计划节点划分为若干阶段，每个阶段结束时都要对项目完成情况进行考核。在日常工作中，应充分重视绩效考核工作的时效性。对于跨年度考核项目，可以按年度进行考核，并结合实际情况进行年中评价。对于阶段性项目，可依项目的完成情况随时进行考核。年中评价一般在每年三季度按年度计划阶段任务指标进行考核；年末评价在次年一季度按年度计划任务指标进行考核。年中评价结果只作为阶段性奖金预支的依据，年度评价结果作为项目组的绩效考核结论，用于最终核定奖金实际发放总额。

在项目奖金分配方式上，与一般的团队绩效奖金分配不同的是，项目团队成员内部分配通常注重以下三个导向：(1) 向骨干人员倾斜。适当拉开不同职级人员的分配系数差距，以体现对骨干人员的激励，重点激励经理级以上人员。(2) 向项目公司及业务部门倾斜，兼顾支持性职能部门。各业务部门之间以及支持性职能部门之间的奖金比例按一定规则事先规定，既要体现对重点对象的倾斜，又要使人力、财务、行政等更好地支持一线工作，形成良好的配合氛围。(3) 赋予项目总经理奖金调剂权，支撑以项目为中心机制的落地。在奖金分配时，项目总经理可根据各业务部门计划完成情况对各部门总奖金进行调剂，以此反向要求集团各业务部门更好地解决项目资源支持与协调问题。项目总经理的奖金按项目奖金的一定比例确定。

为有效推行项目奖金制度，需组建一个项目团队绩效管理小组。小组主要由财务、人力、技术部门主要负责人及企业相关业务领导组成。绩效管理小组在项目开发计划和目标成本确定后，组织制定项目总的考核办法。结项时项目团队负责人需提交项目目标达成情况报告，绩效管理小组组织项目考评并兑现奖惩。绩效管理小组还应特别注重对项目绩效目标完成情况进行过程预警，出现问题及时反馈给项目团队，实现对目标完成关键过程的管控。绩效管理小组在项目实施过程中定期或不定期进行总结，以及时调整、完善项目团队激励机制，使其更符合企业管理需求。

此外，部分企业会实施一些配套制度以满足企业的个性化需求。比如：(1) 内部项目招标制度，即在项目立项后，将项目考核和奖励方案公示，对内进行招标。有意竞争项目经理的研发人员需要提交申报资料，项目经理根据项目的实际需要及竞标人的工作能力而定。(2) 研发失败处罚制度。根据研发失败原因，处罚分为两种情况：如果项目研发失败是人为造成的，则尚未兑现的项目奖金全部取消；给公司造成重大经济损失的，对项目经理处以经济损失 30%～50%的罚款，对连带责任人也处以一定罚款。如果项目研发失败是技术水平限制或其他不可控因素造成的，视具体情况酌情发放项目奖金，但最高不超过应发项目奖金的 50%。(3) 研发单项奖励制度。为提高项目研发人员的积极性，体现奖优罚劣的原则，除了对项目整体的奖励以外，还可以设立单项奖励制度，比如进度控制、质量控制、成本控制等。单项奖励的资金从奖金总额中支出，在整个项目结束后发放。

(三) 项目跟投制度

1. 项目跟投概述

项目跟投制度，是指员工以自有资金与公司一起投资原本由公司单方面投资的项目并分享投资收益、承担投资风险的制度。项目跟投起源于风险投资领域的股权投资。在风险投资领域，投资机构在决定投资某项目时，一般要求项目经理（团队）按照一定比例出资，也就是跟投。如此一来，不仅能够强化项目经理的风险规避意识，使其慎重对待投资机会和投资项目，还能够给予项目经理高杠杆的收益回报。这种制度越来越多地被处于成长期和成熟期的企业采用，特别是用于新开发项目、创新业务领域的项目以及盈利预期不确定的项目，或用于母体业务的拆分。

目前，项目跟投被广泛运用于房地产企业。2012 年 12 月，碧桂园率先启动了名为“成就共享”的激励计划，拉开了房地产行业合伙人制的序幕。同年底，首创置业在公司内部推出了项目跟投机制。2014 年，万科在行业内推出“共创、共担、共享”的事业合伙人计划，启动项目跟投机制，掀起了地产合伙人的高潮。同年，碧桂园将“成就共享”计划升级为“同心共享”计划，促使企业规模快速扩大，2016 年碧桂园已位列行业前三名。据万应咨询机构的调研，截至 2016 年 7 月，中国房地产企业 50 强（2015 年签约销售额排名）中，有 45%的企业实施了项目跟投；100 强企业中，有 35%的企业实施了项目跟投（样本覆盖 50 强的全部企业，100 强的 93 家企业）。

实行项目跟投制度具有如下优势：

第一，缩短项目决策流程，提高决策有效性，规避经营风险。项目跟投通常采用管理骨干强制跟投的方式，项目负责人与项目利益直接挂钩，项目盈利即自身盈利，项目亏损即自身亏损，因此能提升运营效率的做法将被快速运用和完善。拿错地、拿高价地的风险将得到有效控制，而这恰恰是房地产企业最大的经营风险。

第二，激发员工活力，稳定人才队伍。项目跟投将员工与企业利益捆绑，实现风险共担、利益共享，给予员工获取更高报酬的机会，能够更快地为员工带来直接收益，有利于激发员工活力，更大限度地提高全体人员的主人翁意识，稳定企业核心人才队伍。

第三，通过更加激烈的竞争实现内部人才的优胜劣汰，培养具有企业家视角的管理者。项目跟投制度实施以后，管理层变成了项目合伙人，需要把经营公司当成自己的事业来做。项目合伙人不仅要直接面对对手和市场，还要面对兄弟公司的竞争，压力大大增加，这样能够淘汰不合适的人，激励更多有作为的人。

2. 项目跟投的难点与风险

每一种新机制都不可能生而完美。房地产项目跟投制发展至今，一些弊端慢慢显现。从实践来看，项目跟投在设计与落地中存在很多难点与风险，比如：

（1）跟投人侵占、摊薄股东利润。

（2）分配机制不合理导致跟投人获取短期暴利。

（3）如何合理使用资金杠杆？

（4）周转慢的项目如何做跟投？

（5）如何处理跟投人挑肥拣瘦的状况？

总体来说，跟投制是一种激励，而不是福利。在设计和实施过程中要平衡各方利益，使其既能调动员工积极性，又能保障股东权益，促进公司长远发展。

3. 项目跟投的设计与实施

项目跟投体系设计与实施要注意三个核心要素：如何进入、如何分配和如何退出。

（1）如何进入。在跟投形式上，员工可以直接购买项目公司股权，也可以自组操盘团队参与项目。规范的跟投形式通常是投资有限合伙企业，即跟投的员工出资成立有限合伙企业，由合伙企业投资项目公司，一个有限合伙企业投资一个项目。跟投员工作为有限合伙人参与项目投资，以其认缴的出资额对项目公司债务承担责任。普通合伙人为公司全资持有的投资管理公司或机构，对合伙企业债务承担无限连带责任，由合伙企业成立项目公司进行投资。

在项目跟投范围及金额上，“普通员工自愿跟投＋核心管理层强制跟投”是项目跟投的主流，以项目资金峰值或项目股权为计算基准设定一定比例。比如碧桂园要求集团董事、副总裁、中心负责人高层领导、区域总裁、项目经理等强制跟投。其中区域总裁、项目经理等只需投资自己区域的项目，占比不高于10%；公司普通员工自愿跟投，可以跨区域跟投，跟投资金占比不超过5%，资金额度不高于20万元。

（2）如何分配。通常，分配的时点是项目净现金流回正时或者项目结束清算时。不同房企的分红条件及严格程度有所区别，按资金安全性，可以分为宽松型、平衡型和严格型：宽松型一般在销售达到85%之后即可分红；平衡型一般在现金流回正后分步返还；严格型一般保留50%的本金，在项目清算后才予以返还，按超额利润分红。

目前行业内大部分公司在利润分配上设定节点，分步、分批次分红，尽可能把员工绑定到项目的最后。在结算前最多分配利润的60%，结算后最多分配已实现利润的80%，清算且所有债务解决后才将100%的利润分配完。

分配时企业通常引入对赌机制，借助内部收益率（IRR）指标核定超额收益与超额责任。IRR是项目回报质量的重要财务指标，能够把项目周期内的收益与其投资额相关联，充分体现项目收益率。一般来说，8%属于行业限定值，18%为行业优秀值。将跟投人的收益/亏损与项目IRR密切挂钩，可同等比例放大收益或亏损。比如IRR超过12%则按实际股权比例的1.2倍分配收益，超过18%按1.5倍，超过25%按1.8倍；反过来如果项目出现亏损，则等比例承担亏损。此外，在项目收益率未达到一定比例的情况下，可要求跟投人劣后分红。

（3）如何退出。对于转让和自愿退出机制，通常会设置较为严格的条件，比如仅能在满足一定条件（比如持股时间超过5年）的情况下转让给公司；离职、退休等特殊情况可以强制要求转让给公司；考虑在不同的退出情形下合理约定不同的退出价格。同时还需要合理合法地解决继承、离婚财产分配和法院查封等问题，尽可能避免非公司员工介入项目。除此之外，为避免跟投制度在实施过程中出现大的问题而无法终止，一般来讲公司会保留以合理价格整体回购项目的权利。

最后要注意的是，上市公司实施跟投计划的，需要评估相关审批要求，如果涉及关联交易、高管持股等，需要履行批准程序和信息披露（可以通过一定的制度设计避免频繁的批准程序和信息披露）；国有企业实施跟投计划的，需要遵守防止国有资产流失的相关制度。

即时案例

万科企业股份有限公司跟投制度

（2018年1月修订）

为进一步加强万科企业股份有限公司（以下简称"万科"或"公司"）合伙人的共识、共创、共担、共享意识，促进合伙人为股东和社会创造更大价值，特制定《万科企业股份有限公司跟投制度》。

一、跟投范围及跟投权益比例上限

万科新获取的住宅开发销售类项目均列入跟投范围。跟投人员合计投入资金不超过项目资金峰值的10%。跟投人员直接或间接持有的项目权益比例合计不超过10%。对于万科股权比例低于50%的住宅开发销售类项目，跟投人员直接或间接持有的项目权益比例不超过万科在该项目所持权益比例的20%。单一跟投人员直接或间接持有的项目权益比例不超过1%。

旧改、一级土地整理、海外房地产开发等其他项目以及其他业务，可参照上述原则安排跟投，但不做强制要求。

二、跟投人员

项目所在业务单元核心管理人员、城市公司管理层、项目管理人员，为项目必须跟投人员。必须跟投人员名单由各单位分别确定。除公司董事、监事、高级管理人员以外的其他员工可自愿跟投。

三、跟投资金

跟投人员应及时、足额支付跟投资金，并保证跟投资金来源合法，跟投人员不得在跟投过程中侵犯公司利益。跟投资金应在公司资金投入后20个工作日内到账。遇特殊情况的，跟投资金到账时间不得晚于公司资金到账后40个工作日。如跟投资金实际到账时间晚于公司要求，跟投人员应额外支付权益溢价款，金额为按照公司平均融资成本计算的期间收益。公司不对跟投人员提供借款、担保或者任何融资便利。

四、特殊劣后机制

住宅开发销售类项目的跟投人员需以自己的跟投收益对万科劣后，具体分配安排为：

项目IRR≤10%：项目收益优先向万科分配，直至万科达到项目IRR为10%对应的收益水平，再向跟投人员分配项目收益。

10%<项目 IRR≤25%：跟投人员与万科按出资比例分配项目收益。

25%<项目 IRR：在项目 IRR 超过 25%后的项目收益范围内，跟投人员按其全部出资比例的 1.2 倍分享收益。

五、资金分配

综合评估项目或业务现金流情况及未来资金需求，在保证项目正常开发、经营的前提下，可以考虑分配资金。向跟投人员分配资金的时点不早于向公司分配资金的时点。

六、跟投方式

跟投人员可以采取不违反法律法规要求的方式直接或间接参与跟投，如以员工集合基金等方式跟投。

资料来源：万科 A：跟投制度 . http：//quotes. money. 163. com/f10/ggmx _ 000002 _ 3991917. html.

二 基于组织的短期激励

（一）利润分享计划

1. 利润分享计划概述

（1）利润分享计划的概念。不同国家在不同发展阶段对利润分享计划的概念有不同的界定。最早可以追溯到 19 世纪 90 年代，国际利润分享大会将其定义为："一种可以自由参加的、雇员将获得事先规定好的份额的利润的协议。"我国《企业会计准则第 9 号——职工薪酬》定义如下：利润分享计划是指因职工提供服务而与职工达成的基于利润或其他经营成果提供薪酬的协议。

利润分享计划（profit-sharing plan）关注组织或部门整体利润相对于上年度（或预算）利润基准的超额水平，超出目标的部分作为奖金发放给员工，简单来说，即对利润结余进行年度分红。

利润分享计划按照支付时间可以分为现金现付制和延期支付制。现金现付制即每隔一段时间（通常按照季度或年）将一定比例（通常是 15%～20%）的利润作为奖金发放给员工，其性质与一般的现金分红类似；延期支付制是把奖励给员工的现金存在员工的某个账户中，等员工退休后再返还给他们的一种形式。二者的差别不仅在于支付时间不同，税收安排亦不相同：支付现金需要员工支付一定的税额如个人所得税，而存入账户的形式只有当员工取用时才需要缴纳一定的税金。实践中有企业把利润分享的额度转化为股票发放给员工。

（2）利润分享计划的特点。利润分享计划的特点在于，报酬的支付建立在组织利润的基础之上，将企业或部门团队的整体收益与个人收益直接联系起来；相对于虚拟股权计划而言，利润分享计划的操作比较简单，不涉及权益方面的限制，易于让员工接受；覆盖面可以适度扩大，让更多员工参与分享；利润分享计划是一次性支付的奖励，不会进入雇员的基本工资中，因而不会增加组织的固定工资成本。更为重要的是，利润分享计划能够让员工分享企业的发展成果，有利于建立一种员工和企业共同发展的企业文化，提高员工的忠诚度和组织承诺水平。在实际运用中，利润分享计划在成熟型企业中更为有效。

当然利润分享计划也不是十全十美的，主要缺点是基于组织层面的利润进行分享，与员工个人绩效的关联不明显，可能会削弱对业绩特别突出的个人的激励水平，而让绩效水平相对较低的人共享成果。利润分享计划强调引导员工关注企业利润的实现，但它忽视了其他很多因素，常常导致员工过度追求企业的短期利润，而忽略了企业长期核心能力的培养。

（3）利润分享计划与收益分享计划的区别。收益分享计划是一种把一个部门或一个群体的生产率提高作为收益评价指标，并在员工与企业之间分享收益的计划。它激励员工通过改变行为获得奖励，这样员工除了获得公司给予的物质奖励，还可能获得精神奖励包括自我满足等。它的基本哲学是让员工聪明地工作而不是辛苦地工作，并且认为离具体工作越近的人越能够提出最有效解决问题的办法。收益分享计划与利润分享计划的区别体现在多个方面，具体如表 5－14 所示。

表 5－14　　利润分享计划与收益分享计划的区别

角度	利润分享计划	收益分享计划
目的	使员工分享组织收益，以此强化员工对组织业绩的认同	通过认知、校正、团队合作、沟通和参与来驱动组织绩效
适用范围	更加适用于组织整体；由多个工作单元组成的公司往往衡量公司整体利润而非单个工作单元的绩效表现	适用于单个团队、单元或独立组织
测量	奖金仅由组织利润率确定	奖金根据工作测量（如生产率、质量、成本和服务）及历史基线数据确定
奖金来源	从组织利润中划拨	来源于由绩效改善带来的成本节省
支付目标	企业有利润结余即可支付奖金，而不要求绩效改善	仅当绩效有所改善时才支付奖金
员工参与资格	可能不包括某些员工，如小时工或工会雇员等	一般某特定单元的所有员工均可参与该计划
支付周期	一般按年度支付	一般按月或季度支付，许多企业设有年终奖金储备基金以备支付亏损时期的奖金
分配方法	高层员工可能会分享到更大比例的奖金，基层员工则相反	所有雇员的奖金数额由其工作时间决定
计划设计与开发	在设计过程中没有员工参与	员工一般要参与计划设计和实施过程
沟通水平	几乎不能把员工工作和奖金联系起来，因此很少有相关员工参与	员工参与和沟通是收益分享计划的有机组成部分，有利于激发改善绩效的动机
绩效支付计划与权利	利润分享通常被看作员工的权利或福利	收益分享计划被看作根据绩效支付薪酬

2. 利润分享计划的实施

利润分享计划的实施一般包括以下三步。

（1）确定企业利润分享包。根据企业的整体经济效益确定企业可供发放的奖金，再根据企业的其他非经济类指标确定可供发放的奖金中有多大比例能够实际发放，从而确定企业的总体利润分享包。一般来说，有三种提取企业利润分享额度的方法。

1）固定比例法。固定比例法是指将企业实际目标达成情况与预先设定的目标进行对比，进而确定一个相对固定的比例，提取利润分享总额（如利润提取比例为当年净利润总额的5%）。这种方法的主要特点是，只要企业取得利润，便可提取相对固定比例的利润作为员工利润分享的基数，操作方便简单，但难以制定合理的比例。

2）分段比例法。分段比例法是指将企业实际目标达成情况与预先设定的目标进行对比，根据对比情况选择相应比例提取利润（如300万元以内的利润，3%用于利润分享；超过300万元的利润，6%用于利润分享）。通常采取分段提取利润的方式，超过目标值越多，提取比例越高，因此能有效激励员工为超额完成利润目标而努力。但企业需要为此付出较高的人工成本。

3）获利界限法。获利界限法是指预先规定企业目标最低标准，然后将企业实际目标完成情况与其对比，只有在公司实际利润超过事先定好的最低标准并且低于最高标准的时候才进行一定比例的利润分享。比如，企业规定的目标利润为500万元，则只有当企业的实际利润超过500万元时员工才能参与利润分享。此时，员工分享利润的办法是超过500万元的部分按照4∶6的比例在组织和员工之间分享。因设定了最高标准，获利界限法更能够合理控制人工成本，但操作起来相对复杂。

（2）确定部门的利润分享包。在确定企业的利润分享总额以后，第二步是确定每个部门能够分到多少奖金，即部门利润分享包。部门利润分享包的大小主要取决于各业务部门对企业战略贡献能力的大小。因此，要对各个部门的战略贡献能力进行评价。例如，可以将各个部门的战略贡献能力分为三等，奖金的分配比例为1.2∶1∶0.8。考虑到部门之间的平衡，各个部门的战略贡献能力评价差别不应太大，否则会影响部门之间的合作和团结。这样，结合各个部门的人数便可得到各个部门的利润分享包。

$$\text{部门奖金系数}=\text{部门战略贡献系数}\times\text{部门人数}$$

$$\text{部门利润分享包}=\text{企业利润分享总额}\times\frac{\text{部门奖金系数}}{\text{所有部门奖金系数之和}}$$

仅仅根据战略贡献能力来确定各部门的利润分享包还不够，需要根据部门的业绩完成情况进行调整。当部门的业绩考核高出组织期望时就能得到更多奖金，反之要扣减部门利润分享包的额度。

$$\text{实际部门利润分享包}=\text{部门利润分享包}\times\text{部门业绩调节系数}$$

（3）确定每个员工的分享额度。在确定部门利润分享包后，接下来对部门内部员工进行奖金分配。个人奖金分配方法有以下四种：

1）岗位贡献法。岗位贡献法是一种系统地测定参与利润分享的岗位在企业整体组织结构中的价值的方法。通过岗位价值测评，可以比较清晰地了解利润分享岗位对企业的价值，进而判断岗位对企业的贡献并确定其利润分享额度。市场上有很多关于岗位价值评价的方法，这些方法在职位评价中曾经介绍过。因为个人的基本工资是根据岗位评价的结果得出来的，所以可以根据个人的基本工资占团队或部门基本工资总额的比例来确定个人奖金系数。

2）个人贡献法。个人贡献法是一种系统地测定参与利润分享的个人对企业的历史贡献和未来潜在贡献等的方法。通过个人贡献测评，可以比较清晰地了解参与利润分享的个人对企业的价值，进而确定其利润分享额度。目前市场上尚没有明确的、公认的个人贡献评价方法。企业操作时可建立个人贡献评估模型。个人贡献评估模型因企业性质、企业文化等有所区分。一般来说，在企业的管理实践中，将个人的绩效评价结果作为个人的贡献，从而确定个人奖金的分配。比如，个人的绩效评价结果分为四等：优秀、良好、合格、不合格，相应地，个人贡献系数设置为2.0，1.5，1.0，0（具体的系数按照公司的实际情况确定）。

3）综合贡献法。综合贡献法是将岗位贡献法与个人贡献法相结合并根据企业实际情况赋予其不同权重，综合确定员工利润分享额度的一种方法。因此，在把利润分配到部门以后，个人所获奖金可以用下面的公式来计算：

$$\text{个人奖金系数}=\text{个人基本工资}\times\text{个人业绩贡献}$$

$$\text{个人所获奖金}=\text{部门利润分享包}\times\frac{\text{个人奖金系数}}{\text{部门内所有人奖金系数之和}}$$

4）三级奖金分配法。前述分配方法都是自上而下进行的，即将奖金分配到部门，然后分配到个人。事实上，还可以自下而上进行奖金分配。员工个人的奖金分配系数要综合考虑其所在岗位价值、个人的绩效表现以及所在部门的绩效表现，所以员工个人的奖金分配系数为个人岗位系数、个人绩效系数、部门绩效系数的乘积。用企业利润分享包除以所有员工的分配系数之和即得到个人奖金的基准值，然后用奖金基准值乘以个人的奖金分配系数即得到个人的奖金数额。具体公式如下：

$$\text{奖金基准值}=\frac{\text{总奖金包}}{\text{所有员工的分配系数之和}}$$

$$\text{员工个人的奖金}=\text{奖金基准值}\times\text{个人岗位系数}\times\text{个人绩效系数}\times\text{部门绩效系数}$$

即时案例

联想集团的绩效奖金和特别绩效奖

联想采用KPI（关键绩效指标）考核员工绩效，以此确定奖金数额。奖金的发放依据有三种：一是集团效益；二是部门业绩；三是个人表现。

奖金分为月奖金、年终奖。月奖金是每月固定的岗位工资之外的浮动工资，根据个人绩效考核成绩、部门绩效考核成绩来确定，每月发放一次。部门的绩效考核系数遵循一定的原则，根据满意度指标、财务指标、市场指标等，同时考虑部门特点，确定不同的权重，以最终确定相应的考核系数。整个评价由公司的专门机构进行，这样能够确保考评相对公正、合理。个人季度绩效考核系数是在每季度末由直接上级对各级干部和员工各季度工作业绩和工作表现进行考评而确定的。年终奖的确定建立在个人定级工资的基础上，与年度公司业绩系数和年度个人考核系数有关。年度公司业绩系数是根据当年公司利润目标完成的百分比确定的，年度个人绩效考核成绩是根据四个季度绩效平均分和年度评估重点项目得分的加权平均数确定的。子公司年终奖总额取决于其当年业绩，总部职能部门的年终奖与集团的业绩相关。

在考核各事业部业绩时，联想一般采用以下两类指标：

（1）短期绩效指标。短期绩效指标多以财务指标为主。在确定事业部的年度经营目标时，根据该事业部的历史数据和未来预测确定基数，然后以此为中心，由易到难将经营目标分为多个档次，档次越高对应的奖励系数和扣减系数越大。各事业部根据自己的预期，自行选择某一档作为来年的经营目标。

(2) 战略调节因子。为确保各事业部在关注短期财务目标的同时关注长期战略目标，公司设置了战略调节因子。常见的战略调节因子有：新产品的销售收入占总销售收入的百分比、员工满意度、战略性市场的拓展情况等。

即时案例

MathWorks的利益分享计划

MathWorks的总部位于美国马萨诸塞州的内蒂克市，它是世界领先的软件开发商和供应商，自1984年成立以来每年都在盈利。MathWorks中国分公司位于北京，2007年成立。MathWorks的客户是100多个国家和地区的100多万顶级技术人员。这些技术人员在世界上最先进的技术公司、政府实验室、金融机构以及大学工作。他们依赖于MathWorks的产品和服务，因为MATLAB和Simulink已经成为他们实施工程项目和科学研究的基本工具。

利益分享计划是让所有员工都有机会分享公司财务绩效的激励方法。MathWorks公司计划每个季度都发放奖金，奖金由下列三个因素决定：公司盈利能力（税前净利润）；个人当前工资水平；个人绩效评定结果。

奖金计算通过以下步骤完成：

(1) 从公司利润中拿出10%作为每个季度的奖励基金。每个季度的盈利状况都不一样，因此奖励基金的规模也不同。这一点向员工表明，公司经营是有周期的，他们个人得到的奖金要随之变化。如果某一季度公司发生了一次较大的投资或支出，奖金会受到影响，这样就促使员工用更加长远的眼光来看问题。

(2) 员工在奖励基金中的份额取决于个人工资占全部员工（即有资格参加激励计划的所有员工）工资总额的比例。随着员工人数的增加，员工个人分得的奖金份额会下降。员工只有在该公司工作满一年半后才有资格得到该计划的全部收益。

(3) 根据员工个人绩效评级结果修正该员工的奖金份额。公司规定了五个绩效评价等级：突出、优秀、良好、合格、仍需改进。每个等级从低到高分别对应不同的权重：0.5，1.0，1.5，2.0，2.5。

(4) 根据奖金份额修正结果计算个人奖金份额的百分比。这个百分比和奖励基金总额的乘积就是该员工的实际奖金份额。

(5) 每个经理给员工签发奖金支票。一些专门的内部团体会以小组的形式将员工召集在一起，讨论总体奖金的发放情况；然后，他们与员工一对一地讨论个人取得的成绩。经理也要与每个下属召开同样的会议。

即时案例

黄卫伟：虚拟利润分享计划——华为电气

华为电气曾是华为的一家子公司，它实行过一个叫作虚拟利润法的利润分享计划。华为考虑到最终要卖掉这家公司，因此在给它做激励方案的时候主要考虑怎么把它的价值做大，让它更值钱。一个公司的价值是什么？是趋势、盈利水平和持续增长。因此，华为最初的设想是基于KPI指标中的收入、利润、质量和回款制定激励计划。

1997 年，我向大家介绍了西方刚开始流行的 EVA 思想，就是在净利润中扣除资本成本，剩余部分是真正为股东创造的价值。任总问：能不能把全年的可分配价值整合起来算出总数？可分配价值的一部分是给股东的，另一部分是给员工发放的工资（包括基本工资、奖金、福利、津贴）。把这两块加起来，就是全年可供劳动和资本分配的价值，然后确定劳动和资本分别占多大比例，这个比例确定后几年不变。

确定虚拟利润分享计划以后，华为电气开始在内部算细账，比如增加一定量的存货会多占用多少资金，继而会对虚拟利润产生什么影响，对薪酬分配产生什么影响。减少一定量的存货，或者提高周转率会产生什么影响？增加一定量的应收账款会占用多少资金或者增加多少资金成本？账算得很细，一直算到利润分配。分配之后，每个岗位上的员工都知道其业绩如何与虚拟利润和分享到的利润挂钩，怎么为公司做贡献。一年下来，效果非常显著。销售收入从上一年的 12.5 亿元增长到 21 亿元，增长了 68%；研发费用在设定标准之后基本维持在这个水平；基本工资略有降低，主要是因为进行了人员调整，裁减了冗员；产品净利润较上年增长了 101.2%，经营占用的资本增加了；虚拟利润比上年增长了 55.2%。如果分配比例不变，工资总额可以比上年增长 55%，这个数值很大，以至于华为电气不敢在当年全部分配下去，而是建了一个分享池，以丰补歉，把较为充裕的资金放到未来的年份分配。这个机制贯彻以后，华为电气员工的积极性非常高。

华为电气经营一年之后卖给了爱默生，那时的华为电气已经非常值钱了。华尔街的投资银行家想不明白，一家只有 1 400 多人的企业，评估价值竟然高达 7.5 亿美元。要签协议的时候，爱默生的总裁犹豫了——这家企业能值这么多钱吗？事实证明，这次收购的结果是双赢。爱默生看好华为电气，于是把意大利的一家生产同类产品的工厂关掉，把业务全部移到了中国。关掉的那家工厂有 4 000 多名员工，按意大利的薪酬水平，关掉那家工厂省了一大笔钱，所以这次收购对华为和爱默生来说是双赢。为什么能实现双赢？其实就是这个机制在起作用。

资料来源：华夏基石 e 洞察，2015 - 08 - 19.

（二）阿米巴经营模式

1. 阿米巴经营模式概述

阿米巴又名变形虫，能在不同的环境下变换形态以适应环境。20 世纪 90 年代末期，日本京瓷公司在经历亚洲金融风暴后，依然是东京证券交易所市值最高的公司。京瓷公司还创造了经历四次全球性的经济危机后，公司经营不但没有停滞反而持续发展的神话。京瓷公司的经营模式与阿米巴的特性十分相似，因此得名“阿米巴经营”。

阿米巴经营模式是指将整个公司分割成多个称为阿米巴的小型组织，每个小型组织都是一个独立的利润中心，按照小企业、小商店的方式独立经营。每个阿米巴就像一个小企业，有经营者，有销售额、成本和利润。阿米巴经营模式的实质是划小核算单元，通过授权、赋权把权责下移到最小单元，每天算出每个阿米巴每人每小时赚多少钱，每天、每周、每月进行横向、纵向竞赛，通过每天揭示差异、分析原因、提出改进措施，实现持续完善。阿米巴经营模式以单位时间创造的价值作为衡量员工贡献的一个重要指标，经营数据是每个员工参与经营时要紧盯的“仪表盘”。阿米巴经营模式的每一个环节都实行市场化核算，实施严格规范的经营。阿米巴经营模式可以达到全员参与、透明经营、培养人才、创造EVA（经济附加值）的目的。

根据稻盛和夫在《阿米巴经营》中的总结，阿米巴经营有三大目的。第一，确立与市场挂钩的部门核算制度。把大组织划分成小组织，在每个小组织中采取能够及时应对市场变化的部门核算管理，在全公司践行“追求销售额最大化和经费最小化”。第二，培养具有经营者意识的人才。在委任阿米巴长的同时充分授权，使其享有阿米巴的经营权。随着角色的转换，阿米巴长的工作态度从被动转为主动，经营者意识深入人心。企业能从这些阿米巴长中培养出越来越多能与经营者共同承担责任的经营伙伴。第三，实现全体员工共同参与经营。阿米巴经营模式尽可能把公司分割成细小的组织，并以通俗易懂的方式公布各个部门的业绩，为激发每位员工的热情和智慧，实现全员参与经营创造了条件。

企业为了提升竞争力，应对人才争夺激烈的情况，需要培养人才；为应对经济转型加速，需要不断学习，保持创新能力、适应能力，快速应变；为应对个体需求层次上移，需要信任、授权、全员参与；为应对大数据时代，需要提升管理的频率、精度以及数据化水平。这些都能在阿米巴经营模式中找到方法。在阿米巴经营模式之下，企业变身为学习型组织，以提高人的效率为抓手，自下而上、全员参与、透明经营、培养人才、创造价值，在实现中短期管理改善的同时练就长期竞争力。为了应对社会发展和市场环境变化，提升自身管理水平，我国多个行业企业在积极探索阿米巴经营模式的落地。

2. 阿米巴经营模式落地两要点

要点一，强调企业文化和价值观的导向作用。

稻盛和夫提出的阿米巴经营哲学具有丰富的内涵，是阿米巴经营的基础。阿米巴经营哲学强调整体，利己也要利他。这使得阿米巴经营上升到哲学和世界观的层面，使阿米巴组织与一般物质利益驱动的经济组织区别开来。在哲学观一致、统一思想的前提下，阿米巴各个组织能够在整体目标下实现良好的协调，努力实现组织利益最大化和整体利益最大化。反之，如果阿米巴各个组织都只顾自己的利益，整体协调不到位，各自为政，就会不可避免地形成混乱。统一思想认识，建立共同的世界观和哲学观，统一道德标准，是阿米巴经营成功的思想基础。稻盛和夫将其总结为：公平、公正、正义、勇气、诚实、忍耐、努力、善意、关心、谦虚、博爱。

要点二，单位时间核算。

单位时间核算的思路是，阿米巴贡献＝（当日收入－当日支出）/当日工时。在现金收付基础上，从收入中扣除支出得出利润，用利润除以总的劳动时间作为核算的指标，这可以让员工直观地了解自己每小时所创造的附加值。

首先，单位时间核算数额代表的不是阿米巴总共创造了多少利润，而是单位时间内创造了多少附加值，是衡量员工为公司这个命运共同体所做贡献的一个重要指标。其次，对成绩好的阿米巴不会给予金钱奖励，只给予“为公司做出卓越贡献”的荣誉。员工把阿米巴经营当成一种游戏，享受其中的乐趣。最后，在阿米巴经营模式下，组织被划分成许多小的组织，因此相关部门的合作显得尤为重要。

提高单位时间核算数额有三种方式：一是扩大收入。比如增加生产，就需要多接订单；提高单价，就需要升级产品，提高产品附加值等。二是降低费用，就需要减少浪费。三是缩短工作时间，就需要提高工作效率。

3. 阿米巴经营模式实施三步骤

第一步，科学划分阿米巴，建立核算体系。

划分阿米巴的主要原则为：小组织、独立性、自主性、可量化性。在具体实施过程中要做到：(1) 收入可以合理定价；(2) 收入与支出按日（周）统计，有管理基础；(3) 核心阿米巴必须首先确认。

例如，A公司在现场和市场成立了7个阿米巴：在工厂部成立以生产班组（A，B，C，D）为单位的4个生产阿米巴，在营销部按客户类型（碳酸饮料、茶饮料、啤酒）成立3个销售阿米巴。

第二步，确定阿米巴内部定价体系。

划小核算单元必然导致内部不当竞争、为保局部利益牺牲整体利益。通过阿米巴内部定价机制的设计，利用利益分享机制和市场机制，使上下游的利益方向一致，引导大家把蛋糕做大，以利益为牵引，促进产销协同、上下游协同。具体定价方法有两种：一种是市场价格法，即将外部市场价格引入内部交易，直接传递市场压力。这是最能体现阿米巴经营模式主旨的方法。但在实践中，很多交易无法找到可比的市场价格，为此，人们探索出另一种方法，即边际贡献三分法。将产品的边际贡献在生产、销售和职能部门间进行初次分配，职能部门按收支相抵原则，生产、销售部门按人均小时价值贡献起点一致的原则进行分配。生产各环节再细分阿米巴的，也按此原则进行分配。

例如，B公司定价过程如下。首先，需要用管理会计思路对利润核算报表做一次拆分，将收入、成本和费用按照相关性和可控性分别归结到各个相关主体。B公司按六大主体做管理口径调整：公司级费用（如人工成本、公司风险控制的保险费、公司社会责任的环境保护费、税费等），销售阿米巴（如业务招待费、客户垫资利息支出），生产阿米巴（如质量异议赔偿），物流（如供应商垫资利息支出），行政，财务。

收入的划分中，包装材料回收归销售阿米巴，罐身收入通过内部定价在工厂和销售之间分割。同理，废料收入、材料采购价格通过内部定价在生产和物流之间分割。另外，物流、行政、财务作为支撑部门，以收取内部服务费的形式维持运营。收入、成本、费用划分完成后，就可梳理出各个阿米巴的价值链并做损益测算。测算时将单位边际按照各阿米巴单位时间价值接近的原则做拆分，使各阿米巴的预测价值贡献之和＋公司级费用预测＝公司预测利润总额，以起到保证数据的严谨性和传递市场压力的作用。

第三步，设计核算表。

核算表与阿米巴的类型密切相关。设计生产型阿米巴核算表（见表5－15）时：(1) 人工成本不纳入，产品结算按销售模式或收取加工费模式均可；(2) 按成本效益原则，按日取数有困难的非主要成本项目，可采用月计划用量、月计划价格、月计划成本等方式代替；(3) 存在工序半成品时，也可增加资金成本项目。

设计营销型阿米巴核算表（见表5－16）时：(1) 存货、应收款资金成本纳入；(2) 收入确认按买断模式或者收取佣金模式均可；(3) 资金成本计算分两种模式，一是对总金额进行计费，二是仅对超过设定控制值的部分计费；(4) 数据统计频率按日或按周。

表 5 - 15　　生产型阿米巴核算表示例

类别	核算项		数量	单价	金额	说明
收入	产品收入					产品销售结算模式
	加工费收入					加工费结算模式
	其他收入					
	收入合计					
费用	主要材料	1				加工费模式下不包括主材成本
		2				
	辅助材料	1				不能以领代耗
		2				
		3				
	能源	气				天然气、蒸汽
		水				
		电				按班或按日取数，甚至细化至用电时段
	折旧费					按月取数
	备件与维修费用					
	部门费用分摊					按月取数
	质量异议赔款					
	费用合计					
工时	正常工作时间					
	加班工作时间					
	扣除工时					
	工时合计					
当日价值贡献						
当日单位时间价值贡献核算						

表 5 - 16　　营销型阿米巴核算表示例

类别	核算项		数量	单价	金额	说明
收入	产品销售收入					
	佣金收入	基本佣金				
		差价奖励				
	其他收入					如转单收益
	收入合计					
支出	采购成本					购入产品的成本，佣金模式下不涉及
	运输仓储费					买断模式
	资金成本	原料库存				
		成品库存				
		应收账款				
	坏账损失					

续前表

类别	核算项		数量	单价	金额	说明
支出	费用	业务招待费				
		差旅费				
		部门费用				
	支出合计					
工时	正常工作时间					
	加班工作时间					
	扣除工时					
	工时合计					
本日/周价值贡献						
单位时间价值贡献核算						

4. 阿米巴经营模式的配套制度

阿米巴经营模式的配套制度包括以下几个方面：

第一，组建阿米巴管理委员会。委员会负责执行阿米巴的推进流程，明确各阿米巴和阿米巴长的权限，制定跨阿米巴的运行对接规则，负责阿米巴激励与考核。同时确立定期会议制度，细化推进节点和里程碑。

第二，建立支持阿米巴运营的信息系统。该信息系统要能够把业务处理数据及时纳入阿米巴核算系统，因此需要将业务系统与阿米巴核算系统集成。同时需要建立内部交易结算体系，支持阿米巴之间产品和服务的内部结算。该系统要能够制作阿米巴绩效考核相关指标的报表，以及为企业和阿米巴经营服务的经营分析报表。

第三，建立以利润考核为导向的绩效考核体系，将阿米巴值纳入绩效考评。该体系要能够支持各阿米巴的独立核算，真正将各阿米巴变成利润中心，便于实施以利润为主要财务评价指标的绩效评价，独立开展业绩评价。要将阿米巴值纳入日常绩效考评，让公司上下都关注阿米巴值的变动，通过分析去发现问题，改善操作和管理，提升经营绩效。

第四，建立超额 EVA 的利益分享激励方式。

超额 EVA＝实际完成 EVA－集团下达的 EVA 目标

超额 EVA 分享前提是阿米巴净现金流＞0。

超额 EVA 分享金额＝超额 EVA×提奖比例×调整系数

超额 EVA 分享金额加上浮动薪酬构成阿米巴的年度奖金包。发放奖金时，优先发放阿米巴员的奖金，以保护基础员工的利益。

小资料

阿米巴经营模式下的员工激励

阿米巴经营并不强调经济奖励，因为这会激励各阿米巴争抢有限的设备资源和人力资源等，导致企业整体效益变差。阿米巴经营要的是整体效益。

阿米巴经营着眼于每一个员工的利益和发展。阿米巴的发展能为每一位员工创造财富、价值和快乐，真正实现个人和阿米巴的共赢。

1. 通过人人成为经营者，让员工在工作中感受人生的意义和成功的喜悦

阿米巴经营要营造“人人成为经营者”的工作氛围，使全体员工共同参与经营成为可能。如果全体员工都能够积极参与经营，在各自的岗位上主动发挥自己的价值，履行自己的职责，他们就不仅是单纯的劳动者，而且是并肩奋斗的伙伴并具有经营者意识。

全员参与激发了阿米巴的活力，激励全体员工为了阿米巴的发展而齐心协力，最终每个员工都和阿米巴紧密地联系在一起。阿米巴经营消除了劳资双方的对立，最大限度地调动了每个人的积极性和主动性。如此一来，每当履行自己的工作职责，员工就会在工作中感受到人生的意义和成功的喜悦。

2. 关注整体效益，追求附加值最大化

阿米巴关注整体效益，追求附加值最大化。阿米巴设定的经营目标不是成本而是生产量和附加值。核心是以最低的成本、费用，实现最好的业绩，关注点在于阿米巴团队创造的附加值。

当然，每个阿米巴的经营业绩会有差别，但组织并不因此在工资、奖金上差别对待。组织对阿米巴团队更注重精神奖励，对业绩好的阿米巴给予表扬，颁发纪念品等。对经营业绩不佳的阿米巴，组织会追究责任。

阿米巴经营既提高了员工的成本意识，又提高了员工的职业道德和个人素质，使员工能对经营业绩进行全局把握。

3. 阿米巴经营模式强调员工的幸福感，把员工的发展放在首位

阿米巴经营模式强调员工的幸福感，把员工的发展放在首位，这是阿米巴经营模式的魅力所在。在日本京瓷公司，稻盛和夫把追求员工及其家庭的幸福作为公司第一目标；位列第二的目标是为了协作；第三目标是为了客户；第四目标是为了社区；第五目标才是为了股东。这个目标序列，在很大程度上代表了稻盛和夫经营哲学的内涵。

资料来源：中国人力资源开发网，2015-01-20.

阿米巴的绩效考核

阿米巴并不把考核结果和个人以及团队的收益挂钩。考核是为了让各阿米巴了解自己的经营状况，找出解决问题的方法，提高经营业绩。阿米巴经营是业绩改善的工具，是发现人才的方法，却不是奖金分配的依据。

企业推行阿米巴经营，如果不匹配科学的绩效考核体系，就难以取得好的效果。如何解决阿米巴现有的绩效管理问题？答案是回归阿米巴经营原点，回归绩效的真正意义——阿米巴经营人才培养与阿米巴经营循环改善。

1. 让经营行为直接应对组织绩效的改善

企业在划分阿米巴组织、推行绩效考评体系之前，首先要构建科学的企业绩效评价体系。脱离企业绩效评价而直接进行个人绩效考评的考评系统将是空中楼阁。

比如，有些企业制定出年度、月度经营计划，让各阿米巴有明确的自主经营目标。之后，企业经过上下反复沟通，确定获得整体认同的企业绩效分析及评价系统，并以此为基础构建基于公司整体绩效的员工个人绩效考核方案，让阿米巴的一切经营行为直接应对组织绩效的改善。

阿米巴领导人、员工的个人收益与公司的整体利益挂钩。全公司员工形成目标共同体、利益共同体，努力完成企业经营目标，实现企业的飞速发展。

2. 公布各阿米巴的平均绩效

要想提升阿米巴组织的业绩，一个高效的方法是公布各阿米巴的平均绩效分数。这一分数对于那些落后的阿米巴将起到鞭策和激励的作用。这种横向的绩效比较，刺激了各个阿米巴的竞争意识，促使阿米巴主动自发地改善经营，提升竞争力和效益。各个阿米巴在绩效考核的压力面前必须奋勇向前，而且要比其他阿米巴的业绩更为突出，这就形成了阿米巴之间的良性竞争。在这样的竞争环境中，能形成千帆竞发的局面，促使企业整体经营目标的达成。

因此，阿米巴绩效管理的制度、工具、方法，都要围绕企业战略目标和高效激励设计。

资料来源：阿米巴经营：阿米巴的绩效考核．（2015－02－13）．http：//blog. sina. com. cn/s/blog_4b7aa1d60102vh5k. html.

第 4 节 认可奖励计划

美国薪酬协会的总报酬模型将绩效与认可作为五大构成要素之一。对员工的认可与肯定是在工资和福利之外，越来越多的员工关注和需要的东西。随着薪酬实践的不断发展，认可奖励计划得到越来越多的企业的关注和应用。2013 年，美国薪酬协会公布了旨在研究近年来认可奖励计划发展趋势的新一期报告。美国薪酬协会向其在美国的 5 520 个会员企业发放了调查问卷，收到 99 个企业的反馈，总结了认可奖励计划在企业中的重要发展趋势。在被调查的组织中，88%的组织实行了认可奖励计划，而 2011 年的这个比例只有 86%；只有 7%的组织实施的认可奖励计划相对上一年变少了；44%的组织称计划在来年引进认可奖励计划。企业在更多地使用花费不多但效果显著的认可奖励计划减轻财务压力的同时，探寻多样化的认可奖励方式以激励员工。

认可奖励计划引导管理者将精神认可与物质奖励结合，能够有效提升员工积极性和满意度，因其具有灵活性和针对性适用于企业发展的各个阶段。那么，什么是认可奖励计划呢?

一 认可奖励计划概述

认可奖励计划（recognition reward）是根据企业需求，有计划地制定一系列奖励项目，用于认可和奖励员工的某些特定行为。它可以分成两部分来理解：一部分是认可、肯定，具体指积极关注员工行为、努力或绩效，并即时给予正式或非正式的认可与肯定，从而满足员工的心理需要，激励其向公司期望的特定目标努力。另一部分是奖赏，奖赏的方式多种多样，包括书面文字、工作本身、礼物、荣誉等。认可与奖赏不可分割，没有奖赏的认可是无力的，没有认可的奖赏仅仅是没有意义的物体，会逐渐失去奖赏的效用。

认可奖励计划有三个重要特点：

第一，认可奖励计划以多种多样的非货币奖励为特色和核心，比如表扬、赞许、奖章、荣誉等形式，可以是正式的也可以是非正式的。

第二，认可奖励计划通过满足员工心理需要来引导员工朝组织期望的方向努力。认可，尤其是公开和大范围的认可，能够给员工带来自豪感，满足其自我实现的需要，从而起到明显的激励作用。

第三，认可奖励计划是即时的、形式灵活的，不拘泥于时间和形式，能够对员工的积极行为做出快速反馈。相比于反馈滞后的货币报酬，即时反馈的认可奖励是一种良好的补充，激励更加有效。

二 认可奖励计划的优势

早在 2000 年，美国的员工关系专家鲍勃·纳尔逊（Bob Nelson）对美国的 34 家公司的中层经理和员工进行了认可奖励计划的调查。结果表明：72.9%的经理认为，如果运用非现金的认可计划，无论是即时的还是滞后一段时间，都能取得他们想要的效果。在受调查的 598 个员工中，77.6%的人认为在他们工作表现突出的时候，上级的认可对他们来说非常重要。Bradler 等（2016）邀请了 300 名被试参加数据录入实验，随机进行认可奖励，最终结果显示，认可行为显著提升了绩效，对绩效优秀者的作用更加明显。那么，认可奖励计划的优势具体表现在哪些方面呢？

第一，相比于货币性薪酬，认可奖励计划的成本较低。货币性薪酬是财务支出，而且会呈现刚性上升的趋势。而认可奖励计划主要由非货币奖励构成，很多时候并不需要成本或只需要很低的成本。比如，企业管理者只需要说一句赞扬鼓励的话、拍拍肩膀，就能让员工感到莫大的激励。因此，对比货币性薪酬，就相同的激励效果而言，适当地运用认可奖励计划可以节省企业的成本。

第二，货币性报酬具有边际效用递减规律，认可奖励计划是在货币性报酬激励效用递减时的有力补充。经济学认为，货币性报酬带来的边际效用是递减的，当员工的工资达到一定程度后，再增加货币性报酬所带来的激励效果将降低。比如员工 A 月薪10 000 月，员工 B 月薪 1 000 元，现在同时给 A 和 B 100 元的奖金，那么 B 受到的激励将会大于 A。货币性报酬的边际递减规律在企业最想保留的核心员工身上表现更明显，因为他们往往具有较高的薪酬水平。在满足基本物质需求之后，他们更多关注的是心理方面的需求。认可奖励计划是对员工个人价值的肯定，能够满足员工的心理需要，能够以较低的成本保持良好的激励效果。

第三，认可奖励计划给予员工发挥潜能、创造卓越绩效的空间。管理者常用的目标管理的局限在于难以准确估计员工的能力。因此，为员工设置一个与其最大潜能一致的目标是十分困难的。认可奖励是事后奖励，未给员工设定目标，给予员工发挥潜能、创造卓越绩效的可能性。事后的认可和奖励会进一步激励员工继续发挥自己的潜能。因此，认可奖励计划的有效实施能够为企业创造激发潜能的机制。

第四，认可奖励计划有利于企业文化和价值观、工作氛围的塑造。认可奖励不仅仅是对个别员工的认可，也是对与企业文化和价值观相适应的行为的认可。因此，认可奖励计划具有企业文化和价值观的导向作用，能够强化员工对企业文化的认知，使其改变自己的行为以与企业相适应。此外，认可奖励计划的实施还体现了组织对员工的支持，员工更容易产生认同感与归属感，有利于企业营造充满正能量的工作氛围。Saks 等（2006）通过对 102 名各行各业的员工进行调查发现，如果员工在工作中得到更多的认可和奖励，他们可能对工作具有更高的敬业度。美国薪酬协会与美国员工激励协会联合进行的调查表明，非货币性奖励在加强内部沟通、强化企业文化和价值观、改善团队工作、提高客户满意度方面具有较大的作用。

即时案例

西南航空公司的认可奖励计划

2005 年，全球著名的航空杂志《航空公司商务》评选出该年度全球最佳航空公司五大奖项，美国西南航空公司一举摘得最佳成就奖和最佳市场营销奖两项桂冠，令各界人士惊叹不已。

2005 年是美国航空运输业形势非常糟糕的一年：全行业亏损 100 多亿美元，有的航空公司苦苦挣扎。美国西南航空公司却“风景这边独好”，创造了“与竞争激烈的商业航空行业不相称”的业绩：全年经营收入 75.8 亿美元，净利润 5.48 亿美元，比快速成长的 2004 年增加 75.1%，创造了世界航空史上无可企及的 33 年连续盈利纪录。西南航空公司为什么会取得如此辉煌的成就？

其中一个重要的原因是公司重视并很好地执行了“贡献承认计划”，也就是认可奖励计划。西南航空从成立之初就形成了浓厚的赞赏和庆祝文化。总裁非常重视对员工工作的认可和鼓励，每年亲笔签发给员工的感谢信多达上万封，还经常出其不意地邀请优秀员工进餐。在薪酬管理领域，西南航空公司把固定工资、浮动报酬和“贡献承认计划”视为公司薪酬激励管理的有机组成部分，依靠一系列“贡献承认计划”（包括基蒂霍克奖、精神胜利奖、总统奖、幽默奖、当月顾客奖等）来鼓励和支持它期望的职业化行为。比如著名的“心目中的英雄奖”褒奖那些因后台工作对客户服务产生重大积极影响的员工团队，这些员工可能来自设备养护部门，也可能来自直接服务部门或其他支持性部门。经过广泛的提名和认真的评审，“心目中的英雄”被挑选出来，他们的名字会被喷涂在飞机上并保持至少 1 年。

虽然西南航空公司支付给员工的薪酬在航空业中属于一般水平，但是公司对员工的认可和激励让员工体验到了一种在其他企业无法获得的满足感和乐趣，最终取得了其他航空公司望尘莫及的成就。

三 认可奖励计划的设计

2012 年，著名人才管理与企业学习研究机构 Bersin & Associates 公司对北美地区的员工认可奖励计划进行抽样调查发现：尽管大部分公司实行员工认可奖励计划，但许多员工并不了解该计划；许多人力资源管理工作者没能有效地推动认可奖励计划等。可见，认可奖励计划可以为企业带来切实的好处，但如何实行是值得思考的问题。下面介绍认可奖励计划的设计方式。

（一）认可的对象

1. 认可什么行为

理想的状态是对所有与组织目标和战略有紧密联系的行为进行认可奖励，但精确界定这些行为并非易事。常见的情况是员工完成很困难的任务、达到生产率或质量标准、远超出绩效标准时，会获得认可奖励。有的组织会对忠于组织的行为进行认可，有的组织会根据员工完成任务的创新性、复杂性给予认可，具体奖励哪些行为由组织自身的情况决定。被认可的行为通常是组织非常重视或者能够反映组织提倡的价值观的员工行为。

小资料

联邦快递的特别绩效奖

联邦快递经常让员工和客户对工作做评估，以便适当表彰员工的卓越业绩。其中几种主要奖励有：

祖鲁奖（Bravo Zulu）：奖励超出标准的卓越表现。

开拓奖（Finder's Keepers）：给每日与客户接触、为公司带来新客户的员工额外奖金。

最佳业绩奖（Best Practice Pays）：给员工贡献超出公司目标的团队现金奖励。

金鹰奖（Golden Falcon Awards）：奖励客户和公司管理层提名表彰的员工。

明星/超级明星奖（Star/Superstar Awards）：公司的最佳工作表现奖，获奖者可获得相当于自身薪水2%～3%的一张支票。

2. 认可哪些员工

在个人层面、团队层面、组织层面应该怎样进行认可是个值得仔细考虑的问题。当员工取得卓越绩效或做出值得奖励的行为时，应考虑他是否处于团队中，是对员工个人还是对团队整体进行认可。认可对象可能会影响团队的竞争或者合作氛围。既可以基于员工个人的优秀表现给予认可，也可以对整个绩优团队进行奖励，比如颁发明星团队奖。

小资料

认可激励的交互认可模型

认可激励的交互认可模型如表5-17所示。

表5-17 认可激励的交互认可模型

	个人存在的认可（个体/群体）	工作表现的认可（工作过程）	工作奉献的认可（工作过程）	结果认可（产品/结果）
组织	为重大生活事件（如生日）写个性化的信； 新员工的定向会议； 有挑战性的工作； 将公司目标、制度告知员工； 明确薪酬标准； 为被裁员工提供专业服务	专业行为奖励； 教练/导师方案； 轮岗方案； 提供创新氛围与资源支持； 团队认可仪式	新业务开拓认可； 加班认可； 服务年限认可	设计“认可周”方案； 在员工须知或简讯中突出（对）成功（的认可奖励）； 设立优秀奖金、团队奖金； 各业务单元或部门自由的认可计划预算； 对显著成就给予个性化的祝贺

续前表

	个人存在认可（个体/群体）	工作表现的认可（工作过程）	工作奉献的认可（工作过程）	结果认可（产品/结果）
水平	聚会（建立关系）； 同事间磋商； 对个人需求的支持； 有人离开时，举行认可仪式	专业技能的同行反馈； 问题解决小组； 在团队会议中突出贡献、创新思维和创造力	称赞个人和团队的努力； 用个性化方式赞赏同事，如拥抱； 来自同事的继续努力的鼓励； 不同业务单元的支持	同事聚会庆祝成功； 当某员工的事业有了重要发展时，给他赠送礼物； 当目标达成时，员工间的非正式祝贺
垂直	管理可见度、可防度； 管理问责制； 设计专业提升的通道； 维护和支持员工成长； 更大的工作授权； 批准弹性工作时间表	分配特殊项目； 授权员工参与会议； 职业生涯支持； 认可员工对上级的积极支持； 在同事面前祝贺员工	评估结果时考虑工作强度和难度； 繁忙时期之后组织休闲活动； 员工感谢上级为自己付出的时间	绩效评估会议； 在会上向很好完成工作的人/群体致敬； 给保证公司订单的员工写个性化的信； 在部门公告栏宣传团队的成功； 经理公开祝贺/感谢员工对项目成功所起的作用； 设立光荣榜、名人堂

资料来源：桂林 HR 经理人部落。

（二）认可的正式程度

认可奖励计划一般分为两种：正式认可、非正式认可。一般的规律是，认可越正式，得到认可的人数越少。因此，企业要获得良好的激励效果，应该有效地整合以上两种奖励计划。非正式认可一般是现场进行的互动活动，比如领导在日常管理中给予员工的口头表扬等。正式认可有确定的流程，被认可的员工往往从提名候选人中选择，候选人由员工、顾客、监督者、管理人员或者提名委员会提名。

（三）认可的频率

认可的频率由组织的特点决定。现场奖励可以随时进行，奖励越小，使用的频率越高。定期（每周、每月、每年）的奖励似乎更有效果，但是要让定期奖励的激励效果保持下去需要一定的技巧。对于定期奖励，应该让员工明确哪些行为会更多地影响奖励的获得，使员工对组织期望有清晰的了解。层级制的认可奖励可以让认可奖励计划更具活力，比如月奖 3 次获得者可以获得年度奖提名。

四　认可奖励计划实施的原则

认可奖励计划实施的原则包括以下内容：

(1) 向经理授权。大多数经理缺少必要的强化技巧来吸引、激励和保留员工，很少有

小资料

困惑：给我钱，不要认可

随着认可激励在企业实践中的深入运用，问题逐渐产生：每一个企业都存在基层员工，即所谓的“一线员工”，他们在企业中不承担管理职能，收入相对较低，成就感和自我实现程度也相对较低。这些员工可能认为企业给予他们“认可”是一种“惺惺作态”的欺骗方式，无外乎是想让他们留下来继续为企业工作，以减少人员流失所造成的误工成本和招聘新员工产生的招聘成本。很多员工甚至提出“给我钱，不要认可！”我们不禁想问：企业对于一线员工真的只需要给钱就可以达到激励效果吗？认可激励对一线员工真的没有意义和效果吗？认可激励和金钱激励是相互对立的吗？一线员工该如何激励？

1. 认可激励先低后高

亚伯拉罕·马斯洛提出了著名的需要层次理论。该理论指出每个人都有五个层次的需要，依次是：生理需要、安全需要、归属需要、尊重需要、自我实现需要。马斯洛认为只有当一个层次的需要得到满足后，更高层次的需要才会占据主导地位，个体的需要是逐层上升的。根据马斯洛的需要层次理论，对员工的激励应该逐层满足他们的需要。我们或许可以这样说，员工五个层次的东西都需要，只不过在低层次的需要没被满足的时候，他们很难去关注高层次的需要。一线员工要钱不要认可的行为正是由于其较低层次的需要没被满足，例如薪资较低导致在食物、住房、安全感等方面都没达到他们的标准，而管理者却直接给予他们第四层次的认可。他们不仅不能关注到管理者给他们的认可激励，反而会认为管理者没能理解他们的需求，没有给予他们想要的东西；或者说管理者给予认可是因为他们不想付出金钱。因此，认可激励在此并没有起到积极的效果，反而让员工误会、反感。

2. 有认可比没有认可好

与此相似的是美国心理学家弗雷德里克·赫兹伯格提出的双因素理论。双因素理论认为第一类因素是激励因素，包括工作本身、认可、成就和责任。第二类因素是保健因素，包括公司政策和管理、技术监督、薪水、工作条件以及人际关系等，这些因素涉及工作的消极因素，也与工作的氛围和环境有关。根据赫兹伯格的双因素理论，一线员工要的钱属于保健因素，而认可属于激励因素。该理论指出如果保健因素没有被满足，员工会产生极大的不满，很可能引发怠工等问题；如果满足了员工的激励因素，员工就会受到激励，从而积极努力工作。保健因素相当于员工的权利，激励因素是对员工的激励。虽然我们无法把保健因素没被满足而产生的消极影响和激励因素被满足所产生的积极影响进行量化和比较，但是不能否认激励因素或多或少会对员工产生积极的影响。我们可以把条件极端化，在保健因素都没能满足的时候，有激励因素比没有激励因素的情况好很多，有激励因素至少让员工知道企业重视他们、关注他们、认可他们，能够在精神上给予他们正向的力量。

3. 礼物互换

一个比较有趣的理论是阿克罗夫的礼物交换理论。礼物交换理论认为效率工资理论发挥激励作用有两大原因：一个是“约束装置”（即效率工资是工人偷懒被抓住的惩罚机制），另一个是“礼物互换”（即效率工资往往被工人当作雇主送给他们的礼物，因而会努力工作以报答雇主)。礼物交换理论认为物质交换应该以送礼物而非做买卖的方式进行，它提出劳动力市场的工资不只是劳动力的价格，还应该包括对雇员内在价值和尊严的认可。礼物交换理论认为，这种认可信息本身构成一种对员工的激励，使员工出于一些非基于金钱收入的因素最大化自己的努力，从而提高工作效率。在礼物交换理论中，认可和金钱的关系并没有像马斯洛的需要层次理论和赫兹伯格的双因素理论那样区分得很明晰，礼物交换理论甚至觉得金钱也是一种认可的工具。也就是说，如果没有认可，金钱只是数字，给予金钱这种单一的行为并不能在实质上激励员工。真正对员工起到激励作用的是金钱的价值，即通过金钱表达的对员工的认可。企业通过金钱传达给员工“认可”和“信任”，员工则会怀着“感激”和“回报”的心态努力工作，在不知不觉中就产生了较高的绩效，企业再对员工的高绩效进行认可，从而形成认可—感激—高绩效—认可的良性循环。

资料来源：张成露，文跃然．困惑：给我钱，不要认可——基层员工的认可激励探讨．中国人力资源开发，2015（2）：33-36.

经理认为认可员工是他们的责任或者员工很重视认可奖励。因此，企业必须向经理传授必要的认可奖励方法和技巧，同时给予他们一定的自主权来使用认可奖励。

（2）确保认可是有意义的。不是所有的认可对于员工都是有意义的，认可有意义源自员工感到认可是特别的，是针对自己的。如果不爱好体育的员工得到网球拍作为认可，那么该认可对该员工很可能是没有意义的。经理应该通过了解员工的需要和喜好，发现什么能真正激励员工，给予员工想要的认可。

（3）将认可奖励计划量化。经理可以通过认可工具捕捉、追踪和报告员工应该被奖励的行为。对员工的管理和调查能够使管理者发现员工的想法并且确定有意义的认可发生的频率。在此基础上实施的认可奖励计划是量化而有依据的。

（4）企业高层的支持。很多认可奖励计划的失败源于高层管理者认为认可奖励计划是没有底线的，或者员工不相信高层管理者支持认可计划。采用由主题专家提出的执行纲领、得到赞助商的支持，可以缓解这种状况。

（5）坚定的努力。紧密的联系只是公司层面的战略性的认可奖励计划产生的一点利益，这种联系会增加组织透明度、提高管理效率和扩大经济规模。对于认可奖励计划的努力应该包括：记录在案的计划、高水平的正式和非正式认可奖励结构、所有部门都可以使用的公司层面的认可工具等。

（6）权利转移。整个公司层面的认可奖励计划需要个人和部门的支持，在整个计划的实施过程中，需要在基层有计划的拥护者。

（7）与组织目标和战略相结合。这种结合可能发生在日常的行为中，因此认可奖励计划在设计的时候应该在不扼杀创造力的基础上，清晰地指向组织所期望的价值观和行为。

（8）持久而公平地执行认可奖励计划。认可奖励计划的执行往往没有确定的标准，因此该计划的生命力取决于在执行过程中是否公平。

（9）认可及时。管理者应力图营造一种氛围，使员工所有符合认可标准的行为和组织期望的行为都得到及时认可，这样可以增强认可的激励效果。

（10）不断提高。参与认可奖励计划的员工抱怨最多的是奖励缺乏新鲜感。认可奖励计划的维护者应该经常分享看法，通过讨论发现更好的实践并改善认可奖励计划。

即时案例

惠而浦：为员工支付“心酬”

惠而浦家电集团创立于1911年，总部位于美国密歇根州的奔腾港，是世界上最大的家用电器制造商，是美国《财富》全球500强企业。惠而浦有一个“人才生态系统”。惠而浦认为为公司创造人才培育和成长的环境需要特定元素，跟自然界的空气、水等一样，这些元素共同形成“人才生态系统”。

在人才平台上，惠而浦最关注报酬要素，把绩效与认可要素作为最重要的结合点。它认为，真正理解公司价值、愿景和方向并照此行动的员工理应获得报酬和认可。在管理和开发员工方面，认可员工占据优先的位置。惠而浦非常重视对员工进行认可激励，将此视为与报酬激励同等重要的回报方式。每天，从非正式认可到正式认可，由小到大，认可奖励计划十分宽泛。奖励的奖品也许并不昂贵，甚至有些几乎是零成本，但惠而浦坚信这些“心酬”非常关键、不可或缺。

“Spot on”计划

适用范围：用来表扬对公司最高战略目标有突出贡献或创新建议的员工。“最接近现场的人最知道问题所在”，虽然公司战略是宏观的，但也需要对微观进行足够的把握才能制定出富有远见又切实可行的战略。惠而浦懂得调动员工的积极性，发动他们为公司建言献策。的确，大众管理优于精英管理，群策群力往往能取得极高的认同度和绩效。

认可方式：员工获得的回报没有上限。只要对公司最高战略目标有突出贡献或创新建议，惠而浦对员工的认可毫不吝啬。

“I’m on it”计划

适用范围：用来表扬员工与公司价值观和领导方向一致的工作以外的奉献。该计划对于员工做出的超出职责范围又符合公司发展利益的开拓给予充分肯定。它不仅肯定了公司倡导的组织公民行为，也表达了公司对那些为公司着想的员工的感谢。

认可方式：当员工被认为做出重大奉献的时候，可能获得零售店、餐馆或者剧院的礼品卡，以示鼓励。欣赏一场音乐剧或享用一顿美味佳肴，这些奖品不足为奇，但把它们作为公司给予明星员工的奖励就会给员工带来极大的荣誉感与满足感，效用远远大于奖品本身的货币价值。

“day-to-day”认可

适用范围：所有为惠而浦付出青春与汗水的员工。

认可方式：用感谢的小纸条或者卡片、电子贺卡等表达对员工的认可。一个小纸条、一张卡片、一封电子贺卡的成本有多少？它们非常廉价，但对员工的抚慰无人能及。相较于那些把员工当作机器的公司，惠而浦是把员工当作伙伴、当作财富的公司的代表。惠而浦感谢员工为公司所付出的一切，并抓住一切机会将这些感谢传达给它所爱的员工——“没有你们就没有公司的过去、现在与未来”。

惠而浦的人才培养模式及认可激励计划帮助它取得了很好的业绩。在 2007 年的企业领导排名中，惠而浦位列北美第 12 位，全球第 15 位。惠而浦为员工支付“心酬”牢牢地抓住了优秀员工的心，也吸引大批人才加入惠而浦大家庭。“心酬”计划为惠而浦的“人才生态系统”提供了源源不断的养料，让惠而浦生生不息。

资料来源：文跃然，周欢．以货币报酬思维走向总体报酬思维．中国人力资源开发，2015（2）：16－20.

即时案例

Achievers 公司的社交福利系统

Achievers 公司在 2002 年成立于加拿大多伦多，现在总部位于美国旧金山。其创始人雷佐·苏尔曼在 2000 年初发现了员工认可激励的巨大市场及其存在的不足。苏尔曼的目标主要是通过一个福利软件将员工的认可激励由人工操作转为自动运行。通过“软件＋服务”的完整体系帮助全球化的公司提高其员工参与度、员工保留率和绩效。Achievers 公司通过十年的发展，已拥有 50 万名注册用户；其客户既有 500 多人的小公司，也有滴露、微软、贝尔、IBM 这样的世界 500 强企业；月营业收入增长连续多次超过 100％。

1. Achievers 的哲学

如果每个员工都知道自己的行为对公司的贡献，就会让员工重复对公司有利的行为。很多大公司想创造一个高激励系统，但是大都失败了。工业时代的激励方法已经失去效果，因为现在是服务经济和知识型员工时代，58％的人从 X 型员工变成 Y 型员工，内部激励打败了外部激励。Achievers 让企业每个员工的目标都一致，不管他们在一个办公室还是分布在全球。

2. Achievers 的功能

Achievers 系统是将员工日常工作、绩效评价、公司管理、员工晋升、福利发放、员工关怀等多项工作融为一体的社交福利系统。系统包括以下三个平台：一是公司内部交流分享的社交平台。如同脸书与人人网，在这个平台上，每一个员工都可以发表自己的状态、发布求助信息、分享自己的优质资源、为同事解疑答难等。利用沟通交流中心可以实现全球全体员工之间沟通体系的建设、管理和维护。二是绩效评价平台（以积分的形式体现）。积分包括任务完成分、协助同事褒奖分、分享资源分、纪念日得分等。公司领导可通过此系统奖励完成任务的同事、管理公司员工状态、了解公司健康程度等。Achievers 可与 HR 系统完全整合，给管理者设计其需要的“管理角”工具，提供一目了然的业绩报告、动态组织结构图以及员工开发工具，可以衡量校准公司和团队目标，突出高绩效员工，识别高潜力员工，实现管理者的绩效管理功能。三是积分购物平台。员工可以通过自己所得积分在网站上购物，包括电子产品、购物卡、旅游卡等多种商品。

3. Achievers 的认可方式

（1）明信片认可。制作带声像的明信片，互赠以示认可。

（2）认可卡。适用于未在电脑前工作的领导者和工作中没有电脑的员工，获得认可卡并输入代码后，行为被记录并赚得相应积分。

（3）同伴认可。将公司的价值观和期望的行为嵌入系统软件，团队成员录入本人所有重要工作，同事间可就典型行为和工作努力情况相互查阅认可。

（4）顾客反馈。顾客反馈可用于改善服务。

（5）社交认可。可将认可分享到外部社交网站上，如脸书、LinkedIn、推特等，员工不仅可获得同事的认可，也可获得家人和朋友的认可。

4. Achievers对基层员工认可激励的启示

Achievers通过软件与服务的结合，建立企业内部的社交激励平台，以积分的形式进行绩效评价和员工认可。此系统提高了员工的参与度，实现了认可激励的动态性，同时，积分兑换平台让员工方便地将激励变成钟爱的商品，将非货币激励与货币激励完美结合。

对于基层员工来讲，常常出现得不到认可、认可没有效果的情况。究其原因，一方面是员工在管理中的参与程度低，另一方面是非货币认可没有为员工带来实质性的好处。Achievers通过社交平台解决了参与程度低的问题。员工可以在平台上与管理者实时交流，管理者可方便地对员工进行积分奖励，从而在互动中实现绩效评价和认可激励。

积分兑换平台可以让员工将认可转化成实际的商品。当基层员工发现管理者的表扬、认可可以带来精神和物质激励时，即使这种物质和精神激励很小，也能让员工感动。物质激励和精神激励不是截然分开的。

资料来源：张成露，文跃然．困惑：给我钱，不要认可——基层员工的认可激励探讨．中国人力资源开发，2015（2）：33-36.

本章小结

这一章主要介绍了基于绩效的短期激励方式。本章从绩效的基本概念讲起，引入绩效管理的系统知识，概述以此为基础的绩效薪酬。然后，基于历史的发展与不同情境的管理需要，针对个人、团队和组织的短期激励计划分别做了介绍，既包括计件工资制、计时工资制、斯坎伦计划、拉克计划等典型的短期激励计划，也包括一般意义上的团队绩效奖金和项目奖金设计方法，还重点介绍了在房地产行业大为流行的项目跟投制度。此外，介绍了基于组织绩效的利润分享计划和阿米巴经营。最后，探讨了新近兴起的认可奖励计划，引发了对激励新趋势的思考。

关键词

绩效管理　绩效薪酬　短期激励　计件工资制　计时工资制　斯坎伦计划　拉克计划　项目奖金　项目跟投　阿米巴经营　认可奖励计划

思考题

1. 绩效薪酬的核心内涵是什么？
2. 设计绩效薪酬的目的何在？绩效薪酬有哪些主要形式和实施要点？
3. 针对个人和团队的短期激励计划分别有哪些？各有哪些优缺点？

4. 为什么认可奖励计划越来越得到关注？认可奖励计划是否能够成为中国企业激励员工的主流方法？为什么？

参考文献

案例分析

难以摆平的工资分配

QY是一家软件开发公司，经过十年打拼，从一个仅有十几人的小作坊发展为全国知名软件公司，员工规模迅速扩大到1 000人。

在创业初期，公司只有十来个人，谁技术过硬、贡献大，工资、奖金就高，全凭老板一支笔。即便如此，大家都觉得老板的判断是公平的，个个干得都很开心，大家都没有怨言。然而，随着公司规模逐渐扩大，人员增多，老板的判断不是那么准确了，下面的员工开始议论，人心浮动。倒不是个人工资拿得少，而是大家觉得内部不公平。于是，老板要求人力资源部去了解市场薪酬情况。但人力资源部苦于没有可靠的信息来源，只好通过同行之间非正式的沟通获得零碎的信息。不过总算有了进步，公司内部建立起一个初步的薪酬体系，员工的议论似乎少了。

1. 由“基本工资+年终奖金”到“基本工资+浮动工资”

新制度经过一段时间的运作后，人力资源部招聘主管报告，由于公司提供的工资水平在市场上没有竞争力，人力资源部开展招聘工作遇到困难。经过了解，并不是因为公司提供的待遇低，由于公司的工资结构为“基本工资+年终奖金”，初次应聘者只认基本工资，认为没有把握的奖金部分是公司开的空头支票，因此不愿意到公司来工作。这样公司在招聘时就很难吸引技术水平高的人才。公司高层就这个问题进行了讨论。公司的业务处于快速扩展的关键时期，正需要大量引进高素质人才，在这个节骨眼上，公司应该对工资结构进行调整。于是工资结构变成了“基本工资+浮动工资”，虽然取消了原有的年终奖金，但员工的工资总额上调了。在月度考核时，绩效优秀的员工除全额工资外，还可以拿到超过个人工资标准的超额浮动工资；绩效差的员工的浮动工资要被部分或全部扣除。为了控制公司的人力成本，全公司的工资总额不能增加，即有人被奖励多少钱，就有人被扣除多少钱。

2. “浮动工资”的失败

部门经理一开始还能配合人力资源部的工作，认为浮动工资制度对促进部门管理有帮助。但是不久，新的问题出现了。员工被扣浮动工资后，就觉得公司是变着法子克扣员工的工资，本来工资标准是固定的，可是现在变得没有保障了，部门经理掌握着“生杀大权”。尽管一再沟通与解释，员工仍然无法接受。而那些绩效优秀的员工即便拿着超额工资也觉得不自在，因为他们多拿的钱是同部门员工被扣的部分，同事之间低头不见抬头见，钱拿得多也不好意思。部门经理在实施过程中感受到来自员工的压力：如果浮动工资扣得过多，员工流动性会增大；如果放松标准，优秀员工将得不到激励。所以，部门经理最终放弃了这种与考核挂钩的浮动工资，部门所有员工都合格，没有特别差也没有特别突出的员工。整个公司的浮动工资体系就这样失去了作用。虽然发牢骚的员工少了，但是优秀员工的不满却在滋生。根据二八法则，最大的产能来自最优秀的20%的员工。工资制度到底该何去何从？

3. 留人才和省银子

经历了这个过程，总结了经验和教训后，公司领导认为，当时制定的“基本工资+浮动工资”的工资制度在特定时期充分发挥了作用。随着公司逐渐步入正轨，大多数员工需要正向激励，于是希望改成原来的奖金激励方式。但是任何好的激励制度都要建立在公司盈利的基础上，否则不利于公司的长期发展。如果从公司的利润中额外拿出一部分资金作为奖金，无疑会减少公司的利润；如果公司不拿出额外的资金作为奖金，奖金方案可能根本无法实行；如果将原有工资中的浮动工资全部拿出来作为奖金，肯定会影响员工的士气，他们会理解为公司在普降工资。一个尖锐的问题摆在人力资源部经理面前。

讨论题

1. 你如何评价该公司现有的浮动工资制？

2. 你如何评价该公司原来实行的奖金激励方案？

3. 如果你是该公司的人力资源部经理，你如何制定新的薪酬制度？如何才能让大部分员工支持新的薪酬制度？

第 6 章 长期激励

激励不难，难的是持续激励。

——比尔·盖茨

学习目标

1. 掌握长期激励的概念和意义，了解长期激励在国内外的发展
2. 掌握股票期权、限制性股票和虚拟股票的概念与实施要点
3. 了解管理层收购的概念与实施要点
4. 了解员工持股计划的概念与实施要点
5. 了解合伙人制度的概念与实施要点

引例

从乔家大院看股权激励

热播电视剧《乔家大院》讲述了我国晚清一代晋商的代表人物乔致庸的经商史。在他的努力下，乔氏家族事业兴盛，下属复字号称雄包头，大德通、大德恒两大票号遍布中国各地商埠码头，资产达到数千万两白银。他的故事中不乏给我们以启迪的管理之道。

剧中，乔家在平息包头“高粱霸盘”的生意风波后，以马荀为代表的特别能干的伙计却纷纷向乔东家提交辞呈，要求辞号。乔致庸非常纳闷，就问孙茂才。孙茂才解释说这是惯例，商号徒弟四年出师后一般都要离开，能在原商号待上三五年的很少，能干上七八年的几乎没有。即使不让辞号，其他商号的大掌柜也会以高薪挖走伙计。可见，当时人才流失非常普遍，伙计跳槽的根本原因是原商号待遇太低。

于是，乔致庸请马荀喝酒，欲劝其留下，并问他辞职的原因。马荀解释道：“天下熙熙，皆为利来。”他说，“东家出银子占的是银股，掌柜的以身为股占的是身股。掌柜的不愿意辞号的理由有两个，一是薪金比伙计多十几倍、几十倍，二是到了分红的账期，掌柜的能跟东家一起分红利。”接着，乔致庸又问他：“那如果让你顶一份身股，你应该顶多少?”马荀说：“能在生意里顶二厘身股就满意了，去年到账期的时候一股分红 1 200 两，

二厘身股就可分红 240 两，比我 4 年的薪金加起来还多两倍。要是有了这些银子，一家老小吃饭就不愁了，还能买房子置地。”从上述情节可以看出当时商号分配制度的弊端。像马荀这么忠心能干的跑街伙计（相当于现在的业务员）在复字号当了 4 年学徒，又干了 10 年伙计，钱庄近几年的生意八成都是他做的，其贡献不可谓不大，功劳不可谓不高，但年薪只有区区 20 两白银，最基本的生活水准都达不到，甚至连一家老小都养活不了，难怪他去意坚决。

乔致庸反思后，力排众议，敢为天下先，打破常规修改号规。新号规第十一条规定，各号伙计出师后顶一份身股，身股由一厘起，每年按劳绩由东家和掌柜的来决定是否添加。这就是乔致庸推出的“伙计身股制”，该制度以人为本，把东家利益、商号利益和员工利益有机结合起来，充分调动了员工积极性，增强了员工的主人翁意识。

复字号修改号规后，马荀去找乔致庸要回辞职信时说，不光他一个人，大家伙都不愿意走了。乔致庸问是什么原因。他说：“我今年 28 岁了，出徒 10 年按新店规能顶二厘身股，到了账期就有几百两银子的红利啊，谁还愿意走呢？您让我留下吧，我保证以后好好给您跑街，给复盛公多赚银子，争取早日把我的身股提上去。一厘身股那就是 100 多两银子呢。我也不瞒您，我现在不仅是为您干，也是为自家干。”

这或许就是最早的“员工持股计划”了。那么，在现代企业的薪酬体系中，企业对员工的长期激励有哪些新的发展呢？

资料来源：严荣华．从乔家大院看股权激励．产权导刊，2006（5）：21－24.

第 1 节　概述

上一章重点介绍了各种形式的短期激励。短期激励把员工的收入和短期内的业绩表现联系起来，对员工的奖励及时，激励效果好。但不可避免的是，员工为了获得更多回报会把关注点放在短期业绩指标的改善上，这不利于企业长期可持续发展。因此，在企业的绩效薪酬体系中，长期激励也是非常重要的激励形式，企业通常需要在员工的短期激励和长期激励之间取得平衡。

一　长期激励的概念

长期激励，是指对衡量周期在一年以上的绩效目标给予奖励的计划。长期激励计划具有战略性特征，因为实现一项战略性目标往往需要 3～5 年甚至更长的时间。长期激励把员工的利益与组织的长期绩效联系在一起，激励员工为组织长期绩效考虑，可以避免员工的短期行为，能够培养员工的所有者意识，有助于企业吸引和保留优秀人才，从而为企业长期可持续发展打下良好的基础。企业推行长期激励的理论渊源是委托代理理论，其目的在于解决委托人和代理人之间目标利益不一致的问题。随着人力资本理论在新经济时代的发展，人力资本参与剩余价值分享的理念开始流行，长期激励的设计有了另一个重要的理论来源。在这两大理论背景下，各种长期激励设计在企业中得到越来越多的关注。

二 长期激励的主要形式

长期激励计划可以分为长期股权计划和长期现金计划。

(一) 长期股权计划

长期股权计划是指基于股权的长期激励计划，是长期激励计划的主要形式，也是本章介绍的重点。股权激励可以分为现股激励、期股激励和期权激励三大类。

(1) 现股激励。公司通过奖励的方式直接赠予员工股票，或者以较低的价格向激励对象出售股票，同时规定员工在一定时期内必须持有股票，只有在满足规定的服务年限和业绩标准后才能出售。限制性股票是这一模式的典型代表。

(2) 期股激励。公司预留一定数量的股票锁定于激励对象的个人账户中，激励对象在达到预期业绩或预定时间后予以兑现。该模式同样限制激励对象出售股票。期股的特点是只要经营业绩达标，激励对象不用花钱或花很少的钱即可获得约定的股份，而且在此之前可以拥有这些股票的分红权，可用该部分红利支付购股费用。业绩股票是典型的期股激励模式。

(3) 期权激励。公司给予激励对象在未来某一时期内以事先确定的价格购买一定数量本公司股票的权利，到期后激励对象可以行使或者放弃这个权利，这取决于行权时股票的行权价格和市场价格的比较。如果行权时股票的市场价格低于约定的行权价格，则激励对象可以放弃行权。

这三种模式的本质区别在于权利和义务不同。在实际操作中，现股激励与期权激励最为普遍，期股激励不常见。表 6-1 对三者的权利和义务进行了比较。

表 6-1　　三种股权激励模式的权利和义务对比

	增值收益权	持有风险	股票表决权	分红、配股权	现期资金投入	贴息优惠
现股激励	√	√	√	√	√	×
期股激励	√	√	×	√	×	√
期权激励	√	×	×	×	×	√

具体来说，在增值收益权方面，无论现股、期股还是期权激励，只要股价上升，股权持有人都有权获得股票的增值收益。

在持有风险方面，在现股和期股激励中，经理人购买了股权或确定了股权购买的协议，当股票贬值时，经理人需承担相应的损失。在期权激励中，当股票贬值时，经理人可以放弃行权。

在股票表决权方面，在现股激励中，股权已经转移，因此持有股权的经理人一般具有股权相应的表决权。在期股和期权激励中，股权尚未转移时，经理人一般不具有股权相应的表决权。

在分红、配股权方面，在现股和期股激励中，激励对象一般具有分红、配股权。而在期权激励中，将来受益人行权的不确定性使得期权持有人在行权前没有分红及配股权。

在现期资金投入方面，在现股激励中，不管是奖励还是购买，经理人实际上都在即期投入了资金，而期股和期权都是约定在将来的某一时期投入资金。

在贴息优惠方面，在期股和期权激励中，经理人在远期支付购买股权的资金，但购买价格参照即期价格确定，同时从即期起就享有股票的增值收益权，因此，实际上相当于经理人获得了购股资金的贴息优惠（徐文新，2003）。

（二）长期现金计划

长期现金计划，是指对员工一年期以上的绩效表现直接给予现金奖励的激励计划。对于非上市公司，由于无公开市场的股票标的，在设计长期激励计划时往往优先选择现金激励。对于上市公司，选择长期现金激励一方面是为了避开相关股权监管规定或避免股权稀释；另一方面，由于其股权激励计划受到业绩条件和收益封顶的严格限制，部分已上市的国有企业可以尝试长期现金激励。此外，相较于传统的股权激励模式，长期现金计划具有一定的优越性。

首先，它的激励效果更加直接。传统的股权激励计划是基于“经营者价值贡献—公司业绩提升—公司股价上涨—给予经营者价值回报”的思路来设计的，这看似逻辑严谨，却隐含着任何一个环节缺失将导致整体激励体系失效的风险。而基于现金计划的长期激励模式，其设计思路是“经营者价值贡献—公司业绩提升或目标达成—给予经营者价值分享”，这种模式的逻辑链条更为简洁，操作形式更为直接，从而能够提升个人利益与公司利益的契合度，更有助于公司战略目标的落地与执行。

其次，它降低了公司治理的潜在风险。公司治理结构与经营者长期激励体系是一对互相影响的关系体。股权激励计划对公司治理的影响更为深刻，其中包括股权稀释、控制权更迭、股利政策、投资政策等，这无疑增加了公司治理的难度和风险。而基于现金计划的长期激励模式与公司治理结构的改变没有直接关联，这既降低了激励体系对公司治理的潜在风险，又使得企业所有者在长期激励体系的设计上有更多形式的组合和更大的实用性。

最后，它丰富了全面薪酬体系的内涵。在企业全面薪酬的实践中，如何处理薪酬的当期价值和延期价值的关系始终是一个难点。基于现金计划的长期激励模式丰富了全面薪酬体系的内涵，为组织激励的创新提供了更多可能。无论是上市公司还是非上市公司，都可以采用该长期激励模式，这也提高了其适用性。当然，基于现金支付的长期激励计划的收益兑现并非由资本市场买单，因此对公司的整体现金流有较高的要求，而且需要所有者和经营者就绩效目标达成充分的共识，这使得目标的完成既有挑战性又有可行性。

长期现金计划具体包括虚拟股票、长期奖金计划、递延支付三种形式。虚拟股票一般可以看作一种股权激励方式，将在第二节详细介绍。

（1）长期奖金计划通常在期初设定一个较长周期的业绩目标（如 3～5 年），期末根据达到该目标的程度，公司给激励对象发放不同数额的奖金。业绩目标可以是单纯的财务指标，也可以是包含财务指标和非财务指标等的复合指标。例如，对于某公司总经理，如果公司三年内净利润复合增长率超 20%，一次支付 200 万元奖金；该数值为 15%～20%，支付 150 万元；该数值为 10%～15%，支付 100 万元；低于 10%，没有奖金。

对公司而言，长期奖金计划可以减少激励风险，一方面，对员工的激励是有偿激励，达到公司的既定目标才有。另一方面，对于新聘任的高管，由于对其能力认可具有不确定性，长期奖金计划可以减少当期支付现金奖励的成本。对员工而言，由于在一个较长的周期内评价绩效，如短期绩效不佳，可以有一定的改进空间，利益不会立即受到严重影响。因此长期奖金计划对于发展需要一定过渡和储备期的企业尤其有效。长期奖金计划对于某些国有企业也很适用。考虑到高管的固定任期，可以在任期内设置业绩标准和奖励方式，便于对其任期内的业绩进行考核与奖励。

（2）递延支付是指激励对象的部分收入如年终奖，需要递延到未来几年进行发放，而且具体发放的数额和未来几年的经营业绩相联系，从而达到长期激励的效果。比如说，对某企业的总经理实行年薪制，根据今年的业绩计算出年底经营绩效奖为 60 万元，但这 60 万元今年底只发放 20 万元，明年底和后年底再分别发放 20 万元，而且要根据明年和后年的绩效系数进行调整。也就是说，如果该企业连续三年经营业绩优秀，那么采用这种递延支付，总经理能够得到较多的现金激励。这种现金递延的激励方式将经营者的利益与企业长远发展结合起来，能对经营者产生更大的激励与约束效应，减少经营者的短期行为，和股权激励相比更容易操作。

即时案例

百视通公司的中长期激励基金

作为一种常见的激励手段，现金激励在上海国资上市公司中已经有了一定范围的“尝试”。上海建工、上港集团、上海汽车去年相继公布中长期激励方案后，百视通今日披露了中长期激励基金计划。

百视通公布的计划的有效期为三年，激励对象原则上包括公司的执行董事、高级管理层以及所有在职正式员工。每年年末，上市公司基于当年实现的净利润增量提取一定比例的激励基金，提取的数额不超过净利润增量的 20%。上市公司母公司及各子公司可分别计提激励基金，但计提的比例不可超过上述比例。净利润均按扣除非经常性损益后归属于上市公司股东的净利润口径计算。

事实上，上港集团、上汽集团等去年公布中长期激励方案之时，即有消息传出，上海市国资委监管的企业在整体上市以后，会优先推动企业的中长期激励计划。对比几家公司去年的方案，百视通的激励方案有两个特点：一是上述三家企业都选择了净利润增长额的 10%作为提取激励基金的上限，百视通则定为增长额的 20%。二是上述三家公司的方案将激励对象定为中高层管理人员或者有重大贡献的员工、中国工程院院士、全国劳模、全国五一劳动奖章获得者等，百视通的规定则相对宽泛，根据其表述，理论上所有在职职工均有资格。

有分析人士指出，现金激励在上海国资上市公司中推广有必然性。相较于股权激励程序繁杂、耗时长等问题，这种基金激励模式更便捷，更符合企业利益。

这种激励计划有以下意义和特点：

（1）激励计划响应国企改革号召，探索股东和员工利益匹配机制。在国有企业股权激励停滞的背景下，这算作一种探索调动国有企业员工积极性的方式。在党的十八届三中全会后，国家提出国有企业改革，很重要的一点就是解决激励机制问题又不造成资产流失。百视通公司激励计划对全国的国有企业改革有示范意义。

（2）激励计划有益于长期业绩。由于业绩下滑激励对象便不享有激励奖金，该计划能促使公司每年保持业绩增长的积极性，使股东利益和员工利益一致。

（3）激励计划利于收购。如果业绩爆发性增长，则当年奖金提取较多。基于内生的每年的业绩增长比较有限，外延收购的额外利润也是可分配的，能促进利润的爆发性增长，所以激励计划可以驱动公司做外延收购。

资料来源：赵一蕙．百视通推中长期激励计划．上海证券报，2013－12－12.

三 长期激励的重要意义

长期激励是现代企业避免经营管理者和员工短期行为的制度设计，是法人治理结构的重要组成部分。与短期激励相比，长期激励对企业的发展具有特殊的作用。

1. 有利于缓解委托代理问题或内部人控制问题

现代企业制度的一大特征是所有权与经营权分离，在此基础上产生了委托代理关系，即作为公司所有者的股东委托董事会监督控制企业的运营，董事会又委托经理层管理企业的日常运作。委托代理理论认为，委托人和代理人自身的经济利益目标不同，鉴于信息不对称和契约不完全的矛盾，代理人始终存在道德风险，可能会偷懒或做出机会主义行为。股东为了使自身利益最大化必须监督控制代理人的经营行为，由此产生的成本就是代理成本。长期激励方式尤其是股权激励方式被认为能够整合委托人和代理人之间的利益函数和目标差异，使双方目标趋于一致，使得管理层在决策时考虑公司的长期发展利益，选择最佳且最可行的方案，增加管理者的积极性、责任心、创新意识与战略眼光，鼓励管理者更加关注公司的长远发展。

2. 有利于人才战略的实施，吸引、激励和保留公司优秀人才

现代社会的人力资源已经超越物质资源，成为决定公司命运的关键因素，企业之间的竞争归根结底是人才的竞争。长期激励计划既是对员工自身人力资本价值的肯定，也是对员工长期绩效贡献的认可，能够提高员工的满意度，营造一种主人翁的文化氛围。另外，较高的长期回报会增加员工跳槽或离职的机会成本，所以长期激励计划有利于降低公司人员的流动性，提高稳定性。

对于处在初创期和成长期的企业来说，长期激励计划是重要的人力资本投资工具。这些公司在创业初期往往没有足够的资金向员工支付高额的工资，但可以以长期的回报承诺吸引、激励和保留重要的人才。长期激励计划能够让员工看到较长时期内可望得到的报酬，这对于公司外部的优秀员工有较大的吸引力，也有利于激励公司内部的员工向着有利于公司长远发展的目标努力。对于管理人员和技术研发人员来讲，长期激励计划往往使他们与公司共同分享或承担决策与努力的结果，鼓励他们敢于承担必要的风险，勇于开拓创新，不断追求更高的收益。

四 长期激励的负面效应

长期现金计划虽然也是长期激励的重要组成部分，但是与股权激励相比，在过去半个多世纪并未得到广泛关注。本部分主要介绍股权激励在实践中存在的问题。虽然股权激励在当今社会广为应用，但是在实践中存在不足。这种不足主要体现在管理者的机会主义行为上，包括以下三个方面。

（一）盈余管理

盈余管理是指企业经营者在遵循会计准则的基础上，通过对企业对外报告的会计收益信息进行控制或调整，以实现主体自身利益最大化。盈余管理的手段包括关联交易，提前或推迟收入或费用的确认以影响企业报告期的利润等。在股权激励方案下，财务指标往往是衡量公司业绩的主要尺度，良好的财务指标会引发资本市场的积极反应，起到提升市值、提高股价的作用。因此，在股权激励方案下，激励对象尤其是高层管理者很可能利用自身的信息优势，粉饰会计报表甚至不惜财务造假以实现自身利益最大化。安然财务丑闻就是最好的例子。

（二）择时行为

管理者持有股份增加时，其对股权方案的影响力会变大。管理者可能会操纵与股权激励方案有关的关键时点以实现自身利益最大化，如将股价较低的日子定为公告日，而将股价较高的日子定为行权日以拉大股票差价。诸多学者证实了择时行为的存在。Devos 等（2015）发现 CEO 对股权激励时间的选择不是随机分布的，80%授予期权的行权时间在股票分割公告日当天或前几天。按照资本市场的一般规律，在这个日期公司的股价会下降。

（三）并购冲动

股权激励方案会影响管理者的投融资决策。一般而言，当公司采取较为激进的投融资决策时，资本市场会呈现向好的趋势，股价会上涨。在这一前提下，管理者往往只顾眼前股价的上涨，而不从公司战略布局的角度出发，做出不合时宜的投融资决策，这种决策可能会对公司的长期发展造成损害。例如，光明乳业在 2010 年实施了限制性股票激励，2010—2013 年，光明乳业的母公司光明集团相继发起了七次海外并购。

五　长期激励在国内外的发展

（一）股权激励在国外的发展

股权激励制度产生于 20 世纪 50 年代的美国，70 年代传入欧洲，90 年代进入亚洲。美国是现代股权激励制度的发源地，股权激励在美国的发展历程是其在全球范围内发展的缩影。

1952 年，由于美国当时的税收呈上升趋势，个人所得税边际税率已经增至 92%，美国公司高层管理者的绝大部分薪酬以个人所得税的形式进了国库，经理们的工作积极性受到极大挫伤。面对这种情形，辉瑞公司为了合理避税，首先推出了面向公司全体雇员的股票期权计划。从此股票期权制度诞生了。

到了 20 世纪 60 年代，美国硅谷的高科技公司，尤其是刚起步的创业型公司，开始积极推广这种激励制度。进入 70 年代，美国企业开始引入独立董事制度，独立董事多以股票期权的方式获得薪酬。另外，美国政府在政治法律环境上支持股票期权计划，严格区分法定期权与非法定期权并为非法定期权提供税收优惠，大大促进了期权制度的发展。

到 20 世纪 80 年代晚期，美国公司开始大范围使用股权激励计划，随着美国资本市场的上扬，股票期权俨然成为当时最为热门的激励手段。根据美国薪酬协会的数据，1976 年股票期权在 CEO 薪酬中的占比还不到 20%，到 2000 年已经超过 50%；1976 年实施股票期权的公司期权年赠予量占股份的比例不到 0.5%，2000 年达到 1.5%～2%，在高科技领域甚至达到 4.5%～5.5%。据人力资源咨询公司翰威特的调查，1998 年，超过 2/3 的美国大公司向普通管理人员授予股票期权，26%的大公司在整个公司范围内实施股票期权，1.5%的大公司在至少 50%的员工范围内实施股票期权。美国持股计划数据库显示，2000 年 1 月，《财富》200 强中超过 20%的公司实施了全体员工股票期权计划或向所有员工提供认股权。

2001年，以安然为代表的一大批美国公司财务丑闻使得整个社会开始反省美国的公司治理结构，股票期权被认为是财务造假的一大诱因，批判之声鹊起。2002年7月30日，布什总统签署《2002年公众公司会计改革和投资者保护法案》，针对股权激励制定了更为严格的信息披露制度。2004年7月，美国国会通过《股票期权会计改革法案》，要求公众公司将股票期权费用化。至此，股权激励热潮开始冷却。

就算如此，以股权激励为核心的长期激励计划仍然在现代薪酬结构中占据重要的地位，使用股权激励的国家不断增加。美洲、欧洲大陆、亚洲的诸多国家开始实施股权激励计划。只是美国安然事件之后，股票期权的热度有所下降，不少企业将目光转向限制性股票、业绩股票等其他股权激励方式。2015年，美世咨询针对标普500指数中174家公司进行了一项有关CEO薪酬的调研，结果显示长期激励成为CEO薪酬最为重要的组成部分，约占薪酬总额的69%。

小资料

股权激励在欧洲、亚洲的发展

20世纪70年代，英国政府没有像美国政府那样对股票期权提供保护，到了80年代初才开始重视公司治理中股票期权的作用，于1980年制定并实施了储蓄及股票计划，允许员工以低于赠予日公司股票市场价值的行权价格购买公司股票，并提供一种享受税收优惠的储蓄工具。1984年，管理层股票期权计划获得税务署通过，进一步促进了股票期权制度在英国的发展。1988年，英国政府调整税收法律，使个人所得税税率与资本利得税税率之间的差距大大缩小，股票期权制度在许多公司中推广开来。

1999年，英国政府制定了两个新的股票期权计划。一是创业企业管理层股票期权计划。该计划规定股权激励计划只适用于管理层中不超过15人，期权获得者在售出股票时才能将其确认为资本并缴纳资本利得税。二是公司员工股票期权计划。该计划的重点在于培养员工的主人翁意识，对员工授予股票期权的价值规定了3 000英镑的上限，并要求在实施该计划时平等对待员工，严禁歧视，具体的授予数量要与个人工作业绩密切联系。可见，英国政府利用税法杠杆，有力地调整了股票期权制度的发展方向和激励尺度。

法国政府于1973年颁布了法令，对各类企业以优惠条件鼓励员工在股市认购本企业股票或认购本企业股份以增加企业资本的做法做了规定，1974年对该法令进行了补充完善。俄罗斯政府在1992年6月通过法律，要求在24个月内，15 000个大型国有企业转成股份公司，对员工购买股票及股票的分配做了相关规定。新加坡政府实行员工持股选择计划，由公众公司，主要是一级上市公司，根据自己的实际情况制定计划并具体实施。匈牙利政府通过了《职工持股计划法》以推广职工持股。具体做法是，企业职工成立类似工会的组织，这一组织代表职工谈判，购买公司股份。

资料来源：郭丽英．员工持股制度的法律问题研究．重庆：西南政法大学，2006.

（二）股权激励在国内的发展

我国于20世纪90年代初引入长期激励。1998年，财政部开始对长期激励分配制度的改革进行调研，在中关村选择联想、北大方正等六家公司进行试点。90 年代后期以来，一些民营企业和股份制企业自发实践股权激励，上海、北京、武汉、杭州等地方政府先后以政府规定和指导意见等多种形式鼓励国有企业和股份制企业实行股票期权制度。

2005 年，《财政部国家税务总局关于个人股票期权所得征收个人所得税问题的通知》对股票期权所得性质的确认和具体征税，以及对员工因拥有股权而参与企业税后利润分配的所得缴纳个人所得税做了规定。2016 年，中国证监会发布《上市公司股权激励管理办法》，对股权激励的适用范围、激励对象的范围、股票来源和数量、绩效考核、防止内幕交易与操纵市场、购股资金来源、实施程序等都做了明确的规定。这标志着股权激励制度在中国正式得到法律意义上的确认。

2006 年 1 月 27 日，国务院国有资产监督管理委员会颁布了《国有控股上市公司（境外）实施股权激励试行办法》。同年 9 月 30 日，财政部颁布了《国有控股上市公司（境内）实施股权激励试行办法》。这些办法对《上市公司股权激励管理办法》进行了补充。众多公司推出了自己的股权激励方案，国内上市公司的股权激励逐步走向科学规范。2008 年，国资委、财政部《关于规范国有控股上市公司实施股权激励制度有关问题的通知》及证监会股权激励有关事项备忘录系列指引的成功发布，意味着中国股权激励政策在“试点—整顿—完善”的历程中逐渐走向成熟。

自 2006 年以来，国内 A 股上市公司实施股权激励的数量总体呈上升趋势。其中 2006 年有 44 家，2007 年有 15 家，2008 年有 68 家，2009 年有 19 家，2010 年有 66 家，2011 年有 114 家，2012 年有 118 家。2013 年发布股权激励计划公告的公司达到 158 家，证监会备案的有 108 家，通过股东大会的有 103 家，实施股权激励并授予员工股权的有 97 家。据统计，截至 2015 年 4 月，沪、深两市已有 644 家上市公司公告了股权激励计划方案，上交所有 135 家，深交所有 509 家（主板 60 家，中小板 268 家，创业板 181 家），上述 644 家中已获证监会无异议备案的有 551 家，国企已公告股权激励的有 90 家。

小资料

联想集团早期股权激励实践

20 世纪 90 年代，我国开始探索股权激励方案。联想集团早在 1993 年就向中科院提出由管理层和员工占有 35%的分红权的方案。1994 年，经过联想和中国科学院一年多的磋商，中科院同意对联想股权进行划分，确定中科院占 20%，计算所占 45%，联想集团的管理层和员工占其余 35%股权的分红权，从 1995 年开始实施。联想集团的管理层没要股权，而是得到分红权。国有资产的股权属于国资局，不属于中科院，中科院没有国有资产让渡权，但有利润分配权，因此有权给予联想管理层分红权。然而即使是对分红权的分配，当时在中科院系统内也算是特例。另外，35%的比例并不高，是终获批准的因素之一。

但分红权毕竟不是股权，获得分红权的联想员工持股会等到了盼望已久的时机。1998 年，联想更名为联想集团（控股）公司，并成为香港联想的最大股东。同时，有关把联想员工持股会拥有的分红权转变为股权的计划开始实施，其指导思想是：让企业的创始人、管理者、业务骨干成为企业真正的主人。联想这次股权改革涉及的只是员工持股会所持有的 35%的股份，这 35%原来以分红权的方式存在，这次股份改革要将这35%的分红权变为股权。按照1993年确定的比例，中科院和联想员工持股会正式确定中科院拥有联想65%的股权，管理层和员工拥有其余35%的股权。

1999年，联想在集团内部推行员工持股计划，进一步明确员工持股会所持35%股权的分配。按照1994年确定的方案，第一部分是创业员工，总共有15人，主要是1984年、1985年创业时的骨干，将获得35%；第二部分是核心员工，约160人，主要是1988年6月1日以前的老员工，将获得20%；第三部分是未来的骨干员工，包括现在的联想员工，获得其余的45%。这一方案的最大特点是兼顾了企业的过去和未来，既妥善地考虑了早期创业人员的贡献，又恰当地考虑了企业的发展前途，是一个富有创新意识，比较公平、合理的股权改革方案。

资料来源：迟双明，柳传志．决策联想的66金典．北京：中国商业出版社，2002.

德勤2016年发布的《2015—2016年度高管薪酬与激励系列调研报告》显示，A股的股权激励工具如图6-1所示。可以看到，近年来限制性股票的使用率大幅上升，2015年的占比达到76.2%。从分布板块来看，创业板势头迅猛，已成为股权激励的“排头兵”(见图6-2)。

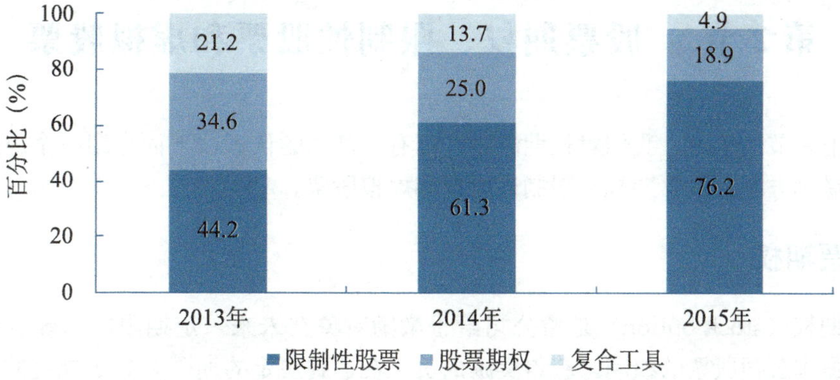

图6-1 A股股权激励工具分布图

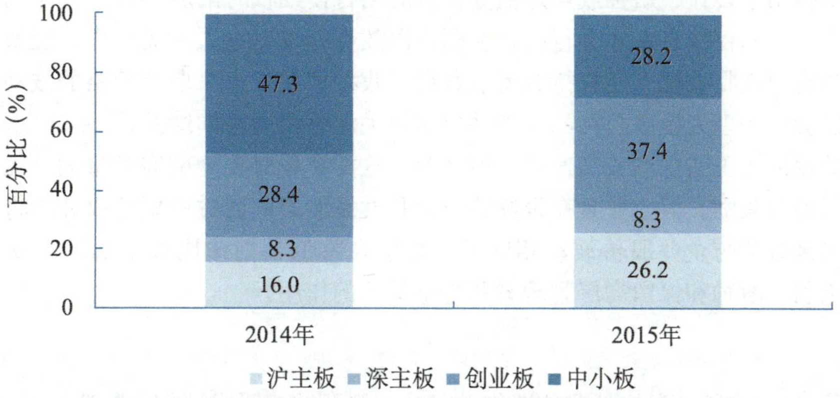

图6-2 A股股权激励上市板块分布

注：由于数据四舍五入，总和不为100%。

小资料

我国关于上市公司股权激励的法律文本

我国对上市公司股权激励做了较为详细的规定，主要的规范性文件有：

1. 2006 年 1 月 27 日国资委制定《国有控股上市公司（境外）实施股权激励试行办法》

2. 2006 年 9 月 30 日国资委制定《国有控股上市公司（境内）实施股权激励试行办法》

3. 中国证监会在其官方网站上公布的两份备忘录：

(1)《股权激励有关事项备忘录 1 号》

(2)《股权激励有关事项备忘录 2 号》

4. 2010 年 2 月 1 日财政部、科技部印发《中关村国家自主创新示范区企业股权和分红激励实施办法》(财企〔2010〕8 号)

5. 国资委、财政部、证监会三部委 2016 年 8 月 18 日联合印发《关于国有控股混合所有制企业开展员工持股试点的意见》(国资发改革〔2016〕133 号，简称“133 号文”)

6. 自 2016 年 8 月 13 日施行《上市公司股权激励管理办法》

第 2 节　股票期权、限制性股票和虚拟股票

通过上一节的学习，我们对长期激励计划有了基本的认识，下面介绍三个应用最为广泛的股权激励方案：股票期权、限制性股票和虚拟股票。

一　股票期权

股票期权（stock option）是指公司给予激励对象在未来一定期限内以确定的价格购买一定数量本公司股票的权利，获得奖励的员工在达到规定的期限并满足规定的相关条件后，即可行使权利获得一定数量的本公司股票。股票期权是一种购买权利而不是义务，可以放弃但不得用于转让、质押或偿还债务。只有当行使期权时的股票价格高于约定价格而有价差收入时，期权持有者才会行权，否则可以放弃行权，本人并无损失。股票期权的内在特征是具有预期收益性。期权持有者能获得的收益依赖于未来股票价格的波动，因此股票期权可以激励经理人提高公司的业绩并更多地关注公司的长期绩效。

股票期权适用于初创型或高速成长型企业，这类企业对现金的需求量大，无法拿出大量现金进行即时激励。但企业具有很好的前景和发展潜力，通过股票期权计划将其重要激励对象的未来收益与企业股价波动相联系，能够在降低当前激励成本的同时发挥激励效果，起到吸引、激励和保留高层管理者和骨干员工的作用。

即时案例

大连獐子岛渔业集团股份有限公司股票期权激励计划（节选）

为进一步完善公司的法人治理结构，促进公司建立健全激励约束机制，充分调动管理者和重要骨干的积极性，吸引和保留优秀管理人才、核心技术人员和业务骨干，将股东利

益、公司利益和经营者个人利益结合在一起，使各方共同关注公司的长远发展，激励个人与公司共同分享企业发展的成果，保证企业的长期稳健发展，根据《中华人民共和国公司法》《中华人民共和国证券法》《上市公司股权激励管理办法》，股权激励有关事项备忘录1、2、3号，及其他有关法律、法规、规范性文件和公司章程，制定本股票期权激励计划。

1. 标的股票数量和来源

大连獐子岛渔业集团股份有限公司（以下简称“獐子岛”或“公司”）拟向激励对象授予1 000万份股票期权，其中首次授予股票期权959万份，预留股票期权41万份。涉及的标的股票种类为人民币A股普通股，约占本激励计划签署时公司股本总额71 111.22万股的1.41%。本计划的股票来源为公司向激励对象定向发行的股票。

2. 激励对象

本计划的激励对象为公司的董事、高级管理人员及公司董事会认为应当激励的其他员工，不包括独立董事、监事。其中，高级管理人员包括董事、副总裁、职能中心总监、事业部总经理、财务负责人和董事会秘书。公司董事会认为应当激励的其他员工包括公司部门负责人、子公司及参股公司主要管理人员、核心技术人员、经营骨干人员及董事会认为对公司有特殊贡献的其他员工。本计划首次授予期权的激励对象为142人，占公司目前在册员工总数的3.27%。

3. 行权价格

本计划首次授予的股票期权的行权价格为29.50元。行权价格为下列价格之较高者：

（1）股权激励计划草案摘要公布前1个交易日的公司股票收盘价29.50元；

（2）股权激励计划草案摘要公布前30个交易日内的公司股票平均收盘价26.95元。

4. 行权安排

本激励计划的有效期为自首次授权日起4年。本计划首次授予的股票期权自首次授权日起满12个月后，激励对象应在未来36个月内分3期行权。未满足业绩条件而未能获得行权权利的期权或者行权期结束后当期未行权的股票期权将立刻作废，由公司无偿收回并统一注销。首次授予的股票期权各期行权时间安排如表6-2所示。

表6-2　首次授予的股票期权各期行权时间安排

阶段名称	时间安排	行权比例
授权日	本计划获得股东大会通过之后的30日内	—
等待期	自授权日起至授权日起12个月内的最后一个交易日止	—
第一个行权期	自首次授权日起12个月后的首个交易日起至首次授权日起24个月内的最后一个交易日当日止	30%
第二个行权期	自首次授权日起24个月后的首个交易日起至首次授权日起36个月内的最后一个交易日当日止	30%
第三个行权期	自首次授权日起36个月后的首个交易日起至首次授权日起48个月内的最后一个交易日当日止	40%

5. 行权条件

本激励计划的行权考核年度为2011—2013年，分年度进行绩效考核并行权，每个会计年度考核一次，以达到绩效考核目标作为激励对象行权条件。

(1) 公司层面业绩考核。首次授予的股票期权各年度绩效考核目标如表6-3所示。

表6-3　首次授予的股票期权各年度绩效考核目标

行权期	绩效考核目标
第一个行权期	以2010年净利润为基数，2011年净利润增长率不低于25%，2011年年度加权平均净资产收益率不低于14%
第二个行权期	以2010年净利润为基数，2012年净利润增长率不低于56%，2012年年度加权平均净资产收益率不低于15%
第三个行权期	以2010年净利润为基数，2013年净利润增长率不低于95%，2013年年度加权平均净资产收益率不低于16%

(2) 个人层面业绩考核。根据公司制定的考核办法，目前个人绩效考核结果分为合格和不合格。激励对象只有在上一年度绩效考核合格，才能全额行权当期激励股份。若行权上一年度考核不合格，激励对象当年度股票期权的可行权额度不可行权，由公司收回注销。

资料来源：大连獐子岛渔业集团股份有限公司股票期权激励计划（草案）摘要．证券时报，2011-08-18.

二　限制性股票

限制性股票是指上市公司按照预先确定的条件授予激励对象一定数量的本公司股票，要求股票持有者在出售股票之前为企业服务一定的年限或者完成特定的企业绩效目标。可见，限制性股票的限制主要体现在两个方面，一是获得条件，二是出售条件。一旦满足获得条件，激励对象无须投资或只需付出很少投资额就可以获得全值股票奖励；但他们在限制期内不得随意处置股票，如果在这个限制期内经营者辞职或被开除，股票就会被没收。满足出售条件后，激励对象可以出售限制性股票并从中获利。所以，限制性股票适用于比较成熟的企业，尤其适用于上市公司的高级管理人员、董事以及对上市公司的持续发展有重要影响的管理骨干和核心技术人员。

近年来，越来越多的美国上市公司在实施基于股票的薪酬激励时更多采用限制性股票激励计划（restricted stock plan），对股票期权计划的关注相对较少。这种变化的原因很多：首先，安然、世通等公司的财务丑闻使股票期权受到牵连。其次，资本市场不稳定导致期权对职业经理人的激励作用下降，尤其是2000年后网络泡沫破裂导致很多高科技公司股价大幅下跌，很多职业经理人持有的期权协议成为毫无价值的废纸。最后，美国的财务会计制度发生改变，要求各个上市公司采用公允市值法来计算股票期权的成本，将企业授予员工的股票期权作为费用从利润中扣除，这样，股票期权的发放不计入企业成本的优势不复存在。中国的情况类似。德勤2016年发布的《2015—2016年度高管薪酬与激励系列调研报告》显示，采用限制性股票的A股公司从2013年的44.2%上升到2015年的76.2%，而采用股票期权的公司从2013年的34.6%下降到2015年的18.9%。

股票期权与限制性股票的比较一直是理论界与实务界关注的重点。股票期权与限制性股票的差异主要体现在以下几个方面。

第一，股票期权是一种权利而非股票本身，限制性股票则是实实在在的股票。

第二，对激励对象而言，股票期权风险更高。当股价上涨时，期权价值同时上涨；而如果股价下跌且跌破行权价，则期权价值完全丧失。限制性股票的价值与股票价格之间则呈线性关系。

第三，股票期权只能在上市公司实行，因为只有市场才能确定行权时的公允价格，而限制性股票没有这种限制。

第四，股票期权将实施的重点放在股票的获得上，而限制性股票虽然也会对获得股票做出限制，但大多数时候这种限制条件比较容易达到，它更关注股票的售出条件。

第五，在限制性股票与股票期权达到同等激励效果的情况下，股票期权比限制性股票需要的股份数量多。比如，公司想要支付给高管额度为900元的股权激励，股票的现价为10元。在股票期权方案下，行权价为10元，预计2年后市场价为20元，那么需要为高管提供90份股票。在限制性股票方案下，如果按照国家规定公司以5折的价格向员工提供股票，那么只需要提供60份股票。

学者们还从会计处理、风险承担、成本、激励效果等诸多角度对两者进行了比较。Oyer等（2003）对限制性股票、股票期权和长期现金激励进行比较，认为股票期权在成本、激励效果等方面更具优势。Hodge等（2006，2009）通过研究发现高管对于股票期权的主观评价更高。也有学者指出股票期权应用广泛很大程度上归功于避税效应，并没有证据表明其优于其他长期激励方式（Kraizberg et al.，2002）。有学者认为会计准则修订之后，股票期权将不再具有成本优势（Hayes，2012）。国外学者也探讨了股票期权和限制性股票的适用范围，如Bryan等（2000）提出高成长性企业更适合实行股票期权，Hall等（2002）提出当股权激励计划使现有薪酬减少时，限制性股票最为合适。

即时案例

光明乳业的限制性股票激励方案

光明乳业股份有限公司是由国资控股的一家产权多元化的股份制公司。公司于2002年8月28日在上海证券交易所上市。

激励方案

2010年1月20日公司公布了《光明乳业股份有限公司A股限制性股票激励计划（草案）及其摘要》，此后进行了两次修改，经上海市国资委批准后于2010年6月17日通过中国证监会批准，公司董事会、股东大会决定以2010年9月27日为A股限制性股票激励计划的授予日，通过定向增发的形式对公司的中高层管理人员实施限制性股票激励计划，并于2010年10月19日发布了限制性股票授予完成公告。

限制性股票的解锁条件具体如下：

（1）第一个解锁期：2010年、2011年营业总收入分别不低于94.80亿元和113.76亿元，净利润分别不低于1.90亿元和2.28亿元，净资产收益率不低于8%；扣除非经常性损益的净利润占净利润的比重不低于85%（可申请解锁数量40%）。

（2）第二个解锁期：2012年营业总收入不低于136.51亿元，净利润不低于2.73亿元，净资产收益率不低于8%，扣除非经常性损益的净利润占净利润的比重不低于85%（可申请解锁数量30%）。

（3）第三个解锁期：2013年营业总收入不低于158.42亿元，净利润不低于3.17亿元，净资产收益率不低于8%，扣除非经常性损益的净利润占净利润的比重不低于85%（可申请解锁数量30%）。

（4）若未达到解锁条件，激励对象当年不得申请解锁，未解锁的股票由公司统一回购并注销。在最后一期的限制性股票解锁时，担任公司高管职务的激励对象获授的限制性股票总量的20%必须锁定至其任职（或任期）期满，根据任期考核或经济责任的审计结果确定是否解锁。

激励效果

2010年光明乳业的限制性股票激励计划公告当日，市场做出了正面反应，投资者对这一计划持肯定态度。光明乳业的各项业绩指标均出现明显的向好势头，2010—2014年不断上升，2015年略微下降。2015年的下降一方面与行业总体形势有关，另一方面与限制性股票激励到期有一定关系。总之，限制性股票计划对光明乳业的业绩提高起到了很好的促进作用。

资料来源：夏翀．光明乳业股权激励案例研究．武汉：华中科技大学，2013.

三 虚拟股票

虚拟股票（phantom stocks）是指在不改变现有股权结构的前提下，公司以合同的形式授予激励对象一种虚拟的、类似于股票的收益权。被授予者在任期内如果实现公司的业绩目标，则可以享有一定数量的分红，根据约定也可以享有股价升值的收益；但没有所有权和表决权，虚拟股票不能转让和出售，在离开公司时自动失效。在虚拟股票持有人实现既定目标的条件下，公司给持有人分红时，既可以支付现金、等值的股票，也可以是股票和现金相结合。虚拟股票并不是真正意义上的股票，而是通过持有者对企业剩余索取权的分享，将他们的长期收益与企业效益挂钩，适合现金流量比较充裕的非上市公司和上市公司。

虚拟股票和股票期权、限制性股票有一些类似的特性和操作流程，如激励对象与公司在计划实施前签订合约，约定公司给予虚拟股票的数量、兑现时间表、兑现条件等。虚拟股票与股票期权以及限制性股票的差别在于：

（1）虚拟股票持有者并没有实质认购公司的股票，实际上是获得企业未来分红的凭证或权利。

（2）报酬风险不同。只要企业正常盈利，虚拟股票的持有人就可以获得一定的收益；而股票期权或限制性股票只有在行权时股票价格高于行权价，持有人才能获得价差带来的收益。

（3）收益的实现方式不同。股票期权或限制性股票行权后，被授予者持有的是公司的股票，将这些股票在市场上卖出，被授予者的收益就能实现，而虚拟股票行权后不能在市场上流通。

即时案例

华为的虚拟股权激励

1998年，华为公司高层赴美考察期权激励和员工持股制度，一种名为虚拟股的激励制度进入其视野。虚拟受限股（下称虚拟股）是华为工会授予员工的一种特殊股票。拥有虚拟股的员工，可以获得一定比例的分红以及虚拟股对应的公司净资产增值部分，但没有所有权、表决权，也不能转让和出售。在员工离开企业时，虚拟股只能由华为控股工会回购。虚拟股不必经过证券行业监督管理部门烦琐的审批程序，非上市公司的虚拟股体系避免了公开市场所带来的股价波动的影响。2001年7月，华为股东大会发布了《华为技术有限公司虚拟股票期权计划暂行管理办法》。

推出虚拟股之后，华为员工所持有的原股票被逐步消化吸收转化成虚拟股。当时，有两个有利条件助推其平稳地完成了体量巨大的实体股到虚拟股的转变：一是当时正值网络泡沫破灭，华为公司正经历第一个冬天，许多员工对公司股票价值的期望不高，且分红收益较低。二是任正非当时鼓励大批员工“辞职再回岗”以便完成股票回购，董事长孙亚芳也参加了这一计划。包括李一男在内的一批华为资深员工陆续离职创业，他们手中的股票被工会回购。华为公司股票在虚实之间的悄然转换，意味着其从一家全员持股公司变成由两个实体股东控制的公司。

2008年，华为公司微调了虚拟股制度，实行饱和配股制，即规定员工的配股上限，每个级别达到上限后，就不再参与新的配股。这一规定使得持股数量巨大的老员工的配股受到了限制，但是有利于激励新员工。

每年，表现优异的员工会被主管叫到办公室里，这些华为公司的“奋斗者”会得到一份合同，合同上列明他们当年能够认购多少公司股票。这份合同不能被带出办公室，签完字后必须交给公司保管，没有副本，也没有持股凭证，但员工可以通过一个内部账号查询自己的持股数量。往年，为了购买股票，这些华为的“幸运儿”还会签署另外一份合同，工商银行、平安银行、中国银行、建设银行四家银行的深圳分行每年为他们提供数额不等的“个人助业贷款”——数额从几万元到几十万元甚至更高，这些贷款一直被华为员工用于购买股票。不同来源的消息均指出，四家商业银行为华为员工提供的股票贷款高达上百亿元，直到2011年被叫停。2012年3月31日，华为董事会秘书处向华为员工发布《关于2011年虚拟受限股收益分配操作及有关还款等资金安排的通知》，明确2012年虚拟受限股只能通过自筹资金购买，银行将不再提供购买股票所需的贷款。

经过十年的连续增发，华为虚拟股的总规模达到惊人的98.61亿股，在华为内部，超过6.55万人持有股票，收益相当丰厚。2010年，股票购买价格为5.42元，每股分红2.98元，收益率超过50%。2011年，预计分红为每股1.46元，相比前一年大幅下滑，但收益仍非常可观。

资料来源：素材来源于网络并经改编。

四 股权激励计划的选择与实施

无论是股票期权、限制性股票还是虚拟股票，从设计要素来看大同小异，都涉及激励目的、激励条件、激励对象、授予价格、授予数量以及授予方式、行权时间等方面的规定。通常来讲，股权激励计划的基本实施流程如下。

（一）选择合适的股权激励方案

激励模式是股权激励的核心问题，直接决定了激励的效果。前文介绍了三种股权激励方案的内容及特点，在具体实践中采用哪种激励方案，应充分考虑企业性质、企业发展阶段、实施成本、企业股权结构、法律可行性以及管理目的等。

股票期权、限制性股票及虚拟股票是最为常见的三种股权激励模式，此外还有一系列的股权激励模式，这些模式都是在前三种的基础上演变而来的，在这里简要介绍，企业可根据自身实际从中选择。

（1）股票增值权。股票增值权是公司授予激励对象的一种权利，如果企业股价上涨，则激励对象可获得相应数量的股价升值收益。其与虚拟股票的区别在于，激励对象只享有股票增值权而没有分红权。在这种模式下，激励对象无须为行权支付现金。这种模式比较适合现金流量充裕的上市或非上市公司。

（2）储蓄-股票参与计划。公司允许激励对象预先将一定比例的工资存入专门为员工开设的储蓄账户，并将此资金按期初和期末市场价的较低者的一定折扣折算为一定数量的股票，在期末按照当时的股票市价计算出此部分股票的价值，激励对象借此获得储蓄资金和期末市场价值之间的差价收益。在这种模式下，当公司股价上涨时，计划参与者受益，股价下跌时不会受损，但相应的激励力度较小。这种模式比较适合高科技或创业板的上市公司及其子公司。

（3）股票奖励。公司无偿赠予激励对象一定数量的股份，激励对象自获得股份日起享有分红权，如果实现了预定的业绩目标则获得奖励股票的所有权，反之则退还股票。这种模式适用于上市公司或非上市公司。

（4）业绩股票。预先确定合理的年度业绩目标，如果激励对象达成该目标则可获赠一定数量的股票，一定年限后可获准兑现。这种方案比较适合业绩稳定的上市公司。

（5）业绩单位。该方案与业绩股票的区别在于业绩股票赠予的是股票，而业绩单位赠予的是现金，与股价的联系较小。这种模式适用于非上市公司。

（6）账面价值增值权。账面价值增值权分为购买型与虚拟型。购买型是指在期初激励对象以每股净资产值购买一定数量的股份，在期末按每股净资产期末值回售给公司。虚拟型是指激励对象在期初不需支付资金，公司授予激励对象一定的名义股份，在期末根据公司每股净资产的增量和名义股份的数量计算激励对象的收益。该方案适用于现金流量较为充裕的上市或非上市公司。

小资料

股权激励小调查

截至 2014 年 12 月 31 日，推出股权激励计划的国有上市公司共有 650 家，涉及方案达 881 个，其中，有 186 家公司推出了两个或两个以上的股权激励计划。从时间上看，2011 年以来，股权激励方案的出台进入了高峰期，出台股权激励方案的公司每年都超过 100 家，2014 年更是出台了 206 个股权激励计划，达到史上最高值。从推行时间表来看，目前，共计 638 个激励方案正在实施过程中，占总量的 72.42%；有 59 个激励方案处于实施前的准备阶段，包括董事会预案、股东大会通过、国资委批准等，占

6.7%；有178个激励方案由于种种原因停止实施，占20.2%。

激励模式

《上市公司股权激励管理办法》规定，股权激励模式可以有股票期权、限制性股票以及股票增值权计划等。从目前的执行情况来看，绝大部分公司选择了期权模式（53.92%）和股票模式（44.27%），仅有极少数（目前来看仅有16个）采用股票增值权模式。

板块分布

从推行股权激励公司的上市板块来看，目前仍以中小企业为主。数据显示，深市中小板企业发布的股权激励方案总量最多，合计357个，占40.52%；其次为创业板，合计245个；上海市场有195个方案，居第三位；最后是深市主板市场，仅84个方案。从各个市场股权激励方案数目占各自市场上市公司总量的情况看，创业板和中小板中有接近一半的上市公司推出了股权激励，而沪深市主板市场的股权激励力度明显较弱。

企业性质分布

从推行股权激励方案公司的性质看，有671个股权激励方案来自民企，占方案总数量的76.16%，三成多的民企选择对高管人员实施股权激励。无论是地方国企还是央企，对高管人员的股权激励显著较弱，13.03%的央企实施股权激励，7.37%的地方国企实施股权激励，其实施的股权激励方案数量分别占所有上市公司股权激励方案数量的5.9%和6.02%。

行权价格

《上市公司股权激励管理办法》规定：实施股票期权模式的，行权价格不应低于下列价格较高者：

（1）股权激励计划草案摘要公布前一个交易日的公司标的股票收盘价；

（2）股权激励计划草案摘要公布前30个交易日内的公司标的股票平均收盘价。

在实践中，绝大多数实行股权激励的公司取上述两者较高值，即政策的底线作为行权价格。2014年初，共有39个股权激励方案出台，大部分上市公司倾向于压线定价，即在符合政策的范围内尽量降低行权价格。对限制性股票的授予价格，虽然证监会给予相应的政策指导，即采取增量发行的限制性股票激励模式，授予价格不得低于股权激励计划草案公告前20个交易日公司股票均价的50%，但实际执行中，大部分公司都是踩着政策的底线，即折扣50%，仅有少数公司高于底线。

资料来源：潘妙丽，邓舒文．实施股权激励是国有上市公司进行市值管理的重要工具．上海证券交易所研究报告，2014.

（二）确定激励对象与股票来源

选定股权激励方案以后，企业首先要确定对哪些员工实行股权激励计划。股权激励的对象一般为企业的核心人才，包括管理人员和技术骨干，也可以包括一部分优秀员工和对企业发展有特殊贡献的人。虽然股权激励主要用于高管人员，但学者们的研究表明，对除高管外其他人员的股权激励也很有必要。Oyer and Schaefer（2005）提出，更多的公司应该给所有员工授予股票期权，因为股票期权计划可以为员工提供激励，也可以对员工进行分类以及留住员工。Fich等（2005）的研究表明，对独立董事进行激励可以提升市场对企业价值的评估。Deutsch（2011）提出，为外部董事提供股权激励可以促进其对风险的承担，从而对股权激励起到正向作用。不过，我国《国有控股上市公司（境内）实施股权激励试行办法》做出以下规定：股权激励对象原则上限于上市公司董事、高级管理人员以及对上市公司整体业绩和持续发展有直接影响的核心技术人员和管理骨干；上市公司监事、独立董事以及由上市公司控股公司以外的人员担任的外部董事，暂不纳入股权激励计划；在股权授予日，任何持有上市公司5%以上有表决权的股份的人员，未经股东大会批准，不得参加股权激励计划。

除了符合上述规定，一个更为实际的问题是如何确定公司内部的长期激励对象，也就是确定可以参与长期激励计划的员工名单。通常来说，公司在确定长期激励对象时，会参考员工的历史贡献、岗位级别、岗位重要性、业绩表现等因素。比如，华为曾经给工作满一年且业绩达标的核心员工授予一定数额的股权，允许其按照较低的价格用奖金购买，次年即可参与分红。

用于激励的股票来源主要有：

（1）公司向激励对象定向增发股票。这是企业实施股权激励时最常用的方式。注意《股权激励有关事项备忘录1号》规定，公司不得提取激励基金资助激励对象购买股票期权，激励对象要自己出资购买。上市公司一般采用草案公告前20个交易日公司股票均价的50%作为增发价，这对激励对象形成了有效激励，公司不需要付出成本，但是摊薄了二级市场股民的收益。

（2）公司在二级市场回购本公司股票。公司从税后利润中提取激励基金，委托信托公司在二级市场回购本公司股票并代公司持有，等激励对象行权时再过户到激励对象名下。公司回购股票在新公司法颁布之前是禁止的，新公司法虽允许公司回购股份用于奖励职工，但设定了限制：第一，回购的股份不得超过本公司已发行股份总和的5%；第二，回购的股份在一年内转让给职工。二级市场回购需要公司出钱购买股票，但是没有增加流通股数，这增加了二级市场股民对公司的信心，有利于股价的稳定和上涨。

（3）大股东转让。2008年之前，大股东可以直接将股份赠予或转让给激励对象。2008年之后，股东不得直接将股份赠予或转让给激励对象，必须先将股份赠予或转让给公司，并视为公司以零价格或特定价格向该股东购买股份。然后，公司将股份授予激励对象。这一方式也得遵守公司回购股票的规定，其适用性受到限制。

（三）确定股权的授予数量

首先需要确定公司授予股票的总量。我国国有上市公司存在转制不充分，高管人员既是经营者又是大股东的法人代表以及内部人控制等情况，管理层很有可能给自己发放过量的股票或期权，从而损害股东的利益。为此，《国有控股上市公司（境内）实施股权激励试行办法》明确规定：在股权激励计划有效期内授予的股权总量，应结合上市公司股本规模的大小和股权激励对象的范围、股权激励水平等因素，在0.1%～10%之间合理确定，但上市公司全部有效的股权激励计划所涉及的标的股票总数累计不得超过公司股本总额的10%。上市公司首次实施股权激励计划授予的股权数量原则上应控制在上市公司股本总额的1%以内。上市公司任何一名激励对象通过全部有效的股权激励计划获授的本公司股权，累计不得超过公司股本总额的1%，经股东大会特别决议批准的除外。股权授予数量能否突破10%与1%的上限，国资部门会根据实际情况从严审核。

就个人股票数量来说，为防止过度分配和内部人控制，上市公司任何一名激励对象获授的本公司股权累计不得超过公司股本总额的 1%。高级管理人员个人股权激励预期收益水平应控制在其薪酬总水平的 30%以内。

除了符合上述规定，另一个需要认真考虑的问题是如何确定公司内部每个激励对象股权的授予数量，即给每个人授予多少股票或者股票期权认购权。一般来说，公司按比例将股权分配给激励对象时，分配依据主要包括激励对象的岗位重要性、个人绩效考核成绩、个人发展潜力、工龄等因素。

持股数量及比例过低，则股权激励的效果有限；过高，则有可能稀释股权，使得部分员工为获得高额收益而采取盈余管理等手段损害公司利益。Morck 等（1988）运用分段回归的方法，发现高管持股比例与公司价值之间存在区间效应，当持股比例在 0～5%时，持股比例与公司价值正相关；当持股比例在 5%～25%时，持股比例与公司价值负相关；当持股比例在 25%以上时，持股比例与公司价值正相关。McConnell and Servaes（1990）发现，内部人持股比例与公司价值之间存在倒 U 形关系，最优持股比例为 40%～50%。Bryan 等（2000）研究发现，企业规模、经营风险、成长机会、自由现金流以及管理层的任期等因素和高管股票期权最优水平有显著相关关系。因此，公司应当结合自身实际，合理选择股权的授予数量。

即时案例

A 集团长期激励方案——虚拟股票认购权分配

A 集团对集团高管和核心人员实施虚拟股票计划，通过职位、历史业绩、个人发展潜力、对公司文化的认同等因素进行综合评定。根据评定结果，分配虚拟股受益权。具体做法如下：

把对公司贡献差异不大的岗位打包授予标准比例，同时根据职位差异、个人能力因素进行调整。

	人数	
总经理	1人	15%
副总经理	1人	15%
总监	2人	15%
经理	2人	6%
核心人员	19人	19%
预留比例		30%
		100%

个人虚拟股受益额度＝年收入×个人受益调整系数/$\sum$（年收入×个人受益调整系数）×该岗位群虚拟股总额

虚拟股比例分布

总股数 10 000 000　预留股数 3 000 000　本次分配股数 7 000 000

职位	总经理	副总经理	总监	经理	核心人员
人数	1	1	2	2	19
比例	15%	15%	15%	6%	19%
标准股数	1 500 000	1 500 000	1 500 000	600 000	1 900 000

（四）确定股权激励的业绩标准

为了真正实现激励目的，必须有效约束激励对象，这就需要确定激励对象购买股票或者出售股票的业绩标准，主要包括个人业绩标准和公司业绩标准。在期权激励中，达成业绩目标通常是激励对象购买股票的关键条件；而在限制性股票中，达成业绩目标是激励对象出售股票的关键条件。公司可以根据激励对象实际完成的业绩情况，决定授予的股票期权数额。若激励对象未达到考核要求，可以暂停授予或从已获得的股权数额中扣除以作为惩罚。从限制性股票的获得条件来看，大多数公司将一定量的股份无偿或者以较低的折扣价授予激励对象，但是激励对象在出售股票时必须满足时间和业绩条件。

行权条件以公司业绩为主，常见的考核指标包括两大类：一类是公司的内部绩效指标，如主营业务收入增长率、净利润增长率、加权平均净资产收益增长率等；另一类是资本市场指标，如股息收益率、市盈率、整体股东投资回报率、派息率等。考虑到行业的周期性，指标设计要考虑能否避免行业业绩波动导致的业绩预期失误，以及规避行业整体不景气对激励对象贡献的抹杀。因此，有不少企业根据与行业平均业绩的比较或与特定几个竞争对手平均业绩的比较来设计业绩考核指标。

2012 年，韬睿惠悦的一项调研报告显示，公司越来越强调以绩效为导向的长期激励模式，公司在实行长期激励时经常使用的绩效指标如图 6－3 所示。

（五）确定行权价格与行权时间

《上市公司股权激励管理办法》对限制性股票的授予价格做了明确规定，授予价格不得低于股票票面金额，且原则上不得低于下列价格较高者：（一）股权激励计划草案公布前 1 个交易日的公司股票交易均价的 50%；（二）股权激励计划草案公布前 20 个交易日、60 个交易日或 120 个交易日的公司股票交易均价之一的 50%。

股票期权的行权价格不得低于股票票面金额，且原则上不得低于下列价格较高者：（一）股权激励计划草案公布前 1 个交易日的公司股票交易均价；（二）股权激励计划草案公布前 20 个交易日、60 个交易日或者 120 个交易日的公司股票交易均价之一。

股权的授予价格并非不能调整，事实上，在较长期的股权激励计划中，很有可能重新

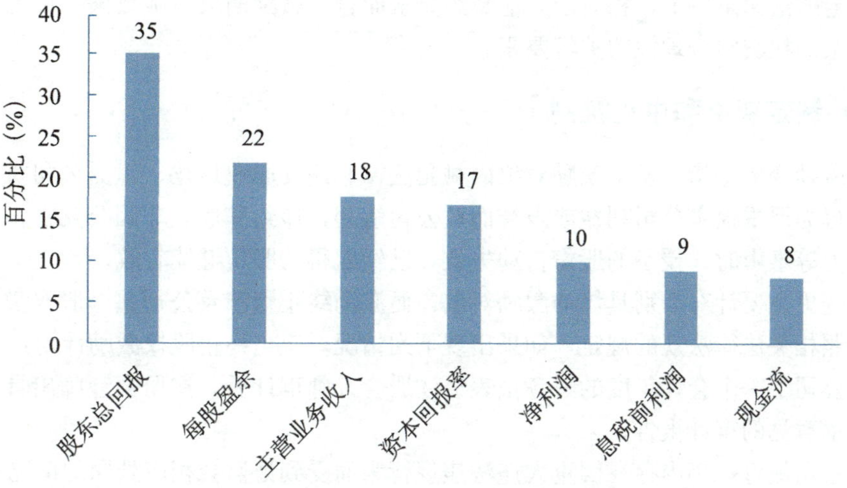

图6-3　公司实行长期激励时常用的绩效指标

资料来源：韬睿惠悦．2011 CDB-长期激励数据库．

制定股票的价格以更好地适应实际需要。重新定价是企业灵活适应市场变化，维持股权激励效果，留住核心人才的手段。Ittner等（2003）指出，重新定价发生的频率在小型、高科技、新经济企业中明显更高，重新定价主要是为了挽留企业人才。Aboody（2010）发现，相比已实施期权计划但是没有重新定价的公司，股票期权重新定价的公司在以后年度的经营利润和现金流量有更大的增长。不过，重新定价应慎重，只有当原先制定的价格与实际情况脱节，难以起到应有的激励作用时，才应考虑重新定价，否则它可能沦为高层管理者为自身谋利的工具。西方诸多研究表明，股票期权重新定价是由公司的低业绩而不是由行业或市场的低业绩引起的（Brenner et al.，2000；Chance et al.，2000；Carter et al.，2001）。

在股权激励的行权时间方面，有效期和等待期是两个非常重要的概念。有效期是指股权激励计划实行的最长有效时间，在这段时间内激励对象必须行使完所有的股权，逾期未行使的则作废。等待期是指公司授予激励对象股权以后，激励对象不能马上行使自己的权利，而是需要等待一段时间。对于股票期权而言，期权的持有人需要等待一段时间，待条件成熟之后，才可以行使股票的购买权。而对于限制性股票而言，持有人获得股票后在一定时期内不得售出持有的股票，所以这段等待期也可以称为禁售期。公司在授予股票期权时必须明确规定具体的有效期和等待期。我国规定等待期不少于1年，有效期可以根据企业所在行业的特点以及企业的发展情况具体设定，不超过10年。一般来说，等待期过去、行权条件成熟后，股票持有人可以行权购买或出售股票。行权一般不是一次性的，而是分阶段的，比如分为三年行权，每年可以购买或出售一定比例的股票。

对股权激励实施期限的规定是十分必要的。Zattoni（2009）对股票期权方案的特点及其效果进行检验，结果表明，激励期限对其实施效果具有显著影响。短期内会计业绩可能会被操纵，但从长期来看，这些指标被操纵的迹象最终会暴露。国内学者吕长江等（2011）经过实证检验发现：激励期限长、激励条件严格的股权激励计划的激励效果更好，而激励期限短、激励条件宽松的股权激励计划则具有福利性质。徐宁和徐向艺（2010）指出，在既定的法律条件下，相对于其他契约要素而言，激励期限与绩效条件设置的自主性是决定股票期权契约合理性的关键要素。

（六）制定变更和中止机制

股权激励变更是指当发生激励对象因触犯法律、违反职业道德、泄露公司机密、失职或渎职等行为严重损害公司利益或声誉而被公司解聘，违约辞职，非因公死亡，非因公丧失劳动能力等事由时，授予的股份自动失效，已经取得的股份继续有效。

激励变更主要针对个别具体的激励对象，而激励终止则涉及公司整个股权激励计划的终止。按照相关法律法规的规定，如果出现下列情况，应当终止股权激励计划：

（1）公司上一个会计年度的财务报表经注册会计师审计后，注册会计师出具否定意见或无法表示意见的审计报告；

（2）公司最近一年内存在因重大违法违规行为而受到证监会相应处罚的情况；

（3）中国证监会认定的其他情形。

五　股权激励实施的外部环境

为最大限度地发挥股权激励的积极作用，股权激励计划既需要完善的股权方案设计，也需要良好的运行环境。

（一）完善公司治理结构

要实行真正有效的股权激励计划，必须不断完善公司治理结构，发挥独立董事、监事会以及薪酬委员会的作用，实现各方力量的均衡。同时，应当健全公司的内部审计制度，防止内部人利用职权粉饰业绩，建立有效衡量投资效率的各种制度和措施，充分考虑股权激励计划可能对管理层投资行为造成的影响，并通过内部审计对其投资行为进行有效约束和控制。

（二）加强外部市场有效性

建立规范有效的资本市场与职业经理人市场可以将市场压力传递至管理层，更好地约束管理层的行为，保证股权激励发挥作用。同时，引入独立的外部审核机构，加强对股权激励的审控。

（三）完善法律法规

完善法律法规包括：

（1）完善披露机制，细化股权激励方案信息披露内容，坚持信息持续披露，对不按规定及时真实披露的行为进行严厉处罚。

（2）完善税收优惠政策。虽然国家针对股权激励出台了一系列税收政策，但总体而言我国股权激励的税收相对较重，具体来说，对激励对象股权激励所得征收的个人所得税，主要涉及工资、薪金和财产转让所得。在授权环节，一般不对激励对象进行征税，在行权时按5%～45%的超额累进税率征收，同时征收印花税。因此建议完善相关规定，为股权激励提供一定的税收优惠。

即时案例

万科的限制性股票激励计划

1. 基本操作流程

从图 6-4 中可看出，万科限制性股票激励计划的基本操作流程为：第一，信托机

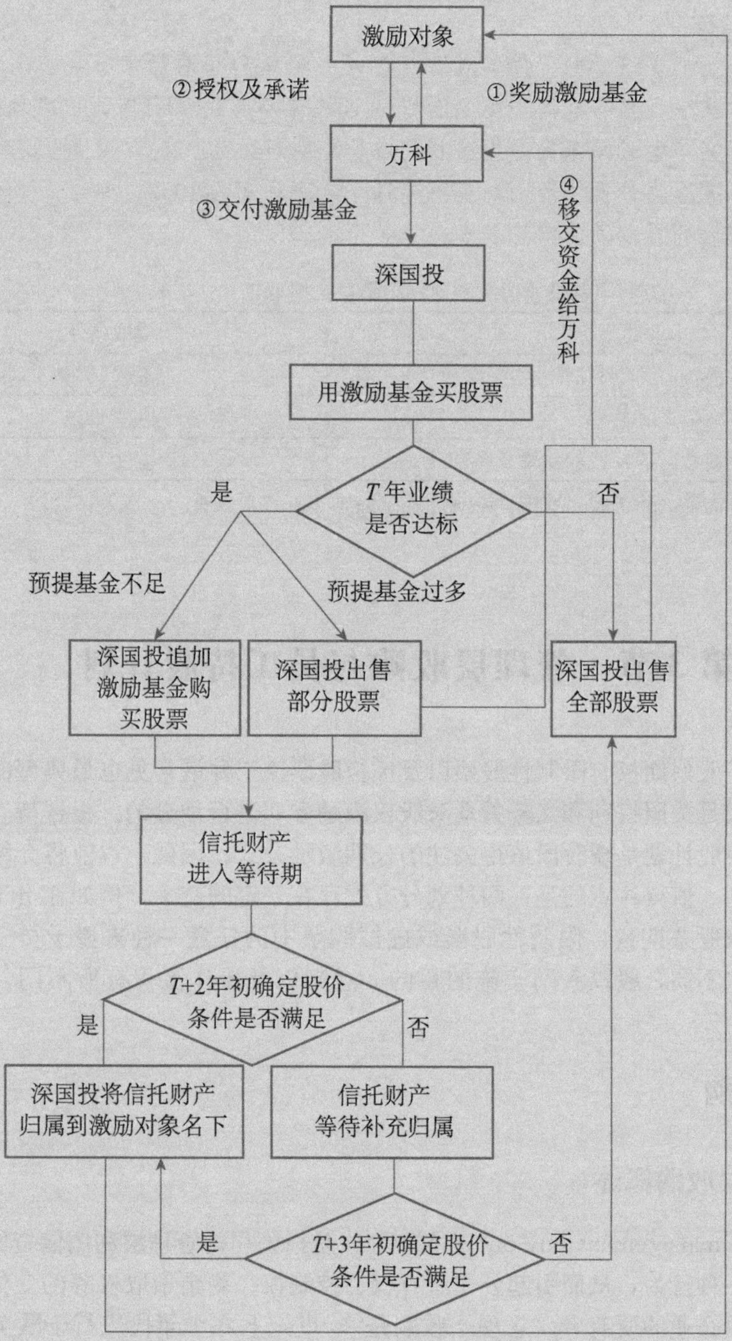

图 6-4　万科限制性股票激励计划基本操作流程示意图

构用预提的激励基金于当年购入万科流通A股股票。第二，确定万科是否达到业绩标准，以此确定该年度激励计划的有效性。第三，等待期结束后，若万科A股股价符合股价要求，则股票以非交易过户方式归入激励对象个人账户；若不符合股价要求，计划终止。

2. 激励基金提取

一是激励基金的提取比例。每年激励基金以当年净利润增加额为基数，在一定幅度内提取。具体来说：当净利润增长比例超过15%但不超过30%时，以净利润增长率为提取比例计提当年的激励基金；当净利润增长比例超过30%时，以30%为提取比例计提当年的激励基金。计提的激励基金不超过当年净利润的10%。

二是激励基金的提取条件（见表6-4）。

表6-4　万科限制性股票激励计划激励基金提取条件情况表

业绩指标	提取条件
扣除非经常性损益后的年利润增长率	超过15%
全面摊薄的年净资产收益率	超过12%
扣除非经常性损益后的每股收益增长率	超过10%

资料来源：张优勤，龚凯颂，曹阳．限制性股票激励实施效果分析——以万科为例．财会通讯，2009（25）：22-25.

第3节　管理层收购与员工持股计划

上一节介绍了股票期权、限制性股票以及虚拟股票这三种最常见也最典型的股权激励方式，这三种方式是按照权利和义务关系对股权激励方式进行划分的。根据持有对象，管理层收购与员工持股计划是现阶段值得关注的长期激励方式。因此，本节将介绍管理层收购与员工持股计划。值得注意的是，两种划分方式存在一定的交叉，例如在员工持股计划中，企业可以采取股票期权、限制性股票或虚拟股票中的任意一种来授予员工股票。但是，基于激励对象不同，股权激励实施的目的、意义以及操作流程有所不同，具有特殊性，值得单独介绍。

一　管理层收购

（一）管理层收购概述

管理层收购（management buy-outs，MBO），是指公司的管理层利用借贷所融资本收购本公司股权的一种行为，从而引起公司所有权、控制权、剩余索取权等的变化，收购使企业的经营者变成企业的所有者。管理层收购是20世纪七八十年代流行于欧美国家的一种企业收购方式。实践证明，国外的管理层收购在激励经营者、降低代理成本、改善企业经营状况等方面起到了积极的作用，因而得到广泛应用。20世纪末期，管理层收购在我国开始出现，2003年达到顶峰。随着改革的深入，管理层收购受到越来越多企业的关注，成为越来越多企业改制和明晰产权的现实选择。

管理层收购具有以下几个特点：

(1) 收购主体为目标公司经理层，收购对象通常是其经营的公司，也可以是公司的子公司或业务部门。在后一种情况下，管理层收购通常与目标公司的战略调整相关，成为目标公司出售下属企业或业务的一种方式。

(2) 收购的资金来源一般分为两个部分：一是内部资金，即经理层自身的资金，这部分资金大约占到收购资金的10%；二是外部资金，即债权融资和外部股权融资。一般情况下，目标公司的股权或资产的价格远远超过收购方（经理层）的支付能力，所以在收购中，经理层自身提供的资金只占总收购价格的很小一部分，大部分要依靠外来资金。在典型的情况下，通常先由公司高层管理者提供10%的收购资金，再以公司的资产作抵押，向银行等金融机构借入约60%的资金，剩余的30%以私募或发行垃圾债券的形式筹措。

(3) 收购后的企业通常进行业务重组，包括调整发展战略、整合业务、实施成本降低计划、变革内部组织和流程等。高财务杠杆的资本结构使得经营者承受的现金流量压力较大，因此，在适当时候可将公司部分或整体出售或上市，以减轻压力，实现预期收益。

(4) 管理层收购多发生在成熟行业或人力资本突出的行业。管理层首先通过大量的债务融资进行收购，然后用企业的现金流量偿还贷款，因此企业产生稳定的现金流是管理层收购成功的关键。与新兴产业急需扩张相比，成熟行业（或成熟企业）产生的现金流量较为稳定，这将增强企业的还债能力，有助于管理层收购中的债务融资。此外，在人力资本发挥关键作用的行业，经理层较之所有者的优势使得管理层收购更容易施行。研究显示，现金流充裕的成熟行业（Renneboog et al.，2007）、新兴的高科技产业（Krigman et al.，2001；Weir，2008）、外部的敌意并购（Krigman et al.，2001）以及高管层的企业家精神（Bruining and Wright，2002）都会增加管理层收购发生的概率。

（二）我国国有企业的管理层收购

我国的管理层收购大多发生于国有企业中，这与国有企业的改革有着密不可分的联系。在社会主义市场经济体制下，国家倡导大力发展混合所有制经济，实现投资主体多元化，以进一步完善国有资本有进有退、合理流动的格局。在此背景下，作为国有资本有效退出的一条途径，管理层收购应运而生。也正是源于这一背景，我国国有企业中的管理层收购具有特殊性，与国外相比有以下几点不同。

(1) 出发点不同。国外典型的管理层收购只是一种普通的公司发展模式，目的在于追求资本增值的最大化，可以说是一种微观层面上股东和管理层自发的市场化行为。而我国国有企业的管理层收购更多是从国有企业改革和资产管理的角度出发，以解决产权困境问题，实现产权多元化。所以，我国的管理层收购体现出国家导向的特点，政府负责规则的制定和交易的监管。

(2) 买卖主体不同。国外经典的管理层收购中，买卖关系的双方是公司原有股东与管理层。在我国国有企业中，由于所有者缺位，由各级政府及相关监管部门代表所有者行使权利。国有企业的管理者与外国企业的管理者有所不同，他们往往由上级主管部门指派，并不是完全意义上的职业经理人。

(3) 定价机制不同。在成熟的市场经济中，无论是善意的管理层收购还是恶意的管理层收购，收购价格是市场交易的结果，依据的是市场竞价原则，价格一般是公允的。在我国，管理层收购的实施机制具有非市场化的特点，采取的主要形式是：政府评估企业的净资产后，将管理层的职别、贡献、工龄等综合因素折算为现金（购买力），然后把所购买的资产折算为现金（出售价格），扣除管理层的购买力后，剩余的就是管理层应该支付的成本。这种方法的定价透明度不够，主要通过管理层与政府之间的讨价还价来定价，容易造成国有资产流失。

（4）融资方式不同。在美国，管理层收购主要是杠杆收购，管理层只提供管理层收购所需资金总量的约 10%，而通过资产抵押方式获得的银行贷款往往占收购所需资金的 60%左右。英国主要采用权益融资收购方式，采用权益资金的比例不断提高，从 20 世纪 80 年代的 20%~30%提高到 90 年代后的 40%左右。与西方发达国家相比，由于缺乏相应的金融环境，再加上法律的限制，我国国有企业管理层的融资工具比较单一。从公开披露的信息来看，我国国有企业管理层收购资金大部分来自管理层自筹资金。

（5）政府角色不同。在西方国家，政府仅仅是政策的制定者和市场的管理者，一般不会直接推动或阻止管理层收购的实施。也就是说，在西方国家，管理层收购具有自然发生的属性，是市场竞争的结果。在我国，政府可能是管理层收购的推动者、交易者、监管者。由于政府在管理层收购中扮演多元化角色，与政府进行成功的沟通是在中国顺利实施管理层收购的关键。

即时案例

四通改制——中国管理层收购历史的源头

1. 实施管理层收购的背景

四通集团的前身是四通新技术开发有限公司（以下简称四通），创办于 1984 年，是中国科学院 7 名科技人员向北京四季青乡借款 2 万元创办的，靠拳头产品打字机发家。为了避免财产上的纠葛，四通在创业当年便还清了最初的 2 万元借款。但由于四通的挂靠单位是四季青乡，四通多年来每年将纯利润的 20%上交四季青乡作为回报。1990 年之后，四通拥有几千名员工，涉足几十项业务，却讲不清楚四通“是谁的”。

20 世纪 80 年代和 90 年代初期，四通曾试图解决产权问题，但未成功。之所以未成功，除了政策和有关政府部门的思想障碍外，技术上还有两大难题。

第一个难题是人员变动问题。铁打的“产权”流动的“人”，这本来就是集体所有制最大的制度缺陷。集体资产要量化，已经离开公司的创业人员从法律上讲也应当得到企业的股份，但操作起来很困难。第二个难题是每个人的贡献很难精确量化，在现有职工之间容易造成矛盾。

因此，1999 年，四通所确立的改制原则是“冻结存量，界定增量”，目的在于避免在存量资产的量化上争执不清，把重点放在新增资产的界定上，以明晰的增量来稀释不明晰的存量。扩大增量的办法是，集团所有职工都被纳入“管理者收购”这个概念中，共同参与融资收购。

2. 操作过程

1999 年 5 月 6 日，四通的职工持股会正式成立。接着，四通集团的经理、员工出资组成四通投资有限公司，即“新四通”。新四通是在原四通集团之外搭建的一个产权明晰的新平台。这个新平台准备通过不断增资扩股，分期分批地收购四通有关 IT 产业的资产，通过这种办法逐步实现四通公司的产权明晰。

新四通的股权结构是：四通集团投资49%，四通集团职工持股会投资51%。职工持股会是由四通集团616名职工注资5 100万元形成的。在这5 100万元中，总裁段永基和董事长沈国钧各占7%，14个新老核心成员共占50%左右。上述股权结构的特点很明显：段永基、沈国钧及14个新老核心成员在职工持股会中拥有控股权，而职工持股会在新四通中拥有控股权。因此，段永基等核心成员在新四通中拥有绝对控股权。新四通中，产权明晰的职工持股会占51%，产权不明晰的四通集团占49%，这就在"以明晰的增量来稀释不明晰的存量"方面迈出了第一步。伴随着新四通一次次扩股，这49%的产权模糊的资产逐渐稀释。新四通上市之后，这部分资产将被稀释到大约10%，而新四通的产权明晰的资产将增加到85%左右。

3. 后续整合

令人意外的是，老四通并没有接受逐渐淡出四通历史舞台的安排。新四通（四通投资）似乎变成四通集团的一个新项目。新四通的增长率不够，对老四通的优良资产的购并显得遥遥无期。实际上，四通集团至今还是一家集体所有制企业。不管如何在四通之外构建增量来调动和活跃存量资产，除非四通破产，这部分存量的绝对数额还会一天天增加，管理层收购只是把它悬置起来而已。

管理层收购是个启动点，虽然它不能一步就把公司变成一个产权清晰的现代化公司，新四通也没能在四通集团的机体内继续深入下去，但是令人欣慰的是，616名四通人通过集资、负债，享有了对四通部分存量资产的调动和收益权，毕竟，这是解决四通产权难题的有质变意义的创新思路。

资料来源：陈志杰，吴昊．透视MBO——中国特色的MBO及案例研究．企业管理，2003（6）：86-91.

（三）管理层收购的优势与劣势

管理层收购模式的优势在于：(1) 有助于明晰企业产权，降低企业的委托代理和监督成本，让经营者有机会成为所有者。(2) 促进激励机制由薪酬激励变为控制权和股权激励，管理层由此更加积极地加强经营与管理，以创造更好的业绩。

管理层收购模式的劣势在于：(1) 收购需要大量资金，若处理不当，会导致收购成本激增，付出巨大的代价。(2) 在我国的特殊背景下，收购过程中的不规范操作容易导致国有资产流失。

因此，管理层收购是一把双刃剑。在我国特殊的背景下，既要考虑其优势，更要考虑可能存在的负面效应。在我国，管理层收购适用于国有资本退出企业、国有民营型非上市公司、集体企业、拟剥离业务或资产的公司等。

（四）管理层收购的实施步骤

管理层收购主要包括以下操作步骤。

小资料

管理层收购的实施效果研究

国外诸多学者的研究表明，管理层收购在短期内具有较强的财富效应（De Angelo et al.，1984；Lehn and Poulsen，1989），Eddey 等（1996）针对澳大利亚的研究表明，股东在收购完成后获得大量的收购溢价。不过，我国学者的研究结论不太统一，纪杰（2005）、廖理等（2005）的实证研究表明，管理层收购会为企业带来短期财富效应；但鲜文波（2010）运用事件研究法，对 1997—2009 年间实施管理层收购的 67 家上市公司的短期市场绩效和长期市场绩效进行了实证检验，发现短期财富效应并不明显。

关于长期效应，国外大多数学者的研究表明，管理层收购有助于提高公司的经营绩效（Muscarella and Vetsuypens，1990），提高企业的生产率，降低生产成本（Amess，2002；Harris et al.，2005），增强企业的创业导向（Bruining et al.，2002）。国内学者李耀（2004）通过案例研究表明，管理层收购具有积极效应；而姚圣（2003）通过对 7 家公司的分析表明，管理层收购不仅没有提高公司业绩，甚至还对公司产生了负面影响；刘德光（2005）认为，实施管理层收购的企业绩效在上市公司总体绩效明显改善的背景下大幅下降；黄卫华和宾建成（2006）通过研究发现，短期内管理层收购对上市公司的绩效起到改善作用，但从长期看，公司绩效改善不显著且有恶化倾向。

此外，学者的研究显示，管理层收购的动因大致可以分为提高效率和财富转移两大类。其中提高效率包括降低代理成本（Jensen et al.，1976）、应对恶意收购（威斯通等，1988）、创造价值（Wright，2001）；财富转移包括机会主义（Bruining et al.，2002；Singh，1990）和避税（Lowenstein，1985）。

1. 管理层收购策划，组建收购集团

管理层收购有不同的动机，有目的地策划和组建收购集团非常重要。第一阶段的工作程序和活动如下：

（1）可行性分析。调查目标企业的资产负债、现金流、经营状况等信息，并进行收购的可行性分析。

（2）组建管理团队。以目标公司现有管理人员为基础，由各职能部门的高级管理人员和职员组成收购管理团队。

（3）设计管理人员股权激励。设计如何通过股权认购、股票期权等形式，使管理人员成为公司的所有者和经营者。

（4）设计收购主体——空壳公司。由管理团队作为发起人成立一家公司，作为拟收购目标公司的主体。设立空壳公司的原因是管理层是自然人，其对目标企业资产的收购必须借助法人形式才能实现。

（5）选聘中介机构。团队应根据目标公司的规模、特点以及收购工作的复杂程度，选聘专业的中介机构，如投资银行、律师事务所等，以提高收购成功率。

（6）收购融资安排。在管理层收购过程中，管理层只支付收购价格的很小一部分，其他资金来源于以公司资产为抵押向银行申请的抵押收购款。另外，外部投资者在融资中也起到了非常重要的作用。

2. 管理层收购执行，实施收购行为

第二个步骤是管理层收购的执行过程，其主要工作程序和内容如下：

(1) 评估和收购定价。目标公司价值的确认有两个依据：一是目标公司的盈利水平评价；二是目标公司的账面价值评估。当然，企业的品牌等无形资产也需要进行价值评估。目标企业的估价可以委托中介机构来完成。

(2) 收购谈判，签订合同。这是管理层收购的核心和关键环节。在这一环节，管理团队就收购条件和价格等条款与目标公司董事会进行谈判。收购条款一经确定，管理层收购便进入实质阶段。

(3) 履行收购合同，收购完成。收购集团按照收购目标或合同约定收购目标公司的所有资产或购买目标公司所有发行在外的股票，使其转为非上市公司。

3. 管理层收购完成后的公司整理

(1) 经营调整。经营调整是管理层收购完成后的首要任务，其核心内容是管理层通过对原来经营管理问题的分析，重新制定发展战略和调整经营政策。

(2) 上市或再上市。如果调整后的公司能够更加强大，并且收购目标已经实现，管理层应重点考虑股权资本的流动性，制定和实施上市或再上市计划。

小资料

双汇发展长达8年的管理层收购之路

1998年10月，双汇发展于深圳证券交易所上市。

2002年6月，万隆等12名双汇管理层及其他自然人出资设立漯河海汇有限责任公司（以下简称海汇投资）。海汇投资先后参控股18家企业，围绕肉制品加工行业生产流通、渠道流通的多个环节，与双汇集团和双汇发展发生关联交易。

2003年6月11日，双汇发展时任董事长贺圣华等5名高管和其他11名自然人发起成立漯河海宇投资有限公司（以下简称海宇投资）。

2003年6月13日，海宇投资与双汇集团签订股权转让协议，以每股4.14元的价格受让双汇发展25%的股份。当日双汇发展收盘价13.48元，净资产4.49元。因国资部门提出国有股权转让底线不应低于净资产，经过商议将价格提到4.7元/股。

2005年初，海汇投资因未及时披露关联交易，河南证监局责令整改，旗下多家企业股权被迫转让。

2005年12月31日，证监会发布《上市公司股权激励管理办法（试行）》，规定股权激励计划所涉及的标的股票总数不得超过公司股本总额的10%。而贺圣华等高管实际持有海宇投资55.6%的股权，间接持有双汇发展13.9%的股权，超出政策红线，管理层收购失败。

2006年7月，高盛和鼎晖以20.1亿元收购双汇集团，同时以5.62亿元收购海宇投资所持的25%股权。

2007年6月13日，罗特克斯收购双汇集团，双汇股权的转让手续全部办理完毕。

2007年10月，高盛和鼎晖进行内部重组，通过Shine B，Shine C（即双汇国际）间接持有罗特克斯股权；以万隆为首的双汇管理层在BVI设立兴泰集团，并通过其全资子公司雄域公司持有Shine C的股权。

2009 年上半年，双汇发展在公众股东并不知情的情况下，放弃了 10 家公司少数股权的优先认购权，并将之转让给罗特克斯。

2009 年 12 月 14 日，双汇发展发布澄清公告，就高盛和鼎晖在境外进行内部重组的情况予以披露。

2009 年 12 月 31 日，双汇发展再次发布澄清公告，就管理层间接持股双汇集团的情况予以披露。

2010 年 3 月 3 日，双汇发展召开 2010 年第一次临时股东大会，公众股东高票否决上述少数股权转让议案。

2010 年 3 月 23 日，深交所下发关注函，要求公司尽快拟定整改方案，公司股票停牌。

2010 年 6 月 29 日，双汇发展召开 2009 年度股东大会，关于日常关联交易的议案再次被公众股东悉数否决。

2010 年 11 月 29 日，双汇发展历经 8 个月连续发布 32 个重大事项进展暨停牌公告后，重组方案终于在 29 日凌晨公告。双汇集团和罗特克斯将主业相关资产注入上市公司以实现肉制品业务整体上市并解决关联交易问题，双汇将以 50.94 元/股的价格向二者定向增发 6.32 亿股作为对价；通过投票权安排，兴泰集团成为双汇的实际控制人，已触发全面收购要约义务（实际控股超过 75%）；公司股票当日复牌。

资料来源：王欢，汤谷良．“借道”MBO：路径创新还是制度缺失？——基于双汇 MBO 的探索性案例研究．管理世界，2012（4）：125－137.

二 员工持股计划

（一）员工持股计划概述

员工持股计划（employee stock ownership plans，ESOP），是通过一定的方式让员工持有一定比例的企业股份，从而成为企业的所有者并分享企业的剩余索取权的一种制度安排。员工持股计划由美国经济学家兼律师路易斯·凯尔索于 1967 年提出，他的初衷是通过让员工真正成为企业的主人或者所有者，更好地协调劳资关系，提高员工积极性和劳动生产率，促进企业持续稳定地发展。

路易斯·凯尔索认为，企业的生产要素只有资本与劳动这两种，企业的剩余价值是企业的资方与劳方——包括企业管理者、技术人员和普通员工等共同创造的。因此，剩余价值的索取权应该不限于企业资方，劳动者也应该在企业中参与管理、分享利润和拥有产权。但是，随着社会工业化的发展，资本要素的贡献逐渐大于劳动要素，导致资本所有者在财富分配中的优势越来越大，经济公平性越来越成为问题，而解决贫富差距过大的关键是建立让劳动所有者和资本所有者可以分享收入的新机制。美国经济学家马丁·魏茨曼认为，可以将员工的报酬制度分为工资制度和分享制度，资本主义经济出现滞胀就是因为分享制度带来的收入远远不足，需求不能持续稳定地存在。他认为，必须通过舆论宣传、税收优惠等手段把一部分工资制度变为分享制度，提高分享收入。

（二）员工持股计划的类型

虽然不同公司实施的员工持股计划不尽相同，但所有的员工持股计划都遵循这样一个思路，即企业以股票作为支付部分劳动报酬的方式，或者让本公司员工以一定形式出资（如信用贷款、折价配股等）购买公司股票，或者由公司用一部分新增加的利润购买公司股票而后赠予员工，使员工拥有公司的所有权，成为公司的股东。这样公司可以筹措到部分能够长期使用的资本，员工则以提供劳动作为享有股权的依据，获得长期资本收入。

当然，这中间包括很多具体的环节，如持股条件、股份来源、员工持股资金来源、持股计划分配、限制条款等，各个环节的不同就构成了具有不同风格和特色的员工持股计划。值得注意的是，由于经济体制、发展程度和历史文化背景等方面的不同，各国的员工持股计划差异较大。总的来讲，这些员工持股计划可分为福利型和风险型两大类。

福利型员工持股计划的目的在于为企业员工谋取福利，从而吸引和保留人才，增加企业的凝聚力。比如，向优秀员工增股、用年终增股代替年终奖、利润分享用股票支付、企业贷款为员工购股、给予员工购买股票的权利等。这类员工持股计划的特点是福利，往往不需要太多的个人决策。

福利型员工持股计划将员工的贡献与拥有的股份挂钩，逐步增加员工股票，并把员工持股与退休计划结合起来，为员工创造多种收入来源。将员工持股与社会养老计划结合起来，员工每月拿出一部分工资购买企业一定比例的股权；向员工（主要是退休雇员）和高级管理人员提供低价股票、实行股票期权、企业与员工分享利润等方式，也属于福利型员工持股计划。

风险型员工持股计划主要通过员工出资购买或以降薪换取企业股份，并规定较长期限内不能转让兑现来建立风险共担、利益共享的机制，目的在于提高企业的效率，特别是资本效率。风险型员工持股计划一般设有员工持股会，以集中员工的意愿，代表其行使权利。

即时案例

星巴克的员工持股计划

在星巴克，每一个员工都有机会成为公司的股东。

1. 股票投资计划

星巴克在为所有员工提供工资福利的基础上，进一步开发了股权认购计划。根据这个计划，在每个申购季开始之前，凡是被星巴克连续雇用90天以上且每周的工作时间不少于20小时的员工，都有机会以抵扣部分薪水的方式或以折扣价格购买公司的股票。申购开始前，公司会将申购资料邮寄到雇员家里，每个员工的申购资金限额为其基础薪酬的1%～10%。每个季度结束后，公司会选择一个较低的星巴克股票公开市场价格，用员工所抵扣的工资以八五折的价格发放股票。

2. 咖啡豆期权计划

星巴克还推出了咖啡豆期权计划。该计划与之前的股票投资计划相比，赋予更多员工购买并拥有星巴克股票的权利，目的是使员工充分分享公司的经营成果。该计划规定，自每年4月1日起至财政年度结束，或者自每个财政年度开始至次年的3月31

日，连续被星巴克雇用且支付不少于500小时工资的员工，都有权参与该计划。主管及以上职位的人员不参加咖啡豆期权计划，可以参加专门针对关键员工的股票期权计划。

3. 股票期权奖励

在综合考虑公司年度业绩的基础上，公司董事会每年会给予符合条件的人员一定的股票期权作为奖励。员工个人获得的股票期权数量由以下三个主要因素决定：当年（财政年度）的经营状况及收益率；个人在该财政年度的基础薪酬；股票的预购价格或公司允诺的价格。公司的股票期权等待期为5年，任何满足条件的合伙人都可按照股票购买计划购买股票，合伙人购买股票时可以通过薪水折扣获得15%的优惠，这样只要股票上涨，股票期权就越来越值钱。

资料来源：赵洋．星巴克的企业激励制度．环球市场信息导报（理论），2012（5）：28.

（三）员工持股计划在国内外的发展情况

员工持股计划起源于美国，在近40年的发展进程中得到了广泛的认同。有关资料表明，到1998年，全美实施员工持股计划的企业有14 000多家，包括90%以上的上市公司和世界500强企业，有3 000多万名员工持股，涉及的资产总额超过4 000亿美元。最新的数据进一步显示，实施员工持股计划的企业超过20 000家。员工持股计划已经从美国快速扩展开来，遍布北美、西欧、东欧、日本等国家和地区以及一些发展中国家，取得了显著的社会与经济效益。

国外一些政府组织如美国劳工部以及一些研究机构对员工持股计划的效果进行过许多详细的研究，研究表明，员工持股计划在激励员工监督经营者行为、提高企业劳动生产率和促进企业发展等方面都有很好的效果。美国西北大学凯洛格管理学院的Mehran教授，对实施员工持股计划的382家公司采用前两年和后四年的财务绩效进行了追踪调查，研究表明，四年内这382家公司的资产收益率比没有采用员工持股计划的同行每年高出2.7%，股东收益率高出6.9%；这382家企业中幸存的303家公司的资产收益率比行业平均水平高14%，股东收益率高12%。

如今，员工持股计划在我国作为企业改革的一种有效手段和方式广泛推行。我国的员工持股计划是伴随着股份制的改革而产生的，在实行股份制试点初期，我国曾经试行过"内部员工股"。例如，1984年，经中国人民银行上海市分行批准，上海电声总厂采取总厂投资入股并向企业职工发行股票的方法发起成立了上海飞跃音像公司。但是这一时期仍然存在很多问题，如对股份制的思想认识不清，相关法规不健全。1988年，中共中央和国务院反复强调试行股份制要稳妥，以公有制为主。1994年，我国发布了《国家体改委关于立即停止审批定向募集股份有限公司并重申停止审批和发行内部职工股的通知》。

1994年7月《中华人民共和国公司法》的实施大大地促进了我国股份制企业的发展。1999年底，中国股份制企业评价中心经过对全国3 250家股份制企业的统计分析发现，企业职工持股达4 365 858万股，占被统计企业总股本33 402 277万股的13.071%。2008年国资委发布了《关于规范国有企业职工持股、投资的意见》，在积极推进各类企业股份制改革的同时，要求严格控制职工持股企业范围，依法规范职工持股形式，明确职工股份转让要求，规范入股资金来源等，防止国有资产流失。

员工持股计划近年来成为我国股权激励发展的新宠。根据韬睿惠悦的调研，仅2015年1—5月就有94家公司的股东大会审议通过了员工持股计划，比同一时期获准实施股权激励计划（股票期权/限制性股票）的公司多62%（见图6-5）。同时，员工持股计划出现滚动实施的趋势。此外，员工持股计划成为国资混改的热点。近年来，每年都有十余家国有控股A股上市公司实施员工持股计划。2015年1—5月，获批实施员工持股的国有控股A股上市公司已经达到10家，是同一时期获批实施股权激励企业数的2倍（见图6-6）。

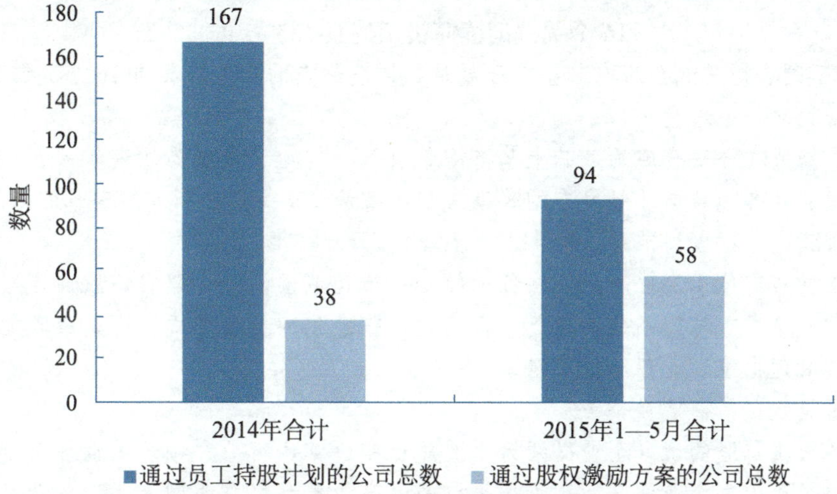

图6-5　A股股权激励与员工持股实施概览

注：图中股权激励指股票期权、限制性股票及股票增值权。

资料来源：韬睿惠悦．A股市场股权激励与员工持股动态追踪．

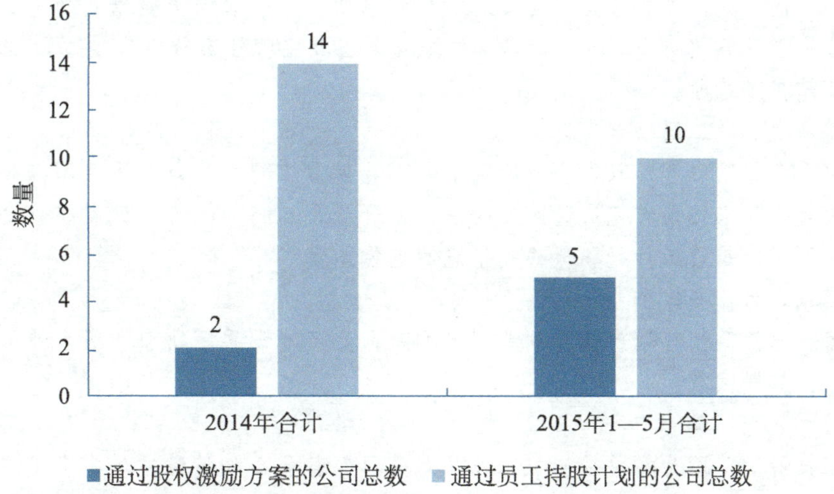

图6-6　A股国资企业股权激励与员工持股实施概览

资料来源：韬睿惠悦．A股市场股权激励与员工持股动态追踪．

2014年6月，经国务院同意，中国证监会制定并发布《关于上市公司实施员工持股计划试点的指导意见》，明确上市公司可以根据员工意愿实施员工持股计划，通过合法方式使员工获得本公司股票并长期持有，股份权益按约定分配给员工，并就员工持股计划的资金来源、实施程序、管理模式、信息披露及内幕交易防控等问题做出规定。2016 年 8 月 18 日，国资委、财政部、证监会三部委联合印发《关于国有控股混合所有制企业开展员工持股试点的意见》(国资发改革〔2016〕133 号，简称“133 号文”)，明确了员工持股的原则、持股对象、持股比例股权管理及试点工作实施等内容。员工持股计划在我国的发展逐渐走向规范化的阶段。

小资料

16 个关键词读懂员工持股 133 号文

《关于国有控股混合所有制企业开展员工持股试点的意见》共有 16 个关键词：

关键词之一：增量引入

员工持股在合法合规的基础上坚持增量引入，其主要方式为增资扩股、出资新设两种方式。从各地目前已经发布的政策来看，增量改革是混合所有制改革的基本原则。

关键词之二：以岗定股

员工持股定位于岗位股，以岗位为核心，严控范围，强化监督。以岗定股的概念进一步明确了员工持股不是全员化、福利化、普惠化的持股方式，而是重点向关键技术岗位、管理岗位和业务岗位倾斜。

关键词之三：商业类企业

实施员工持股的试点企业必须为主业处于充分竞争行业和领域的商业类企业，根据国资委关于中央企业的分类，央企将被分为商业类和公益类两大类，商业类细分为完全竞争性企业和对国家经济安全命脉具有重要战略性地位的企业两小类。

关键词之四：90%

实施员工持股的试点企业营业收入和利润 90%以上来源于企业集团外部市场。纵观员工持股的历史，关联交易成为员工持股的顽疾，此轮改革充分借鉴历史经验，比如广东省一企一策改革中，与国有股东关联交易占其主营业务收入 80%以上的，原则上暂不实施员工持股。

关键词之五：二级（含）以上

中央企业二级（含）以上企业原则上暂不开展员工持股试点。违反国有企业职工持股有关规定且未按要求完成整改的企业，不开展员工持股试点。试点在央企三级及以下单位开展，是员工持股积极稳妥推进的重要体现。

关键词之六：一级企业

各省、自治区、直辖市及计划单列市和新疆生产建设兵团所属一级企业原则上暂不开展员工持股试点。

关键词之七：骨干

员工持股的范围为在关键岗位工作并对公司经营业绩和持续发展有直接或较大影响的科研人员、经营管理人员和业务骨干；持股人员必须与本公司签订劳动合同；政府部门任命的企业领导人员不得持股；如直系亲属多人在同一企业，只能一人持股。

关键词之八：每股净资产评估值

员工入股价格不得低于经核准或备案的每股净资产评估值。员工持股定价问题是核心，每股净资产评估值是底线，是在总结管理层收购的基础上，防止国有资产流失的底线。

关键词之九：30%

员工持股总量原则上不高于公司总股本的30%，30%是员工持股的上限。企业可探索采取适当方式预留部分股权，用于新引进人才。

关键词之十：1%

单一员工持股比例原则上不高于公司总股本的1%，这一上限与上市公司股权激励单个员工持股比例的上限基本吻合。

关键词之十一：34%

实施员工持股后，应保证国有股东控股地位，国有股东持股比例不得低于公司总股本的34%。设置34%的底线是为了保证国有股东的地位。

关键词之十二：36个月

实施员工持股，应设定不少于36个月的锁定期。在公司公开发行股份前已持股的员工不得在公司首次公开发行时转让股份，并应承诺自上市之日起不少于36个月的锁定期。锁定期满后，公司董事、高级管理人员每年可转让股份不得高于所持股份总数的25%。

关键词之十三：10户

国务院国资委从中央企业所属子企业中选择10户企业，开展首批试点。

关键词之十四：5～10户

各省、自治区、直辖市及计划单列市和新疆生产建设兵团可分别选择5～10户企业开展试点。

关键词之十五：成熟一户开展一户

首批试点原则上在2016年启动实施，各有关履行出资人职责的机构要严格审核试点企业申报材料，成熟一户开展一户。

关键词之十六：适时推开

2018年年底进行阶段性总结，视情况适时扩大试点。试点企业要按照要求规范操作，严格履行有关决策和审批备案程序，扎实细致地开展员工持股试点工作，积极探索员工持股有效模式，切实转换企业经营机制，激发企业活力。

（四）员工持股计划的实施过程

员工持股计划与其他股权激励方案的实施相似，一般要经过以下流程：

（1）进行员工持股计划的可行性研究，包括政策环境的允许程度、市场可能出现的波动、整体成本和公司的财务状况、公司大股东的意见、对企业激励效果的预期等。

（2）对企业进行全面价值评估。上市公司可以计算市值，非上市公司要聘请专门的会计师事务所等机构进行独立的评估。员工持股计划涉及所有权的变化，因此公正的价值评估对于计划双方来说都十分必要。企业价值高估，显然员工不会愿意购买股票；企业价值低估，则损害企业所有者的利益，在我国的主要表现就是国有资产的流失。

（3）确定员工持股计划的股票来源。员工持股计划可以通过以下方式解决股票来源问题：公司回购本公司股票；二级市场购买；认购非公开发行股票；股东自愿赠予；法律、行政法规允许的其他方式。员工持股的比例既要起到激励员工的作用，又不能损害企业原所有者的利益。上市公司全部有效的员工持股计划所持有的股票总数累计不得超过公司股本总额的10%，单个员工所获股份权益对应的股票总数累计不得超过公司股本总额的1%。员工持股计划持有的股票总数不包括员工在公司首次公开发行股票前获得的股份、通过二级市场自行购买的股份及通过股权激励获得的股份。

（4）确定员工持股计划的资金来源。一般来讲，资金可通过公司赠予、贷款、利润分享等渠道筹集。在国外，员工持股计划资金的主要来源是金融机构的贷款，而我国目前以员工自有资金为主，企业提供部分低息借款。

（5）明确员工持股计划的管理机构。参加员工持股计划的员工应当选出代表或设立相应机构，监督员工持股计划的日常管理，代表员工持股计划持有人行使股东权利或者授权资产管理机构行使股东权利。公司可以自行管理本公司的员工持股计划，也可以将其委托给具有资产管理资质的信托公司、保险资产管理公司、证券公司、基金管理公司或其他符合条件的资产管理机构。

（6）制定详细的计划实施方案。员工持股计划的详细实施方案至少应该包括以下内容：1）员工持股计划的参加对象及确定标准、资金、股票来源；2）员工持股计划的存续期限、管理模式、持有人会议的召集及表决程序；3）公司融资时员工持股计划的参与方式；4）员工持股计划的变更、终止，员工发生不适合参加持股计划情况时所持股份权益的处置办法；5）员工持股计划持有人代表或机构的选任程序；6）员工持股计划管理机构的选任、管理协议的主要条款、管理费用的计提及支付方式；7）员工持股计划期满后员工所持有股份的处置办法；8）其他重要事项。

（7）员工持股计划的最终方案应提交股东大会表决，通过后履行相关的审批程序。

第4节　合伙人制度

合伙人制度是近年来热议的一项制度安排，超越了薪酬管理以及人力资源管理的范畴，涉及组织结构设计、公司治理等多个方面。合伙人制度在调动员工积极性，构建人与组织互利共赢的长期伙伴关系方面发挥积极的作用。因此，本节将对合伙人制度进行简单的介绍。

一　合伙人制度的概念

要明确合伙人制度的概念，首先必须区分法律意义上的合伙制与管理意义上的合伙人制度。在法律意义上，合伙制是相对于公司制的一种企业组织形式，是指自然人、法人和其他组织依照《中华人民共和国合伙企业法》在中国境内设立的普通合伙企业和有限合伙企业。合伙人共同出资、共同经营、共担风险、共享利润，其中普通合伙人对公司债务承担无限连带责任。因此，比起公司制下的职业经理人，合伙制企业的合伙人具有更强的责任感和更高的积极性。法律意义上的合伙制企业通常为律师事务所、会计师事务所等人力资本型企业。

不同于合伙制，管理意义上的合伙人制度并没有跳出公司制的范畴，而是借鉴了合伙制企业的形式，对公司治理进行了创新。合伙人制度是指企业施行类似于合伙制企业的组织结构，将拥有共同经营理念的人组织起来，建立合作伙伴关系，共同推动企业的创新与发展。

在合伙人制度下，拥有合伙人身份的员工相当于以自身拥有的人脉资源、市场资源、渠道资源、知识技能等要素参与经营，与企业所有者共同经营并参与收益的分享，同时共担风险，但是不承担无限连带责任。因此，管理意义上的合伙人制度可以看作合伙制与公司制的一种结合。

合伙人制度与上文提到的股权激励具有相通之处，两者都是有效的人才激励模式，强调人力资本的价值，同时离不开公司的治理结构与顶层设计。在合伙人制度的实施过程中，往往需要股权激励以及其他激励手段的配合，但是合伙人制度超越了股权激励和其他一般激励手段的概念，本质上是公司治理结构的创新。合伙人制度真正把员工放在与组织平等的合作者的位置上，通过开放的平台，寻找与企业价值观相符的人——彼此合作、共享收益、共担风险，激励员工参与组织的经营与发展。

二　合伙人制度诞生的背景

（一）人力资本与物质资本相互雇用

作为一种企业制度，合伙人的形式古已有之，比有限责任公司和股份有限公司的出现还要早，但是管理意义上的合伙人制度的诞生离不开知识经济时代的到来。在以互联网为核心的第三次工业革命浪潮下，人的价值不断提升，人与资本重新博弈，人力资本与物质资本相互雇用，而不仅仅是物质资本雇用人力资本。为了实现物质资本与人力资本的合作，物质资本的所有者让渡一部分所有权、决策权、分红权与人力资本共享，实现共同治理与经营，只有这样才能更好地调动人的积极性，实现人与组织的双赢。

（二）现有激励方式的不足

在企业中，短期激励与长期激励都是激励员工的重要手段，尤其是股权激励被看作缓解经营者与所有者矛盾的重要手段。但是正如前文所说，股权激励并非万能，存在着种种潜在风险与负面效应。企业一直在探索更为有效的激励方式。作为一种企业组织形式，合伙制不存在委托代理成本，可以很好地激励合伙人，但是纯粹的合伙制具有风险过大、难以做大企业的不足。因此，在保留公司制的前提下，采取类似合伙制的组织形式，是管理者在公司治理模式与员工激励方面做出的新尝试。

（三）知名企业的领头效应

合伙人制度在国内引起关注和热议源于阿里巴巴等企业的合伙人制度。2014 年，因不愿放弃组织内部的合伙人制度，阿里巴巴放弃在港交所上市的机会，转而在纽交所上市。同一年，中国地产业龙头万科召开合伙人创始大会，1 320 位中高层管理者成为万科的事业合伙人，万科总裁郁亮喊出了响亮的口号：“职业经理人已死，事业合伙人时代诞生。”合伙人制度一时成为焦点。随后，海尔、碧桂园、小米、韩都衣舍等也推出了合伙人制度。目前，合伙人制度是企业处理物质资本与人力资本关系的一种新尝试，在知名企业的带领下，合伙人制度成为现阶段企业效仿的一种管理措施。

三 合伙人制度的优劣势与适用范围

（一）优势

合伙人制度的优势在于：

（1）构建利益共同体，激活人力资本的价值创造。合伙人制度的核心是人合，该制度在很大程度上改变了员工的打工心态，使员工由雇员转变为企业的所有者、经营者，形成利益分享、风险分担的文化和机制，起到激励员工努力工作、激活人力资本创造并分享的作用，减少了传统职业经理人制度下委托代理问题带来的监督成本和道德风险。

（2）打造开放扁平的平台，提高企业灵活性。在合伙人制度下，合伙人之间一般不存在直接的隶属关系，彼此是通过利益机制及价值观捆绑在一起的，是真正意义上的扁平化。同时，合伙人要有一致的经营理念，并且可以进入和退出。因此，合伙人制度致力于打造一个动态、开放的平台，激励员工带着其拥有的资源加入组织，不论这些资源是有形的还是无形的。合伙人制度通过对资源的整合和调整，能更好地应对外部环境的变化，提高了自身的弹性和应变速度。

（3）凝聚企业内人心，保留核心人才。合伙人制度不仅在经济利益上给予合伙人极大的激励，同时也给予其精神激励。合伙人制度不仅激励员工为公司谋利，更为员工提供了实现自我、获得满足感的平台。员工是企业的合伙人，在为公司做贡献的同时，也在经营自己的事业，因此具有更高的忠诚度，更不愿意离开组织。合伙人制度强调合伙人之间价值观、经营理念一致，有利于留住核心人才。

（二）劣势

合伙人制度的劣势在于：

（1）内部人控制的风险。与股权激励一样，合伙人制度同样存在内部人控制的风险。实行合伙人制度后，企业可能会出现股权分散的情况，缺乏对公司有实际控制权的大股东。甚至有的企业的合伙人制度可以同股不同权，资方的控制权进一步被削弱，合伙人群体可能会结成小团体，实现对企业的内部人控制，出现侵害股东利益的情况。

（2）信任风险。合伙人制度一般不是法律意义上的合伙，讲求人合，企业的存在与经营建立在合伙人之间彼此信任的基础上。因此，合伙人之间的信任和道德约束极其重要。一旦组织内部的合伙人之间出现信任危机或者经营理念产生分歧，企业就会面临极大的风险。

（3）管理难度高。在合伙人制度下，企业内部更为开放扁平。合伙人作为“团队”，必然面临团队内部的治理问题。合伙人的权责体系、评价体系、进入和退出机制都需要进行完善的设计与监督。目前，合伙人制度还处于十分稚嫩的阶段，经验不足，国内的法律环境尚不成熟，企业面临试错成本。

（三）适用范围

合伙人制度并非适合所有的企业，从目前实施合伙人制度的企业来看，以下类型的企业可能更适合采用合伙人制度。

(1) 知识型企业。知识型企业对创新的要求高，拥有关键知识与技能的员工是这类企业成功的关键，因此更好地激励知识型员工至关重要。合伙人制度使得资本与知识共同参与价值创造和价值分享，从而减少对抗、产生合力，促进企业的稳健发展。事实上，合伙制企业大多存在于知识密集型行业，如会计师事务所、律师事务所等。

(2) 处于初创期或战略转型期的企业。处于初创期或战略转型期的企业常常面临着较高的不确定性，对创新、变革等有着更高的要求，同时更需要凝聚人心，充分发挥员工的积极性，提高员工对组织的忠诚度。合伙人制度的运用可以获得员工的承诺与股东的强力支持，激励员工与企业同舟共济，更好地应对企业发展或转型期所面临的挑战。

(3) 控制权稳定的企业。合伙人制度的有效性源于原股东与合伙人利益的一致性。如果原有股权结构过于分散，难以达成一致行动，则会造成企业行动力和执行力不足。此时引入更多合伙人，不但不能解决问题，还有可能引起更多纷争。

(4) 业务可模块化、单独核算的企业。如果公司业务难以模块化，便很难确定对于相应业务人力资本参与的份额大小。企业业务要在模块化细分之后做到独立经营核算，只有这样才能激发人力资本的创造力，对其贡献度的评价才能相对客观。

四　合伙人制度的类型

合伙人制度在国内兴起于近几年，理论研究匮乏。在理论上，缺乏对合伙人制度明确的定义与界定；在实践中，不同的企业结合自身的特点，推出了多种类型的合伙人制度。这些制度彼此之间存在交叉但又各具特色。目前尚未形成权威的合伙人制度分类体系。本书在借鉴部分学者观点的基础上，介绍实践中常见的合伙人制度。

（一）治理型合伙人制度

治理型合伙人制度的核心是，公司的决策权和控制权等治理结构的安排便于创始人团队控制公司，以保证组织经营和文化的连续性。这种制度也称为双层股权制度。采用这种合伙人模式的企业多为在创业阶段需要大量引进资本，创业团队又不想失去对企业控制权的互联网企业和科技创新企业。

国内的典型代表是阿里巴巴。高科技企业需要不断创新以维持竞争力，因此需要大量资本的支持，需要进行多轮融资。而每一次融资必然导致创始人团队股权的稀释，使得创始人团队对公司的控制权被削弱。这种合伙人制度的出现就是为了保证控制权不随股权的稀释而被削弱，其实质是同股不同权。在阿里巴巴，包括马云在内的合伙人团队所持有的B类股在阿里巴巴集团股权中的占比不高且不能上市流通，但是持有人却拥有对公司的绝对控制权。其他股东持有的股票为A类股，可以上市流通，但投票权却远低于合伙人团队。阿里巴巴以掌握公司控制权为手段，保证核心创始人和管理层的权益并传承他们所代表的企业文化。这种合伙人制度是一种公司治理机制的创新，在一定程度上使得公司从“资合”走向“人合”，把公司发展需要的物质资本与人力资本结合起来。

即时案例

阿里巴巴的合伙人制度

2014年9月19日，阿里巴巴在美国纽约证券交易所上市，以250亿美元融资额创下了首次公开发行上市（IPO）的全球纪录，并很快成为市值仅次于谷歌的世界第二大互联网公司，按市值排名的世界第六大公司。然而，阿里巴巴曾因为同股不同权的合伙人制度被港交所拒绝上市，掀起了关于创新型公司上市条件、上市规则、公司治理制度安排的讨论，并导致港交所后来的规则修改。

阿里巴巴的合伙人制度规定，合伙人团队可以提名董事会半数以上的董事，通过影响董事会组成保持对重要事项的控制权和决策权。合伙人总数没有限制，当选合伙人需满足一定条件，并由3/4以上现有合伙人投票同意。当然，阿里巴巴的合伙人不是一般法律意义上的合伙人。一般意义上的合伙人是公司的大股东，合伙人以其资产合伙投资，合伙经营，对公司债务承担无限或有限责任，而阿里巴巴的合伙人并非公司的大股东，不对公司债务承担清偿责任。

阿里巴巴之前希望在港交所上市，但是被拒绝，原因是合伙人制度违反同股同权原则。具体而言，上市时马云和蔡崇信分别持股8.8%和3.6%；董事和高管团队持股14.6%；合伙人持股比例不足30%，却可以提名半数以上的董事。而香港上市公司中，一般任何股东都可以提名董事。阿里巴巴相当于给予合伙人“特别提名权”，并且，即使以后阿里巴巴增资扩股，合伙人的特权也不会因持股比例下降而减少，其他股东对公司决策的发言权有限。合伙人制度及其衍生规定对其他股东而言是不公平的，不符合公司治理的一般准则，这是港交所拒绝阿里巴巴IPO的理由。同意阿里巴巴上市意味着改变市场规则，而修改市场规则牵一发而动全身。让公众和监管部门迅速接受阿里巴巴的治理实践绝非易事。但是，美国证监会及纽交所接受了阿里巴巴的合伙人制度。

合伙人制度的出台既有长远的战略考虑，也有近期的控制权考虑。控制权和决策权是一脉相承的，掌握控制权即意味着掌握决策权。近期而言，阿里巴巴合伙人制度的本质，是解决创始人在所有权较少的情况下保持控制权的问题，即公司治理中常见的两权分离问题。值得肯定的是，这一制度经过精心设计兼具战略意义。

虽然各界对合伙人制度有诸多批评，但是毋庸置疑的是，该制度并没有偏离公司治理的通行实践太远。阿里巴巴合伙人是公司的股东，个人利益与公司利益是一致的，基本上不存在目标冲突。而且，阿里巴巴所称的合伙人权责是有限的，他们不能直接任命董事；所提名的董事须经过股东会投票通过才获任命。

另外，合伙人制度具有一定的创新性。该制度规定了退休、除名等退出机制，具有一定的纠错能力。除名制度甚至对马云等永久合伙人同样适用。合伙人团队定期补充或更新，保持新陈代谢，与时俱进，能保障战略规划具有稳健性、连续性和创新性，使决策立足于长远。这一制度有利于公司治理的各项机制以价值创造为导向，不被资本市场的短期目标所左右。

目前合伙人团队兼具战略规划和提名董事的职责，表明阿里巴巴非常重视战略规划，也表明阿里巴巴目前还处于发展初期，公司治理有一定的特殊性。未来战略规划的职能转至董事会战略委员会后，公司治理将体现出普遍性，届时，合伙人制度的功能是控制董事会成员构成，进而控制公司重大事项的决策。换言之，合伙人制度是公司实现长期发展战略的重要保障，是公司创始团队保持控制权的重要方式，这种控制权是通过决定董事会成员来实现的，通过控制董事会实现控制权与决策权的统一。

资料来源：鲁桐，党印．阿里“合伙人制度”与战略董事会建设，2015（4）：54－59.

（二）股权型合伙人制度

股权型合伙人制度的核心是通过向核心员工授予股权，让他们分享公司的所有权与经营权，以激励核心员工的价值创造。这种合伙人制度离不开股权设计，但是与股权激励并不完全相同，更强调共担风险、共享收益。

股权型合伙人制度下，公司可以通过分享公司股权的方式与员工形成合作伙伴关系，也可以通过分享项目股权的方式与员工形成特定时期的合作伙伴关系，这一般通过项目跟投的方式来实现。公司提供具体商业项目，不同员工依据其职位级别及项目内容进行强制性或资源型跟投，投入的不单单是资金，还要参与整个项目的实施运作，并对项目最后的成果承担职责。其本质是要求员工为项目入股，参与项目收益的分配并承担项目亏损的风险。如碧桂园要求员工以技术或资金入股，参与项目跟投。在实践中，企业也可以将分享公司股权与分享项目股权的方式结合起来。如万科的事业合伙人制度就包含合伙人持股计划与事业跟投计划。

即时案例

万科的事业合伙人制度

万科企业股份有限公司（以下简称万科）是中国房地产企业的龙头。2014年4月23日，万科召开事业合伙人创始大会，开始尝试事业合伙人制度，1 320位员工成为首批事业合伙人。万科的事业合伙人制度包含四个部分，即合伙人持股计划、事业跟投计划、事件合伙人管理及事业合伙人文化。

1. 合伙人持股计划

2010年，万科设计了经济利润奖金制度，当公司的ROE超过社会平均股权收益水平时，公司将从经济利润中计提一定比例的奖金发给管理团队；如果ROE低于社会平均股权收益水平，管理团队就需要支付相关赔偿，赔偿金额需要按相同比例计提。在经济利润奖金制度的基础上，万科企业将集体奖金滚存下来用以委托第三方购买万科A股股票，这使得万科管理团队和股东的利益紧密联系在一起。万科企业具有两重身份——职业经理人和事业合伙人，职业经理人即管理层为自己的利益而努力，事业合伙人这一身份使得管理层为了股东的利益而努力。合伙人自2014年5月28日开始持有万科A股，2015年1月份第11次增持之后，累计持股占公司总股本的4.49%。

2. 事业跟投计划

跟投制度对不同的人员规定了不同的跟投规则，其中必须跟投的是项目管理团队，自愿跟投的是一般员工；员工可以跟投其他项目，但公司董事、监事、高级管理人员不得跟投。该制度是业务层面的跟投制度，实施之后解决了很多问题，比如增加了投资、减少了实名举报。根据万科半年报，截至 2016 年 6 月 30 日，万科企业的少数股东权益合计达到 37.10 亿元，这些少数股东权益是由转让股权形成的。跟投投资人和项目合作方成为项目公司的少数股东，逐渐掌握了万科子公司的权益。

3. 事件合伙人管理

传统的管理结构是一种静态的呈金字塔形状的架构，而作为动态的管理结构，万科企业的事业合伙人管理颠覆了传统的管理结构。事件合伙人群组诞生于事件的发生，存在于事件的持续过程中。同时，它是超越传统职能划分的无边界群组，可以跨部门协调，联合找出最优方案。事件合伙人管理最大的特点在于一对多，即一个人可以同时加入多个群组，当事情解决后，事件合伙人就可以回到之前所在的部门。在互联网时代，事件合伙人群组内部的信息完全是扁平的，这使公司的经营具有更高的效率。

4. 事业合伙人文化

事业合伙人文化具有三个鲜明的特点：首先是共担风险，即如果想要使收益最大化，就要勇于承担风险、承受失败的后果。其次是共同进退。合伙人的利益是相互影响的，这就要求合伙人之间相互信任。因此合伙人不仅需要做到顾及自己的工作，更要关心集体的工作。最后是共患难，同安乐。合伙意味着有福同享、有难同当，内部市场化使其边界合理化，力争做到“整体大于部分之和”。

资料来源：叶婷．万科事业合伙人制度案例研究．合肥：安徽财经大学，2017.

（三）平台型合伙人制度

平台型合伙人制度致力于将公司打造成员工内部创业的平台，旨在解决企业内部纵向决策与横向分工的弊端。通过将项目决策权下放给各个业务团队，鼓励其独立决策、自筹资金并在必要时提供相应的支持（例如技术、人员、生产手段等），员工因为能够享受到更多的项目收益，工作积极性与热情得到调动。这种制度本质上为员工提供了创业的平台，员工与公司合作，员工进行创业，而公司则由领导者变成辅助与支持性角色。此外，这种合伙人制度与股权型合伙人还有一点不同：在平台型合伙人制度下，合伙人一般不需要缴纳入伙费用，即一开始并不需要出资认股。在利益分享上，一般是公司与创业团队进行利润分成，多劳多得，少劳少得。

实行平台型合伙人制度的典型代表是海尔集团、韩都衣舍、咨询公司等。国内的咨询公司总部一般负责打造知识分享、品牌和财务管理等公共职能平台，各咨询团队负责产品研发、市场、项目实施（生产）等，以及本团队的行政和人员日常管理职能。海尔集团通过组织生态化变革，企业成为平台，员工（创客）组成独立经营核算的团队（小微），每个团队负责自己的产品设计、市场开发和生产资源协调等工作，具备事业合伙人的特点。

（四）生态链合伙人制度

前面提到的合伙人制度本质上是企业内部的合伙人制度，事实上，跳出单个企业的框架，还存在着力于构建不同企业之间合作伙伴关系的合伙人制度，即生态链合伙人制度。生态链合伙人主要是指企业外部的合伙人，生态链合伙人制度是指由企业的供应商、经销

即时案例

海尔平台式创新

2015年8月20日，海尔集团CEO张瑞敏做了题为“海尔的转型——从制造产品的企业转型为孵化创客的平台”的演讲，他认为新时代互联工厂不是一个工厂的转型，而是生态系统的重建，要颠覆整个企业全系统全流程。

海尔用“企业平台化”颠覆科层制，用“员工创客化”颠覆雇佣制，用“用户个性化”颠覆产销分离制，成为平台型企业，使“人人都是CEO”。概括起来，海尔在互联网时代的组织结构是“平台＋小微企业”，平台为小微企业的孵化和运营提供各种支持性资源，小微企业负责为用户提供个性化产品及全流程体验，承担完全的会计责任，拥有用人权、决策权、分配权。企业成为互联网节点后，可以广泛整合外部资源，围绕顾客需求建立多方共赢的平台生态圈。现在的海尔没有层级，只有三种人——平台主、小微主、创客，他们都围着用户转。这三类人之间不是领导和被领导的关系，而是合伙人的关系。

著名的雷神游戏笔记本孵化项目就是海尔平台式创新的成功案例。

2013年末，一款名为雷神的游戏笔记本电脑进入市场；2014年1月15日，雷神游戏本在京东上市，20分钟内3 000台游戏本被抢购一空；2014年7月24日，雷神911上市，单型号游戏本在10秒内就售出3 000台；2014年雷神科技实现2.5亿元销售额和近1 300万元净利润，跃升至国内游戏笔记本销售第二名，并拿到500万元创投资金，估值1亿～1.5亿元；2015年，经过Pre-A和A轮融资，雷神科技真正开始独立运作，海尔的股份降到50%以下。

雷神科技是海尔内部员工的创业企业，创始人路凯林及三名合伙人原是海尔的员工，在海尔推行内部变革的时候成为海尔内部小微主，并成功创办了雷神科技。

资料来源：简兆权，刘晓彦，李雷．基于海尔的服务型制造企业“平台＋小微企业”型组织结构案例研究．管理学报，2017，14（11）；郑指梁，吕永丰．合伙人制度——有效激励而不失控制权是怎样实现的．北京：清华大学出版社，2017：2－4.

张瑞敏：创客的海尔

我们自己探索，拆掉海尔过去的“墙”，希望海尔成为旧模式的破坏者。为此，我们创建了两个平台：一个是投资驱动平台，一个是用户付薪平台。投资驱动平台是指把企业从管控型组织变成一个投资平台，不再有各种部门和事业部，都要变成创业团队，公司与这些团队只是股东和创业者的关系。过去的组织架构是一个正三角形，是马克斯·韦伯提出来的科层制。科层制组织最大的特点是整齐划一、指令一直到底，要求所有人都贯彻到位。每个员工处在不同岗位、不同职位上，薪酬往往与职级相关，所以并不关心用户需求。但是，在互联网时代，用户个性化、市场碎片化，整齐划一的组织一定会被颠覆。所以，海尔的整个组织从一个正三角金字塔形变成一个扁平化的结构。

之前，正三角里充满各种层级，现在变成一个个创业团队，这样一来，海尔就变成了一个生态圈。过去的上下级关系变成投资人与创业者的关系。当然，这种投资人和普通的投资者不一样，因为海尔一要确保战略方向正确，二要有一个平台，驱动员工在正确的道路上前进。员工原来由企业发薪，现在变成给用户创造价值就有薪金，没有创造用户价值就没有薪金。我们转型的目标是从原来制造产品的加速器变成孵化创客的加速器。原来只看重规模，产品做得越多、做得越快、做得越有竞争力越好，现在要变成孵化创客。简单地说，企业要从原来的产品制造者变成创客制造者。

投资驱动平台

现在的海尔没有层级，只有三种人——平台主、小微主、创客，他们都围着用户转。员工以前要听从上级指挥，现在要为用户创造价值，必须变成创业者、创客。这些创客组成小微创业企业，创客和小微主共同创造用户、市场。小微主不是由企业任命的，而是创客共同选举的。创客和小微主间可以互选，如果小微成员的创客认为小微主不称职，就可以换掉。实际上，海尔的小微主经常被换掉。

最重要的是不局限于内部员工，还可以引进外部资源。这些小微加上社会的资源就变成了一个生态圈，共同创造不同的市场。这样就会形成有很多并联平台的生态圈，面向不同的市场，面向不同的用户。

我经常引用《维基经济学》的作者唐·泰普斯科特先生的两句话，“世界就是你的研发部”“要么协作，要么消失”。我把前一句话延伸了一下——“世界就是你的人力资源部”，全世界的人力资源都可为我所用。例如，几个员工在网上发现，一些孕妇看电视比较困难，希望躺在床上看。于是，这几个人就搞了一个家用投影仪，这个产品做得还不错。他们不再有自己的研发部：研发资源来自美国硅谷，核心零部件来自美国得州仪器，生产在武汉光谷。后一句话对传统企业来说是一个很大的挑战。因为企业过去一定是与上下游进行博弈的，供应方、营销商等都想让自己的利益最大化，但是现在大家要与用户共同创造需求，使各方的利益都最大化。

资料来源：张瑞敏：创客的海尔．中国企业家网，2015-01-23.

商、客户、投资人、离职员工以及一定资源的提供者建立合作伙伴关系。一般而言，企业往往通过股权收购的方式进行上下游整合，但是这种收购不仅成本高昂，而且面临的风险巨大。因此，部分企业着手引入合伙人制度，建立价值链上不同企业之间的合作伙伴关系，以达到整合资源、共同发展的目的。

泸州老窖的外部合伙人制度是典型的生态链合伙人制度。泸州老窖通过合伙人制度将上游品牌资源、下游渠道商资源、供应链资源以及营销团队整合成一个有机整体，成立与每一个体都相关的合伙人平台公司，从而打通整个产业链资源，共同铸就一个生态型平台企业，改变了原来上游只想压货、压利润，下游渠道商只想要政策支持的博弈局面，不仅减少了上下游的博弈，而且治愈了上下游距离远、机制对市场反应慢、库存周期长以及抛货乱价等酒业顽疾。

以上提及的合伙人制度之间并不存在绝对的界限，存在交叉且可以并存。例如，在事业合伙人制度下，万科计划在未来发展生态链合伙人制度，吸纳外部合伙人；阿里巴巴以控制为导向的合伙人制度也可以看作一种股权型合伙人制度。

即时案例

美道家的生态链合伙人选拔

2015 年 9 月，美道家（中国“互联网＋上门美容”模式的先驱）进行了外部合伙人的现场选拔。美道家首次开放了 100 个合伙人名额，每个城市选拔一个合伙人。竞选出的合伙人能掌握美道家当地城市的运营权，坐拥当地所有客户资源。

那么，美道家是如何与外部合伙人合作的呢？

（1）成立省级直营公司，美道家控股 51%，省级公司合伙人最多控股 49%。

（2）省级公司合伙人必须多倍溢价出资，即美道家 1 元/股，而外部合伙人则需要高于 1 元/股出资。在这次外部合伙人“占山为王”的大会上，美道家的“圈地运动”再次升级，现场引发众多企业家的追捧。第二次会议当天，二十几个省级最大合作股东（控股 49%以内）全部确定，美道家当天实现吸资上亿元。

美道家是通过外部合伙人的方式完成快速扩张的典范。2016 年 3 月，万科北方区域 CEO 毛大庆离职，创办优客工场。他说：“虽然不再于万科内部担任管理职务，但与万科的情谊我永远不会割舍。接下来，我将继续以万科外部合伙人的身份，为营建万科新的生态系统贡献自己的一分力量。”这是万科历史上首位外部合伙人。

资料来源：郑指梁，吕永丰．合伙人制度——有效激励而不失控制权是怎样实现的．北京：清华大学出版社，2017：40-41.

五 合伙人制度的设计要点

目前国内的合伙人制度在设计、实施等方面各具特色，难以一概而论。但是，合伙人制度的设计具有共通性，往往包含以下设计要点。

（一）合伙人的选择

不论是哪一种模式的合伙人制度，都需要与他人建立长期的合作伙伴关系，共同经营、共担风险、共享收益。因此，明确合伙人资质，选择最为合适的合作伙伴至关重要。否则，不仅难以维系合作关系，更有可能给彼此带来损失。

一般来说，可以从合伙人的工龄、职务、历史表现、专业水平、所拥有的资源与渠道等角度进行考量。除了这些硬性指标之外，合伙人彼此之间价值观、经营理念一致也至关重要。唐朝魏征深谙人才的选择标准：“天下未定，选才以能为先；天下既定，当德才兼备，德行为重。”在不同类型的合伙人制度下，选拔的侧重点会有所不同。治理型合伙人制度的目的在于巩固创始人团队对公司控制权的把握，因此对合伙人的选择就是对创业伙伴的选择，公司和合伙人除了应当具备互补的专业知识和资源，在价值观、经营理念等方面必须高度契合。股权型合伙人制度的本质是通过与核心人才分享股权实现长期激励，彼此从雇佣关系转变为事业合作关系，所以需要能够为公司创造价值的有专长的人才。平台型合伙人制度的本质是下放经营决策权给合伙人，让他们独立核算、自负盈亏，因此这一类型的合伙人需要具有较高的业务水平和管理能力，愿意承担经营风险。生态链合伙人制度强调的是构建更为完整的企业生态系统，注重合作企业之间的资源互补，真正实现价值链的资源整合。

即时案例

阿里巴巴的合伙人资格

阿里巴巴选择合伙人的标准主要有以下几个：

(1) 必须在阿里巴巴服务五年以上。

(2) 必须持有公司股份，且有限售要求。

(3) 由在任合伙人向合伙人委员会推荐，合伙人委员会审核同意其参加选举。

(4) 一人一票投票，必须有超75%的合伙人同意；合伙人的选举和罢免无须股东大会审议或通过。

此外还有两个弹性条件：对公司发展有积极贡献；高度认同企业文化，愿意为公司使命、愿景和价值观竭尽全力。

阿里巴巴合伙人的提名流程如图6-7所示。

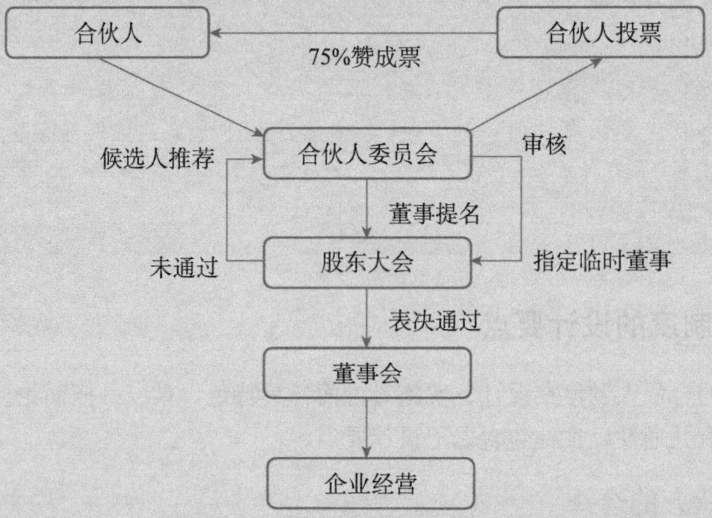

图6-7 阿里巴巴合伙人提名流程

资料来源：郑指梁，吕永丰．合伙人制度——有效激励而不失控制权是怎样实现的．北京：清华大学出版社，2017.

（二）合伙人出资

合伙人出资有四种方式：现金出资、实物出资、无形资产出资和换股。

现金出资是合伙人最常见的出资方式。在这种出资方式下，一方面，员工对企业高度认同，愿意共享企业的经营成果，共担企业的经营风险；另一方面，可以增加企业现金流。

实物出资涉及房屋、机器、设备、厂房等固定资产。

无形资产出资涉及知识产权、商标权等，一般需要经过专业评估、所有权转移等程序。

换股是指合伙人以股票出资，将目标公司股票按一定比例换成本公司股票，常见于企业兼并与收购。

在实践中，员工或合伙人经常通过渠道、管理能力等形式出资，如平台型合伙人制度下，员工投入个人的能力、知识、技能，公司则为员工提供关键的资源支持。

（三）合伙人利益分配

合伙人的利益分配通常有以下四种模式。第一是存量利润分配模式，即无论企业业绩是否增长，均设置一定的利润比例用于向合伙人分配；第二是增量分配模式，即只有在业绩增长的基础上才对增长部分进行分配；第三是考核分配模式，即设置合伙人考核目标，根据考核达标情况进行分配；第四是混合模式，即综合以上方式的两种或三种，根据企业的特点进行设置，但是侧重点不同。

在不同类型的合伙人制度下，利益分配的注意点有所不同。

在股权型合伙人制度下，合伙人既是股东又是经营者，与公司分享经营成果的剩余价值，分配机制相对简单。核心在于既要保证大股东的控制权，确保公司长治久安，又要发挥小股东的激励性，防止吃大锅饭、搭便车的状况发生。

在平台型合伙人制度下，由公司统一制定合伙人团队的利益分配机制或者由企业与创业团队协商制定，应处理好大小团队间、不同业务团队间的公平性问题，给予合伙人团队充分的授权，发挥其主观能动性。

由于合伙人团队自负盈亏，团队内部的利益分配一般由合伙人自主决定。各合伙人团队负责人的价值理念不同，可能会造成各团队的管理风格、分配模式、收入水平等存在较大差异，这就造成了同一个公司不同合伙人部门员工间的不公平。所以，合伙人团队内部的分配制度应根据公司的发展阶段、业务类型和企业文化等因素制定，既发挥公司的整体优势，又激发合伙人的热情。

（四）合伙人退出

一般来说，合伙人的退出有以下几种形式。

第一，荣誉合伙人退出，即合伙人因退休、合作终止等原因转为荣誉合伙人，不再行使合伙人权利。比如，根据阿里巴巴的规定，合伙人的年龄以及在阿里巴巴集团工作的年限总和等于或超过60岁，可申请退休并担任阿里巴巴荣誉合伙人。荣誉合伙人无法行使合伙人权利，但是能得到奖金池的一部分资金。例如，陆兆禧1969年出生，2000年加入阿里巴巴，年龄加工作年限超过60岁，可以申请退休并担任荣誉合伙人。

第二，离职退出，即合伙人因从公司离职而放弃合伙人身份。

第三，回购退出，即因符合强制回购条件由公司按照约定的回购价格回购，从而退出合伙人身份，包括股权退出和合伙金退出。前者是指合伙人持有的股权由公司回购，后者是指当初缴纳的合伙金按照溢价或约定的方式回购。回购退出应当格外注意回购价格的商定，应当通过协议或依照公司章程确定。

第四，公司上市退出。这种退出方式专门针对股东合伙人的退出，是指公司上市后，股东出售或转让自身持有的股票，从而退出合伙人身份。对于股东合伙人来说，通过IPO上市退出是最理想的状态，投资回报率高，但是考验合伙人的耐心，在转让股票时受到法律规定的限制。

以上均属于自愿退出的范畴，还存在被动退出的情形。

第五，绩效考核退出。合伙人制度是为了共担风险，共享收益，如果合伙人无法达到公司的绩效考核要求，会被剥夺合伙人资格。

第六，因违反管理规定、不履行责任和义务等被解除合伙人资格。违反公司的规章制度，给公司造成重大损失的合伙人将会被剥夺合伙人资格。

除了以上要点，明确界定合伙人的权利与义务，协调合伙人与投资人之间的治理关系，完善合伙人冲突处理机制等也是合伙人制度设计过程中应当注意的要点。

即时案例

某公司合伙人制度设计方案

某公司是从事摄影电商连锁业务的一家广东企业，成立于2009年8月，由五个创始股东构成，股份占比分别是63%，20%，7%，5%和5%。注册资金为1 000万元，有134名员工。为了留住品牌总监、技术总监等核心员工，公司制定了合伙人计划方案。方案的大致思路如下。

1. 合伙人制度释义

本方案的“合伙人制度”是指由公司内部员工直接或者间接认购本公司或者下属子公司、合伙企业的股票、股权或份额，参与经营，按股份或份额享受红利分配的新型合作形式。

2. 合伙人对象与条件

(1) 在本公司服务满三年。

(2) 专业性强，是核心员工，具有不可替代性。

(3) 高度认同企业文化，愿意为公司使命、愿景与价值观竭尽全力。

(4) 公司股东会授权董事会负责本合伙人计划的实施，成为本公司合伙人须超过80%的董事会成员同意。

3. 合伙人资格

(1) 公司拿出10%股份，即100万股成立合伙企业F，股份来源为大股东A稀释5%、二股东B稀释3%、三股东C稀释1%；剩余股东D和E各稀释0.5%。同时办理工商变更。

(2) 以1元/股的价格计算合伙金总额为100万元，公司把其分成200份，每份5 000元。合伙人最低申购份数为10份，以5的倍数为基数。

(3) 合伙人的资格类似于“身股”，合伙人在职期间享有，不得转让与继承。

4. 合伙人出资及考核

合伙人出资及考核情况如表6-5所示。

表6-5 合伙人出资及考核情况

职位	人数	份数	合伙金	考核摘要
品牌总监	1人	30份	15万元	营业收入、顾客重购率
技术副总监	1人	30份	15万元	需求开发时效、需求满足率
仓储副总监	1人	30份	15万元	收货发货时效、店铺服务评级、年损耗率
摄影总监、图文处理副总监	2人	各15份，共30份	15万元	拍摄及时率、拍摄质量
份数合计		120份	60万元	
预留		80份	40万元	
总计		200份	100万元	

5. 合伙人分钱

按净利润的40%分红，合伙人分红总额＝净利润×40%×10%。若2016年公司的净利润低于700万元、2017年低于800万元，公司董事会将有权终止合伙人计划。

6. 合伙人收益测算

2015年公司净利润为845万元，2016年预计1 200万元，增幅为42.01%。

因此，品牌总监分红＝1 200×40%×10%×（30÷200）＝7.2（万元）。

7. 合伙人兜底条款

如果2016—2018年合伙人ROI低于48%，公司补齐差额部分。例如，2016年品牌总监合伙人投资回报率为32%，那么公司补足16%，即公司补差＝7.2×16%÷48%＝2.4（万元）。

8. 合伙人退出

（1）自愿退出：合伙人因个人原因退出，合伙金全额退还，10个工作日内办妥。

（2）离职退出：合伙人工作交接完毕后，公司在5个工作日内退还50%的合伙金，6个月后退还剩余的50%。

（3）违纪退出：合伙人违反公司的规章制度，包括挪用公款、贪污受贿或出现严重损害公司利益的行为，合伙金按60%退还；给公司造成重大损失的，公司保留要求合伙人赔偿损失且用合伙金扣抵损失的权利。

（4）考核退出：连续两年得分在80分以下将失去合伙人资格。

资料来源：郑指梁，吕永丰．合伙人制度——有效激励而不失控制权是怎样实现的．北京：清华大学出版社，2017：112-116.

本章小结

本章主要介绍了企业如何设计长期激励制度。长期激励计划的主要形式包括现金和股权两种，前者是指对员工超过一年期的绩效表现直接给予现金的长期激励，后者是指基于股权的长期激励，也是本章介绍的重点。第1节论述了长期激励的基本概念、重要意义，梳理了长期激励的发展状况。第2节重点介绍了基于股权的三种激励方式，即股票期权、限制性股票、虚拟股票，并对股权激励计划的选择与实施过程进行了详细讲解。第3节关注管理层收购和员工持股计划。第4节介绍了当前十分热门的合伙人制度。长期激励与短期激励互为补充，对于企业高层管理人员、关键技术人员及核心人才的吸引、激励和保留尤为重要。随着基于股权及基于现金的激励方式不断发展，长期激励还有非常广阔的研究空间，值得我们去思考和实践。

关键词

长期激励　长期现金计划　股票期权　限制性股票　虚拟股票　管理层收购　员工持股计划　合伙人制度

思考题

1. 什么是长期激励？长期激励有什么重要意义？

2. 什么是股票期权？该计划有哪些优缺点？适用于怎样的激励情境？
3. 什么是限制性股票？该计划有哪些优缺点？适用于怎样的激励情境？
4. 什么是虚拟股票？该计划有哪些优缺点？适用于怎样的激励情境？
5. 什么是管理层收购？在我国管理层收购具有怎样的特殊意义？
6. 什么是员工持股计划？员工持股计划有哪些理论基础？
7. 什么是合伙人制度？该制度包含哪些类型？在实施中有哪些注意要点？

参考文献

案例分析

“金手铐”的力量：网宿科技公司的股票期权

网宿始创于2000年1月，是国内著名的互联网业务平台提供商，主要向国内外用户提供互联网内容分发与加速、主机托管等方面的网络基础服务，2009年在深圳创业板上市，在当时是A股上市公司中唯一从事互联网加速服务的企业。

1. 发展机遇和挑战

当时，中国具有广阔的CDN发展市场，网宿在业务发展方面拥有重大机遇。网宿在管理上面临的主要挑战是如何吸引并留住高素质人才。在网宿公司，70%～80%的员工都是本科以上学历。到2013年，公司53%的员工担任技术岗位，26%的员工担任销售岗位，11%的员工担任管理岗位，10%的员工担任其他岗位（见表6-6）。

表6-6　网宿历年员工学历构成

学历	2009年		2010年		2011年		2012年		2013年	
	人数	占比（%）	人数	占比（%）	人数	占比（%）	人数	占比（%）	人数	占比（%）
硕士及以上	53	10.19	62	10.65	67	9.64	95	10.71	152	13.14
本科	300	57.69	330	56.70	414	59.57	534	60.20	728	62.92
大专	167	32.12	178	30.58	197	28.35	240	27.06	249	21.52
中专	0	0.00	9	1.55	8	1.15	9	1.01	17	1.47
高中	0	0.00	3	0.52	9	1.29	9	1.01	11	0.95
合计	520	100.00	582	100.00	695	100.00	887	100.00	1 157	100.00

注：由于四舍五入，个别合计数据约为100%。

然而，网宿的薪酬水平在市场上一直处于较低的水平，2009年公司在创业板上市，当时的平均薪酬还未达到同行业的中位点水平。即便在随后三年员工的薪酬有所上涨，仍然没有达到75%分位点。因此，单从薪酬水平看，网宿很难在当时吸引或留住优秀的人才。网宿员工绩效考核一直以来使用的都是360度考核，即每季度末由员工本人、员工同部门同事、员工直属上级对该员工当季度的工作表现进行评分，年度考核成绩为季度考核成绩的平均分。360度考核虽有全面、民主、互动性强等优点，但在实践中，由于缺乏量化考核指标，存在上级评分主观性过强及员工互评打人情分的隐患，损害了绩效考核应有的客观性及公平性。

在这种背景下，网宿先后于2011年和2012年公告并实施了两期股权激励计划，目的是建立一套行之有效的员工激励与约束机制。

2. 网宿公司股票期权方案简介

(1) 激励对象。两期股权激励计划的激励对象如表6-7和表6-8所示。

表6-7　第一期期权激励计划激励对象

第一期期权激励计划			
对象	人数	授予期权总数	所获期权占授予期权之比
高管	2	550万份（50万份预留） 占公司总股本3.556%	4.91%
核心技术、业务员工	119		86%

表6-8　第二期期权激励计划激励对象

第二期期权激励计划			
对象	人数	授予期权总数	所获期权占授予期权之比
高管	2	615万份 占公司总股本3.891%	6.5%
核心技术、业务员工	157		93.5%

(2) 股票来源。本期股票期权计划方案的股票都是针对激励对象定向增发的股票。

(3) 资金来源。行权的资金来源为激励对象自筹资金，公司不为激励对象行权提供贷款以及其他任何形式的财务资助，包括为其贷款提供担保。

(4) 期权授权及行权安排。2011年7月28日，网宿召开了第二届董事会第三次会议，审议通过了《关于公司股权激励计划所涉股票期权首期授予的议案》，确定第一期股票期权的授予日为2011年8月3日。

2012年8月20日，网宿召开的第二届董事会第十一次会议审议通过了《关于公司第二期股票期权激励计划所涉股票期权授予的议案》，确定第二期股票期权的授予日为2012年8月20日。

激励对象获授的股票期权自授权日起满12个月可以开始行权，两期股权激励计划均使用四年分期行权的安排。第一期计划每个行权期可行权数量相同，均为总期权数的25%。第二期计划采用每个行权期可行权数逐年递增的安排，即第一个行权期可行权数为总期权数的10%，第二个行权期为20%，第三个行权期为30%，第四个行权期为40%。这样的安排使激励对象更关注公司的长期业绩，更倾向于为公司长期服务。

(5) 行权价格确定方法。网宿股权激励计划的行权价格根据《上市公司股权激励管理办法》的要求制定，即行权价格取下列价格中的较高者：

1) 股权激励计划草案摘要公布前一个交易日的公司标的股票收盘价；

2) 股权激励计划草案摘要公布前30个交易日内的公司标的股票平均收盘价。

最终方案为，第一期价格为19.1元，第二期价格为12.87元。

(6) 绩效设计指标。网宿股权激励计划的行权条件分为公司业绩指标和个人业绩指标两部分，公司与个人业绩必须都达标，否则激励对象将失去在当个行权期内行权的资格，相应数量的股票期权将由公司注销。

1) 公司业绩指标。公司业绩指标主要包括营业收入增长率、净利润增长率、资产收益率等指标。具体方案如表6-9和表6-10所示。

表6-9　　第一期股票期权激励计划公司业绩考核目标

业绩指标	2011年	2012年	2013年	2014年
营业收入增长率	相比2010年不低于40%	相比2010年不低于60%	相比2010年不低于90%	相比2010年不低于110%
净利润增长率	相比2010年不低于30%	相比2010年不低于50%	相比2010年不低于80%	相比2010年不低于100%
资产收益率	不低于5%	不低于5.5%	不低于6.5%	不低于6.8%
归属于上市公司股东的净利润	不得低于授权日前最近三个会计年度的平均水平且不得为负			
归属于上市公司股东的扣除非经常性损益的净利润	不得低于授权日前最近三个会计年度的平均水平且不得为负			

表6-10　　第二期股票期权激励计划公司业绩考核目标

业绩指标	第一个行权期	第二个行权期	第三个行权期	第四个行权期
净利润增长率	相比2011年不低于20%	相比2011年不低于40%	相比2011年不低于60%	相比2011年不低于80%
资产收益率	不低于6%	不低于6.5%	不低于7%	不低于7.5%
归属于上市公司股东的净利润	不得低于授权日前最近三个会计年度的平均水平且不得为负			
归属于上市公司股东的扣除非经常性损益的净利润	不得低于授权日前最近三个会计年度的平均水平且不得为负			

2) 个人业绩指标。在个人业绩指标方面，公司从以往的纯360度人才考评制度更新为个人软硬指标相结合的方式。硬指标是可以量化的指标，以统计数据为基础，可操作性强。财务部常用的硬指标有：公司总部闲置资金短期理财收益、部门费用预算控制率等。技术与研发部门常用的硬指标有：新产品的开发数量、研发项目阶段成果达成率等。

软指标以评分人的主观判断为主要考评信息，直接打分或做出评判（如很好、好、一般、较差、差）。软指标通常具有明显的定性特点。财务部门常用的软指标为：财务监督质量、服务质量。技术与研发部门常用的软指标为：技术服务满意度评价状况、产品技术的稳定性等。

将软硬指标结合，按照相应权重测算得出激励对象年度绩效考核成绩。各事业部各中心绩效考核结果依据管理级别分别设置考核等级，考核等级分布遵循表6-11所示比例。

表6-11 绩效考核等级分布比例

考核等级	A	B	C	D	E
考核结果	90分以上	80～90分	70～80分	60～70分	60分以下
占比参考	10%	10%	60%	15%	5%

激励对象绩效考核成绩至少达到D等以上（含D等）才可参与当年行权，否则视为个人业绩未达标。

3. 网宿公司股票期权的会计处理

根据《企业会计准则第11号——股份支付》的有关规定，授予激励对象的股票期权需要计算授予日的公允价值。网宿选择Black-Scholes模型来计算股票期权的公允价值，第一期计划首次授予的500万份（不包括预留部分）股票期权的公允价值于2011年8月3日（授予日）用此模型进行了测算：每份股票期权的价值为2.655元，首次授予的500万份股票期权的总价值为1 332.4万元，2011—2015年股票期权成本摊销情况见表6-12。

表6-12 第一期股权激励计划成本摊销预算 单位：万元

	2011年	2012年	2013年	2014年	2015年
股本成本	289.15	555.17	291.46	148.04	48.58

第二期计划授予的615万份股票期权的公允价值于2012年8月20日用相同模型进行了测算：每份股票期权的价值为7.23元，授予的615万份股票期权的总价值为4 446.45万元。2012—2016年股票期权成本摊销情况见表6-13。

表6-13 第二期股权激励计划成本摊销预算 单位：万元

	2012年	2013年	2014年	2015年	2016年
股本成本	592.86	1 630.37	1 185.72	741.08	296.43

网宿科技公司采用这种小额多年分摊的方式使每期摊销成本相对于公司每年的净利润较低，可以预见在行权期内对公司的利润不会造成太大影响。

4. 股票期权对网宿公司经营业绩影响之分析总结

实行股票期权激励计划方案之后，公司的经营业绩出现明显的上升趋势。由图6-8和图6-9可见，自2010年12月股权激励计划公告并实施后，网宿ROE一直呈上升趋势且增长较快。在实施股权激励计划前的2010年，ROE远低于行业平均水平，在2012年实现由负转正，至2013年，网宿已远远高于行业平均值。

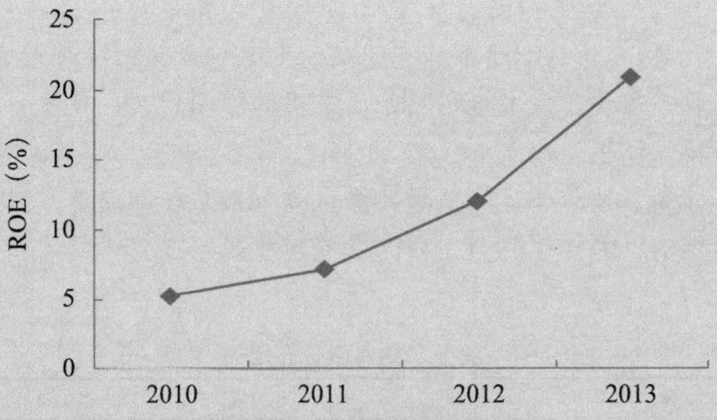

图 6-8 网宿历年 ROE

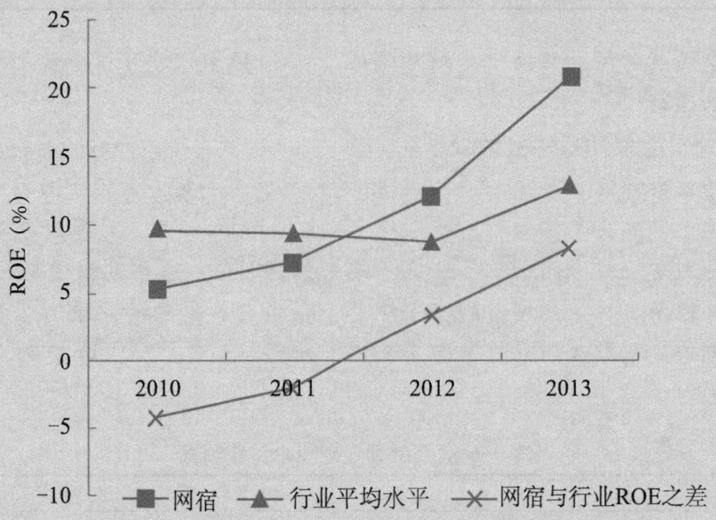

图 6-9 网宿、互联网信息服务行业历年 ROE

5. 激励对象离职率

2011 年 8 月 3 日第一期股权激励计划授权时，共有 121 名激励对象，截至 2013 年 12 月 31 日，共有 30 人离职；2012 年 8 月 20 日第二期股权激励计划授权时，共有 159 名激励对象，截至 2013 年 12 月 31 日，共有 11 人离职。期间各年度激励对象离职率如表 6-14 所示。

表 6-14 激励对象离职率

	2011 年	2012 年	2013 年
第一期激励对象离职率	9.09%	4.55%	4.21%
第二期激励对象离职率	无数据	3.77%	3.27%

根据韬睿惠悦咨询公司的调查报告，网宿所处的互联网行业 2013 年离职率为 25.8%。对比可见，网宿股权激励对象的离职率远远低于互联网企业总体水平，股权激励起到了预想的稳定核心人才队伍的作用。

资料来源：芦春江．网宿公司股票期权激励案例研究．厦门：厦门大学，2014.

讨论题

1. 企业实施长期激励计划的要点是什么？
2. 网宿公司选择和实施长期激励计划的哪些方面值得其他企业借鉴？

第 7 章 福利管理

在关心员工福利主张的基础上，建立一个有关员工关系的思想体系将改善工作条件，而且有希望提高生产率。

——丹尼尔·A. 雷恩

学习目标

1. 理解员工福利的定义及作用
2. 了解员工福利目前存在的问题以及未来的发展趋势
3. 了解法定福利的类型及相关法律法规政策
4. 掌握企业补充福利的类型及其操作要点
5. 掌握弹性福利计划的设计要点

引例

怎样用“贴心”福利打造“铁心”员工？

M 设计院是一家国家甲级设计院，具备国家建设部颁发的甲级工程总承包资质，开展工程投资评估、工程监理、招标、施工、保修和其他咨询业务。近几年，建筑工程行业面临着激烈的人才竞争。然而，在激烈的人才竞争中，该设计院成功地留住了诸如注册建筑师、注册结构工程师、注册监理工程师以及高级工程师等一大批核心员工，增强了企业的核心竞争力。该设计院人力资源部部长透露了其留人秘诀——实施“贴心”福利战略，即在洞察员工的个性化需求的前提下，为核心员工量身定制福利项目，并采用最佳方式发放福利，从而赢得核心员工的“铁心”。

什么样的福利是“贴心”福利？如何运用这种福利达到预期目标？人力资源部部长举了两个例子。一个例子是 2004 年底公司留意到，不少核心员工因为设计院经常有一些涉外工程和项目而在某大学自费学习英语口语，每天往返需两小时，每课时花费 80 元。院领导知道此事后，2005 年初专门请了一位外籍教师在办公室集体教学并支付授课费。学习期满后，公司对成绩突出者给予一定的奖励。如此一来，不仅为员工节省了费用，还节省了时间。员工们学得更起劲，工作也更认真。

另一个例子是 2004 年 4 月的一天是某位注册监理工程师妻子的生日，而此时该工程师在国外的某建筑工地。人力资源部工作人员就以这位工程师的名义为他的妻子送去了生日蛋糕和鲜花。这位因为工作忘记妻子生日的工程师知道后，对单位此举非常感激，不少设计院来“挖”都不为所动。M 设计院能够在激烈的市场竞争中留住优秀人才，“贴心”的员工福利制度发挥了极大的作用。

资料来源：刘红霞．妙用“贴心”福利．人力资源，2004（12）：28.

第 1 节　员工福利概述

一　员工福利的内涵及发展

（一）什么是员工福利

不同学者由于着眼点不同，在员工福利的界定上存在一定的差异。加里·德斯勒认为，员工福利包括健康和人寿保险、休假和保育设施，具体可以归纳为四类：一是补充性工资；二是保险福利；三是退休福利；四是员工服务福利。乔治·T. 米尔科维奇在《薪酬管理》一书中界定员工福利为总报酬的一部分，它不按工作时间给付，是支付给全体或一部分员工的报酬（如寿险、养老金、工伤补偿、休假）。刘昕（2001）认为，员工福利是在相对稳定的货币工资以外，企业为改善企业员工及其家庭生活水平，以增加员工对企业的忠诚度、激发工作积极性等为目的而支付的辅助性货币、实物或服务等分配形式。仇雨临认为，员工福利是企业基于雇佣关系，依据国家的强制性法令及相关规定，以企业自身的支付能力为依托，向员工提供的用以改善其本人和家庭生活质量的各种以非货币工资和延期支付形式为主的补充性报酬与服务。

综合几位学者的观点，本书认为员工福利是总体薪酬的重要组成部分，是依据国家相关法律规定以及企业自身实际情况为员工提供的各种补充性的报酬和服务，具体包括各种法定社会保险项目、企业补充保险项目、员工带薪休假、各种实物发放、员工服务等内容。

（二）员工福利的起源和演变

最早的员工福利从劳工保护、学徒教育和培训开始。工业革命之后，工业化的迅猛发展带来了一系列的劳工问题，如工人健康状况差、使用童工、工伤事故频发、工作时间超长、工人年老后的生活无保障等。严重的劳工问题导致工人与雇主之间的矛盾日益加剧，引发了有识之士的思考。1802 年，英国国会议员罗伯特·皮尔爵士在考察了自己工厂的情况后撰写了《健康与道德法案》，该法案获下议院表决通过。该法案推动了世界各国政府对企业劳工的保护、对社会保障的关注和一系列社会立法。随着工业化和城市化的推进，家庭保障功能日益退化，政府介入老年、疾病、伤残、失业、遗属的保障成为必然选择。德国政府于 1883 年颁布了《工人疾病保险规定》，1884 年颁布了《工伤事故保险法》，1889 年颁布了《老年和残障保险法》，这一系列社会保险法令的出台标志着世界上第一个社会保险体系的建立。在德国的示范下，20 世纪初很多国家先后建立起强制性的社会保险制度。为雇员缴纳社会保险费成为企业必须承担的法律责任，也是企业给予员工的最普遍和最稳定的福利项目。

企业年金的问世为员工福利增添了重要内容。1875 年，美国联邦快递公司设立了退休金计划，标志着企业年金制度的建立。此后半个世纪里，美国先后出现了大概 400 个退休金计划。那时的退休金计划由企业自行管理，基金分散在各公司，管理的专业化和保障稳定性相对较低。1921 年，美国大都会寿险公司发出第一份年金合同，标志着保险公司进入退休金业务。1924 年，该寿险公司与一个已经建立“现收现付制”退休金计划的雇主签订保险合同，标志着美国保险公司进入员工福利计划业务。此外，以员工福利计划为主要经营方向的团体保险的出现，对员工福利的发展具有重要的推动作用。团体保险与员工福利计划关系密切，发展出人寿保险、医疗保险、伤残保险和养老保险等多品种服务。

从 20 世纪 40 年代到 80 年代，员工福利在工业国家得到快速全面发展，在内容、形式和水平上都有了长足的进步。特别是在第二次世界大战后，员工福利迅速铺开，内容更加丰富，形式更加多样。那时，以企业年金为主的团体保险成为法定福利外最普遍的员工福利，住房补贴计划成为员工福利的重要项目。进入 90 年代，世界经济发生重大变化，企业面临更加严峻的市场环境。知识经济时代，企业更加看重人才的价值，注重运用薪酬聚敛人才。员工福利在强化企业与员工的感情纽带、吸引和保留人才方面的独特作用被挖掘出来，企业纷纷推出创新性的自主福利项目来吸引和保留人才。

（三）我国职工福利的发展历程

新中国成立后业界开始使用“职工福利”这个概念，它与“员工福利”同义。受到经济发展水平和管理理念的影响，我国职工福利的发展在计划经济时期和向市场经济体制转轨时期显现出不同的特点（仇雨临，2004）。

计划经济体制下的职工福利主要包括建立社会保险制度、兴建集体福利设施、建立职工福利补贴制度、发展职工文化福利事业四个部分。当时的社会保险制度以 1951 年颁布的《中华人民共和国劳动保险条例》为准则，由全国总工会负责管理，其项目包括生育保险、养老保险、疾病保险、伤残保险、死亡和遗属保险。1950 年颁布的《中华人民共和国工会法》规定，工会有改善工人、职员群众物质生活与文化生活的各种设施的责任，并规定各级政府应该拨给工会必需的房屋与设备，用于办公会议、教育、娱乐及举办集体福利事业等。职工集体福利设施和职工文化福利事业迅速发展起来，受到广大人民的欢迎。国务院 1957 年发布《关于职工生活方面若干问题的指示》，对职工住宅、上下班交通、疾病医疗、生活必需品供应、职工困难补助等做了明确规定。在国家大力推动下，职工福利补贴制度很快建立起来。

这一时期，伴随着国有企业“大锅饭”分配制度的形成，统包式的员工福利逐渐发展起来，福利形式以物质为主，包括福利分房、公费医疗、免费教育等，费用完全由国家或者企业承担。计划经济体制下我国的薪酬福利制度体现出明显的“低工资、高福利”的特点。

然而，该制度在“文化大革命”时期受到很大的冲击，社会保险倒退到企业保险，失去了统筹调剂的互助功能。

随后，我国进入由计划经济向市场经济转轨的阶段。市场经济体制改革初期，在“效率优先”原则的指导下，各地开始减员增效，出现了员工下岗潮。为了妥善解决这些社会问题，政府开始大力推行社会保障制度改革，将养老、医疗、工伤、失业、生育等几大保险及住房公积金等通过法规的形式确定下来，它们演变成现在的法定福利。根据《2016年度人力资源和社会保障事业发展统计公报》，2016年末全国就业人数为77 603万，其中参加基本养老保险人数为88 777万，参加城镇基本医疗保险人数为74 392万，参加失业保险人数为18 089万，参加工伤保险人数为21 889万，参加生育保险人数为18 451万。此外，为了提高参保职工和退休人员的社保待遇，国家颁布了一系列政策法规，鼓励企业建立企业年金制度和企业补充医疗保险制度。

20世纪90年代以来，随着社会主义市场经济体制改革的深入，我国企业福利进入快速发展的时期。法定福利的覆盖面和执行力度不断加大，企业自主举办的补充职工福利得到发展。一些企业开始学习外资企业经验，根据自身特点设计福利，福利越来越关注员工健康及其工作和家庭生活质量。

二　员工福利的作用

（一）享受国家税收优惠，降低成本支出

由于政府税收政策的支持，员工福利支出可以使企业以相对较低的成本为员工提供相对较高的保障。有一部分福利费用是税前扣除的，这降低了企业的纳税基数，间接减少了企业的支出。另外，增加福利相对于增加工资能降低企业成本。增加工资会增加企业其他方面的支出，比如增加社会保险费用，而增加福利可以避免类似的支出。此外，员工福利还具有集体购买的优势。雇主统一为员工购买福利往往比单个员工购买更优惠。

（二）吸引和保留人才的重要手段

很多求职者在选择工作的时候不仅关注工资水平，福利也是考虑的一个重要因素。一个有竞争力的福利计划向人们传递这样一种信息：这个企业关爱员工、愿意为员工的幸福投资。员工福利的形式灵活、内容多样，能够满足员工不同的需要。比如：五险一金能够为员工的养老、健康、住房等提供保障，增加员工的工作和生活安全感；在员工生日时送上问候能够满足员工的情感需求；公司精心策划的集体旅游可以使员工在工作之外有更多接触、增进了解，使同事关系更加融洽。一些标杆企业的福利不仅覆盖员工的全生命周期，甚至覆盖员工的家庭和子女。因此，福利在人才的吸引和保留中起到了重要的作用。

小资料

腾讯的大福利体系

1. 大福利体系内容

（1）54张福利牌。

● 健康：身心健康热线、健康咨询室、中医问诊、员工救助贷款及重疾就医协助、关爱大讲堂、健康体检、补充医疗保险、人寿保险、意外伤害保险、重大疾病保险、家属保险、海外差旅保险。

● 生活：员工班车、腾讯圣诞晚会、腾讯文化日、女生节礼包、中秋节礼包、端午节礼包、缤纷水果季、开工利是、腾讯带薪假期、腾讯公益假、产检假、30个工作日全薪病假、16个工作日半薪事假、腾讯形象店、年度团队建设活动、入职1周年贺礼、入职10周年贺礼、生育庆贺礼包、Q宝宝靓号、丧事慰问礼金、结婚庆贺礼包、腾讯家属开放日、春节特别假、年休假、茶水间、员工餐厅、员工Q币、腾讯排球协会、腾讯网球协会、腾讯乒乓球协会、腾讯足球协会、腾讯羽毛球协会、腾讯篮球协会、腾讯音乐协会、腾讯摄影协会、腾讯舞蹈协会、腾讯电影公社、腾讯志愿者。

● 财富：社会保险、住房公积金、安居计划30W、安居计划20W。

（2）特殊的福利。

● 开工利是：每年春节过后，腾讯在上班第一天会发给所有员工开工利是，即红包（数百元至上千元不等），祝愿每位员工新年新气象，更上一层楼。

● Q宝宝靓号：腾讯向员工子女赠送QQ号码（号码包含宝宝出生日期），还赠送18年会员，陪伴宝宝成长，将公司的关怀传递给下一代。

● 入职10周年贺礼：十年之路，腾讯有你更精彩！腾讯向入职10周年的员工赠送限量版尊贵的“钻企鹅”。

● 缤纷水果季：每年春季的缤纷水果节，腾讯向员工发放当地应季的新鲜水果，如荔枝、桃子等。同时，公司也提供为远方亲友邮寄新鲜荔枝的温馨服务。

● 腾讯公益假：腾讯为鼓励员工体验公益项目、作为志愿者帮助他人，特别给予一天的带薪假期。

2. 腾讯为什么要实施大福利？

（1）福利给企业带来众多好处：

● 吸引人才，留住人才；

● 提高员工责任心，提升员工忠诚度；

● 增强员工归属感，提升员工满意度；

● 合理避税，降低企业成本；

● 优化雇主品牌。

（2）腾讯大福利与腾讯企业本身密切相关。

● 腾讯战略：腾讯未来可能有创新战略、品牌延伸战略、差异化战略、锁定战略和全球本土化战略。我们有理由相信腾讯完善的福利制度在很大程度上是为了支持公司的发展战略，提高对人才的吸引力，减少人员流失。在一定程度上，腾讯完善的福利制度、安逸的环境大大降低了员工出走创业的概率，一系列福利措施有利于腾讯留住人才。

● 腾讯文化和价值观：腾讯的“企鹅文化”是：面向顾客、以人为本、不断创新。以人为本的企业价值观推动腾讯更加关注员工的利益和成长，完备的福利制度就是体现。

● 腾讯最高领导者：腾讯福利有声有色，老板马化腾重视是很关键的一个原因。在腾讯工作十年，见证员工从200人到2万多人的人力资源部助理总经理Yaya告诉《经理人》：前几年，腾讯大厦刚建好，要采购一批椅子，马化腾要求行政部和采购人员挑几款让他试坐，最后定了最贵的一款，价格为1 000多元。当时腾讯已经有1万多人，这可是一笔不小的投资。从很多细节中能看出马化腾对福利的重视，这使得腾讯的福利工作开展顺利。

● 腾讯的人才特点。

腾讯员工的组成：25%是硕士或博士，“学霸”多；平均年龄为30岁，总体比较年轻；40%以上是工程师；80后、90后占主体。

新生代员工的特点：文化消费增多，更看重生活质量；思想解放，追求自由，不喜欢束缚，自主性极强；流失率高，忠诚度低。

资料来源：根据中国人民大学劳动人事学院2013级本科生包晗等人课堂作业整理。

（三）提高员工满意度和劳动生产率

雇主为员工提供诸如体检、保健等项目，可以让员工保持良好的身体状态，顺利完成工作；为员工提供休息休假以及旅游项目，可以使员工保持良好的精神状态，全身心投入工作，提高劳动生产率。另外，员工福利具有普惠性，大部分员工能享受到，员工福利传递了鼓励团队合作和打造利益共同体的信号。弹性福利计划使得员工可以根据自己的需要选择福利项目，自行设计福利包，这大大提高了员工满意度，起到了更好的激励作用。

三 员工福利存在的问题

企业在福利管理方面存在的问题包括（特鲁普曼，2002）：

1. 企业和员工对福利的内容和成本缺乏清晰认识

从企业的角度来讲，制定福利方案会产生三个主要的管理问题：谁应该受保障或享受福利？在一系列福利项目中，员工有多少种选择？福利的资金怎样筹集？这些问题常常使企业困惑。在大多数情况下，企业只是被动地制定福利方案，对于这些福利方案存在的合理性和有效性往往认识不足。

根据韬睿惠悦的《2015年亚太福利趋势调研报告》，花在员工福利上的开支与员工对福利价值的认知之间存在鸿沟，仅有16%的亚太地区的雇主认为自己提供的福利被员工高度认可。“很多雇主并未获得福利投资应有的回报。”韬睿惠悦亚太区福利效益咨询总监克里斯·梅斯（Chris Mayes）如是说。很多员工往往只知道提福利要求，却不清楚也不关心福利成本有多大。

2. 福利成本居高不下

韬睿惠悦发布的《2015年亚太福利趋势调研报告》显示，在亚太地区，福利支出在总人工成本中的占比不断攀升。41%的雇主表示，在福利上的支出超过总人工成本的20%。不同国家和地区的福利成本存在差异：菲律宾和印度尼西亚的福利成本尤为高昂，丰厚的医疗保障和退休福利导致菲律宾38%的雇主以及印度尼西亚29%的雇主在福利方面的支出超过总人工成本的30%。然而，有22%的亚太地区雇主并不清楚企业在员工福利方面的支出是多少（见表7-1）。

表 7-1 雇主对 2015 年亚太地区企业福利占总人工成本的比例的看法

国家/地区	认为低于总人工成本的 20%	认为占总人工成本的 20%~30%	认为占总人工成本的 30%~40%	认为超过总人工成本的 40%	不清楚
亚太地区	37%	27%	9%	5%	22%
中国大陆	40%	28%	8%	7%	18%
中国香港	47%	19%	6%	2%	27%
印度	52%	21%	7%	2%	17%
印度尼西亚	19%	35%	18%	11%	16%
日本	24%	31%	11%	2%	32%
马来西亚	21%	40%	8%	4%	27%
菲律宾	21%	24%	20%	18%	18%
新加坡	37%	31%	8%	2%	22%
韩国	44%	33%	4%	0%	19%
中国台湾	40%	26%	7%	1%	26%
泰国	29%	33%	7%	9%	21%
越南	58%	17%	3%	4%	18%

资料来源：韬睿惠悦．2015 年亚太福利趋势调研报告．

在我国，不考虑企业的自主福利，仅仅从法定社会保险项目来看，企业所承担的社保费用相对较高。国家出台了一系列规定来敦促企业缴纳社会保障费，而企业则呼吁国家减轻企业负担。由于福利费用对企业人工成本的影响非常大，在劳动力成本不断上升的背景下，企业的经营压力变大。

3. 福利的激励效果有待提高

前程无忧 2016 年的一项调研显示，无论是员工还是企业人力资源管理者对目前多数企业福利体系的激励作用都不满意。被调查的人力资源管理者对企业福利体系激励作用的平均评分为 4.7 分（满分为 10 分）。54.6%的人力资源管理者认为自己所在企业的福利体系激励作用尚可，7.9%认为效果不佳。从员工角度看，员工对企业福利体系激励作用的评分仅为 2.6 分（满分为 10 分），超过一半（60.5%）的员工对福利体系的激励效果很不满意，仅有 7.9%的被调查员工认可公司现有福利体系。

许多企业在福利方面付出了很大的努力和成本，却没有得到相应的回报。究其原因，首先，企业的福利体系设计缺乏灵活性和针对性，没有了解员工的真实想法，因而难以满足员工多样化和个性化的福利需求。其次，企业在福利管理上做得不到位，缺乏与员工的沟通及对福利的宣传，很多员工甚至感受不到福利的存在，使得良好的福利没有产生激励效果。最后，企业福利的平均化和普惠性使得一些员工将企业福利看作理所当然的，导致福利体系达不到激励的效果。

四 员工福利的发展趋势

20 世纪末期以后，知识经济与经济全球化的时代背景使得对员工进行有效管理愈发关键。员工福利是一项重要的人工成本，通过对其进行科学有效的规划管理来吸引、激励和保留人才日益受到重视。在新时期，企业员工福利设计呈现以下发展趋势。

1. 从“普惠”制向“普惠+特惠”制转变

福利一度是“公平”的代名词。只要是企业的一员，就能享受类似的福利待遇，员工对企业的贡献和自身享受的福利之间没有关联。这种普惠性使得员工福利成为一项保健因素，对员工的工作表现起不到激励作用。而且，普惠的福利对企业来说是一种日益加重的成本负担。因此，企业在进行福利设计时，越来越强调差异化，即部分福利是所有员工共享的，部分福利是针对特定员工的，比如绩效优秀的员工和核心员工。

2. 从“保障”因素向“保障＋激励”双因素转变

赫兹伯格的双因素理论区分了影响员工工作的保健因素和激励因素。传统的福利更多强调的是保障功能，而现代福利制度开始强调将部分福利与员工的业绩挂钩。员工只有努力工作，获得优秀的业绩，才能享受更多的福利。在这种转变下，福利开始同时具备保障和激励作用，即一部分福利内容是保健因素，另一部分福利内容是激励因素。

3. 从“固定”模式向“固定＋选择”模式转变

传统的员工福利是企业发什么员工有什么；现代员工福利更强调员工要什么企业发什么。传统的员工福利没有考虑到员工多样化的需求，往往导致员工对企业福利的满意度低。如果能针对员工的特殊需求提供福利，福利的效果将大大提升。起源于20世纪70年代的弹性福利计划近年来愈发流行，它向员工提供一个福利项目清单，允许员工在企业规定的金额范围内根据自己的需要和偏好选择福利，实现了从传统的企业指定福利到员工选择福利的转变。

4. 从“单一”内容向“多样＋创新”内容转变

我国传统的员工福利内容和形式比较单一。随着我国经济不断发展，现代企业的员工福利内容越来越丰富，福利种类呈现出多样化的趋势。比如，各种团队建设、年会活动、团体旅行、健身活动、亲子活动、食堂福利、免息贷款等福利形式越来越受到员工的欢迎。此外，在国内外市场上出现了各种各样的福利卡，员工可以用福利卡在商场、网上购物。尤其是在人才流动性高的互联网行业，个性化的创新福利越来越多，成为企业吸引人才的一个重要手段。

即时案例

“最佳雇主”谷歌的员工福利

2014年5月，美国职业和企业评分网站Glassdoor评选出了2014年度薪资福利待遇最佳的25家公司。在该排行榜中有12家科技公司，谷歌占据榜首。在《财富》杂志公布的最佳企业雇主排行榜中，谷歌连续五年位居第一。

排名第一的谷歌向来以丰厚的员工福利闻名业界。其中最常见的福利包括免费的美食、现场洗衣店、配备无线网络的班车等。媒体报道，谷歌总部有着各式各样的福利，员工即便住在公司停车场的车里也能满足日常生活所需。报道称，很多住在谷歌停车场的员工大多是为了节省租金。

除了这些生活方面的福利，谷歌的福利还包括娱乐福利、假期福利、保险福利、育儿福利和死亡福利等诸多方面。为了让员工保持健康的体魄，谷歌为员工提供各种室内外运动设备与场地。员工不仅可以踢足球、打篮球、打网球，还可以游泳、攀岩、学跳舞。谷歌甚至给那些爱打游戏的员工配备了专门的游戏室。在医疗方面，谷歌为员工提供全额医疗保险，甚至包括牙医补贴、眼部保健费用等。谷歌还为员工及其家人购买旅游保险，包括私人假期旅行保险。

为了解决员工的生育大事，谷歌为新晋父母提供宽裕的假期，初为人母者可享受18周的假期，初为人父者可享受12周的假期，这远远超过一些州规定的标准。谷歌每月都会举行新生儿送礼会，除了学习育儿经，员工还会收到优惠券并可以在公司免费享受一次现场按摩。此外，初为人父母者还会收到500美元，公司称之为“宝宝感情培养费”。这笔钱会存入员工的账户，用于支付宝宝诞生头几个月洗衣、清洁等各项费用。

谷歌在2012年推出的一项新福利——死亡福利更是被世人称道。这项福利规定，如果谷歌员工去世，其配偶不仅可以在未来10年领到去世员工一半的薪水，还能获得去世员工的股权。此外，他们的未成年子女每月能领取1 000美元的生活费，直到年满19岁；子女如果是全职学生，则可以享受这项福利直至23岁。这项福利对员工的工作期限没有限制。

谷歌推出的一系列福利在吸引员工方面发挥了重要作用：一来能让在职员工彻底解除后顾之忧；二来能让在职员工的家人全力支持其“卖命”工作；三来能让在职员工无比珍惜自己的工作岗位，尽全力把自己的潜能挖掘出来。在竞争异常激烈的科技行业，谷歌要面临来自微软、脸书、亚马逊和苹果等大公司的竞争，每个员工的离职都会产生巨额成本，公司不得不开始漫长的招聘程序。让员工稳定下来意味着公司可以节省巨大的成本。

谷歌联合创始人兼CEO拉里·佩奇接受媒体采访时曾表示，要让员工觉得自己是公司的一部分，公司对员工来说是一个大家庭。如果公司能这样对待员工，员工的生产效率就会提高。“我们不应该只关心工作时间的长短，更应该关心工作的成果。我们应该发挥创意，不断改进公司与员工之间的互动，找出最符合员工利益的事情。我们始终关心员工的健康，如帮助他们戒烟。正因为如此，我们在医疗保健开支方面的增长幅度比其他公司要高。但是我们的员工心情更舒畅，生产效率更高，这才是最重要的。”唯有公司尊重员工，员工才会投桃报李。

资料来源：根据网络材料整理而成。

第2节 法定福利

员工福利项目有很多，按照是否具备法律强制力可以分为两大类：法定福利和企业补充福利。这一节介绍法定福利的相关知识。法定福利是国家通过立法强制实施的对员工的福利保护政策，包括社会保险、法定假期和住房公积金（仇雨临，2009）。

一 社会保险

社会保险是指国家依法筹集社会保险基金，通过统筹互济，对参加保险的人在其年老、生病、失业、工伤和生育时提供经济补偿，确保其基本生活的制度（潘锦棠，2011）。社会保险制度一般由法律支撑，要求政府、雇主、雇员三方共同负责筹款，建立社会保险基金。社会保险主要包括养老保险、医疗保险、失业保险、工伤保险和生育保险。

小资料

我国劳动法有关社会保险的规定

《中华人民共和国劳动法》第七十条：国家发展社会保险事业，建立社会保险制度，设立社会保险基金，使劳动者在年老、患病、工伤、失业、生育等情况下获得帮助和补偿。

第七十二条：社会保险基金按照保险类型确定资金来源，逐步实行社会统筹。用人单位和劳动者必须依法参加社会保险，缴纳社会保险费。

第七十三条：劳动者在下列情形下，依法享受社会保险待遇：

（一）退休；

（二）患病、负伤；

（三）因工伤残或者患职业病；

（四）失业；

（五）生育。

劳动者死亡后，其遗属依法享受遗属津贴。

劳动者享受社会保险待遇的条件和标准由法律、法规规定。

劳动者享受的社会保险金必须按时足额支付。

第七十六条：国家发展社会福利事业，兴建公共福利设施，为劳动者休息、休养和疗养提供条件。

用人单位应当创造条件，改善集体福利，提高劳动者的福利待遇。

（一）养老保险

养老保险是保障退休老人基本生活的一种社会保险制度。劳动者达到法定退休年龄，由于劳动力新陈代谢和安享晚年的需要，会永久离开工作岗位。退出工作领域就会失去原先由雇主支付的工资收入，这就需要政府建立一种制度，强制性地要求劳动者在年轻时储蓄，年老退休后按时持续得到养老金，有基本生活保障。这种制度就是养老保险制度。

1. 养老保险制度模式

世界各国实行的养老保险制度有其特殊性，按照覆盖范围、保险缴费、收入关联度、保障水平、基金收支和运营的差别，世界各国的养老保险制度模式分类如下：

（1）福利国家型。福利国家型养老保险制度以瑞典为典型，丹麦、芬兰、挪威等也实行这种模式。福利国家型养老保险制度的特点包括：保险覆盖全民，遵循普惠制原则，发放的养老金较高；国内养老服务和设施比较健全；个人缴费比例较低，养老基金主要由政府和企业负责，国民达到养老年龄（无论是否工作过）都可以得到养老金；保险待遇与以前的工资没有太大关系；实行现收现付制。根据普惠制原则发放的养老金也称为“普遍年金”。

（2）社会保险型。社会保险型养老保险制度以德国为典型，法国、日本等国家也实行这种模式。在社会保险型养老保险制度下，保险覆盖在业雇员而不是全民；由政府、企业、个人三方共同缴费，政府通过财政补贴、减少税收等手段支持养老保险基金，企业和个人按工资额的一定比例缴费；保险待遇与保险缴费相关联，缴费越多退休待遇越好；实行现收现付制。

（3）国家保险型。国家保险型养老保险制度曾经在社会主义计划经济国家中实行，以苏联和经济体制改革前的中国为代表，目前个别国家还实行这一模式。在国家保险型养老保险制度下，保险覆盖在业职工，没有工作就没有保险；个人不缴费，由用人单位缴费；国家制定政策，用人单位代表国家实施保险；保险待遇与工资紧密关联；实行现收现付制。俄罗斯和中国已经放弃了这种保险模式。

（4）个人储蓄型。个人储蓄型养老保险制度以新加坡和智利为典型，东南亚和非洲等地区的十多个国家也实行这种模式。在个人储蓄型养老保险制度下，保险覆盖在业雇员；企业和个人缴纳保险费；保险待遇与缴费相关，工资越高缴费越多，保险金也越高；实行完全积累制。完全积累制需要设立个人账户，并且个人账户中的养老基金要求保值增值，因此实行这种模式的国家有负责管理个人账户养老金运作的专业机构。新加坡与智利养老保险制度的主要不同是，养老储蓄金运作在新加坡由半官方的中央公积金局统一负责，在智利可以由市场化的私营基金公司来负责。参保人满足退休条件就可以从个人账户定期或一次性领取养老金。

以上四种类型划分是很粗略的，因为任何归类都不能将实际情况的特殊性和多样性概括进去。比如，被归类为福利国家型的瑞典等国家，既发放普遍年金（国民基本年金），也存在需要缴费的收入关联养老金（国民补充年金）；中国目前实行社会统筹与个人账户相结合的养老金模式，同时存在统筹账户的现收现付和个人账户的完全积累（潘锦棠，2015）。

2. 我国的企业职工基本养老保险制度

我国于20世纪80年代实行养老保险社会统筹试点，开始进行改革探索。到20世纪90年代，改革全面展开并不断深化，建立了由国家、企业和个人共同负担的基金筹集模式，确定了社会统筹与个人账户相结合的基本模式，统一了企业职工基本养老保险制度。2005年，在总结东北三省开展完善城镇社会保障体系试点经验的基础上，国务院制定了《国务院关于完善企业职工基本养老保险制度的决定》（国发〔2005〕38号），进一步完善了企业职工养老保险制度，建立了多层次养老保险体系，实现养老保险制度的可持续发展。

（1）基本模式。社会统筹与个人账户相结合。社会统筹部分采取现收现付模式，均衡单位负担；个人账户部分采取积累模式，体现个人责任，全部由个人缴费形成。

（2）覆盖范围。城镇各类企业及其职工，城镇个体工商户和灵活就业人员，以及企业招用的农民工。

（3）基金筹集。养老保险基金主要由企业和职工缴费形成，企业缴费比例一般不超过企业工资总额的20%，个人缴费比例为8%，由用人单位代扣代缴。财政每年对中西部地区和老工业基地给予养老保险资金补助。城镇个体工商户和灵活就业人员参加基本养老保险的缴费标准为当地上年度在岗职工平均工资的20%，其中8%记入个人账户。

（4）养老金待遇。《国务院关于建立统一的企业职工基本养老保险制度的决定》（国发〔1997〕26号）实施后，参加工作、缴费年限（含视同缴费年限，下同）累计满15年的人员，退休后按月发给基本养老金。基本养老金由基础养老金和个人账户养老金组成。退休时的基础养老金月标准以当地上年度在岗职工月平均工资和本人指数化月平均缴费工资的平均值为基数，缴费每满 1 年发给 1%。个人账户养老金月标准为个人账户储存额除以计发月数，计发月数根据职工退休时城镇人口平均预期寿命、本人退休年龄、利息等因素确定。

《国务院关于建立统一的企业职工基本养老保险制度的决定》实施前参加工作，2005 年颁布的《国务院关于完善企业职工基本养老保险制度的决定》实施后退休且缴费年限累计满 15 年的人员，在发给基础养老金和个人账户养老金的基础上，发给过渡性养老金。各省、自治区、直辖市人民政府按照待遇水平合理衔接、新老政策平稳过渡的原则，在认真测算的基础上，制定具体的过渡办法，并报劳动和保障部、财政部备案。

2005 年颁布的《国务院关于完善企业职工基本养老保险制度的决定》实施后达到退休年龄但缴费年限累计不满 15 年的人员，不发给基础养老金；个人账户储存额一次性支付给本人，终止基本养老保险关系。

2005 年颁布的《国务院关于完善企业职工基本养老保险制度的决定》实施前已经离退休的人员，仍按国家原来的规定发给基本养老金，同时执行基本养老金调整办法。

小资料

专家解读基本养老保险基金中央调剂制度

在 2018 年 3 月份的两会上，李克强总理在《政府工作报告》中提到，要深化养老保险制度改革，建立企业职工基本养老保险基金中央调剂制度。养老保险基金中央调剂制是最近两年刚刚出现的说法，目的是解决养老保险基金地区之间不均衡的问题。过去几年，人们更熟悉的一个词是“养老保险全国统筹”。为何会在实现养老保险全国统筹之前先做一个基金的“中央调剂”？中央调剂会是一个怎样的调法？养老保险的全国统筹为何难以推进？

1. 全国难统筹，中央调剂做过渡

人社部曾多次表示，我国将实现基础养老金全国统筹。这是养老保险制度的重大突破，有利于在大范围内分散风险，提高资金使用效率；可以实现养老保险制度的统一、规范；还有利于实现养老保险关系在全国范围内顺畅转移接续，从体制上消除影响劳动力跨地区合理流动的障碍。到 2009 年底，全国已全面实现基本养老保险基金的省级统筹，为实现基础养老金全国统筹奠定了坚实的基础。

但是，实现养老保险的全国统筹并非易事。复旦大学发展研究院保险中心客座研究员王永华认为，养老金全国统筹的难点是历史和地区差异。强制做全国统筹也不是不可以，只需将账户统一到中央即可，但是会造成很大的民间争议。各地历史发展过程、缴费水平、物价水平千差万别。过去以国企为主的地区，养老金压力偏大，新兴地区则压力偏小。如果强行统筹，则势必降低一些地区的给付水平以及替代率，这些地区的居民自然会强烈反对。

于是，一种过渡性措施——养老保险基金中央调剂制应运而生。人社部新闻发言人卢爱红在 2017 年三季度的新闻发布会上表示，养老保险基金中央调剂制是养老保险制度改革总体方案中的一项重要制度安排，核心是应对人口老龄化、人口抚养比持续下降，解决地区间基金不平衡问题。就目前情况看，全国各地已经基本实现省级统筹，为全国统筹奠定了良好的基础。人社部会同有关部门，正在加快研究推进养老保险全国统筹工作，准备2018年迈出第一步，先实行基本养老保险基金中央调剂制度，均衡地区之间由于人口结构特别是人口流动导致的抚养比差异过大带来的养老保险负担，调剂余缺，进一步在全国范围发挥养老保险的互助共济作用，促进养老保险制度的可持续发展。

浙江大学公共政策研究院客座研究员夏学民表示，2010年出台的《中华人民共和国社会保险法》要求，基本养老保险基金逐步实行全国统筹。人力资源和社会保障部表示，在实现全国统筹之前，2018年先建立“中央调剂制度”，也就是各省基金按一定比例上交中央账户，由中央账户统一调剂，弥补养老保险基金支付困难省份的资金缺口。由此看来，中央调剂制度是迈向基本养老保险基金全国统筹的第一步，也是一个初步的办法。

2. 中央将收取3%用于统筹调剂

那么，中央调剂该怎么调，调多少呢？2018年3月20日上午十三届全国人大一次会议闭幕后，国务院总理李克强在答记者问时表示，今年将实施养老金基金调剂制度，中央收取3%用于统筹调剂，以后这一比例还会有所提高，以弥补有些省份养老金可能会出现的缺口。

可以说，养老保险基金中央调剂制是实现养老保险全国统筹的过渡性措施。王永华分析说，中央调剂与全国统筹是有根本区别的。它没有解决养老金给付水平的统一性，只是在一定程度上平衡了各地基础养老金的压力。这项制度是一项折中的选择。其合理性主要体现在：第一，能够更加有效利用盈余省份的养老金资源。当前基础养老金的投资收益还没有保障，用盈余养老金填补亏空省份的缺口也算适得其所。第二，养老金亏空省份通常是人口流出地区，劳动力不足和产业衰落是大背景；养老金富余地区则通常相反。因此，做一些逆向反哺是合情合理的。

但是，养老保险基金中央调剂制实现起来恐怕不是那么容易。王永华说：“会有很多挑战：第一，全国各地都会面临快速老龄化，即便上海这样的发达地区，基础养老金也早已经收不抵支，但中央调剂的窗口期不会太长。第二，中央调剂会影响各地征缴基础养老金的积极性，产生激励不相容现象，亏空地区觉得有补贴会松懈，盈余地区觉得多缴的都要给别人，也会松懈，这是央地博弈问题。”

夏学民认为，中央调剂制度不可能完全解决基本养老保险基金不均衡问题。为了实现全国统筹，还有很多问题需要解决，比如，全国基本养老保险基金信息管理平台的建设、各地缴费费率的统一、养老保险关系转移接续等。

资料来源：专家解读基本养老保险基金中央调剂制度 实现地区均衡确保“老有所养”. 北京晚报，2018-04-02. http://www.takefoto.cn/viewnews-1438462.html.

（二）医疗保险

1. 医疗保险的含义

医疗保险是参保人共同缴费，组成基金，参保人治病所发生的费用由基金给予一定的经济补偿的一种制度安排（潘锦棠，2011）。医疗保险一般由政府主办。

中国传统的医疗保障制度始于20世纪50年代，它基于中国城乡长期二元分割状态，包括城镇医疗保险和农村医疗保险。城镇医疗保险主要包括：城镇职工基本医疗保险、国家机关和事业单位公费医疗保险、城镇居民基本医疗保险和企业补充医疗保险。农村医疗保险有农村合作医疗保险。

1998年12月，《国务院关于建立城镇职工基本医疗保险制度的决定》（国发〔1998〕44号）发布，该决定要求在全国范围内建立以城镇职工基本医疗保险制度为核心的多层次的医疗保障体系。该决定指出，建立城镇职工基本医疗保险制度的原则是：基本医疗保险的水平要与社会主义初级阶段生产力发展水平相适应；城镇所有用人单位及其职工都要参加基本医疗保险，实行属地管理；基本医疗保险费用由用人单位和职工双方共同负担；基本医疗保险基金实行社会统筹和个人账户相结合的方式。

2. 我国的城镇职工基本医疗保险制度

（1）覆盖范围。按照《国务院关于建立城镇职工基本医疗保险制度的决定》的规定，城镇所有用人单位，包括企业（国有企业、集体企业、外商投资企业、私营企业等）、机关、事业单位、社会团体、民办非企业单位及其职工，都要参加基本医疗保险。这就是说，必须参加城镇职工基本医疗保险的单位和职工，既包括机关事业单位也包括城镇各类企业，既包括国有经济单位也包括非国有经济单位，既包括效益好的企业也包括困难企业。这是目前我国社会保险制度中覆盖范围最广的险种之一。

（2）筹资机制。医疗保险费由单位和个人共同缴纳，不仅可以扩大医疗保险资金的来源，更重要的是明确单位和职工的责任，增强个人自我保障意识。用人单位缴费率控制在职工工资总额的6%左右，具体比例由各地确定，职工缴费率一般为本人工资收入的2%。

（3）社会统筹与个人账户相结合。基本医疗保险基金由社会统筹使用的统筹基金和个人专项使用的个人账户基金组成。个人缴费全部划入个人账户，单位缴费按30%左右划入个人账户，其余部分建立统筹基金。个人账户专项用于本人医疗费用支出，可以结转使用和继承，个人账户的本金和利息归个人所有。

（4）基本医疗保险管理和服务实现社会化。基本医疗保险实行一定统筹层次的社会经办，原则上以地级以上行政区（包括地、市、州、盟）为统筹单位，也可以以县为统筹单位，由统筹地区的社会保险经办机构负责基金的统一征缴、使用和管理，保证基金的足额征缴、合理使用和及时支付。

小资料

重庆市人民政府关于印发重庆市城镇职工基本医疗保险市级统筹暂行办法的通知（部分）

渝府发〔2001〕120号

1. 医疗保险费

基本医疗保险费由用人单位和职工共同缴纳。

（1）用人单位按缴费基数的8%缴纳基本医疗保险费。

（2）职工个人按缴费基数的2%缴纳基本医疗保险费。

（3）按照法定条件、法定程序退休的人员个人不缴纳基本医疗保险费，随所在单位参加基本医疗保险。

2. 个人账户

(1) 个人账户的构成。职工个人缴纳的基本医疗保险费，全部计入个人账户。单位缴费按以下比例划入：35岁以下的职工，按本人基本医疗保险缴费基数的1.3%划入；35岁至44岁的职工，按本人基本医疗保险缴费基数的1.5%划入；45岁以上的职工，按本人基本医疗保险缴费基数的1.7%划入；退休人员按本单位在职职工人均缴费基数的4%划入。

(2) 个人账户的用途和权属。个人账户用于职工本人的基本医疗，支付定点医疗机构的门诊医疗费，住院医疗应由个人承担的费用，定点零售药店购买规定的药品。个人账户的资金用完后，上述费用全部由个人负担。

3. 统筹基金

用人单位缴纳的基本医疗保险费，除按规定的比例计入个人账户外，其余部分建立统筹基金。统筹基金按规定用于支付职工住院医疗费和特殊病种的门诊医疗费。

(1) 统筹基金的起付标准：

在一级医院住院治疗为上年度统筹区人均缴费基数的5%。

在二级医院住院治疗为上年度统筹区人均缴费基数的8%。

在三级医院住院治疗为上年度统筹区人均缴费基数的11%。

一年内多次住院治疗，起付标准在上述标准基础上逐次降1个百分点。起付标准以下的医疗费用由职工个人负担。

(2) 统筹基金的支付限额为统筹区上年度人均缴费基数的4倍。

(3) 职工住院医疗费在起付标准以上、支付限额以下的，由统筹基金按表7-2所示比例支付。

表7-2　住院医疗费统筹基金支付比例

医疗费	起付标准以上至5 000元（含5 000元）	5 000元以上至1万元（含1万元）	1万元以上至封顶线以下
45岁以下的职工	70%	75%	80%
45岁以上（含45岁）的职工	75%	80%	85%
退休人员	85%	90%	95%

(4) 特殊病种门诊医疗费在起付标准以上、支付限额以下的，由统筹基金支付的比例是：癌症病人晚期的化学治疗、放射治疗和镇痛治疗，肾功能衰竭病人的透析治疗，器官移植后的抗排异药物治疗费用按90%支付；其他特殊病种按80%支付。

（三）失业保险

1. 失业保险的含义

失业威胁着国家的安全稳定和经济发展。失业保险是国家根据一定的法规，为暂时失去工作的劳动者提供经济保障的一种社会保险制度（潘锦棠，2011）。它是社会保障体系的重要组成部分，是社会保险的主要项目之一。根据相关规定，失业者必须具备三个条件：(1) 处于法定劳动年龄之内；(2) 具备劳动能力；(3) 有就业意愿，却没有找到工作岗位。

2. 失业保险的特点

失业保险具有以下三个特点：

(1) 普遍性。参保单位应不分部门和行业，不分所有制性质；其职工应不分用工形式，不分城镇、农村。解除或终止劳动关系后，只要本人符合条件，都有享受失业保险待遇的权利。

(2) 强制性。它是通过国家制定法律、法规来强制实施的。

(3) 互济性。失业保险基金主要来源于社会筹集。由单位、个人和国家三方共同负担，在统筹地区内统一调度使用以发挥互济功能。

3. 我国的失业保险制度

《失业保险条例》经1998年12月26日国务院第11次常务会议通过，1999年1月22日国务院令第258号发布，自发布之日起施行。它的出台标志着中国失业保险制度基本确立，这是我国目前执行的失业保险的法律依据。其主要内容如下。

(1) 覆盖范围：城镇企业事业单位和城镇企业事业单位职工。城镇企业事业单位，是指国有企业、城镇集体企业、外商投资企业、城镇私营企业以及其他城镇企业。

(2) 失业保险基金。失业保险基金由下列各项构成：城镇企业事业单位、城镇企业事业单位职工缴纳的失业保险费；失业保险基金的利息；财政补贴；依法纳入失业保险基金的其他资金。

(3) 缴纳比例。城镇企业事业单位按照本单位工资总额的2%缴纳失业保险费。城镇企业事业单位职工按照本人工资的1%缴纳失业保险费。城镇企业事业单位招用的农民合同制工人本人不缴纳失业保险费。

(4) 失业保险基金的支出范围。失业保险基金用于下列支出：失业保险金；领取失业保险金期间的医疗补助金；领取失业保险金期间死亡的失业人员的丧葬补助金和其供养的配偶、直系亲属的抚恤金；领取失业保险金期间接受职业培训、职业介绍的补贴，补贴的办法和标准由省、自治区、直辖市人民政府规定；国务院规定或者批准的与失业保险有关的其他费用。

(5) 享受失业保险基金的条件。同时具备下列条件的失业人员，可以领取失业保险金：按照规定参加失业保险，所在单位和本人已按照规定履行缴费义务满1年的；非因本人意愿中断就业的；已办理失业登记，并有求职要求的。

失业人员在领取失业保险金期间有下列情形之一的，停止领取失业保险金，并同时停止享受其他失业保险待遇：重新就业的；应征服兵役的；移居境外的；享受基本养老保险待遇的；被判刑收监执行或者被劳动教养的；无正当理由，拒不接受当地人民政府指定的部门或者机构介绍的工作的；有法律、行政法规规定的其他情形的。

(6) 失业保险的给付期。我国的相关规定是，给付期最长为24个月，最短为12个月。失业人员失业前所在单位和本人按照规定累计缴费时间满1年不足5年的，给付期最长为12个月；满5年不足10年的，给付期最长为18个月；10年以上的，给付期最长为24个月。对于连续工作满一年的农民合同工，根据其工作时间长短支付一次性生活补助。

小资料

解读《失业保险条例》修订草案征求意见稿

人社部2017年11月就《失业保险条例（修订草案征求意见稿）》（以下简称《征求意见稿》）向社会公开征求意见。新修订的《失业保险条例》有很多亮点，其中包括缴费费率由现行3%的固定费率降为总费率不超过2%；失业人员可享受代缴基本养老保险费等待遇。

1. 成效——支出7 000多亿元惠及近亿人

人社部相关负责人介绍，我国失业保险制度起步于1950年失业救济，初建于1986年国营企业职工待业保险，成型于1999年颁布实施的《失业保险条例》。

现行条例在我国经济社会发展的不同历史阶段都发挥了重要作用。其中包括20世纪末21世纪初推进国有企业改革，向再就业服务中心调剂资金270亿元，保障了3 000万下岗职工的基本生活和平稳转移；为应对2008年国际金融危机，实行“一缓一减三补贴”政策；在汶川地震等重大灾害中，采取降费率、预发失业保险金、向自谋职业和自主创业的失业人员一次性支付失业保险金和创业补助金等应急措施。

1999年至2017年9月，失业保险基金支出7 000多亿元，为9 435万人次提供了基本生活保障。2017年1月至9月，月人均失业保险金水平达到1 100元。2017年9月末，全国参保人数达到18 552万，比1999年增长88.3%。失业保险的功能从最初的“以保生活为主兼顾促就业”发展到“保生活、防失业、促就业”三项功能均衡发力、相得益彰，形成保生活是基础、防失业是重点、促就业是目标的功能格局，具有中国特色的积极的失业保险制度模式初步形成。

2. 修改——一字之差打破了城乡壁垒

与现行条例相比，《征求意见稿》扩大了覆盖范围，在地域上打破城乡壁垒，将原来的“城镇”拓展为“城乡”；在主体上，将社会团体、民办非企业单位、基金会、律师事务所、会计师事务所等组织及其职工纳入保障范围，基本覆盖与单位建立劳动关系的职业人群。这样修订基本符合我国当前经济社会发展的水平、趋势和要求。

失业保险覆盖范围是随着我国经济社会的发展逐步扩大的。1986年制度建立初期，为适应国营企业机制转换和劳动用工制度改革，失业保险主要覆盖国营企业的待业职工。1993年为配合国有企业改革，覆盖范围适度拓宽，仍以国有企业辞退的职工为主。1999年现行条例覆盖范围扩大到城镇企事业单位及其职工，是失业保险制度发展的重大进步。截至2017年9月，参保人数达18 552万。此次条例修订，失业保险参保范围在地域和主体上“双拓展”，将近年来随着经济社会发展新产生的职业群体纳入覆盖范围，体现了中央关于兜底线、织密网、建机制，全面建成覆盖全民、城乡统筹、权责清晰、保障适度、可持续的多层次社会保障体系的要求。

3. 费率——由3%降至总费率不超过2%

《征求意见稿》将全国统一执行3%的固定费率修改为总费率不超过2%，具体比例由各省级人民政府规定，落实了中央关于减税降费支持实体经济发展的决策部署，有利于降低企业成本，促进企业发展；赋予各地适度灵活把握的自主权，有利于各地结合自身情况，切实解决实际问题。

人社部表示，实行3%的固定费率是由解决大规模下岗分流人员生活和再就业问题的历史背景决定的，符合当时的客观实际和要求。近年来，中央明确提出减税降费，降低企业成本，支持实体经济发展。自2015年起，经国务院同意，连续三次阶段性降低失业保险费率，2015年由3%降至2%；2016年降至1%～1.5%；2017年降至1%，执行到2018年4月30日。2015年和2016年两年降费，共减收失业保险费900亿元，2017年预计减收234亿元，切实为降成本做出了贡献。目前，基金运行总体平稳，但由于基金分布不平衡，当期基金收不抵支的省份不断增多，长远看，1%的费率不足以维持制度可持续运行。《征求意见稿》将费率水平确定为不超过2%，是在总结长期实践经验，统筹考虑地区差异，反复测算基金收支的基础上做出的决策，既降低了用人单位成本，也能确保广大参保主体的权益，还能应对经济波动造成的大规模失业风险，兼顾当前平稳运行和长远可持续发展，同时为各地建立合理的费率调整机制预留了空间。

4. 待遇——修订后新增三项调整一项

《征求意见稿》规定失业人员的失业保险待遇共七项，分别是：失业保险金、代缴基本养老保险费、代缴基本医疗保险费、死亡丧葬补助金和抚恤金、职业培训补贴、职业技能鉴定补贴、创业补贴。与现行条例相比，新增为失业人员代缴基本养老保险费、职业技能鉴定补贴和创业补贴，将医疗补助金调整为代缴基本医疗保险费。

人社部表示，《征求意见稿》对失业人员待遇做出的调整是执行《社会保险法》的体现，也是贯彻落实党中央、国务院关于保障和改善民生战略部署的体现。代缴基本养老保险费，解决了失业人员养老保险缴费中断的问题，解除了失业人员“老无所养”的后顾之忧；代缴基本医疗保险费，确保失业人员享受医疗保险待遇，实现了失业人员领金期间“病有所医”；增加职业技能鉴定补贴和创业补贴，有利于激励失业人员提升技能，激发创业热情，促使失业人员尽快就业创业。这种调整既保障了失业人员的基本生活，满足其养老、医疗需求，也考虑了就业创业的需求，保障范围更宽，内容更丰富，保障水平更高，解决了领金人员最关心、最直接、最现实的问题，进一步兜牢了民生底线。

5. 亮点——农民工享受待遇不再受限

此次修改《失业保险条例》的另一个亮点是，《征求意见稿》取消了农民合同制工人参保和享受待遇的特殊规定，统一了农民合同制工人和城镇职工的失业保险政策。

现行条例规定，农民合同制工人参加失业保险，实行有别于城镇职工的特殊办法，主要体现在：一是农民合同制工人个人不缴费；二是农民合同制工人失业后，领取一次性生活补助。实行这种特殊政策，主要是基于农民有土地作为自身社会保障考虑的。近年来，城乡一体化进程加快，户籍制度改革深入推进，大量农民工进入城镇成为城镇居民，成为新时期产业工人的重要组成部分。同时，全国已有三分之一的省份根据本地实际取消了农民工特殊政策，以户籍区分参保人群不再满足经济社会发展需要。统一参保政策，使农民工享受与城镇职工同样的参保缴费和待遇标准，体现了制度的公平性，有利于城乡统筹就业，也有利于推动我国城镇化发展进程。同时，统一政策大大提高了农民工的保障水平。按现行政策规定，农民工虽然个人不缴费，但失业后只能领取一次性生活补助金，低于城镇职工失业保险金标准，其他保障及就业服务缺失，总体保障水平远低于城镇职工。统一政策后，农民工失业后不仅可以按月领取失业保险金，由失业保险基金代缴基本养老和医疗保险费，还可根据自身情况享受职业培训、职业技能鉴定和创业补贴，待遇水平更高，保障更全面。

6. 提醒——失业金可领取 3 至 24 个月

失业保险金的标准，按照低于当地最低工资标准、高于城市居民最低生活保障标准的水平，由各地确定。根据统计数据，2016 年全国月人均失业保险金水平为 1 051.4元。北京市 2016 年的失业保险金月发放标准分为几档，最低为 1 212 元，最高为 1 321 元。

失业人员失业前所在单位和本人按照规定累计缴费时间满 1 年不足 5 年的，领取失业保险金的期限最长为 12 个月；累计缴费时间满 5 年不足 10 年的，领取失业保险金的期限最长为 18 个月；累计缴费时间 10 年以上的，领取失业保险金的期限最长为 24 个月。

具体到北京市，规定如下：

累计缴费时间 1 年以上不满 2 年的，可以领取 3 个月失业保险金；

累计缴费时间 2 年以上不满 3 年的，可以领取 6 个月失业保险金；

累计缴费时间 3 年以上不满 4 年的，可以领取 9 个月失业保险金；

累计缴费时间 4 年以上不满 5 年的，可以领取 12 个月失业保险金；

累计缴费时间 5 年以上的，按每满一年增发一个月失业保险金的办法计算，确定增发的月数。领取失业保险金的期限最长不得超过 24 个月。

资料来源：代丽丽．解读《失业保险条例》修订草案征求意见稿．北京晚报，2017－11－21.

（四）工伤保险

1. 工伤保险的含义

工伤保险是指劳动者在法定的生产经营活动中因遭受意外伤害和罹患职业病，暂时或永久丧失劳动能力或死亡时，劳动者本人或其遗属从社会保险基金中得到物质补偿的制度（潘锦棠，2011）。

这一定义有两层含义：一是劳动者本人因工伤造成暂时或者永久丧失劳动能力时，可以从国家和社会获得医疗救助、职业康复、经济补偿等物质帮助；二是劳动者本人因工伤死亡时，其遗属可以从国家和社会获得遗属抚恤、丧葬补助等物质帮助。

2. 我国的工伤保险制度

按照建立完善的社会保障体系和完善的社会主义市场经济法律体系的要求，2003 年 4 月 27 日，国务院颁布了《工伤保险条例》，自 2004 年 1 月 1 日起施行。这说明工伤保险已经从部委规章上升到国务院法规的高度，工伤保险被正式纳入法律体系。2010 年 12 月 8 日，国务院第 136 次常务会议通过的《国务院关于修改〈工伤保险条例〉的决定》对该条例进行了修订，自 2011 年 1 月 1 日起施行新条例。

工伤保险费根据以支定收、收支平衡的原则确定费率。国家根据不同行业的工伤风险程度确定行业的差别费率，并根据工伤保险费使用、工伤发生率等情况在每个行业内确定若干费率档次。行业差别费率及行业内费率档次由国务院社会保险行政部门制定，报国务院批准后公布施行。统筹地区经办机构根据用人单位工伤保险费使用、工伤发生率等情况适用的所属行业内相应的费率档次，确定单位缴费费率。国务院社会保险行政部门应当定期了解全国各统筹地区工伤保险基金收支情况，及时提出调整行业差别费率及行业内费率档次的方案，报国务院批准后公布施行。用人单位应当按时缴纳工伤保险费，职工个人不缴纳工伤保险费。用人单位缴纳工伤保险费的数额为本单位职工工资总额乘以单位缴费费率。

根据2003年劳动和社会保障部发布的《关于工伤保险费率问题的通知》（劳社部发〔2003〕29号），根据不同行业的工伤风险程度，参照《国民经济行业分类》（GB/T 4754-2002），将行业划分为三个类别：一类为风险较小行业，二类为中等风险行业，三类为风险较大行业。三类行业分别实行三种不同的工伤保险费率。统筹地区社会保险经办机构要根据用人单位的工商登记和主要经营生产业务等情况，分别确定各用人单位的行业风险类别。

各省、自治区、直辖市工伤保险费平均缴费率原则上要控制在职工工资总额的1.0%左右。在这一总体水平下，各统筹地区三类行业的基准费率要分别控制在用人单位职工工资总额的0.5%左右、1.0%左右、2.0%左右（见表7-3）。各统筹地区劳动保障部门要会同财政、卫生、安全监管部门，按照以支定收、收支平衡的原则，根据工伤保险费使用、工伤发生率、职业病危害程度等情况提出分类行业基准费率的具体标准，报统筹地区人民政府批准后实施。基准费率的具体标准可定期调整。

表7-3　　　　工伤保险行业基准费率表

行业类别	行业基准费率	行业名称
一	0.5%	银行业，证券业，保险业，其他金融活动业，居民服务业，其他服务业，租赁业，商务服务业，住宿业，餐饮业，批发业，零售业，仓储业，邮政业，电信和其他传输服务业，计算机服务业，软件业，卫生，社会保障业，社会福利业，新闻出版业，广播、电视、电影和音像业，文化艺术业，教育，研究与试验发展，专业技术服务业，科技交流和推广服务业，城市公共交通业
二	1.0%	房地产业，体育，娱乐业，水利管理业，环境管理业，公共设施管理业，农副食品加工业，食品制造业，饮料制造业，烟草制造业，纺织业，纺织服装、鞋、帽制造业，皮革、毛皮、羽毛（绒）及其制品业，木材加工及木、竹、藤、棕、草制品业，家具制造业，造纸及纸制品业，印刷业和记录媒介的复制，文教体育用品制造业，化学纤维制造业，医药制造业，通用设备制造业，专用设备制造业，交通运输设备制造业，电气机械及器材制造业，仪器仪表及文化、办公用机械制造业，非金属矿物制品业，金属制品业，橡胶制品业，塑料制品业，通信设备、计算机及其他电子设备制造业，工艺品及其他制造业，废弃资源和废旧材料回收加工业，电力、热力的生产和供应业，燃气生产和供应业，水的生产和供应业，房屋和土木工程建筑业，建筑安装业，建筑装饰业，其他建筑业，地质勘查业，铁路运输业，道路运输业，水上运输业，航空运输业，管道运输业，装卸搬运和其他运输服务业
三	2.0%	石油加工、炼焦及核燃料加工业，化学原料及化学制品制造业，黑色金属冶炼及压延加工业，有色金属冶炼及压延加工业，石油和天然气开采业，黑色金属矿采选业，有色金属矿采选业，非金属矿采选业，煤炭开采和洗选业，其他采矿业

资料来源：《关于工伤保险费率问题的通知》（劳社部发〔2003〕29号）.

（五）生育保险

1. 生育保险的含义

生育保险是在女性生育期间对生育责任承担者给予收入补偿、医疗服务和生育休假的社会保险制度（潘锦棠，2011）。通过向生育女职工提供收入补偿、医疗服务和生育休假等方面的待遇，保障她们因生育而暂时丧失劳动能力时的基本经济收入和医疗保健，帮助生育女职工恢复劳动能力，重返工作岗位，从而体现国家和社会对妇女在这一特殊时期给予的支持和爱护。

2. 我国的生育保险制度

劳动部制定的《企业职工生育保险试行办法》规定，参加生育保险社会统筹的用人单位，应向当地社会保险经办机构缴纳生育保险费；生育保险费的缴费比例由当地人民政府根据计划内生育女职工的生育津贴、生育医疗费支出情况等确定，最高不得超过工资总额的1%，职工个人不缴费。参保单位女职工生育或流产后，其生育津贴和生育医疗费由生育保险基金支付。生育津贴按照本企业上年度职工月平均工资计发；生育医疗费包括女职工生育或流产的检查费、接生费、手术费、住院费和药费（超出规定的医疗服务费和药费由职工个人负担）以及女职工生育出院后，因生育引起疾病的医疗费。2016年，国家启动了生育保险和基本医疗保险合并试点，并计划在2019年底前实现生育保险基金并入职工基本医疗保险基金。

二 住房公积金

住房公积金是用人单位及其在职职工缴存的长期住房储金，是住房分配货币化、社会化和法制化的主要形式，具有强制性、保障性、互助性的特点（潘锦棠，2011）。单位和职工个人必须依法履行缴存住房公积金的义务。职工个人缴存的住房公积金以及单位为其缴存的住房公积金，实行专户存储，归职工个人所有。

国务院在1999年4月颁布了《住房公积金管理条例》，并于2002年3月对该条例进行了相应的修改。《住房公积金管理条例》规定，单位录用职工的，应当自录用之日起30日内到住房公积金管理中心办理缴存登记，并持住房公积金管理中心的审核文件，到受委托银行办理职工住房公积金账户的设立或者转移手续。

职工住房公积金的月缴存额为职工本人上一年度月平均工资乘以职工住房公积金缴存比例；单位为职工缴存的住房公积金的月缴存额为职工本人上一年度月平均工资乘以单位住房公积金缴存比例。新参加工作的职工从参加工作的第二个月开始缴存住房公积金，月缴存额为职工本人当月工资乘以职工住房公积金缴存比例。单位新调入的职工从调入单位发放工资之日起缴存住房公积金，月缴存额为职工本人当月工资乘以职工住房公积金缴存比例。

职工和单位住房公积金的缴存比例均不得低于职工上一年度月平均工资的5%；有条件的城市，可以适当提高缴存比例。具体缴存比例由住房公积金管理委员会拟订，经本级人民政府审核后，报省、自治区、直辖市人民政府批准。城镇个体工商户、自由职业人员住房公积金的月缴存基数原则上按照缴存人上一年度月平均纳税收入计算。中国部分城市的住房公积金缴费规定如表7-4所示。

表 7 - 4　　中国部分城市的住房公积金缴费规定

城市	单位和个人缴存比例	缴存上限或下限
北京	2017 年度（2017 年 7 月 1 日至 2018 年 6 月 30 日）： 行政事业单位缴存比例为 12%；企业缴存比例为 5%～12%，企业可根据自身经济情况，经本单位职工大会、职工代表大会或工会讨论通过，在规定范围内确定具体缴存比例。	2017 年度： 缴存基数上限为 23 118 元；月缴存额上限为 5 548 元，职工和单位月缴存额上限均为 2 774 元。 住房公积金缴存基数下限是 2 148 元，单位和个人月缴存额下限为 258 元。
上海	2018 年度： 职工本人和单位缴存比例为 5%～7%，原则上缴存比例为 7%。	2018 年度： 月缴存额上限为 2 996 元。月缴存额下限为 322 元。 城镇个体工商户及其雇用人员、自由职业者的月缴存额上限为 5 136 元，月缴存额下限为 322 元。 部分实行承包、提成等薪酬制度的单位职工，经市公积金管理中心审核通过，可按该单位和职工协商确定的月缴存额缴存，但不得低于 322 元。
广州	2017—2018 年度： 单位及个人缴存比例为 5%～12%，具体缴存比例由单位和个人根据实际情况自行选择。每个单位只能选定一个单位缴存比例，个人缴存比例应等于或高于单位缴存比例。缴存比例取 1%的整数倍。	2017—2018 年度： 缴存基数上限为 22 275 元，经济效益好的缴存单位，职工月平均工资高于 22 275 元的，暂可据实申报职工的缴存基数，但最高不得超过 37 125 元，且须按税务部门规定纳税。 缴存基数下限为 1 895 元，职工缴存基数等于本市现行最低工资标准 1 895 元的，单位应当按规定为职工缴存住房公积金，经职工本人同意，个人缴存部分可以免缴。

资料来源：各地方住房公积金管理官网．

住房公积金自存入职工住房公积金账户之日起按照国家规定的利率计息。

住房公积金应当用于职工购买、建造、翻建、大修自住住房，任何单位和个人不得挪作他用。职工有下列情形之一的，可以提取职工住房公积金账户内的存储余额：（1）购买、建造、翻建、大修自住住房的；（2）离休、退休的；（3）完全丧失劳动能力，并与单位终止劳动关系的；（4）出境定居的；（5）偿还购房贷款本息的；（6）房租超出家庭工资收入规定比例的。依照第（2），（3），（4）项规定，提取职工住房公积金的，应当同时注销职工住房公积金账户。职工死亡或者被宣告死亡的，职工的继承人、受遗赠人可以提取职工住房公积金账户内的存储余额；无继承人也无受遗赠人的，职工住房公积金账户内的存储余额纳入住房公积金的增值收益。

小资料

我的公积金谁做主?

1. 公积金“劫贫济富”，中低收入者有钱使不上

我国于 20 世纪 90 年代初开始实施住房公积金制度，试图通过国家支持一部分、单位补贴一部分、个人合理负担一部分的住房货币化分配和住房筹资新机制，帮助职工解决住房难题。

公积金制度出台时的设想是，职工工作到 40 岁左右才有可能购房，购房之前的一段时期缴存的公积金可为其他人提供互助资金。可随着时代的发展，人们有购房需求的年龄普遍提前，这使得原有的制度设计无法适应当下的情况。此外，由于公积金利息普遍偏低，公积金账户的钱存放时间越长就贬值越严重，很多人觉得越早使用越好。

与此同时，现行住房公积金制度存在诸多弊端。弊端之一是，部分职工买不起房又提取不了公积金，公积金主要为较高收入者买房服务，这就造成了“劫贫济富”。在公积金“沉睡”的同时，部分中低收入职工面临一定的经济压力。无奈之下，许多中低收入者额外支付高昂的中介费用，冒着被处罚的危险，托关系取出本属于自己的血汗钱。这不仅造成对中低收入者的二次剥削，也滋生了大量腐败交易。

2. 公积金制度亟须“大手术”，惠民政策请快些走

公积金修法，舆论为此呼吁多年。早在 2012 年 2 月，住建部下发《关于进一步加强住房公积金监管工作的通知》，明确提出目前公积金管理存在监管工作落实不到位，工作力量薄弱，监管手段单一，监管能力不足等问题。2012 年以来，全国多个城市对住房公积金政策进行了调整，总体方向是降低公积金提取和贷款的门槛、提高使用率、适度扩大适用范围。地方的这种政策调整逐渐为进展缓慢的全国公积金制度改革描绘出大方向。

但是，由于公积金制度多年来一直“未动大手术”，制度与现实“打架”的尴尬仍在继续。近日，北京市住房公积金管理中心表示，今后使用公积金贷款的购房人在提取公积金时不再需要提交购房合同、贷款合同等材料。此外，本市租房提取公积金今后将由一年提取一次缩短为三个月提取一次，提取的限额为本人和单位三个月公积金缴存额的总和。

武汉允许低收入者每年一次直接将公积金中的余额全部提取出来，成为国内第一座从收入角度放宽提取条件的城市。除这两地外，不少城市也放宽了公积金提取条件，允许用公积金看病以及支付房租、物业费等费用。这样的安排虽然不符合《住房公积金管理条例》的规定，却更符合现实需要。

资料来源：我的公积金谁做主？新华网综合频道，2014-06-17.

三 法定休假

（一）公休假日和法定假日

我国实行每周五天工作日、两天公休日制度。全体公民放假的节日共有 11 天，具体包括元旦、春节、清明节、国际劳动节、端午节、中秋节和国庆节。在双休日安排加班的，用人单位必须支付给员工双倍的基本工资；在法定假日安排加班的，用人单位必须按不低于员工本人日或小时工资的三倍另行支付加班工资。

（二）带薪年休假

带薪年休假是指劳动者连续工作一年以上就可以享受一定时间的带薪休假。《职工带薪年休假条例》规定，职工累计工作已满 1 年不满 10 年的，年休假 5 天；已满 10 年不满

20年的，年休假10天；已满20年的，年休假15天。国家法定休假日、休息日不计入年休假的假期。

（三）其他假期

在我国，员工还可以享受探亲假、婚丧假、产假、工伤假、病假、事假等。例如，因为身体疾病不能正常工作时，员工可请病假，员工请病假通常要出示医院的诊断证明，用人单位按照国家相关规定发放薪酬。

第3节 企业补充福利

企业补充福利是在国家强制福利之外由企业自主提供的福利项目，可按照企业实际情况，依据员工的需要建立。企业补充福利项目繁多，设计也更为灵活，真正体现了企业的管理特色。

常见的企业补充福利有：

（1）额外金钱收入，比如中秋、端午、国庆等特殊节日的过节费，物价补贴，购物券等。

（2）住房福利，如免费单身宿舍、夜班宿舍、廉价房出租或出售给本企业员工、提供购房低息或无息贷款、发放购房补贴等。

（3）交通福利，如企业接送员工上下班的班车服务、市内公交费补贴或报销、交通工具的保养费和燃料补助等、交通部门向员工提供的折价票购买权或者内部签票权。

（4）饮食福利，如免费或低价的工作餐、工间休息的免费饮料、餐费报销、免费发放食品、集体折扣代购食品等。

（5）教育培训福利，如企业内部在职或者短期的脱产培训、企业外公费进修（业余、部分脱产、脱产）、报刊订阅补贴、专业书刊购买补贴等。

（6）医疗保健福利，如免费定期体检、免费注射疫苗、药费或滋补营养品报销或补贴、职业病免费防护、免费或优惠医疗等。

（7）文体旅游福利，如有组织的集体文体活动（晚会、舞会、郊游、野炊、体育竞赛等），企业自建文体设施（运动场，游泳池，健身房，阅览室，书法、棋、牌、台球等活动室），免费或折扣电影、戏曲、表演，球赛票券，旅游津贴，免费提供的车、船、飞机的订票服务等。

（8）金融福利，如存款特惠利率、免息低息贷款、预支薪金、额外困难补助金等。

（9）其他生活福利，如洗澡、理发津贴，降温、取暖补贴，以优惠价提供本企业产品或服务等。

下文重点介绍企业年金、企业补充医疗保险和企业补充住房计划。

一 企业年金

（一）企业年金的内涵与发展

在英文中，pension 和 annuity 都可以表达“年金”的概念，但 pension 是指一国政府给予本国国民的退休后养老金，或者雇主给长期服务本企业员工的退休金；annuity 是指员工在生存期内（不一定是退休期内）每年定期获得的一定金额收入，或作为定期供给的、每年支付的收入保险形式。

我国 2018 年 2 月 1 日起施行的《企业年金办法》第二条规定，企业年金是企业及其职工在依法参加基本养老保险的基础上，自主建立的补充养老保险制度。也就是说，企业年金是在政府强制实施的公共养老金或国家养老金制度之外，企业及其职工在国家政策的引导下，在依法参加基本养老保险的基础上，根据自身经济实力和经济状况自愿建立的旨在为本企业职工提供一定程度退休收入保障的补充性养老金制度。

企业年金是我国养老保障体系的重要支柱之一，产生于 20 世纪 80 年代末 90 年代初。1991 年，国务院颁布《关于企业职工养老保险制度改革的决定》，第一次明确鼓励企业实行补充养老保险，补充养老保险起步。1995 年，劳动部发布《关于建立企业补充养老保险制度的意见》标志着中国补充养老保险有了明确具体的政策指引。2000 年，国务院《关于印发完善城镇社会保障体系试点方案的通知》将企业补充养老保险正式更名为“企业年金”，企业年金进入试点阶段。2004 年，劳动和社会保障部相继发布了《企业年金试行办法》与《企业年金基金管理试行办法》，规定了企业年金计划建立的条件、缴费、待遇以及管理监管等框架，规范了企业年金的发展。2011 年，人力资源和社会保障部审议通过了修订后的《企业年金基金管理办法》。2017 年 12 月，人社部、财政部联合印发《企业年金办法》，对 2004 年《企业年金试行办法》进行了修订和完善，自 2018 年 2 月 1 日起施行。

如表 7－5 所示，我国企业年金在过去十年中一直快速发展，参与职工数与基金规模均呈现高速增长态势，年复合增长率分别达到 9.29%和 23.61%。截至 2017 年底，共有 8.04 万家企业建立企业年金制度，2017 年累计基金金额为 12 879 亿元，比 2016 年底的 11 075 亿元约增加 1 804 亿元。其中实际运作资产金额为 12 527.57 亿元，获取投资收益 560.55 亿元，加权平均收益率为 5.00%。

表 7－5　　近年来全国企业年金增长情况

年度	2008	2009	2010	2011	2012	2013	2014	2015	2016	2017
参加职工数（万人）	1 038	1 179	1 335	1 577	1 847	2 056	2 293	2 316	2 325	2 331
参加企业数（万家）	3.31	3.35	3.71	4.49	5.47	6.61	7.33	7.55	7.63	8.04
基金积累情况（亿元）	1 911	2 533	2 809	3 570	4 821	6 035	7 689	9 526	11 075	12 879
当年加权平均收益率（%）	－1.83	7.78	3.41	－0.78	5.68	3.67	9.30	9.88	3.03	5.00

资料来源：根据《全国企业年金情况》《人力资源和社会保障事业发展统计公报》等有关资料整理。

小资料

你可能会增加一份退休收入

自 2018 年 2 月 1 日起，《企业年金办法》正式施行。企业及其职工在依法参加基本养老保险的基础上，可自主建立企业年金，作为对养老保险制度的补充。企业年金个人账户投资收益归个人，职工退休后，除了能够按月领取基本养老金外，还可以领取企业年金。

企业年金由企业和职工共同缴纳。企业缴费每年不超过本企业职工工资总额的 8%，企业和职工个人缴费合计不超过本企业职工工资总额的 12%。具体缴纳费用由企业和职工协商确定。

企业缴费应当按照企业年金方案确定的比例和办法计入职工企业年金个人账户，职工个人缴费计入本人企业年金个人账户。企业可以根据职工岗位、责任和贡献等的不同，在缴费时给予一定的区别，以体现企业年金的激励作用；同时应兼顾公平、控制差距，企业当期缴费计入职工企业年金个人账户的最高额不得超过平均额的5倍。

《企业年金办法》规定，职工在达到国家规定的退休年龄、完全丧失劳动能力、出国（境）定居时，可以领取企业年金；职工或者退休人员死亡后，其企业年金个人账户余额可以被继承。其中，职工完全丧失劳动能力时可以领取企业年金是新增内容，这有利于进一步体现企业年金的保障作用，适当改善完全丧失劳动能力职工的生活。

企业年金的领取方式：一是倡导按月领取，这有利于发挥企业年金长期养老保险的作用。二是允许分次领取，这有利于退休人员根据本人企业年金个人账户资金额，结合企业年金个人所得税政策和自己的需要，选择合适的领取次数。三是保留一次性领取方式，这种方式更加人性化，给予退休人员更多选择。四是可以购买商业养老保险产品。

资料来源：根据网上有关资料整理。

（二）企业年金的功能

企业年金具有四个方面的功能，即保障功能、分配功能、激励功能和理财功能（仇雨临，2011）。

1. 保障功能

企业年金是公共年金计划（基本养老保险）的重要补充和扩大，提高了老年人的收入水平。企业年金计划的建立分散了老年人收入的风险，提高了保障的功能。基本养老保险向所有老年人提供收入补偿，是低水平的收入保障。企业年金是对基本养老金的补充，是第二份收入。在工业化国家，企业年金的目标替代率（相当于退休前工资的比例）一般为20%～30%，与公共年金加起来可达到60%～70%的总替代率水平。

2. 分配功能

企业年金是在工资、奖金、津贴、股权和期权之外，雇主影响员工分配的另一个重要手段。工资、股权和期权等属于现期分配范畴，企业年金则属于延期分配范畴。员工不仅关心自己眼前的利益，还关心自己未来的长远利益，特别是中老年员工，更加看重退休后的收入。因此，企业年金为企业提供了满足不同需求的分配方式。

3. 激励功能

企业年金是提高劳动生产率和增强企业凝聚力的重要手段。企业年金是企业自主创立的，企业多缴一分钱，员工就多享受一份福利。福利越好的企业，越具有吸引力和凝聚力。企业年金一般是按照效率原则建立的，工资收入高、工作年限长的员工可以积累更多的养老金，所以企业年金有激励员工努力工作的作用。

4. 理财功能

企业年金的投资经营还会带给雇员丰厚的经济回报。企业一般会对退休基金进行投资经营，以获得高收益，使基金保值增值。与雇员相比，雇主在金融方面更具优势。投资本身是一项专业化的复杂活动，普通员工一般不具备这方面的经验。因此，由雇主（通过市场运作）进行的投资将为雇员的养老基金提供一定的保护，减少基金的投资风险，增加投资的收益。

（三）企业年金的类型

按给付方式，企业年金可分为待遇确定型（defined benefit，简称 DB 型）企业年金和缴费确定型（defined contribution，简称 DC 型）企业年金。

在 DB 型企业年金模式下，企业年金计划发起人或管理人向计划参与者做出承诺，保证企业年金收益按事先的约定发放，即企业年金计划参与者在退休后每月领取的企业年金数额是事先确定好的。

在 DC 型企业年金模式下，参与者到退休年龄为止，一共向养老金计划缴纳多少费用是确定的，但退休后每月可领取的养老金数额是不确定的。因为养老金总额是缴费和投资收益的总和，而投资收益是不确定的，投资风险需由参与者承担。

待遇确定型和缴费确定型企业年金的优缺点如表 7－6 所示。

表 7－6　　待遇确定型和缴费确定型企业年金的比较

企业年金类别	优点	缺点	适用的行业、企业
待遇确定型（DB 型）	保障稳定可靠； 考虑了职工的工资水平、工龄等因素，对服务年限长的员工有利； 风险低，受到风险规避型员工的欢迎； 养老金水平一般便于沟通交流	管理复杂、费用高； 风险完全由企业承担，给企业带来沉重压力； 一般不设个人账户，基金的积累受企业经济效益的影响很大，因而收益未必确定	进行退休金制度改革的大中型企事业单位（传统的银行、电力、冶金、公用事业单位）
缴费确定型（DC 型）	可以享受多种税收和政策优惠； 企业的成本事先能确定，减轻了企业负担； 通常采用个人账户的形式，企业缴费随员工工龄递增，有利于留住核心员工； 投资渠道多样化，收益率较高	风险较高； 员工保障可能不确定； 养老金水平不确定，不利于有效沟通	传统的煤炭、冶金行业，新兴的通信电子行业，普通中小企业

资料来源：文跃然．薪酬管理原理．上海：复旦大学出版社，2011：270.

（四）企业年金的设计

1. 必备条件

符合下列条件的企业可以建立企业年金：依法参加基本养老保险并履行缴费义务；具有相应的经济负担能力；已建立集体协商机制。

2. 缴费额的确定

《企业年金办法》规定，企业年金所需费用由企业和职工个人共同缴纳。企业年金基金实行完全积累，为每个参加企业年金的职工建立个人账户，按照国家有关规定投资运营。企业年金基金投资运营收益并入企业年金基金。企业缴费的列支渠道按国家有关规定执行；职工个人缴费可以由企业从职工个人工资中代扣。企业缴费每年不超过本企业职工工资总额的8%。企业和职工个人缴费合计不超过本企业职工工资总额的12%。具体所需费用由企业和职工协商确定。

企业通常要综合考虑员工的工资水平、服务年限、工作岗位的重要性、特殊贡献以及企业的人力资源政策等来设计企业缴费额公式或计算方法。具体的企业缴费计算方法多种多样，如年龄职务分配法、工资工龄分配法、职务职称分配法、补充基值法等。

3. 计发办法

如前所述，企业年金按照给付方式可以分为待遇确定型（DB型）和缴费确定型（DC型）。在给付时的计发办法大致有以下四种：

（1）统一福利计划，即向每一个参加年金计划的退休雇员提供固定数额的退休金，退休金具体数额与雇员的工龄、工资收入没有任何关系。

（2）根据雇员工作年限和退休前几年的工资收入决定。比如给付标准建立在雇员最后3年或5年平均年薪的基础上，所需资金由雇主负担。雇员退休时，根据其工作年限长短，按不同比例计发。

（3）将参与年金计划的雇员的工龄与工资收入相乘，再乘以一个系数（百分比）来确定退休金。

（4）按养老金收益和服务年限计发。比如服务年限越长，养老金收益越高，分配的年金越多。

4. 归属权益的设置

企业为鼓励员工在企业长期工作，同时保持合理的员工流动率，通常规定员工享有年金保留权的期限。一般而言，保留权条款可以有两种选择：（1）直接保留权，即在服务期的五年后享有100%保留权，在此之前不享有保留权。（2）分级保留权，例如在服务满三年后享有20%的保留权，以后每年增加20%，直到服务满七年，享有100%的保留权。在实际中，企业可根据员工的特点和人力资源管理目标选择一种方式，对具体服务期也可另行规定。

员工要想退休后享有领取企业年金的权利，就必须在制定企业年金的企业中工作一定时间。如果某个员工很早就离开了企业，那么其企业年金账户中由企业缴纳的那部分就可能损失掉。如此一来，企业年金实际成了一种隐蔽的“契约性合同”，它要求员工长期为一家企业工作，否则就不能得到全额的企业年金。这对于保留重要员工、保持工作群体稳定性具有重要意义。

二 企业补充医疗保险

由于国家法定医疗保险的保障水平有限，很多员工在遭遇重大疾病时仍然面临看病贵、看病难的问题，无法承担巨额医疗费用，这就突出了企业给员工提供补充医疗保险的必要性。伴随1998年《国务院关于建立城镇职工基本医疗保险制度的决定》的颁布与实施，我国医疗保险改革拉开了帷幕，首次出现了基本医疗保险与补充医疗保险的概念。

企业补充医疗保险是在国家有关法规的指导下，在法定医疗保险以外，各类企事业单位根据自身的经营状况建立的，旨在为其职工提供一定程度和范围的医疗保障，兼顾企事业单位福利的合理配置和个人的不同需求。基本医疗保险体现的是公平原则，企业补充医疗保险体现的是效率原则。

（一）企业补充医疗保险的意义

首先，企业补充医疗保险是基本医疗保险的一种补充。基本医疗保险的保障水平较低，不能完全支付员工的医疗费用，保障的项目也有限。补充医疗保险一方面提高了员工的医疗保障水平，另一方面增加了一些医疗服务项目，对基本医疗保险起到了很好的补充作用。

其次，补充医疗保险能够满足不同人群的需要，建立多层次、不同水平的医疗保障体系。企业在实行补充医疗保险时可以根据企业经济能力和员工需要，为不同的员工提供不同方案的医疗保障，满足不同员工的需求。

再次，补充医疗保险具有成本优势。《关于补充养老保险费补充医疗保险费有关企业所得税政策问题的通知》（财税〔2009〕27 号）规定，自 2008 年 1 月 1 日起，企业根据国家有关政策规定，为在本企业任职或者受雇的全体员工支付的补充养老保险费、补充医疗保险费，分别在不超过职工工资总额 5%标准内的部分，在计算应纳税所得额时准予扣除。也就是说，工资总额 5%以内的部分可以计入成本，以降低税费。

最后，补充医疗保险能够提高员工满意度，增加企业的凝聚力和竞争力。2010 年外企人力资源服务有限公司（FESCO）进行的“最受员工欢迎的福利调查”显示，员工对健康福利的关注程度仅次于“五险一金”，并且随着年龄的增长关注程度越来越高。能够为雇员提供良好医疗和健康服务的企业备受员工青睐，员工的满意度更高。关爱员工的企业可以获得员工的认同，企业的凝聚力会显著提高。

（二）企业补充医疗保险模式

企业补充医疗保险不强求统一费率、保障项目和待遇标准，可根据单位和职工的需要及承受能力灵活选择和确定。企业效益好时可以多补助，效益差时可以少补助；也可根据职工疾病风险中最迫切需要解决的问题，先选择某些病种和项目，然后不断扩充。

企业补充医疗保险办法应与当地基本医疗保险制度衔接。企业为雇员购买补充医疗保险所缴纳的费用只进入统筹基金，不设立个人账户。补充医疗保险基金进行单独管理，用于对基本医疗保险结算之后剩余费用的补助。由于各地具体情况和保险种类不一样，补充医疗保险的补助项目和支付比例有所不同。

（三）新型员工健康福利

北京 FESCO 2010 年开展了“最受员工欢迎的福利调查”，对各项福利按员工的喜爱程度进行了排名。调查显示，新型医疗保障备受员工期待。多数企业主要通过提供年度体检、基本医疗保障、人身意外保障三类福利来满足员工基本医疗需求。然而，员工对健康越来越重视，他们不满足于传统的福利内容，而对新型医疗保障福利青睐有加。比如，仅有 6%的企业提供“牙齿医疗保障”福利，却得到 66%的员工的喜爱。调查显示，员工在希望自己获得充分健康保障的同时，对配偶和子女医疗保障的关注度逐渐提高，这说明员工在越来越关注个人健康的同时希望家人能享受更多的新型医疗保障福利。

如今越来越多的企业注意到员工的生理、心理健康是其为企业持续创造效益的基础，只有员工具有良好的身体和心理素质，企业才能展开有序的运作。因此，企业开始重视员工的个人健康。健康的重点不局限在生理疾病治疗，有些企业还为员工提供各种形式的心理咨询服务，例如设立心理咨询站、聘请心理顾问、组织心理健康讲座等。以华为为例，2008年华为设立了首席员工健康与安全官，设立健康指导中心，以规范员工健康标准，开展疾病预防工作，为员工提供心理和健康咨询。

自工作场所健康计划1997年在全球展开以来，健身器材在很多企业成为办公区的标配，谷歌公司的做法颇受推崇。为了员工的身体健康，谷歌开设了大型户外综合体育场，包括足球场、篮球场、网球场等；在室内配备了多种运动设施，包括保龄球馆、舞蹈教室等。其中，舞蹈教室定期提供专人指导的课程，既有专业的教练，也有来自谷歌的志愿者。因为开发程序需要较长的工作时间，为避免久坐影响健康，谷歌还提供多种型号、适合站姿和坐姿的办公桌椅，并且可以根据员工身高定制桌椅。此外，谷歌有一个特殊部门叫 PiLab。它在谷歌内部进行应用实验，以确定管理员工最有效的方法并保持具有生产力的环境（包括使员工感到幸福的奖励形式）。该实验室甚至依靠科学的数据和实验，通过改变员工的餐具（例如缩小盘子的尺寸）减少能量摄入，从而改善员工健康状况。

三 企业补充住房计划

在中国，解决员工住房问题是留住员工的有力武器。因此，除了法定的住房公积金，企业为减轻员工住房负担设计了多种有激励性、成本低的补充住房福利形式。

补充住房计划是企业根据自身的经营发展情况，在国家法定的住房公积金计划之外，自愿建立的用于解决员工住房问题的计划，包括补充性住房公积金、住房补贴、低息或无息住房贷款、利息补助计划、低价格的集体购房计划、由公司提供公寓或宿舍等。例如，腾讯公司斥资10亿元的“安居计划”和阿里巴巴30亿元打造的“iHome”计划，就是为符合一定条件的员工购房提供大额无息贷款的福利模式，在员工中引起了热烈反响。

小资料

A公司的住房补助分配

关于住房补助如何确定备受A公司员工关注，公司领导对此给予高度重视，希望住房补助既能体现公平、公正，又能充分调动公司核心员工的积极性。据此，该公司人力资源管理专家提出，采用多维度（考虑员工的工作业绩、职务、学历、职称、工龄等）积分法，根据每位员工的积分确定住房补助额度。

A公司首先确定住房补助的指导思想，即将住房补助分为特殊群体住房补助和全员性住房补助，以期通过特殊群体住房补助吸引和留住对企业做出特殊贡献的核心人员，通过全员性住房补助实现员工的基本稳定。根据这个指导思想，A公司将员工积分点数分为两大类：一是对企业做出直接贡献和特殊贡献的，衡量标准为职务的大小及相应的任职时间、工作业绩、课题项目（或技术成果）、专业领域贡献及其他特殊贡献等，积分总点数约占70%。二是对企业做出间接贡献的，衡量标准为工龄、学历、职称及评定时间等，积分总点数约占30%。

具体的公式为：

$$\text{A员工某一年度补助额度} = \text{A员工本年度积分点数} \times \text{公司年度补助总额} \div \text{公司年度所有员工积分点数之和}$$

式中，A员工本年度积分点数随员工素质、能力、工龄、职务和贡献的变化而变化，它是员工对企业综合贡献的量化表现，没有固定上限。公司年度补助总额根据公司经济效益和薪酬计划确定。公司年度所有员工积分点数之和，取决于员工的整体素质和为企业所做的贡献。

1. 对企业做出直接贡献和特殊贡献指标的积分设定

（1）职务和工作业绩等级积分。部门经理：优秀1 500积分，合格600积分，不合格0积分。部门主管：优秀1 000积分，合格400积分，不合格0积分。部门员工：优秀500积分，合格200积分，不合格0积分。

（2）部门主管每在任一年加20分；部门经理每在任一年加40分。

（3）项目课题或技术成果等级及工作业绩积分。项目课题评估小组依据课题难度、课题量和课题数，投票确定项目课题或技术成果等级。项目课题或技术成果等级：工作业绩积分一等——优秀300积分，合格100积分，不合格0积分。二等——优秀150积分，合格50积分，不合格0积分。三等——优秀75积分，合格25积分，不合格0积分。

（4）特殊贡献给予加分奖励，如荣获总经理特别嘉奖，可一次性给予500积分。

（5）专业领域贡献，如发表一篇企业认可的专业权威文章，给予100积分奖励，发表一篇企业认可的专业核心文章，给予20积分奖励等。

2. 对企业做出间接贡献指标的积分设定

（1）工龄积分规定：1～5年，在本企业每工作1年加2积分；6～10年，在本企业每工作1年加3积分；11～20年，在本企业每工作1年加5积分；20年以上，在本企业每工作1年加10积分。

（2）学历积分规定：研究生学历，一次性奖励200积分，在本企业每工作1年另加10积分；本科学历，一次性奖励100积分，在本企业每工作1年另加5积分；专科学历，一次性奖励50积分，在本企业每工作1年另加3积分；中专学历，一次性奖励20积分，在本企业每工作1年另加2积分。

（3）职称积分规定：高级职称，一次性奖励200积分，在本企业每工作1年另加10积分；中级职称，一次性奖励100积分，在本企业每工作1年另加5积分；初级职称，一次性奖励50积分，在本企业每工作1年另加3积分。

（4）岗位任职资格证书积分规定：该类证书即员工取得的、公司认可的且由公司统一保管使用的岗位任职资格证书。1～5年，每满1年给予5积分奖励；6～10年，每满1年给予10积分奖励；10年以上，每满1年给予15积分奖励。

依据上述规定，假设A公司员工甲，研究生学历（5年，积分250分），部门主管年度考核结果优秀（已任职2年，原先是一般员工，积分1 040分），中级职称（初级职称3年，中级职称2年，积分169分)，在A公司工作五年（积分10分)，申请二等课题并荣获优秀（150积分)，发表一篇权威文章（100积分)。经测算员工甲的积分总数=250+1 040+169+10+150+100=1 719积分。假设A公司（20人）当年员工总积分为20 000积分，当年住房补助总额200 000元，则员工甲当年住房补助=1 719×(200 000/20 000) =1.719万元。

实践证明，多数员工认为采用该方法确定住房补助的额度比较公平，核心员工受到激励，表示愿与企业同舟共济。

资料来源：仇雨临，陈姗．员工福利概论．2版．北京：中国人民大学出版社，2011.

第4节　弹性福利计划

一　弹性福利计划概述

传统的福利项目都是固定的，员工没有选择的权利，但是不同的员工有不同的需求。此外，企业购买固定福利付出巨大的成本，但是某些固定的福利项目对于不需要它的员工来说是一种浪费。于是，一种新颖的强调“弹性”的福利计划应运而生。

弹性福利计划又叫“自助餐式福利计划”，起源于20世纪70年代的美国，在80年代得到蓬勃发展。它是一种由员工自行选择福利项目的福利模式，通常的做法是企业提出一份福利清单，同时给员工一定的福利点数，让员工依照自己的需求，在点数范围内挑选福利项目，组合属于自己的福利“套餐”。

首先，弹性福利计划在充分听取员工意见的基础上制定，福利清单能够满足员工多样化的需求，从而提高其满意度。其次，弹性福利计划根据员工工龄、职位、绩效等因素规定员工享受福利项目的最高额度，企业能够有效控制成本并引导员工做出更有效率的选择。最后，高激励性的弹性福利计划能够帮助企业吸引人才，获取在人才市场上的优势。中国台湾学者Jon Chao Hong等（1995）在实行员工福利计划的企业中进行调查，结果显示，员工福利计划极大地强化了员工的工作动机，相比于年长的员工，福利计划对年轻员工的工作绩效有更大的影响力。

二　弹性福利计划的类型

弹性福利计划主要有五种形式：自助餐式福利、标准组件式福利、核心外加式福利、弹性支用账户式福利、选高择低型弹性福利。下文逐一简要介绍这五种福利形式。

（一）自助餐式福利计划

在自助餐式福利计划（cafeteria style benefit）中，企业为员工提供一份福利清单，清单列出各种福利项目及其消耗的福利点数，员工可以根据自身的需求和自己拥有的福利点数选择想要的福利，挑选自己的福利套餐。这种福利计划的关键是福利清单的设计要能够满足不同员工的需要。

（二）标准组件式福利计划

在标准组件式福利计划（module style benefit）中，企业为员工推出不同的福利组合，每种福利组合都有不同的项目、针对不同的对象，每种组合的优惠水平不一样。员工按照自身需要从所有组合中挑选一种适合自己的组合。这就像餐厅里面出售的套餐（如A套餐、B套餐、C套餐等），就餐人员选择其中一种套餐，不能改变套餐内容。这种福利计划的关键是企业要按照不同员工的背景（年龄、家庭等）、群体需要来设计不同的组合。这种福利计划的缺点是组合的福利内容不能调整，选择性相对较小。

（三）核心外加式福利计划

在核心外加式福利计划（core-plus style benefit）中，企业为雇员提供核心福利加弹性福利。核心福利项目是每个员工都享有的，员工没有自主选择权。在核心福利之外，企业根据员工的需要设计不同的弹性福利项目供员工自由选择。当然，每个弹性福利项目都被赋予不同的价格，员工只能根据自己的工作年限、工资、工作级别等因素来购买支付能力范围内的福利项目。

（四）弹性支用账户式福利计划

在弹性支用账户式福利计划（flexible spending accounts）中，员工每一年可从其税前总收入中拨取一定数额的款项建立自己的“支用账户”，并以此账户购买雇主提供的各种福利。拨入该账户的金额是不用交税的，所以这种福利计划对于员工来说具有很大的吸引力。缺点是每位员工的“支用账户”需要随时登录数据，操作手续烦琐，增加了管理成本。

（五）选高择低型弹性福利计划

选高择低型弹性福利计划（opt-up opt-down plans）是在原有固定福利的基础上，提供几种项目不同、程度不等的福利组合供员工选择。这些福利组合的价值，有些比原有固定福利高，有些则比原有固定福利低。如果员工选择比原有固定福利价值低的组合，就会得到其中的差额，但是员工必须就所得差额纳税；如果员工选择价值较高的福利组合，就要扣除一部分直接薪酬作为补偿。这种福利计划的优点是员工的选择性较大，计划比较有弹性；缺点是增加了行政管理的程序。

即时案例

罗氏诊断

1. 公司和福利转型背景简介

罗氏诊断产品有限公司（简称罗氏诊断）是全球最大的生物技术公司——罗氏集团在华的合资企业。罗氏诊断拥有广泛的业务范围，为全世界的研究人员、医师、患者、医院和实验室提供多样化的创新性检测产品和服务。随着罗氏集团在中国的业务不断扩张，公司员工的构成日趋多样化，这导致员工需求多元化。因此，企业希望通过弹性福利平台赋予员工在福利项目上更多的选择权以满足其多元化需求。另外，罗氏集团在中国有数家独立运营的公司，集团建议在中国地区有相对统一的福利制度，弹性福利制度提供了一个平台以进行福利整合。因此，罗氏诊断联合其他在华公司于2012年启动了“i-Benefits福满罗氏”弹性福利计划项目，并于2013年正式实施。

2. 福利转型前的准备

在从传统福利模式转变为弹性福利模式的过程中，罗氏诊断花了相当多的时间对全体员工进行线上调查，充分了解员工的想法，倾听他们的声音，了解他们对传统福利适用性的评估、对福利的需求以及各项福利对他们的重要程度；同时对管理层进行访谈，了解整体业务战略、对整体薪酬福利计划的期望、变革后的福利模式、福利变革的挑战以及员工沟通的渠道，以及管理层对企业雇主品牌和形象的预期和定位。在雇员需求和雇主福利主张之间找到平衡点，确保最终出炉的方案能符合大部分员工的需求，同时使弹性福利贯彻企业的福利主张，契合企业的整体战略。

前期还需对福利成本进行调查，考虑企业能否承担以及后期如何管理等问题。传统福利转型为弹性福利，福利项目和模式产生了变化，这样的变革能否让员工理解和接受也是企业非常关注的。考虑到员工的接受度，企业在弹性福利的设计上，一开始并没有做得太复杂，而是从简单做起。

除了在方案设计方面从简单做起，在员工沟通方面，在弹性福利的设计初期，人力资源部门就进行了大范围的讨论。如何让员工循序渐进地接受和关注弹性福利概念，接受并参与弹性福利计划，让员工感受到以人为本的企业文化等都是企业关注的重点。因此，在弹性福利计划开展前期，企业通过一系列的预告、与员工的积极互动鼓励员工参与，并进行了相关的推广活动。弹性福利计划实施时，借助视频、邮件、员工宣讲、宣传手册等各沟通渠道确保员工拥有较高的认知度。

3. 弹性福利的设计

弹性福利采取“核心+可选”的模式。员工可享受的弹性额度是基于弹性福利计划的设计授予每位员工的既定的福利积分，1积分等于1元人民币。积分可用于核心福利、可选福利和弹性报销账户。核心福利是员工必选的福利，涵盖了风险保障类和健康管理类项目。风险保障类项目包括寿险、意外险等。同时，企业对员工的健康非常关注，提供了年度健康体检、医疗险、癌症险等福利作为必选项（如图7-1所示）。

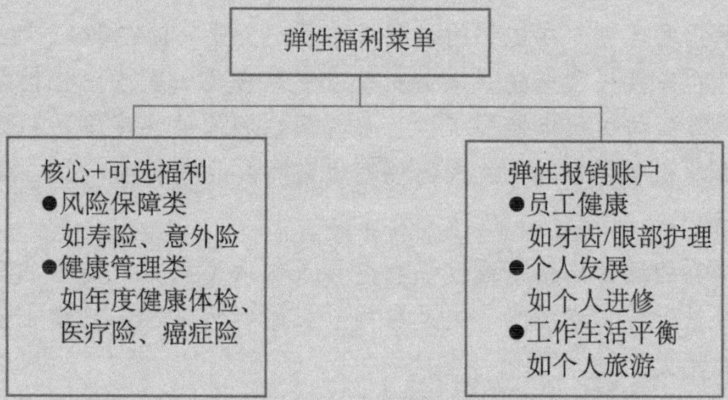

图7-1　弹性福利菜单

注：每个具体福利项目均提供不同的保障水平但有最低保障要求；部分福利可以延伸至家庭成员（包括配偶、子女和父母）。

企业根据各层级员工的需求设计不同的福利菜单，提供多样化的可选福利项目，并且在每个具体福利项目上提供不同的保障水平。员工可以根据自身需求对各个福利项目进行升级、降级或将福利延伸至家庭成员。若员工做完福利选择后积分仍有剩余，可将剩余积分转入弹性报销账户，用于公司指定项目的报销；若积分不足，积分透支的部分会在工资里扣除（如图7－2所示）。

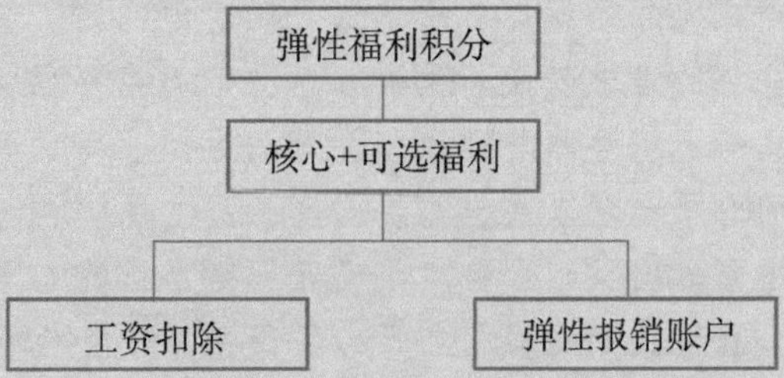

图7－2 弹性福利积分

弹性报销账户是企业用来处理员工未使用完的弹性福利积分的账户。员工可以将此账户内的积分用于申请公司指定项目，主要形式是报销。罗氏诊断将指定的报销项目定位在员工健康、个人发展和工作生活平衡三大方面，鼓励员工关注自己的健康、个人职业发展并在工作和生活方面取得平衡。

一般来说，可以自主选择福利之后，有的员工可能会因为只看到目前需要的或者自己喜欢的福利而做出非理性选择，给自己或企业带来风险。对于罗氏诊断来说，企业对于核心福利部分的选择设置了最低要求，所以无论员工的偏好如何，一般不会给企业或员工带来风险。

4. 弹性福利实施后的动态管理过程

(1) 评估。罗氏诊断弹性福利开展得成功与否主要从员工注册率（enrollment rate)、项目的有效性以及员工的敬业度（employee engagement rate）这三个维度进行评估。从员工注册率来看，第一年有超过90%的员工登录了弹性福利平台，而且近70%的员工做了福利选择，可见员工意识到了企业福利模式的变化。另外，罗氏集团的定期敬业度调研中有关于福利方面的问题，从调研结果中可以看出员工对福利的认知度是持续上升的。

(2) 未来的福利规划。在传统的福利模式下，企业一般在1～2年后根据市场趋势改变福利项目。在弹性福利模式下，企业可以更贴合员工需求。弹性福利平台使企业能够对员工的选择倾向进行定期分析，了解各项福利的关注度等，明确今后需要做哪些改变、增加哪些福利项目，为未来的福利规划提前做好准备。

5. 案例启示

(1) 弹性福利的设计思路是通过福利引导员工改变行为，赚取积分。公司提供福利的目的不只是给予员工幸福感，更是影响员工的行为方式，塑造企业想要的行为方式，这样会更有意义。

(2) 重视福利沟通。福利项目不是越多越好，人力资源管理部门应与公司员工进行沟通，了解员工的需求，确定相应的福利项目。

(3) 未来福利积分的获得还会与公司内部倡导的一些理念相结合。比如倡导健康：如果大家能使自己的健康KPI达标，就可获得相应积分，或者公司给予的奖励可兑换成弹性福利积分。简言之，以弹性福利积分为纽带，可将企业的活动、激励方式串联在一起，提供更完善、有趣的个性化平台。

资料来源：中国企业弹性福利实践调研报告，2015.

三 弹性福利计划的设计流程

一般按照以下思路和步骤设计弹性福利计划。

第一步，确定企业的福利战略与福利总额。

在设计弹性福利计划时要充分理解企业的战略，以战略为导向进行制度设计，实现纵向匹配。要充分了解企业的经营和财务状况，盘点公司现有福利项目，进行相关的财务分析，明确企业在福利项目上的投入需求和能力。

第二步，福利项目调查与菜单设计。

一方面，要充分了解国家的相关法律法规和政策，所设计的福利项目必须包含作为必选项的法定福利项目；另一方面，要调查本公司员工对福利项目的需求，可以通过访谈法或问卷法进行，从调查结果中总结不同特点的员工的福利需求，看哪些福利需求最为普遍且可以满足，为福利内容的设计提供依据。

在调查过程中要注意以下几点：(1) 员工需要的福利尽量要有可以衡量的标准。一般来说，这个标准就是价值。这样做的目的是使福利物品有一个可衡量的标准，为下一步确定福利点数和福利标准服务。(2) 员工需求的满足要在公司的能力范围之内。尽量避免出现公司无法满足员工需求的状况。(3) 对于极少数的需要，公司应酌情照顾，为此在问卷中应加设意愿一栏，如“如果你得到的物品不是你所需要的，你会：A. 坚决不要；B. 虽然要，但是不情愿；C. 无所谓”，并将那些选择A项的挑出来认真分析。(4) 福利物品的定价越详细越好，这样便于公司购买，给员工提供他们需要的东西。这虽然给管理带来一些不便，但这是公司职责所在，不应当以此为借口而逃避。

第三步，确定每位员工的福利限额，并对福利项目进行定价。

每个员工的福利限额通常表现为一定的福利点数。点数的确定依据主要有两个：资历和绩效考核。资历是指员工的工作年限、职务安排、权责大小、学历等；绩效考核是指考察员工完成工作任务的情况，它相对于资历来说更灵活。

福利项目的定价需要将现实物品的价格折算成相应的点数。所以，定价首先得有一个基准货币单位，即一个点数相当于多少现实货币。这只是对某些可衡量的实物或者服务的定价，那些不能用货币衡量的物品如带薪假期则需要根据一定标准折算成现值进行定价。比如，带薪假期可以根据在这期间的工资额和因不工作造成的损失定价。

第四步，员工自行选择福利项目，用福利点数进行交易。

当员工手里有了福利点数，福利项目定价完毕，就可以进行交易了。公司首先向员工公布福利项目的种类及价格，由广大员工自行挑选，公司按照员工选择的情况提供福利项目。选购的过程不是现买现付，而是预先登记，隔一段时间再提供福利项目。

在这一过程中，将不可避免地发生员工购买力不足和员工储蓄的情况。员工购买力不足是指员工所积累的点数不足以购买其需要的福利项目；员工储蓄是指员工暂时不购买，而是把点数储存起来以备下次购买。

对于员工购买力不足的情况，公司可以考虑分期付款的方法，实行预支。预支将不可避免地占用公司大笔资金，在实施的时候应当采取各种会计方法对其加以管理，以减少损失。预支的优点是显而易见的，它可以使员工长期为公司工作，保持持久的忠诚。员工需要相当长的一段时间才能积满购买大件福利物品所需要的点数。这样，当他想要跳槽时，就要考虑更多因素。

对于员工的储蓄行为，公司应当参照现行的银行储蓄利率，为员工的储蓄点数支付当期利息。员工没有消费当期福利项目，实际上为公司节约了一笔购买福利项目的费用，公司可以将这笔费用用作其他用途，因此需要支付相应的利息。

第五步，对交易过程中发生的各种冲突与纠纷进行协调、管理和沟通。

弹性福利制度重在满足员工需求，所以要随着员工需求的变化而变化。在实施过程中，既要对各种特殊情况采取措施，比如员工跳槽时的福利点数处理、公司信用危机时的福利点数处理；也要及时了解员工对福利的意见反馈，不断改进弹性福利制度。

即时案例

李宁：用自己的弹性福利平台让员工福利弹起来

区别于传统固定式的福利，弹性福利是一种全新的管理模式，即将各种福利项目放在平台上让员工进行选择。与很多实施弹性福利的公司将弹性福利外包的做法不同的是，李宁的弹性福利从设计、实施到后期管理都由自己的人力资源管理团队操作。实施弹性福利不是对传统福利的彻底颠覆，而是内部管理过程的改变。2014 年，李宁人力资源管理团队开始设计弹性福利方案，通过 IT 外包商建立弹性福利平台，在原有传统福利的基础上结合员工的需求进行小范围的调整后制定弹性福利菜单，弹性福利于 2015 年 1 月上线。

李宁传统的福利项目包括体检、商业保险和实物福利等，弹性福利菜单在此基础上做了一些调整，整合之后置于弹性福利平台上。这些福利项目并不涉及很多福利供应商，也不涉及保险、医疗、培训、养老等福利项目，因此企业的弹性福利平台较容易实现员工选择和兑换等功能。弹性福利开展的第一阶段，企业的福利项目没有做太大的改变。但是和传统固定式的福利常常面临众口难调的挑战不同的是，弹性福利给员工分配积分，把选择的权利交给员工，能够更好地满足员工在不同年龄段和时期对福利的个性化需求，提高员工的福利感知。

1. 弹性福利平台的搭建

企业一般都有人力资源管理系统，在这个系统中可以实现员工管理、薪酬核算、假期管理和考勤管理等功能。李宁弹性福利平台是人力资源管理系统中员工自助服务的一部分。在平台设计和搭建之初，企业希望通过这个平台实现以下功能：第一，给员工开通一个弹性福利账户，在账户中可以储存积分，员工可以自由使用积分兑换福利项目。第二，弹性福利平台可以像网上商城一样呈现企业提供的各种福利项目，员工可以在平台上选择自己需要的福利项目，提交之后可以看到自己的兑换清单。员工兑换后账户进行积分扣除。第三，这个平台可以给员工的账户充值。平台可以给员工的账户发放积分并动态入账，使他们的福利账户得到充值。第四，企业可以在平台上看到员工的福利选择记录，之后可以根据员工的选择进行福利项目的采购。

弹性福利的设计阶段恰逢公司更新内部 IT 系统。借助这个机会，人力资源管理团队向 IT 服务商提出以上需求，要求把弹性福利模块加到人力资源管理系统中，因此弹性福利平台的开发没有产生额外的费用。经过测试和漏洞修复等环节，在人力资源管理系统的基础上建立了弹性福利平台，这个平台可以实现福利积分发放、福利项目选择以及查看兑换记录等功能。

同时，在弹性福利设计阶段，公司通过对员工数据的运用，根据司龄、性别、有无子女等维度在成本预算不变的前提下最大限度地设计了满足不同员工需求的福利方案。

2. 弹性福利方案的设计

（1）弹性福利菜单。李宁在了解员工需求的基础上，结合公司人力资源战略和工会意见对弹性福利菜单进行了设计。弹性福利的模式是核心加自选型，即一部分是固定的福利，是员工的必选福利，另一部分是自选福利，员工可自由选择。除了法定福利，为了保障员工切身利益，同时降低公司的潜在风险，李宁将商业保险作为核心固定的福利。

对于自选福利菜单，企业在传统福利的基础上做了一些调整，将受员工欢迎的带薪年假等纳入自选福利。自选福利项目相对比较多，是因为企业希望给员工更多的选择。核心福利能够给员工提供基础保障并规避企业的经济风险，其余项目可以纳入自选福利，让员工自由选择，包括年假、体检等。

（2）积分的发放。李宁基于传统福利模式，改变了福利发放的形式，在每年的特定时点发放福利积分。这样，就弹性福利的成本而言，并没有增加额外的预算，只是将传统福利的成本转化为福利积分发给员工。至于员工选择哪些福利、何时选择都由员工自己决定。

3. 弹性福利的实施

弹性福利和传统福利没有本质的区别，变化在于各福利数量及所对应的员工名单和福利发放周期。实施弹性福利后，人力资源管理团队依然需要选择供应商、购买福利，只是福利的购买从节假日前变成按两个月的固定周期购买。以前每逢节假日企业都要发放福利，现在企业只需要通过弹性福利平台发放积分。积分可存储，因此员工可以在节假日前或任何时候选择所需要的福利。所以，对于薪酬福利部门负责人来说，除了前期的弹性福利宣传和员工沟通工作，并没有增加很多额外的工作量。另外，统一采购让公司享有集团的规模优势。

4. 员工认知

企业弹性福利开展得成功与否与员工对弹性福利的认知有很大的关联。因此，企业在弹性福利开展前期需要通过各种途径让员工理解和接受弹性福利。在开展弹性福利以前，工会组织了会议，工会委员的讨论和建议让公司发现员工对弹性福利制度持欢迎态度。

对于李宁公司来说，弹性福利较容易获得员工的认可。员工有一卡通，可以用一卡通在公司吃饭、乘坐班车等，它类似于弹性的实物卡。弹性福利是一卡通的延伸版，员工可以通过弹性福利账户实现更多的功能。在福利的弹性消费概念被员工认知的基础上，员工接受了企业的弹性福利方案。

在弹性福利开展之后，员工表现出开放的态度，不少员工还建议公司增加一些福利项目，以更好地满足大家的多样化需求。

结束语：在企业规模大、员工需求多样化的前提下，弹性福利的开展需要IT系统的支持。在实施过程中，应从简单做起，通过各种途径使弹性福利获得员工的认可，让全部员工都参与进来。弹性福利的管理是动态的过程，首先要制定一个员工可接受的弹性福利菜单，根据员工需求和偏好不断调整，逐渐丰富弹性福利菜单。目前李宁的弹性福利菜单的范围还不是特别大，随着时代的变迁和员工需求的变化，李宁将扩大弹性福利的范围，不断调整弹性福利菜单，为员工提供更多的选择。

资料来源：中国企业弹性福利实践调研报告，2015.

本章小结

本章主要介绍了员工福利。第1节是员工福利的概述，分析了其目前存在的问题与未来的发展趋势。第2节介绍了我国的法定福利，包括养老保险、医疗保险、失业保险、工伤保险、生育保险、住房公积金和法定休假。第3节介绍了在国家强制福利之外由企业提供的福利项目，即企业补充福利，重点介绍了企业年金、企业补充医疗保险和企业补充住房计划。第4节重点介绍了弹性福利计划，在该计划下，员工能够自主选择所需要的福利，企业可以获得更好的激励效果。

关键词

法定福利　企业补充福利　养老保险　医疗保险　失业保险　工伤保险　生育保险　住房公积金　企业年金　弹性福利计划

思考题

1. 员工福利包括哪些内容？员工福利有什么作用？
2. 五险一金指的是什么？我国有哪些法律法规对此做了规定？
3. 企业一般有哪些补充福利？
4. 如何才能提高福利的激励效果？
5. 弹性福利计划有哪些类型？试着设计一个弹性福利计划。

参考文献

案例分析

宝洁公司的福利制度

1. 住房福利

新员工住所：考虑到新员工在适应新的工作和环境的同时未必能马上找到合适的住所，在上岗培训结束之后，公司会为新员工安排临时住所，限期为3～6个月，员工可入住并且无须支付房租。

房租补贴：根据当地住房市场的情况，公司给所有未曾享受公司任何一项住房福利的员工发放房租补贴。

住房公积金：根据当地政府保障职工住房的要求，公司为每位员工缴存相同于或多于其本人缴存数额的住房公积金，为员工将来购房积累一定的资金。

此外，为奖励、留住优秀的员工，公司制定了资助员工购买住房的政策。目前，公司为优秀员工提供无息购房贷款。

2. 医疗福利

公司为员工提供医疗福利，员工只需支付少部分的门诊费用和极少部分的住院费用。

3. 保险福利

人寿保险和人身意外伤害保险：员工自正式加入公司起即可获得人寿保险和人身意外伤害保险两项保险，保险费用全部由公司负担。此保险在员工发生人身意外或伤残的情况下，向员工的亲人或员工本人提供经济上的资助，以渡过难关，恢复经济来源。

宝洁全球差旅意外保险：公司为所有因公务出差的员工提供此项保险。发生意外死亡时，公司将向员工直系亲属赔偿员工3倍的年薪。

社会保险（国家统筹安排的社会保险项目）：根据国家和当地政府的规定，养老保险费由公司和员工共同分担，公司承担大部分。

另外，公司会按当地政府的规定为员工购买工伤、生育、失业等社会保险项目。

4. 假期

员工假/探亲假：员工根据服务年限，每年享受一定工作日的员工假和探亲假。

病假/婚假/丧假：根据公司有关政策及员工工龄情况，员工享受全薪或部分薪酬病假；对于员工结婚、丧葬等特别需求，公司给予员工一定时间的全薪假期。

5. 奖励福利

一般奖励计划：试用期满，员工将得到公司免费赠予的普通股一股，五年后员工可按市场价格兑现股份和红利。

宝洁周年服务纪念计划：此计划是对员工在宝洁公司任职周年的庆贺。

股票选择计划：为了让员工有更全面地分享公司成功的机会，在公司工作的正式员工可以选择在参加该项计划的第6～10年得到一定数量的宝洁普通股。

讨论题

1. 你如何评价宝洁公司现有的福利制度？
2. 你认为宝洁公司的福利制度还有哪些可以完善的地方？

第 8 章 特殊群体的薪酬管理

没有什么事情对每个人都是合适的，要因人而异。

——安德烈·纪德

学习目标

1. 了解高管人员的工作特点及其薪酬的设计要点
2. 了解销售人员的工作特点及其薪酬的设计要点
3. 了解研发人员的工作特点及其薪酬的设计要点
4. 了解外派人员的工作特点及其薪酬的设计要点

引例

天价薪酬到零薪酬之变

中国平安 2007 年年报显示，该公司有 3 名董事及高管 2007 年的税前薪酬超过 4 000 万元，董事长兼首席执行官马明哲的税前薪酬更是高达 6 616 万元，折合每天收入 18.12 万元，刷新 A 股上市公司高管的薪酬纪录。《福布斯》2008 年评选出 30 位“中国上市公司最贵老板”，中国平安马明哲蝉联年薪最高老板，2007 年他的薪酬比上一年增加了 394%。

然而，与中国平安高管的天价年薪相对应的，是公司股价从 2007 年 10 月 24 日的 149.28 元跌至 2008 年 3 月 25 日的 48.3 元（最低值），流通股股东损失惨重。此外，中国平安 2008 年度的海外投资预计出现巨额亏损。于是，马明哲税前收入高达 6 616 万元的信息遭到市场炮轰。

对此，马明哲高调表态，中国平安一直在关注市场对薪酬的评论。中国平安高管的薪酬都是聘请独立的薪酬公司制定出来的，并经薪酬委员会、股东大会、董事会批准，整个薪酬制度是合法合规的。“作为职业经理人要履行自己的职责，董事会根据我的表现给我薪酬。我从事这份工作不是完全为了收入，20 年来把中国平安带入 500 强是我最大的荣耀。”马明哲说。

因 6 616 万元“天价年薪”创下中国最高年薪纪录的中国平安的马明哲决定 2008 年不领薪酬，包括底薪以及丰厚的期权激励。“国内第一年薪”的马明哲身价问题，再次成为媒体与外界关注的焦点。

网友评论：(1)“年薪归零勇气可嘉。不过更重要的是完善制度，让高管年薪有根有据、合情合理合法。”(2)“个人拿不拿薪酬从一定意义上讲属于个人问题，之所以引起舆论，是因为高得离谱，并非不让你拿薪酬。”(3)“不要从一个极端走向另一个极端，薪酬该拿还是要拿的，把过高的部分降下来就行了。”(4)“前脚拿几千万薪酬，后脚就来个‘分文不取’，反差如此之大，也太儿戏了吧。”

第 1 节 高管人员的薪酬设计

一 高管人员概述

（一）高管人员的概念

目前，高管的范围和定义在理论和实践中并没有形成统一的观点。在理论研究方面，一部分学者直接将公司 CEO 作为企业高管的代表进行研究，也有一部分学者将包括 CEO、总经理等的高级经理人，董事会成员，监事会成员的组合作为公司高管来进行研究。《中华人民共和国公司法》第二百一十六条第（一）项规定，高级管理人员，是指公司的经理、副经理、财务负责人，上市公司董事会秘书和公司章程规定的其他人员。实际上，在每个公司，对于高级管理人员的界定并不完全相同，但通常指的是部门负责人以上（一般不含部门负责人）的公司层领导。

（二）高管人员薪酬设计的重要性

高管人员的薪酬一直是人们关注的焦点。高管人员的管理工作表现出内容广泛、复杂度高、风险和责任重大、自主性强等特征。高管人员工作的特殊性导致高管人员的薪酬设计具有差异性。

各大公司的高级经理人员尤其是 CEO 每年凭借自己的管理和领导才能获得巨额报酬。早在 1928 年，美国伯利恒钢铁公司（Bethlehem Steel）的高级执行官就接受了 1 900 000 美元的免税奖金。然而，正如本章开篇案例所描述的那样，这些天价薪酬引起众多争议。

小资料

美国和中国的高管薪酬

资料一：

据《纽约时报》报道，到 2009 年，全美最大上市公司的 CEO 年平均薪酬为 953 万美元，随着针对高级管理人员的股票激励计划的实施，CEO 的收入成为令人眩晕的天文数字。表 8-1 展示了美国前五名总裁的薪酬。人们不仅关注高级管理人员薪酬的绝对量，更关心员工平均工资与 CEO 平均工资之间不断加宽的鸿沟。2007 年美国大企业 CEO 的平均薪酬是普通雇员的 364 倍，这意味着美国大企业 CEO 一天的薪酬相当于普通员工的年薪。

表 8-1 全美最大上市公司 CEO 薪酬榜前五名

人物	公司	年薪酬水平（美元）
拉里·埃里森	甲骨文	845 000 000
雷·埃里奥特	波士顿科学公司	333 700 000
雷·伊兰尼	西方石油公司	314 000 000
马克·赫德	惠普	242 000 000
詹姆斯·哈科特	阿纳达科石油公司	235 100 000

资料来源：纽约时报，2010-04-04.

资料二：

智联招聘2010年年终薪酬盘点报告显示，广州的企业高管平均年薪达到60万元，而一线操作级员工平均年薪仅有19 659元，前者是后者薪酬水平的30.5倍。表8-2展示了2010年中国五大城市高管年薪和其他员工年薪的对比情况。

表 8-2 2010 年中国五大城市不同级别员工的平均年薪概览 单位：元

地区	操作级员工	初级专员	专员	主管	经理	总监	高管
上海	23 273	41 064	72 454	127 838	225 559	397 979	702 198
北京	21 695	38 664	68 905	122 799	218 847	390 020	695 078
深圳	21 105	37 323	66 006	116 732	206 441	365 091	645 663
广州	19 659	34 789	61 562	108 938	192 775	341 131	603 659
杭州	16 934	30 256	54 057	96 302	172 561	308 309	550 848

资料来源：智联招聘.2010年年终薪酬盘点报告.

高管人员薪酬设计的重要性体现在以下两个方面：

第一，高管人员在公司治理中具有重要作用。公司的经营情况在很大程度上取决于高管人员，因此对高管人员的有效激励至关重要。公司的高管人员位于组织结构的最高层，往往不足员工总数的1%。但他们负责公司一切重要的经营管理决策，对公司整体的运营管理和经营绩效承担直接责任。

第二，在代理关系中，高管人员作为公司经营者与公司所有者的利益可能产生冲突。高管薪酬将直接影响高管行为，包括风险选择、战略决策等。精心设计的薪酬计划可以有效激励和约束高管的行为，实现公司发展和股东利益最大化，而设计不当的薪酬计划可能使高管人员损害企业发展和股东价值。

（三）高管人员薪酬的影响因素

高管人员薪酬的影响因素包括以下几个（邱茜，2011）：

（1）公司规模。一般而言，公司规模越大，人员越多，资金越密集，财产越多，高管人员的责任就越大，工作范围越广，职责越复杂，公司的发展对高管人员的知识、能力和经验等方面的要求就越高，相应地，高管人员获得的薪酬就越高。研究表明，高管薪酬对公司规模的弹性处于0.25～0.35的范围内，即公司规模每扩大10%，高管薪酬约增加3%，公司规模和高管薪酬之间呈线性正相关关系（Baker et al.，1988；Kostiuk，1990）。

（2）公司战略。公司战略会影响高管人员的工作复杂度、工作范围、工作风险等，对其薪酬水平产生重要影响。例如，采取多元化战略的公司，其业务环境、高管的工作风险以及企业价值都发生变化，而这些对高管薪酬都有直接影响，因此多元化战略是高管薪酬结构和水平的重要影响因素（Duru and Reeb，2002）。此外，公司并购会扩大公司规模，使得高管的工作范围及复杂程度都增加，从而对高管人员薪酬产生影响。

（3）公司类别。公司控股股东类型是影响高管薪酬的一个重要因素。在我国，国有控股公司的高管薪酬激励除了工资、奖金和福利等内容，还包括政治领域的发展等，高管通常不持有或持有较小比例的股权。而非国有控股公司的高管薪酬与业绩的联系更紧密，为了实现高管人员与企业利益捆绑，更多采取所有权激励方式。

（4）高管人员的人力资本特征。

1）年龄：研究表明，越接近退休年龄的高管人员，越倾向于短期利润而不是长期价值创造，而较年轻的管理者在一定程度上可以通过他们在市场上的信用来约束其行为，因此现金激励应该随着高管接近退休年龄而增加（Gibbons and Murphy，1990）。

2）性别：高管薪酬水平中存在性别差异，男性高管比女性高管享有更高水平的薪酬（Ruggiero，2003）。

3）任期：高管任期越长，地位就越稳固，影响力就越大，越倾向于制定有利于个人利益的薪酬方案（Phan，1991）。

（5）行业、地域和政策等其他因素。不同行业的生产环境、流程、竞争情况及利润等各不相同，不同地域的经济发展水平、生活水平有所差异，因而高管人员薪酬水平及结构也不同。另外，政府会通过政策法规调控国有企业高管人员薪酬。随着社会各界对高管人员薪酬的种种争议增多，国内外的一个共同趋势是政府不断加强对高管人员薪酬的管理。

（6）股权结构。公司的股权集中程度影响高管薪酬的决定方式。一般而言，股权高度集中时，控股大股东往往根据自身好恶和利益关系制定有利于自身的政策和薪酬制度，公司高管薪酬因此会受到影响。当股权相对均衡时，股东在薪酬政策制定中相互制衡，公司倾向于设计量化的、与高管绩效相关的薪酬制度。当股权过于分散时，股东间协调成本的上升、信息不对称的增加，股东对管理层的监督弱化，管理层的权力增大，使其倾向于采用有利于自己的薪酬机制从而获得更高的报酬（David et al.，1998）。

（7）董事会及薪酬委员会构成。内外部董事在董事会中的比例会影响董事会的独立性，进而影响对高管的监督力及其薪酬水平和结构。通常认为，较高比例的外部董事可以提高公司治理的有效性，增强董事会更替绩效较差的高管的能力。而内部人参与薪酬委员会将削弱薪酬委员会的独立性，使得薪酬的制定有利于高管人员。有内部人参与的薪酬委员会支付给高管的薪酬水平要高于相对独立的薪酬委员会。另外，监事会作为对管理层的监督机构，对高管薪酬也有重要影响。

二 高管薪酬的相关理论

（一）委托代理理论

现代企业股权分散，股东作为企业所有者无法集体参加公司的日常运营，只能依靠雇用职业经理人来进行管理，这导致所有权和经营权分离。企业所有人委托经营者从事经营活动即产生委托代理关系，这种代理关系是通过双方签订契约的形式来约束的。

Jensen and Meckling（1976）提出了代理关系中的代理问题，即所有权和经营权分离使得代理人与公司股东利益产生冲突，这是因为：其一，由于人的自利性、有限理性、风险规避性，以及委托双方的条件各异、需求有别、利益目标不同等，代理人（经营者）不会按委托人（所有者）的最大利益行事，经营者很可能牺牲企业的长期目标而追求短期目标。因此，所有者必须设计一个监督机制来防止经营者的自利行为。其二，现实存在的信息不对称现象使得这种监督不仅很难，而且成本很高。信息不对称是指所有者和经营者掌握的信息在时间和内容上不一致。所有者和经营者之间的信息不对称表现在以下方面：

（1）经营者比所有者更了解自己的能力和偏好；

（2）所有者不容易观察到经营者的行为；

（3）经营者比所有者更了解外界环境的变化和企业经营的真实状况；

（4）经营者有可能故意隐瞒对自己不利的信息，甚至谎报信息，或者延迟传递真实信息给所有者；

（5）所有者对企业经营状况的了解很可能是滞后的。

通过薪酬设计来解决信息不对称所产生的委托代理问题逐渐被企业所重视。在信息不对称的条件下，经营者的薪酬应该包括两部分：一是代理人可获得的固定收入；二是企业可观测的绩效函数的可变收入，即

$$S(\pi)=\alpha+\beta\pi$$

式中，$S(\pi)$ 为代理人的报酬函数；π 为企业可观测的产出；α 为固定收入；β 为激励强度。

大量绩效薪酬敏感度研究的结果显示，CEO 的薪酬中能被绩效解释的部分很少，这意味着其他因素在影响薪酬（Barkema and Gomez-Mejia，1998）。薪酬与绩效的弱相关性有可能是由 CEO 与股东之间的权力失衡造成的。信息不对称使得 CEO 可以隐瞒对自己不利的信息、公开对自己有利的信息，从而获得个人利益；股权分散化弱化了股东的监督，从而弱化了股东的权力；任务的非程序化使得 CEO 的行为难以观测，因而很难确定 CEO 应获得多少薪酬；CEO 可以通过人为地制造内部董事和外部董事的失衡来巩固个人地位。因此，基于委托代理理论设计的 CEO 的薪酬有一定的局限性。

（二）人力资本理论

人力资本是指存在于个体之中并在后天获得的具有经济价值的知识、技术、能力和健康等因素。人力资本理论在 20 世纪中叶由舒尔茨、贝克尔（G. S. Becker）等人提出，主要包括人力资本的内容及形成、人力资本投资及其收入效应等内容。依据该理论，人力资本既是社会物质生产的基本要素，也是从业者获得收入的基本依据。因此，个人拥有的人力资本，特别是他们积累的知识、技能、经验等将在一定程度上决定个人薪酬水平及其增长。

人力资本理论能很好地解释企业经营者的薪酬，尤其是在企业经营者人力资本投资和开发方面，主要包括：

（1）人力资本的投资与补偿。一个人的人力资本存量越高，其劳动生产率和边际产品价值就越高，他理应得到较高的收入。因此，薪酬收入既是经营者人力资本价值的外在表现，也是对其人力资本的一种投资。企业经营者在长期实践中积累了高层次的管理经验和技能，这使得他的人力资本存量高于一般员工。为了维持这种高的人力资本存量，企业对经营者所进行的人力资本投资也较高。

（2）人力资本要素市场。随着知识经济的到来，在劳动力市场上高素质的企业经营者

供不应求，这体现了人力资本要素市场的供求特征，这种供求特征必然反映在薪酬水平的差异上。依据供求关系决定收入的原理，企业经营者的薪酬明显高于一般员工。

（3）人力资本产权。现代契约理论认为，企业实质上是一种由人力资本和非人力资本组成的“不完全合约”，而人力资本产权在企业所有权安排中具有特殊决定性的地位和作用。这就要求企业进行人力资本股权化，将企业成员拥有的人力资本直接作资入股，这样企业不仅在价值上能得到补偿性回报，而且能得到增加值和剩余收益。

对于企业经营者人力资本衡量和价值问题，学术界和企业界的争议很大。主要障碍在于：经营者人力资本的影响因素较多、标准多重且难以度量和监控等。

（三）锦标赛理论

锦标赛理论由经济学家拉泽尔（Lazear）和罗森（Rosen）于20世纪80年代提出，该理论认为某些情况下高管薪酬的差距不取决于边际生产力——那些贡献多的高管获得的薪酬多，而贡献少的人获得的薪酬少，而是取决于高管人员业绩的相对差异。因此，其个人能力高低的重要性远低于他能否战胜竞争对手。所以，高管得到激励的原因不是其对企业的忠诚或者是优异的业绩表现，仅仅是他比竞争者优秀。

该理论可以解释这样一种现象：在企业中，越接近高层职位的员工，其可晋升的职位就越来越少。所以，提拔最努力和最能干的员工的过程经常被比喻成运动员的竞赛。锦标赛理论解释了两个问题：第一，经理人员工作的积极性不仅取决于当前收入，而且取决于未来收入。锦标赛的目的是通过竞争选拔和淘汰运动员，运动员本局的成绩决定下一轮的成绩和奖励。第二，越接近上层，所余下的机会就越少，收益也越少，因此人们努力的积极性就越低。

按照这一理论，如果职位阶梯是激励员工的一个手段，就很有必要给处在阶梯上层的企业高层管理人员以较大的薪酬增加幅度。因为当晋升机会减少时，所有者必须对员工做出承诺，使他们能够从职位的提升中得到巨大的薪酬奖励，否则，员工就不会为未得到的晋升付出更大的努力。同样的道理，对晋升机会少的企业高层管理者，需要给予更大的薪酬激励，以保证其物质报酬仍有上升的空间。

（四）社会比较理论

1954年，费斯汀格（Festinger）提出社会比较理论，该理论认为人们会通过广泛的社会比较来确保自身价值及其公平性。在薪酬设计中，企业经营者会通过内部和外部薪酬对自己的价值进行比较；所有者以市场薪酬作为参照系来决定经营者的薪酬水平。

该理论会导致这样的结果：当经营者的薪酬低于市场平均水平时，所有者将提高其薪酬水平；当经营者的薪酬水平较高时，所有者往往不会下调薪酬。每经过一次比较，原来的平均水平便低于新的平均水平，就要提高经营者的薪酬。循环下去，经营者的薪酬总是节节高升。此外，该理论认为，在内部劳动力市场，经营者的薪酬一般与低层次员工的薪酬有较强的相关性。当低层次员工的工资在市场的压力下上升时，企业经营者的薪酬也会上升，以维持二者的相对关系。

三　高管人员的薪酬构成

高级管理人员的薪酬一般由基本工资、短期激励性报酬、长期激励性报酬、福利和津贴四个部分构成。但是，和一般职位不同的是，激励性薪酬尤其是长期激励性报酬在高管的薪酬组成中占据着重要的地位。

表 8－3 反映了 20 世纪 70 年代至今总裁薪酬结构的变化趋势。

表 8－3　　总裁薪酬结构变化趋势

薪酬构成	70 年代	80 年代	90 年代	21 世纪
基本工资	60%	40%	27%	19%
福利	*	15%	7%	*
津贴	*	5%	*	*
短期激励性报酬	25%	20%	43%	17%
长期激励性报酬	15%	20%	23%	66%

注：* 指未报道。

资料来源：米尔科维奇，纽曼，等．薪酬管理：第 11 版．北京：中国人民大学出版社，2014.

（一）基工本资

基本工资是高级管理人员薪酬中的固定部分。尽管高级管理人员薪酬构成中固定工资所占比例越来越小，但基本工资仍然是保持薪酬竞争力的一个重要因素。公司在确定高管人员基本工资时考虑的因素很多，包括企业规模、经营状况、同行业高管的薪酬水平、与公司内其他群体的薪酬差距等。比如，雅芳公司设定其执行官的基本工资为同业或者竞争者的 90%，但是他们可以通过实现自己的业绩目标来争取高于同行业 10% 的工资。调查显示，行业性质对高层管理人员的基本工资影响很大，表 8－4 为 2000 年美国不同行业的 CEO 中位水平的年薪总额和基本薪酬。

表 8－4　　美国各行业 CEO 年薪比较（2000 年）

行业	年薪总额（1 000 美元）	基本薪酬（1 000 美元）	基本薪酬占年薪总额的比例（%）
金融服务业	3 754	75	2.0
计算机业	2 756	400	14.5
建筑业	2 123	503	23.7
通信业	2 000	600	30.0
保险业	1 856	486	26.2
能源业	1 851	466	25.2
公共服务业	1 788	585	32.7
制造业	1 736	530	30.5
零售业	1 722	606	35.2
商业银行	1 706	594	34.8
多样化服务业	1 551	495	31.9
物流业	1 515	495	32.7
批发贸易业	1 325	515	38.9

资料来源：Conference Board Reports outside Director Pay Drops，“CEO Pay Rises”. Report on Salary Survey, 2002 (2): 3.

本书在基本工资设计中提到，一般职位的基本工资是通过职位评价来确定的。在实践中，高管的基本工资可以和公司内其他职位一起参考职位评价的结果。但更多时候，公司负责人的基本工资需要考虑企业规模、经营状况、行业高管的薪酬，在某些时候双方的谈判起到决定性的作用。公司其他高管人员的基本薪酬可以根据公司负责人基本薪酬的一定比例确定。

即时案例

A 公司高管薪酬

A 公司根据各高层管理岗位所承担的责任和对公司的相对贡献，将各岗位的年薪系数定为：总经理 1；副总经理、财务总监、总工程师 0.8；总经理助理 0.7。A 公司的薪酬管理委员会根据本公司的规模、经营状况以及支付能力，并依据行业内竞争对手的薪酬调查数据，制定公司高管人员的年薪标准：总经理的年度基本薪酬为 60 万元，其余高管人员按照相应的岗位系数确定基本薪酬（60×岗位系数）。每年年末，A 公司对高管人员进行绩效考核，考核结果分为 A，B，C，D 四等，下一年基本薪酬分别增加 20%，10%，5%和 0%。基本薪酬与业绩无关，按月度发放，每月发放年度基本薪酬的 1/12。

（二）短期激励性报酬

短期奖金在一年到期时以现金方式支付给高管人员，通常与企业经营业绩挂钩。短期奖金的形式包括年终奖、业绩奖金、利润分享计划、收益分享计划等，详见本书第 5 章短期激励的内容。

在发放时间上，高管人员的短期激励通常与企业本年度经营效益挂钩，所以许多企业以年度为单位，采取年薪制。年薪制是以企业一个生产周期即年度为单位确定经营者报酬并视其经营成果发放风险收入的报酬制度。高管的年薪通常包括基本年薪和绩效年薪，基本年薪就是前文所述的基本工资，按月发放；绩效年薪根据年终绩效考核结果乘以相应系数来确定，可以年终一次性发放，也可以每月按比例预发，年终结算后补齐。

即时案例

A 公司高管的绩效年薪

A 公司实行年薪制。公司高管的绩效年薪以基本年薪为基础，为基本年薪的 60%。假设某高管的基本年薪是 50 万元，那么其绩效年薪为 30 万元，但年终能否拿到 30 万元取决于绩效考核系数。A 公司年初规定了本年度企业经营的利润目标，完成利润目标则绩效考核系数为 1；超额完成利润目标则绩效考核系数为 1.2；只完成 80%的利润目标则绩效考核系数为 0.8；低于 80%的利润目标则视为未完成，绩效考核系数为 0。用 30 万元乘以相应的绩效考核系数就是该高管最终拿到的绩效年薪。

（三）长期激励性报酬

近年来，长期激励越来越受到企业的欢迎，尤其是被用于企业高管人员。长期激励主要包括与证券有关的长期激励方式和与证券无关的长期激励方式。前者包括股票期权等，

第 6 章介绍了几种典型的长期股权激励计划（如股票期权、限制性股票、虚拟股票等），它们把高管人员的利益和公司所有者的利益长期联系在一起，因此被形象地称为“金手铐”，在国内外得到了广泛的应用。后者包括一些长期的现金激励计划，如基于 EVA 的现金激励、延期支付等。在我国，中央企业负责人的薪酬结构中还包括任期激励，是考核负责人在整个任期内的经营业绩后进行的激励。

不过，长期激励在发展过程中遭到了一些批评，比如股票价格上涨主要是市场的作用，而不是高管人员能左右的，所以长期激励的模式还在不断更新和完善。

即时案例

杨元庆卫冕内地“最贵 CEO”：年入 1.3 亿元，6 成来自股权激励

7 月 7 日，福布斯发布了 2014 年“内资港股 CEO 薪酬榜”和“A 股上市公司 CEO 薪酬榜”。数据显示，联想集团的杨元庆以 1.302 2 亿元再次成为内资港股最贵 CEO，中集集团总裁麦伯良以薪酬 870 万元位居 A 股薪酬榜榜首。

记者统计，自福布斯 2010 年把内资港股（内地在港上市的非国有企业，以及主要资产来源于内地、控制人为内地公民，及/或主营业务收入来自内地的在港上市公司）纳入统计以来，四次排名中杨元庆三次夺魁，一次位居第二。与 2013 年的榜单相比，杨元庆的薪酬增加了 4 063 万元，增幅约为 45%。为何杨元庆的薪酬如此之高？其薪酬是如何构成的？

1. 基本工资只占年度薪酬的 6%

在刚刚过去的 6 月份，联想集团给杨元庆和高管发放了 2013 财年（2013 年 3 月至 2014 年 3 月）的绩效奖金。《成都商报》记者从联想集团 2013 年财报获知，联想集团给董事及高级管理层发放的薪酬合计 2 402.3 万美元，其中杨元庆 2 135.8 万美元（约 1.3 亿元人民币），占 88.9%；联想集团股权激励发放 1 442.1 万美元，其中杨元庆占 87.69%。

联想集团财报显示，杨元庆的薪酬主要由三部分组成：基本工资、绩效奖金和股权激励。其中，基本工资约占 6%，绩效奖金约占 33.5%，股权激励约占 60%。联想集团管理层的基本工资占 12%，绩效奖金占 52%，股权激励占 36%。与之相比，杨元庆的股权激励更多。具体而言，杨元庆的基本工资为 128.3 万美元，绩效奖金为 715.9 万美元，长期股权激励为 1 264.7 万美元，退休金为 12.8 万美元，其他福利为 14.1 万美元，合计 2 135.8 万美元（约合 1.3 亿元人民币）。

财报显示，为确保 CEO 的薪酬组合具有市场竞争力，联想会根据业绩对其薪酬进行不定额调整。2013 财年，联想 CEO 的基本薪酬增加 5%，高级管理层的基本薪酬增加 3%～15%。

2. 联想高管股权激励占大头

联想集团的董事及高级管理层包括执行董事、非执行董事、独立非执行董事共 11 人，其中有 10 人薪酬中股权激励远高于其他收入，为最重要的收入来源。《成都商报》记者统计，在给上述人士发放的 2 402.3 万美元薪酬中，股权激励为 1 442.1 万美元，占 60.03%。

从 2008—2009 财年开始，杨元庆先后 14 次获得长期股权激励，包括股份增值权（6 次）和受限制股份（8 次）。在 2012—2013 财年，杨元庆分别以每股 6.75 港元、8.22 港元、7.82 港元、7.82 港元获得 170 万股、570 万股、216 万股和 322 万股受限股。仅 2013 财年，朱立南、赵令欢、丁利生、田溯宁、Nicholas C. Allen 等 7 位高管以每股 7.88 港元获得 9.84 万股受限股和相应的股份增值权，另外 2 位高管获得股权激励。

联想近年频繁的股权激励与业绩息息相关，其财报称，得益于业绩的增长，公司上调了奖金和长期股权激励。数据显示，上一财年，联想在各个产品领域都取得了创纪录的出色业绩，包括成为全球个人电脑市场的冠军，市场份额连续五年创下历史新高。公司营收为 387.07 亿美元，增加 14%；毛利达 50.64 亿美元，增加 14%。

数据显示，截至 2014 年 3 月 31 日，联想控股持有联想集团 32.44% 的股份，杨元庆持有 6.86% 的股份。杨元庆成为内地最富职业经理人。

资料来源：杨元庆卫冕内地“最贵 CEO”年人 1.3 亿元．成都商报，2014-07-09.

（四）福利和津贴

许多高级管理人员享有普通员工的常规福利计划，包括传统的退休计划、健康保险和带薪休假等。此外，高级管理人员还享受普通员工得不到的特殊福利，如职位特权，包括从免费的午餐到免费使用公司飞机、高尔夫会员卡等。这些职位特权一方面提高了高管人员在公司以及社会中的地位（可享受豪华办公室、豪华轿车、高级餐厅、五星级酒店等服务）；另一方面可以满足高管人员追求高质量生活的需要，如苹果公司曾奖励给史蒂夫·乔布斯一架价值 9 000 万美元的湾流五号喷气式商用飞机。

福利和津贴在高级管理人员的薪酬收入中所起的作用越来越不可忽视。根据薪酬调查公司 Equilar 的统计，美国 100 位薪酬最高的首席执行官来自营业收入超过 500 亿美元的公司，他们 2012 年的津贴平均为 320 635 美元，比 2011 年上涨 18.7%。这 100 位首席执行官的薪酬中位数超过 1 400 万美元，增长仅 2.8%。

表 8-5 反映了 2003—2004 年不同国家和地区首席执行官的薪酬结构。从中可看出，由于文化差异，各地高管的薪酬组合呈现出差异，其中较为突出的是日本高管的固定薪酬比例显著高于其他国家。

表 8-5　不同国家和地区首席执行官的薪酬组合（2003—2004 年）

国家/地区	占直接薪酬总和的百分比（%）		
	固定薪酬	年度奖金	长期激励
中国香港	55	20	25
日本	75	10	15
马来西亚	55	11	35
新加坡	37	14	50
韩国	57	13	30
英国	56	17	28
美国	30	17	54

资料来源：韬睿惠悦．2004 年环球总薪酬报告．

另外，企业在不同的经济发展阶段所面临的环境不同，追求的目标不同，高管所发挥的作用不同，企业对高管的期望不同，企业面临的高管薪酬问题也有所不同。

在经济增长期，企业主要追求价值增长，企业可以通过为高管提供广阔的发展平台和空间、高额的预期收入吸引他们加入本企业，激励他们带领企业获得高绩效。这时，货币资本相对于人力资本处于较为强势的地位，股东对于高管抱有择优的心态，员工对高管高薪的承受能力较强。在经济衰退期，企业主要追求减亏增盈，企业能够为高管提供的发展平台和空间相对有限，未来预期收入很不乐观，企业需要英雄和明星式人物带领企业走出困境。这时，人力资本相对于货币资本处于较为强势的地位，股东希望高管和他们同甘共苦，员工对高管高薪的心理承受能力较弱。因此，处于不同成长阶段的公司，其高管薪酬体系具有不同的特点（见表 8-6）。

表 8-6　不同成长阶段公司的薪酬体系的特点

	初创期	高速成长期	成熟期
现金薪酬	• 给副总裁及经理级人员发最低基本工资 • 竞争性的奖金	• 高于平均水平的基本工资 • 给副总裁及经理级人员发竞争性的奖金 • 大范围发放奖金	• 平均水平的基本工资 • 副总裁及关键技术人员享有较高的基本工资 • 发放较高的具有竞争力的奖金
长期激励计划	• 所有员工享有持股权 • 股票数量根据总股数的百分比确定	• 大多数员工享有持股权 • 员工级别不同，实际授予额度也不同 • 解决增长减缓问题	• 有竞争力的长期激励方式仅限于副总裁和一些关键员工 • 长期激励方式包括持股权计划及股票
福利	• 有限度地提供福利待遇 • 有限度的退休福利	• 提供福利的目的是满足目前的需要 • 更有价值、范围更广的福利待遇 • 增加退休福利及节假日	• 考虑采用所有雇佣计划 • 提供福利的目的是满足目前及将来的需要 • 退休福利非常丰厚 • 多种福利计划

资料来源：彭剑锋．战略人力资源管理：理论、实践与前沿．北京：中国人民大学出版社，2014.

四　高管薪酬的设计要点

（一）成立薪酬委员会

在制定高级管理人员薪酬计划的过程中，不同的个人或者团队会参与进来。首先是薪酬委员会。上市公司高管薪酬的数额和结构通常由董事会下设的薪酬委员会制定。薪酬委员会一般为公司董事会的常设专门委员会，由 3～5 名董事会任命的董事委员（大多为独立董事）组成。这些决策人员一般具备很强的专业性，还会邀请一些战略咨询顾问或专业薪酬顾问参与，向他们咨询。薪酬咨询顾问一般依据战略分析就有关高管人员的薪酬计划提出建议，对推荐的薪酬计划做出评估，讨论薪酬计划对公司经营的影响。经过慎重考虑以后，薪酬委员会将其认为最佳的薪酬方案推荐给董事会。董事会是股东利益的代表，他们对高管人员所做的决策进行权衡。公司董事会对薪酬委员会推荐的薪酬方案要给予最终的批复。

（二）合理确定高管人员的薪酬水平和组合比例

高管人员薪酬水平的确定要兼顾内部公平性与外部竞争性。企业高层管理者与普通员工的收入差距过大日益引起社会争议，企业必须对这种差距做出合理的安排与解释。对于高管这样的对于企业有关键作用的职位，企业必须拿出有市场竞争力的报酬才能吸引到真正优秀的人才。

更为重要的是，高管人员的薪酬一定要与企业的经营风险联系在一起，应加大变动报酬尤其是长期激励的部分，并把握好高管人员与股东之间的利益平衡，注重激励性、约束性和长期性。高管薪酬具体的组合比例没有绝对的最优解。企业处于不断变化的经营环境中，经历着产品生命周期、企业生命周期的变更，因此，在不同阶段给高管人员的基本工资、短期激励和长期激励的组合有所不同。所以，高管薪酬的水平和结构必须符合公司战略的要求，以更好地支持公司战略的落地。设计高管薪酬的组合时，除了企业自身的发展特征，高管人员的个人特征也需要纳入考虑。Lambert（1991）指出，如果一个风险厌恶的高管人员的收入很大程度上与股票价格相关，那么这个薪酬组合对于高管而言的价值可能与股东认为的成本有很大差异。

（三）合理确定高管的绩效考评方案

针对高管人员的薪酬设计包括两方面的内容：一方面是设计一套薪酬组合来吸引、激励和保留高管人员；另一方面是对高管人员的绩效衡量，这关乎高管人员能否实现良好的绩效。过分强调某一类经济指标，如每股收益、投资回报率等，会导致高级管理人员过于关注短期目标，而忽视提高公司成就的长期行动。为了提高组织绩效，很多专家建议将衡量高管人员的绩效指标从单纯的经济指标扩大到包括现金流、市场份额、经济附加值（EVA）等的绩效评价指标。拓宽对高管人员的绩效评价范围，能够引导高管人员更加主动地做出有利于公司发展的长期战略行为，更好地平衡股东和高管之间的利益关系。表8-7给出了针对高管人员常用的公司业绩衡量指标。

表8-7　公司业绩衡量指标

规模和增长	盈利性和杠杆
销售额	边际利润
资产	资产收益率
利润	股本收益率
市场价值	负债/权益比率
员工数量	短期负债与长期负债
	现金流量与利息支付
资本市场	**流动性**
股息收益率	流动比率
整体股东投资回报率	速动比率
市盈率	营运资金
派息率	经营产生的现金流量

五　我国国有企业高管薪酬

（一）我国国有企业高管薪酬制度的变迁

我国国有企业薪酬制度的变化跟随国有企业改革的步伐。在计划经济条件下，国有企业是政府的附属物，国有企业领导人属于国家的干部，厂长和经理完全由上级领导和任命。这种情况下的管理者严格说并不是真正意义上的经理层，企业管理人员更多被视为具有行政级别的国家干部。政府与企业之间有频繁的人事调动，管理人员的工资与企业的经营业绩没有直接联系，而是与其行政级别及政府公务员工资挂钩。当时普遍实行职务等级工资制度，按照地区、产业、企业和科室等变量来确定管理人员的工资，目的是统一国家机关、事业单位和企业的干部工资制度。管理者的经营才能没有得到充分认识和承认，与同等级的技术人员没有明显差别，企业没有针对管理人员的奖励制度。国家不仅对经理层的收入数额通过工资等级实施严格的限制，在增值速度上也实施严格的管制。

1978年以后，中国的计划经济开始向市场经济过渡，国有企业开始改革。1978—1986年主要实行放权让利的改革。与计划经济时期相比，国有企业高管的收入有了提高。因为企业自主权扩大后，厂长和经理拥有部分剩余索取权和某些剩余控制权。企业高管的收入开始与利润挂钩。企业有一定的利润分配自主权后，国有企业奖金增加，企业领导人的奖金高于普通职工，但是差距有限。如果国有企业效益比较好，企业领导人的职务消费就较高，这使得职务消费成为一种激励机制。

1992年之后，国有企业步入初步建立现代企业制度、大力推进股份制和深化改革的阶段。在这一阶段，国有企业推行年薪制，同时开始尝试推进股权激励等制度。但经理层薪酬奖励的绝对数额和增长幅度仍然被限制在一个相对狭小的范围内。总体来说，在2000年以前，国企高管薪酬水平总体偏低，明显低于私有企业和混合所有制企业。

随着市场经济体制进一步完善，国企高管薪酬制度改革进一步深入。2003年，国资委正式下文使得年薪制成为国有企业的制度性规定，年薪制使国有企业高管薪酬收入向市场靠拢，薪酬制度开始与业务考核全面挂钩。年薪制和股权激励的实施大幅拉开了企业经理层与普通员工的收入差距。过大的收入差距引发强烈的社会反响，也引起政府主管部门对经理层薪酬是否过高的反思，相关部门纷纷出台一系列的法规对经理层的薪酬予以规范和限制，限制的方法通常是将经理层的薪酬与职工的平均收入挂钩。同时，国有企业高管的股权激励受到一定的限制，通常是限制股权激励总额及其在总薪酬中的占比。

（二）我国国有企业高管薪酬激励的一般形式

目前我国国有企业高管薪酬主要包括现金报酬和股权激励。现金报酬包括工资、奖金等报酬；而股权激励由于与国有企业所有制冲突，只存在于少量国有企业中，并且股权激励的比例较低。2015年开始实行的《中央管理企业负责人薪酬制度改革方案》规定中央企业负责人的薪酬主要包括基本年薪、绩效年薪、任期激励三个部分。中央企业负责人的基本年薪按月支付。绩效年薪按照先考核后兑现的原则，根据年度经营业绩考核结果，由企业一次性提取，分期兑现。企业主要负责人的基本年薪与上年度中央企业在岗职工平均工资相联系；绩效年薪根据年度经营业绩考核结果确定。任期激励，是考核负责人在整个任期内的经营业绩后进行的激励。同时，在补充保险方面，企业在依法参加基本社会保险的基础上，为负责人建立企业年金和补充医疗保险的，要按照国家有关规定确定标准。在职务消费方面，企业要从严控制职务消费，按有关规定建立健全职务消费管理制度。

通常而言，对国企高管除了薪酬激励，还有其他激励形式：

(1) 行政职务的晋升。我国国有企业的高管中大部分是通过组织任命、上级委派或调任等行政任命方式选拔出来的，这类高管选用方式正是国有企业公共性的集中体现。高管人员的任命权较大程度上由政府控制，中央政府和地方政府分别拥有中央和地方国有企业高管人员的任命权。通过竞争上岗、公开招聘等非行政任命方式选拔的高管在国有企业高管总数中所占比例较小。因此，对国企高管的激励包含行政职务的升迁机会，行政职务晋升对国有企业高管人员具有显著的激励效果（黄福广等，2011），政治收益无形中成为薪酬激励的替代品。

（2）声誉。国有企业的经营状况关系到社会经济的平稳运行，其经营业绩更容易受到社会的认可。声誉激励能将这种社会认可通过新闻报道、荣誉奖励等方式形式化，满足高管自我实现的需要。有学者认为，可根据企业的长期表现，在高管退休时授予其不同级别的荣誉职位（张晨，2017），或者参考国企高管对市场和经济的理解和洞察，增加其参政议政的机会以作为激励（于文超等，2012）。

（3）其他激励方式如控制权激励、职务消费等对高管具有一定的激励作用。控制权的大小决定了高管的行为空间，在一定程度上可以满足其自我实现的需要和权力需要，职务消费可以给高管带来报酬之外的物质利益满足。但随着对国有企业负责人的激励和约束机制愈发完善，对我国国有企业而言，控制权激励和职务消费带来的激励不再具有普遍性。

（三）我国国有企业高管薪酬的主要问题及改革方向

1. 薪酬水平整体偏低

国企高管的薪酬总体上较低。韬睿惠悦的《2015—2016 中国 A 股上市公司高管薪酬报告》显示，受 2015 年国企“限薪”政策影响，地方国有企业高管薪酬呈下降趋势，中央国有企业高管薪酬增速低于全行业，而非国有企业高管薪酬增速可观，导致国有企业和非国有企业的薪酬差距进一步拉大。有学者认为，国有企业的薪酬管制对企业绩效产生了负向影响，薪酬管制的存在使得职务消费与高官腐败成为国企高管的替代性选择（陈信元，2009），增加了代理成本。在中央持续“反腐”的政策背景下，国企高管的职务消费额度大幅降低。所以，整体而言，国企高管的物质激励水平较为有限。

2. 缺乏有效的长期激励机制

国有企业高管作为企业的经营管理人员，需要有相应的长期激励手段，以促进国有企业的长远健康发展。目前，国企高管薪酬的主要形式仍然是货币性报酬，长期激励的占比较小，未能妥善解决经营中的代理问题。股权激励在非国有企业高管薪酬中占很大比例，而在国企中几乎没有或者极少。

3. 企业内部薪酬“倒挂”

自 2015 年“限薪”政策实行后，中央企业高管的薪酬水平得到控制。但与此同时，一些中央企业二级分公司的管理层未限薪，从而出现央企负责人与二级公司负责人收入“倒挂”的局面。这大大削弱了中央企业负责人薪酬的激励效果，更不利于对企业中层管理者寻求晋升产生激励效应。

为解决国有企业高管薪酬的诸多问题，分类管理是改革方向。2015 年颁发的《关于国有企业功能界定与分类的指导意见》根据主营业务和核心业务范围，将国有企业界定为商业类和公益类。对商业类国有企业而言，要优化资源配置，加大重组整合力度和研发投入，加快科技和管理创新步伐，持续推动转型升级，培育一批具有创新能力和国际竞争力的国有骨干企业。对公益类国有企业而言，要根据承担的任务和社会发展要求，加大国有资本投入，提高公共服务的质量和效率，严格限定主业范围，加强主业管理，在提供公共产品和服务方面做出更大贡献。

在此背景下，不同类别的国有企业，高管的聘用、考核和薪酬机制都将产生差异。只有根据国有企业功能界定与分类提出有针对性、差异化的政策措施，才能最有效地激励国有企业高管，使国有企业更好地完成其"盈利性使命"和"公益性使命"。

小资料

我国国企高管薪酬改革

1. 央企薪酬改革拉开序幕

我国从2002年开始推行国企高管年薪制，规定高管年薪不得超过职工平均工资的12倍。不过，此后伴随中国经济的发展和国企盈利的增长，这一数字早已被突破。

早在2009年，经国务院同意，人力资源和社会保障部会同中央组织部、监察部、财政部、审计署、国资委等联合下发了《关于进一步规范中央企业负责人薪酬管理的指导意见》。2014年，中央全面深化改革领导小组审议了《中央管理企业主要负责人薪酬制度改革方案》和《关于合理确定并严格规范中央企业负责人履职待遇、业务支出的意见》，这两份文件是自党的十八届三中全会以来，中央全面深化改革领导小组审议的关于国企改革的首批文件。中共中央政治局于2014年8月29日召开会议，审议通过了《中央管理企业负责人薪酬制度改革方案》。习近平指出，要逐步规范国有企业收入分配秩序，实现薪酬水平适当、结构合理、管理规范、监督有效，对不合理的偏高、过高收入进行调整。深化国有企业负责人薪酬制度改革工作电视电话会议2014年11月6日在北京召开。2015年1月1日，《中央管理企业负责人薪酬制度改革方案》正式实施。方案明确，下一步央企高管薪酬将采用差异化薪酬管控的办法，综合考虑国企高管当期业绩和中长期持续发展，重点对行政任命的央企高管人员以及部分垄断性的高收入行业的央企负责人薪酬水平实行限高，以此抑制央企高管获得畸高薪酬，缩小央企内部分配差距，使得央企高管人员薪酬增幅低于企业职工平均工资增幅。央企负责人薪酬将由以往基本年薪和绩效年薪两部分构成，调整为基本年薪、绩效年薪、任期激励收入三部分构成。在中央指导下，各省市纷纷出台地方关于深化企业负责人薪酬制度改革的实施意见。

国务院国有资产监督管理委员会2016年公布的2015年我国111家国有企业高管薪酬数据显示，高管最高的税前薪酬为120万元，企业高管的平均收入为40万～50万元。薪酬限制已经取得初步效果。

随着改革不断深化，强调央企、国企的"一把手"更多地从市场中产生，同时国企高管薪酬将与其选聘方式挂钩，即政府任命的由政府定价，市场选拔的由市场定价。

2. 中国移动高管薪酬最多降五成

国企降薪风刮到了电信运营商。中国移动在内部公布了降薪方案，据说高管年薪最多降五成。不过一线员工大可放心，工资不但不会降，可能还会涨。但在业内看来，"降"字当头的中国移动，或激发新一轮的离职潮。

在年中总结会上，中国移动公开了降薪方案。流传出的方案显示，中国移动二级正以上干部年薪将降50%，各省公司班子成员年薪降40%，处长级管理人员年薪降20%。不过在公司发布的一份声明中，中国移动称不会层层降薪，薪酬将适度向一线人员倾斜。

资深电信观察家项立刚分析指出，运营商高管的薪酬远低于互联网、设备商甚至手机商。他举例说，同样是从北京邮电大学毕业的学生，就职于运营商拿到年薪60万元已是极致，而在华为可能超过100万元。面对外界更优厚的待遇和更自由的发展空间，中国移动的中坚力量可能会想“走出去”。某运营商员工告诉《北京晨报》记者，近一年来公司不少中层离开。不久前，中国移动终端公司总经理何宁因个人原因已提出离职。

中国移动薪酬改革只是国企降薪浪潮的缩影。首轮薪酬改革涉及72家央企，包括中石油、中石化、中国移动。此前，“两桶油”都已传出降薪消息。神华集团在5月22日公开表态，2015年其全员工资总额下调10%。

3. 国企高管薪酬改革不应等同于“限薪”

加大国企高管薪酬改革力度，约束国企高管薪酬分配行为，是没有任何争论的问题。但有人对目前的高管薪酬改革方案提出质疑。从目前出台的改革方案以及社会各界对国企高管薪酬改革的要求来看，薪酬改革似乎进入了一个怪圈，那就是把国企高管薪酬改革与“限薪”等同起来，只要谈到国企高管薪酬改革，就是限薪；否则，就认为方案不合理，就会对方案提出各种质疑。

改革国企高管薪酬体制，首先必须明确为什么要对国企高管薪酬进行改革，改革是否就是为了把国企高管的薪酬压到远低于其他所有制同类企业高管的水平。如果这样，就从一个极端走向了另一个极端。

国企也是企业，也需要按照市场化原则制定高管薪酬分配方案。只有这样，才能使国企与其他所有制企业处于平等的竞争地位。也就是说，收入过高、待遇过好，不利于国企的发展；反之，收入过低、待遇过差，也不利于国企的发展。市场化才是国企高管薪酬改革的最根本原则。因此，要使国企高管薪酬市场化，首先必须让国企市场化，让国企成为真正的市场主体。

从目前的实际情况来看，国企高管的任免仍然不能由企业自主决定，是国企难以走市场化之路的关键。因为只要企业董事会没有任免经营层的权力，企业就难以成为真正的市场主体，高管薪酬制度改革就只能在行政管制范围内打圈，不管标准放在多高，都很难协调好各方面的关系。薪酬高了，舆论和公众不满意；薪酬低了，高管的积极性调动不起来。找到平衡点，突破国企高管薪酬改革就是“限薪”的怪圈，将成为下一步国企高管薪酬改革最大的难点之一。

资料来源：北京晨报，2015-07-24；新京报，2015-08-18.

思考：国企高管薪酬改革应考虑哪些方面的因素？

第2节　销售人员的薪酬设计

一　销售人员概述

在市场经济的竞争中，销售人员除了通过推广和销售企业的产品与服务来帮助企业实现盈利，还要对顾客的行为变化做出直接的反应，并且给相关部门提供及时的反馈。因此，销售人员对于组织而言，在吸引和保留客户、促进企业成长和盈利方面起到关键性的作用。企业已经将销售人员薪酬作为提升整体销售业绩的有效手段，而不是把它看作需要尽可能降低的人力成本。要设计合适的薪酬体系，首先必须了解销售人员的特点。与其他工作相比，销售人员的工作具有以下特殊性：

1. 销售工作时间和地点自由，难以对其进行监督

生产线上的工人以及职能人员都在组织内特定地点工作，但是，绝大部分销售人员的工作地点在公司以外。此外，销售人员的工作时间非常灵活，经常依据客户的时间而定，因此管理层很难直接观察和管理销售人员的行为，很难对销售人员的工作情况进行监督。一部分销售人员通过团队作业方式完成工作，也有很多销售人员通过单独的行动，依靠自身的经验、销售技巧、个人努力来完成销售任务，这两种工作方式都非常灵活，给销售人员工作行为的管理和考核带来巨大的挑战。

2. 销售人员的业绩可以有效衡量

尽管管理人员和专业技术人员的工作地点比较固定，但其工作业绩很难量化。销售人员恰恰相反，尽管工作难以监督，但是销售人员的工作业绩相对容易量化和衡量。一般来说，销售人员的业绩表现为一定时期内的销售额、销售数量、市场份额、新客户的开发数量、客户保有率、货款回收额等，业绩指标具体明确。因此，大多数销售人员的薪酬结构以个人绩效为主要依据。美国薪酬协会的调查结果证实，只有一线销售经理的绩效更大程度上以团队为基础，其他均以个人为基础。

3. 销售人员业绩不稳定、波动大

销售人员面临的外部环境是多变的。经济环境的波动、技术的变革、竞争对手的突击等因素使得销售人员经常要应付风险和不确定性。因此，销售人员的工作和努力所获得的结果并不具有一致性和持续性。在经济形势好的情况下，销售人员很轻松就能完成甚至超额完成任务；相反，在市场萧条的情况下，销售人员百般努力也业绩平平。比如，在 2008 年金融危机以后，世界各国的汽车行业受到相当大的影响，其中美国 2008 年销售汽车 1 320 万辆，同比下降 18%。

市场环境会影响销售人员的薪酬计划。市场环境差时，企业可以通过根据市场变化调整销售人员的基本销售量，或者提高超过基本销售量的单位销售额的提成比例等多种方式来改进薪酬计划。很多企业会根据市场环境变化在年中及时调整薪酬计划。

二 销售人员的薪酬方案

薪酬对销售人员起着重要的激励作用。设计得当的销售人员薪酬方案能够给公司的销售带来激动人心的增长。在实践中，鉴于销售人员的工作特性，销售人员的薪酬设计方案有以下几种。

（一）纯薪金制

纯薪金制是指在特定时期内，按固定金额付给销售人员工作报酬。纯薪金制能够确保销售人员有稳定的收入，满足销售人员的生活需要，并能培养员工对公司的忠诚。这种薪酬制度的缺点是不能提供激励。销售人员往往只承担足够的职责来维持他们的工作，而不创造突出业绩。此外，贡献不同的销售人员获得同样的薪金会导致不公平，对优秀或低劣业绩的“忽视”会进一步打击销售人员的工作积极性，导致更低的销售业绩。

纯薪金制没有将工资和风险联系起来，适合以下一些特殊情况：高科技含量的产品或服务销售；大额交易达成前的长期协商阶段；处于新兴的市场中；处于多变的、难以预测的市场中；非销售活动较多；销售人员的努力和销售业绩的关系难以确定；服务于固定客户及将所有销售转交给批发商的销售人员；销售新人。

（二）纯佣金制

纯佣金制又叫代理制，是指销售人员没有基本工资，完全根据销售业绩，按照一定的比例取得报酬的方式。在实践中，佣金确定的基础可以是总销售量、总销售额，也可以是企业的销售利润，也就是按照销售额或者利润进行提成。佣金比例有三种形式。

（1）固定比例法，是指根据销售人员目标达成情况，按照固定比例提取佣金。比如，按照总销售额的2%提取佣金，某位员工在1月份完成销售额50 000元，他在该月能够拿到的佣金为50 000×2%=1 000元。这种方法的主要特点是，只要销售人员有业绩就能享受提成，操作方便简单，激励性强，但难以制定合理的提成比例。

（2）递增式比例法，是指为销售人员的销售业绩设置不同的佣金比率，根据销售人员目标达成情况确定相应佣金提取比例。在这种制度下，完成目标值越大，提取比例越高，因此能有效激励员工为超额完成目标而努力，但企业需要为此付出较高的人工成本。表8-8为一种递增式比例提取方案。

表8-8　　纯佣金制——递增式比例提取法

类别	销售任务（销售额度）	个人提成比例（‰）
车位	≤30万	1.6
	30万～60万	1.7
	>60万	1.8
商铺	≤50万	1.0
	50万～80万	1.1
	>80万	1.2

（3）递减式比例法。这种方法也为销售人员业绩设置不同的佣金比率，但是和递增式比例法相反，完成目标值越大，提取比例反而越小。企业采取这种做法的一个前提假设是：员工通过个人努力可以达到某一目标值。超出这个目标值，可能不是得益于员工的个人努力而是得益于市场因素。这种做法可能打击员工的工作积极性，但是有利于企业节省成本。

纯佣金薪酬制度的优点是销售人员的收入与他们的业绩直接挂钩，具有极强的激励性且易于计算和理解。收入以业绩为基础，让销售人员感觉公平合理。但是纯佣金制的缺点也很明显。首先，没有基本工资意味着销售人员的收入没有保障，业绩的波动性导致销售人员的薪酬不稳定。其次，这种做法不利于培养员工对企业的归属感和忠诚度，会造成较高的员工流失率。最后，这种薪酬制度会导致销售人员过度重视销售额或者销售量，而忽略建立和维护客户关系、维护企业形象等非销售活动。

纯佣金制适合最终业绩与个人努力相关并且几乎可以为销售人员所控制的情况。当公司处于初创阶段，没有多余资金或者公司认为不必强调服务或建立长期客户关系时，为获得高水平销售额，纯佣金制往往是有效的。

（三）基本工资加佣金制

基本工资加佣金制相当于一个有保证的最低工资加上销售提成。基本工资能够保证员工每月都有收入，保障其基本生活，降低员工的收入风险；另外，基本工资的存在鼓励员工参与一些不能直接带来佣金的非销售工作，比如维护客户关系、接受培训等。佣金制的存在促使员工努力工作，加大了对员工销售的激励作用。表 8－9 可以具体说明基本工资加佣金制的具体做法。

表 8－9　　基本工资加佣金制

薪酬构成	佣金计算方法	
	业绩标准	佣金占销售额的百分比（%）
基本工资：2 000 元/月 佣金：按业绩提成	订单前毛利率＞40%	2.50
	20%＜订单前毛利率≤40%	2.00
	10%＜订单前毛利率≤20%	1.50
	订单前毛利率≤10%	0.50

（四）基本工资加奖金制

基本工资加奖金制是指销售人员除了能拿到基本工资，如果销售业绩好，还能拿到额外的奖金。奖金常常以半年或者一年为周期支付，或者在更短的周期内支付。最佳的激励方式是员工一旦完成任务就尽快奖励，通过这种方式迅速强化公司鼓励的行为，在销售人员中树立榜样。奖金和佣金的区别在于佣金只与销售额或利润等量化结果指标直接相关；奖金则与考核指标相关，而考核指标可以是结果指标，也可以是过程指标，或者是几类指标的综合，这样可以鼓励员工开展一些非销售活动以及其他销售管理工作。当企业要实现长期目标，如建立和增进与客户的长期关系或者销售大型设备，或需要团队努力实现销售目标时，基本工资加奖金制最为有效。

在这种情况下，员工每月基本工资固定，但是奖金的发放形式比较灵活。一种做法是基于个人基本工资和业绩考评结果发放奖金（见表 8－10）；另外一种做法是每月给一个固定的奖金额度，根据员工业绩目标的完成情况，实行浮动奖金，即多劳多得，少劳少得（见表 8－11）。

表 8－10　　基本工资加奖金方案 1

薪酬构成	奖金计算方法	
	业绩评定结果	奖金占个人基本工资的比例（%）
基本工资：60 000 元/年 年终奖：按业绩支付	优秀	20
	良好	15
	合格	10
	不合格	0

销售人员工资计算举例：在表 8－10 所示方案下，如果销售工程师 A 和销售工程师 B 在年终绩效考核中分别评定为优秀和良好，则销售工程师 A 在本年度内的薪酬总额为：60 000＋60 000×20%＝72 000 元，而销售工程师 B 能拿到的薪酬总额为 60 000＋60 000×

15%=69 000元。

表 8-11　　基本工资加奖金方案 2

薪酬构成	奖金计算方法	
	销售目标完成情况	目标奖金的提取比例（%）
基本工资：3 000元/月 每月奖金：目标奖金为2 000元	50%以下	0
	50%～100%	50
	100%	100
	100%～120%	120
	120%以上	130

销售人员工资计算举例：在表 8-11 所示方案下，如果某销售工程师 1 月份仅完成目标销售额的 80%，则该销售工程师 1 月份的工资总额为 3 000+2 000×50%=4 000 元；2 月份该工程师超额完成目标销售额，完成额度为目标额的 110%，则该工程师 2 月份的工资总额为 3 000+2 000×120%=5 400 元。

（五）基本工资加佣金加奖金方案

基本工资加佣金加奖金方案是一种典型的混合方式，结合了佣金制和奖金制的特点。其优点是组合的报酬具有弹性，为销售人员提供了保障和激励。管理层期望的特定销售行为可以通过组合的报酬简便、迅速、频繁地得到强化。但是这种方式管理起来较为复杂，而且需要管理者注重与员工沟通薪酬，否则目标设置过多，最重要的目标往往被忽略或遗忘。以表 8-12 为例说明这种薪酬方案。

表 8-12　　基本工资加佣金加奖金方案

薪酬构成	佣金计算方法		年终奖计算方法	
	目标销售额的完成情况	佣金占销售额的比例（%）	绩效考核结果	奖金占基本工资的比例（%）
基本工资：2 000元/月 每月佣金：按业绩提成 年终奖：基于绩效考核和个人基本工资	50%以下	4	优秀	120
	50%～80%	6	良好	100
	80%～100%	10	一般	80
	100%以上	16	不合格	0

销售人员工资计算举例：在这种方案下，如果某销售人员 1 月份的销售额为 50 000 万元，仅完成目标销售额的 60%，则他 1 月份的工资总额为 2 000+50 000×6%=5 000 元。除了每月的工资和佣金，在年终时，该员工在绩效考核中被评为良好，则他可以领取的年终奖为 2 000×100%=2 000 元。

三　销售人员薪酬方案的选择

以上各种薪酬方案没有优劣之分，每一种薪酬方案都有自己的特点。企业在选择薪酬方案时，要结合经济、市场、企业、员工等多方面的特征，明确每一方面因素对薪酬体系的具体要求，从而设计出有效的薪酬体系。

图 8-1 展示了华信惠悦全球调研得到的企业针对各类销售人员的奖金发放方式。很多人认为销售人员的薪酬设计中实施佣金制的比重很高，但上述调查结果显示使用奖金制

的比重最大。这主要是由于：(1) 佣金制更适合企业的初创阶段，在企业品牌发展和市场开拓的初始过程中，销售量很大程度上依赖于销售人员的努力；而当企业到了成熟期，销售量更大程度上取决于企业的产品策略、市场投入、营销策略和品牌影响等因素。(2) 佣金制容易导致销售人员过度关注销售量，而不关注客户满意度、销售网点建设、销售队伍建设和新客户开发等其他管理目标；奖金制则可以灵活地兼顾企业发展战略中强调的多重管理目标。(3) 佣金制下的短期雇佣关系易降低员工忠诚度，提高离职率；而奖金制则可以缓解这一矛盾。

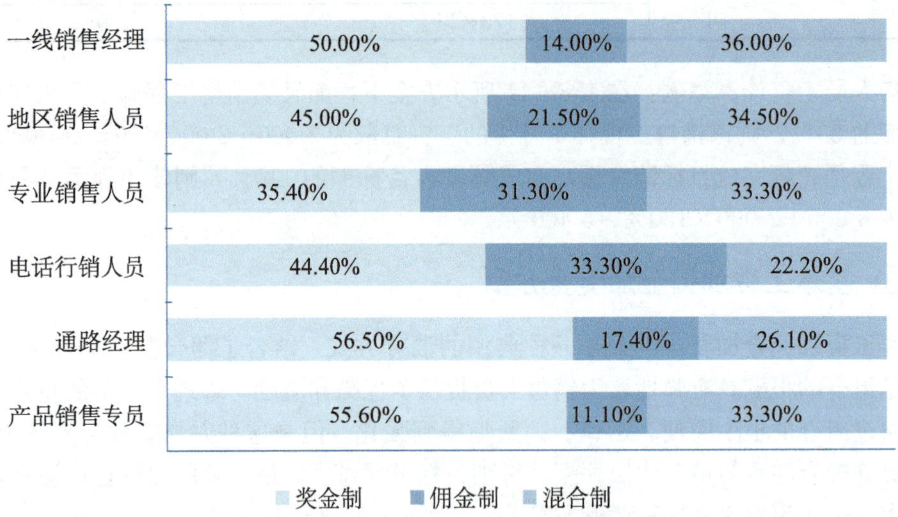

图 8-1 企业针对各类销售人员的奖金发放方式

薪酬设计除了选择一种薪酬方案，还要考虑固定薪酬和可变薪酬的比例。美国薪酬协会的调查显示，销售人员薪酬构成中固定薪酬比例为60%～70%，可变薪酬比例为30%～40%。

当然，不同的情境下薪酬设计有不同的选择，影响销售人员薪酬设计的因素包括以下几个方面。

(一) 组织战略

不同的组织战略要求不同的员工行为模式，从而需要不同的薪酬战略来引导组织期望的员工行为。不同的组织战略对销售人员工作行为的要求差别很大。对销售人员的非销售活动要求越多，他们的薪酬组合就越倾向于使用固定工资和绩效奖金而不是佣金或提成。举例来说，如果企业战略强调市场份额的增长和客户满意度的提升，销售人员必须从事较多的客户服务工作，那么单纯的佣金计划显然就行不通了。相反，如果企业的发展战略是提高销量，鼓励员工富有进取性的销售行为，那么以佣金为基础的激励计划就能有效促进销售人员提高销售额。

(二) 销售人员对购买决策的影响力

一般来说，销售人员的主观努力对销售结果的影响越大，薪酬组合中就越应该强调提成或佣金。销售人员对购买决策的影响力差别很大。举例来说，在保险行业，一线保险业务员的工作绩效在很大程度上取决于个人是否积极主动地寻找客户，因此业务员的基本工资很低，大部分薪酬基于业绩提成。针对政府客户的销售人员则不同，政府客户更加关注所购产品或服务满足其时间和规模等要求的程度，而且在销售过程中处于相对强势的地位，此时销售人员的销售技巧对政府采购并不具有决定性的意义。当行业处于快速发展阶段，产品（比如苹果手机）在市场上的需求量大，产品销售额的增长很大程度上取决于产品和市场本身，对销售人员的要求没有那么高，这类销售人员的薪酬中变动部分相对较小就合情合理。

（三）行业和产品的特点

企业所处的行业不同，销售人员的薪酬模式也会有所差别。对于一些产品，比如医疗器械、大型通信设备等，进入壁垒很高，客户群相对稳定，销售额更大程度上来自企业对客户关系的维持和推广投入，需要对销售人员进行大量的技术性培训。在这种情况下企业往往给予销售人员较高的基本工资以鼓励他们学习，开展客户关系维护等活动。相反，在一些进入壁垒很低的行业，销售人员很容易就能够掌握产品的特点，容易和顾客建立关系，不需要接受大量培训，这些行业销售人员的基本工资比较低。比如，高度竞争的保险公司的销售人员多实行"高提成＋低薪金"模式甚至纯佣金模式。

（四）企业产品的生命周期

企业的"业务周期"是影响销售组织绩效的关键变量（Madhani，2015）。企业产品所处生命周期不同，对应的销售人员薪酬模式也会有所差别。刚上市的产品在市场上没有知名度或知名度很小，需要销售人员做很多工作去开拓市场，而这个阶段的销售额往往很低，这个时候可以采用一定的保底工资加提成的模式，以维持销售队伍的稳定性，同时提高员工销售新产品的积极性。经过一段时间的努力，产品逐渐在市场上打开了销路，销售处于快速成长阶段，这时候应提高浮动薪酬，以激励销售人员努力扩大市场份额。当产品进入衰退期，市场份额逐渐缩小时，为了延缓衰退，从该产品中赚取更多的利润，需要将销售人员的薪酬改为"高薪金＋低浮动"模式。

小资料

销售人员薪酬设计相关研究回顾

20世纪80年代出现的几篇重要论文研究了提成制度在企业中的应用。其中一篇由哈佛商学院的拉吉夫·拉尔（Rajiv Lal）及其合作者所著的论文，主要讨论不同行业中销售流程的不确定性如何影响薪酬设计。他们发现，企业销售流程不确定性越高，销售人员薪酬中固定薪酬占比应越高；销售流程确定性越高，提成收入占比应越高。例如，波音公司销售员可能几年才能拿到一份787飞机订单，这样的公司如果主要按提成付薪，将很难招到人。相反，如果销售发生得更快更频繁（上门推销员可能每小时就成交一单）且销售流程确定性较高（主要与销售员能力和主观努力相关），那么薪酬应主要基于提成。

20世纪80年代末的另一项重要研究来自经济学家本格特·霍姆斯特罗姆（Bengt Holmstrom）和保罗·米尔格罗姆（Paul Milgrom）。他们合作发表了一篇高度理论化、假设条件复杂的论文，主张固定比例提成是最合理的销售团队薪酬方案。作者认为，如果薪酬规则过于复杂，与业绩目标挂钩的激励手段太多，销售员会想办法利用规则的漏洞。最常见的钻空子行为是在签单时间上做文章。例如，一位销售员年底尚未完成全年指标，他可能会请求关系不错的客户把下年1月的单子提前到12月的最后几天；相反，如果销售员提前完成全年指标，他可以把12月的单子拖到1月，给新年开个好头。

薪酬设计中的公平问题相当复杂。例如，管理者知道，包括销售在内的任何领域的成功都需要一定的运气。如果一名饮料公司销售员负责的片区刚好新开了一家沃尔玛，他的销售额和提成就会上升。但这只是由客观因素造成的，因此公司不过是在为他的运气买单。而如果销售员只是因为运气不佳遭受收入下降，他可能会郁闷地离开。这种人员流失可能会造成麻烦。因此，很多公司仍采用相对复杂的薪酬体系，虽然管理难度和成本较高，但能吸引不同类型的销售员；为减少运气因素对公平性的影响，管理者还可设置提成上限，或在绩效考核时注意评估销售员的主观努力，而非只以最终销售额为准。

弗吉尼亚大学达顿商学院教授汤姆·斯蒂恩伯格（Tom Steenburgh）2008年开展了一项研究。斯蒂恩伯格说服一家办公设备B2B公司提供几年的销售和薪酬数据，分析每名销售员的薪酬对其表现的影响，并尝试从中总结一般规律。这家公司的薪酬体系比较复杂：销售员的薪酬包括底薪、提成、季度绩效奖金、年终奖，以及与特定销售指标挂钩的超额提成。斯蒂恩伯格重点考察的是，有无证据显示销售员利用规则漏洞为完成指标提前或拖后签单。斯蒂恩伯格发现，虽然销售指标完成情况关乎大笔奖金，但没有证据表明销售员会利用时间差玩数字游戏。他认为原因在于，这家公司的客户严格按照自身需要签订合同（例如只在季度末或年末签单），而且监督管理力度足够大，这些能够防止销售员钻空子。对大多数企业的销售部门而言，销售指标和奖金是薪酬体系的重要组成部分，因此这项研究很有意义。

2011年，加州大学洛杉矶分校的桑约格·米斯拉（Sanjog Misra）和斯坦福大学的哈里克什·奈尔（Harikesh Nair）发表的一项研究分析了一家《财富》500强光学企业销售部门的薪酬体系。与上述公司不同，这家公司采用相对简单的薪酬方案：销售员薪酬包括底薪和绩效提成；与很多大公司一样，为防止奖金总额过高，设置了提成上限。

经过数据分析，米斯拉和奈尔得出结论：设置提成上限有损总体销售业绩，取消奖金封顶对公司有利；此外，鞭打快牛的管理方式影响了销售团队士气。销售指标的设置和调整是销售人员薪酬方案中非常微妙的部分。对于鞭打快牛存在争议：有人认为如果不提高指标，销售员太容易拿到提成和奖金；也有人认为，公司在一位销售员取得出色业绩后仍提高指标，实际是在惩罚最优秀的员工。米斯拉和奈尔预测，如果取消提成上限且不再设置销售指标，销售额将上升8%。这家公司采纳了他们的建议，结果下年度全公司营收上涨了9%。

资料来源：哈佛商业评论，2015-04-12.

四　销售人员薪酬设计的问题及对策

（一）目前存在的问题

1. 过分看重短期的销售目标而忽略企业的长期目标

在很多企业管理者眼中，销售人员最重要的任务是在短期内使公司的销售额最大化，尽可能获得较高的市场份额。因此，在销售人员的薪酬设计上，很多企业采用低固定工资高提成的方式。不可否认，这样一种薪酬体制对于迅速提高企业销售额具有十分重要的作用。但是，很低的固定工资使销售人员对公司缺乏归属感。销售人员为了获得高收入，把提高自己的销售额作为工作最重要的目标甚至是唯一目标。这种薪酬制度往往会引发销售人员的短期行为，主要表现在：销售人员为提高自己的销售额私下给予经销商折扣优惠，向公司隐瞒经销商的信用问题并向经销商大量压货，采用短期的促销行为，不惜采用恶性竞争手段甚至行贿等。

2. 过分强调对销售人员的个人激励而忽视对整个销售团队的激励

如今市场竞争加剧和销售过程复杂化促使大型销售团队普遍形成，其内部分工更为细化、更加依赖团队合作。而在很多企业，销售人员只是使个人销售额得到大幅度提升，而不顾所在团队的表现如何。实际上，在任何一个销售团队，不同销售人员可以通过优势互补使整个团队获得更高的业绩。一个团结合作的销售团队所能创造的业绩，往往比崇尚个人英雄主义的销售团队好得多。一个优秀的企业应当鼓励整个销售团队合作创造业绩，而不是鼓励个人创造业绩。

3. 过于重视货币性激励而忽视销售人员的非货币激励

在很多企业中，对销售人员的激励仅仅注重货币性薪酬，而忽视了福利、培训、岗位轮换、职业发展规划、企业文化等方面的激励。有调查显示，约有 15%的销售人员正处于职业高原区，这些陷入职业高原区的销售人员有较低的工作满意度和激励水平，与其他员工相比表现出较低的工作热情。陷入职业高原区的原因主要有两类：个人原因和与职业相关的原因。对于这部分人，企业现有的薪酬设计不能满足其需求，激励的缺失使得他们的效率急剧降低，影响了个人的职业发展以及企业的整体发展。

销售人员与其他职业的最大不同是流动率较高。美国施乐公司与要求离职的销售人员进行了面谈，总结出以下五种离职原因：(1) 薪酬：对工资不满。(2) 工作满意度：对所从事的工作不满。(3) 人际关系：与管理者或者同事的人际关系紧张。(4) 发展前途：缺少晋升或者发展的机会。(5) 限制：无成效的或限制性的管理体制或控制方法。

如表 8-13 所示，仅仅给予物质激励很难使销售人员，尤其是一流的销售人员留在企业。知识经济对市场的渗透和冲击越来越强烈，拜金狂潮日渐消退。在市场互动过程中，员工的薪酬观念更加理性，更加强调个人价值的体现和挖掘。而现有的薪酬结构不能及时跟上时代以及员工的需求，激励的价值大为降低。

表 8-13　为什么离开公司？

次序	一流的销售人员	次序	水平低的销售人员
1	限制	1	薪酬
2	工作满意度	2	发展前途

续前表

次序	一流的销售人员	次序	水平低的销售人员
3	发展前途	3	工作满意度
4	薪酬	4	人际关系
5	人际关系	5	限制

观点碰撞

阿尔卡特销售团队纷纷出走因为薪酬?

阿尔卡特手机业务被TCL吞并后，销售经理纷纷出走。是TCL消化不良，还是两种商业模式存在根本冲突?

“差不多都走了。”一位已离职的阿尔卡特员工说。

这是一场持续颇久的人事地震，涉及备受业界关注的TCL吞并阿尔卡特手机的当事双方。有关人士透露，先是华东区销售总监陶海东在年前离职；随后，其市场部经理也离职。“陆续有一些销售经理离开。现在，销售部门（包括市场部门）已经没有几个老员工了。”两大公司在融合过程中碰上薪酬体制的难题，这普遍被业界看作人事地震的导火索。阿尔卡特的销售人员薪酬在业内处于中游水平且员工收入稳定；而TCL采用的薪酬方式是相对较低的底薪加上较高的提成。

工作内容的变化也是阿尔卡特销售人员离职的重要原因——两家公司的销售模式有很大不同。国产手机厂商一般有很多销售人员，花很多钱去做直接（终端）销售，这些销售人员水平不一。而阿尔卡特主要通过经销商来销售，销售人员不直接做终端销售，对销售人员的要求比较高。两者相比较，阿尔卡特对前一种模式并不认可，与TCL产生纷争便不足为奇。

1. 专家点评：两种薪酬体制

现行的销售人员薪酬制度中，除了高底薪低提成和低底薪高提成外，还有高底薪无提成和无底薪高提成两种更极端的制度，这几种制度的区别在于公司愿意承担多高的销售业绩风险。采取哪种薪酬制度与员工任务和公司产品有很大关系。一般地，实行低底薪方式的公司，销售人员以个人能力为主；而实行高底薪的公司，员工普遍被认为综合素质较高，这些公司在市场和渠道管理等领域比较多见。

当公司产品知名度和美誉度较高，购买者是冲着公司而发生购买行为时，比较适合采用高底薪低提成或者高底薪无提成方式，比如在宝洁公司，员工的职责可能是开发和管理终端网络、保证利润、督促回款等。而当公司的产品知名度、美誉度不足以影响购买行为时，很多公司的做法是把业绩的一部分风险、压力转嫁到销售人员身上，这种情况适合低底薪（甚至无底薪）高提成的做法。前一种做法保健成分多一些，有利于长期培养人才，比如公司有耐心用一两年培养刚毕业的大学生，这些员工成熟之后将带来更大的业绩。后一种做法激励成分多一些，很多民营企业愿意采取这种手段，它比较适合个人营销能力很强的销售老手。

本案例中，阿尔卡特作为跨国公司进入中国，在战略和人才培养上一定是从长远考虑的，因此采取高底薪做法。这样做的不利后果是销售人员容易养成大公司病——风险由公司承担，个人风险防御能力和承受能力不强。TCL处在竞争激烈的环境中，因此其在营销模式和薪酬激励上采取低底薪高提成的方式是可以理解的。而一旦采取这种模式的 TCL 拥有话语权，原阿尔卡特销售人员的压力陡然增加，薪酬风险加大，他们因不适应而离开是必然的。

2. 离开是最好的选择

销售工作可以分为效率型、顾问型和关系型，这三种类型工作的复杂程度是依次递增的。现在讨论的话题可能涉及前两种类型。效率型销售的特点是销售业绩与终端覆盖率相关程度高，只要产品与消费者接触的面广了，销售额就会攀升。这种类型对销售人员的要求是勤奋。一般来说，日用消费品的销售属于这种类型。TCL 的销售工作就是这种类型，与之匹配的是低底薪高提成。顾问型销售的特点是销售人员专业知识水平高，沟通能力强，一般依靠团队力量完成销售任务。此种情况下消费者一般为公司用户或者高端人群，多涉及定制产品和高档奢侈品。阿尔卡特选择了类似的销售方式，与之匹配的是高底薪低提成。

本案例中，手机产品经历了一个由高档奢侈品向日用消费品过渡的过程。当手机利润越来越薄，销售渠道的扁平化是不可避免的。TCL 的做法是对的——直接派销售人员去做终端。此时手机的功能为大众熟知，不需要过多解释，也不需要销售人员具备太高的专业素质。对于渐渐成为日用消费品的产品的顾问式销售人员而言，阿尔卡特的员工最好的选择可能就是离开，寻找一个新的尚未扁平化的行业。

资料来源：中国人力资源开发网 .

思考：阿尔卡特和 TCL 的销售人员的薪酬体系有何区别？两种制度的优缺点分别是什么？你认为手机行业应该采用哪种薪酬体系？为什么？

（二）销售人员薪酬设计的对策

1. 把企业长远发展目标纳入销售队伍的薪酬设计

使用简单的“基本工资＋业务提成”的薪酬方式往往造成销售人员片面追求个人短期的高销售额。因此，必须改变这种短期激励方式，把企业的长远发展目标纳入销售队伍的薪酬设计。在设计销售队伍的考核指标时，可以适当降低产出性指标的权重，而增加一些过程性和管理性指标。这些定性指标主要包括以下三类：

（1）销售技巧：发现卖点、产品知识、倾听技巧、获得参与、克服异议、达成交易。

（2）区域管理：计划、利用、记录、顾客服务、信息收集、售后跟踪。

（3）个人特点：态度、沟通能力、人际关系、团队精神、外貌、动机、自我管理、自我提高。

2. 制定有效的薪酬体系，使整个销售团队的效益最大化

21 世纪，更多的公司将通过建立销售团队来回应顾客购买模式变化所带来的挑战。销售团队的协调和激励与以往单个销售人员的监督和激励是截然不同的。因此，企业在对销售队伍进行薪酬设计的时候必须考虑如何使整个销售团队的业绩最大化，而不是使销售队伍中某个人的业绩最大化。研究认为销售团队的规模和结构是销售团队薪酬设计的关键组成部分。可以开发各种矩阵和分析工具，以确定在企业成长阶段最佳销售队伍的规模和结构。在最佳销售团队的规模和结构下，销售组织能够吸引、激励和保留“正确”类型的销售人员，与客户建立长期关系，获得市场份额，提高盈利能力，从而最大化销售组织的价值（Madhani，2016）。要达到这个目标，就要把个人收入和个人所在销售团队的收入结合起来，基于加强团队合作的思路设计薪酬体系。主导思想是团队成员除个人报酬外，还根据所在团队业绩获得另一份酬金，要让员工明白团队合作会让他们得到更多的回报。

3. 建立有针对性的销售人员薪酬制度

销售人员的薪酬制度设计并不存在一种通用的最佳模式。不同的地区、不同的市场环境、企业不同的发展阶段以及所销售产品的不同特点，都会影响销售人员薪酬制度的设计。由于这些因素的不同，相同的薪酬制度对于销售人员会产生截然不同的效果。因此，必须针对不同情境设计有针对性的薪酬制度，以保证对销售人员的激励效果。比如，快速消费品的销售以个人提成为主，而高科技项目的销售以团队奖金为主；企业初期阶段的销售可以加大提成比例以刺激销售人员拓展市场，而成熟阶段的销售主要依靠企业的成熟品牌和渠道，销售人员的薪酬以基本工资和奖金为主。

4. 制定多层次的全面薪酬体系

物质性激励不是企业留住销售人员的全部原因。在设计薪酬体系时，要根据实际需要，有重点地选择物质性与非物质性薪酬模块组合，从而达到对销售人员的最大激励效果。例如，上面所提到的员工流动性高的问题，通过对流动原因的分析可知，非物质性薪酬缺乏是人才流失的主要原因，此时应该提高非物质性薪酬在总薪酬中的比例，从而使销售人员获得更高的成就感，降低组织的人员流动率，保持整个组织的稳定。对于职业高原区，应该做好调查，找出职业高原区的真正原因——是经济需求，还是个人成就感需求，抑或是个人家庭需求，从而对相应的薪酬方案进行调整，提高激励的有效性，使企业效用最大化。

小资料

销售部门薪酬管理建议

哈佛大学商学院教授道格·郑结合自己的管理咨询经验，在《哈佛商业评论》中给销售部门管理者提出了一些具体建议。

在一些方面，我的观点非常明确：公司应取消提成上限；如果考虑到内部平衡不得不设置提成上限，应让它尽可能高。我的研究清楚地表明，如果各种业绩水平都有相匹配的激励手段，总体销售额将提升。某些销售员的收入暂时超过上级甚至高管可能引来问题，但有证据显示，如果取消不合理的提成上限，公司整体将受益。

我建议销售部门管理者在设置和调整销售指标时保持高度谨慎。例如，我的研究显示，鞭打快牛会造成不利影响。对于超额完成年度指标的销售员，管理者容易觉得指标定得太低，应该不断加码。一定不要让销售员感觉薪酬体系不公平，而销售指标调整不当恰恰容易引发这种感觉。如果经济下行等客观因素导致销售指标难以完成，建议管理者在年中下调指标。设置目标的关键在于将鞭策的力度保持在合适的水平。

基于本人的研究，我建议企业销售部门采用多样化的薪酬体系：不过于复杂，但为能力各异的销售员设置相匹配的激励手段（如季度奖和超额提成），尽可能让整个团队一整年保持投入。

最后，我建议企业销售部门对薪酬体系多做试验。近10年来，企业开始认识到试验，尤其是分组对照试验的价值，消费品行业的很多公司通过不断试验来优化定价。激励手段变化引起的员工行为改变可能显著影响公司收入。作为一项主要成本，销售团队薪酬亟须有效管理。因此，我们需通过对照试验来探索销售团队的最优薪酬体系。与学者合作进行试验，企业将从中受益：让受过严格训练的研究者负责，试验环境将更完善，流程更规范，结论更严谨。如果能有效激励销售团队，企业整体将更优质，员工和股东将共同获益。从这个角度说，销售人员薪酬研究具有广泛的价值。

资料来源：哈佛商业评论，2015-04-12.

第3节 研发人员的薪酬设计

一 研发人员概述

在知识经济时代，吸引和留住拥有智力资本的专业技术人员是企业培育核心竞争力、获取竞争优势的关键。专业技术人员在企业中可以分为两类：一类是直接面向客户参与具体项目开发和交付的技术人员，这类人员与工业时代的生产工人具有一定的相似性，只是生产的内容不再是实物而是以知识为主的软件、系统等。另一类是从事基础研发的技术人员，这类人员从事企业新产品、新工艺和新技术的研究与开发活动，或为这些活动提供直接服务。由于交付人员符合生产工人的特点，此处不再具体展开，本节重点介绍研发人员。

研发人员是企业中比较特殊的一个群体，有以下特点：

（1）具有较高的人力资本存量。一般来说，研发人员具有较高的学历和专业素质，主要从事创造性的脑力劳动。研发人员依靠其丰富的知识和技能研发出新产品、新技术，为企业不断创造利润，对企业来说具有高价值，是稀缺性人才。

（2）工作自主性强，工作过程难以监督。研发人员从事的不是简单的重复性工作，而是在易变和不完全确定的系统中充分发挥个人资质和灵感的创造性脑力劳动。研发人员的工作往往没有固定的流程和步骤，呈现出很大的随意性和主观支配性，也不存在固定的劳动规则，其他人很难知道应该怎样做，灵感和创意可能发生在每时每刻和任何场所。因此，对创造性脑力劳动过程的监控既没有意义，也很难做到。

（3）工作周期长且业绩难以衡量。研发人员的工作绝大部分是脑力劳动，工作难度大，很多研究项目需要经过很长时间才能初见成效。因此，研发人员的业绩一般要经过很长的周期才能看到，他们的短期业绩几乎很难衡量。

（4）需要个性化、多样化。研发人员具有较高的需要层次，热衷于具有挑战性和创造性的工作，往往更注重自我价值的实现。研发人员的需要朝着个性化、多样化的方向发展，包括物质需要、职业晋升发展的需要、上级认可的需要以及自我成就的需要等。

（5）工作压力大。研发人员的工作压力来源很多，首先是工作本身带来的压力。他们在接到新的任务后必须全力投入工作中，以便尽早研发出新产品，在激烈的市场竞争中占有优势。其次，研发人员的人力资本面临贬值的风险。当今世界信息技术瞬息万变，因此研发人员在工作之余必须花很多精力为自己“充电”，否则将面临被淘汰的风险。

（6）以团队工作为主。企业的研发活动普遍采用团队组织的形式。随着企业间合作研发日益普及，跨企业的协作研发团队大量涌现。研发团队内部的合作氛围、成员之间的矛盾冲突以及外部的环境支持等，都会影响研发人员的积极性和创造性。

二 研发人员的薪酬构成

企业的研发人员从事的是高脑力创造性活动，他们掌握的知识和技能对其工作来说至关重要。企业应该为研发人员的技术和研发能力付薪。研发人员研发能力的高低取决于两个方面的因素：首先，研发人员在校期间接受的正规教育和训练决定了研发人员自身的内在积淀；其次，研发人员的知识转化为实际的研发能力需要工作经验的积累。在工作的过程中，研发人员的知识通过实践不断深化，研发人员在工作中继续学习甚至创造新的知识，因此工作经验对研发人员来说非常重要。研发人员的薪酬设计除了要考虑他们的研发能力，绩效表现也是非常重要的一个影响因子。在同等条件下，绩效表现好的研发人员的薪酬要比绩效表现差的研发人员高。

如图 8－2 所示，成熟曲线反映了研发人员在不同时间序列以及不同绩效表现下的薪酬水平。成熟曲线表明，在毕业后的前 5～7 年，研发人员的薪酬水平增长最快。在这个阶段，刚参加工作的研发人员其知识结构相对贴近前沿，再加上工作经验的积累，研发人员的能力增长很快，薪酬随之迅速增长。但是在工作 15～20 年时，薪酬曲线变得平缓。这可能是因为外部科学技术的革新导致老员工所掌握的知识和技能老化，科研人员的薪酬很少增长，相对保持在一个稳定的水平。

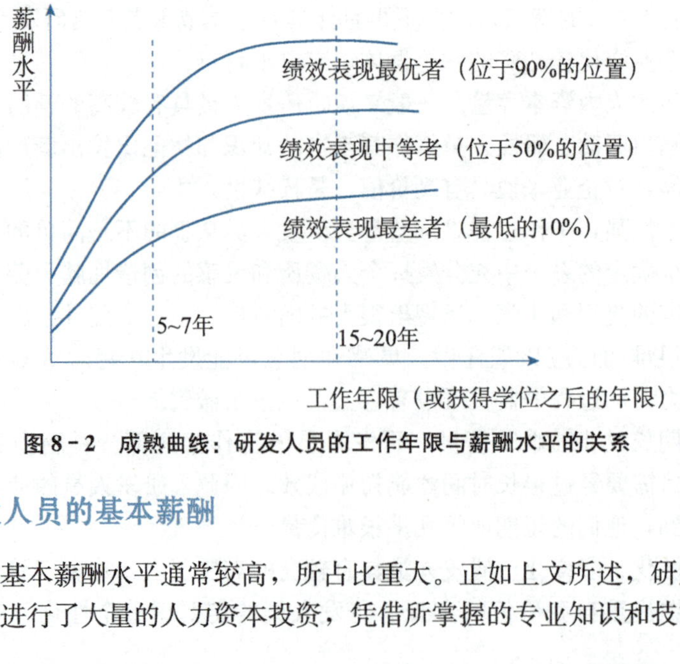

图 8－2 成熟曲线：研发人员的工作年限与薪酬水平的关系

（一）研发人员的基本薪酬

研发人员的基本薪酬水平通常较高，所占比重大。正如上文所述，研发人员往往有较高的学历背景，进行了大量的人力资本投资，凭借所掌握的专业知识和技能为企业做出贡献，所以给研发人员发放基本薪酬是为研发能力付酬。另外，研发工作是创新性的，要在反复试错中创新，通常项目的周期较长，结果具有很高的不确定性。要保证研发人员足够的投入与产出，就要保证其收入的稳定性。所以，研发人员的基本薪酬所占比重较大。能力薪酬、技能薪酬、职称工资、任职资格工资等都适用于研发人员。

为研发人员提供具有竞争力的基本薪酬是吸引和保留员工的重要手段。首先，基本薪酬是维持研发人员体面生活的基本保障。其次，薪酬水平的高低成为衡量研发人员价值大小的尺度，能反映一个人在企业或社会中的地位。在确定研发人员基本薪酬之前，应该通过周密的市场调查，使基本薪酬水平与竞争性劳动力市场保持一致。保持员工基本薪酬的外部竞争性，才能达到激励、保留人才的目的。基本薪酬必须以企业对研发人员的高度信任和价值承认为基础，否则难以长期维系。因此，企业可以根据研发岗位的价值评价或者研发人才的能力评价，给予研发人员有市场竞争力的基本薪酬。

目前，对研发人员技能水平的认证一般有三种方式：一是社会性的专业技术协会认证，如网络工程师协会认证、软件工程师协会认证等。这种认证方式公信力比较强，但是认证需要掌握的技术未必都是本企业需要的。二是企业内部自行规定的技术等级认证。这种方式能够有效满足企业的内部技术需求，但是它对企业自身的培训系统要求比较高。三是参考劳动力市场上级别相当的研发人员的薪酬水平，判断研发人员的实际技能水平。

（二）研发人员的短期激励

一般情况下，在研发人员的薪酬组合中奖金所占的比例较小，但是不可忽视短期激励的设计。由于研发工作通常以项目的形式展开，所以绩效奖金一般根据项目的结果发放，通常有两种形式：科研项目奖和市场提成奖。

科研项目奖，一般是指研发项目组通过努力达到预期的项目目标，企业会给予产品研发人员或者团队一定金额的奖励，即项目奖金。奖金的数额主要根据技术难度、进度要求等由企业和研发人员协商确定。企业以开发任务书为依据对各项指标的达成度进行考核。研发人员最终可以获得的奖金等于全额奖金数乘以个人的考核系数或对团队的贡献度。在这类项目中，研发人员只是项目的承接人，只对开发任务书中的技术性能指标和有关进度、开发成本等负责，他们的业绩和市场的关联度较低。

市场提成奖是指当研发项目所生产的产品投放市场后，根据产品在市场上的表现，比如销售额和利润的大小，给予科研团队一定比例的提成。这类研发项目的风险主要来自市场，提出立项的人应该和企业一起承担该项目的市场风险。合理有效地连接研发人员和企业共同利益与风险的方式就是研发人员从该产品的销售收入中获得一定比例的提成。

（三）研发人员的长期激励

研发人员长期激励的主要形式是股权激励。股权激励既是对研发人员人力资本投资回报的合理设计，也是激励和保留研发人员的有效手段。适当提高研发人员的股权等非现金收入的比重，可以鼓励其努力研究开发新技术，改善企业产品结构和质量。通过股权收入这种长期激励模式把员工的长期收益与公司的利益结合起来，在很大程度上避免了短期利益导致的人员流动，对留住研发人员有很大的作用。还有一些研发人员为企业效力仅仅是为了给自己的理想创造原始资本，他们并不甘心长期受雇于人。对于这些人员，企业可以考虑通过孵化企业的手段帮助其创业，与其合资经营，这样既可以满足他们的事业心，也可以分享他们的各种科技成果，从而达到双赢。

三 项目研发团队奖金设计

项目研发团队奖金设计包括整体奖金设计和奖金在内部的二次分配（高莉，2009）。

（一）项目研发团队整体奖金

在多以团队或项目形式开展工作的研发人员中，计算项目研发团队的整体奖金是实施项目奖励的第一步。计算的方法比较多，最简单的计算方法是预先规定团队的最高奖金（用 T 表示），再根据团队的绩效评估结果确定一个系数 i（$0\leqslant i\leqslant 1$），那么团队整体的绩效奖金 $R=T\times i$。这个方法很简单，对小企业来说，在薪酬制度不是很完善的情况下，可以作为过渡阶段的计算方法。但是，研发团队的奖金需要综合考虑多种因素。研发工作的长期性和风险性决定了对项目研发团队的激励不能只注重眼前而不顾及未来。此外，通常一个产品研发项目最重要和最终的绩效要在市场上体现出来，比如销售量，而这些指标要在产品上市后才可以体现出来。另外，企业既要鼓励项目研发团队在控制经济成本和时间成本的情况下完成项目，又要鼓励项目研发团队从企业长远发展角度出发，提高研发的质量，并在后续技术支持和产品改进的工作中投入更多的精力。

项目研发团队的奖金可以分为短期的基本奖金和长期的成长性奖金。短期的基本奖金即在研发项目结束时给项目研发团队的一次性绩效奖金。如果研发项目的周期比较长（如长达 3～5 年），那么应该在达到每个关键阶段目标时发放奖金。当然，还可以增加以节约成本和工时为基础的奖励。长期的成长性奖金是指将开发某产品的绩效奖金的一部分留到产品投入市场并取得经济效益后再发放，比如从每年的销售额或利润中抽取一定比例，这个比例可以逐年递减。采取逐年递减的方法有助于项目研发团队尽早从产品的市场利润中获益，因为近期的收益比远期的收益对员工的激励效果更加显著。这种制度设计还有利于研发人员持续改进产品，因为如果研发人员不能尽力做好产品上市后的技术支持和改进工作，销售额和利润就会下降。

（二）项目研发团队奖金在内部的二次分配

一般来说，团队奖金的二次分配有三种方式。第一种是支付给所有团队成员相同的报酬。这种方式能加强团队成员之间的合作，除非团队成员能察觉到成员之间的绩效存在明显的差别。第二种是根据团队成员对团队绩效的贡献支付不同的报酬。这种方式可能不利于合作。为了使收入最大化，有些员工可能只注重自身绩效而忽视团队整体绩效。第三种是按照团队成员的基本工资占团队基础工资的比例支付差别性报酬。其逻辑基础是，基本工资较高的员工对公司所做的贡献较多，从而能获得较多的报酬。

现实中通常结合这几种方式，在考虑个人技术能力或岗位价值的基础上，报酬根据员工的绩效表现进行浮动。也就是说，技术能力高的研发人员，如果在项目中的绩效评价也高，那么分到的奖金会更多，这样能有效保障奖金分配向核心人员倾斜。另外，项目经理和一般研发人员的绩效评价和奖金分配可以分开进行，以保证项目经理在团队奖金分配中的公正性。

四 研发人员的非货币激励

有学者在对国内多家企业的研发人员实施知识型员工激励要素调查后，经过统计分析排出中国知识型员工激励因素的前五位（见表 8－14）。

表 8－14　　我国知识型员工激励因素前五位

排序	1	2	3	4	5
激励因素	薪酬福利	能力发挥	公司前景	工作保障	领导素质
所占比例	27.1%	18.8%	12.9%	10.5%	7.1%

资料来源：张术霞，范琳洁，王冰．我国企业知识型员工激励因素的实证研究．科学学与科学技术管理，2011，32（5）：144－149.

研发人员是典型的知识型员工。要想让研发人员创造出更高的绩效，仅仅依靠货币性激励是不够的。研发人员具有专业特长和较高的专业素质，他们注重工作成就的满足和自我价值的实现。研究表明，对于研发人员，非货币激励（特别是工作与生活的平衡、学习和职业发展）与工作吸引力显著相关，非货币激励对更高层次的员工更具吸引力（Schlechter et al.，2015）。所以，对研发型人才的激励应更多从薪酬的全面视角出发（Kim and Oh，2002；Medcof and Rumpel，2007）。"双通道"职业发展设计，有助于个人技术提升的工作机会和平台，以及强调尊重、信任和工作自主性的企业文化，都是对研发人员非常重要且有效的非货币激励。

（一）"双通道"职业发展设计

在传统的晋升通道设计中，只有管理岗位才能升到较高的行政等级，许多研发人员为了得到职位晋升和薪酬水平的提高而放弃了专业技术工作。但并不是所有专业技术人员都适合做管理，这样的转换对公司和个人来说都是损失。所以，"双通道"（dual-career ladder）职业发展设计应运而生（见图 8－3）。

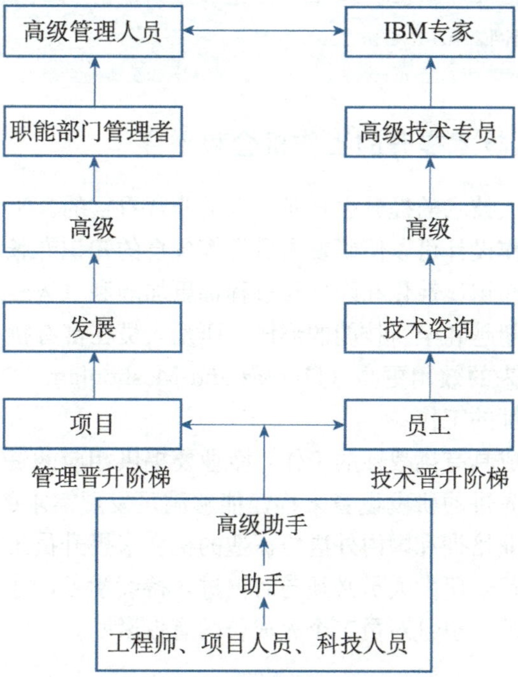

图 8－3　IBM 的双通道职业发展设计

通过“双通道”职业发展设计，研发人员可以选择发展成为技术专家，也可以选择转成管理岗位，二者都可以得到职位等级和薪资水平的提升。有研究表明，当获得管理岗位的发展机会时，研发人员更容易离开研发领域，但离开本企业的可能性下降；当面临更多的技术发展机会时，研发人员更忠诚于研发领域，但更容易离开本企业（Cordero et al.，1994；Medcof and Rumpel，2007）。

小资料

中国高科技公司研发人员的薪酬

据美世咨询公司发布的2013年中国高科技与互联网行业整体薪酬调研报告，几乎所有高科技公司都为研发人员提供管理、技术“双通道”的职业发展路径。在福利方面，研发人员和非研发人员几乎没有区别。但在薪酬方面，研发人员受到不少优待：有约45%的公司为研发人员建立与非研发人员不同的薪酬结构，研发人员薪酬的中位值高于非研发人员约20%。在调薪方面，研发人员调薪率（8.7%）略高于行业调薪率（7.9%）。有的公司为研发人员提供专利奖金和项目奖金。专利奖金通常与专利申请的成功率、专利的数量和专利的贡献度挂钩，项目奖金通常与项目的质量、研发人员在项目中担任的角色以及项目进度挂钩。除了这些，有的公司为研发人员设立专门的涉及技术或者培训他人的非现金奖项。

在高科技企业内部，不同的部门付薪情况有所不同：技术和产品是付薪最高的两个职能部门。在技术部门中，一些人才付薪较高，比如算法工程师，技术安全、搜索引擎开发相关人员等。在同时有移动开发人员和非移动开发人员的公司中，移动开发的管理层付薪普遍高于非移动开发，平均高出10%。整体付薪相对较低的是行政、内容编辑、采购以及物流和仓储等行政类、操作类职能部门。

资料来源：中国通信网，2014-04-22.

（二）有助于个人技术提升的工作机会和平台

除了职位晋升，个人技术的提升也是研发人员非常看重的。工作本身对员工而言是一种激励方式。良好的工作设计可以使研发人员发挥各自的知识专长，开展不同层次、不同范围的知识学习，使得知识显性化和隐性化过程都更加顺利（Wassenaar，2015），促进员工、团队和组织的自我超越和全新技能的形成。研发人员在富有挑战性的工作中获得的满足感和成就感给他们带来的效用更高（Harpaz and Meshoulam，2004）。为此，企业需要给研发人员设计有挑战性的工作。

为帮助研发人员完成具有挑战性的工作，企业要提供相应的资源支持：一方面，企业要有足够的研发投入、先进的研发设备来构建能够满足发展需求的研发平台。另一方面，企业应该提供丰富的专业培训和国内外进修深造的机会来提升员工的技能。尤其是在科技迅猛发展的知识经济时代，研发人员必须与时俱进，持续学习，才能满足创新的要求。这既是公司目标达成的保障，也是对员工个人成长的有效激励。

（三）强调尊重、信任和工作自主性的企业文化

强调尊重、信任和工作自主性的企业文化包括以下两方面内容：

（1）自由开放的工作环境和文化。重视研发与创新的 IT 企业会为员工提供一种宽松自由的环境，实行弹性工作时间制，不要求员工打卡，也不要求员工穿职业装，崇尚思想自由。给予研发人员足够的工作自主权以及充分的尊重和信任，创造自由的工作氛围和环境，让他们追求自己热爱的事业，这样的企业文化有利于激励研发人员更好地工作。

（2）能力认可和尊重。研发人员除了追求经济利益，尊重和自我实现需要也占据重要位置。对研发人员来说，他们的科研成果能够被同行及公众认可是对其工作成绩及个人能力的极大肯定。研发人员的尊重和自我实现需要可能强于一般员工，所以全方位的认可对研发人员具有较高的激励性。

五　研发人员激励的注意要点

（一）注重具有外部竞争力的薪酬水平

注重具有外部竞争力的薪酬水平要考虑以下内容（刘昕，2011）：

研发人员掌握的知识和技能是人力资本投资的结果，这种投资与作为劳动力载体的劳动者在很多时候是无法分离的，很容易随着劳动者本人的转移而转移到其他组织中。在实践中，研发人员的劳动力市场价格不仅非常清晰，而且受供求关系的影响非常明显。如果其他企业支付的薪酬水平明显较高，而且在技术方面也不差，那么研发人员流动的可能性就很高。

因此，在确定研发人员薪酬水平的时候，通过市场薪酬调查得到外部劳动力市场上的薪酬数据是非常关键的步骤。然而，研发人员的薪酬调查却并非易事。这是因为，与其他职位相比，研发类职位的工作内容在不同企业之间差异可能比较大，发生变动的可能性也比较大。因此，从其他企业获得的研发人员的薪酬数据往往并不适合本企业。正因为如此，通常情况下，企业一般会以研发人员的事业成熟曲线和外部市场上的相应薪酬数据为依据，同时考虑员工个人的知识和技能水平以及经验状况来确定他们的薪酬水平。有时，研发人员所处的具体职位也是一个参考因素。

对于研发人员较多的企业而言，员工的绩效对企业的经营状况以及竞争力的影响非常大。但是由于研发人员薪酬的市场敏感性比较高，为了有效激励和挽留组织中的这些核心力量，有实力的企业一般会选择成为特定劳动力市场上的薪酬领导者，至少支付与竞争对手持平的薪酬。当企业薪酬的内部一致性与外部竞争性产生冲突时，对于研发人员的薪酬决策来说，外部竞争性的重要性远远超过内部一致性。

（二）注重不同层次研发人员的激励重点

企业中研发人员可以形成自然的人才梯队：核心层、中坚层和补充层。对于不同层次的研发人员，薪酬激励的侧重点不一样（颜爱民，段炼，2002）。

核心层的研发人员具有领域内先进的技术水平、长期从事研究开发工作的经验，有一定的市场敏感性和对技术发展方向的敏锐性。核心层的研发人员在企业中往往是研发团队的带头人，责任主要在于为企业的长期发展不断孕育技术优势。对于核心层的研发人员，在高固定薪酬的基础上，要注重长期激励的实施，如股权激励等，根据其能力、素质等因素分配一定额度的公司分红权/股权，使其收入和公司利益挂钩，起到长期激励的作用。

中坚层的研发人员熟悉公司的产品和市场，有较强的开发能力，是承担市场扩张型和产品完善型项目的主力军，对市场需求反应敏锐，有较强的团队合作精神；由于已进入家庭压力大的年龄阶段，对物质刺激敏感，追求事业成功。对于中坚层的研发人员，其基本薪酬要与补充层的研发人员拉开差距，以使其保持较高生活水准。同时，可以提供市场提成奖和项目研发奖等短期激励，强调其研发产品的市场收益性以及项目研发质量，使能力强的研发人员得到可观的现金收入，从而激励和保留优秀人才。

补充层的研发人员通常是基层的年轻员工，他们学习能力强，可以充当助手完成一些基础性研发工作，该阶段的需求以掌握知识、技能和积累经验为主，物质需求不是最主要的，对职业发展机会十分重视。对于补充层的研发人员，在物质激励上可以采取市场跟随策略，对于特别突出者、在项目上确有贡献者可以给予一定的奖金激励。为了留住具有潜力的补充层研发人员，可以为其提供丰富的培训学习机会，建立科学的人才识别、选拔机制和公平的晋升机制。

（三）注重以团队为基础与以个人为基础的激励方式的结合

企业的研发活动普遍采用团队组织形式，研发人员作为团队的一员发挥作用。在研发项目中，团队的努力是项目成功的关键。团队工作的合作性改变了以个人绩效为主的传统考核和激励方式。对于项目研发团队而言，支付团队薪酬比支付个人薪酬更有效率（Balkin and Gomez-Mejia，1984）。原因在于项目研发团队取得的进展不是渐进式的，而是跳跃式的，而且很难测定某人对团队在各种风险项目中取得的成功做出多大的贡献。同时，对团队成员的整体表现进行奖励会增进团队成员的社会认同，密切团队与组织的关系。为避免团队中“搭便车”行为的出现，承认个人贡献并进行奖励可以激发个人的积极性，使每个人为团队全力以赴。因此，在研发人员的考核和激励设计中，必然要综合考虑个人绩效与团队绩效，兼顾个人贡献和团队成果，结合以团队和以个人为基础的激励方式，引导团队成员追求团队绩效最优，同时减少“搭便车”行为的出现。

在研发人员绩效评估的过程中，许多公司将研发项目变成虚拟的团队和虚拟的工程，采取项目提成制，根据不同项目的不同发展模块或阶段、所需的研发人员数量、技术难度和工作天数等指标进行考核和奖金总额核算。在立项前，由公司的研发项目评审组对项目进行评估，确定项目难度、需要的总工时、人员数量、费用等，共同确定项目经理和项目工程师等。同时，对每一个研发人员进行工时、技术重要性和责任大小等因素的考核，形成业绩考核，并将考核结果与奖金挂钩。

在这样的过程管理中，企业可以较好地衡量团队整体成果，以团队为单位进行考核和奖金设计。在以团队为单位进行奖金核算后，通常给予团队领导者或项目经理一定的奖金调节权，以团队成员个人考核结果为基础，在突出业绩优秀的研发人员的个人贡献的同时，维护团队整体氛围和成员关系。

第 4 节　外派人员的薪酬设计

一　外派人员概述

在经济全球化的今天，跨国公司对全球经济有着举足轻重的影响。中国是全球容量大且增速快的重要消费市场之一，越来越多的跨国公司把员工派往中国。与此同时，许多中国企业纷纷实行“走出去”战略，努力成为国际化企业。尤其是随着“一带一路”倡议的推进，越来越多的中国员工被派往其他国家开展业务、拓展市场。

外派人员是指被派往国外进行短期工作的员工。一般外派合同的有效时间为 1～5 年，这些员工可能会与公司签订不止一个外派合同，从而在国外工作相当长的时间，但通常在合同期满后会回到本国任职。从外派员工的来源看，可以将外派员工分为两类：一是母国外派员工，也就是来自母公司所在国家的员工，例如美国的微软公司派往中国工作的美国员工；二是第三国外派员工，也就是来自非母国而被派往东道国的第三方国家员工，例如被芬兰的诺基亚公司派往中国工作的马来西亚员工。

由于工作的特殊性，外派人员通常要经过严格的甄选，外派人员要有较强的文化适应能力，不介意工作地点的更换，有较高的流动性，并愿意接受有挑战性的工作。尤其是拓展新市场这样的任务，一般会交给有冒险精神、乐于开拓进取的员工，对东道国比较了解或掌握东道国语言的员工具有一定的优势。许多成熟的跨国企业非常重视国际型人才的培养，将员工的海外经历作为晋升的重要参考。在这样的企业中，全球化的视野和在海外的工作经历对于员工的个人成长和职业发展至关重要。

二　外派人员薪酬的影响因素

外派人员薪酬的影响因素主要包括四个方面：

（1）外部环境。由于不同国家和地区的经济发展状况、政治法律约束、社会文化导向等不同，企业在不同国家和地区进行外派人员的薪酬设计要把当地的经济、政治、文化等环境因素考虑进去。例如，根据当地的购买力情况确定外派人员薪酬水平或提供一定的生活补贴；根据当地法律政策为员工缴纳相应税收；根据当地劳资关系状况决定是否需要工会谈判议价；等等。

（2）企业特点。企业特点主要包括三个方面：企业的性质、企业的发展阶段、企业的战略与文化。例如，企业的性质会影响薪酬体系决策的权力归属、股票期权等付酬方式的可行性等；企业的发展阶段决定了外派任务的主要内容和对外派员工的主要需求，海外市场建立初期的外派主要是为了市场拓展，而跨国经营成熟期的外派则更多考虑给员工提供国际经验，薪酬设计的侧重点自然不同；企业的战略与文化也影响着薪酬的设计，薪酬的设计导向无疑要支持企业战略的实现并符合企业文化的要求，如果外派人员扩展海外市场对企业战略实现异常重要，那么他与本国员工相对较大的薪酬差距是可以接受的。

（3）工作任务。外派任务本身有很多区别，如外派的时间长短、外派任务的难易程度、外派的地点，它们都对薪酬设计有影响。例如，时间较长、难度较大的外派任务一般要提供更有竞争力的薪酬组合。

（4）个人因素。员工个人的职位等级、职业发展路径、家庭情况等使之对外派工作有不同的看法。比如，许多年轻员工没有家庭的顾虑，并将外派作为职业发展的重要机会；而一些资历较老的员工则追求生活的稳定，如需外派，企业需要为其提供更多的补偿。

小资料

中国内地外派员工薪酬

外派管理国际人力资源机构 ECA International 最新公布的数据显示，派驻中国内地的国际员工薪酬待遇在亚太区排名第四，紧随日本、澳大利亚及印度之后。驻中国内地的中层管理人员的整体薪酬平均每年达到 27.6 万美元。

目前，中国内地以及全球企业最普遍采用的方式是以员工在原属地的薪酬为起薪点，调整原属地与驻地生活费用差异，提供各项津贴，再考虑税务因素来设计外派人员的薪酬福利。中国内地去年的外派员工薪酬排名已经超过香港。随着中国内地外派员工薪酬成本的略微提升和香港的下降，两地的差距将逐渐扩大。

资料来源：文洁．京沪的外派员工薪酬在亚洲区排名领先．中国经济导报，2015-05-28.

三 外派人员的薪酬构成

一般来说，外派人员的薪酬包括以下几个部分。

（一）基本薪酬

外派人员的基本薪酬包括固定的基本工资和浮动的绩效薪酬。通常，跨国公司在不同国家的分公司会有相应的薪酬体系来确定员工的基本薪酬，外派员工的基本薪酬设计有以下方案：将外派员工的薪酬纳入本国的薪酬结构；将外派员工的薪酬纳入东道国的薪酬结构；采用其他的工资基础。

（1）本国薪酬。许多跨国公司外派人员的薪酬依然保留在本国的薪酬结构中，这样可以让雇员在任期结束回国后很轻易地恢复原来的工作状态。但是，这种方案的缺陷在于，外派人员的薪酬与当地同事的薪酬，或与从其他国家派往该地的工作人员的薪酬有所不同。

（2）东道国薪酬。按照东道国的薪酬体系付酬，是最直接的管理方法，可以解决与当地其他员工的薪酬可比性问题。在这种方案下，员工从低工资国家派往高工资国家是可行的，反之则会造成员工极大的心理落差。

（3）其他薪酬方案。一些公司选择既不是纯本国薪酬又不是纯东道国薪酬的方法。非常罕见的方法是给外派雇员创立一个完全独立的工资等级，通常仅针对那些具有高度流动性且不与任何派驻国有实质关联的小部分员工。另外，在欧洲比较盛行的方法是本国薪酬和东道国薪酬比较择优的方法：公司按照本国薪酬加津贴计算出一个薪酬数值，并将支付给雇员的净薪酬与派驻国同类职位的净收入水平进行比较，支付其中较高的薪酬数额。

（二）补偿性薪酬

补偿性薪酬的目的在于对外派人员国内外有差异的生活成本进行补偿，使外派人员能够保持正常的生活模式，至少维持在国内的生活水平。较为常见的补偿性薪酬有以下几种：

（1）生活成本津贴。即考虑到物价水准不同导致生活成本不同给予的津贴。

（2）住房津贴。一些跨国企业在子公司当地有员工宿舍，或租房供员工居住，在一些大城市的某些地区会形成外派员工聚居区。此外，公司还可以选择支付住房补贴，让员工自行寻找住房。

（3）医疗津贴。外派人员生病时，若无当地的医疗保险则需自付费用。另外，若当地医疗条件不能满足需要，外派人员还可能被紧急送往其他国家治疗，这也在公司支付范围之内。

（4）交通津贴。主要包括在当地的交通补贴和用于往返两国的交通补贴。

（5）子女教育津贴。主要用于外派人员子女在海外学校就读费用的补偿。

（6）搬迁津贴。包括搬家、运送与仓储费用，购买家具家电的费用等。

（三）激励性外派奖金

为了激励外派人员接受派遣任务，很多公司会向外派人员提供直接的现金奖励，这些奖金与外派人员的成本支出没有关系。

最普遍的形式是外派服务奖金，通常以基本薪酬的一定比例来确定，如10%～15%，也可以确定一个绝对的奖金金额。可以在每个付薪日支付，也可以在外派任务开始前或完成后一次性支付。

另外，当需要把员工派往一些自然环境恶劣、经济发展落后、生活水平较低的艰苦地区或者政局动荡、社会混乱的危险地区时，支付的艰苦津贴或危险津贴既可以看作一种补偿，也可以看作为吸引外派人员到这些地区工作的激励性外派奖金。

（四）福利

在法定福利方面，企业要结合本国和东道国的相关法律政策要求为外派员工提供相应福利。外派员工由于身处海外而无法享受某些本国的法定福利项目，如医疗保险，因此需要公司给予一定的补贴，或根据东道国的要求执行当地的医疗保险计划。

更为重要的是，应为外派人员提供更多的带薪休假甚至探亲补贴以便其回国探亲或与国内朋友保持联系，尤其对于艰苦地区的外派人员来说，这样的休假使之有更多时间离开不愉快的环境来调整和休息，以更好地投入之后的工作。

小资料

华为外派员工的薪酬构成

华为作为我国领先的生产销售通信设备的民营通信科技公司，业务遍及全球170多个国家和地区，服务全世界1/3以上的人口。

针对其外派的员工，华为一直实行“工资＋奖金＋分红＋外派补助”的制度。其中，外派补助包括三项：离家补助、艰苦补助、伙食补助。

离家补助：15 000（工资基线）×0.75×0.8＝9 000元。若工资＞15 000元，则按实际工资计算。

艰苦补助：华为将其海外代表处所在国家和地区分为六类，分别享有每天10～100美元的艰苦补助。其中五类艰苦地区每天70美元，六类每天100美元。非洲除去北非国家大部分属于五、六类地区。

伙食补助：除个别高消费地区每天最高25美元，其余每天最高15美元。各地按当地上月实际平均消费水平执行。“员工吃多少，公司付一半”，员工吃得越多，自己付得也越多。

小资料

美国外派员工的薪酬与福利

在美国，外派员工的薪酬包主要包括三个部分，分别是核心薪酬、标准福利和额外福利，具体内容如表 8－15 所示。

表 8－15　美国外派员工的薪酬包

核心薪酬	基本薪酬	
	奖励性薪酬	在固定的基本薪酬基础上额外支付的一笔现金报酬，通常是基本薪酬的 10%～30%。
	外派补贴	
	艰苦津贴	用来补偿外派员工为完成海外工作任务而做出的牺牲，通常是基本薪酬的 5%～35%（条件越艰苦的地方津贴水平越高）。
	机动	针对员工从一项工作任务转移到另一项工作任务所提供的报酬，通常是一次性的。
标准福利	保障计划	由法律规定的一系列社会保障计划，包括失业保险、工伤保险、医疗保险等。
	带薪休假	包括年休假、法定假日和紧急事假。
额外福利	安家补助	对外派员工在国外工作地点重新安家所需的费用提供补偿。主要根据三个因素计算：外派距离、外派工作时间长短和外派员工在公司中的职位等级。
	子女教育补贴	对外派员工子女的教育费用给予报销。
	探亲假和差旅报销	允许外派员工回国享受带薪假期，报销差旅费用。
	休假津贴	在特定的国外艰苦地区工作的外派员工可以获得休息与休闲假福利，是额外的带薪休假。

资料来源：约瑟夫·J. 马尔托奇奥. 战略薪酬管理：第 5 版. 杨东涛，译. 北京：中国人民大学出版社，2010.

四　外派人员的薪酬模式设计

为了在全球商业环境中进行竞争，通过增加外派人员任务来减少薪酬成本，可以提高组织能力（Wentland，2003）。许多跨国公司倾向于提高激励水平以留住外派人员，直到目标实现。学者们认为，在众多薪酬模式中，最重要的往往是选择最适合的模式（Wentland，2003；Nazir et al.，2014）。

下文将介绍较为常见的外派人员薪酬模式。

（一）平衡表模式

平衡表模式（balance sheet approach）也叫作资产负债表模式，在 20 世纪 50 年代首先使用，最早应用于美国石油公司的外派人员。外派人员薪酬的平衡表模式是一个使得外派人员在海外的购买力与母国相似职位员工的购买力相等，并且提供激励性的奖酬，以增加外派人员接受海外任职的意愿的方法（Reynolds，1986）。平衡表模式是外派人员薪酬方案最普遍采用的方法（Solomon，1995；Wentland，2003；Sims and Schraeder，2005）。研究表明，超过 85% 的美国雇用外籍人士的组织使用平衡表模式（Overman，2000；Wentland，2003）。虽然这种方法的使用有一些变化，但专家们认为这种方法仍然是美国雇用外籍人士的组织的首选方法（Frazee，1998）。

平衡表模式借鉴了会计学的方法，即借贷平衡法，它将外派人员的收入与母国收入相联系，并且尽力平衡外派人员在母国和东道国之间的购买力。平衡表模式的指导原则是“使外派人员保持完整”，也就是说，维持外派人员与母国同事相同的购买力，同时对海外任职产生的额外费用加以补偿。具体的方式是，以外派人员在母国的薪酬为基础，考虑母国和外派国家之间的差异，给予生活水平差异补贴、房租补贴等，保持外派人员在两地的生活水平基本一致以达到一种平衡，并确保外派人员在派出后不因薪资而改变原有的生活。

这种方法体现的薪酬理念是：外派人员不会因为接受外派而遭受任何经济上的损失。此模式将母公司人员与子公司当地人员的基本薪资和对应的本国薪资结构进行整合，并提供国外商品和服务消费、住房津贴，消除所得税差异等作为补偿。

如图8-4所示，第一栏代表母国的薪资水平，可分为所得税、住房、商品和服务、储备金，每一类别的数额由薪水总额和家庭规模决定，代表员工在外派前的支出水平，是外派薪酬的基础部分。第二栏代表派遣地的消费成本，每个长方形增大的面积代表其在派遣地增加的各项支出。第三栏代表雇主与外派人员共同负担的派遣地成本，其中雇员按照在母国的支出水平担负，增加的部分（阴影部分）则由雇主支付。第四栏代表确定的与母国薪金相同购买力的最终薪酬，其中增加了奖金部分，以鼓励外派人员接受海外任职。

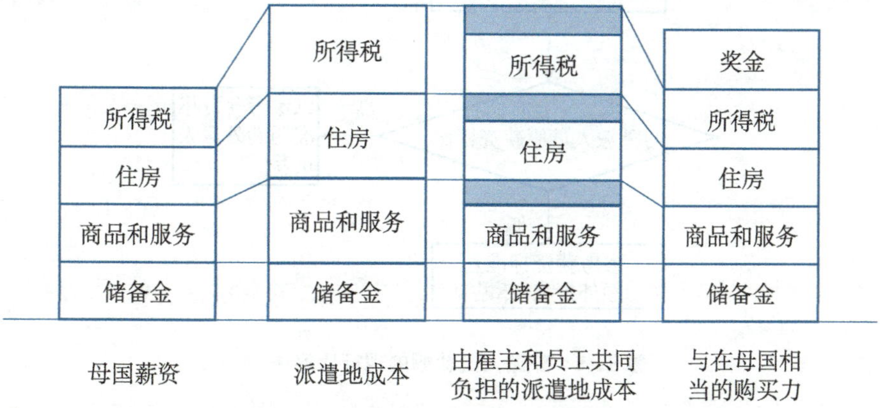

图8-4　外派人员薪酬的平衡表模式

资料来源：Dowling P J，Schuler R S. International dimensions of human resource management. 2nd Ed. Belmont：Wadsworth Publishing Co.，1994.

该模式的优点在于能够保障外派人员享有与国内同样的生活水平，为其提供了合理公平的待遇，也使外派人员的归国安排变得相对容易。该模式的缺点是：一是薪酬包的估算比较烦琐，要经常根据汇率、通货膨胀率等条件的变化进行调整；二是以母国的薪酬体系为基础，可能会使母国外派人员和当地同事在收入上产生较大的差距，引起当地员工不满。当需要将高级或中级管理者由母公司派往外国下属机构且外派期限为1～5年时，比较适合使用此模式（Wentland，2003）。

（二）现行比率法

相对于平衡表模式以母国薪酬体系为基础，现行比率法（salary localization）与东道国薪酬体系相联系，基于当地劳动力市场的费率确定外派人员薪酬水平。这种模式将外派员工视为东道国国民，提倡“入乡随俗”的心态，期望外派人员采用东道国的生活方式而不局限于自己的社区（Myers，1995）。该方法的特点是以当地劳动力市场薪酬水平为基准，通过对分支机构所在地劳动力市场的调查确定外派人员薪酬水平。

实施这种方法的企业需要满足两个前提条件：第一，跨国公司要对东道国的市场有较好的了解，了解东道国从事相应工作的当地人员的收入水平以及这种收入水平的购买力。第二，跨国公司应有一个严格的工作评估体系，对员工将要承担的工作进行评估，从而确定相应的薪酬水平。

如图 8-5 所示，现行比率法首先要获得当地的薪酬信息，确认可供参考的劳动力群体，从而确认可供参考的薪资标准，将这种标准与外派人员原有薪资进行比较。如果当地的薪资标准比原有薪资水平高，则考虑以当地的薪资标准付酬；如果比原有的薪资水平低，那么就在当地薪资标准的基础上视情况增加额外的福利和津贴。

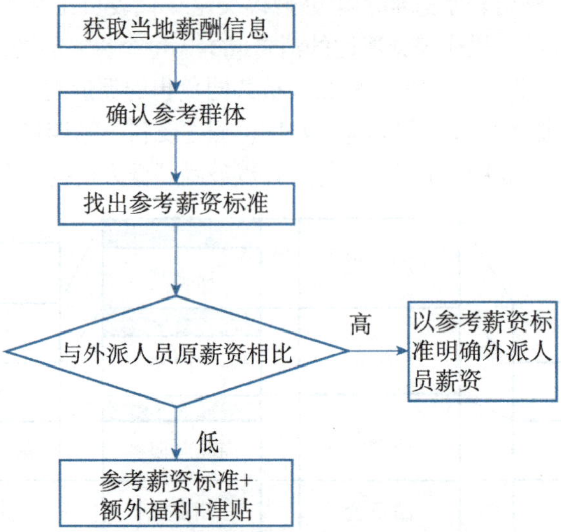

图 8-5　外派人员薪酬的现行比率法

这一方法的优点在于，在同一分支机构工作的人员，不管来自哪里，薪资均相等，这使外派人员容易获得本地员工的认同，有利于不同来源国员工之间的合作。其缺点在于，同一外派人员在不同分支机构工作的薪酬待遇会出现较大波动，不利于外派人员的自由调配。该方法一般只适用于外派人员从低薪酬水平国家向高薪酬水平国家流动的情况，即外派人员的薪酬和生活水准得到改善的情况。如果是反向的流动，跨国公司使用该方法可以降低外派人员的高昂成本。薪酬采用现行比率法会影响员工接受外派的积极性，公司应鼓励外派人员从职业发展的角度看待外派任务，而不应局限于经济利益，因为外派本身越来越被视为一种奖赏，即一个积累国际工作经验的难得机会。跨国公司对外派期限较长（一般大于 5 年）的外派人员越来越多地应用现行比率法来确定薪酬。事实上，由于此类外派人员长期在国外生活，为他们提供东道国当地的薪酬水平似乎更为合理。此外，由于他们基本已经适应东道国的生活方式、购物习惯并且熟悉当地的市场行情，出于减少公司成本的考虑，适当减少他们的各类津贴也是必要的。

（三）其他模式

（1）谈判模式。谈判模式简单易懂，即由雇主和外派员工通过谈判的方式确定薪酬。这一模式所花费的时间成本、管理成本都很高，比较适合重要的少数外派人员，不适合大规模推广。

（2）一笔总付模式。由于平衡表模式过多地介入外派人员的个人经济状况，跨国公司开始采用一笔总付模式，即将按照平衡表模式支付的各项津贴和福利总额一次性支付。这种模式同样简单易懂，员工可以一次性得到报酬，而且不限制员工具体在哪些方面进行消费，因此受到许多员工欢迎，但具体数额的确定是个难题。

（3）自助餐模式。此模式类似于自助餐，公司提供菜单式的薪酬项目，供外派人员根据自己的情况和偏好自由选择，并且各种选项可根据各国情况做出相应的调整。自助餐模式主要用于高级或高收入外籍人士（Wentland，2003），但这种模式具有一定的设计难度。

（4）全球化模式。此模式是跨国公司为那些在全球范围内流动的高级管理人员和技术专家设计的，主要根据全球范围内相似职位的平均薪酬来确定外派人员的薪酬，并提供统一的外派奖金和津贴。在该方法下，薪酬标准一般较高，成本高昂，其实施主要是为了获取和留住一流的国际人才，体现人才全球市场化的运作。

总之，企业外派人员薪酬界定从来都是具有争议的话题，也是企业薪酬管理的重点和难点。人力资源部门要本着公平性与特殊性兼顾的原则，既要保证企业制度的严肃性，也要照顾到外派员工的特殊性，从而完善企业的人力资源管理，保障企业的人才稳定和企业海外市场的正常运营。在薪酬设计的过程中，要结合员工个人能力和海内外生活的实际状况，充分考虑影响员工工作积极性的各种因素，给出合理公正的薪酬方案。

小资料

国内跨国企业海外派遣人员的薪酬福利激励体系建设

中智调研关注中国企业海外派遣人员的激励、保留问题。研究发现，我国企业在海外派遣人员激励上除关注派驻地区的薪酬水平，更加侧重内外衔接、外部平衡、本地平衡三方面内容，以此为原则建立公司海外派遣人员的激励体系。

1. 内外衔接：海外津贴体现差异，谨慎设置薪酬项目

调研发现，国内企业海外派遣人员的薪酬管理采用“国内企业总部直接定政策、定标准、统一管理”的方式，薪酬结构基本采用“基本工资＋海外津贴＋绩效薪酬＋福利”这一模式并侧重海外津贴与福利的管理，以保障员工在派出地区的生活品质，同时关注与国内员工在艰苦程度等方面的差异性，保证薪酬管理的灵活性，确保国内企业的整体薪酬公平性。津贴的设置呈现两方面特点：

（1）津贴福利项目多，基于公司鼓励导向设置。

调研发现，矿业、能源、制造等行业的海外津贴福利项目，通常考虑派出国的经济水平、艰苦程度、风险情况等。其中，生活津贴、艰苦津贴、危险津贴为最常见的项目。由于各地物价水平不一，企业常会设置满足员工衣食住行生活需求的津贴，以减小员工国内与国外生活水平的差距。企业还会基于员工心理、身体需求，根据所在地生活条件、文化差异、医疗设施情况设定不同等级的艰苦津贴，以鼓励员工接受艰苦地区的派遣任务，以越艰苦津贴越高的原则提高员工赴海外工作的积极性。

与此同时，在技术密集型、劳动密集型海外企业中，由于人员结构差异、企业与员工需求差异、公司鼓励导向差异等，派遣人员津贴福利项目设置呈现不同的组合。在技术密集型企业中，海外派遣人员多集中在管理、销售、技术等岗位上，派遣津贴福利更体现与生活相关、员工关注的需求，如部分企业设置归国度假津贴、安置迁移津贴等。在劳动密集型企业中，员工多为现场作业人员，项目设置往往与岗位技能和项目周期及效益有密切的联系，如派遣时间津贴、现场作业津贴等。

(2) 标准设定方法多，基于公司内部管理的要求设置。

在津贴水平与标准的设计中，基于派出国的生活成本水平，中国企业多结合自身薪酬体系的特点与政策设置海外派遣人员的津贴福利项目。企业通常结合时间的长短、环境的优劣、消费的高低以及群体的多样性等，采用任务周期确定法、环境差异确定法、消费水平确定法以及特定群体确定法（见表 8-16）。

表 8-16　　津贴设置方法

任务周期确定法	根据任务周期长短设置津贴。 外派期通常可分为短（少于1年）、中（1～4年）、长（5年）三类。
环境差异确定法	根据所在地生活条件、文化差异、医疗设施情况、风险程度等环境因素设置津贴。
消费水平确定法	根据各地消费水平（包括住房、饮食、交通等方面）设置津贴。
特定群体确定法	面向某一特定群体人员设置津贴，非此类人员不享有此津贴。

2. 外部平衡与本地平衡：注重不同区域外派人员平衡、区域内与本地人员平衡

平衡不同国家、相同职位人员的薪酬水平，确保地区间竞争有序，成为国内企业的关注重点。调研发现，在外派人员津贴标准划分上，国内企业一般采用“宜粗不宜细”的原则。按艰苦程度划分的区域大体分为以下四类：

第一区域：中东、北非等。

第二区域：南亚、中东、北非等。

第三区域：东南亚（发展中国家）等。

第四区域：东南亚（发达国家）、南美、东欧等。

3. 注重灵活、人性化的福利体系设计

福利是企业为了吸引人才或激励员工而采取的措施（如安家费补贴、探亲休假差旅费、随行子女教育费、团体险、健身娱乐、健康体检等）。由于海外派遣人员身在异乡，家庭因素成为员工拒绝派遣的理由之一。因此，一部分企业在设定福利时会考虑员工的家庭，如报销一定次数的员工家属探亲差旅费，支付员工未成年子女的教育费用等。将福利扩展到员工家属，使公司的福利政策更人性化。

企业还会根据群体设置福利，如很多企业给予高管或对公司有特殊贡献的技术专业人员特殊福利，根据层级设定不同档次的租房补贴标准，只为一定层级人员提供车辆和司机。

总之，根据派遣环境与工作性质，企业福利可以进行个性化设置，使其既满足员工的实际需求，又有效激发员工的积极性。

资料来源：根据网络资料整理。

本章小结

本章主要介绍了四种特殊群体的薪酬管理，它们各具特色：高管人员的薪酬始终是社会各界关注的焦点，注重长期激励与短期激励的平衡是激励该群体的关键；销售人员的激励机制有纯薪金制、纯佣金制、基本工资加佣金制、基本工资加奖金制、基本工资加佣金加奖金方案等，企业要根据需要做出选择；研发人员的薪酬中基本工资水平高、比重大，非货币性报酬的内在激励作用也非常重要；母国与东道国的薪酬体系差异成为外派人员薪酬设计中的难点，要考虑不同国家和地区的环境、企业特点、外派任务和员工个人等多种因素。整体而言，本书前面讲的薪酬设计内容对这些特殊群体同样适用，但是因为工作性质和绩效目标不同，这些特殊群体在薪酬设计上存在一些独特的地方。薪酬设计要讲究分类管理，在明确统一的管理框架下要有针对性地给不同群体设计个性化的方案。

关键词

高管人员薪酬　国企高管薪酬改革　销售人员薪酬　研发人员薪酬　“双通道”职业发展设计　外派人员薪酬

思考题

1. 高管人员薪酬设计的重点是什么？为什么？
2. 如何看待我国中央企业管理负责人的薪酬改革？
3. 销售人员有哪些特点？请简述针对销售人员的薪酬方案及其优缺点。
4. 研发人员有哪些特点？请设计一个针对研发人员的全面薪酬方案。
5. 影响外派人员薪酬的因素有哪些？它们会如何影响外派人员的薪酬设计？

参考文献

案例分析

不断引进人才，却纷纷流失人才

顺发集团总经理王之栋最近特别烦。1996年，王之栋一手创办了顺发，从事化工原材料的研发、生产和销售。依靠敏锐的市场嗅觉，经过八年的发展，顺发取得了行业第四的地位。这两年市场容量不断扩大，行业竞争越来越激烈，与前几年相比，公司发展速度明显放慢。更让王之栋头疼的是，顺发的研发部居然成了行业的“黄埔军校”——研发人员个个心猿意马，频繁跳槽。

这还得从2005年说起。当时，同行纷纷提高工资待遇以吸引优秀人才。王之栋意识到市场正在发生变化，企业核心能力必须从生产和销售向产品和技术研发转变，必须构建自己的研发优势。因此，他不断引进人才，包括很多有经验的博士和硕士。但在不断引进人才的同时，公司内有经验的人才纷纷流失。

问题远不止于此。王之栋还发现：研发人员只对自己开发的产品负责，对其他事情毫无兴趣；研发部不是一个团队，而是单兵作战；老员工不愿意共享经验，每次员工离职都给公司带来重大损失；公司想发展的产品没有人开发，难度大销售量小的产品也没有人开发；新的开发人员来了以后只能自己摸索，从头做起，浪费大量时间和试验材料。

在一次与员工的闲聊中，王之栋发现了症结所在。原来，研发人员对公司的薪酬体系有颇多不满。顺发集团研发人员的待遇由基本工资和奖金组成。基本工资在业界处于中等水平，一般在研发人员主动要求加薪的情况下，公司才会考虑给其加薪；有经验的员工、老员工和新员工之间工资差距比较小。公司按照研发人员开发的产品的销售毛利的一定比例计提奖金。

王之栋坚信，以产品毛利的一定比例对研发人员进行激励是合理的，否则员工的研发活动不会以市场为导向，对研发人员的奖励也没有了依据。但研发人员认为这个薪酬体系不公平：开发什么产品是上级分配的，而产品在市场上的表现由市场容量和销售人员的努力决定，与研发人员关系不大。而且，产品的毛利和产品开发难度没有对应关系，很多非常难开发的产品市场容量很小，导致提成很少。很多研发人员，尤其是销量小的产品的研发人员认为付出和收益不成正比，纷纷要求开发市场容量大的产品，并威胁说合同期满就辞职。研发人员对公司目前的基本工资制度也有颇多抱怨，认为它不能反映有经验的员工对公司的贡献。

发现这些问题后，为了激励研发人员开发公司战略产品和难度大的产品，管理层对重点新产品开发项目进行"定价"，产品开发成功后按照定价进行奖励；如果开发不成功，则根据定价的一定比例进行处罚。政策实施后，不但没有提高新产品开发速度，研发人员反倒越来越害怕开发新产品了。

资料来源：郑晓芳．我的研发部为何成了"黄埔军校"？——他不断引进人才，公司内有经验的人才却纷纷流失．经理人，2009（3）：104.

讨论题

王之栋到底该怎么办？

第 9 章 薪酬制度的运行与管理

一个企业的成功，20%在策略，80%在执行。

——“经营之神”松下幸之助

学习目标

1. 了解薪酬制度化、套改及试运行的内容
2. 掌握薪酬预算管理以及人工成本控制的概念和方式
3. 掌握薪酬沟通的含义及操作步骤
4. 理解薪酬诊断的含义及操作步骤

引例

中海油薪酬体系改革实践

2008—2010 年，中国海洋石油总公司进行了一次面向全体员工、规模较大的薪酬制度改革。薪酬制度的改革具体包括五大内容：第一，构建了“基本薪酬 + 绩效薪酬”的薪酬结构，这一结构项目简单、易于操作、规范统一。第二，按管理、技术、操作三大序列建立统一的基本工资制度，实行岗位等级工资制。为了实现薪改的平稳过渡，在统一基本工资制度时，对各成员单位采用不同的方法套改。第三，建立薪酬体系的动态运行机制，主要包括基本工资标准的动态调整机制、三类岗位发展和基本工资晋升通道。第四，在公司所有员工执行统一基本工资制度的基础上，明确授权各单位在核定的工资总额和人工成本总额范围内可以实施灵活的效益奖金。第五，建立规范的企业年金制度。

除了完善薪酬制度，中海油同样重视薪酬改革的实施，具体工作流程包括前期调查、方案设计和测算、汇报和沟通、实施四个阶段。

第一，在改革前进行最少半年的前期调查。前期调查包括对国内外同类企业薪酬分配情况的外部调查和对内部成员单位的调查。外部调查的目的主要是吸取同行业的教训，了解同行业的薪酬结构和水平。内部调查的目的是摸清底数。在全公司统一对用工制度和薪酬制度改革的必要性和重要性的认识，了解内部不同层级员工的心理状况，必要时进行大范围的问卷调查，为薪酬制度改革打下良好的基础。

第二，改革方案设计过程也是测算过程，一般需要3～5个月的时间。在改革方案设计过程中，一般要找2～3家具有不同特点的成员单位作为典型。一个完整的薪酬改革方案一般包括主体方案、测算报告、实施方案三套文件，其中主体方案是指正式发文要执行的制度性文件，包括制度文件或实施办法等；测算报告主要是对总额和水平的测算，一般包括对薪酬总额未来3～5年的规划以及不同员工薪酬水平的同步调整及实现方式等；实施方案主要包括从现行体制过渡到目标体制的措施，以及过渡过程中具体问题的解决办法等。

第三，汇报和沟通阶段主要解决两个方面的问题：其一是向决策层领导汇报并根据决策层的意见对改革方案进行调整；其二是与成员单位领导和基层员工沟通，并根据反馈意见对改革方案进行调整。难点是如何将决策层的要求和基层的要求统一在一个方案里。如果矛盾较多，汇报和沟通阶段要耗费较长的时间。

第四，实施阶段一般是指改革方案下发并执行后一个年度内的试行过程。在实施阶段主要关注基层的反应，一般情况下不急于修改方案文件。在试行阶段结束后，对问题进行集中讨论，适度调整方案文件。

资料来源：高建华．中海油薪酬体系改革实践．中国劳动，2013（1）：45－47.

第1节　薪酬制度化与薪酬套改

一　薪酬制度化的含义及其重要性

薪酬制度是企业管理制度的重要组成部分。薪酬制度化，是指将企业的薪酬理念、薪酬设计、薪酬管理等相关内容规范化，转化为具体的、可执行的薪酬制度，形成清晰明确、可供查询的文本，让企业的薪酬管理“有法可依”。

薪酬制度化是企业管理发展的必然要求，有利于提高企业薪酬管理的规范化水平。从企业的发展阶段来看，在小规模企业中，可能只需要一两个管理精英的口头指挥便可完成企业管理；当企业规模扩大后，单靠一两个管理精英必然无法实现对企业的有效管理，“一切按制度办事”成为企业管理的根本宗旨。一旦完成薪酬制度化，所有与薪酬有关的事宜都必须依照规章制度办，这将有助于企业和管理者在员工的薪酬决策上更加客观公正，减少管理的随意性，最终提高管理效率，适应企业发展的需要。

薪酬制度化还有助于员工更好地了解和认识企业的薪酬制度，有利于激励和引导员工。员工通过阅读企业的薪酬手册或者薪酬制度文本，能够迅速了解组织的薪酬政策和分配理念，从而增强对薪酬程序公平的感知；也可以明确企业中哪些行为和结果是被提倡和奖励的，从而更好地调整自己的工作行为，并聚焦业绩目标的实现。

二　薪酬制度文本的拟定

（一）拟定主体

薪酬制度文本可以由企业内部人员拟定，也可以聘请外部专家拟定。由企业内部人员拟定文本可以节约成本，并且内部人员对企业的情况更为了解，拟定的文本针对性较强。外部专家通常具有专业知识，拟定的文本专业化程度更高，言语表达更为准确，但是聘请成本较高，会涉及薪酬制度的保密问题。在具体的实践中，企业可以结合实际情况进行选择。

（二）薪酬制度文本的结构

在撰写薪酬制度文本时，一般有以下两种思路。

1. 以薪酬组成要素为分类标准

以薪酬的各组成要素为分类标准是传统上比较常见的薪酬文本撰写思路，即以组织薪酬体系包含的薪酬要素为一级标题，如基本工资、奖金、福利和津贴等；在一级标题下，分别介绍不同序列人员在该薪酬要素上的具体规定。一般而言，如果组织内各序列人员的薪酬组成要素和薪酬设计不存在太大的区别，这种撰写思路比较适合。

在这种思路下，企业的薪酬制度文本一般包括以下几个部分的内容：

（1）总则：主要说明企业薪酬制度的设计理念、原则和目的及适用范围。

（2）薪酬构成：说明员工薪酬的组合情况。一般来说，员工薪酬包括基本工资、津补贴、奖金、加班工资、福利等。该部分简要介绍不同序列人员薪酬体系包含的内容，如销售人员包含基本工资、销售提成、津补贴和福利；技术人员包含基本工资、科研项目奖、年终奖、津补贴和福利。

（3）基本工资：说明基本工资的支付依据、支付时间、支付范围以及调整依据等，同时详细介绍不同序列员工基本工资的具体情况，以及加班费的计算规则等。

（4）奖金：详细说明不同序列员工奖金的类型、奖励的对象、计算标准、发放的时间和形式等。

（5）津补贴：界定各种津贴和补贴项目的发放对象和范围、计算标准、发放的时间和形式等。

（6）福利：界定各种法定福利和企业自主福利项目的发放对象和范围、发放的时间和形式等。

（7）工资管理与发放：工资发放的一些其他细则。

（8）附则：其他应说明的问题，如制度通过的程序，员工申诉的程序，制度的解释权、修订权、施行时间等。

2. 以人员类别为分类标准

当今人力资源管理实践越来越强调对人员的分层分类管理，即使在同一企业内，不同序列员工的薪酬设计也可能存在较大的区别，这种区别可能体现在薪酬组成要素、薪酬支付依据等方面。在这种情形下，如果还按照薪酬的组成要素撰写薪酬制度文本，容易造成表述不清晰。因此，以人员类别为一级分类标准成为更合适的撰写思路。

在这种撰写思路下，企业的薪酬制度文本一般包括以下几个部分的内容：

（1）总则：主要说明企业薪酬制度的设计理念、原则和目的及适用范围。

（2）薪酬构成：说明员工薪酬的组合情况。一般来说，员工薪酬包括基本工资、津补贴、奖金、加班工资、福利等。在该部分，不再列出各序列员工的薪酬组成，而是对本次薪酬体系设计中涉及的薪酬要素进行介绍。

（3）管理序列薪酬规定：介绍管理序列人员的薪酬组成要素与具体的支付依据、支付时间、支付形式等。

（4）技术序列薪酬规定：介绍技术序列人员的薪酬组成要素。

（5）销售序列薪酬规定：介绍销售序列人员的薪酬组成要素。

（6）工资管理与发放：工资发放的一些其他细则。

（7）附则：其他应说明的问题，如制度通过的程序，员工申诉的程序，制度的解释权、修订权、施行时间等。

当然，具体的职位和人员序列可以根据企业的实际情况进行重新分类和调整。

以上两种撰写思路所包含的主要内容并没有太大的差异，只是组织与呈现方式不同。这两种撰写思路并不是绝对独立的，企业可以根据实际情况进行整合。不论是哪一种撰写思路，目的都是要清晰地呈现组织的薪酬设计和管理规定，确保员工能够理解企业的薪酬制度。

小资料

××公司薪酬管理制度

第一章　总则

第一条　本制度是公司依据国家法律、法规并结合企业自身实际情况订立的薪酬管理规定，是员工获得正当劳动报酬的保证，也是维持企业效率和持续发展的基本保证，体现了企业效益与员工利益相结合的原则。

第二条　本制度旨在在客观评价员工业绩的基础上，奖励先进、鞭策后进、提高员工工作兴趣和热情，体现以选拔、竞争、激励、淘汰为核心的用人机制。

第三条　本制度以集团战略为导向，强调薪酬的竞争性，通用人才薪酬在××市有竞争力，骨干人才薪酬在全国有竞争力。

第四条　本制度适用于××公司所有正式员工，但不适用于以下人员：公司总裁、副总裁、总会计师等高级管理人员。

本制度适用人员分类如下：

（1）职能部门负责人类：指集团公司总部除房地产综合事务部、房地产营销策划部、房地产项目部以外的各部门主要负责人。

（2）职能部门普通员工类：指各职能部门中除勤务系列员工外的所有普通员工。

（3）业务部门负责人类：指总部房地产综合事务部、房地产营销策划部的部门负责人和房地产项目部的主要负责人。

（4）业务部门普通员工类：指房地产综合事务部、房地产营销策划部员工；各房地产项目部的普通员工由各房地产项目部组织考核。

（5）勤务系列员工类：指总裁办公室中的驾驶员、前台、文印岗位员工。

（6）派出管理人员类：指由××集团总部向各控股公司、房地产合作公司派出的主要管理人员。

（7）控股企业财务人员类：指各控股公司、房地产公司的财务负责人。

（8）派出普通人员类：指由××集团总部向各控股公司、房地产合作公司派出的所有普通人员。

第二章 薪酬结构

第五条 员工薪酬由四大部分构成：

（1）固定薪酬：包括基本工资、司龄工资、岗位工资和资历工资。

（2）绩效薪酬：包括季度奖、年度奖、项目奖、总裁特别奖以及其他单项奖金。

（3）附加薪酬：包括加班工资、驻外津贴、行车津贴、午餐补贴等。

（4）保险福利：包括住房公积金、基本养老保险、基本医疗保险、失业保险、工伤保险、生育保险、补充养老保险、人身意外伤害险等。

第六条 同类型人员根据实际情况进行不同组合，详细安排此处略。

第三章 固定工资

第一节 基本工资

第七条 基本工资标准以当地政府发布的企业最低工资标准计算，并随着当地政府标准的调整而调整。

第八条 根据公司有关管理制度，病假、事假超过规定时间或有其他原因，每月发放当地最低生活费。

第二节 司龄工资

第九条 司龄从员工正式进入××集团股份有限公司之日起计算，司龄每满一年可得司龄工资 30 元/月。

第十条 司龄工资实行累进计算，累计 10 年后不再增加。

第三节 岗位工资

第十一条 岗位工资共分 30 级，划分为四个序列：管理序列、技术序列、任务序列和勤务序列。

第十二条 管理序列分为五类，由低到高依次为办事员（30～26 级）、主办（25～18 级）、部门助理（17～12 级）、部门主管（11～6 级）、总裁助理（5～1 级）。

第十三条 技术序列分为三类，由低到高依次为主办师（21～18 级）、副主任师（17～13 级）、主任师（12～8 级）。

第十四条 任务序列分为四类，由低到高依次为专务（21～18 级）、专责（17～13 级）、专员（12～8 级）、高级专员（7～4 级）。

第十五条 勤务序列由低到高共分 8 级（30～23 级）。

第十六条 岗位系数与岗位工资相对应，共分 30 级，最低为 1，最高为 10。

第四节 资历工资

第十七条 资历工资根据员工的学历和职称确定，具体标准如下：

（1）大学本科毕业，300 元/月；

（2）硕士研究生、双学位学士毕业 3 年以上并取得中级职称，大学本科毕业 5 年以上并取得中级职称，大专毕业 7 年以上并取得中级职称，中专毕业 15 年以上并取得中级职称，500 元/月；

（3）国家注册师类视同中级职称（本岗位相关专业，由人力资源部确认）；

（4）高级技术职称，800 元/月；

(5) 博士研究生毕业，正教授级职称，2 000 元/月；
(6) 国家院士，5 000 元/月。

第十八条　学历以国家承认的毕业证书为准，职称以国家承认且公司聘用的职称为准。

第四章　绩效薪酬

第一节　季度奖金

第十九条　职能系列和勤务系列员工季度奖金的发放基数是个人的岗位工资，公式参见《××集团股份有限公司绩效考核手册》。

第二节　年度奖金

第二十条　职能系列和勤务系列员工年度奖金的发放基数由公司总裁办公会根据公司当年效益情况确定，公式参见《××集团股份有限公司绩效考核手册》。

第三节　项目奖金

第二十一条　业务系列员工的季度奖和年度奖与项目直接挂钩，采取预发形式，具体办法详见《××集团业务人员效益奖金管理办法》。

第四节　总裁特别奖

第二十二条　具体办法详见公司关于总裁特别奖的有关规定。

第五节　其他奖金

第二十三条　其他奖金包括年度优秀奖和单项奖，详情参见公司有关规章制度。

第五章　附加薪酬

第一节　加班工资

第二十四条　员工加班工资按以下规定执行：

延长工作日时间加班工资按下列公式计算：

$$\text{实际加班小时数}\times\frac{\text{月岗位工资}}{\text{月规定平均上班小时数}}\times150\%$$

法定公休时间加班工资按下列公式计算：

$$\text{实际加班小时数}\times\frac{\text{月岗位工资}}{\text{月规定平均上班小时数}}\times200\%$$

法定节假日时间加班工资按下列公式计算：

$$\text{实际加班小时数}\times\frac{\text{月岗位工资}}{\text{月规定平均上班小时数}}\times300\%$$

第二十五条　为保障职工正当权益，员工加班时数应严格控制在国家规定的范围内。月加班工资不得超过员工月岗位工资的50%。确因工作需要且经员工本人同意，超过上述限额的加班时间以调休方式补偿。

第二十六条　公司中层管理人员以及相应级别的技术序列和任务序列的员工，除在法定节日加班可计算加班工资外，其余时间加班不计加班工资。

第二十七条　公司驾驶员岗位员工在延长工作日时间加班，不计加班工资，其余时间按相应公式计算加班工资。加班时间精确到小时，一天不超过8小时，全月加班工资不超过岗位工资的50%。

第二节　行车津贴

第二十八条　给公司高级管理人员专车及其他专车驾驶员发放定额行车津贴，每月定额行车津贴为300元。

第二十九条　给公司公用车辆的驾驶员发放里程行车津贴，每月行车里程超过2 000千米的部分，津贴标准为0.12元/千米（辆）。

第三十条　行车里程由行政主管每月核查一次，按月结算行车津贴。

第三节　午餐补贴

第三十一条　员工午餐补贴为100元/月，请假、旷工及其他未上班的职员，应按下面的公式扣减补贴金额：

公式略

第四节　驻外津贴

第三十二条　详细规定见公司有关规章制度。

第六章　工资级别确定

第三十三条　各类人员工资级别确定方法如下：

(1) 总部职能部门人员：以聘用套用为主，以个人协议为辅；

(2) 总部业务部门人员：以个人协议为主，以聘用套用为辅；

(3) 派出人员：参照总部相应级别。

第三十四条　大学本科毕业生转正定岗后，岗位工资从第25级（1 190元/月）起定薪，进入管理序列。

第七章　薪酬调整

第三十五条　薪酬调整分为整体调整和个别调整。

整体调整是指公司根据国家政策和物价水平等宏观因素的变化，行业及地区竞争状况和企业发展战略的变化以及公司整体效益情况而进行的调整，包括薪酬水平调整和薪酬结构调整。

个别调整主要指工资级别的调整，分为定期调整与不定期调整。

工资级别定期调整是指公司在年底根据年度绩效考核结果对员工岗位工资级别进行的调整，详细情况参见《××集团股份有限公司绩效考核手册》。

工资级别不定期调整是指公司在年中由于职务变动等原因对员工工资级别进行的调整，包括基本工资、司龄工资、岗位工资和资历工资等内容的调整。

第三十六条　员工在其相应职务的薪幅内调整岗位工资级别，达到本职务薪幅内最高档后，若职务不发生变动，则不再调整。

第三十七条　若发生职务调整，则套入变动后职务所在薪幅中与原级别最相近的岗位工资级别。

第三十八条　各岗位员工工资级别调整由公司总裁或总裁办公会审批，审批通过的调整方案和各项薪酬发放方案由人力资源部执行。

第三十九条　调整后工资级别一般从执行日期所在月初计算。

第八章　附则

第四十条　根据《中华人民共和国劳动法》第四十七条的规定，公司在不违反国家劳动主管部门核定的工资总额的前提下，有权自主决定公司内部一般员工的工资关系和工资标准，有权决定一般员工调岗调薪及其奖惩方案。

第四十一条　公司执行国家规定发放的福利补贴的标准应不低于国家规定标准，并随国家政策性调整而相应调整。

第四十二条　本规定是公司人力资源管理制度的组成部分，由人力资源部门负责解释。
第四十三条　本规定从2003年1月1日起开始实行，自本制度实行之日起原有有关工资管理的制度或规定停止使用。
第四十四条　如有其他制度与本制度相抵触，以总裁办公会裁定结果为准。

三　薪酬套改

薪酬套改是指企业根据一定的规则，将所有员工的薪酬从旧的薪酬体系套入新的薪酬体系，并对薪酬数据进行反复测算以确定最后的薪酬实施方案的过程。薪酬套改涉及公司薪酬总额和员工个人薪酬水平的变动，以及各种薪酬调整和管理规则的变化，具备敏感性、复杂性，是新老方案转换和薪酬变革成功的关键。

（一）薪酬套改的流程

薪酬套改的流程包括以下步骤：

（1）确定每个岗位的等级或员工技能的等级。如果公司实行的是职位薪酬，则需要明确所有岗位的等级；如果实行的是能力薪酬，则需要明确员工个人的能力等级。实际上，这一步在薪酬方案制定中就已经完成，在套改中也需要用到。如果公司尚不具备完善的职位或技能等级体系或原有体系已无法满足企业的需求，则需要及时建立科学合理的岗位或能力等级体系。

（2）制定套改规则。一般而言，企业可以采取两种套改规则：一是依据职位或者能力的评估结果，根据任职者的得分或级别直接套入相应的薪酬等级和档位。该方法操作一步到位，但有可能引起员工薪酬的较大变动，不利于变革的平稳进行。二是根据员工现有薪酬水平，就高就近套入相关的薪级薪档。这种做法有利于新老方案的平稳过渡，但没有立马实现新方案的管理意图。以上两种规则提供了薪酬套改的大致思路，在实践中，企业可以根据需要进行灵活调整。此外，对于部分特殊人员或者套改的特殊情况，企业可以单独处理，由薪酬改革小组商议后确定对特殊情况的处理方案。比如，个别员工对于企业而言具有战略意义，但企业的整体薪酬水平不具备市场竞争力，这种情况下可根据需要给予特殊处理。

（3）套改测算与评估。制定套改规则后，企业需要对套改结果进行测算和评估，如发现问题，可以在套改结果正式发布前修正。一是评估公司薪酬总额的变动情况。企业进行薪酬改革通常会带来薪酬总额一定程度的上升，但薪酬总额不能突破改革的预算和控制。二是评估员工薪级薪档的分布情况。套改后企业所有员工在薪级薪档上的分布应合理，一般需呈正态分布。三是评估员工个人薪酬在套改前后的变动情况。套改后，大部分员工的薪酬应该有所提高，但要注意在改革中加大收入分配向核心员工和绩优员工的倾斜幅度。最后，企业应当关注员工薪酬水平与市场的偏离程度，包括对研发、生产、销售、行政等不同类别人员的分析以及对一般、中层、高层等不同层级员工的分析。

（4）套改规则的调整与确定。企业根据套改测算数据和对方案的综合评估结果，可以对套改规则和薪酬方案做出适当调整，然后进行测算和评估。该过程可能需要重复多次，直到企业认为薪酬改革目标和可行性之间实现了均衡。接下来，企业需要公示薪酬制度和套改规则，向员工介绍和宣传新的薪酬制度和套改规则。如果企业规模较大，薪酬改革小组应当组织各部门负责人召开薪酬套改会议，由各部门负责人就本次套改与本部门员工进行沟通，确保获得员工的理解和认可。

（5）薪酬套改的实施。在明确套改规则后，企业应当按照时间节点，按部就班地完成薪酬套改。套改完成后，企业新的薪酬制度开始发挥作用。当然，如果在新的制度运行过程中发现了问题，企业需要在管理实践中不断修正和完善。

即时案例

某企业岗位工资套改方案

改革后，某公司岗位工资共设 23 个岗级，260 个薪级，其中 1～11 岗岗级级差为 80 元；12～17 岗岗级级差为 120 元，18～23 岗岗级级差为 200 元；各岗位分为若干薪级。

具体套改时，首先将职工的原技能工资、岗位工资合并作为岗位工资，根据所在岗位对应的岗级，就近就高套入薪级标准，合并后的岗位工资金额低于本岗级 1 薪酬标准的，按 1 薪酬标准执行；高于本岗级最高薪级标准的，按上岗级最低薪级标准执行。为避免不同任职时间和工作年限人员套改后同在一个薪级的矛盾，参照职工本人实际工作年限对套改后的工资进行调整，结合职工所在岗位及本人取得的专业技术职称情况对薪级再次进行调整。详见表 9-1。

表 9-1　　套改后岗位工资调整表

岗级区间	按工龄调整		按职称调整	
	工龄	套改可提高薪级数	专业技术职称	套改可提高薪级数
18～23 岗	15～20 年	1	中级职称	1
	21～25 年	2	高级职称	2
	26～30 年	3		
	31～35 年	4		
	36 年及以上	5		
12～17 岗	5～10 年	1		
	11～15 年	2		
	16～20 年	3		
	21～25 年	4		
	26～30 年	5		
	31 年及以上	6		
11 岗及以下	5～10 年	1		
	11～15 年	2		
	16～20 年	3		
	21～25 年	4		
	26～30 年	5		
	31 年及以上	6		

举例来说，员工张三的原岗位是副岗，岗级 12 级；岗位工资 1 265 元，技能工资 256 元，合计 1 521 元。原岗位工资超出新方案下 12 岗 1 薪 1 520 元 1 元。按照就高原则，其初始岗级薪级为 12 岗 2 薪（1 640 元）。同时，张三参加工作已 21 年，为高

级工程师，则工龄薪级调整 4 级，职称薪级调整 2 级，最终的岗位工资为 2 360 元(12 岗 8 薪)。

资料来源：企业微信公众号“工程院之声”.

(二) 薪酬套改实施要点

薪酬套改是重要的组织变革之一，需要认真筹划，谨慎施行。在薪酬套改实施中，企业需要注意以下几点。

(1) 正确认识套改的目的。薪酬套改的核心目的是实现新老体系的对接过渡，让员工进入更加科学合理的“赛道”，在新的“赛道”上逐步解决薪酬分配问题。薪酬改革工作者如果认识不到这一点，希望通过薪酬套改一次性解决薪酬分配现状中的所有问题，那么薪酬套改必然因为各种具体问题顾此失彼、投鼠忌器而无法实施，最终导致薪酬改革项目无法顺利完成。

(2) 重视各级管理人员尤其是直线经理的作用。薪酬套改涉及公司的全体员工，需要各级管理者的支持与配合。高层管理者的参与可以为薪酬套改的实施提供强有力的支撑，把握薪酬套改的大方向；直线经理肩负着与所辖员工进行沟通，传递企业薪酬套改规则的任务。直线经理对套改规则的理解与支持程度将会直接影响其所属员工，继而影响整个套改方案实施的成败。因此，直线经理的作用不容忽视，薪酬改革委员会应当通过会议传达薪酬套改的思路与方法并得到直线经理的理解与支持。

(3) 重视沟通与反馈。薪酬套改不是人力资源部单方面的事情，需要公开透明的操作流程。一方面，作为薪酬制度改革的一部分，薪酬套改的实施同样依赖于薪酬改革前期的沟通与宣传。企业需要通过访谈、会议等形式强化前期的员工参与与沟通，帮助员工明确改革的必要性和基本方向，减少员工对改革的抵触心理；帮助变革小组了解员工对于变革的意见与接受程度，为方案设计提供方向。另一方面，在薪酬套改的具体操作中，要保证公开与透明。企业制定的薪酬套改规则以及套改的测算结果应当及时公示，企业还应当就薪酬套改提供相应的培训，确保员工个人可以根据套改规则明确新方案实施后自身的薪酬水平。企业应当积极听取员工的意见并及时给予反馈，必要时进行调整。

(4) 避免落入平衡陷阱。企业经营者在巨大压力下，在薪酬套改中很容易落入平衡陷阱。在薪酬方案设计中，虽然管理咨询公司和企业管理层赋予薪酬方案很多新理念，但是在薪酬套改中，面对员工薪酬变动，企业管理者往往为了避免企业震动，屈服于变革必须面临的各种压力，不断妥协，使薪酬回到原来的老路上去，失去了改革的意义。因此，企业管理者必须做好坚持和承担压力的准备。

四　薪酬制度试运行与修正

薪酬制度试运行与修正本质上并不是对制度进行重新改革，而是针对企业新的薪酬体系在运行中遇到的实际情况进行进一步的修正与完善。

(一) 薪酬制度试运行

薪酬制度试运行包括选择试点和试行周期安排。

（1）选择试点。试行范围的合理与否会影响到反馈的有效性、试行成本以及将来的推行效果。如果企业规模较大，可以在企业的某一事业部中进行试点。这样既可以通过实践检验制度的效果，也可以避免贸然推出新制度导致的不稳定。此外，小范围的试行也可以节约企业成本。

（2）试行周期安排。一般来说，试行的时间过短可能达不到试错、纠错的效果，而过长则会增加企业成本，无法保证制度的时效性。企业制度试运行的时间一般应当涵盖薪酬发放的整个周期。同时，企业还应安排好修正的阶段性时间点，保证试行逐步推进。

（二）搜集反馈信息

首先，薪酬改革小组要关注企业外部的反馈，包括新制度是否符合法律以及国家相关政策。其次，收集员工对新制度的感受，包括员工是否觉得公平，满意度如何等。企业可以通过问卷调查、访谈等方式获得员工个人层面的反馈。最后，需要收集企业层面的反馈信息。比如，新制度实行后企业能否有效控制工资成本？企业的优秀人才流动率、生产率、人均效益等指标发生了什么变化？

当然，在实践中，如果企业已经根据往年的数据对新的薪酬方案进行了细致的模拟，对新方案的实施结果心中有数，就可以不试运行，而是直接在实施中进行制度的修正和完善。

（三）薪酬制度修正

收集各层面、各角度的反馈之后，企业应当对这些信息进行深入的分析，切实掌握新制度的实行效果，同时找出薪酬制度需要修正的地方。一般而言，对薪酬制度的修正包含以下几个方面：

（1）对一些条目或具体设计进行保留与删除；

（2）对一些决定保留的条目或具体设计进行调整，比如在一些量的界定上的调整等；

（3）增加一些在试行过程中获得的新意见和新条款，完善在文本撰写时没有考虑到的地方；

（4）对一些当前难以解决的问题，在制度中做出说明（文跃然，2011）。

第2节 薪酬预算与人工成本控制

一 薪酬预算

（一）薪酬预算概述

薪酬预算是企业财务预算的重要组成部分，也是企业成本控制的重要手段。按照美国薪酬协会的定义，薪酬预算是企业在一定时期内为雇员提供直接或间接薪酬所安排的货币分配计划及其管理体系。企业一般希望凭借制定薪酬预算来合理控制薪酬总额和人工成本，并试图降低员工流动率，激励员工有更好的绩效表现。我国企业在管理实践中有薪酬费用（所有人员的总现金收入）和薪酬福利费用（所有人员的薪酬、企业缴纳的五险一金及其他直接人力资源成本）两种口径。

对于任何企业来讲，有效的薪酬预算都是必需的。一方面，有效的薪酬预算能在财务方面帮助企业有效控制人力资源成本，并评估人力资源的投入和产出；另一方面，薪酬预算是薪酬分配的基础，能够预测绩效增长和职位晋升所带来的实际年度薪酬费用，方便各级管理者做出相关的管理决策，有利于提高企业管理水平，增强企业竞争力。

（二）薪酬预算的影响因素

企业薪酬预算需要考虑诸多因素，一般可以分为企业内部因素和外部因素两大类。通过对内外部因素的分析，企业可以了解自身以及外部劳动力市场的真实情况，制定更加合理的薪酬预算。

1. 企业内部因素

企业是一个涉及人力、财力、物力的复杂综合体，企业在进行薪酬决策时不可避免地要考虑企业的财务状况、薪酬政策、员工流动状况以及技术变革等因素。具体如下：

（1）企业的财务状况。企业的财务状况包括：企业的支付能力；企业上一年度经济效益状况；企业预计的今年效益状况。财务状况良好的公司有能力提高薪酬水平，承担更高的薪酬成本；反之，则难以提高薪酬水平，甚至会出现裁员、降薪、破产等情况。

（2）企业的薪酬政策。企业的薪酬预算往往以现有的薪酬政策为基础。企业的薪酬政策主要包括薪酬水平政策和薪酬结构政策。企业的薪酬水平政策分为市场领先型、市场匹配型和市场跟随型三种。企业的薪酬等级数量、每个薪等的区间幅度、员工晋级比例等因素都会影响企业的薪酬预算。此外，企业每年都会确定年度薪酬增长率，这也为企业本年度的薪酬预算提供了参考。

$$\text{年度薪酬增长率}=\frac{\text{年末人均薪酬}-\text{年初人均薪酬}}{\text{年初人均薪酬}}\times 100\%$$

（3）企业员工流动状况。员工数量增加，企业的薪酬支出一般会相应增加。裁员、解雇以及员工提前退休都可能在短时间内降低企业的基本工资以及相关福利支出。老员工离开公司，会有拿较低工资的新员工来替代他们，与此同时相关福利成本将会减少。当然，尽管新员工对老员工的替代能够降低平均工资，但随之而来的是企业的招聘成本和培训成本会大大提高，生产率可能会下降。因此，企业要做好成本收益分析。

（4）企业的技术变革。劳动经济学假设在一个较长的时期内，技术可以替代劳动。用通俗的话来说就是，一旦发生重大的技术变革，企业可能不需要原有的雇佣规模。因此，技术的进步会给企业的薪酬预算带来影响。

2. 企业外部因素

薪酬预算的外部因素包括市场薪酬水平、生活成本的变化以及国家的法律法规和相关政策。

（1）市场薪酬水平。每个企业都希望自己的薪酬水平具备一定的外部竞争力，以便吸引和保留企业的核心人才。为此，企业必须进行外部市场薪酬调查，判断本企业的薪酬水平在同行业劳动力市场上的位置，从而为薪酬预算决策提供参考。市场薪酬调查一般是定期进行的，以确保薪酬数据的时效性。

（2）生活成本的变化。随着物价的上涨以及社会平均生活水平的提高，企业必然会提高工资水平。因此，在制定薪酬预算时，企业应该考虑生活成本的变动，以保障员工的基本生活水平不会随着物价的上涨而大幅降低。很多企业将消费价格指数（CPI）作为衡量生活成本的指标。当然，CPI只能作为一种参考，企业还要综合考虑其他因素。

（3）国家的法律法规和相关政策。与薪酬相关的法律法规包括最低工资制度、高管限薪制度、个人所得税制度以及强制性社会保险种类和缴费的相关规定等。通常，这些制度将直接影响企业的薪酬预算。

小资料

Willis Towers Watson：2016年亚太地区薪酬预算报告

亚太地区2017年薪酬增长率预计为5.9%，虽比2016年的5.8%增长了0.1个百分点，但实际上反映了该地区薪酬增长面临广泛的下行压力，因为经济增长不断放缓，雇主纷纷压低成本。这是Willis Towers Watson发布的2016年亚太地区薪酬预算报告中的观点。

2016年薪酬增长率预计为6.4%，但实际仅为5.8%。这是2012年以来首次跌破6%。如果这种形势在2017年持续，实际的薪酬增长率将远低于5.9%的预期。这将是薪酬增长率连续第三年下降。

Willis Towers Watson的调查结果显示，一旦把亚太地区3%的平均通货膨胀率考虑在内，2017年预计的增长率相当于2.9%，与2016年的3.5%相比有所下降。

在该报告所涵盖的22个亚太市场中，只有6个市场2017年扣除通货膨胀率的薪资增长率有望高于2016年。

“我们看到许多地方调低了加薪预算，”Willis Towers Watson亚太区数据服务业务主管桑巴夫·拉克岩（Sambhav Rakyan）说，“而在2012年和2013年，亚洲企业将大量资金投入薪酬预算，从而推动了薪酬增长。但它们的营业收入并未随之增长，这使得提高薪酬的做法难以为继。现在，这些公司变得更加谨慎了。”

拉克岩补充道，由于现有预算缩减，公司需要在如何使用有限的薪酬预算留住人才上多动脑筋。“要优先考虑业绩最好的重点员工，这一点很重要。还要重新审视如何采用其他激励措施（比如更有吸引力的福利等）使员工得到奖励。”

Willis Towers Watson的报告显示，随着预算收紧，各个企业显然会优先考虑高绩效员工。报告显示，薪酬增长预算中的37.6%会流向高绩效员工，33.7%将流向业绩为中上水平的员工，而剩余的29.2%将流向普通员工。

“这些数据清楚地表明企业会更加注重奖励高绩效员工，而不是全员加薪。如果没有这样的分化，企业将面临吸引并留住人才方面的压力（特别是在需求量大的领域，如销售和数字化领域）。”拉克岩说，“除了和通胀相关的因素外，雇主还必须考虑更为微妙的因素，如经济承受能力、经济增长的预期、员工和公司业绩，以及特殊人才和技能需求。”

Willis Towers Watson亚太区人才与奖酬董事总经理方晔表示：“各企业在与员工就加薪进行沟通时要提高透明度，这一点非常重要。这样，即使员工对结果不满意，他们至少会知道原因是什么。根据我们的经验，他们会很感谢企业这样做。”

Willis Towers Watson注意到，公司需要重新考虑增加基本年薪是不是奖励员工的最佳方式。可能有既能更好地满足员工的需求，又能反映出员工贡献的其他办法。

> “人们都在寻找最常见的年度加薪以外的方式。员工正在考虑‘怎样评价他们的业绩’‘什么时候评价’‘福利待遇上是否有更大的灵活性’这类问题。因此，企业需要采取更全面的办法并考虑整体薪酬因素，如职业发展机会、认可度、持续的沟通，以及灵活的工作安排等。”方晔说。
>
> 资料来源：美通社，2016－10－11.

（三）薪酬预算的方法

企业制定薪酬预算的方法有两种：自上而下法和自下而上法。

1. 自上而下法

自上而下法即先由公司高层决定公司整体的薪酬总额，然后每一个部门确定各部门的薪酬总额，各部门根据部门薪酬总额以及员工的职位、绩效等确定每一个员工的薪酬。自上而下的薪酬预算方法的实施难度与企业组织层级成正比，即如果企业的组织结构复杂、层级多，这种方法实施起来就比较复杂。该方法的优点是与企业的总体战略高度相关，能够有效控制薪酬成本；缺点是缺乏灵活性，有时候会因为僵化的薪酬预算而不能有效调动员工积极性。

自上而下的薪酬预算的核心问题是确定薪酬总额。测算薪酬总额的常用方法包括：薪酬费用率推算法、盈亏平衡点推算法以及劳动分配率推算法。企业可以根据实际情况选择更加适合自身的指标。

（1）薪酬费用率推算法。在企业生产技术和经营业绩较稳定的情况下，通常可以根据企业以往的销售额和薪酬费用算出本企业的薪酬费用率，以此为依据对未来的薪酬费用总额制定预算。如果本企业经营业绩不佳，则可以参考同行业一般水平来确定薪酬费用率，进而确定薪酬费用总额。薪酬费用率因企业规模和行业的不同而有所不同。

$$\text{薪酬费用率}=\frac{\text{薪酬总额}}{\text{销售额}}=\frac{\text{薪酬总额/员工人数}}{\text{销售额/员工人数}}=\frac{\text{人均薪酬水平}}{\text{人均销售额}}$$

$$\text{薪酬费用预算总额}=\text{预算年度的销售额}\times\text{薪酬费用率}$$

由上面的公式可以看出，如果企业的销售额较大，则企业的薪酬总额可以增加；反之，则应该相应地减少薪酬总额。企业在实践中往往会根据最近几年的平均经营业绩来预测下一年度的薪酬费用。下面举例说明：

某公司2008—2010年的平均薪酬费用率为15%，过去三年的平均销售总额为56 000 000元。公司按照经验预测2011年销售业绩能增长10%，则

$$2011\text{年销售额}=56\ 000\ 000\times(1+10\%)=61\ 600\ 000(\text{元})$$

$$2011\text{年薪酬费用总额}=61\ 600\ 000\times15\%=9\ 240\ 000(\text{元})$$

（2）盈亏平衡点推算法。在财务管理中有三个比较重要的盈亏平衡点。1）盈亏平衡点，是指在该点处企业销售产品和服务所带来的收益刚好能够弥补其总成本（含固定成本和变动成本），没有利润。2）边际盈利点，是指在该点处企业销售产品和服务所带来的收益，不仅能够弥补全部的成本支出，还可以付给股东适当的股息。3）安全盈利点，是指在该点处企业销售产品或服务所带来的收益，在确保股息之外还可以有一定的盈利。盈亏平衡点、边际盈利点和安全盈利点的计算公式如下：

$$盈亏平衡点=\frac{固定成本}{1-变动成本率}$$

$$边际盈利点=\frac{固定成本+股息总额}{1-变动成本率}$$

$$安全盈利点=\frac{固定成本+股息总额+企业盈利保留}{1-变动成本率}$$

根据上面三个公式，能推出企业支付薪酬成本的各种比率：

$$薪酬支付的最高比率(最高薪酬比率)=\frac{薪酬总额}{盈亏平衡点}\times 100\%$$

$$薪酬支付的可能限度(可能薪酬比率)=\frac{薪酬总额}{边际盈利点}\times 100\%$$

$$薪酬支付的安全限度(安全薪酬比率)=\frac{薪酬总额}{安全盈利点}\times 100\%$$

举例来说：某公司的固定成本为4 000万元（含薪酬成本2 000万元），变动成本率为50%，则在实现不亏不盈时，

$$盈亏平衡点=\frac{4\ 000}{1-50\%}=8\ 000万元$$

$$薪酬支付的最高比率(最高薪酬比率)=\frac{2\ 000}{8\ 000}\times 100\%=25\%$$

若企业想要实现1 000万元的盈利（实际上是资金成本或股息），则

$$边际盈利点=\frac{4\ 000+1\ 000}{1-50\%}=10\ 000(万元)$$

$$薪酬支付的可能限度(可能薪酬比率)=\frac{2\ 000}{10\ 000}\times 100\%=20\%$$

如果企业除了有适当盈余分配以外，还打算为企业的发展保留风险基金1 000万元，则

$$安全盈利点=\frac{4\ 000+1\ 000+1\ 000}{1-50\%}=12\ 000(万元)$$

$$薪酬支付的安全限度(安全薪酬比率)=\frac{2\ 000}{12\ 000}\times 100\%=16.67\%$$

(3) 劳动分配率推算法。劳动分配率是指企业的薪酬开支占企业所获得的附加价值的比重，计算公式是：

$$劳动分配率=\frac{薪酬费用总额}{附加价值}\times 100\%$$

附加价值=销售额－外购部分

　　　　=净销售额－当期进货成本－（原材料+购入零配件+外包加工费+间接材料）

附加价值=利润+薪酬费用+其他形成附加价值的各种费用

　　　　=利润+薪酬费用+财务费用+租金+折旧+税收

根据劳动分配率可以求出合理的薪酬费用率。举例说明：某公司2009年度的总薪酬费用为1 200万元，附加价值为4 800万元，2010年第一季度薪酬费用为350万元，月均116.7万元，附加价值为1 500万元，则可以计算出2009年与2010年第一季度的劳动分配率：

$$2009\text{年的劳动分配率}=\frac{\text{薪酬费用总额}}{\text{附加价值}}\times 100\%=\frac{1\ 200}{4\ 800}\times 100\%=25\%$$

$$2010\text{年第一季度的劳动分配率}=\frac{350}{1\ 500}\times 100\%=23\%$$

由此可见，这两个数字相差不大。公司决定自 4 月份开始调整薪资，若 4 月份的附加价值为 550 万元，要求维持第一季度的劳动分配率不变，则 4 月份的薪酬费用是多少？

目标薪酬费用＝目标劳动分配率×附加价值＝23%×550＝126.5(万元)

调薪差额＝126.5－116.7＝9.8(万元)

$$\text{合理调薪幅度}=\frac{126.5-116.7}{116.7}\times 100\%=8.4\%$$

2. 自下而上法

自下而上法是指，根据公司薪酬制度，从企业每一位员工（包括老员工和新员工）未来的薪酬估计数字出发，计算出整个部门所需要的薪酬支出，然后汇总所有部门的预算数字，编制公司整体的薪酬预算。这种方法的优点是比较实际，可行性比较高，部门经理只需要按既定原则计算出每个员工的加薪幅度与薪酬，再汇总即可。这种方法可以充分调动员工的积极性，缺点是不能从企业全局出发，部门往往从自身利益出发，不易控制薪酬成本。图 9－1 是自下而上法的设计流程。

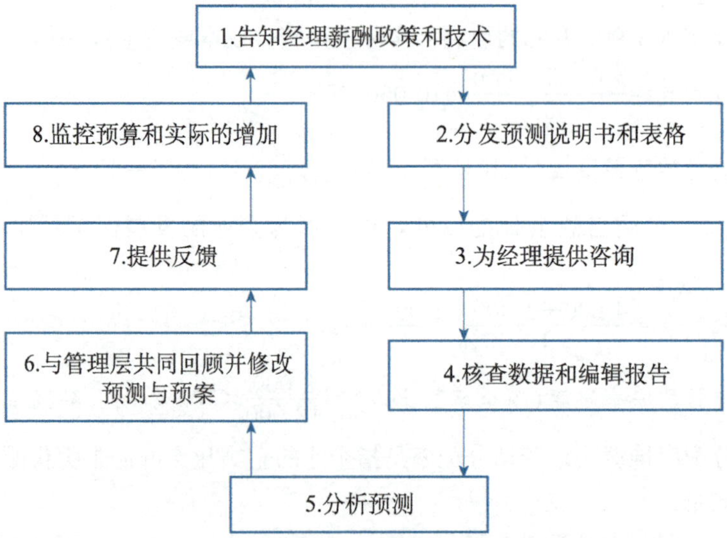

图 9－1 "自下而上"薪酬预算法流程

第一步：告知经理薪酬政策和技术。自下而上法的关键在于经理人员对下属未来薪酬水平的预测。为了保证薪酬预算的准确性，有必要对所有经理人员进行相关知识的培训，包括本企业的薪酬理念、薪酬政策、员工调薪规则等。通过培训，让经理能够合理地预估本部门的薪酬总额并建立按绩效付薪的理念。

第二步：分发预测说明书和表格。经理有了薪酬预测说明书，能够更加理性地按照公司要求制定薪酬预算。有关员工绩效表现、加薪记录等的表格能够帮助经理充分了解下属以往的表现，使加薪更为公平。

第三步：为经理提供咨询。当经理在公司政策上遇到困难时，人力资源部应该及时为经理提供咨询服务和薪酬信息，为他们提供技术上的支持。

第四步：核查数据和编辑报告。各个部门的经理预测完本部门所有员工的薪酬额度后，企业需对其进行汇总审核，检查部门加总的额度是否符合企业的薪酬政策，确保部门之间的公平性。

第五步：分析预测。综合每一位经理所做的预测，对所观察到的不同经理不同部门之间的差异提出修改建议。

第六步：与管理层共同回顾并修改预测与预案。将各部门经理召集在一起，共同讨论预算结果并形成预案，获得高层的认可。

第七步：提供反馈。把最后的结果反馈给各层级的经理人员。

第八步：监控预算和实际的增加。通过持续追踪和定期向管理者报告来控制预算的增加与实际的增加。

3. 两种预算方法的比较

自上而下法的突出特点是与企业战略紧密相连，能够控制总体薪酬水平。其不足在于：没有充分估计市场环境及竞争对手的影响；未来薪酬成本是历史数据的延伸，薪酬的激励效应滞后；确定薪酬总额时考虑的主观因素过多，降低了预算的准确性；薪酬预算缺乏灵活性，不利于调动员工的积极性。

自下而上法的最大优点在于对员工的绩效水平进行了翔实的考察，其不足之处在于没有从企业的战略和总体目标出发，会影响或破坏公司达到预期目标的能力。此外，部门经理在预测中的决策通常是短期的，不能将组织的长期发展和短期利益有效结合起来，难以控制总体薪酬成本。

在制定预算的实际操作中可以把自上而下法与自下而上法结合起来使用：首先采用自上而下法确定薪酬费用率的浮动范围，充分考虑内外部变化对企业的影响及企业对这些影响的承受能力，确定薪酬费用总额的浮动范围。然后运用自下而上法确定各部门的员工数量及薪酬水平，从而确定该部门预算期内的薪酬预计总额，将各部门的数据整理汇总，得出薪酬费用总额。比较通过两种方法得出的结果，对两者的差异进行分析，找出计算过程中数据不合理之处，经过反复讨论修改，最终实现两种计算方法得出基本一致的结果，这时可以确定较为科学合理的薪酬预算。

即时案例

M 企业薪酬预算的“杀手锏”

M 公司作为一家集团化公司，为了真正发挥薪酬预算的作用，达到适度控制薪酬成本的目的，对下属单位采用了薪酬总额控制的预算管理模式，具体薪酬预算采用自下而上（下属公司和部门依据历史测算数据上报）和自上而下（与销售收入等关键业绩指标挂钩）相结合的方式，既引入新的人力成本管控模式，又与历史接轨保证平稳过渡。

薪酬预算五步法包括以下内容。

第一步：确定薪酬类型

薪酬类型包括年薪类、提成类、其他类（与效益不直接挂钩）。

第二步：确定各薪酬类型的具体人员

（1）年薪类人员：总经理、副总经理、总工、技术中心经理/副经理、营销中心经理/副经理、商务中心经理/副经理、工程中心经理。

企业的高层管理人员、影响企业盈利的核心人员（营销中心、技术中心、商务中心、工程中心人员），正职可以实行年薪制。考虑到部门内部的协调性和配合性，对副职职位（营销中心副经理、技术中心副经理、商务中心副经理）也实行年薪制，以便让副职与正职共同努力，做好分管工作。

（2）提成类人员：B1 营销中心业务员/营销助理、B2 技术中心部长、B3 技术中心设计员、B4 调试技术员、B5 化验员、B6 商务中心预算员、B7 研发中心维修部全体人员。

考虑到 B 类人员年度薪酬总额的市场竞争性、月标准工资的延续性、月标准工资和提成的比例关系，以后在保证年度收入逐步增加的同时逐年加大提成的比例，降低月标准工资的比例。这是 M 公司薪酬策略的一个重要方面。B 类人员没有年终奖。

（3）其他类（与效益不直接挂钩）人员：C1 总经理助理、总经办全体管理人员、财务部全体、商务中心采购人员、网络管理员；C2 后勤工人；C3 工程中心管理人员。

比如，虽然技术中心的网络管理员在技术中心工作，但因为该职位对整个公司负责，所以不享受技术中心提成。C 类人员对公司的价值大小不一，他们享受的年终奖总额不同，所以对 C 类人员进行了 C1/C2/C3 的分类。

第三步：A/B/C 类人员薪酬结构

薪酬结构分为标准工资、津贴、年终奖/提成、其他四部分。其中标准工资包含职位工资和绩效工资。

A 类：年薪。

B 类：标准工资（职位工资+绩效工资）、津贴、提成、其他。

C 类：标准工资（职位工资+绩效工资）、津贴、年终奖、其他。

第四步：薪酬预算的方法和内容

依据公司年度经营目标、历史工资水平、《提成类人员管理办法》、最高/考核/最低毛利目标值、各类人员的年薪与工资总额相对比例、工资总额计提比例制定各类人员的薪酬总额预算。

薪酬总额预算内容：标准工资总额、津贴总额（住房、电话、夜班、出差等）、其他（加班、福利等）总额、提成总额、年终奖总额。

津贴、其他类的总额预算是企业相对固定的支出，不与企业的效益直接相关。所以，这两项单独做预算。薪酬预算主要是工资总额（标准工资、提成、年终奖）的分类预算，工资总额预算依据毛利的一定比例 R（工资计提比例）提取，体现员工与企业同享成功、共担风险。

标准工资总额预算方法：

（1）自上而下的测算：工资总额预算（根据 R 与毛利计算出来）减去年薪类人员薪酬总额、提成类人员提成总额、年终奖总额，余下部分即为标准工资总额，基于此确定 A/B/C 类人员的工资占比（比如 A 类人员工资总额占工资总额的比例）。

（2）自下而上的测算：参照历史工资水平（各类人员的年度收入）、市场水平、历史 A/B/C 类人员的工资占比确定 A/B/C 类人员的年度总额，制定标准工资总额预算。

这两个过程需要反复多次才能确定一个合理的薪酬预算总表，特别是对于第一次做薪酬预算的企业而言。

第五步：各类人员的薪酬总额预算

(1) 年薪类人员。依据公司年度经营的最高/考核/最低目标确定最高/考核/最低年薪发放总额。依据年薪制职位的重要性确定合理的标准年薪。

实际年薪=完成经营业绩对应的标准年薪×年度考核系数

(2) 提成类人员。依据B类人员现有职务、标准工资总额、年度薪酬水平、《提成类人员管理办法》、公司业绩目标，分别测算B类人员的全年薪酬总额。

(3) 其他类人员。C类人员依据历史平均值和增长比例确定标准工资总额。重点是确定C类人员年终奖总额。为了体现年终奖与公司效益挂钩，依据经营业绩确定年终奖总额。

经过以上的薪酬预算，老板、总经办（人力资源部）、财务中心、各业务部门都清楚地知道公司的人力成本是如何构成的，各部门什么程度的业绩需要的人力成本是多少。人力成本不再神秘和不可控，一切都在预算之中。

严格执行薪酬总额预算确定年度薪酬总额之后，在日常薪酬发放管理时可以采用月度相对总量控制和年度决算方式进行控制。月度相对总量控制是指，将月度标定薪酬总额与销售收入等关键业绩指标的完成情况挂钩，确定月度应发薪酬总额。年度决算是指将年度标定薪酬总额与全年销售收入等关键业绩指标挂钩，其目的是保证全年不突破薪酬预算，同时建立削峰填谷、以丰补歉的薪酬总额管理机制。比如各子公司及部门年度薪酬总额不得高于预算总额的130%。超出部分进入薪酬调节池。在各种原因导致薪酬总额减少到一定程度时，可以通过薪酬调节池适当补充，避免薪酬产生太大波动。

另外，由于M企业正处于快速成长阶段，为了鼓励各子公司及部门负责人通过充分挖掘现有人员潜力、提高流程效率、优化职位设置来提高部门效率，避免人员过快膨胀，在预算控制中坚持“加人不加预算，减人不减预算”的原则，这样就将控制人工成本的责任转移给用人部门。

总之，通过薪酬预算和严格控制，不仅能够让各子公司和部门负责人感受到薪酬成本与公司总体效益的关系，也让控制的压力传递到各用人部门。这样，薪酬预算变成推动各级管理者、员工工作的动力。

资料来源：牛津管理评论，2009-06-21.

二　人工成本

（一）人工成本的概念及内容

企业人工成本是指企业在生产、经营和提供劳务活动中所发生的各项直接和间接人工费用的总和。国际劳工组织于1966年在日内瓦召开的第11次国际劳动统计学家会议(ICLS)上形成了关于人工成本统计的决议。该决议规定，人工成本是指雇主因雇用劳动力而发生的所有费用，主要包括以下10项：1）对已经完成的工作的报酬；2）对有关未工作而有报酬时间的支付；3）红利和奖金；4）食品、饮料费用及其他实物支出；5）雇主负担的员工住房费用；6）雇主为员工支付的社会保障费用；7）雇主支付的职业培训费用；8）福利服务；9）其他费用（如员工的上下班交通费、工作服费和招工费用）；10）与人工成本有关的税收等。

我国人工成本的界定与国际接轨，但略有差别。根据 2004 年劳动和社会保障部发布的《关于建立行业人工成本信息指导制度的通知》，企业人工成本包括七项：

（1）从业人员劳动报酬总额，主要是企业在计算期内直接支付给本企业全体从业人员的工资、奖金等劳动报酬，包括企业职工工资总额和其他从业人员劳动报酬两部分。

（2）社会保险费用，主要是指企业实际为从业人员缴纳的养老保险、医疗保险、失业保险、工伤保险和生育保险费用。

（3）福利费用，指企业在工资以外实际支付给从业人员个人以及用于集体的福利费用。

（4）教育费用，指企业为从业人员学习先进技术和提高文化水平而支付的培训费用。

（5）劳动保护费用，指企业为实施安全技术、工业卫生等发生的费用，以及用于职工劳动保护用品的费用。

（6）住房费用，指企业为改善从业人员居住条件而支付的所有费用。

（7）其他人工成本，主要是不包含在以上各项中的工会经费、各种商业保险费用、从业人员招聘费用、解聘辞退费用。

从人工成本的定义和构成来看，人工成本包括直接费用（劳动报酬和社会保险费用）和间接费用（福利、教育、劳动保护、住房费用和其他人工成本等）。企业常用的薪酬成本和人工成本是两个不同的概念。薪酬成本仅仅是企业人工成本的一个组成部分，构成了企业人工成本的绝大部分。

（二）人工成本管理的意义

人工成本管理的基本任务是贯彻组织薪酬战略，在保证薪酬公平性和正常发挥薪酬功能的前提下，提高利润水平，同时把人工成本控制在组织预期的、能够承担的范围内。加强人工成本管理的意义主要体现在以下方面：

（1）是增强企业市场竞争力的重要途径。生产经营成本的有效控制是提高企业市场竞争力的重要因素。在生产经营成本中，人工成本是最主要的组成部分。在新增价值不变的前提下，人工成本的高低直接影响企业利润的高低。因此，加强人工成本的有效控制是提高企业经济效益的重要途径。

（2）有利于企业提高管理的科学化水平。首先，通过本单位人工成本当年与往年的对比，可以发现人工成本是增加还是减少了，从中发现管理的进步或不足。其次，通过与同类企业人工成本的比较，可以发现本单位用人效率的高低，从中发现并分析问题，使人工成本更加合理。

（3）有利于企业调动员工的积极性。加强人工成本管理并不等同于降低人工成本总额，关键是提高投入产出的效率，提高人均产出效率。人工成本是对员工的投资，能够有效调动劳动者的积极性、创造性，劳动者积极性、创造性的发挥是企业活力和经济效益的源泉。

（三）企业人工成本的量化分析指标

对企业人工成本进行量化分析，一是要准确了解人工成本的支出水平；二是要科学评判企业人工成本的结构是否合理；三是要持续关注人工成本投入带来的收益。具体指标体系如表 9－2 所示。

表 9－2　　人工成本量化分析的关键指标体系

分析维度	水平分析	结构分析	投入产出分析
指标体系	1. 人工成本总额 2. 人均人工成本	1. 人工成本构成比 2. 人工成本占总成本的比重	1. 人工成本利润率 2. 人事费用率 3. 劳动分配率

1. 水平分析指标

人工成本的支出水平反映企业人工成本的高低，一般可以使用人工成本总额和人均人工成本两个指标来进行衡量。

（1）人工成本总额。它是企业人工成本构成内容各项之和，代表了企业人工成本绝对值的高低。对于人工成本总额，企业更关注时间序列上的变动，一般用人工成本总额增加量和人工成本总额增长率对企业人工成本支出水平进行纵向分析。

（2）人均人工成本。

$$人均人工成本=\frac{计算期人工成本总额}{同一时期从业人员的数量}$$

每个企业的人员规模不一样，采用人工成本总额难以对不同企业之间的人工成本支出水平进行比较，因此企业更习惯于运用人均人工成本分析人工成本支出水平。

2. 结构分析指标

人工成本的支出结构可以分为内部结构和外部结构。内部结构主要反映人工成本各项支出之间的比例关系，一般用人工成本构成比来衡量。外部结构主要反映人工成本与其他成本之间的比例关系，一般用人工成本占总成本的比重进行衡量。

（1）人工成本构成比。可以用来分析劳动报酬、社会保险、福利费、教育费、劳动保护费等人工成本各组成部分之间的此消彼长情况，判断企业薪酬分配的合理程度。

（2）人工成本占总成本的比重。该指标反映总成本中人工成本的比重，即反映企业人工成本和物耗成本的比例关系，该比例过高，说明组织运营的总支出中用于人工的支出过多。需要注意的是，各行业的要素密集程度不一样，该指标在不同行业差异较大。

3. 投入产出分析指标

人工成本的投入产出分析是指将人工成本的投入与利润总额、经济增加值、销售收入等产出指标进行对比，以了解人工成本的价值创造能力。

（1）人工成本利润率。

$$人工成本利润率=\frac{利润总额}{人工成本总额}\times 100\%$$

人工成本利润率用来分析人工成本与最终利润表现之间的关系。人工成本利润率越高，表明人工成本的价值创造能力越强。

（2）人事费用率。

$$人事费用率=\frac{人工成本总额}{企业销售收入}\times 100\%$$

人事费用率是指销售收入中人工成本所占的份额。人事费用率越低，表明人工成本的使用效率越高。

（3）劳动分配率。

$$劳动分配率=\frac{人工成本总额}{企业增加值}\times 100\%$$

劳动分配率是指人工成本占企业经济增加值的比重。与人事费用率类似，劳动分配率反映人工成本的投入产出的效率。

观点碰撞

薪酬体系的六种误解

首先，让我们思考关于薪酬体系的两个问题。

问题一：假设有两组钢铁企业，第一组企业工人的工资为 21.52 美元/小时；第二组企业工人的工资为 18.07 美元/小时，如果两组企业的其他福利差不多，其他条件相同，哪一组企业的工资成本更高？

问题二：在人才竞争极其激烈的计算机软件行业，如果一家软件公司不按行业常规出牌，不给销售人员利润提成，不设个人绩效奖金、股票期权，也没有根据股价计算的奖金性期权，这样的企业能否生存？它的股票是否值得投资？

这是斯坦福大学教授费法（Pfeffer）1998 年发表在《哈佛商业评论》上的一篇文章的开卷问题。如果你对问题一的回答是第一组企业的工资成本更高，那么你就掉进了费法的圈套。费法在文中剖析了关于薪酬体系的六种常见误解，其一就是把工资水平视同工资成本。

相关研究表明，第一组企业的实际工资成本要比第二组企业低 19%，因为它的工人劳动效率高 34%，产品废品率低 63%。这个问题的要点在于，很多管理者混淆了工资水平与工资成本。前者是给定时段的员工总收入，而后者则是由工资水平和劳动效率共同决定的。

在适当的条件下，提高工人的工资水平反而会降低企业的工资成本。很多美国管理者往往混淆两者，认为它们是一码事，误以为在工资水平高的德国生产就一定比在工资水平相对低的美国生产的成本高。很多中国企业家也有同样的误解，以为随着中国工人工资水平的提高，中国企业就一定会失去竞争力。

由此产生的第二种误解是，企业可以通过降低工资水平来降低成本。因此，不少企业意欲通过压低工资水平来降低工资成本。其实，如果把低工资水平导致的高流失率所带来的种种隐性成本（如招聘成本、培训成本）和无形资产（如雇主品牌）的流失计算在内，这种做法是得不偿失的。

费法教授总结出管理者对薪酬体系的第三种误解是：工资成本是总成本的重要组成部分，因此在遇到财务困难的时候，首先应采取的是裁员或者冻薪、降薪。工资成本在某些行业确实占总成本的很大比例，例如咨询业和软件业，但在其他很多行业并不是如此。总体而言，虽然裁员有时候是必要的，但是裁员至多只能带来成本的一次性降低，并不能从根本上提高企业的竞争力。与此相关的第四种误解是，低工资成本是一种可持续的竞争优势。事实证明，低工资成本是最难以持续的一种竞争优势。

现在来看第二个问题。在人才竞争激烈的行业，企业普遍采用提成奖金或期权来吸引和保留骨干人才，有些“另类”的企业不用这些。SAS 是一家成立于 1976 年，位于美国北卡罗来纳州的软件公司。从 1976 年创办到费法教授著文的 1998 年，SAS 的年复合增长率超过 25%，是当时世界上最大的私有制（非上市）软件企业。SAS 没有采用利润提成、奖金期权来吸引和激励人才，但是它的人员流失率只有 4%，而采用这些手段的大多数软件业企业，其人员流失率超过 20%。

费法指出，那些认为软件企业不采用行业常规的利润提成、个人奖金和股票期权等就无法生存的人，实际上是受到了两种近年来非常流行的误解的影响。费法援引大量的管理研究结果说明，被很多咨询公司吹捧得神乎其神的一些薪酬理论和所谓最佳激励实践，实际上并没有实证支持。其中有两条假设不但被人们普遍接受，而且对企业管理影响很大：(1) 针对个人业绩的激励会提高绩效；(2) 获得经济收入是人们工作的主要目的。这两条假设实际上都是极其片面的。这是费法总结的关于薪酬的第五种与第六种误解。

资料来源：刘昕．薪酬管理．3 版．北京：中国人民大学出版社，2011.

思考：

你对薪酬体系有这样的误解吗？读完这篇案例后，你认为企业在进行人工成本控制时应考虑哪些因素？

（四）人工成本控制方法

根据米尔科维奇的观点，

劳动力成本＝雇佣人数×（人均现金报酬＋人均福利成本）

所以人工成本的控制主要从员工和薪酬两大元素入手（见图 9－2）。

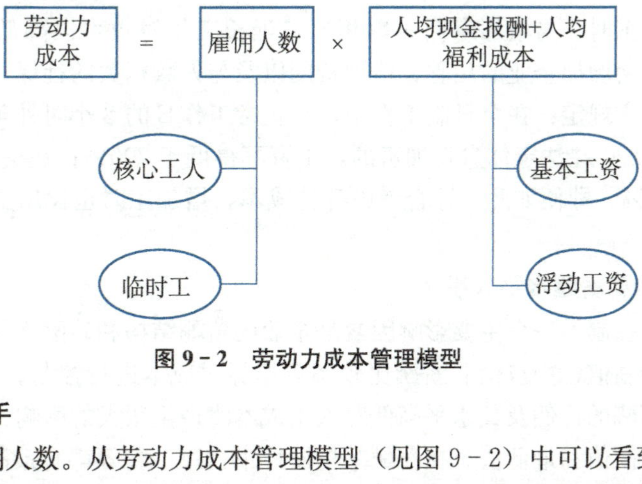

图 9－2 劳动力成本管理模型

1. 从员工入手

(1) 控制雇佣人数。从劳动力成本管理模型（见图 9－2）中可以看到，在其他条件不变的情况下，雇佣人数越多，企业的劳动力成本就越高。企业增加雇佣人数，不仅需要额外支付给员工工资以及与之匹配的福利费用，企业的一些准固定成本也会增加，如招聘费用、培训费用以及相应的办公费用等。很多企业甚至一些世界知名企业在面临经营危机时，尤其是2008年金融危机以后，都选择了裁员的方式来降低成本。但裁员是有风险的，企业可能会丧失许多有经验的熟练工人，导致企业人力资本流失。因此，在员工成本管理方面，Atkinson（1994）最先提出实行柔性管理的员工分类模式（见图9-3）。他依据员工的工作性质以及员工对企业贡献的大小，把员工分为三类：核心员工、外围员工、外部员工。

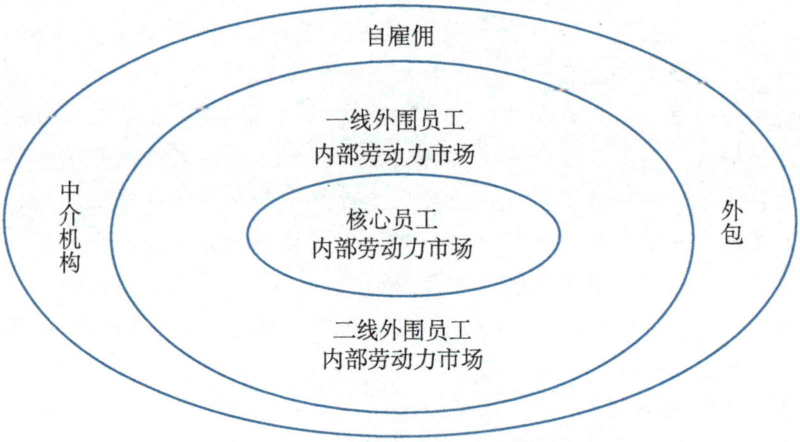

图9-3 柔性管理的员工分类模式

柔性管理的员工分类模式的实质是对不同类型员工采用不同的雇佣模式，给予不同的待遇保障。企业的中高层管理者和专业技术人员是企业的核心和骨干员工，对他们要长期雇用并给予最优厚的待遇。一线外围员工是企业生产一线的体力劳动者，一般与企业签订永久性合同，享受相关的福利和保险，但是相对于核心员工来说，他们的物质报酬较低。二线外围员工是从事辅助生产的员工，他们一般是合同制工人和临时工，待遇低而且没有保险和福利。最后是企业的外围员工，这些人素质高、知识丰富，比如企业的律师、咨询顾问等，一般为某一项目临时建立雇佣关系。通过这种柔性管理，企业能尽量降低成本，增加用人的灵活性。

（2）控制员工工时。与增加雇佣人数相比，延长工作时数可以降低企业的准固定成本，也就是说，不会增加企业的招聘、培训费用以及与人数相关的社保和福利成本等。但是，国家劳动法明文规定：在全日制工作中，在正常工作日的8小时外延长时间的，加班工资不得低于150%；在法定休息日加班的，工资不得低于200%；在法定节假日加班的，工资不得低于300%。即便如此，综合考虑各种成本，增加工时也比增加雇佣人数更易控制人工成本。

2. 从薪酬结构和薪酬水平入手

企业人工成本控制另一个主要影响因素是企业的薪酬结构和薪酬水平。企业可以通过薪酬结构即薪酬最高值、中点值、薪酬比较率等指标对成本进行控制。从薪酬结构来看，基本薪酬和可变薪酬的比例及其水平高低对人工成本将产生很大的影响。

（1）薪酬的最高值和最低值。在薪酬结构设计中，每个薪等都有最高值和最低值，它们分别反映了企业愿意为某特定职位提供的最高报酬和最低报酬。一般来说，限制薪酬最高值是企业对薪酬成本进行直接控制的一种手段。如果由于特殊情况（员工资历深、晋升机会不足等)，特定职位员工的薪酬超过该薪等的最高值，企业就可能出现“红圈工资标准”或称“赤字薪酬”。如果这类现象很普遍，企业可能需要重新进行职位评价或者重新设定薪酬范围。

(2) 薪酬中点值和薪酬比较率。薪酬中点值反映企业的工资政策线，是企业薪酬水平的直接体现。薪酬比较率反映某薪等内部职位或员工薪酬的大致分布情况，其计算公式为：

$$\text{薪酬比较率}=\frac{\text{实际支付的平均薪酬水平}}{\text{某一薪酬等级的中点值}}$$

一般来说，如果薪酬比较率大于1，说明企业支付给员工的平均薪酬偏高，这可能是由于员工绩效表现突出，也可能是由于人工成本控制不当；如果薪酬比较率低于1，也就是说，企业支付的薪酬普遍低于平均水平，企业要深入分析原因并解决相应问题。

(3) 对薪酬构成进行控制。一般来说，员工薪酬由基本工资、可变薪酬、福利及津贴这几个模块构成，每个模块的比例不同、水平高低不同，对企业薪酬成本的影响也就不同。在绩效工资设计中提到了绩效加薪和一次性奖金的区别：绩效加薪会增加基本工资，一次性奖金则属于一次性奖励，而不计入基本工资。基本工资的增长对于企业来说是一种固定成本，同时会引起相关法定福利支出的增加。因此，加薪的规模、加薪的幅度、加薪的时间对企业的成本控制都会产生很大的影响。企业的可变薪酬所占比例越大，企业对劳动力成本的控制能力就越强。另外，企业可以通过平衡长期激励和短期激励来达到控制薪酬水平的目的。

三 国有企业工资总额管理

在国有企业中，薪酬预算体现为工资总额预算管理体系，是全面预算管理的重要组成部分。作为我国经济制度的重要组成部分，国有企业工资分配制度的完善一直是改革的重点和难点。国企的薪酬预算在贴合企业实际情况的同时，还必须符合国家政策的相关规定，这就导致国有企业薪酬预算具有一定的特殊性，有必要单独介绍。

(一) 工资总额预算管理的提出

在工资总额预算管理概念提出之前，国有企业的工资总额管理一直采用“工效挂钩”机制，即工资总额与经济效益挂钩；不具备挂钩条件的企业，实行工资总额包干、工资计划控制办法。工效挂钩坚持工资总额增长低于经济效益增长、实际平均工资增长低于劳动生产率增长的“两低于”原则。这是我国经济机制调整过程中的过渡性办法。

2009年，国资委开始推行工资总额预算管理，即企业按照国家收入分配政策的规定和出资人的调控要求，根据企业效益、人工成本承受能力和劳动力市场价位，对企业职工工资总额和工资水平及增长做出预算安排并进行规范管理。2010年5月，国资委印发了《中央企业工资总额预算管理暂行办法》，开始在中央企业试点工资总额预算管理制度；2012年9月，国资委印发了《中央企业工资总额预算管理暂行办法实施细则》，为工资总额预算管理提供了操作依据。自此，工资总额管理模式“工效挂钩”全面转为“预算管理”的序幕已拉开。国务院2018年发布的《关于改革国有企业工资决定机制的意见》指出，改革工资总额管理方式，全面实行工资总额预算管理，建立健全与劳动力市场基本适应、与国有企业经济效益和劳动生产率挂钩的工资决定和正常增长机制。2018年12月11

日审议通过《中央企业工资总额管理办法》，自 2019 年 1 月 1 日起施行。

（二）工资总额预算管理的内容

工资总额预算管理主要包含工资总额预算管理制度、工资效益联动制度和工资增长调控线制度三大部分。其中，工资总额预算管理制度是宏观管理，预先对工资总额进行管控，是国家为了对企业的宏观财务进行管理而设置的；工资效益联动制度使工资核算同主要经济效益指标联动，以实现薪酬的导向作用和激励效果；工资增长调控线制度是在宏观管控工资总额的同时，对人均个量进一步监管，合理确定工资水平和工资增长幅度，实现真正意义上的公平。其中，工资效益联动机制涉及国有企业工资总额的增长幅度，是工资总额与企业经济效益挂钩的途径，是国有企业工资总额预算管理的重点。

（三）工资总额预算管理的流程

工资总额预算管理的流程一般包括预算、调整、清算和备案四个环节。

（1）工资总额预算。企业应当按照“上下结合、分级编制、逐级汇总”的程序，层层组织做好工资总额预算编制工作。企业预算管理指标由经济效益预算指标和工资总额预算指标构成。企业经济效益预算指标以利润总额为主，主要预测企业在新一年度的财务表现。企业工资总额预算指标由工资总额预算基数和预算增长额两部分组成。

（2）工资总额调整。企业应严格执行国资委核定的年度工资总额预算，在预算执行过程中出现下列情形之一的，可予以调整：一是国家收入分配政策发生重大调整的；二是市场环境发生重大变化引起企业效益大幅变动的；三是企业发生分立、合并等重大资产重组行为导致企业效益、职工人数发生重大变化的；四是其他重大影响因素。企业工资总额预算调整方案经董事会审议后报国资委审核备案。

（3）工资总额清算。年终，企业应向国资委提交全年工资总额预算执行情况报告，同时，组织对所属子企业工资总额预算执行情况进行清算，并由中介机构进行专项审计，出具审核意见。

（4）重大事项备案。企业内部收入分配改革方案及收入分配的重大事项，应履行内部民主程序和决策程序，依照法定程序规范操作并报国资委备案。

（四）工资总额核定办法

在国家有关工资总额预算管理的政策文件中，虽然规定了工资总额预算管理的原则与方向，引导企业建立工资总额与企业经济效益的联动机制，但实现工资总额与经济效益挂钩是管理的重点与难点。一般而言，工资总额的核定有以下四种思路。

（1）全额挂钩办法。

$$\text{工资总额}=\text{指标 }A\times\text{系数 }1+\text{指标 }B\times\text{系数 }2+\cdots+\text{指标 }Z\times\text{系数 }N$$

常用的是工资总额与利润挂钩或者工资总额与收入挂钩，即按照利润完成情况或者销售收入确定工资总额。

（2）固定加浮动办法。

$$\text{工资总额}=\text{固定部分 }a+\text{浮动部分 }b=\text{固定部分 }a+(\text{指标 }1\times\text{系数 }1+\cdots+\text{指标 }N\times\text{系数 }N)$$

浮动部分常用的是利润超额提奖方式，即以超额利润按系数提取浮动奖金。

(3) 核定增长率办法。

工资总额＝上年工资总额×(1＋增长率)

这种方法以上年工资总额为基数，按照一个增长比例核定工资总额。

(4) 层次划分办法。企业在人员定编的基础上，将所有岗位划分为三个层次，即高层、中层和人数最多的岗位，参照市场化水平和企业历史数据分别确定这三个层次的工资水平，乘以各层次人数，得到工资总额。

以上是工资总额核定的四种常见思路，无论在哪一种思路下，建立合适的指标体系，核定相应的增长系数都是国有企业工资总额预算管理的核心。具体的指标体系构建和核定公式往往具有灵活性。一般而言，国有企业需遵照国资委的相关规定核算具体的工资总额，在此介绍几种具体的核定公式。

(1) 基准人工成本及指导人工成本总量法。以业务收入及行业业务收入人工成本含量系数为主，以企业人工成本利润率调节系数和年度绩效考核效果为辅，综合确定企业基准人工成本，在此基础上确定指导人工成本。企业实际的人工成本可在指导人工成本的一定范围内波动。

其中，

基准人工成本＝上年度业务收入×行业业务收入人工成本含量系数×(1＋企业人工成本利润率调节系数)×(1＋企业年度绩效考核调节系数)＋年度特殊增减变动额

在此基础上，国有资产管理部门对各国有大中型企业的指导人工成本为：

$$\text{基准人工成本}-(N-1)^{\frac{1}{2}}\times\text{标准差}<\text{指导人工成本}<\text{基准人工成本}+(N-1)^{\frac{1}{2}}\times\text{标准差}$$

这样确定的人工成本总量在行业人工成本可能波动的范围内，规范企业的实际人工成本，可避免价格涨落的干扰，也可增加同类型企业人工成本之间的可比性。基准人工成本和指导人工成本的确定需考虑企业运营状况、社会环境和行业的影响以及行业整体人工成本总量的波动范围。

(2) 相关监管部门制定了工资总额预算指标值测算的基本公式：

$$K_{\text{企业}}=K_{\text{行业}}\times L\times R$$

式中，$K_{\text{企业}}$为本企业当年平均工资增幅；$K_{\text{行业}}$为相关行业当年平均工资增幅；L为综合调整系数；R为综合评价系数。进一步得出

$$M=e\times K_{\text{企业}}\times\sum m$$

式中，M为企业工资预算总额；e为企业经营状况调整系数；$K_{\text{企业}}$为理论工资增幅，即$K_{\text{行业}}\times L\times R$；$\sum m$为工资标准总额。

(3) 企业所属各单位工资总额预算由工资总额基数、效率工资、规模工资、效益工资、地缘工资五个部分组成。

工资总额基数包含员工历史工资水平，可避免员工工资的大幅波动，维护员工队伍稳定。

效率工资体现各单位的管辖规模及实际工作量，可以间接反映各单位的用人管理水平，其计算基础主要是企业的核定定员与实际人员的数量关系。当企业实际人员＜企业核定定员时：效率工资＝标准人均效率工资×单位定员人数。当企业实际人数≥企业核定定

员时：效率工资＝标准人均效率工资×核定定员＋$\sum$超员人数×（标准人均效率工资×比例系数）。其中，比例系数按照超员比例由低到高递减，即超员比例越高，对人均效率工资的扣减越多。

规模工资、效益工资和地缘工资由决定企业规模、管理能力、地方物价水平的各个指标综合计算得到。规模工资的测量指标主要有资产规模和设备数量等；效益工资的测量指标主要有业绩考核得分率、可控成本节约率等；地缘工资的测量指标主要有最低工资标准、在岗职工平均工资、城市居民家庭人均消费支出等。

在实际操作中，具体的核定公式和指标选取往往存在差异，诸多学者结合企业实际提出了不同的指标体系以及相应的核定公式。但是无论如何，国有企业的工资总额核定总是与企业的绩效表现挂钩，这一点与民营企业并没有什么不同。因此，前面在讲解人工成本和薪酬预算时涉及的指标同样适用。

小资料

新一轮国企薪酬改革启动，有望打破工资总额制度

2018年3月28日，中央全面深化改革委员会审议通过《关于改革国有企业工资决定机制的意见》，提出建立健全同劳动力市场基本适应、同国有企业经济效益和劳动生产率挂钩的工资决定和正常增长机制。央企薪酬改革率先起跑。4月16日，在国新办召开的一季度央企经济运行情况新闻发布会上，国务院国资委副秘书长、新闻发言人彭华岗介绍，下一步相关部门将根据企业具体情况，对央企工资总额进行备案制或核准制的分类管理，将工资总额企业内部分配权真正交给企业。

“这意味着，经济效益和劳动生产率成为决定国企工资的两个重要因素。今后，国企不能再依靠劳动力扩张的增长模式，而应通过激发活力提高全要素生产率，进一步提升发展质量。”中国企业改革与发展研究会副会长李锦在接受《时代周报》记者采访时表示，国企薪酬制度改革本质上坚持以按劳分配为主的基本分配制度，同时把劳动力市场、劳动生产率作为重要考评指标，从而突出职工的主体地位。

2015年9月，国务院发布《关于深化国有企业改革的指导意见》，明确企业内部的薪酬分配权是企业的法定权利，由企业依法依规自主决定。“这个文件原则性地提出了很多问题，但只是一个方向，在当时没有办法落实。三年多了，现在到了解决这个问题的时候了。”李锦表示。“国资委在这方面开展了相应工作，这几年我们也一直在研究薪酬改革、企业工资总额的管理。”彭华岗透露，“这几年虽然一些文件还在制定当中，但是有些改革的措施已经在企业很好地发挥了作用。”

事实上，相关试点工作一直在持续推进。2014年，中粮集团作为投资公司试点，被授权的18项权责中，工资总额由“审批”改为“备案”。2017年5月，国务院办公厅转发《国务院国资委以管资本为主推进职能转变方案》，在对国有资本投资运营公司的授权中，也将工资总额由“审批”改为“备案”。授予落实董事会职权试点企业，国有资本投资、运营公司试点企业。

在放开竞争类企业工资总额管理上，地方探索先行。目前，江西省国资委已经将监管企业集团下属企业的工资总额的权限下放给集团本部；山东省国资委不再审批省管企业工资总额，实行备案管理；重庆市国资委全面下放工资总额管理权限，明确市场化选聘职业经理人薪酬不受工资总额限制等。

2013 年，我国对国有资产管理制度实行管资产和管人、管事相结合的三管方式。“取得了相当好的成绩，工资总额限制也是三管方式里一个重要内容。”张春晓指出，当时实行工资总额制是无奈之举，是为了防止管理不善、国有资产流失，“工资总额限制相当于一个紧箍咒，保证国企改革与国民经济发展方向一致，实现稳步推进”。

李锦认为，国资委按照人头管理工资总额有较多缺陷，难以满足市场化用人机制的需求。一旦减员，工资总额相应减少，企业内部分配的腾挪空间就会缩小。因此，很多企业希望在工资总额管理上有更大的空间，其中竞争类企业尤其要放大空间或下放权力。

这一轮改革能否触及多家国企关注的工资总额制度？彭华岗回应：“下一步，我们会对工资总额进行分类管理，对于充分竞争领域的商业一类企业，工资总额完全实行备案制，由企业董事会自主决定。对于商业二类企业或者公益类企业，工资总额实行核准制的管理……把工资总额的企业内部分配权真正交给企业。”

“十三五以管资本为主，强化国有资产监管，必须把国有资产的经营权和管理权全部下放给企业。企业经过这么多年治理体系的试点，法人治理体系逐步完善，公司制形成，如果继续推行工资总额，它将成为企业运行市场激励机制的最大障碍，让管理者束手无策。要让国有企业在市场运行中做强做优，关键是做大，内部市场化必须全部形成，第一个要素就是薪酬体制改革，而打破工资总额限制就是薪酬体制改革的关键因素。”张春晓进一步表示。

资料来源：谢江珊．国企薪酬改革有望覆盖 3 600 万基层员工，谨防重蹈一刀切覆辙．时代周报，2018-04-24.

第 3 节　薪酬沟通

一　薪酬沟通概述

薪酬沟通是指组织有计划、有目的地就本企业的薪酬战略、薪酬设计思路、薪酬制度以及员工关心的相关薪酬信息与员工进行公开坦诚的沟通和交流，促使他们正确地理解企业的薪酬体系所要传达的信息以及鼓励的行为、态度和绩效，同时提高员工的薪酬满意度（刘昕，2011）。Baeten（2010）对跨国公司全球薪酬管理实践进行的调查显示，在薪酬管理过程中，不管是高层管理者、公司中层还是基层雇员的薪酬，公司内部各层级之间的沟通与合作都至关重要（尤其是总部与地方分支机构之间）。

薪酬沟通的重要意义在于：

（1）增强管理者与员工之间的互信，提高员工对薪酬乃至工作的满意度。沟通不善或者缺乏沟通会导致管理层与员工之间的不信任，可能会使一些设计良好的薪酬制度的实际效果大打折扣。相反，针对薪酬政策及其目的进行沟通、吸收员工参与制度设计、促进管理者和员工相互信任，会使带有缺陷的薪酬系统变得更为有效，从而提升员工的满意度。

（2）增进程序公平。员工对薪酬结果公平的判断很大程度上取决于过程公平，而过程公平离不开薪酬沟通。通过薪酬沟通将各种薪酬信息传递给员工，让员工参与进来形成互动，了解薪酬分配的过程公平性后，员工会觉得分配结果是公平的。

（3）形成价值导向，引导员工推进企业战略目标的实现。薪酬沟通可以把企业价值理念、企业目标有效地传递给员工，引导员工行为与企业发展目标一致，调动员工积极性与热情，使企业效益得到提高。

由此可见，薪酬管理中，及时的沟通、必要的宣传是实现薪酬目标的重要因素。没有组织与员工在薪酬问题上的信息沟通，薪酬体系就不会发挥有效的作用。人力资源管理咨询公司翰威特的调查表明：雇主在引进一套新的薪酬支付模式之后，未能充分、有效地与员工进行沟通是引发问题的最主要原因，然而在实践过程中很多企业忽视了薪酬沟通这一重要环节。

观点碰撞

是否应当实行薪酬保密制度？

薪酬保密制度不论在理论界还是在企业界都是一个备受争议的问题。很多员工在进入企业以后会被告知不准打听其他人的工资水平，不准透露个人的工资水平，甚至需要与企业签订薪酬保密协议，承担由于薪酬信息泄露而造成的各种后果。

薪酬保密制度有一定的作用，可以掩盖公司在薪酬管理上的一些不公平现象，并给管理层带来更大的操作自由度。公司的薪酬制度并不是完全科学的，员工绩效的衡量也无法做到绝对客观，因此对薪酬保密还能够减少员工与企业、员工与员工之间的矛盾。但是薪酬保密会带来员工的不公平感和猜疑心理，尤其是当员工私下了解彼此的薪酬之后，薪酬低的员工有可能感到受骗，甚至会因此而离开企业。

思考：企业是否应当实行薪酬保密制度？

二 薪酬沟通的步骤

薪酬沟通的主要内容是回答员工关于薪酬方案的疑问并努力让企业中的管理者和员工接受该方案。美国的薪酬管理专家约翰·A. 鲁比诺（John A. Rubino）在对企业的薪酬沟通实践进行深入研究的基础上，提出了一种进行薪酬方案沟通的系统性方法（见图9-4）。（本部分参考了彭剑锋（2014）的相关研究。）

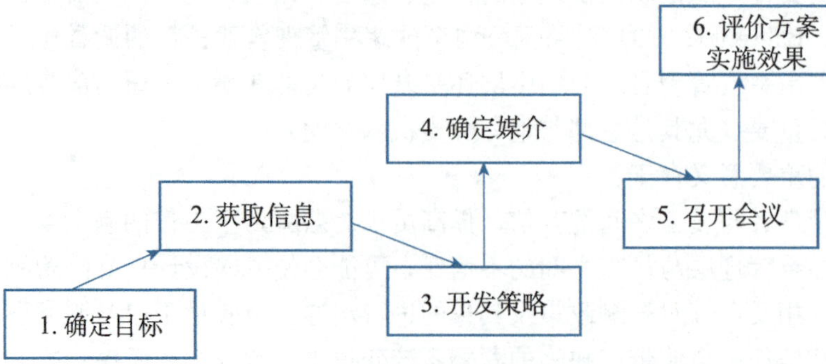

图9-4 薪酬沟通的系统性方法

（一）确定目标

确定目标这一步看起来很容易做到，但常常被忽视。确定目标的意义在于指出需要沟通什么和公司希望通过沟通达到什么目的。

一个公司对原有薪酬方案进行调整或开发出新的薪酬方案，总是意味着公司的薪酬理念和薪酬管理方法有了一定的变化。此时，薪酬沟通非常重要，它不仅起到收集新信息的作用，而且可以在一定程度上改变员工的态度和行为。一个薪酬沟通方案不仅要告诉员工有关新的薪酬方案的信息，而且要向员工推销这一方案，让员工更好地接受它。这种"告诉和推销"的方法将影响沟通方案设计和实施的各个方面。

不同的薪酬沟通方案要达到的目标各不相同，但也有很多相同之处，我们将这些相同之处称为薪酬沟通方案的一般目标，而将各个薪酬沟通方案独有的目标称为特殊目标。通常，一个薪酬沟通方案要达到的一般目标有三个：确认员工完全理解新的薪酬体系的所有组成部分；改变员工对薪酬决策方式的看法（从预期加薪到基于特殊绩效标准的加薪的程度）；激励员工在新的薪酬体系下充分发挥自身的能力将工作做到最好。

在确认薪酬沟通方案的一般目标之后，要在其指引下进一步确认特定薪酬沟通项目的特殊目标。要根据企业的实际情况，充分考虑企业在组织和人员管理方面存在的问题，以解决这些问题、支撑薪酬体系为出发点来确定特殊目标。

（二）获取信息

在确定目标之后，下一个步骤是从公司的管理者和员工那里收集必要的信息，这些信息涉及他们对薪酬方案的看法和理解，包括他们对薪酬方案的态度。将这些信息和前面所确立的目标结合起来，确保公司以及员工的需要得以实现。

询问员工的看法、意见，评价他们的态度，表明公司关心员工想什么和如何想。有的公司还会让员工参与薪酬方案的设计。作为回报，员工对薪酬方案表示认可，这将有力地保证薪酬沟通方案获得成功。

为了设计一个有效的薪酬沟通方案，一些基本的信息是必须收集的，这些信息主要包括九个方面（见表9-3）。

表9-3　　需要收集的信息

1. 员工当前对薪酬和福利计划的理解水平如何？
2. 管理人员和员工是否拥有准确的信息？
3. 管理人员和员工之间的沟通进行得如何？
4. 高管人员之间的沟通是一致的吗？
5. 一般来讲，管理人员是否具有必要的人际技能来进行薪酬沟通？
6. 员工是否知道公司对他们绩效的期望？
7. 员工是否相信在工作绩效和薪酬体系之间存在联系？
8. 高管人员对薪酬沟通的看法如何？
9. 员工和管理人员以及高管人员之间以什么样的方式进行沟通最为合适？

这些信息是最基本的，是必须收集和评价的信息的一部分，更多的特定信息需要依特定的薪酬沟通计划而定。收集信息不仅对于设计薪酬沟通方案十分重要，而且为将来评价薪酬沟通方案的有效性提供了依据。

在确定需要收集什么样的信息之后，还需要确认采用何种工具和方法收集信息。一般来讲，企业可以采用以下五种方法来收集信息：问卷调查、非正式网络调查、焦点小组访谈、面对面访谈、高管人员面谈。

需要特别强调的是，在这五种信息收集方法中，高管人员面谈对于收集信息具有至关重要的作用，在整个信息收集过程中需要给予特别的关注。

（三）开发策略

在收集和分析有关员工态度和观点等一系列信息之后，下一个步骤是在既定目标的框架之内开发一个沟通策略。沟通策略是支持目标和引导特定行动的总体方案。

制定薪酬沟通策略的一般步骤是：1）由公司高层（常常是总裁或者 CEO）给所有员工分发备忘录；2）安排关键管理人员召开一系列会议；3）开发管理人员和员工之间的持续沟通项目；4）对管理人员进行培训；5）在薪酬方案完成之后，召开正式的沟通会议。

通常，薪酬沟通策略可分为两种。

（1）市场策略。进行薪酬沟通与向客户推销的商品很相似，目标员工和管理者充当客户的角色。组织的沟通目标在于有效控制客户对薪酬方案的预期和态度，提高客户满意度。因此，相应措施包括：就客户对薪酬体系的反应进行调查；准确告知客户现有薪酬制度的优势和不足；对组织最新的薪酬举措进行宣传。

（2）技术策略。这种策略不太重视薪酬政策本身的质量或优缺点，而是着眼于向客户提供尽可能多的技术细节。这些细节可能包括：组织的具体薪资等级、特定薪资等级的上限和下限，加薪的相关政策。

（四）确定媒介

一个企业在确定沟通目标、获取必要的信息、开发整体沟通策略之后，需要选择最有效的沟通工具，即确定采用什么沟通媒介最有效。媒介的选择范围非常广，工具从简单到复杂，而且这些工具并不相互排斥，可以同时使用。成功的沟通项目往往同时使用多种有效沟通工具。薪酬方案沟通中可使用的媒介种类繁多，如表 9－4 所示。

表 9－4　薪酬方案沟通可选用的媒介种类

视听媒介	印刷媒介
• 幻灯片 • 电影 • 磁带	• 手册 • 信件 • 备忘录
人际媒介	**电子媒介（基于计算机）**
• 大型会议 • 小型见面会 • 面对面协商 • 经理/员工会议	• 交互个人计算机项目 • 电子邮件系统 • 电话通信回复系统 • 基于网络的薪酬信息公告

就薪酬沟通计划而言，人际媒介可能是最有效的方法。基于计算机的沟通技术可能是高效的，但只能将它看作一种补充和增强手段，而不是正式沟通所采用的根本手段。在决定采用哪些媒介时，考虑媒介的开发和生产成本与媒介的沟通有效性同样重要。

选择沟通媒介时，应考虑如下因素：

(1) 谁将是新方案实施的获利者和失利者?

对于那些将因实施新方案而遭受损失的员工，仅仅告诉他们新的方案是什么远远不够。他们需要面对面的讨论、小组会议和较多的询问机会以缓解其恐惧和愤怒。另外，信息传递时，针对不同员工群体应采取不同的方式。对于那些对组织有较强影响力、潜力大的员工，在他们认可薪酬方案之前要进行充分的沟通，使其了解新方案的优点，从而增加他们对新方案的认可度和接受度。

(2) 员工的工作场所最有效的信息传递方式是什么?

对于在工厂车间和办公室工作的员工来说，员工大会可能是解释薪酬方案合适而有效的方式。如果员工主要在以网络为媒介的虚拟的、不固定的办公场所工作，那么高科技的沟通方式是及时向员工解释薪酬方案的有效方式。

(3) 组织现存的最有效的沟通方式是什么?

根据对组织现有状况的了解，弄清以下几个问题：员工是喜欢自己阅读书面材料，独立思考问题，还是喜欢得到更多的指导和更多的提问机会? 组织里是否小道消息盛行? 组织是否经常有定期的、有效组织的员工会议?

(4) 受众的基本情况怎么样?

组织所在的行业、员工的年龄及受教育程度等方面的特征，都会影响薪酬沟通方式的有效性。在信息技术行业工作的员工对于用信息技术沟通的信息接受度更高，而制造业的员工可能更喜欢传统的方式；年轻一代对动态视听的材料更易接受，而年长者也许难以接受；受教育程度高的员工，阅读能力和理解能力都较强，大多倾向于书面形式的沟通，而那些受教育程度较低者，大多需要面对面的沟通才能解决问题。

同时，针对不同类型的薪酬信息，组织会采取公开程度不同的沟通方式，具体如表 9－5 所示。

表 9－5　组织针对不同类型薪酬信息采取的沟通方式

信息类型		公开程度	沟通方式	影响因素
政策性信息	薪酬等级评定依据	高	公开渠道	薪酬公平认定的倾向性
	薪酬组合方式	高	公开渠道	对薪酬组合以及员工承担风险的认识
	特殊群体的政策倾向	不定	视具体情况而定	特殊群体是否为全体员工的榜样
技术性信息	职位评价方面的信息	不定	视具体情况而定	薪酬管理的完善程度
	技能、能力方面的信息	高	公开渠道	
	绩效方面的信息	高	公开渠道	
	市场方面的信息	不定	视具体情况而定	
结果性信息	企业整体水平	高	公开渠道	是否愿意让员工了解薪酬水平政策，甚至薪酬成本情况
	所有明细清单	不定	视具体情况而定	企业人际关系状况，对隐私权的看法

(五) 召开会议

任何沟通方案最重要的组成部分都是召开正式沟通会议。通常在项目的后期召开这些会议。一次公开的正式的员工大会能够体现出组织对薪酬沟通的重视，系统的薪酬会议能够让员工全面了解企业的薪酬理念和政策。会后发放薪酬材料可以使沟通效果更佳。同时，针对不同层级的人员，沟通的侧重点应当有所不同，具体如图 9－5 所示。

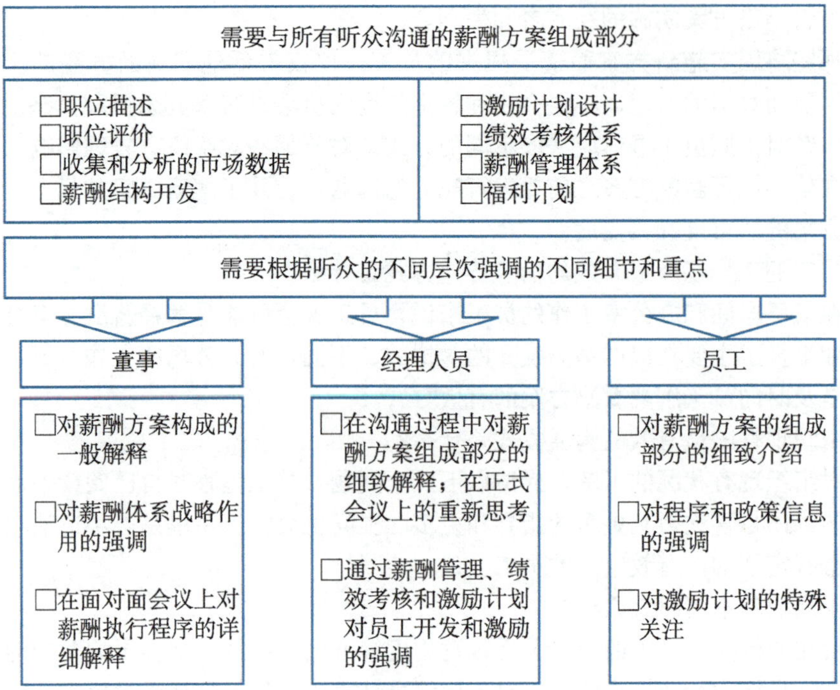

图 9-5　为不同层次的听众召开正式沟通会议

（六）评价方案实施效果

薪酬沟通最后的工作是进行项目评估，以检验此次沟通方案是否达到预期的目标。薪酬沟通方案的效果评价通常在正式会议召开后 4～6 个月内进行。一般来说，要评估的内容包括：

（1）企业内部成员对薪酬和福利方案的理解达到怎样的程度；

（2）管理者和员工之间的沟通状况是否让人满意；

（3）决策层传达的信息和他们采取的做法是否一致；

（4）员工是否认为绩效和薪酬体系之间存在联系。

一段时间之后，沟通方案的其他影响将变得越来越明显。只有沟通方案获得成功，好的薪酬体系才会产生积极的效果。

通过上述六个步骤，企业可以成功地计划并执行薪酬沟通方案，从而帮助企业和员工在薪酬问题上达成共识，为企业薪酬体系的有效运行奠定重要的基础。

即时案例

IBM 的双向薪酬沟通

IBM 把薪酬管理看作一个需要不断监控和修正的过程，以保证薪酬体系能够始终符合员工的内在需求和公司的发展需要，从而确保薪酬体系的执行效果。因此，IBM 倡导在薪酬管理中的双向沟通，即员工和公司之间对薪酬制度和自身的薪酬问题进行顺畅的沟通，并及时反馈，以便及时解决薪酬管理中的问题。IBM 至少有四条制度化的通道给员工提供申述机会。

第一条通道是与高层管理人员面谈。这个高层经理的职位通常比员工的直属经理的职位高，也可能是经理的上级或是不同部门的管理人员。员工可以选择任何个人感兴趣的事情来讨论。所面谈的问题将会分类集中处理，不暴露面谈者身份。

第二条通道是员工意见调查。

第三条通道是所谓的"直言不讳"。在 IBM，一个普通员工的意见完全有可能被送到总裁郭士纳的信箱里，而不用经过各层审查。管理"直言不讳"的员工只有一个人，即负责整个"直言不讳"的协调员，所以员工不必担心畅所欲言会带来风险。

第四条通道是申诉，最初意义上的申诉是指管理人员办公室大门随时向员工敞开，而 IBM 总裁郭士纳经常反向执行申诉，直接跑到下属的办公室问某件事干得怎么样了。

总体来说，IBM 较好地执行了双向沟通。首先，公司建立了双向沟通的制度和文化氛围，使员工有机会反馈意见。其次，公司有比较好的保密机制，使员工不用避讳管理者。最后，公司建立了比较好的反馈机制，员工反馈意见甚至申诉后有专门的人员解决问题。这种"门户开放"政策是 IBM 最佳实践的一部分，可以给其他企业提供借鉴。

思考：企业在实行与员工的双向沟通时应注意哪些事项？

第 4 节　薪酬诊断与改进

一　薪酬诊断的必要性

通过薪酬制度化，企业已经建立一套完整的薪酬制度。在薪酬制度的执行过程中，有效的薪酬沟通进一步强化了员工对企业薪酬制度的理解。然而，企业的薪酬制度不是一劳永逸的，要随着企业内外部环境的变化，对薪酬制度定期进行诊断和调整。

薪酬诊断（compensation diagnosis）是人力资源管理诊断的一个重要组成部分，是在对企业薪酬管理各环节运行的实际状况和发展趋势进行调查的基础上，综合运用各种手段和方法，评估企业的薪酬理念和战略、薪酬结构、薪酬水平、薪酬支付形式以及薪酬与考核对接等一系列薪酬管理工作的性质和特点，发现存在的问题，提出合理的意见并加以改进的过程。薪酬诊断与改进是一个发现、分析以及解决企业薪酬管理相关问题的过程。

我国企业进行薪酬诊断的必要性主要来源于三个方面。

首先，我国企业的薪酬系统本身存在较多不合理的地方。尽管在进行制度设计时决策者会综合考虑影响薪酬体系的各种因素，以保证制度的合理性，但是受到管理体制以及决策者自身水平的限制，薪酬体系往往是有缺陷的。目前，我国企业的薪酬体系普遍存在与企业战略脱节、核心人才激励不到位、薪酬结构不合理、短期行为严重、薪酬调整依据不清晰、员工薪酬满意度普遍不高等问题，国有企业的薪酬体系问题更加突出。这些问题会导致员工工作积极性不足，长此以往会严重影响企业的生产效率和经营绩效。

其次，我国企业的制度执行能力普遍较弱，这影响了很多企业薪酬制度的实际运行效果。有调查表明，我国企业员工的薪酬满意度普遍不高，这与薪酬制度执行不到位有很大的关系。一个好的薪酬制度如果没有很好地贯彻与执行，仍然不能有效激励员工；一个有缺点的薪酬制度如果执行得好，能够规避它的缺点而达到有效激励的目的。企业的薪酬制度执行能力与企业文化以及各级管理者的管理能力有很大的关系。

最后，企业的商业活动和发展战略一直处在变化的环境之中，薪酬制度需要相应地变化。从外部环境看，当今世界日新月异，科技创新速度不断加快，国际化的步伐越来越快，企业面临的外部竞争越来越激烈。从内部环境看，按照企业生命周期理论，每个企业都会经历初创期、成长期、成熟期和衰退期等几个阶段。在不同阶段，企业的发展战略、运营流程、人员规模、管理制度不尽相同，这些变化都会对企业的薪酬制度和运行产生深刻的影响。

二 薪酬诊断的内容

基于战略人力资源管理的思想，薪酬诊断并不仅限于薪酬系统本身，而应该从战略角度对薪酬体系进行整体诊断。具体来说，企业可以考虑从战略一致性，模块系统性，人员针对性，外部竞争性，内部一致性，激励性，薪酬沟通、预算与管理，总报酬模型等八个方面进行诊断，诊断的详细内容见表 9-6。

表 9-6　　薪酬诊断要点

薪酬体系诊断维度	具体内容
战略一致性诊断 （纵向匹配）	• 薪酬战略能否支撑企业的发展战略？ • 薪酬战略和薪酬制度与当前的政治、经济、法律环境是否一致？ • 薪酬战略和薪酬制度与企业的竞争战略、发展阶段、行业特征是否一致？ • 企业战略需要哪些核心人才和行为模式？薪酬战略和人才需求是否一致？
模块系统性诊断 （横向匹配）	• 薪酬模块和人力资源管理的其他模块如招聘、培训、绩效等是否匹配？能否共同支撑企业的发展战略？ • 实施绩效薪酬的企业是否已经建立科学的绩效评价体系？ • 实施能力薪酬的企业是否已经建立科学的能力评价体系和基于能力的员工培训体系？ • 实行团队绩效薪酬的企业是否已经具备团队工作模式？ • 实施职位薪酬的企业的职位体系是否清晰？
人员针对性诊断 （构型匹配）	• 企业的高管、中层和普通员工的薪酬体系能否体现各自岗位和绩效的特征？ • 企业的研发、生产、销售、行政等不同序列的薪酬体系能否体现不同职能工作性质的差别？ • 企业是否实行了关键岗位和核心人才管理？薪酬分配是否向关键岗位和核心人才倾斜？
外部竞争性诊断 （外部公平）	• 薪酬水平定期参考同行业的外部市场薪酬水平吗？ • 核心员工的流失是否与企业的薪酬水平相关？ • 企业招聘特定职位的任职者存在困难吗？ • 不同序列不同等级的职位其薪酬水平的定位策略是什么？ • 企业薪酬的年增长率符合市场状况吗？

续前表

薪酬体系诊断维度	具体内容
内部一致性诊断（内部公平）	• 是否进行了职位分析与职位评价？ • 企业薪酬支付的依据是否合理？ • 企业的薪酬结构合理吗？薪等数量、薪级幅度是否体现了公平？ • 不同职位等级或技能等级之间的薪酬差距合理吗？ • 不同职位序列之间的薪酬比较的依据是什么？
激励性诊断（员工公平）	• 企业是否建立了完善的绩效管理体系？ • 固定薪酬和变动薪酬的比例合理吗？ • 员工的薪酬与绩效联系紧密吗？员工能否通过努力获取更多薪酬？ • 奖金支付的依据、数量和方式合理吗？ • 离职的都是绩效优秀的员工吗？
薪酬沟通、预算与管理诊断	• 企业是否建立了正规的薪酬沟通机制？员工有渠道反映对薪酬问题的意见吗？ • 人力资源部与业务部门，直线经理与下属员工之间会进行薪酬方面的沟通吗？ • 企业有离职率调查和离职员工面谈吗？员工离职背后的薪酬原因是什么？ • 员工对薪酬最满意和最不满意的分别是什么？ • 薪酬预算和劳动力成本控制的方法合理吗？投入产出指标如何？ • 薪酬制度是否随着内外部环境的变化而调整？
总报酬模型诊断	• 企业现有的福利制度是否发挥了人才吸引、激励和保留的作用？ • 企业员工的工作生活平衡吗？ • 企业的工作内容安排有挑战性吗？自由度如何？ • 企业是否设置了大量的认可奖励计划和员工表彰项目？ • 员工的培训机会多吗？员工能否在工作中得到能力提升？ • 不同类型的员工在本单位职业发展的机会如何？

三　薪酬诊断的方式

此部分内容主要参考了张正堂（2016）的相关研究。

（一）正规和非正规方式

薪酬诊断的方式可以分为正规方式和非正规方式。

（1）正规方式的薪酬诊断包括在薪酬问题的获得、分析和诊断过程中所采取的各种正式途径。具体包括：

1）通过正式的管理途径（例如，一些经常性的薪酬资料的统计和分析、薪酬调查数据分析、离职率分析、企业管理例会制度以及与管理者的对话制度等）反映、收集和反馈组织薪酬管理的信息、资料和问题；

2）组织专门的问题分析小组、薪酬专家和管理人员对这些问题及时进行分析；

3）将分析结果以诊断报告和诊断方案的正式形式递交给有关管理和决策部门。

（2）非正规方式的薪酬诊断是指员工通过一些内部的、灵活的沟通方式，及时反映薪酬管理中的问题；同时，薪酬主管及时听取员工对薪酬政策和薪酬管理的意见、建议甚至抱怨，并从中发现问题，及时处理。

从具体的指标来看，根据美国薪酬协会的调查结果（见表 9－7），员工离职率和满意度是评估薪酬制度有效性的常用指标。

表 9-7 “如何评估薪酬制度的有效性?”

	2010 年	2012 年	2014 年	2016 年
样本量	1 258	922	563	537
员工离职率	59%	63%	62%	61%
员工满意度	46%	50%	53%	47%
商业/运营结果	32%	29%	30%	28%
高级领导层认为有效	21%	21%	19%	25%
员工认为有效	18%	19%	16%	18%
员工生产效率	17%	16%	15%	15%
人工成本控制	15%	15%	14%	14%

资料来源：WorldatWork，The Total Rewards Association. Compensation Programs and Practices Survey，2016.

（二）内部人员诊断和外部人员诊断

内部人员诊断即由企业内部人员，如总经理、人力资源部门管理者和员工等组成诊断小组，运用内部专家咨询、公司决策层集中讨论、员工面谈等方法对企业薪酬管理全过程进行诊断。这种诊断方式具有费用低、机动灵活、诊断人员熟悉企业文化及其相关运作等优点；其最大的缺点是内部人员对企业存在的问题往往习以为常，不易发现问题及其原因。

外部人员诊断是指请外部咨询公司、外部人力资源方面的专家学者或有丰富企业管理知识和经验的企业家进行薪酬管理诊断。外部人员诊断的优点在于：这些专家不属于某一企业，分析问题时立场较为客观公正；他们具有深刻的洞察力，易于发现问题及其原因；他们受过企业诊断技术的系统训练，对企业的人力资源管理有较深入和独到的见解，分析问题的手段和方法较先进。这种诊断方式的缺点是费用较高，诊断时间需协商，诊断人员对企业特有的环境和文化不熟悉，需要一定的适应时间，所以对诊断人员的素质和能力的要求较高。对于企业来说，最需要解决的是自身的实际问题，而不是知识传播和经验介绍，所以如果诊断人员缺乏实践经验，其提出的薪酬改进方案可能缺乏可操作性和有效性。

外部和内部人员在做薪酬诊断时各有特点，有各自的优劣势，表 9-8 是两类人员进行薪酬诊断的比较。

表 9-8 企业聘请内外部人员进行薪酬诊断的优劣势比较

比较维度	内部人员诊断	外部人员诊断
人员构成	由企业内部人员构成，包括总经理、人力资源部成员、一线经理和员工	由外部人员组成，主要是外部人力资源方面的专家学者或者具有丰富企业管理经验的企业家
优势	1. 诊断人员熟悉企业环境和文化，了解企业的内部运作流程 2. 时间机动灵活 3. 成本费用较低	1. 诊断人员具有丰富的知识和专业背景，易于发现问题及其原因 2. 立场更为客观，能够跳出企业固有的思维模式
劣势	1. 容易形成思维定式，对企业存在的问题习以为常，难以发现问题及其原因 2. 作为企业内部的一员，立场可能受到部门利益等因素的影响，不够客观	1. 诊断人员不熟悉企业的实际情况，更多是在传播知识和经验，不能提出切实可行的方案 2. 费用较高 3. 时间受到限制

小资料

比较率的应用

比较率（compa）是一个通用的、有效的审核和评估薪酬体系的指标。比较率是一个相对的指标，反映薪酬水平与工资范围中点值的比率，计算公式如下：

$$比较率=\frac{实际支付的平均工资}{工资范围中点值}$$

员工个人的比较率代表单个员工的工资与工资范围中点值的比例。同样，还可以计算每一个工资等级的比较率，这时分子就是该等级所有员工的平均工资。比较率也适用于整个组织和组织中的一个群体。具体的范围取决于所关注的问题。

比较率小于1.0，表明总体上支付给员工的工资水平等于他们工资范围的中点值。应该给经过培训的和熟练的员工支付相当于中点值的工资。

比较率低于1.0，表明员工的工资偏低（如果他们是经过足够培训的、熟练的员工）。这意味着需要提高工资水平。比较率小于1.0也可能是因为有较多新员工。

比较率大于1.0，表明可能存在以下情况：第一，这一工资等级中存在大量高资历的员工；第二，较低的人员流动率；第三，员工绩效大幅上扬，企业用工资等级的提升来肯定其成绩；第四，通过工资等级调整来适应生活成本的上升；第五，工资结构没有根据市场需求改进，整体工资水平偏低，所以大部分员工聚集在较高水平的薪酬上。需要进行进一步的调查，排除小概率的因素，找出最有可能的原因。

比较率的应用十分广泛，可以进行适当的调整以衡量薪酬体系的各个方面，包括外部竞争性、内部一致性和个体公平性等。它是薪酬管理者的有力工具。一般来说，比较率有五种用途：

（1）工资等级内的分析。比较率可以用来检查在职者工资率的分布情况，分析角度包括职位、性别和年龄等。例如，企业可以分别计算某一工资等级内女性和男性实际平均工资与所有员工工资中点值的比值，看是否存在较大的差异。如果差异较大，则可能存在性别歧视。可以说，比较率是判断工资歧视的有效指标。

（2）部门分析。可以通过略为调整比较率的公式来考察部门间的工资分布。在计算部门比较率时，分子为某部门内所有员工工资的平均值，而分母则是所有部门工资的中点值。如果比较率差异过大，则有可能存在不公平。这种分析有助于保证部门间的待遇公平。当然有些部门应该有差别，不可能所有部门的比较率都是1。

（3）将绩效评估与工资调整联系起来。有时候，在决定奖金的上调幅度时，除了考虑个体的绩效，还会考虑员工在工资等级中的位置（相当于比较率）。在绩效表现相同的情况下，可能会适当缩小比较率大于1的员工的加薪幅度。

（4）奖金预算决策。比较率和它的倒数可以用来平衡部门间的预算。可以计算某一部门奖金的平均值与所有部门奖金平均值的比值，以此作为部门预算分配的参考依据。在此，比较率既是一种诊断方式，也是一种努力的目标。

（5）工资水平分析。组织公布的工资相对于市场工资水平是否有竞争力，同样可以通过比较率公式的微调来判断。方法是计算相关工资等级的中点值与市场工资（平均值或中点值）之比。该数据可以用于确认组织的薪酬在市场上是领先的、匹配的还是跟随的。

四 薪酬诊断后的调整与改进

薪酬诊断后，根据薪酬问题的性质和管理者的意图，可以采取三种解决方法：

（1）系统性的薪酬改革。薪酬改革是企业系统解决薪酬问题最有效的途径。薪酬改革需要与企业整体改革的目标和步调一致，在很多情况下，它是企业改革的一个有机组成部分。不排除一些企业为了适应需要，单独对薪酬制度进行改革。任何一种薪酬制度的改革或多或少都会牵扯企业的某些制度变革，就像企业制度的改革会引起薪酬制度改革一样，两者是不可分割的。这种系统性的薪酬改革能够从根本上修正旧的薪酬体系中存在的问题，改革力度大，对员工的思想和行为的触动比较大。

（2）薪酬的局部调整。根据诊断结果，企业可以有针对性地对薪酬水平、薪酬结构、调薪方式、薪酬发放等方面进行局部调整，使其更加适合企业。企业也可以对某些职位或群体的薪酬进行局部调整。总的来说，这种局部调整的方式比较灵活，可以多样化，而且不需要推倒旧的薪酬体系，改革力度小，比较容易推进。

（3）个别紧急问题的处理。如果在薪酬诊断中发现一些比较紧急的薪酬问题，可以打破惯例，及时解决。这种紧急问题一般是执行层面的问题，不涉及制度的调整。一般问题由部门主管或上级主管解决，重大问题可以汇报给公司高层，或者采取“一事一议”的方式进行备案和例外处理。

本章小结

本章主要介绍了薪酬制度的运行与管理。第 1 节对企业薪酬制度文本进行了详细的介绍，同时介绍了薪酬套改的流程及实施要点，薪酬制度的试运行及修正。第 2 节着重介绍了薪酬预算的含义及方法，人工成本控制的概念及方法，以及目前国企工资总额管理的相关内容。第 3 节介绍了薪酬沟通的含义和内容，详细讲解了薪酬沟通的步骤和方式。第 4 节讲解了薪酬诊断的主要内容以及诊断后的对策。

关键词

薪酬制度化　薪酬套改　薪酬预算　人工成本控制　薪酬沟通　薪酬诊断与改进

思考题

1. 完整的薪酬制度文本应包括哪些内容？
2. 薪酬套改的主要流程是什么？有哪些注意要点？
3. 薪酬预算的主要方法有哪些？薪酬预算如何帮助企业实现人工成本控制？
4. 薪酬沟通的作用是什么？如何做好薪酬沟通工作？
5. 薪酬诊断包括哪些内容？

参考文献

案例分析

王经理该如何与员工沟通？

王经理是一家一级资质地产企业的工程部经理，该企业是当地最大的地产企业，总资产约30亿元。该企业高速成长于2000—2005年，目前拥有220万平方米的储备土地。

工程部是企业的重要业务部门，共有员工14人。王经理平时工作敬业努力，对员工的业务指导到位。年初，公司终于打破涨薪的坚冰，在几年未普调薪酬之后，决定涨薪。但是，最终结果出来之后却令大家很失望，普调5%的比例和大家的心理预期相去甚远。员工普遍抱怨，甚至有员工离职，投奔给出更高薪酬的企业。在短短两个月内有六名骨干离开了公司。

王经理面临巨大的压力。当人力资源总监找他谈话的时候，他说："我与他们进行了沟通。他们因个人原因离开，我也没办法。"很明显，六名骨干大多是因不满公司的薪酬而离职的，工程部经理认为薪酬政策是公司制定的，他无能为力。

在涨薪空间已经限定的情况下，主管该如何作为？能如何作为？这其实是最考验主管管理能力的时候。企业需要管理者把政策宣传和执行下去，下属需要从管理者那里得到信心和希望。在这样的关键时刻，作为一个管理者，一定不能归错于外，一定不要简单地将事情定性为公司的政策和决定，自己无能为力或者认为自己已经尽了全力，已经对员工进行了劝说而员工没有听。这些都不是一个高绩效管理者应该有的表现。

实际上，薪酬沟通并不是简单随意的聊天就可以解决的，薪酬沟通是有技巧的，也是有章法的。当员工因为薪酬没有达到预期而准备离职的时候，简单空洞的说辞很难让员工信服，也很难给员工留下来的信心；同样，和员工一起骂公司政策不合理、苛刻，也很难博得员工的同情，反而给员工一种印象："管理者都这样想，公司就没有希望了，我也没有留下来的必要了。"这会造成更大更坏的影响。

讨论题

在这种情况下，王经理应该采用怎样的方法与员工进行沟通？

图书在版编目（CIP）数据

薪酬管理 / 苏中兴主编 . —北京：中国人民大学出版社，2019. 6
中国人民大学劳动人事学院第四代系列教材
ISBN 978-7-300-26969-6

Ⅰ. ①薪… Ⅱ. ①苏… Ⅲ. ①企业管理-工资管理-高等学校-教材 Ⅳ. ①F272. 923

中国版本图书馆 CIP 数据核字（2019）第 092170 号

中国人民大学劳动人事学院第四代系列教材
薪酬管理
主　编　苏中兴
Xinchou Guanli

出版发行	中国人民大学出版社		
社　　址	北京中关村大街 31 号	**邮政编码**	100080
电　　话	010－62511242（总编室）		010－62511770（质管部）
	010－82501766（邮购部）		010－62514148（门市部）
	010－62511173（发行公司）		010－62515275（盗版举报）
网　　址	http://www. crup. com. cn		
经　　销	新华书店		
印　　刷	固安县铭成印刷有限公司		
开　　本	787 mm×1092 mm　1/16	**版　　次**	2019 年 6 月第 1 版
印　　张	24. 25 插页 1	**印　　次**	2025 年 8 月第 6 次印刷
字　　数	593 000	**定　　价**	58. 00 元

版权所有　侵权必究　　印装差错　负责调换

中国人民大学出版社　管理分社

教师教学服务说明

中国人民大学出版社管理分社以出版工商管理和公共管理类精品图书为宗旨。为更好地服务一线教师，我们着力建设了一批数字化、立体化的网络教学资源。教师可以通过以下方式获得免费下载教学资源的权限：

- 在中国人民大学出版社网站 www.crup.com.cn 进行注册，注册后进入“会员中心”，在左侧点击“我的教师认证”，填写相关信息，提交后等待审核。我们将在一个工作日内为您开通相关资源的下载权限。

- 如您急需教学资源或需要其他帮助，请加入教师 QQ 群或在工作时间与我们联络。

中国人民大学出版社　管理分社

教师 QQ 群： 648333426(工商管理)　114970332(财会)　648117133(公共管理)
教师群仅限教师加入，入群请备注（学校+姓名）

联系电话： 010-62515782，82501868，82501048，62514760

电子邮箱： glcbfs@crup.com.cn

通讯地址： 北京市海淀区中关村大街甲 59 号文化大厦 1501 室（100872）

管理书社　　人大社财会　　公共管理与政治学悦读坊